金融学文献通论

原创论文卷

陈雨露　汪昌云　主编

第二版
Second Edition

中国人民大学出版社
·北京·

序

经济学家们在很早之前就已经认识到货币理论和信贷市场对经济活动的作用，但大多不以定量的方法对其进行更深入的剖析。因此，20 世纪 50 年代以前的金融理论主要局限于分析货币和信贷的功能，将其定位为经济学的一个分支。这时的金融理论基本上是抽象的和直觉性的，主要是对金融实践的总结和金融政策的解释。

20 世纪 50 年代金融学研究发生了重大变化。金融学的研究对象开始由传统的货币和银行问题扩展至金融市场，研究方法开始转向以规范的数理和计量模型为主。研究方法的转变从 20 世纪 50 年代美国主要金融学术期刊、美国金融学会会刊——《金融杂志》（*Journal of Finance*）的学术论文类型变化中可以窥见一斑。翻阅 20 世纪 50 年代初期的《金融杂志》，很难找出几篇有数学符号的文章，到了 20 世纪 60 年代初运用简单数学模型的学术论文已经十分常见。20 世纪 50 年代是传统金融和现代金融的分水岭，标志事件是哈里·马科维茨（Harry Markowitz）于 1952 年提出的现代证券组合理论，该理论揭示风险也是最优证券组合选择的一个重要标准。之后，弗兰科·莫迪利安尼（Franco Modigliani）和默顿·米勒（Merton Miller）于 1958 年发表了苹果派理论或资本结构无关论（简称 MM 理论）。由于在各自领域的开拓性贡献，莫迪利安尼、米勒和马科维茨分别在 1985 年和 1990 年获得了诺贝尔经济学奖的殊荣。

早期的经济学家们除了分析和研究信贷市场外，对股票和期货等金融市场也有关注，不过他们大都对金融市场研究缺乏兴趣，这与当时的证券市场投机氛围有关。经济学家们不认为股票市场是正规的市场，而将其视为赌场的同义词，股票价格只不过是投资者的资本利得预期和反向资本利得预期作用的结果。约翰·梅纳德·凯恩斯（John Maynard Keynes）在其 1936 年发表的巨著《就业、利息和货币通论》（*The General Theory of Employment，Interest and Money*）中就将股票市场比作 20 世纪 30 年代在英国流行的选美比赛（beauty contest），其含义就是股票没有真实价值可言，因此，经济学家不屑为股票定价问题伤神。[①]

尽管如此，也不是没有人来模拟股票价格。最早采用现代方法对股票价格行为进行理论研究的是法国数学博士路易·巴舍利耶（Louis Bachelier）。他于 1900 年完成的博士论文《投机的数学理论》（Mathematical Theory of Speculation）直到 20 世纪 50 年代中期才无意中被芝加哥一大学教授发现，并将其翻译成英文出版。该译著对保罗·萨缪尔森（Paul Samuelson）后来研究股票价格行为和有效市场理论产生很大影响。1938 年约翰·威廉姆斯（John Williams）出版了《投资估值理论》（*The Theory of Investment Value*）一书，正式对传统经济学家关于金融市场的思维提出挑战。他的红利折现模型至今依然是西方投资学和公司财务学教材中不可或缺的股票定价模型。

现代金融理论研究的黄金时期是 20 世纪六七十年代。马科维茨的证券组合理论遭遇到超出计算能力而丧失其实际操作性的困境。威廉·夏普（William Sharpe）、约翰·林特纳（John Lintner）和简·莫辛（Jan Mossin）在独立研究的基础上相继于 1964 年和 1965 年成功解决了这一问题，并首次提出了数理逻辑严谨但浅显易懂的资产定价模型（S-L-M CAPM）。夏普也因此获得 1990 年诺贝尔经济学奖。1976 年，斯蒂芬·罗斯（Stephen Ross）从与 CAPM 的风险-收益权衡完全不同的全新角度提出了套利定价理论。套利定价理论的最大特点是无须资产收益分布、投资者偏好、市场摩擦等资产定价模型所做的关键假设，而是利用"天下没有免费的午餐"这一简单道理就可以确定风险资产的价格。20 世纪 70 年代初期，费雪·布莱克（Fisher Black）、迈伦·斯科尔斯（Myron Scholes）和罗伯特·默顿（Robert Merton）发表的期权定价模型（B-S-M options pricing model）也是利用类似的套利定价原理。如果要举一例有关超前金融实践并引导金融实践的经济理论，

---

① 如果你选择的美女是所有参赛人当中得票最多的，你就是这场选美比赛的赢家。要注意的是，成为赢家并不是因为你的鉴赏能力特别优异而选出了真正的美女，也不是因为你选择的美女是目前为止大多数人都认为是最好的。要成为最后的赢家必须能够准确地预计到所有参赛者的平均预期处于什么水平。

人们会首先想到 B-S-M 期权定价模型。毫不夸张地说，期权定价理论创造和繁荣了当今占金融产品交易量中最大份额以及金融风险管理必要工具之一的金融衍生品市场。判定 20 世纪六七十年代是金融研究的黄金时期还因为尤金·法玛（Eugene Fama）在 1965 年正式提出了有效市场理论。有效市场理论催生和推动了金融计量分析方法。20 世纪 60 年代以来西方金融学术界的研究成果中四分之三以上与有效市场理论有关。有效市场理论对金融理论和金融市场的影响可见一斑。

西方金融学研究涵盖三大主要领域：资产定价，公司财务，以及金融市场、金融中介和金融监管。

资产定价重点研究金融市场中的资产（包括金融衍生品）价格的形成过程和机制。它是证券投资、金融风险管理等学科的理论基础。市场微观结构是相对新的学科。市场微观结构主要关心的问题是金融市场参与者如何收集和处理信息，以及信息如何通过交易而反映在资产价格中。因此，市场微观结构与资产定价密切相关。

公司财务有时被译成公司理财、公司金融。公司财务研究资金筹集、资本预算、资本结构、税收、红利政策、公司并购和公司治理等问题。由此可见，公司财务的研究范围与目前国内的财务管理的范围不同。目前国内的财务管理隶属于会计学的领地，偏重财务分析和财务控制，而公司财务是西方金融学的核心领域之一。

金融市场、金融中介和金融监管的研究包括市场利率及利率机制，商业银行、投资银行、保险公司等金融中介问题，以及金融机构和金融市场的监管。

一直以来，我国学术界对金融学的定义和研究领域的界定存在一定争议。相对早期的金融研究主要集中于宏观金融问题，特别是货币银行学和国际金融两大领域。而上述的西方金融所覆盖的研究领域则被称为微观金融，这与当时我国的传统经济体制和不完善的金融市场体系有关。最近 20 多年来，中国的金融市场迅速发展，在资源分配与风险管理方面正在发挥越来越重要的作用。在这一背景下，采用宏观金融和微观金融并重的思路相对更为客观和更能反映现实的金融状况。

抛开金融学研究范围的界定不说，从金融学的研究方法论来看，西方金融学和货币经济学的研究早已实现理论系统化、数学化和计量化。概括地说，现代金融学研究的主流方法有两种：一是以数学语言和数理逻辑的方式演绎金融思想；二是运用统计计量方法研究确认重要经济金融变量之间的关联。当然，追求数学化和计量化本身不是目的，研究方法科学与否要看其是不是为金融研究的目的服务。一项金融研究之所以被称为研究，一般呈现以下特征：

第一，承续性。一项研究必须建立在前人相关研究的基础上。西方金融或经济学的研究之所以能够发展到当今的水平，承续性是其中的关键。

第二，创新性。任何一项研究必须在相关领域有某种程度的创新。创新与承续是相互关联的，承续性是创新性的必要条件，没有创新的研究是社会资源的浪费。

第三，成果的通用性和可比性。金融学作为一门科学，其研究成果应该广泛地使用于所有金融市场。当然，不同的经济体由于其自身所处发展阶段不同，发展的环境有异，金融市场有其特殊性，但这也不能成为抹杀金融研究成果通用性和可比性的理由。

身处于"百年未有之大变局"的时代，当代金融学人肩负着推动和繁荣新时期中国金融学研究的重大责任和历史使命。有比较才有进步，有意识就有行动。"金融学文献通论"系列丛书就是本着推动中国金融学研究而迈出的新的一步。"金融学文献通论"丛书按宏观和微观两大领域系统介绍和评述了自20世纪上半期以来西方金融学、货币银行和国际金融方面最权威、最具代表性的原创论文。

全套丛书分三卷。第一卷介绍和评述现代金融和货币经济领域中最权威的原创论文，其中含宏观金融、微观金融论文各21篇。第二卷综述货币银行、国际金融和金融政策等宏观金融研究领域各核心理论研究的来龙去脉、发展历程、当今所处阶段，并把脉未来研究发展方向。第三卷综述现代资产定价、公司财务、金融衍生工具和行为金融等微观金融领域各主要理论的起源、发展以及现阶段的热点问题。

本套丛书适合作为高等院校经济学或金融学专业博士生、硕士生和高年级本科生的教材或辅助教材。对金融学、经济学研究有兴趣的学界人士，从事金融和投资实际工作及金融监管工作的精英也将会从阅读本套丛书中受益颇多。

迄今为止，货币银行学、国际金融及西方金融研究已浩如烟海，各种研究方法层出不穷。系统介绍和综述这些领域的原创研究本身是一项十分艰巨和复杂的基础工程。在本套丛书再版问世之际，感谢中国人民大学财政金融学院和汉青经济与金融高级研究院的部分老师、研究生在本书撰写过程中付出的艰辛努力，以及中国人民大学出版社崔惠玲编辑为本书修订再版付出的辛劳。最后，本书由于内容的复杂性和作者知识的局限性，难免存在遗漏、观点片面甚至错误之处，希望读者不吝赐教！

陈雨露　汪昌云

前　言

本书介绍和评述了西方现代金融学、货币银行学和国际金融领域具有重大影响的原创论文共 42 篇，其中宏观金融部分 21 篇，微观金融部分 21 篇。

西方现代金融学是 20 世纪 50 年代以后逐步发展起来的，在西方大学里属于商科中的重要研究领域之一，虽然与作为经济学重要分支的货币银行学和国际金融有关联但并无内在的逻辑联系。本书集现代金融学、货币银行学和国际金融三个领域的原创论文于一体，符合中国学术界广泛认同的广义金融概念和目前金融学科发展的实际情况。广义金融范畴下的宏观金融包括货币银行学和国际金融，微观金融即为现代西方商科领域的现代金融学。

本书宏观部分的总撰为陈雨露教授，微观部分的总撰为汪昌云教授。宏观部分参与编写的同志包括马勇教授、罗煜副教授和芦东助理教授；微观部分参与编写的同志包括邱志刚副教授和高昊宇副教授。同时，中国人民大学财政金融学院的研究生（按姓氏笔画排序）马克良、牛嘉豪、吕琳、刘晓明、许界天、李越秋、邱凯越、陈点点、苗艺馨、易凌云、周普、相倚天、郗继磊、姚驰、徐蕾、郭书晴、黄奕智和章洪铭参与了宏观部分的撰写，汉青经济与金融高级研究院的研究生王梓静、代玥、向鸿、余舒嘉铭和温慧愉参与了微观部分的撰写。另外，以下同志曾参与本书第一版的编写：于泓达、马贱阳、方舜岚、边卫红、王欣然、邓冬昀、孙膑、齐宁、陈雨露、汪昌云、张光耀、罗丽、陆丽红、周轶海、徐芳、柏立军、耿琳、常旭鹏和臧海涛。

感谢"道纪忠华基金"为本书的再版提供的出版资助。

本书评述的宏微观领域的原创论文基本代表了西方学术界学术思想的精髓，勾勒出了各领域理论发展的总体轨迹和趋势。一方面，评述这些代表性的原创论文对于理解西方现代宏微观金融领域的基本理论和方法、推动中国金融学的研究和学科建设至关重要。另一方面，在有限的篇幅内总结提炼极为广博的文献也为评述原创论文的工作带来了严峻的挑战。因此，本书是作者在对所陈述理论的理解存在一定局限的情况下所做的一种积极尝试，主要目的是抛砖引玉，为中国金融学理论的建设尽绵薄之力。值此《金融学文献通论》再版之际，身为主编，我们既欣喜又忐忑，望同行专家和诸位读者对书中偏颇之处直言不讳，以期本书在未来的修订出版时能够更加完善。

陈雨露　汪昌云

目　录

宏观金融理论

微观金融理论

宏观金融理论

剑桥方程式[①]

作者简介　**Arthur Cecil Pigou**

　　阿瑟·塞西尔·庇古（Arthur Cecil Pigou，1877—1959 年）于 1877 年 11 月 18 日出生，是家中的长子，母亲家族是爱尔兰政界的名门望族，庇古家族的贵族背景为庇古后来的学术发展铺平了道路。像他父亲一样，庇古也进入了哈罗公学学习，由于其杰出的运动才能和学术天赋，他以优异的成绩毕业。毕业后，庇古决定进入剑桥大学皇家学院学习历史，师从奥斯卡·伯朗宁（Oskar Browning）。在剑桥，庇古是一个天才的演说家，他是学校辩论协会的成员，并经常发表演说。在进入剑桥大学的第三年，庇古才开始对经济学产生兴趣，然而在 1901 年他开始执教之前，他在这个领域仍无所建树。之后，庇古成为剑桥学派创始人阿尔弗雷德·马歇尔（Alfred Marshall）的大弟子和忠实的跟随者。庇古以其在福利经济学方面做出的突出贡献而闻名于世，素称"福利经济学之父"。从 1901 年起，他在剑桥大学任教，1908—1943 年担任政治经济学教授。他一生出版了 20 多本著作，发表了大量文章，兴趣广泛，不仅包括经济学，还对其他领域有所研究。退休后，庇古一直过着隐居的生活，很少在公开场合发表自己的观点，一度比较消极。1959 年 3 月 7

---

　　① 本文发表于 *The Quarterly Journal of Economics*，Vol. 32，No. 1（Nov. 1917），pp. 38 – 65。

日庇古于剑桥大学悄然逝世，很多学术观点不为人知。

庇古是剑桥学派创始人马歇尔最得意的门徒、剑桥学派的继承人和主要代表人物，他以精确、明晰的表述忠实地传播马歇尔的学说。庇古还是现代福利经济学的开创者之一，他从边际效用基数论出发，提出国民收入量越大、国民收入分配越均等化，社会经济福利就越大的命题，被誉为"福利经济学之父"。他通过区别"边际私人纯产值"和"边际社会纯产值"两个概念，来说明怎样使生产资源在各生产部门的配置达到最适度的一点，从而使国民收入总量最大、社会经济福利最大，这使剑桥学派带有浓厚的改良主义色彩。

庇古还有一个重要的贡献就是 1917 年的论文《货币的价值》（The Value of Money）。针对美国经济学家费雪于 1911 年出版的《货币的购买力》（*The Purchasing Power of Money*）一书中提出的货币需求的费雪交易方程式，从人们持有货币是因为货币具有交易媒介和价值贮藏功能的角度，发展了货币需求理论（又称"现金余额数量论"），提出了"剑桥方程式"。

主要成果

庇古早期宣传和发扬马歇尔的观点，并在货币需求理论方面提出了剑桥方程式。庇古最大的贡献是在福利经济学方面的研究。庇古于 1912 年出版了他最著名的《财富和福利》（*Wealth and Welfare*）一书，1920 年修订后将书名改为《福利经济学》（*The Economics of Welfare*），首次把社会福利引入经济学的研究范畴。他主张政府可以通过税收和补贴来纠正私人部门导致的社会福利损失。然而不幸的是，他出生在一个"错误"的时代（现在看来，他的很多观点还是很有价值的，如庇古税等），他的观点立即引起了罗宾逊（Joan Robinson）等人的猛烈抨击，并在20 世纪 30 年代提出了"新福利经济学"，完全否定了庇古的福利经济学观点。后来的公共选择学派对其幼稚的"慈善的暴君"假设提出了严厉批评。最后，罗纳德·科斯（Ronald H. Coase）证明了在产权明晰的条件下，配置是有效率的，彻底推翻了庇古的观点。甚至更为不幸的是，他的好朋友、继承人约翰·梅纳德·凯恩斯（John Maynard Keynes）竟然把他的失业理论（1933 年）作为证明新古典理论错误的主要证据。从此，庇古一蹶不振，只是偶尔进行反击，提出了庇古效应（1943，1947），然而他主要还是接受了凯恩斯革命的观点。

研究背景

货币理论研究货币对经济的影响。研究货币，就要探讨货币的需求和货币的供给。西方货币需求理论主要有费雪、马歇尔和庇古等经济学家完善起来的古典理论，凯恩斯的货币需求理论以及弗里德曼的现代数量论。

19世纪末20世纪初，古典经济学家就发展起来货币数量理论，这是一种探讨总收入的名义价值如何决定的理论。该理论揭示了对既定数量的总收入应该持有的货币数量，并且认为利率对货币需求没有影响。其代表作是美国经济学家费雪于1911年出版的《货币的购买力》（*The Purchasing Power of Money*），这本书对古典数量论做了最清晰的阐述，并提出了著名的费雪交易方程式：

$$M \times V = P \times T$$

式中，M——给定年份的货币数量；

V——给定年份的货币流通速度；

P——给定年份的价格水平；

T——给定年份的交易量。

该方程式表示货币数量乘以货币使用次数必定等于名义收入。费雪认为，在短期内V、T是不变的，因为V是由社会制度和习惯等因素决定的，所以长期内比较稳定。同时在充分就业条件下，社会商品和劳务总交易量，即T也是一个相当稳定的因素。这样，交易方程式就转化为货币数量论。而且，货币数量论提供了价格水平变动的一种解释：价格水平变动仅源于货币数量的变动，当M变动时，P做同比例的变动。

费雪认为，人们持有货币的目的在于交易，货币数量论揭示了既定的名义总收入下人们所应持有的货币数量，它反映的是货币需求数量论，又称现金交易数量论。因为短期内，V为常量，名义收入决定了其所引致的货币需求量，因此，货币需求仅为收入的函数，利率对货币需求是没有影响的。费雪交易方程式能够成立的基础是V和T不受M变动的影响，而这一前提是货币中性论，即货币不过是覆盖于实物经济之上的一层面纱，对经济并不产生影响。按照货币中性论的说法，个别商品的价格决定于该商品的供求关系，即经济的实物方面。而一般的价格水平和货币购买力则取决于货币的数量和速度，即经济的货币方面，二者没有内在的联系。费雪方程式在一定程度上反映了对货币经济和实物经济的简单"二分法"的传统思想。古典学派的经济"二分法"的观点认为货币是中性的，货币只影响价格水平等名义变量，而不会影响社会实际就业量和产量。

针对费雪交易方程式，剑桥经济学派的马歇尔、庇古等人从人们持有货币是因为货币具有交易媒介和价值贮藏功能的角度，提出了剑桥方程式，又称现金余额数量论，它不是对费雪方程式的否定，而是对它的补充和完善，二者都属于古典学派的货币需求观。

主要内容

庇古的这篇论文共分为六个部分。

第一部分：研究的目的和背景

庇古的这篇文章源自安德森（Anderson）教授关于货币价值的系列讨论，安德森教授对费雪方程式的货币数量论提出了严厉的批评。然而，这篇文章不是对货币数量论进行置疑，而是从另一个角度去证明其正确性。庇古非常谦虚地声称自己的文章"不是对费雪教授清晰的分析提出敌意的批判，也不是对数量理论的反对"，"费雪教授从他的视角描绘蓝图，我只是从自己的视角描绘蓝图"，"二者是异曲同工，本质上是一致的"，充分体现了一个学术大师的虚怀若谷。

第二部分：对研究的范围进行界定

明确界定研究的货币是指有法偿力的货币。货币的价值是指单位货币的交易价值。对交易价值（价格）的定义进行了解释，采取纯经济学假设，认为任何商品交易价值的确定都是独立于货币价值的。而货币的交易价值是指单位货币对所有商品的购买力，同样也取决于货币的供求关系。

明确界定自己的研究对象和研究范围，才能使自己的研究具有某种意义上的价值，这也是我们以后从事学术研究应该注意的。

第三部分：货币（法偿货币）的需求

现实生活中对货币的需求是多种多样的，有的是用现金直接进行柜台式交易，有的通过银行支票进行转账结算。这里区分为实际（法偿）货币、银行券和银行账户。下面从四个方面对货币的需求进行分析。

（1）从流动性和安全性的角度，论证了居民持有货币的动机和可能性，提出：

$$P = kR/M$$

式中，k——所有社会资源以货币形式持有的比例；

R——所有社会资源；

M——货币总量；

P——货币价值或价格。

可以把 k 和 R 视为常数。

（2）从居民持有货币的行为推导出总量的货币需求。居民持有货币有两种方式：一种是持有实际货币，一种是存入银行。根据这两种行为可以得出实际货币的需求量为：

$$P=kR/M[c+h(1-c)]$$

式中，c——居民持有实际货币的比例；

$1-c$——存入银行的比例；

h——银行部门对银行券和存款账户的实际货币准备的比例。

可以认为 c，h，k，R 均为常数。

（3）需求方程式中影响各个参数的因素讨论。

k 一般取决于在现实经济生活中持有货币的便利性、经济生活对货币的依赖程度、结算工具和设备的发展程度以及对未来价格上升的预期等。

c 取决于各国居民的风俗、习惯以及持有现实货币的便利性。首先，如果银行账户增多，会使 c 减小，因此银行机构的发展和小储户的增多会使 c 减小；其次，银行支票使用范围的增加也会使 c 减小；再次，更多的延期支付和赊销的发生也会使 c 减小；最后，银行账户直接支付技术和设备的发展也会使 c 减小。

h 一方面取决于银行持有实际货币的流动性需要和风险性减小；另一方面又取决于持有实际货币的机会成本的损失。

（4）为了便于与简化的费雪方程式进行比较，这里对上述货币需求方程作同样的简化：

$$P=kR/M$$

在费雪的交易方程式中，

$$\pi=MV/T$$

式中，T——交易总量；

M——货币总量；

V——货币的流通速度；

π——商品的价格。

在庇古的方程式中 P 表示货币的价值，因此

$$P=1/\pi$$

于是有，

$$kR/M = T/MV，即 kV = T/R$$

式中，k，V，T，R 均为常数。由此可以看出，二者并不是矛盾的，只不过二者推导的出发点不同而已。

第四部分：货币的供给

在分析货币需求时，视货币供给为外生变量，由外部因素确定。但是在确定货币的价值方程式中，对货币供给的分析也是必需的。货币的供给取决于一国的货币制度。主要有以下几种情况：

（1）D 完全由政府决定，$M = D$，D 是常数。这时货币供给曲线垂直，货币供给完全取决于政府当局的决定。

（2）货币的供给受其他支付媒介的影响。例如在德国和法国，很多银币也像金币一样具有充分的法偿性，在美国，美元和金银一样也具有法偿力，在澳大利亚，不可兑换的纸币与金币同时流通。多种支付媒介的存在，使得货币的供给弹性增大，此时 $M = [D + f(P)]$。

（3）在一国货币存在国际自由流动的可能性下，一国的货币供给还受国际因素的影响。一国的法偿货币中可能存在着可以自由铸造的货币，其币材与进出口的币材并无多大区别，在这种情况下，其货币的供给还受到国际市场的影响。

（4）在复本位制和混合本位制体系下，可供选择的货币增加，一种货币储量和价值的变化与其他货币相关，因此，货币供给的弹性将变大。

（5）在存在铸币税的情况下，货币的供应价格是铸币税和货币币材成本之和。因此，在存在铸币税的情况下，实际货币供给将减少，假设每 100 英镑的铸币税是 s 英镑，$M = \Phi(P)$，则实际货币供给为 $M = \Phi(P)(100 - s)/100$。

（6）维持固定汇率对货币供给的影响。最典型的是金本位制下，一国货币的供给是外国货币价格的函数，且二者呈反向变化。

（7）像费雪教授所论述的，一国的货币供给应该维持国内物价的基本稳定，因此维持货币的价值名义不变，而不考虑外国货币的影响。

以上七个方面都是可能进行进一步研究的方向，然而在此文中，庇古只是提供一个分析问题的研究方面而不是分析影响货币价值的具体因素。因此，他的论述是基于单一的金本位制展开的。

第五部分：货币的供给和需求分析

在纯粹的经济学理论中，均衡点是货币供求方程的解，或者用几何图形表示，就是供求曲线的交点。然而，我们研究的是货币的价值，而不是一般消费品的价格，因此，其困难是可想而知的，主要体现在以下几方面：

（1）在现实的经济生活中，影响货币供求的因素往往交织在一起，并不是仅仅影响货币的供给，或者仅仅影响货币的需求。因此，在现实生活中，我们面对的是双方面的而不是单方面的影响因素。

（2）即使可以把影响因素区别开来，但影响需求的因素之间也是相互关联的，如 h，c，R 等都是互相联系的。而且这种影响只能定性描述，很难详细地定量区分，因此加大了分析的难度。

（3）即使模型能够很好地描述，货币的价值决定也不是一个简单的事情。由于变化存在时滞性，因素的影响也很难准确预测。正如费雪教授所言："人们会想当然地认为一旦黄金产量减少，商品的价格也会随之下降。其实这是一个总量的错误。商品的价格水平并不直接取决于黄金产量的水平，而是取决于黄金以及其他的货币存量水平。"

（4）实际上，如果考虑时间因素，货币的供给和需求之间并不是严格独立的。货币供给的变化会影响货币的需求方程，而且这种影响因素是多方面的。

第六部分：结束语

在结束语中，庇古教授再一次谦虚地申明自己的论述不是对费雪教授的否定，而是从另一个角度论证货币需求数量论的观点。

评　价

庇古的这篇文章中关于货币需求理论的研究和费雪的货币需求交易方程式同属于古典的货币需求理论范畴。费雪的交易方程式强调货币作为交易媒介的功能，考察社会在一段时期内对货币数量的需求；而庇古的剑桥方程式同时考虑了货币作为交易媒介和价值贮藏手段的功能，侧重于考察人们将货币作为一种资产的持有形式，从人们持有货币动机的角度考察在某一时间点上人们以货币形式持有的社会财富数量。庇古的这一研究视角开启了从人们持有货币动机的微观层面探讨货币需求的范式，从这个角度讲，以凯恩斯流动性偏好理论和弗里德曼现代货币数量论为代表的现代货币需求理论都是对这一微观研究范式的拓展和深入。

剑桥方程式从货币的需求和供给角度研究了货币的价值，即货币的购买力，是对费雪方程式古典货币需求理论的拓展，深化了对货币需求的认识，但是其对货币需求的认识仍然具有局限性，和费雪方程式类似，只是探讨了收入和财富存量与货币需求的关系，利率对货币需求的影响被忽视，这有待现代货币需求理论的发展。

后续研究

对于货币需求理论的研究，在庇古之后，比较有代表性的是凯恩斯的流动性偏好货币需求理论、弗里德曼的现代数量论。

凯恩斯的流动性偏好货币需求理论

1936 年，约翰·梅纳德·凯恩斯出版了《就业、利息和货币通论》，发起了"凯恩斯革命"。在货币需求方面，他放弃了古典学派将货币流通速度视为常量的观点，强调利率的重要性，反对将实物经济和货币经济分开的"二分法"，提出了流动性偏好的货币需求理论。流动性偏好理论的特点是以人们意愿持有货币的动机作为划分货币需求的依据，对流动性陷阱进行了描述。这一理论在西方货币需求理论中占有重要地位，既发展了古典货币需求理论，又开创了新的研究方法。

在流动性偏好理论中，凯恩斯假定人们的货币需求是出于三个动机：（1）交易动机；（2）谨慎动机；（3）投机动机。

交易动机，指由于个人或业务上的交易而引起的对现金的需要。其核心仍为货币的交易媒介职能。凯恩斯的流动性理论的假定之一——交易动机，与古典货币数量论是一致的，都认为交易货币量与收入成比例。

谨慎动机，指由于安全起见，把全部资产的一部分以现金形式保存起来。凯恩斯认为，人们意愿持有的预防性货币余额的数量主要取决于人们对未来交易水平的预期。他认为这些交易与收入的变动成比例，因此人们出于谨慎动机的货币需求量与他们的收入成比例。

投机动机，即相信自己比一般人对将来的行情具有更精确的预期。人们出于投机动机持有货币，属于货币的贮藏功能，从而把货币作为一种资产来对待，随预期利率的变动而变动货币持有量以谋求收益。因此利率是影响货币需求量的重要因素。

流动性偏好理论的货币需求方程式为：

$$M = L_1(y) + L_2(r)$$

流动性偏好理论的发展——鲍莫尔-托宾模型和托宾均值-方差模型

在货币理论中，利率被认为是一个重要因素。同时，作为货币替代物的各种债券具有不同风险，从而利率和风险成为人们货币需求所考虑的重要因素。因此，不少经济学家通过发展更为精确的理论来解释凯恩斯理论的三个持币动机，其中，比较著名的有鲍莫尔-托宾模型和托宾均值-方差模型。

鲍莫尔-托宾模型研究的结论是：交易需求层面的货币需求是利率敏感的。这个模型的基本观点是：人们持有货币是有机会成本的，即持有货币的替代资产如债券的利息收入。而持有货币的好处是避免了交易成本，持有债券是有交易成本的。人们在应付日常交易的时间段里，可以频繁地置换货币和债券，只要利息收入大于交易成本。当利率上升时，持有货币的机会成本必然增加。只要在不影响日常交易的时间内，持有货币的机会成本大于持有债券的交易成本，人们就愿意放弃一部分货币转而持有债券，以谋求利益，反之亦然。可见交易需求对利率也是敏感的，即交易需求与利率水平负相关。

现代货币数量论

1956 年，弗里德曼在《货币数量论——一个重新表述》（*The Quantity Theory of Money—A Restatement*）一文中发展了货币需求理论。与凯恩斯的研究方法不同，弗里德曼不再具体研究人们持有货币的动机，而将货币作为构成财富的一种资产，通过影响人们选择资产的种类来保存财富的因素研究货币需求，实际上是资产需求理论在货币需求理论上的应用。

在弗里德曼看来，货币是债券、股票、商品的替代品，货币需求是个人拥有的财富及其他资产相对于货币预期回报率的函数。据此，弗里德曼将他的货币需求公式定义如下：

$$M/P = f\{y, w; r_m, r_b, r_e, 1/P \times (dP/dt); u\}$$

式中，M/P——对真实货币余额的需求；

y——永久性收入，即理论上的所有未来预期收入的贴现值，也可称为长期平均收入；

r_m——货币预期报酬率；

r_b——债券预期报酬率；

r_e——股票预期报酬率；

$1/P \times (dP/dt)$——预期通货膨胀率；

u——反映主观偏好、风尚及客观技术与制度等因素。

在弗里德曼看来，货币需求主要取决于总财富，但总财富实际上是无法衡量的，只能用永久性收入而不是用不稳定的现期收入来代替。

现代货币数量论的发展——财富调整理论

根据弗里德曼的理论，既然货币存量与收入之间存在着直接关系，那么货币对经济作用过程的传导是直接的，但有些西方经济学家认为弗里德曼的理论是有缺陷的。财富调整理论在这一背景下应运而生。1963 年，美国另外两位货币学派代表人物布鲁纳（K. Brunner）和梅泽尔（A. H. Meltzer）发表了《货币政策传导过程中金融媒介的作用》（The Place of Financial Intermediaries in the Transmission of Monetary Policy）一文，提出了财富调整理论。该理论视货币为一种资产，认为社会大众会根据各种资产包括货币的相对利率来调整他们的资产结构，以达到理想的资产结构平衡。在这一过程中，尤其是对资产结构实物进行调整，会对实际产出产生影响。

财富调整理论是对弗里德曼现代货币数量论的修补和完善，在解释长期货币需求时，梅泽尔认为财富效果和利率效果同样重要，财富和利率都是货币需求的决定要素，而且加入财富变量使货币需求更加稳定，这为稳定货币政策提供了重要的理论根据。在财富调整理论中，用财富代替收入作为货币持有是有限制的，这个限制就是财富的多少。梅泽尔认为，用收入作为货币持有的限制变量，是基于货币的交易媒介假定，交易量是收入相对于产出的代表，所以货币需求在逻辑上就是收入的函数。但是如果把货币当作财富诸种资产中的一种，以财富作为货币持有的限制量，则强调货币作为生产性资产的功能，强调资产结构的平衡。货币在总财富中所占的比例取决于相对利率，也就是要考虑持有货币的报酬率和持有货币损失利息的机会成本。即使相对利率不变，财富的绝对量改变，也会使货币需求发生变化。

自庇古教授引入微观视角以来，对于货币需求理论的发展这个看似宏观的问题，经济学家关注的重点似乎仍然沿着庇古的微观视角，凯恩斯虽然抛弃了庇古"二分法"的古典基础，但其分析的出发点还是微观的持币行为动机。其后如托宾等人，也是从居民的货币需求动机出发进一步论述而已。弗里德曼的现代货币数量论基本是沿着庇古的微观基础，把持有货币视为人们贮藏财富的一种形式，财富调整理论只不过是现代货币数量论的补充和完善。因此，从货币需求理论的发展来看，庇古的剑桥方程式开启了一个分析宏观问题的微观视角，并沿袭至今。

流动性偏好利息率理论[①]

作者简介　**John Maynard Keynes**

　　约翰·梅纳德·凯恩斯（John Maynard Keynes，1883—1946 年），出生于英国剑桥，是现代西方经济学领域最有影响的经济学家之一。凯恩斯 14 岁进入伊顿公学主修数学，曾获托姆林奖金。毕业后，获得数学及古典文学奖学金，进入剑桥大学国王学院学习，主修数学，1905 年毕业，获得数学学士学位。毕业之后他仍然在剑桥攻读经济学，师从马歇尔和庇古。1908 年他任剑桥大学皇家学院经济学讲师，1909 年创立政治经济学俱乐部并因其最初著作《指数编制方法》（Method of Index Numbers with Special Reference to the Measurement of General Exchange Value）而获"亚当·斯密奖"。1911—1914 年凯恩斯任《经济学杂志》（*The Economic Journal*）主编，1913—1914 年任皇家印度通货与财政委员会委员，1919 年任财政部巴黎和会代表，1929 年被选为英国科学院院士，1929—1933 年主持英国财政经济顾问委员会工作，1942 年被晋封为勋爵，1946 年剑桥大学授予他科学博士学位。

　　凯恩斯敢于打破传统理论的束缚，推翻了萨伊定律，承认非自愿失业的存在，

---

　　① 本文发表于 *The Economic Journal*，Vol. 47，No. 186（Jun. 1937），pp. 241 - 252。

提出国家干预经济的主张，由此掀起了一股"凯恩斯革命"的浪潮，形成了凯恩斯主义。凯恩斯一生对经济学做出了极大的贡献，一度被誉为资本主义的"救星""战后繁荣之父"等美称。

主要成果

"The Balance of Payments of the United States", *The Economic Journal*, Vol. 56, No. 222, pp. 172 - 187, June 1946.

"The Objective of International Price Stability", *The Economic Journal*, Vol. 53, No. 210/211, pp. 185 - 187, Jun. -Sep. 1943.

"The Measurement of Real Income", *The Economic Journal*, Vol. 50, No. 198/ 199, pp. 340 - 342, Jun. -Sep. 1940.

"On a Method of Statistical Business-Cycle Research: A Comment", *The Economic Journal*, Vol. 50, No. 197, pp. 154 - 156, May 1940.

"Relative Movements of Real Wages and Output", *The Economic Journal*, Vol. 49, No. 193, pp. 34 - 51, Mar. 1939.

"The General Theory of Employment", *The Quarterly Journal of Economics*, Vol. 51, No. 2, pp. 209 - 223, Feb. 1937.

"Alternative Theories of the Rate of Interest", *The Economic Journal*, Vol. 47, No. 186, pp. 241 - 252, June 1937.

"The Supply of Gold", *The Economic Journal*, Vol. 46, No. 183, pp. 412 - 418, Sep. 1936.

"General Theory of Employment, Interest and Money", *The American Economic Review*, Vol. 26, No. 3, pp. 490 - 493, Sep. 1936.

"The Means to Prosperity", *The American Economic Review*, Vol. 23, No. 2, pp. 347 - 349, June 1933.

"Unemployment and Inflation", *The Economic Journal*, Vol. 43, No. 171, pp. 474 - 475, Sep. 1933.

"The World's Economic Crisis and the Way of Escape" (with A. Salter, J. Stamp, B. Blackett, H. Clay, and W. Beveridge), *The Economic Journal*, Vol. 42, No. 168, pp. 599 - 604, Dec. 1932.

"A Note on the Long-Term Rate of Interest in Relation to the Conversion Scheme",

The Economic Journal，Vol. 42，No. 167，pp. 415 - 423，Sep. 1932.

"General Theory of Employment，Interest and Money"，scanned from the 1973 edition of the Collected Writings of John Maynard Keynes，Vol. 7 - *The General Theory*，edited by Donald Moggridge，London：Macmillan for the Royal Economic Society.

"A Treatise on Money. Vol. I. The Pure Theory of Money. Vol. II. The Applied Theory of Money"，*The American Economic Review*，Vol. 21，No. 1，pp. 150 - 155，Mar. 1931.

"Fine Gold v. Standard Gold"，*The Economic Journal*，Vol. 40，No. 159，pp. 461 - 465，Sep. 1930.

"The United States Balance of Trade in 1927"，*The Economic Journal*，Vol. 38，No. 151，pp. 487 - 489，Sep. 1928.

"A Model Form for Statements of International Balances"，*The Economic Journal*，1927.

"The Gold Standard Act"，*The Economic Journal*，1925.

"Monetary Reform"，*The American Economic Review*，Vol. 14，No. 4，pp. 770 - 771，Dec. 1924.

"A Tract on Monetary Reform"，*The Economic Journal*，Vol. 34，No. 134，pp. 227 - 235，June 1924.

"Population and Unemployment"，*The Economic Journal*，1923.

"Keynes，The Economic Consequences of the Peace"，*The Quarterly Journal of Economics*，Vol. 34，No. 2，pp. 381 - 387，Feb. 1920.

"The Prospects of Money"，*The Economic Journal*，Vol. 24，No. 96，pp. 610 - 634，Dec. 1914.

"Indian Currency and Finance"，*The American Economic Review*，Vol. 3，No. 4，pp. 941 - 943，Dec. 1913.

研究背景

19 世纪末"边际"革命以来，经济学家们对完全竞争市场环境下价格决定的基本原则达成了一致，并且将这一原则应用到经济学的各个理论分支中也取得了成功。然而在将价格决定的基本原则应用到对于利息率的决定过程时却遇到了很大困难，产生了一系列迥然不同且颇有争议的理论模式。人们甚至对利息率由何产生这一最基本的问题都难以达成共识。古典学派的实物利息率决定理论以亚当·斯密和庞巴维克为代表，他们认为储蓄和投资决定利息率水平。1933 年凯恩斯在《就业、利息和货币通论》中提出了流动性偏好理论，并且从货币层面上认为，利息率是一种纯粹的货币现象，与实物因素无关，只由货币供给和货币需求决定。当时还出现了另一种利息率决定理论，即 D. H. 罗伯逊（Dennis Holme Robertson）、B. 俄林（Bertil Gotthard Ohlin）和希克斯（John Richard Hicks）等人所倡导的可贷资金理论。他们认为，凯恩斯的流动性偏好理论只是表现形式上与自己的可贷资金理论不同，而本质上是完全相同的。凯恩斯则认为这是完全错误的观点，于是 1937 年凯恩斯发表了《多样的利息率理论》（"Alternative Theories of the Rate of Interest", *The Economic Journal*，June 1937），目的是区分当时存在的不同利息率理论，并且进一步阐述流动性偏好理论的意义。

主要内容

凯恩斯在他于 1933 年发表的《就业、利息和货币通论》（以下简称《通论》）中首次提出流动性偏好理论，此文延续了他在《通论》中关于流动性偏好理论的观点，着重分析了他的流动性偏好利息率理论与马歇尔所代表的新古典学派和以俄林、罗伯逊等人所代表的可贷资金利息率理论的异同，并且强调了流动性偏好在利息率决定机制中的作用。归集这篇文章的内容，凯恩斯阐述了以下几个方面：

一、关于利息产生原因的区别

1. 古典和新古典利息率理论

古典利息率理论，也称为"真实利息率理论"。该理论认为利息是借贷资本的租金，所以利息来源于资本产生的利润。20 世纪初，马歇尔等人继承了古典理论的实物利息观点，并加以发展，提出了新古典利息率理论，他们认为利息是节欲或者等待的报酬。投资来源于储蓄，储蓄是当期放弃的消费，利息在本质上是由于人们放弃了当期的消费所给予的报酬。因此他们将利息率看作是使投资需求与储蓄意愿趋于均衡的因素，也就是说，利息率由投资与储蓄决定，它是投资和储蓄达到均衡时所对应的资金报酬率。如果人们自愿储蓄的金额超过资本家愿意进行的投资量，即资本供大于求时，利息率会下降；如果资本供小于求，利息率将上升。

2. 凯恩斯的流动性偏好利息率理论

凯恩斯凭借人们的储蓄中包括大量不生息的现金这一普遍现象推翻了古典学派的"真实利息率理论"。凯恩斯认为货币是最灵活的资产，人们之所以需要持有货币是因为存在流动性偏好这种普遍的心理倾向。他将这种对货币的流动性偏好归结为三种动机，即交易动机、预防动机和投机动机。他认为利息不是放弃消费的报酬，而是对人们放弃这种可以灵活周转的资产（货币）的报酬。凯恩斯将储蓄的形式抽象地分为货币和债券两类，持有货币可以获得流动性便利，但是得不到利息收入；持有债券可以获得利息收入，但是要放弃周转的灵活性，所以他提出"利息率是一个比率，其分母为一特定量货币，其分子是在一特定时期中，放弃对此货币的控制权，换取债券能够得到的报酬"①。因此流动性偏好利息率理论认为利息率的高低取决于货币供求平衡。

3. 可贷资金利息率理论

可贷资金理论是新古典学派利息率理论的一个延伸，由新剑桥学派的 D. H. 罗伯逊首先提出，随后受到 B. 俄林以及一些瑞典学派经济学家的拥护。1937 年罗伯逊在《另一种利息率理论》（Rejoinder to 'Alternative Theories of the Rate of Interest'）、俄林在《对斯德哥尔摩学派储蓄与投资理想的某些说明》（Some Notes on the Stockholm Theory of Savings and Investments Ⅱ）中同时提出了可贷资金理论，他们认为利息率是由借贷资金的供求决定的。可贷资金理论的拥护者同样批判古典利息率决定理论，认为传统利息率理论只局限于实物市场而不考虑货币的因素是不正确的，但是他们也反对凯恩斯的流动性偏好理论，认为凯恩斯完全否认实物市场因素对利息率形成的作用同样是片面的。可贷资金理论提出，利息率是借贷资金的价格，因此利息率取决于借贷资金的供求关系，而借贷资金的供求既包括实物市场的因素，也包括货币市场的因素。

值得一提的是，在凯恩斯的文章发表的时候（1937 年），倡导可贷资金利息率决定理论的学者尚未提出完整的理论体系，他们既反对古典的"真实利息率理论"，也攻击凯恩斯的"流动性偏好利息率理论"，但是他们自己的利息率理论还很含糊，没有准确的定义。

二、利息率决定原则的区别

1. 古典利息率理论

古典的"真实利息率理论"强调非货币的实物因素在利息率决定过程中的作

---

① 凯恩斯. 就业、利息和货币通论. 北京：商务印书馆，1977：141.

用。他们所关注的是资本的边际生产率和储蓄者节约的实际水平。在他们的理论框架中，投资者以资本边际生产率来支付利息，储蓄者因为牺牲了当期消费而获得利息。资本的边际生产率可以用边际投资倾向表示，节约能力可以用边际储蓄倾向表示。因此该理论转化为通过研究储蓄和投资来讨论利息率的决定问题。该理论指出，社会存在一个单一的利息率水平，它的变动能使储蓄和投资自动达到均衡状态，从而使经济体系维持在充分就业的均衡水平。在这种状态下，储蓄和投资的真实数量都是利息率的函数，利息率决定于储蓄和投资的相互作用。

设 $S=S(r)$，$I=I(r)$，式中，S 表示意愿的储蓄；I 表示意愿的投资。

显然，储蓄是利息率的增函数，投资是利息率的减函数，如图 1 所示。古典学派认为货币是中性的，货币供给的变动并不影响利息率的实际水平，利息率是由投资和储蓄等实质因素决定的，与货币因素无关。

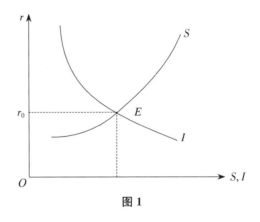

图 1

2. 可贷资金理论

可贷资金理论认为利息率取决于借贷资金的供求关系。他们指出借贷资金供给包括"在一定时期内，个人愿意增加或减少的各种求偿权和其他资产的净额"[①]；借贷资金需求包括"在一定时期内，贷款的新增需求量减去清偿的贷款量的净额"[②]。具体地说，借贷资金供给主要包括当前的储蓄和过去的储蓄（出售固定资产的收入），所以较高的利息率会吸引更多的可贷资金供给。货币需求主要包括当前的投资和对过去投资的补充（固定资产的重置与更新）。不管是过去还是现在的投资都是利息率的函数，会随利息率上升而下降，反之亦然。显然借贷资金供给和借贷资金需求数量都是利息率的函数，因此当借贷资金供求数量达到均衡时，利息

①② Bertil Ohlin, "Some Notes on the Stockholm Theory of Savings and Investments Ⅱ", *The Economic Journal*, Vol. 47, No. 186 (June 1937), pp. 221 - 240.

率也随之被决定了。

3. 流动性偏好利息率理论

凯恩斯认为利息率是一种货币现象，它是货币自身的价格，它相当于持有真实货币和放弃现期持有货币的价格。因此利息率是由既定条件下的流动性偏好和货币数量两个因素决定的，它既不由储蓄和投资决定，也不取决于可贷资金的供求，而是受制于货币存量的供求关系。这就是说，人们通过流动性偏好决定他们对货币的需求数量。而货币供给量则由该国中央银行的货币政策决定，是外生的。一般情况下，货币需求增加会导致利息率上升，货币供给增加会导致利息率下降。因此，在货币供求到达平衡的时候，利息率水平被决定了。

凯恩斯在他的《通论》中，将流动性偏好划分为三种持有货币的动机：（1）交易动机，即需要现金，以备个人或业务上作当前交易之用；（2）谨慎动机，即想保证一部分资源在未来的现金价值；（3）投机动机，即相信自己对未来的看法较市场上一般人高明，并想由此从中取利。其中交易动机和谨慎动机的货币需求可以用 $L_1(y)$ 表示，即为消费及便利交易之用，y 为名义国民所得，国民所得越高，交易性货币需求越多。投机动机的货币需求以 $L_2(r)$ 表示，r 为债券利息率，利息率与货币需求成反比。所以，凯恩斯的货币需求函数 M_d 可定义为：

$$M_d = L_1(y) + L_2(r)$$

凯恩斯认为货币供给量 M_s 由货币当局决定，是外生变量，不受利息率影响，如图 2 中 SE 线所示。在此前提下，利息率水平由货币供给与货币需求的均衡量来决定，如图 2 所示。

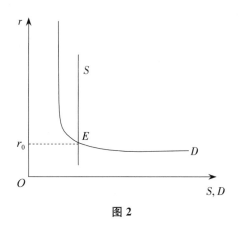

图 2

三、凯恩斯对其他理论的反驳

在该文中，凯恩斯引用了希克斯在《经济学杂志》中对凯恩斯利息率理论的评价。希克斯认为：“凯恩斯的流动性偏好理论看似是一个伟大的革命，实则不然。因为，在任何短期中，个人所拥有的资产价值（不包括赠与的资产）必然与其或借或贷的净债务量相等。因此，如果所有商品供求平衡，并且货币供求也平衡，那么仅仅通过数学运算可知，贷款的供给和需求也必然是平衡的。与此相同，如果所有的商品供求和贷款供求都平衡，则货币的供给和需求也会达到均衡。”①

面对来自希克斯等可贷资金理论倡导者的批判，凯恩斯在文中也给予了反驳。凯恩斯认为，俄林所定义的贷款供给量是指人们愿意增加的求偿权和资产的价值，这就意味着贷款的净供给量与古典理论中储蓄量的概念相同。对于贷款的需求，俄林认为是新增贷款量减去已清偿的贷款量。然而凯恩斯认为，俄林对于贷款需要量的定义等同于古典理论中净投资额的概念。最后，凯恩斯认为，俄林代表的可贷资金理论所得到的结论——价格由借贷资金供求决定，实质上是回到了古典利息率决定理论，而这一古典利息率理论恰恰是俄林等人所批判的，所以他们的利息率理论是自相矛盾的。

凯恩斯将可贷资金理论学者对流动性偏好理论的错误理解主要归因于以下几方面的混淆。

1. 关于“借贷资金”与“货币”的混淆

俄林认为借贷资金是可以利用所有资源的贷款供给，还有一些学者认为借贷资金只是指银行的贷款供给。虽然银行贷款数量的改变在一定情况下等于银行货币数量的变化量，但是凯恩斯认为这与他的理论只是表面上肤浅的雷同。因为前者关注的是银行借贷资金需求的变化（即贷款需求量的变化），而凯恩斯关注的则是货币需求量的变化，以及人们对持有货币还是进行储蓄的抉择。

2. 关于“贷款”与“融资”的混淆

凯恩斯从实体经济运行角度进行分析，他指出：企业进行投资决策之前，要考虑到融资方案，而且，事实上在融资尚未开始之前，储蓄就已经发生了。这一储蓄可能是企业自身自由资金的积累，也可能是其他人的货币积累，甚至无须知道是什么人进行的积累。因此，利息率是一个连接投资决策时刻和资金积累发生时刻的桥梁。企业的资金需求可以通过企业自有资金积累、银行贷款或是通过市场发行证券来获得。显然，如果是通过市场融资，就超越了储蓄和贷款的范畴。然而通过市场融资，对利息率的影响更显著。

凯恩斯认为贷款与融资有两点不同。其一，所谓“贷款”指银行贷款，与储蓄相关。而“融资”的范围更广，不仅包括银行的储蓄，还包括从市场中获得的社会

---

① J. R. Hicks, "Keynes' Theory of Employment", *The Economic Journal*, Vol. 46, No. 182 (June 1936), pp. 238 - 253.

闲置资金。其二，"贷款"与"融资"是流量与存量的关系。"贷款"可以被看作是投资的流量，可以循环利用于不同的投资项目。而"融资"是存量的概念，是一种对于流动性货币的额外需求，是货币需求的一种。所以凯恩斯认为流动性偏好在市场中引导着资金的流向，决定着利息率，使融资得以实现。

3. 关于"储蓄"与"贮钱"的区别

凯恩斯认为储蓄与贮钱是不同的概念。广义的储蓄是指收入中不消费的部分，贮钱则是指以货币形式持有非消费资产的形式。凯恩斯把资产的储蓄形式抽象地归纳为两种：一种是货币，一种是债券。货币与债券的区别是，凡是在3个月内能控制支配权的一般购买力（如现金、银行活期存款）为货币；凡是不能在3个月内收回一般购买力支配权的资产形式（如股票、债券、长期银行存款或其他票据）为债券。也就是说，当人们在进行消费和储蓄抉择后，开始考虑对于剩余的闲置资金是以货币形式存在，即贮钱，还是以债券形式存在。凯恩斯指出，"如果认为贮钱是持有闲置资金，那么它的利息率理论可以被认为是关于贮钱量供求平衡的理论"[1]。

四、流动性陷阱

在文章中凯恩斯还提到了流动性陷阱的概念。他指出由于流动性偏好的存在，使得利息率有一个底线，利息率不能低于这个底线。否则，人们会认为现金比债券更值钱，所以以贮钱的形式持有财富，这时即使银行调整货币供应量也不能改变这一利息率水平，原因是人们不会再在现金和债券之间进行选择，除非货币供应量的改变足以使人们改变这种观念。凯恩斯还指出，正是由于资本边际报酬率可能长期低于利息率，所以会影响投资，从而导致失业。

评　价

凯恩斯的这篇文章可以说是对当时三种重要的利息率理论——古典利息率理论、流动性偏好利息率理论和可贷资金理论的一个总结，重点不是论述各种理论，而主要是分析这些理论之间的差异。尤其是对他所提出的流动性偏好理论与俄林、罗伯逊提出的可贷资金理论之间的理论边界，以及对一些被混淆的地方加以阐述。在文章中凯恩斯也提到了他已经在《通论》中花了不少篇幅来解释的储蓄、货币、利息以及流动性偏好等诸多术语，但还是有很多学者误解他的理论，所以他需要进

---

[1]　J. M. Keynes, "Alternative Theories of The Rate of Interest", *The Economic Journal*, June 1937, p. 250.

一步对这些理论观点加以说明。

凯恩斯认为古典利息率理论强调储蓄与投资等实物因素对利息率决定所起的作用，而忽视了货币因素对利息率的影响是错误的。他指出储蓄和投资等经济体系不是利息率的决定因素，相反，它们是被决定的因素，从货币边际效率推导利息率就犯了循环论证的错误。利息率完全是一种货币现象，它应该由货币数量和流动性偏好两个因素决定，即利息率由货币供求平衡决定。

凯恩斯的流动性偏好利息率理论引入了流动性偏好这一心理因素。他认为人们在进行财富分配时存在两种选择：时间性偏好选择和流动性偏好选择。所谓时间性偏好选择是指，人们对收入会进行当前消费和未来消费（即储蓄）的抉择。所谓流动性偏好选择是指，人们在时间性偏好选择后，决定以何种形式进行储蓄。凯恩斯将储蓄分为两种形式，即拥有流动性但无利息收入的货币和可以获得利息而失去流动性的债券。由此，凯恩斯认为利息完全是人们放弃流动性的报酬。

凯恩斯指出在流动性偏好的选择中，利息率是一个关键变量：一是利息率的高低直接影响债券的市场价格，人们会从利息率水平出发来考虑储蓄的形式；二是利息率的高低直接影响贮钱的机会成本。凯恩斯说："很清楚，利息率是用来衡量收益的尺度。这种收益是为了吸引人们用贮藏货币以外的某种形式来持有财富所必须付出的。"[1]

凯恩斯流动性偏好利息率理论是西方经济学利息率决定理论中的重要内容，它是一种偏重短期的、存量的、以货币因素来分析利息率的理论。凯恩斯的流动性偏好利息率理论的历史意义在于它打破了传统利息率理论的束缚，让人们看到了古典利息率理论忽视货币因素的错误，开辟了现代利息率理论。这一理论在 1929—1933 年的大危机时期提出，为政府调控经济、管理市场提供了理论基础。

同时一些经济学家也对凯恩斯的流动性偏好利息率理论进行了批判。他们认为凯恩斯的流动性偏好利息率理论主要存在三个方面的问题：（1）过分强调货币的作用，这显然与古典利息率理论过分强调实物对利息率的作用一样存在偏颇之处；（2）将金融资产仅仅定义为货币和债券，脱离了金融市场的实际情况；（3）除非收入水平已知，否则货币供求无法确定利息率水平。

后续研究

一、鲍莫尔-托宾模型和托宾均值-方差模型

鲍莫尔-托宾模型研究的结论表明在交易需求层面货币需求对利息率是敏感的。

---

[1]　J. M. Keynes,"Alternative Theories of The Rate of Interest", *The Economic Journal*, June 1937, p. 248.

这个模型的基本观点是：人们持有货币是有机会成本的，即放弃债券的利息收入；而持有货币的好处是避免了交易成本，持有债券是有交易成本的。在不影响日常交易的时间段里，人们在不断地进行货币机会成本与债券交易成本之间的权衡。只有持有货币的机会成本大于持有债券的交易成本，人们才愿意放弃一部分货币转而持有债券，以谋求利益，反之亦然。由此可见，交易需求对货币也是敏感的，交易需求与利息率水平成负相关。

鲍莫尔-托宾模型对谨慎动机与利息率关系的研究结论是：谨慎动机也与利息率水平成负相关。鲍莫尔-托宾模型的数学表达式为：

$$M_d = \sqrt{\frac{bT_0}{2i}}$$

式中，M_d——愿意持有的现金额；

T_0——每期开始时个体收入；

b——债券的交易费用；

i——债券的利息率。

这个模型又称平方根法则。对于货币需求而言，它的意义为：

(1) 收入 T_0 增加，货币需求增加；

(2) 交易费用 b 增加，债券需求减少，货币需求增加；

(3) 债券利息率 i 增加，债券需求增加，货币需求减少；

(4) 价格变动使 b 和 T_0 同时变动，结果使 M_d 作同比例的变动。

鲍莫尔-托宾模型的现实经济意义在于证明了利息率对于人们的交易需求和谨慎需求会产生重要影响。

托宾均值-方差模型是托宾对凯恩斯投机需求理论的发展，弥补了凯恩斯只将财富抽象为货币和债券的局限性。托宾认为，债券价格是剧烈波动的、是有风险的。人们持有货币和债券不仅要考虑利息率因素，还要考虑债券的风险。风险的大小与持有债券品种数量的多少成负相关。所以人们贮藏财富的方法是资产选择的多样化，同时持有货币和债券可以避免把"所有鸡蛋放在同一个篮子里"的风险。

托宾的均值-方差模型的创新之处在于将风险因素纳入理论模型，提出居民的投资需求受利息率和风险的双重影响。市场经济中利息率和风险总是相伴而行的，也就是说，市场经济中风险永远存在。

二、可贷资金理论的发展

这篇文章中的可贷资金理论严谨地说只能被称为借贷资金理论，因为在文章发表时，俄林、罗伯逊等人尚未提出完整的可贷资金理论。这一理论最终由英国经济学家 A. P. 勒纳（Abba Ptachya Lerner）整理综合并将其公式化，才真正形成了可贷资金理论。

现在完整的可贷资金理论被认为是对新古典利息率理论和流动性偏好利息率理论的综合，既考虑了实物因素也考虑了货币因素对于利息率的影响；既考虑了借贷资金流量的因素也考虑了存量的因素。货币供应也扩展到储蓄、出售固定资产的收入、贮钱和银行体系创造的新增货币量；货币需求扩展到当前的投资、固定资产的重置与更新以及新增的贮钱。

货币理论的一般均衡分析方法[①]

作者简介　James Tobin

　　詹姆斯·托宾（James Tobin，1918—2002 年）于 1918 年 3 月出生于美国的伊利诺伊州，1939 年于哈佛大学获得学士学位，1940 年在哈佛大学获得硕士学位，1947 年在哈佛大学获得博士学位。托宾的工作一直以教学为主，先后在耶鲁大学、剑桥大学、奈洛比大学、明尼苏达大学、加利福尼亚大学担任经济学讲师、教授。托宾曾于 1958 年担任计量经济学会会长，1961—1962 年，托宾担任肯尼迪总统经济顾问委员会成员，1971 年成为美国经济学会会长，1972 年开始，托宾担任全国科学学会秘书长，后来担任经济项目会长，1977 年成为美国东方经济学会会长。1996 年，托宾成为全国咨询委员会以及美国联合国协会的一员。

　　托宾教授是美国最杰出的凯恩斯主义经济学家之一，他的研究范围很广，涉及宏观理论和政策、货币银行、公共财政、消费者行为、福利经济学、资产组合选择以及资产市场（q 比率）、投资以及资本积累、国际货币体系（托宾税）等多个领域，2002 年 3 月去世之前，托宾的兴趣主要集中在社会保障和医疗保健以及国际货币改革等领域。

---

　　① 本文发表于 *Journal of Money，Credit，and Banking*，Vol. 1，No. 1（Feb. 1969），pp. 15 - 29。

主要成果

"Financial Globalization: Can National Currencies Survive?", *Annual World Bank Conference of Development Economics*, 1999.

"Financial Globalization", *Proceedings of the American Philosophical Society*, 143 (2), 1999.

"Monetary Policy: Recent Theory and Practice", in Helmut Wagner (ed.), *Current Issues in Monetary Economics*, 1998.

"Irving Fisher (1867—1947) in Retrospect" (with Robert M. Solow, Robert E. Hall, Richard H. Thaler, Robert W. Dimand, and William J. Barber), *The American Economic Review*, 87 (2), 1997.

"Comments by Professor James Tobin", *Journal of Applied Econometrics*, 12, 1997.

"An Overview of The General Theory", in G. C. Harcourt and P. A. Riach (eds.), *A Second Edition of The General Theory*, Vol. 2, 1997.

"A Currency Transactions Tax, Why and How", *Open Economies Review*, 7, 1996.

"The Natural Rate as New Classical Macroeconomics", in Rod Cross (ed.), *The Natural Rate of Unemployment*, 1995.

"Democratic Values and Capitalist Efficiency: The Liberal Reconciliation", in W. Lawson Taitte (ed.), *Moral Values in Liberalism and Conservatism*, 1995.

"International Currency Regimes, Capital Mobility and Macroeconomic Policy", *Greek Economic Review*, 15 (1), 1993.

"Poverty in Relation to Macroeconomic Trends, Cycles, and Policies", in Sheldon H. Danziger, Gary D. Sandefur, and Daniel H. Weinberg (eds.), *Confronting Poverty, Prescription for Change*, 1994.

"An Old Keynesian Counterattacks", *Eastern Economic Journal*, 18 (4), 1992.

"On the Internationalization of Portfolios" (with William C. Brainard), *Oxford Economic Papers*, 44, 1992.

"Price Flexibility and Output Stability: An Old Keynesian View", *Journal of Economic Perspectives*, 7 (1), 1993.

"Money", in Peter Newman, Murray Milgate and John Eatwell (eds.), *The New Palgrave Dictionary of Money and Finance*, 1992.

"The Macroeconomics of Government Finance" (with Michael Haliassos), The Macroeconomics of Government Finance, In B. M. Friedman and F. H. Hahn (eds.), *Handbook of Monetary Economics*, Vol. 2, 1990.

"On Crotty's Critique of Q-Theory" (with William C. Brainard), *Journal of Post Keynesian Activity*, 1, 1990.

"On the Theory of Macroeconomic Policy", *De Economist*, 138 (1), 1990.

"The Optimal Cash Balance Proposition: Maurice Allais' Priority", *Journal of Economic Literature*, 27, 1989.

"Growth and Distribution: A Neoclassical Kaldor-Robinson Exercise", *Cambridge Journal of Economics*, 13, 1989.

"Inventories, Investment, Inflation and Taxes", in A. Chikan and M. C. Lovell (eds.), *The Economics of Inventory Management*, Elsevier Science Publishers, 1988.

"The Monetary-Fiscal Mix: Long-Run Implications", *AEA Papers and Proceedings*, 76 (2), 1986.

"Neoclassical Theory in America: J. B. Clark and Fisher", *The American Economic Review*, 75 (6), 1985.

"Financial Innovation and Deregulation in Perspective", *Bank of Japan Monetary and Economic Studies*, 3 (2), 1985.

"Comment on 'On Consequences and Criticisms of Monetary Targeting', or MONETARY TARGETTING: DEAD AT LAST?", *Journal of Money, Credit, and Banking*, 17 (4), 1985.

"A Mean-Variance Approach to Fundamental Valuations", *The Journal of Portfolio Management*, Fall, 1984.

"Monetary Policy: Rules, Targets, and Shocks", *Journal of Money, Credit, and Banking*, 15 (4), 1983.

"The Commercial Banking Firm: A Simple Model", *Scandinavian Journal of Economics*, 84, 1982.

"The 1982 Economic Report of the President: Comment on the Annual Report of the Council of Economic Advisers", *Journal of Monetary Economics*, 10, 1982.

"Money and Finance in the Macroeconomic Process", *Journal of Money*, *Credit*, *and Banking*, 14（2）, 1982.

研究背景

托宾 q 理论是托宾在 1969 年的论文《货币理论的一般均衡分析方法》（A General Equilibrium Approach to Monetary Theory）中最先提出来的，发表在《货币、信贷和银行杂志》（*Journal of Money*, *Credit*, *and Banking*）上。

托宾认为：对货币政策而言，最重要的是其对资本投资产生的效果，这些投资包括企业的厂房与设备、住宅、存货等。通常提到的市场利率、货币数量或信用额，并不能完整地表现这些效果，在货币供给通过利率变动影响收入变化的过程中，存在着一个股票市价或企业市价变化的问题以及固定资本重置价格变化的问题。为此，他运用货币理论的一般均衡分析方法，将货币分析推广到整个金融领域，从而将货币部分地内生化，然后，他引入一个新概念" q "，即企业的市场价值与资本重置成本的比值，也就是所谓的"托宾 q "（Tobin's q），作为把中央银行与金融市场连接到实质经济面的因素。运用此种方法，托宾证明了货币政策主要是通过影响证券资产价格与其重置成本之间的关系来影响总需求进而影响经济活动的。

研究方法

托宾在此论文中采用的是货币理论的一般均衡分析方法，此方法集中分析各经济实体、经济部门以及总体经济本身的资本账户。这些资本账户一般包括以下内容：在资产组合和资产负债表中出现的资产和负债；决定各种资产供求状况的因素以及可以使相关市场出清的资产价格和利率。这种一般均衡分析方法将资本账户和产出收入账户分离开来考虑，把收入变量当作资产负债表的外生变量，在既定的产出收入和其他流量的情况下寻找资产市场的平衡。当然，二者的联系实际上是存在的，在真正平衡时，经济的两个部分——金融和实体经济一定相互协调。这种分析方法的主要行为假设是：支出决策和资产选择决策是相互独立的，尤其是财富积累的决策与财富的分配是分离的。作为储蓄者，人们自己决定如何增加他们的财富；而作为资产组合管理者，他们又自主决定如何将他们拥有的净资本在现有的资产和债务之间分配。他们的消费倾向可能会依赖于利率，但绝对不会直接依赖于现有的资产供给或者资产供给增长的速度。

分析中所使用的会计框架如表 1 所示，行表示资产或负债，列表示经济部门，如商业银行、中央政府等。方框中的数字可以为正、负、零，负数表示这一经济部门在这项资产上是债务人。所有项目必须采用同一个计量尺度，这样，行加总就是整个社会对于这项资产的净供给，对于内部经济体发行而又由内部经济体持有的金融资产来说，其净供给肯定为 0。列加总代表一个部门的资本净值，例如最后一列加总为国民财富。

表 1   会计框架

资产	经济各部门	中央政府	净持有量＝外生供给
	1，2，…，m		
1			
2			
⋮			
n			

主要内容

一、分析框架

托宾假设 $r_i (i=1，2，…，n)$ 代表每一种资产的收益率，任一经济部门 $j(j=1，2，…，m)$ 对资产 i 的需求为 f_{ij}，f_{ij} 是向量 r_i 的函数。在上面所提到的会计框架中，很多方框可能是空的，因为很多经济部门根本不会涉及某些资产，既不是持有者也不是借贷者。在任何时候，每一个经济部门的资产选择都受其资本净值的约束，它们可以自由选择资产负债表中的项目，但是无法自由选择列项的总和——资本净值。这项要求具有既很明显又很简单的含义，对于任意部门，所有资产总和对于某一资产收益率的变化偏导为零，即：

$$\sum_{i=1}^{n} \frac{\partial f_{ij}}{\partial r_k} = 0$$

而所有资产总和对于资本净值的变化偏导为 1，即：

$$\sum_{i=1}^{n} \frac{\partial f_{ij}}{\partial w_j} = 1$$

这两个性质对于各个部门的总需求函数 $f_i = \sum_{j=1}^{m} f_{ij}$ 都适用。

表 1 中的每一行都对应着一个市场出清的恒等式，即 m 个私人部门的净需求加

总等于现有的总供给，这个总供给可能是政府提供的，也可能是其他外生给定的。这样就产生了 n 个等式，但是，这 n 个等式不是相互独立的，无论自变量有多大，这 n 个资产等式的左半部分相加与右半部分相加的值一定是相等的，都等于总的私人财富。因此，这 n 个等式不可能解出 n 个收益率，而至多解出 $n-1$ 个。在有些分析中，可以自由决定的收益率还会少于 $n-1$ 个，也就是说，可以内生决定的收益率少于市场出清恒等式中存在的收益率，因为制度或者法律固定了其中的某些利率，比如持有通货的零利率、禁止对活期存款付利息、对于定期存款和储蓄账户的利率上限等限制使得相关的利率无法自由决定，而固定为零或某一特定值，还有些至少在长期内被实际因素（比如有形资产的边际生产力）所限制。在这些情况下，资本账户恒等式可能无法得到满足，除非有些资产供给不是外生的而是可以不断调整以达到市场出清的，或者说经济实体部分的相关变量如收入、价格水平、价格预期等能够得到恰当的估价。

二、不同经济环境中货币政策及 q 的分析

1. 货币-资本经济

托宾假设经济中只有一个私人部门和两种资产（即政府发行的为其预算赤字融资的货币以及同质的实物资本）。托宾用 p 表示现在已生产商品（包括消费品和资本品）的价格，用 qp 表示现存的资本品的市场价格——这表示允许现存的资本品的价值与其重置成本偏离（此处的 q 就是著名的"托宾 q"，也就是资本的市场价格与其重置成本的比值），用 r_m 和 r_k 分别代表持有货币和资本的实际收益率，ρ_p^e 表示对于商品价格的预期变化率，r_m' 表示货币的名义利率（一般为零），R 表示资本相对其重置成本的边际效率，W 表示财富，Y 表示收入，都以商品价格来衡量。则模型 1 如下：

根据定义，财富表示为：

$$W = qk + M/p \tag{1.0}$$

资产选择等式：

$$f_1(r_k, r_m, Y/W)W = qk \tag{1.1}$$

$$f_2(r_k, r_m, Y/W)W = M/p \tag{1.2}$$

收益率恒等式：

$$r_k q = R \tag{1.3}$$

$$r_m = r_m' - \rho_p^e \tag{1.4}$$

将式（1.1）和式（1.2）相加，联系式（1.0）可知：$f_1 = 1 - f_2$，因此，这两

个资产选择等式中的一个［比如说式（1.1）］可以忽略，很明显可以知道 $\frac{\partial f_1}{\partial r_k}$，$\frac{\partial f_2}{\partial r_m}$ 为正，而 $\frac{\partial f_1}{\partial r_m}$，$\frac{\partial f_2}{\partial r_k}$ 为负，收入与财富之比 Y/W 出现在两个资产需求函数中，传统的假设是：在更高的收入水平上由于交易动机，对货币产生了更大的需求，也就是说，对于资本的需求就降低了。在此，托宾做了传统的凯恩斯假设，即货币对于收入的边际需求弹性是正的但是不超过 1，原因是交易需求至多是收入的一部分（收入相对于收入的弹性为 1），也就是说：

$$0 < \frac{\partial(f_2 W)}{\partial Y} \bigg/ \frac{f_2 W}{Y} = \frac{\partial f_2}{\partial(Y/W)} \bigg/ \frac{f_2}{Y/W} \leqslant 1$$

式（1.3）表示：资产净值的市场估价与市场收益率之间存在反向关系，假设以生产成本 p 购买一单位资本的永久收益为 R，如果投资者必须支付 qp 而不是 p，则他所得的收益率就为 R/q。需要注意的是：无论是以重置成本还是市场价值计算，商品价格 p 都不会影响资本的实际收益率。但是，商品价格的预期通货膨胀率作为货币实际收益率的一个组成部分（如式 1.4 所示）却会影响资产的选择。

如上所述，两个资产选择等式可以忽略一个，比如省略式（1.1），则模型 1 就只包含式（1.0）、式（1.2）、式（1.3）、式（1.4）四个恒等式，运用这四个恒等式，托宾展开了货币-资本经济的分析。

（1）模型 1 的短期均衡分析。

托宾将 K，M，Y，P，R，ρ_p^e，r_m' 作为模型的外生变量，r_k，r_m，W，q 作为模型的内生变量，根据式（1.4），r_m 实际上也是外生的，通过替换，模型 1 可以变为：

$$f_2\left(R/q, \; r_m, \; \frac{Y}{qk+M/p}\right)(qk+M/p) = M/p \tag{1.5}$$

根据前面部分的假设，可以得出：$\frac{\partial q}{\partial M} > 0$，即货币数量的增加是扩张性的，会导致对现存资本估计的升高并刺激投资支出；$\frac{\partial q}{\partial R} > 0$，即资本边际效率的提高会提升资本的价格；$\frac{\partial q}{\partial r_m} < 0$，即货币实际利率的上升会降低资本的价值；$\frac{\partial q}{\partial Y} < 0$，即收入水平的提高需要相应降低资本的估价。最后这个结果引导托宾发现：作为收入决定短期模型的一部分，式（1.5）可以理解为一种标准的凯恩斯 LM 曲线，也就是说，它表明了实际收入 Y 和资本收益率 r_k 或者 R/q 在资产市场平衡中是如何协调的，如图 1 所示。

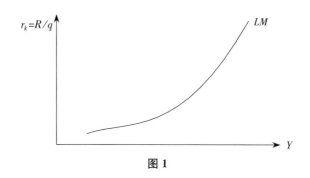

图 1

在图 1 中，纵轴的利率指的是持有资本的实际收益率。因此，投资率（也就是说投资者增加其资本存量的速度）应该与 q 有关系，这里首次提出了 q 可以通过影响投资进而影响经济活动。当然，图 1 中的 LM 曲线是在资本的边际效率 R 给定的情况下画出的。如果 R 随收入变化而变化，假设标准收入 $\bar{Y}$ 表示储蓄水平正好可以维持资本存量按照自然增长率增加，而 $\bar{R}$ 表示收入处于 $\bar{Y}$ 水平时资本存量 K 的边际效率，托宾画出了在此情况下的 LM 曲线，如图 2 所示。

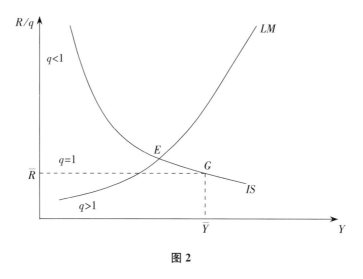

图 2

因为收入 $\bar{Y}$ 可以保证资本存量按照自然增长率 g 增加，也就是说 $gk = s\bar{Y}$，式中 s 代表储蓄率，根据新古典增长理论的假设，按此比率增长的投资可以保证 $\bar{R}$ 保持不变。托宾得出：

$$q = 1, \quad r_K = \bar{R}$$

换句话说，IS 曲线一定经过点 $(\bar{R}, \bar{Y})$，因此短期均衡如图 2 中 E 点所示。在短期均衡点 E，收入低于标准收入，因而投资要高于储蓄，投资储蓄等式就要求 $q < 1$，也就是资本市场价格要低于其重置成本的价值。

（2）模型 1 的长期均衡分析。

达到长期均衡时，资本以其重置成本估价，也就是说 $q=1$，此时，图 2 中的 E 点和 G 点肯定会重合，而且此时的收入水平 $\bar{Y}$ 必须同时代表劳动供求的平衡，那么只要 M/p，R，Y 以及 K 给定，就可以决定 r_k 和 W，根据式（1.2）又可以决定 r_m，但此时，无论预期价格变化 ρ_p^e 还是货币的名义利率 r'_m 都必须是由市场决定的而非制度或者法律固定的。如果 r_m 是固定的，以实际形式衡量的资本和货币的供给必须能够自由调整以适应公众资产选择的偏好，其中一个机制就是价格水平 p 的灵活性，这可以保证任何名义货币供给 M 都可以转化为公众在现行的实际利率下需要的实际供给。

2. 货币-证券-资本经济

在模型 1 中没有考虑货币政策的因素，货币供给就等同于政府的债务，要增加一单位的货币而同时保持私人财富不增加是不可能的。对此，托宾进行了进一步的论证，通过允许政府债务采取非货币的形式引入货币政策，这样即使政府总债务在某一时间是固定的，至少就其最初的货币价值来说，它的组成部分可以通过公开市场业务来改变，因此模型 2 对此进行了改进：托宾用 $\hat{r}$ 代表实际收益率向量 $(r_k,$ $r_m,$ $r_s)$，则模型 2 如下：

根据定义，财富可表示为：

$$W = qk + \frac{M+S}{p} \tag{2.0}$$

资产选择等式：

$$f_1(\hat{r},\ Y/W)W = qk \tag{2.1}$$

$$f_2(\hat{r},\ Y/W)W = M/p \tag{2.2}$$

$$f_3(\hat{r},\ Y/W)W = S/p \tag{2.3}$$

收益率恒等式：

$$r_k q = R \tag{2.4}$$

$$r_m = r'_m - \rho_p^e \tag{2.5}$$

$$r_s = r'_s - \rho_p^e \tag{2.6}$$

与模型 1 类似，托宾将 Y，M，S，K，R，r'_m，ρ_p^e，P 作为模型的外生变量，将 q，W，r_k，r_m，r_s，r'_s 作为模型的内生变量，由上面六个独立的等式来决定，将等式联立，可以得到：

$$f_2(R/q,\ r_m,\ r_s,\ Y/W)W = M/p \tag{2.7}$$

$$f_3(R/q,\ r_m,\ r_s,\ Y/W)W = S/p \tag{2.8}$$

像模型 1 中所说的一样，$\dfrac{\partial f_1}{\partial r_k}$，$\dfrac{\partial f_2}{\partial r_m}$，$\dfrac{\partial f_3}{\partial r_s}$ 均为正，而交叉的偏导都是负的，也就是说，这些资产是相互替代的。再次根据传统的凯恩斯假设，货币对于收入的边际需求弹性是正的但是不超过 1，但此处需要更进一步，因为现在有了政府证券，与资本不同，政府证券可以满足交易对于货币的需求，因此：

$$\frac{\partial f_3}{\partial (Y/W)} = -\frac{\partial f_2}{\partial (Y/W)}$$

而且，

$$\frac{\partial f_1}{\partial (Y/W)} = 0$$

根据这些假设，托宾得出了表 2 所示的结论。

表 2

内生变量	外生变量							
	发行货币	发行证券	用货币购买证券	货币名义收益率	收入	资本的边际效率	商品价格	商品价格预期变化率
q	+	?	+	−	−	+		+
r_s	−	+	−	+	+	?	?	
r_k	−	?	−	+	+	+	+	−

表 2 中前两列代表政府债务两种形式的增加，第三列代表货币政策在公开市场业务中购买证券，可以通过货币政策使模型 1 中的 LM 曲线右移，第四列代表货币政策是通过提高法定货币利率来实施的情况。从表 2 中可以看出，通过公开市场业务用货币购买证券的政策可以达到扩张性的效果，那么原因是什么呢？托宾认为：关键是由于货币的利率是由法律或者传统外生固定住的，而证券的收益率是内生的、是由市场决定的，如果这两种情况一调换，想象一下如果政府可以固定证券的利率而让货币的利率由市场决定，那么央行达到扩张性效果的途径就成了用证券购买货币！

托宾认为：如果一种资产的供给增加，则这种资产以及其他资产的收益率结构必须相应调整以使公众能够持有新供给，但是一旦利率是固定的，调整就只能通过降低其他资产的利率或者提高其他资产的价格来实现了。前面曾经提到了有 n 种资产的经济社会最多可以提供 $n-1$ 个独立的市场出清恒等式，也就最多只能决定 $n-1$ 个实际收益率。如果一种资产，比如说"货币"的利率固定了，那么资本的市场收益率就必须成为应由市场决定的利率之一（否则无法实现平衡），这就使得货币当局可以推动实物资本的市场收益与其边际技术生产力相脱离。也就是说，使实物资本的市场价值与其重置成本相脱离，通过推动这些分歧的出现，货币当局就可以影响当前的生产力以及资本的积累了。这就是货币当局影响短期总需求的方式，也就是通过使 *LM* 曲线左右移动来改变它与 *IS* 曲线的交点。如果货币的利率像其他金融资产的利率一样是可以自由浮动的、是由市场内生决定的，那么所有的收益率都会调整至资本的边际效率，就不会出现市场估价与重置成本的分歧，这样货币政策就无法改变总需求了，实体经济将会操纵金融部门，而金融部门不会对实体经济产生任何影响，托宾认为这种情况会在长期出现，货币政策不会对总需求产生影响，而只是影响货币以及实物资产的供给。

3. 货币-证券-资本-银行存贷款经济

作为对此方法的进一步阐述，托宾加入了银行存贷款的因素，他假设经济社会有两个部门，在前面模型的基础上加入了银行，另外又加入了两种新资产——存款和私人贷款。这样就又出现了两种需要决定的利率：存款利率 r_D，贷款利率 r_L；还有两个名义利率：r'_D、r'_L，以及与银行有关的央行的贴现率 d'（实际贴现率 d），托宾用 $\hat{r}$ 表示利率向量（r_k，r_m，r_s，r_D，r_L，d）。为简单起见，托宾将银行和公众的资产选择都表示为 $\hat{r}$ 的函数，但应该注意的是，贴现率 d 与公众无关，资本的市场收益率 r_k 与银行无关，另外将法定准备金记为 k，模型 3 可以写为：

根据定义，财富可表示为：

$$W = qk + \frac{M+S}{p} \tag{3.0}$$

资产选择等式：

$$f_{1p}(\hat{r}, Y/W)W = qk \tag{3.1}$$

$$KD + f_{2B}(\hat{r})D(1-k) + f_{2p}(\hat{r}, Y/W)W = M/p \tag{3.2}$$

$$f_{3B}(\hat{r})D(1-k) + f_{3p}(\hat{r}, Y/W)W = S/p \tag{3.3}$$

$$f_{4B}(\hat{r}) + f_{4p}(\hat{r}, Y/W)W = 0 \tag{3.4}$$

$$D = f_{4p}(\hat{r}, Y/W)W \tag{3.4a}$$

$$f_{5B}(\hat{r})D(1-K) + f_{5p}(\hat{r}, Y/W)W = 0 \tag{3.5}$$

收益率恒等式：

$$r_k q = R \tag{3.6}$$

$$r_m = r'_m - \rho_p^e \tag{3.7}$$

$$r_s = r'_s - \rho_p^e \tag{3.8}$$

$$r_D = r'_D - \rho_p^e \tag{3.9}$$

$$r_L = r'_L - \rho_p^e \tag{3.10}$$

$$d = d' - \rho_p^e \tag{3.11}$$

像前面的模型一样，托宾将 Y，M，S，K，R，r'_m，ρ_p^e，p，d'，K 作为模型

的外生变量，将 q，W，r_k，r_m，r_s，r_s'，r_D，r_D'，r_L，r_L'，d 作为模型的内生变量，由上述等式决定。像前面一样，不同的货币政策工具以及其他外生变量对于 q 的影响代表了它们对于总需求的影响，运用前面所述的资产是相互替代的以及高能货币的收入需求弹性的性质，所得结论与前面两个模型在性质上差不多，当然在数量上是不同的，因为在模型 3 中引入了银行，而银行采取部分准备金制，在这种情况下要达到预期效果所需要的收益率的变化要比模型 1 和模型 2 中的大。

主要结论

根据上面在不同环境下对此种方法的阐述，托宾的研究结论是：金融政策影响总需求的方法就是通过改变实物资产相对于其重置成本的价值，也就是通过影响 q 来实现。货币政策可以完成这种转变，一些其他的外在事件也可以。除了他在模型中提到的那些外生变量外，像预期、风险估计、风险态度等等都可以达到影响总需求的效果。在这些情况下，可以通过观察相关变量（托宾 q）来衡量货币政策以及其他金融事件的影响。

评价和后续研究

托宾在这篇文章中第一次提到了托宾 q 这一概念，并阐明了托宾 q 在金融政策实施过程中所起的重要作用，他在本文中使用的货币理论的一般均衡分析方法解释了货币分析中的常见问题，而且这个框架是很灵活的，可以通过包含更多的部门和更多的资产来延伸此模型，其中的很多假设也可以放开来做进一步的研究，对于货币政策能否以及如何影响总需求有很强的分析价值，对于如何相应地制定货币政策起到了重要的指导意义。在本文之后，很多经济学家对托宾 q 做了进一步的研究，将其扩展运用到了很多领域。约翰·P. 埃文斯（John P. Evans）和詹姆斯·A. 金特里（James A. Gentry）在《以托宾 q 比率评估股票回购策略》（Using Tobin's Q Ratio to Assess the Strategy of Repurchasing Shares）一文中，运用托宾 q 来评定股票回购策略的效果，结果发现：回购股票的公司并不一定比不回购股票的公司拥有更高的 q 值。他们还对经济学家对于托宾 q 的后续研究和应用作了一个小的总结，比如，Howe，He 和 Kao（1992）在《一次性现金流公告和自由现金流理论：股票回购和特别股息》（One Time Cash Flow Announcements and Free Cash Flow

Theory：Share Repurchases and Special Dividends）一文中指出：其在研究回购计划的影响时发现 q 值高和 q 值低的公司于回购宣布之日在超额收益上并不存在明显的差异；Vogt（1994）在《现金流与投资关系：基于美国制造业公司的研究》（The Cash Flow/Investment Relationship：Evidence From U. S. Manufacturing Firms）一文中，运用托宾 q 的均衡水平来区分流动性约束是由于信息不对称引起的还是管理部门运用自由现金流进行的过度投资引起的；Lee（1997）在《股权再融资公司在发行后的业绩表现：成长机会在其中的作用》（Post Offering Earnings Performance of Firms that Issue Seasoned Equity：The Role of Growth Opportunities）一文中，在研究多次股权筹资后的业绩时运用托宾 q 作为成长机会的代理变量，也就是说，如果市场认为公司具有盈利性的投资项目时，托宾 q 应该大于 1.0；Berger 和 Ofeck（1995）在《多元化对公司价值的影响》（Diversification's Effect on Firm Value）一文中，运用托宾 q 来鉴定在具有有限投资机会的行业中是否存在过度投资；Lang 和 Stultz（1994）在《托宾 q、多元化与公司业绩》（Tobin's Q, Corporate Diversification，and Firm Performance）一文中，也是采用相似的方法发现：分散化投资程度比较高的公司比分散化程度低的公司平均来说具有更低的 q 值；Lang 和 Maffett（2011）在《危机时期的透明度和流动性不确定性》（Transparency and Liquidity Uncertainty in Crisis Periods）一文中研究了危机时期企业的流动性问题，发现企业流动性波动和极端非流动性事件发生的概率都与托宾 q 值负相关；Traum 和 Yang（2015）在《政府债务何时挤出了投资》（When Does Government Debt Crowd Out Investment?）一文中，采用模型中隐含的托宾 q 分析影响投资的因素，进而通过数值模拟研究了政府债务对投资的挤出效应；Lopez（2018）在《新凯恩斯 Q 理论和通货膨胀与股票市场之间的联系》（A New Keynesian Q Theory and the Link Between Inflation and the Stock Market）一文中，采用托宾 q 理论在新凯恩斯框架下分析了通货膨胀与股票市场表现之间的关系，发现随着通货膨胀预期的下降，市价与账面价值比率会上升，并指出 NKQ 方程提供了一种简单可行的将资产价格与宏观经济变量相联系的建模方式……所有这些研究都是建立在本文对于托宾 q 以及货币分析方法阐述的基础之上的，本文的理论和政策价值可见一斑。

不完全信息市场中的信贷配给理论[①]

作者简介　**Joseph E. Stiglitz**

　　约瑟夫·E. 斯蒂格利茨（Joseph E. Stiglitz）于 1943 年 2 月 9 日出生于美国印第安纳州加里市，并在那里长大；现任哥伦比亚大学经济学教授。1964 年，斯蒂格利茨在阿默斯特学院获得了文学学士学位；1966 年，他获得了麻省理工学院经济学博士学位。斯蒂格利茨 1966 年获得博士学位后就开始在麻省理工学院任教，此后，他频繁地更换学校任教。2001 年以来，他一直在哥伦比亚大学任教；2009 年还担任了国际货币和金融体系改革专家委员会主席。1998—2001 年，担任斯坦福大学胡佛研究所经济学教授、资深研究员；1997—2000 年，担任世界银行首席经济学家、副行长；1995—1997 年，担任美国经济学会主席。

　　斯蒂格利茨的经济学著作涉及面很广，但他的研究却一直集中于竞争过程中的不完全信息的作用这一领域。斯蒂格利茨证明，如果没有完全信息，完全竞争市场就不能使得经济福利最大化，甚至会导致需求和供给不相等。他与安德鲁·韦斯（Andrew Weiss）合著的《不完全信息市场中的信贷配给理论》（Credit Rationing in Markets with Imperfect Information）一文就是这一研究领域的杰作之一。

　　① 本文发表于 *The American Economic Review*，Vol. 71，No. 3（June 1981），pp. 393 – 410。

他在信息经济学领域的开创性研究使得他与乔治·阿克洛夫（George Akerlof）、迈克尔·斯宾塞（Michael Spence）一起获得了 2001 年诺贝尔经济学奖。

主要成果

"How to Restore Equitable and Sustainable Economic Growth in the United States", *The American Economic Review*, 106 (5), pp. 43 – 47, May 2016.

"Equilibrium Fictions: A Cognitive Approach to Societal Rigidity" (with K. Hoff), *The American Economic Review*, 100 (2), pp. 141 – 146, May 2010.

"Risk and Global Economic Architecture: Why Full Financial Integration May Be Undesirable", *The American Economic Review*, 100 (2), pp. 388 – 392, May 2010.

"Helping Infant Economies Grow: Foundations of Trade Policies for Developing Countries" (with Bruce Greenwald), *The American Economic Review*, 96 (2), pp. 141 – 146, May 2006.

"After the Big Bang? Obstacles to the Emergence of the Rule of Law in Post-Communist Societies" (with Karla Hoff), *The American Economic Review*, 94 (3), pp. 753 – 763, June 2004.

"Information and the Change in the Paradigm in Economics" (abbreviated version of Nobel lecture), *The American Economic Review*, 92 (3), pp. 460 – 501, June 2002.

"Liberalization, Moral Hazard in Banking and Prudential Regulation: Are Capital Requirements Enough?" (with T. Helmann and K. Murdoch), *The American Economic Review*, 90 (1), pp. 147 – 165, March 2000.

"Toward a General Theory of Wage and Price Rigidities and Economic Fluctuations", *The American Economic Review*, 89 (2), pp. 75 – 80, May 1999.

"Interest Rates, Risk, and Imperfect Markets: Puzzles and Policies", *Oxford Review of Economic Policy*, 15 (2), pp. 59 – 76, 1999.

"The Private Uses of Public Interests: Incentives and Institutions", *Journal of Economic Perspectives*, 12 (2), pp. 3 – 22, Spring 1998.

"Financial Restraint: Toward a New Paradigm" (with T. Hellmann and K. Murdock), in M. Aoki, H. Kim, and M. Okuna-Fujiwara (eds.), *The Role of Government in East Asian Economic Development*, Oxford: Clarendon Press, pp. 163 – 207, 1997.

"Discouraging Rivals: Managerial Rent-Seeking and Economic Inefficiencies" (with

A. Edlin），*The American Economic Review*，85（5），pp. 1301 - 1312，December 1995.

"Financial Market Imperfections and Business Cycles"（with B. Greenwald），*Quarterly Journal of Economics*，108（1），pp. 77 - 114，February 1993.

"Asymmetric Information in Credit Markets and Its Implications for Macroeconomics"（with A. Weiss），*Oxford Economic Papers*，44（4），pp. 694 - 724，October 1992.

"Moral Hazard and Non-Market Institutions: Dysfunctional Crowding Out or Peer Monitoring"（with R. Arnott），*The American Economic Review*，81（1），pp. 179 - 190，March 1991.

"Symposium on Bubbles"，*Journal of Economic Perspectives*，4（2），pp. 13 - 18，Spring 1990.

"Peer Monitoring and Credit Markets"，*World Bank Economic Review*，4（3），pp. 351 - 366，September 1990.

"Asymmetric Information and the New Theory of the Firm: Financial Constraints and Risk Behavior"（with B. Greenwald），*The American Economic Review*，80（2），pp. 160 - 165，May 1990.

"Pareto Inefficiency of Market Economies: Search and Efficiency Wage Models"（with B. Greenwald），*The American Economic Review*，78（2），pp. 351 - 355，May 1988.

"Credit Rationing and Collateral"（with A. Weiss），in Jeremy Edwards（eds.），*Recent Developments in Corporate Finance*，New York: Cambridge University Press，pp. 101 - 135，1986.

"Equilibrium Unemployment as a Worker Discipline Device: Reply"（with C. Shapiro），*The American Economic Review*，75（4），pp. 892 - 893，September 1985.

"The Choice of Techniques and the Optimality of Market Equilibrium with Rational Expectations"（with D. Newbery），*Journal of Political Economy*，90（2），pp. 223 - 246，April 1982.

"Credit Rationing in Markets with Imperfect Information"（with A. Weiss），*The American Economic Review*，71（3），pp. 393 - 410，June 1981.

"Equilibrium in Product Markets with Imperfect Information"，*The American Economic Review*，69（2），pp. 339 - 345，May 1979.

"Information and Competitive Price Systems"（with S. Grossman），*The American Economic Review*，66（2），pp. 246 - 253，May 1976.

"Incentives, Risk and Information: Notes Toward a Theory of Hierarchy", *Bell Journal of Economics*, 6 (2), pp. 552 - 579, Autumn 1975.

"Taxation, Corporate Financial Policy and the Cost of Capital", *Journal of Public Economics*, 2, pp. 1 - 34, February 1973.

"Risk Aversion and Wealth Effects on Portfolios with Many Assets" (with D. Cass), *Review of Economic Studies*, 39 (3), pp. 331 - 354, July 1972.

"Factor Price Equalization in a Dynamic Economy", *Journal of Political Economy*, 78 (3), pp. 456 - 489, May-June 1970.

"The Implications of Alternative Saving and Expectations Hypotheses for Choices of Technique and Patterns of Growth" (with D. Cass), *Journal of Political Economy*, 77, pp. 586 - 627, July-August 1969.

"Allocation of Investment in a Dynamic Economy" (with K. Shell), *Quarterly Journal of Economics*, 81, pp. 592 - 609, November 1967.

作者简介　　**Andrew Weiss**

　　安德鲁·韦斯（Andrew Weiss）于 1968 年在威廉斯学院获得政治经济学学士学位，1977 年获斯坦福大学经济学博士学位。韦斯工作经历非常丰富，而且在国外工作多年。1976—1978 年，任哥伦比亚大学助理教授；1979—1980 年，任纽约大学助理教授；1983—1985 年，任哥伦比亚大学副教授；1987—2006 年，他一直担任波士顿大学经济学教授，之后以"名誉教授"头衔从波士顿大学退休；2001—2002 年，他还兼任威廉斯学院经济学访问教授。此外，韦斯从 1979 年至今一直任"Individual Trust and Individuals"投资组合项目经理；从 1991 年开始，他还兼任

BEP、BIP、BGO 的投资顾问；2002 年，他当选为韦氏资产管理公司（这是一家专门从事价值投资的全球性资产管理公司）首席投资运营官和主席，并一直任职至今。

韦斯在经济学专业期刊上发表过大量论文，同时他也是多家金融与经济期刊的编委。韦斯对信息经济学兴趣浓厚并在该领域有相当大的建树。韦斯和斯蒂格利茨的研究兴趣十分相似，他们合作了多篇有影响力的学术论文。《不完全信息市场中的信贷配给理论》就是他们合作的一篇经典之作。

主要成果

"Does Financial Liberalization Improve the Allocation of Investment? Micro Evidence From Developing Countries" (with Arturo Galindo and Fabio Schiantarelli)，*Journal of Development Economics*，83 (2)，pp. 562 - 587，July 2007.

"Foreign Portfolio Investment Improves Performance：Evidence from the Czech Republic" (with Georgiy Nikitin)，*The B.E. Journal of Economic Analysis & Policy*，4 (1)，June 2004.

"Would Hedge Fund Investors Benefit From Paying Operating Expenses?"，*The Journal of Investing*，13 (1)，pp. 91 - 95，Spring 2004.

"Why Institutions Systematically Underperform Broadly Based Market Indexes"，*The Journal of Investing*，8 (1)，pp. 65 - 74，Spring 1999.

"Probation，Layoffs，and Wage-Tenure Profiles：A Sorting Explanation" (with Ruqu Wang)，*Labour Economics*，5 (3)，pp. 359 - 383，September 1998.

"Capital Market Imperfections Before and After Financial Liberalization：An Euler Equation Approach to Panel Data for Ecuadorian Firms" (with Jaramillo F. Schiantarelli)，*Journal of Development Economics*，51 (2)，pp. 367 - 386，December 1996.

"Human Capital vs. Signalling Explanations of Wages"，*Journal of Economic Perspectives*，Vol. 9 (4)，pp. 133 - 154，1995.

"Asymmetric Information in Credit Markets and Its Implications for Macroeconomics" (with Stiglitz)，*Oxford Economic Papers*，Vol. 44 (4)，pp. 694 - 724，Oxford University Press，1992.

"Factors Affecting the Output and Quit Propensities of Production Workers" (with

Klein Roger and Spady Richard）, *Review of Economic Studies*, Vol. 58（5）, pp. 929 – 953, 1991.

"High School Graduation, Performance, and Wages", *Journal of Political Economy*, Vol. 96（4）, pp. 785 – 820, University of Chicago Press, 1988.

"The War of Attrition in Continuous Time with Complete Information"（with Hendricks Ken & Charles A. Wilson）, *International Economic Review*, Vol. 29（4）, pp. 663 – 680, 1988.

"Credit Rationing: Reply [Credit Rationing in Markets with Imperfect Information] [Incentives Effects of Terminations: Applications to the Credit and Labor Markets]"（with Joseph E Stiglitz）, *The American Economic Review*, Vol. 77（1）, pp. 228 – 231, 1987.

"Existence of An Optimal Random Monitor: the Labor Market Case"（with Guasch J. Luis）, *Investigations Economics*, Vol. 11（1）, pp. 95 – 99, 1987.

"Informational Imperfections in the Capital Market and Macroeconomic Fluctuations"（with Greenwald Bruce and Joseph E. Stiglitz）, *The American Economic Review*, Vol. 74（2）pp. 194 – 199, 1984.

"Mixed-Strategy Equilibrium in a Market with Asymmetric Information"（with Robert W. Rosenthal）, *Review of Economic Studies*, Vol. 51（2）, pp. 333 – 342, 1984.

"Determinants of Quit Behavior", *Journal of Labor Economics*, Vol. 2（3）, pp. 371 – 387, 1984.

"A Sorting-cum-Learning Model of Education", *Journal of Political Economy*, Vol. 91（3）, pp. 420 – 442, 1983.

"Incentive Effects of Terminations: Applications to the Credit and Labor Markets"（with Joseph E. Stiglitz）, *The American Economic Review*, Vol. 73（5）, pp. 912 – 927, 1983.

"Credit Rationing in Markets with Imperfect Information"（with Joseph E. Stiglitz）, *The American Economic Review*, Vol. 71（3）, pp. 393 – 410, 1981.

"Self-Selection in the Labor Market"（with Guasch J. Luis）, *The American Economic Review*, Vol. 71（3）, pp. 275 – 284, 1981.

"Information and the Law: Evaluating Legal Restrictions on Competitive Contracts"（with Ordover Janusz）, *The American Economic Review*, Vol. 71（2）, pp. 399 – 404, 1981.

"Wages as Sorting Mechanisms in Competitive Markets with Asymmetric Information: A Theory of Testing" (with Guasch J. Luis), *Review of Economic Studies*, Vol. 47 (4), pp. 653 – 664, 1980.

"Adverse Selection by Markets and the Advantage of Being Late" (with Guasch J. Luis), *The Quarterly Journal of Economics*, Vol. 94 (3), pp. 453 – 466, 1980.

"Job Queues and Layoffs in Labor Markets with Flexible Wages", *Journal of Political Economy*, Vol. 88 (3), pp. 526 – 538, 1980.

研究背景

1959 年，雅各布·马斯萨克（Jacob Marschak）首次提出了"信息经济学"一词；此后，信息经济学就成为经济学领域最活跃的一个分支，而且日益成为主流经济学的一个重要组成部分。这一领域产生了许多诺贝尔经济学奖获得者，如肯尼斯·阿罗（Kenneth J. Arrow）、乔治·施蒂格勒（George J. Stigler）、威廉·维克里（William S. Vickrey）、詹姆斯·莫里斯（James A. Mirrlees）、乔治·阿克洛夫、迈克尔·斯宾塞和约瑟夫·E. 斯蒂格利茨。

信息经济学的研究大致可以分为三个阶段，每个阶段都有其鲜明的研究重点。20 世纪 50—70 年代，信息经济学研究大多从统计决策开始，从讨论不确定性入手，逐步出现了多个研究方向，包括施蒂格勒的搜寻理论、阿罗的信息价值理论等；20 世纪 70 年代以后，以阿克洛夫、斯宾塞、斯蒂格利茨等为代表的不完全信息理论开始构建并逐步发展；90 年代以后，信息商品定价、网络经济、信息化则成为时兴的研究主题。从信息经济学发展的各个阶段可以看出，信息经济学的研究领域在不断扩大，其包含的内容在不断丰富，其研究的模型和方法也在逐渐成熟，被认知程度也在不断提高，这从信息经济学普遍地出现在最近几年出版的经济学教科书中可见一斑。

两位教授的这篇文章《不完全信息市场中的信贷配给理论》[①] 就是在不完全信息理论处于信息经济学研究中心的 20 世纪 70 年代完成的，它构建了在不完全信息条件下的产品市场均衡模型。文章证明了如果信息不完全，即使没有政府干预，资金市场上的利率或担保品水平也不一定能够自动调整使得市场的需求等于供给，即

[①] Joseph E. Stiglitz and Andrew Weiss, "Credit Rationing in Markets with Imperfect Information", *The American Economic Review*, Vol. 71 (3), pp. 393 – 410, 1981.

市场达到均衡时仍然存在信贷配给现象，这显然违背了传统的古典经济理论。同时这篇文章还将触角延伸到委托-代理问题这一领域，指出了不完全信息理论在该领域的应用价值。因此，这篇文章具有开创性的意义，它大大推动了信息经济学的发展，影响深远。

主要内容

古典经济理论认为，只有需求等于供给时市场才能够达到均衡；如果市场处于失衡状态——需求大于供给或需求小于供给，价格均能够自动调节使得市场恢复均衡。文章认为，如果这种价格自动调节机制确实在起作用，那么信贷配给现象就不可能存在。但是在现实中，信贷配给和失业一样，也是存在的。

文章提到，有些经济学家用长期失衡和短期失衡的方法来解释信贷配给。他们认为，在短期内，由于经济受到某种外部冲击，而劳动和资本的价格（工资和利率）具有某种黏性，劳动力市场和资本市场不可能很快重新达到均衡，而在这个由失衡向均衡过渡的时期内，信贷配给和失业现象就出现了。这些经济学家还指出，如果信贷配给和失业问题长期存在，那么就是由政府管制（如高利贷管制法、最低工资法）等措施造成的。

但斯蒂格利茨和韦斯认为，经济失衡不是出现信贷配给现象的必要条件。事实上，即使经济处于均衡状态，信贷市场也会出现信贷配给。他们指出，当价格（利率）影响到交易的性质时，市场就不能出清。作为放款者的银行关心的是贷款的利率和该项贷款的风险，而银行所能控制的利率通过逆向选择效应（影响潜在借款人的风险程度）和激励效应（影响借款人的行为）影响银行所放项目的风险——显然，利率已经影响到了交易的性质，因此，市场不能出清。他们强调，这两种效应均源自不完全信息。

一般而言，不同借款者具有不同的还款概率，而银行的期望报酬则取决于借款者的还款概率，所以银行十分想弄清楚哪些借款者的还款概率较高。因此，银行必须有一系列甄别措施。作者认为，借款者愿意承担的利率就是众多甄别措施中的一种：那些愿意支付高利率的借款人往往具有较高的风险程度——他们之所以愿意支付高利率是因为他们意识到他们还款的可能性较低。文章经证明后指出：当银行提高利率时，借款者的平均风险程度就会上升，贷款的期望报酬也就会下降，这就是所谓的银行利率的逆向选择效应。

同样，当银行提高利率时，借款者很可能会改变其行为。文章经证明后指出，利率越高，借款者越倾向于投资风险高的项目。这种激励效应（本质上也就是道德风险）也使得银行的期望报酬降低了。

因此，当银行提高利率时，由于逆向选择效应和激励效应的影响，其贷款期望报酬的增加要慢于利率的上升；而且随着利率的不断上升，这种抵消作用会逐渐增强，当达到某个临界值时，这种抵消作用将与正向促进作用相等，期望报酬达到最高点。图1描述了银行的期望报酬与利率之间的关系。

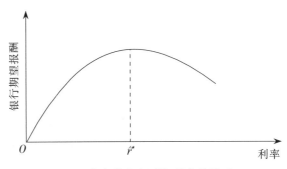

图1　银行期望报酬与利率的关系

贷款的需求由银行利率决定，而贷款的供给则是由银行期望报酬决定。显然，在图1中的 $\hat{r}^*$ 处，资金的需求超过供给，即此时市场存在超额需求。古典经济理论认为，此时市场处于失衡状态，利率将会提高使得资金需求等于供给。但事实是这样的：尽管在 $\hat{r}^*$ 处贷款的需求大于供给，但贷款市场却是均衡的，银行不愿意提高利率。因为由于利率的逆向选择效应和激励效应，当利率提高后，银行得到的期望报酬不增反降。因此，资金市场在 $\hat{r}^*$ 处达到均衡，信贷配给现象存在。

当然，利率并非贷款合同中的唯一条款，担保物的数量也是一个重要方面。文中证明，当担保物的数量达到某一水平后，银行继续提高担保物要求将会降低其贷款的期望报酬。也就是说，虽然资金市场存在超额需求，但银行不一定会通过提高担保物要求来获利，市场同样存在一个最优的担保物水平。

本文第一次对现实中存在的信贷配给现象在理论上进行了证明。针对各种各样的信贷配给定义，作者给出了他们所理解的信贷配给，即在无差别的贷款申请人中，一些人能够获得贷款而另一些人却不能够获得，即使他们愿意支付更高的利率也无济于事；或者无论贷款供给多么充足，总会有一些人在任何利率条件下都得不到贷款。

本文共包括五个部分，分别为：（1）作为甄别机制的利率；（2）作为激励机制的利率；（3）担保和有限责任的理论；（4）对不同借款者的考察；（5）对委托-代理问题的另一个研究视角。这篇文章以定理的介绍为主线，全文共包括14条定理。

一、作为甄别机制的利率

在这一部分，作者主要论述利率是如何区别不同借款人的，即讨论逆向选择效应是如何发生的。

模型的假设：

（1）银行可以区分不同收益均值的投资项目，所以模型不考虑收益均值不同的投资项目；

（2）模型考虑的是收益均值相同，但风险不同的投资项目，而银行无法知道各个项目的风险；

（3）借款人具有净值不变的担保物；

（4）借款人和放款人均为风险中性的；

（5）银行资金供给不受利率的影响；

（6）项目成本固定；

（7）项目投资是不可分割的，即除非投资所需资金全部到位，否则不会投资；

（8）每个项目所需资金是相同的。

作者用 $F(R, \theta)$ 表示项目 θ 的报酬 R 的概率分布，其概率密度函数为 $f(R, \theta)$；且 θ 越大，项目的风险越大，即对于 $\theta_1 > \theta_2$，有：

$$\int_0^\infty Rf(R, \theta_1)\mathrm{d}R = \int_0^\infty Rf(R, \theta_2)\mathrm{d}R \tag{1}$$

式（1）表明两个项目均值相同。取 $y \geqslant 0$，则：

$$\int_0^y F(R, \theta_1)\mathrm{d}R = \int_0^y F(R, \theta_2)\mathrm{d}R \tag{2}$$

式（2）表明 θ_1 项目风险较大（在均值相同的条件下）。

如果借款人借得的资金为 B，利率为 r，抵押品价值为 C，则当 $R+C < B(1+r)$ 时，借款人就会违约。借款人的净收益 $\pi(R, r)$ 与项目报酬 R 的关系可以用式（3）表示，即（见图2）：

$$\pi(R, r) = \max[R-(1+r)B, -C] \tag{3}$$

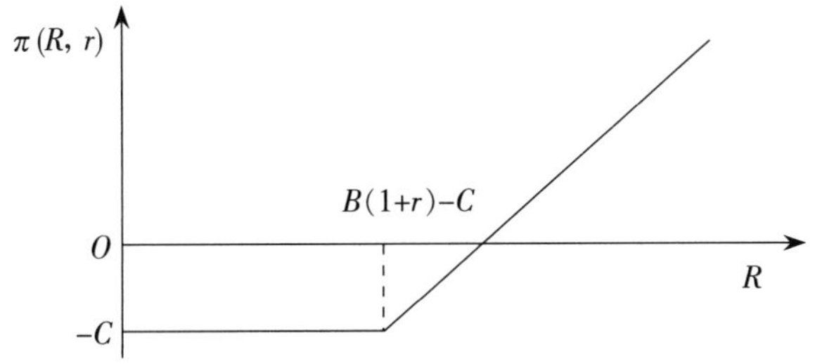

图2 借款人净收益与项目报酬的关系

47

银行的收益可表示为：

$$\rho(R,\ r) = \min[R+C,\ B(1+r)] \tag{4}$$

我们从式（4）中可以看出，银行收益与项目报酬之间的关系相对比较简单，当 R 大于或等于 $B(1+r)-C$ 时，其收益一直保持不变。图 3 就是对这一函数关系的描述。

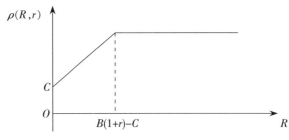

图 3　银行收益与项目报酬的关系

作者利用三个定理证明，银行提高利率会通过逆向选择效应而使得其期望报酬下降。

定理 1　给定利率水平 r，每个项目都会有一个临界值 $\hat{\theta}$；当且仅当 $\theta>\hat{\theta}$ 时公司才会向银行借款。

由图 2 可知，公司利润函数是关于 R 的凸函数；因此，期望利润是随着风险的增加而上升的。这就说明，项目的期望利润与 $\hat{\theta}$ 存在一一对应关系，且两者正相关。而当 $\theta=\hat{\theta}$ 时，公司期望利润为 0，即：

$$\prod(r,\ \hat{\theta}) = \int_0^\infty \max[R-(r+1)B,\ -C]dF(R,\ \hat{\theta}) = 0 \tag{5}$$

定理 2　当利率上升时，$\hat{\theta}$ 的临界值会上升，即借款人的风险上升。

对式（5）求微分可以得到：

$$\frac{d\hat{\theta}}{dr} = \frac{B\displaystyle\int_{(1+r)\hat{B}-C}^\infty dF(R,\ \hat{\theta})}{\partial\prod/\partial\hat{\theta}} > 0$$

这说明，$\hat{\theta}$ 与 r 正相关，即 r 提高时，$\hat{\theta}$ 将会上升。

定理 3　银行对每一笔贷款的期望报酬是该项贷款风险程度的减函数。由图 3 可知，银行期望报酬函数是 R 的凹函数，则结论可得。

定理 1 说明每一个申请贷款的公司都有一个临界值 $\hat{\theta}$；定理 2 则证明了当银行提高利率时，申请贷款的公司的临界值会增大，即申请贷款的公司整体风险增大了；定理 3 进一步说明这种风险的增大最终将导致银行期望报酬下降（在其他条件不变的情况下）。

由此得出的一个基本结论为：利率提高一方面会使得银行期望报酬增加；另一方面，由于逆向选择效应，银行期望报酬会下降。因此，为了证明银行提高利率可能会使得银行期望报酬下降，就必须证明后者的作用大于前者，下面三个定理就是针对这一问题的说明。

定理 4 如果潜在借款者（或者借款者的类型）的数量是离散的，且每个借款者都有一个不同的 $\hat{\theta}$，那么 $\bar{\rho}(r)$ 就不是 r 的单调函数，因为当每个成连续分布的一组借款人退出市场时，$\bar{\rho}$ 会大幅下降。〔其中 $\bar{\rho}(r)$ 为利率等于 r 时银行得到的收益均值。〕

假设有两组人，风险低的借款者只有在 $r<r_1$ 时才借款，而风险高的人则在 $r<r_2$ 时借款，$r_1<r_2$；当利率上升到稍微超过 r_1 时，风险低的人会全部退出借贷市场，从而使得银行的收益均值突然下降（见图 4）。

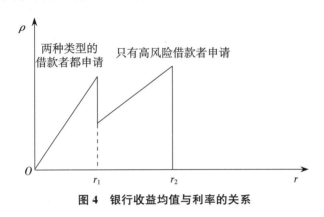

图 4 银行收益均值与利率的关系

定理 5 当 $\bar{\rho}(r)$ 只有一个极值时，市场将存在资金的供给函数，并且在这种竞争性均衡中存在信贷配给。

资金的需求取决于银行制定的利率，因此，L^D 向右下方倾斜（见图 5 第一象限）；而资金的供给曲线则取决于银行的期望报酬。图 5 中的第四象限给出了银行期望报酬与利率的一一对应关系，从中我们可以看出，最初利率上升时，银行期望报酬会上升，则资金供给也会增加；但当利率达到 r^* 水平时，如果银行继续提高利率，则期望报酬下降，资金供给减少。因此，资金的供给状况可以用第一象限中的 L^S 曲线来描述（见图 5）。根据图示，我们可以看出，资金市场在 r^* 处达到均衡，此时存在信贷配给现象，其大小为 Z。

定理 6 如果 $\bar{\rho}(r)$ 具有多个极值，那么市场均衡既可能出现在等于或低于市场出清点的某个单一利率上，也可能出现在两个利率水平上，在低的利率上，资金市场存在信贷配给。

假设瓦尔拉斯均衡出现在 r_m 水平上，那么如果使得 $\bar{\rho}(r)$ 最大的利率水平出现

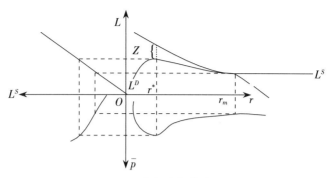

图 5　市场均衡的决定

在 r_m 左侧，则与定理 5 的结论相同。

如果最优利率水平出现在 r_m 右侧，那么将有两个贷款利率水平，不妨表示为 r_1 和 r_2，其中 r_1 为在 r_m 左侧的使得 $\bar{\rho}$ 最大化的利率水平，而 r_2 为在 r_m 右侧的使得 $\rho(r_1)＝\rho(r_2)$ 的最低利率水平（见图 6）。因此，那些在 r_1 水平上没有得到满足的借款者将在 r_2 处得到满足，即在 r_1，r_2 处有一个资金分布，使得那些在 r_1 处没有得到贷款的人在 r_2 处得到贷款，此时不存在信贷配给。如果仅仅存在一个利率水平 r_1，则资金市场存在超额需求；如为 r_2，则存在超额供给。

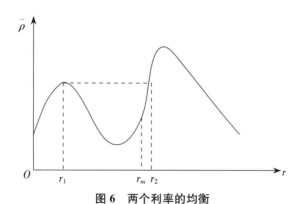

图 6　两个利率的均衡

至此，文章证明了利率上升为什么会使得银行期望报酬下降；其中，定理 4 给出了逆向选择的充分条件。此外，文章还简要证明了在其他一些情况下资金市场也会出现信贷配给（如投资项目是连续的；投资项目是离散的，但只具有两种结果；投资人具有不同的风险态度等等），从而把模型从严格的假设中解放出来，越来越接近于现实。

二、作为激励机制的利率

在这一部分，作者讨论了利率提高可能会使得银行期望报酬下降的另一个作用机制，即可能会使得借款者选择风险较高的项目。

模型假设公司能够选择投资项目。简单起见，作者只考虑两个项目：安全项目 m 和风险项目 n。

定理 7　如果在给定的名义利率水平 r 上，风险中性企业认为两个风险不同的项目无差异；那么当利率水平上升时，企业倾向于选择风险较高的项目，即投资失败的可能性较大，但一旦成功，回报较高。

证明　当利率上升时，项目的期望报酬会下降，但相对而言，安全项目的报酬下降比例要远远大于风险项目的下降比例，因此，风险项目对借款者而言吸引力增强了。根据定理 3，银行的期望报酬会下降（如果其他条件不变）。

定理 8　如果公司认为分别具有分布函数 $F_m(R)$ 和 $F_n(R)$ 的两个项目在利率为 $\hat{r}$ 处无差异，其中项目 n 失败的概率要大于项目 m；并且存在这样一个分布函数 $F_l(R)$，满足：

（1）$F_n(R)$ 是分布 $F_l(R)$ 的一个均值保留差（mean-preserving spread）。

（2）$F_m(R)$ 满足与 $F_l(R)$ 相关的所有一阶条件，即对于所有的 R，$F_l(R) > F_m(R)$。

那么当利息率上升时，银行的期望报酬下降。

定理 8 给出了在利率上升时，激励效应使得银行期望报酬下降的充分条件。原文有详细的证明以及相关的例子，这里不加详述。

三、担保和有限责任的理论

作者提到，文章论述至此人们可能会问：当市场出现信贷配给时，银行为什么不能够通过增加担保物的数量来降低资金需求并且使得银行期望报酬提高呢？在文章中，作者同样给出了答案。他们证明，担保品和利率一样，同样存在一个内部决定的最优担保水平。如果担保品要求超过这个水平，银行的期望报酬也会下降。

文章提出了两种常见的解释：

（1）如果公司有小项目和大项目两种项目可供选择，而小项目的失败概率比较高；所有借款者具有相同的净资产。那么当担保品水平上升时，来申请贷款的就只能是小项目，风险提高，银行期望报酬下降。

（2）如果借款者具有不同的净资产，那么净资产高的人很有可能是那些过去在高风险项目上成功的人（风险厌恶程度低），而那些净资产较低的人主要是投资安全项目的人（风险厌恶程度高）。结果当担保品水平提高时，那些风险厌恶程度高的人将被排斥出市场，银行承担的风险上升，银行期望报酬下降。

但作者指出，文章想证明的是：即使不存在前面提到的两种情况，担保要求最终仍然会有一个内部化的最优水平。其证明过程与第一部分论证利率时非常相似，逻辑也基本相同；因此，我们在这里就只给出基本的理论框架。

基本假设：

(1) 所有借款者的效用函数相同，均为 $U(W)$，且都是风险厌恶者，即 $U'>0$，$U''<0$；

(2) 每个借款者的初始财富水平 W_0 各异，但都面临着一系列项目，且每个项目的成功率为 $P(R)$（其中 R 为成功的报酬），$P'(R)<0$；当项目失败时，报酬为 0；

(3) 每个借款者都可以投资报酬率为 ρ^* 的安全项目；

(4) 银行观察不到个人的财富状况以及其投资了什么项目，只能对客户提供同样的合同，记为 (C, r)，其中 C 为担保品数量；

(5) 较富裕的人厌恶风险的程度较低。

定理 9 合同 (C, r) 扮演着甄别机制的角色：一份合同必然对应着两个初始财富的临界值 W_0^1 和 W_0^2，借款者的初始财富只有满足 $W_0^1<W_0<W_0^2$ 时才会向银行申请贷款。

因此，我们可以将讨论限定在具有随财富增加而风险厌恶程度递减的个人，且其初始财富水平低于 W_0^2 而高于 W_0^1。

定理 10 较富裕的人将投资风险大的项目，$dR/dW_0>0$。

这实质上是对基本假设（5）的一个补充说明。

定理 11 当 $dW_0^1/dC=0$ 时，担保品水平增加会使得银行的报酬提高。

定理 12 当 $dW_0^1/dC>0$ 时，随着担保品水平的提高，逆向选择效应就会发生作用，银行期望报酬将会下降。

定理 11 与定理 12 的证明非常简单。由于 $dW_0^1/dC>0$，则当担保品水平提高时，W_0^1 就会提高，即申请贷款的人相比初始状态更加富有；而由定理 10 可知，银行面临的平均风险提高，期望报酬下降。

因此，对于初始财富水平较低的人而言，当担保品水平提高时，一方面，逆向选择不会发生，银行报酬显然会提高；但另一方面，存在一个特定的担保品临界值 C'，使得那些低风险低收益者的进一步投资面临一个抉择，激励效应发生作用，银行报酬下降。当担保品达到某个水平 C^* 时，正向作用与逆向作用正好相等，此时，银行不会再提高担保品水平，市场达到均衡。也就是说，资金市场存在一个最优的担保品水平 C^*，银行在此水平上期望报酬最高。此时，即使有借款人愿意出更高的担保水平银行也不会贷款，市场存在信贷配给。

四、对不同借款者的考察

迄今为止，文章讨论的都是完全相同的借款者。而在这一部分，作者将讨论的视角扩展到有 n 组具有明显区别的借款者；而对于每一组借款者，银行都会形成一个内部化的最优利率。我们用函数 $\rho_a(r_a)$ 表示银行对第 a 类借款者索取利率 r_a 时的报酬，并进行排序。文章假设：当 $a>b$ 时，$\rho_a(r_a^*) > \rho_b(r_b^*)$，式中 r_a^* 和 r_b^* 分别为银行对 a 组和 b 组借款者索要的最优利率。

定理 13　如果 $a>b$，那么 b 型借款者只有等到 a 型借款者的借款要求都得到满足后才能得到贷款。

道理很简单，银行从 a 型借款者那里获得的最优报酬比从 b 型借款者那里获得的多，那么，只要存在 a 型借款者贷款要求没有得到满足的情况，银行就会通过减少对 b 型借款者的贷款来满足 a 型借款者的要求，从而使得期望报酬增加。

定理 14　在存在多组借款者的情况下，均衡利率只有在所有得到贷款的 a、b 型借款者满足 $\rho_a(r_a) = \rho_b(r_b)$ 条件时才存在。

该定理可用反证法证明。如果 $\rho_a(r_a) > \rho_b(r_b)$，那么银行就会从其他银行争取 a 型借款者；如果 ρ^* 为每一美元贷款的均衡回报（也就是每笔贷款的成本），那么这些银行竞争的结果只能是 a、b 型借款者在 $\rho_a(r_a) = \rho_b(r_b) = \rho^*$ 处得到贷款。图 7 就是对这一现象的描述。

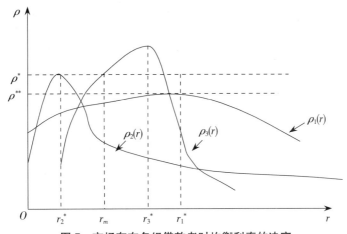

图 7　市场存在多组借款者时均衡利率的决定

从图 7 中我们可以看出，如果贷款的成本为 ρ^{**}，1、2、3 型借款者均能得到贷款，此时 $\rho_1(r_1) = \rho_2(r_2) = \rho_3(r_3) = \rho^{**}$；如果贷款的成本为 ρ^*，那么只有 2、3 型借款人能获得贷款，此时 $\rho_2(r_2) = \rho_3(r_3) = \rho^*$。

因此，市场均衡的利率并不一定能够将贷款配置给期望报酬最高的项目。

五、对委托-代理问题的另一个研究视角

作者认为，虽然这篇文章讨论的市场是信贷市场，但这里的结论和分析方法同样适用于对委托-代理问题的分析。

文章提到了两个比较普遍的委托-代理关系：地主和佃农之间的关系与股东和经理人之间的关系。地主和股东就相当于模型中的银行，而佃农和经理人则相当于借款者。委托-代理关系的核心是如何提供激励。作者认为，租佃制中的收入分享或公司里的股权出让并不能够提供正确的激励，因为佃农或经理人是将他们的劳动付出与他们本身的收益进行比较，而不是与委托人的收益进行比较。

作者指出，固定费用合同（比如，农业中的租金协议，信贷市场上的借贷协议）虽然使得代理人承担较高的风险，但是其在激励方面的作用是很明显的。如果代理人是风险中性的，那么他们就会接受这种合同。结果，委托人就可以通过租金或利率的收取来控制自己的风险，达到激励的目的。因此，模型提供了一个研究委托-代理关系的全新视角。

评　价

信贷配给理论创造性地分析了信贷市场由于信息不完全而引起的逆向选择和道德风险问题。他们认为银行提高期望报酬的最优策略是对贷款进行配给而不是提高贷款利率。该理论以其独特的分析思路和新颖的内容，发展了传统的凯恩斯主义经济理论，拓展和深化了西方经济学对信贷市场的理论研究。信贷配给理论也因在现实世界中该现象十分普遍而被理论界和实业界广泛接受，对宏观经济学相关领域的研究产生了巨大影响。

（1）信贷配给理论是在作为借方的厂商和作为贷方的银行的自利行为相互矛盾的分析基础上建立起来的，因此信贷配给理论为凯恩斯主义的非市场出清假设以及相应的国家干预的政策主张提供了微观基础，弥补了凯恩斯主义经济学一大致命的理论缺陷，从而构成新凯恩斯主义市场出清假设的三大理论支柱之一。

（2）相对于新古典宏观经济学，信贷配给理论的结论比较接近现实，具有较强的现实认同感。该理论认为，市场上的实际利率一般不是使供求相等的均衡利率，而是银行的最优利率；资金市场存在信贷配给。这些分析与信贷市场的现实很接近。

（3）传统的市场理论研究者一直信奉"市场供求均衡是竞争性分析的必要前提"这一论断，但信贷配给理论使得他们不得不重新考虑这一论断的正确性。根据

信贷配给理论，新凯恩斯主义者认为，供求规律不一定绝对适用，并且它也不是竞争性分析的必然前提；从更一般意义上来看，供求规律只不过是在价格既没有甄别作用又没有激励作用的假设下的一个特例。这大大推动了市场理论的发展。

（4）信贷配给理论指出，信贷市场存在多重均衡，而其中有些均衡不是帕累托最优的。这集中表现在银行为尽可能减少损失而拒绝一些高风险项目，而这些项目可能对社会福利是有益的。因此，政府应该采取一些措施干预信贷市场，鼓励银行贷款给这些项目以提高社会福利。

（5）信贷配给理论强调货币政策的有效性，认为信贷配给在货币政策传导过程中会起到巨大作用。该理论认为，货币政策会通过影响信贷的可获得性而不是利率来影响投资水平，进而影响宏观经济的总体水平。

（6）信贷配给理论对发展中国家的利率市场化改革产生了巨大影响。该理论认为，即使利率完全市场化，资金市场仍然存在信贷配给，那么发展中国家快速推进利率市场化改革是没有必要的，也是很危险的。这从墨西哥、阿根廷等国家利率市场化改革后的金融市场状况中就可以得到佐证。

（7）信贷配给理论为普惠金融的发展提供了理论基础。根据古典经济学理论，旨在为受到金融排斥的小微群体提供金融服务的普惠金融是无法提高社会整体福利的；但信贷配给理论不仅间接证明了普惠金融的经济学意义，而且指出了普惠金融要解决的根本问题——如何降低小微群体严重的信息不对称程度。

（8）信贷配给理论也存在一些局限性。比如信贷配给理论仅仅告诉我们市场存在信贷配给，但它没有说明瓦尔拉斯均衡利率与银行最优利率的差距有多大，信贷配给的规模以及其对宏观经济的影响到底有多大等问题，因此，信贷配给理论目前还仅仅处于初始阶段，远远没有达到深入的程度。

（9）信贷配给理论目前与立足微观基础的新凯恩斯宏观经济模型结合不足。作为前者核心的信息不对称理论，通过金融加速器机制或抵押物约束机制体现在DSGE模型中，以反映企业部门受到的融资约束，之后的研究又引入银行资本来缓解信贷市场的信息不对称。总体而言，新凯恩斯宏观经济模型体现了信贷配给理论的核心思想，但未反映出借贷双方的博弈过程和多重均衡的结果，这也是斯蒂格利茨等新凯恩斯主义者面临的重大挑战。

后续研究

斯蒂格利茨和韦斯认为，信贷配给现象根源于资金市场上的信息不对称。而格里高利·曼昆（Greogory Mankiw）则进一步发展了信贷配给理论。除了同样强调不完全信息在信贷配给中所起的作用外，他还进一步证明，一个没有政府干预的信贷市场将存在多重均衡而不能实现资金分配的帕累托最优；如果政府实行货币紧缩政策，那么较高的利率会使得所有的借款者因预期原因而退出信贷市场，这就出现了所谓的金融崩溃现象。因此，曼昆强调，政府应从社会福利最大化的角度出发，代表社会和投资者的利益去干预信贷市场。Arnold 和 Riley（2009）则考虑了银行要求最高利率时的收益情况，他们认为斯蒂格利茨和韦斯的模型不存在等于或低于市场出清利率的单一解，出现信贷配给时至少会存在两个或以上的均衡利率，这又导致愿意承担更高利率的企业信贷需求得到满足，无法承担高利率的企业则受到信贷配给约束。

信贷配给理论对发展中国家的金融自由化改革产生了巨大影响，斯蒂格利茨在这方面又作了进一步的研究，并最终形成了金融约束理论。这一理论集中体现在他与赫尔曼（T. Hellmann）及穆尔多克（K. Murdock）合著的《金融约束：一个新范式》（*Financial Restraint：Toward A New Paradigm*，Oxford：Clarendon Press，pp. 163 - 207，1997）一书中。该理论在信贷配给的基础上，对发展中国家的金融自由化问题进行了探讨。这一理论认为，一方面，政府应该通过存款监督、限制竞争和资产创造等一系列措施使得存款利率维持在瓦尔拉斯均衡水平以下，使银行有动力吸收存款；另一方面，银行应该对贷款企业进行严密监督，发挥其信息优势来克服信息不对称问题引起的市场失灵。

信贷配给理论又与普惠金融的发展密切相关。根据信贷配给理论，收入较低的个人或小微企业的信息不对称程度较为严重，其本身的风险程度也相对较高，因此他们很难获得贷款资金，久而久之形成了金融排斥，而普惠金融就是为解决金融排斥而出现的。普惠金融理论认为，一方面，银行或资金的出借方可以通过获取软信息、提供关系型信贷的方式缓解事前的信息不对称（Berger and Udell，1995；Petersen and Rajan，2002；Stein，2002），满足个人或小微企业的融资需要；另一方面，银行或资金的出借方可以通过合同设计来缓解事后的信息不对称问题，比如联保贷款、累进贷款及高频分期付款等。并且，随着金融科技在普惠金融中的运用，信息搜集的成本不断降低，效果不断提升，个人或小微企业受到信贷配给的程度也进一步缓解。

动态均衡价格指数：资产价格和通货膨胀[①]

作者简介　Hiroshi Shibuya

　　涩谷浩（Hiroshi Shibuya）就职于小樽商科大学，是日本经济协会和美国经济学会学术会员。他主要致力于国际金融、货币理论与货币政策等方面问题的研究。他开创的"动态均衡价格指数"作为货币政策很重要的一个信息变量，对于央行的政策制定具有重要参考价值。本文将对其提出"动态平衡价格指数"的原创论文——《动态均衡价格指数：资产价格和通货膨胀》（Dynamic Equilibrium Price Index：Asset Price and Inflation）进行评述。

主要成果

"Does Society Need Altruists? Coevolution of General Trust and Social Intelligence"，*The Economic Review*，Vol. 64，No. 2&3，pp. 169 - 194，December 2013.

"Japan at a Crossroads"（in Japanese），*Economic Review*，Vol. 62（No. 1），Otaru University of Commerce，2011.

---

　　①　本文发表于 *Bank of Japan Monetary and Economics Studies*，Feb. 1992。

"Human Action under Uncertainty: Probability as Extended Logic", Otaru University of Commerce, mimeo, 2006.

"International Capital and Economic Development", Otaru University of Commerce, mimeo, 2005.

Currency Crises and Capital Flight (in Japanese), co-authored, Toyo Keizai Shinpo Sha, February 2003.

"International Capital Movements and Currency Crises: Reevaluation of Asian Crisis" (in Japanese), *The Economic Analysis* (*The Keizai Bunseki*) (with Shinji Takagi et al.), No. 165, Economic and Social Research Institute, Cabinet Office, Tokyo, May 2002.

"Economic Takeoff and Capital Flight", ESRI Discussion Paper Series No. 8, Economic and Social Research Institute, Cabinet Office, Tokyo, 2001.

"A Model of International Capital Flows", Discussion Paper No. 91, Economic Research Institute, Economic Planning Agency, Tokyo, 1999.

"Government Expenditure and the Balance of Payments: Budget Deficit, Financial Integration, and Economic Diplomacy", Discussion Paper Series No. 35, Otaru University of Commerce, November 1996.

"Implications of Balance Sheet Restructuring for the U. S. Business Cycle", *Economic Review*, Vol. 44 (No. 4), Otaru University of Commerce, 1994.

"Business Cycles with Asset Price Bubbles and the Role of Monetary Policy", Discussion Paper Series No. 5, Otaru University of Commerce, June 1993.

"Dynamic Equilibrium Price Index: Asset Price and Inflation", *Monetary and Economic Studies*, Vol. 10 (No. 1), 1992.

New Developments in Monetary Theory and Monetary Policy (in Japanese) (with Shinji Takagi et al.), Yuhikaku, 1992.

"EC Integration and the World Economy: Trade and Direct Investment" (in Japanese), *Bank of Japan Monthly Bulletin*, April 1991.

"Tourism in East Caribbean Countries: Are There Still Opportunities for Growth?" (with Susan Ye), *Caribbean Affairs*, Vol. 2 (No. 3), 1989.

"Japan's Household Savings Rate: An Application of the Life Cycle Hypothesis", *IMF Working Paper* (WP/87/15), 1987.

"The World Debt Crisis and Voluntary Bank Lending to Developing Countries", IMF, mimeo, 1986.

研究背景

　　"动态均衡价格指数"（DEPI）这一概念是涩谷浩在 1992 年的论文《动态均衡价格指数：资产价格和通货膨胀》中最先提出来的，发表在《货币和经济研究》（*Monetary and Economic Studies*）上。

　　20 世纪 80 年代末期，在日本的产品和服务价格保持整体稳定的同时，资产（股票和不动产）价格却急剧上升。也就是说，资产价格和产品价格的运动趋势产生了分离。对于这种分离出现了两种对立的观点，一种观点认为：这种分离不会对通货膨胀造成威胁，因为消费者价格指数（CPI）和 GDP 平减指数都保持稳定，资产价格暴涨仅仅代表价格存量和流量之间的变化，它不同于定义为"一般产品和服务价格水平持续上升"的通货膨胀；而另一种观点认为资产价格暴涨对货币政策的价格稳定目标产生了威胁，并开始质疑 CPI 以及其他货币政策决策所主要依赖的信息变量的准确性。CPI 是不是一个测量通货膨胀趋势的可靠变量？资产价格与通货膨胀问题是否相关？货币当局是否应该关注资产价格的剧烈波动？这些问题越来越引起学者及各国中央银行的关注，因为要制定出成功的货币政策，必须对资产价格和通货膨胀之间的关系有准确的理解。

　　早在 1973 年，阿尔钦（Alchian）和克莱因（Klein）首次提出了跨期生活费用指数的概念，用以描绘不同时期内达到一个给定效用水平的生活费用的变化情况。在此基础上，涩谷浩将跨期生活费用指数明确地表示为一个实际价格指数公式并将其定义为动态均衡价格指数。他认为：由于 CPI 只能反映价格水平当前的变化，而货币当局关心的是未来阶段通货膨胀的趋势，因而 CPI 作为执行货币政策的信息变量是不充分的，而动态均衡价格指数可以作为一个衡量货币动态价值变化的新的通货膨胀指数。

主要内容

　　本论文可以分为三个部分：

一、跨期价格指数（IPI）的推出

　　在只有一种产品的多期经济中，用 $P = (p_0, p_1, \cdots, p_n)$ 代表多期的价格向量，

$X = (x_0, x_1, \cdots, x_n)$ 代表相应的消费量，$R = (i_0, i_1, \cdots, i_{n-1})$ 代表利率向量。这样，多期 $(t = 0, 1, \cdots, n)$ 消费成本的现值就可以表示为：

$$E = p_0 x_0 + \sum_{i=1}^{n} p_i x_i \prod_{s=1}^{i} (1 + i_s)^{-1}$$

也可以写作：

$$E = \sum_{t=0}^{n} \hat{p}_t x_t$$

式中，

$$\hat{p}_0 = p_0$$

$$\hat{p}_t = p_t \prod_{s=1}^{t} (1 + i_s)^{-1}, \quad t \geq 1$$

$\hat{p}_t$ 即未来产品价格的现值。在一定价格水平下，消费者会根据此价格选择消费量，使得在满足所需效用水平下的支出最小，用数学公式表示为：

$$E(\hat{P}, U) \equiv \min_{\langle x_t \rangle} \sum_{t=0}^{n} \hat{p}_t x_t$$

约束条件为 $U(x_0, \cdots, x_n) = U$，其中 $U(x_0, x_1, \cdots, x_n)$ 代表跨期效用函数，而且

$$U(x_0, x_1, \cdots, x_n) = \sum_{t=0}^{n} \left(\frac{1}{1+\rho} \right)^t u(x_t)$$

式中，ρ——时间偏好的比率；

U——一期效用函数；

支出函数 E——满足效用水平为 U 的情况下花费最小的成本。

所谓 IPI 就是衡量未来支出成本的变化趋势，比如我们用 $\hat{P}^T = (\hat{p}_0^T, \hat{p}_1^T, \cdots, \hat{p}_n^T)$ 代表 T 年的价格向量，用 $\hat{P}^S = (\hat{p}_0^S, \hat{p}_1^S, \cdots, \hat{p}_n^S)$ 代表 S 年的价格向量，那么 IPI 就是两期支出函数的比例，即 $IPI = \dfrac{E(\hat{p}^T, U)}{E(\hat{p}^S, U)}$，其中 U 代表给定的效用水平。这个公式的缺点就在于 IPI 依赖于效用水平 U 的选择，所以不是唯一的，有多少 U 就可以计算出多少个 IPI。但如果效用函数是同质的，这个问题就可以解决，例如柯布-道格拉斯（Cobb-Douglas）效用函数：

$$U(x_0, x_1, \cdots, x_n) = \prod_{t=0}^{n} x_t^{\alpha_t}$$

式中，

$$\alpha_t = \frac{(1+\rho)^{-t}}{\sum_{s=0}^{n} (1+\rho)^{-s}}$$

此时，支出函数就变为：

$$E(\hat{P},U) = \left(\prod_{t=0}^{n} \alpha_t^{\alpha_t}\right)^{-1} \left(\prod_{t=0}^{n} \hat{p}_t^{\alpha_t}\right)^* U$$

因此，

$$\mathrm{IPI} = \frac{E(\hat{p}^T,U)}{E(\hat{p}^s,U)} = \prod_{t=0}^{n} \left(\frac{\hat{p}_t^T}{\hat{p}_t^S}\right)^{\alpha_t}$$

因此 IPI 就仅仅是两期价格向量的函数，而与效用水平无关。也就是说，在效用水平不变的情况下，多期支出水平的变化可以表示为当期和未来价格变化的几何平均数。

二、DEPI 的推导

上文论述的 IPI 在现实中可操作性不强，因为未来的价格通常是不能直接观测到的，涩谷浩在文章接下来的部分就通过套利均衡条件推导出市场未来的价格，然后将未来的价格与 IPI 联系起来得到 DEPI，因而 DEPI 可以在事前衡量未来支出水平的变化。

1. 资产价格与未来价格

根据经济理论，资产价格代表资产在未来期限内所有收益的现值。因此，涩谷浩假设社会总资产的边际产出不变，在这个假设下，利润最大化条件就意味着资产收益率（S_t）必须等于产品价格（p_t）乘以资产的边际产出（MP_K）。因此，资产价格为：

$$q_0 = \sum_{t=1}^{\infty} (1-\delta)^{t-1} S_t \prod_{s=0}^{t-1} (1+i_s)^{-1}$$
$$= \prod_{t=1}^{\infty} (1-\delta)^{t-1} p_t MP_K \prod_{s=0}^{t-1} (1+i_s)^{-1}$$

式中，δ 表示折旧率，这就给出了资产价格和产品未来价格之间的关系。接下来，涩谷浩定义产品未来价格的平均值为 $\hat{p}_f$，则：

$$\sum_{t=1}^{\infty} (1-\delta)^{t-1} \hat{p}_f = \sum_{t=1}^{\infty} (1-\delta)^{t-1} \hat{p}_t$$

那么资产价格的数学表达式可以变形为：

$$q_0 = \hat{p}_f MP_K / \delta$$

这样通过资产市场的套利均衡条件就可以得到产品未来价格的平均值为：

$$\hat{p}_f = \delta q_0 / MP_K$$

2. 推导 DEPI

因为 $\mathrm{IPI} = \dfrac{E(\hat{p}^T,U)}{E(\hat{p}^s,U)} = \prod_{t=0}^{n} \left(\dfrac{\hat{p}_t^T}{\hat{p}_t^S}\right)^{\alpha_t}$，将未来价格的平均值 $\hat{p}_f = \delta q_0 / MP_K$ 代入，

得到：

$$\mathrm{DEPI} = \left(\frac{p_0^T}{p_0^S}\right)^{\alpha_0} \prod_{t=1}^{n} \left(\frac{\delta q_0^T / MP_K}{\delta q_0^S / MP_K}\right)^{\alpha_t} = \left(\frac{p_0^T}{p_0^S}\right)^{\alpha_0} \left(\frac{q_0^T}{q_0^S}\right)^{1-\alpha_0}$$

式中，$\alpha_0 = 1/\sum_{s=0}^{n}(1+\rho)^{-s}$，$\alpha_0 + \alpha_1 + \cdots + \alpha_n = 1$。

在这些推导过程中，涩谷浩假设 MP_K 是不变的。DEPI 比较了不同时期不同价格水平下要达到同样的效用水平所需的支出成本的变化，高的支出成本意味着货币的购买力降低了。这样 DEPI 就被看作是一个可以衡量货币的动态价值变化的新的通货膨胀指数，而 CPI 和 GDP 平减指数等传统的价格指数仅仅能够反映当期的支出成本，衡量的是货币的静态价值，不能有效地衡量多期的支出水平。

3. DEPI 和变化的通货膨胀趋势

涩谷浩计算出 DEPI 并比较了它和 CPI 以及 GDP 平减指数的运动趋势，如图 1、图 2 所示。从图中可以明显看出，DEPI 和 CPI 以及 GDP 平减指数的运动趋势在某些阶段（如 20 世纪 70 年代初、1979—1981 年以及 1987 年和 1989 年）出现了明显的分离，结合这几个阶段的实际情况可得出结论：DEPI 作为通货膨胀趋势的预测指标，比 CPI 以及 GDP 平减指数的预测效果更好。

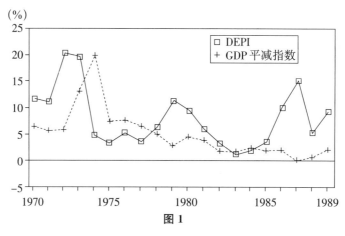

图 1

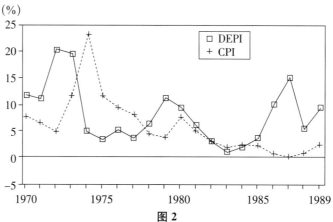

图 2

三、DEPI 的理论和政策含义

涩谷浩将 DEPI 与威克塞尔（Wicksellian）关于通货膨胀的观点联系起来论述。威克塞尔把通货膨胀看作是由于实际利率偏离了正常利率而导致的动态不均衡的现象：实际利率的偏离导致经济资源的不合理分配以及收入分配的扭曲，然后产生价格的膨胀，也就是说，当实际利率不能得到恰当调整的时候就会产生经济混乱，随后不断升高的产品价格就表明了利率失调的存在。而涩谷浩提出的 DEPI 可以作为实际利率偏离均衡利率的一个有效信号，比产品价格更直接地反映出利率失调的存在。这种利率的偏离和失调在产品价格升高之前就可以在 DEPI 的运动中得到反映。

$$\text{DEPI} = \left(\frac{p_0^T}{P_0^S}\right)^{\alpha_0} \left(\frac{q_0^T}{q_0^S}\right)^{1-\alpha_0} = \left(\frac{p_0^T}{P_0^S}\right) \left(\frac{q_0^T/P_0^T}{q_0^S/P_0^S}\right)^{1-\alpha_0}$$

式中，q_0/p_0 就是资产收益的现值与其重置成本的比值，也就是托宾的 q 理论。根据 q 理论，如果 q 大于 1，企业就会增加投资支出；如果 q 小于 1，企业就会减少投资支出。因此，如果实际利率偏离正常水平，比如说低于正常水平，那么资产价格以及托宾 q 将会增加，企业的投资支出随之增加，带来经济的繁荣，但是社会的边际产出没有发生变化，这样经济的发展速度就超过了由边际产出决定的潜在增长率，导致产品价格的升高，而 DEPI 在价格升高之前就可以对这种动态的不均衡以及通货膨胀的危险产生很好的信号作用。

但是 DEPI 也存在问题，因为这种信号作用是建立在社会的长期边际产出不变的假设前提下，一旦这个假设不成立，DEPI 运动本身就无法证明利率的失调，因为由于生产力革新带来的边际产出的增加也会导致 DEPI 的升高。不过，q_0/p_0 的升高到底是源于社会的边际产出增加还是源于利率的失调是可以分辨出来的，因为在这两种情况下，实际利率会产生不同的反应。如果是由于生产力革新带来了社会的边际产出增加，则相应的消费和投资的增加会使得实际利率升高。因此，q_0/p_0 升高的同时实际利率也升高，就表示存在正向的生产力冲击，实际利率的升高是正确的调整；如果 q_0/p_0 升高的同时实际利率下降，则表示利率失调，应该提高实际利率。需要强调的是：要使经济步入平衡增长的轨道，不管是通过市场的力量还是通过经济政策，都应该使实际利率水平与 q_0/p_0 同向移动。

评　价

涩谷浩在跨期最优化和套利均衡的条件下推导出 DEPI 这一价格指数，它可以衡量跨期生活费用的变化情况，将 CPI 或 GDP 平减指数等传统的单期价格指数扩展到多期的分析框架中，能够在产品价格升高之前就对通货膨胀的危险产生很好的信号作用。但是，在将来的研究中，还有几个问题需要注意：首先，要准确计算出 DEPI，需要拥有各种资产价格可靠及时的数据；其次，应该及时调整长期生产力水平的变化以便提高 DEPI 的信息价值；最后，在包含动态失衡和通货膨胀现象的动态模型里，需要对 DEPI 作进一步的分析。

涩谷浩在本文中第一次提出了动态均衡价格指数这一概念，并给出了详细的推导和证明过程，辩证地论述了 DEPI 的构建及其优缺点，对于各国中央银行货币政策的制定以及其他学者的后续研究有着重要的意义。

后续研究

白冢重则（Shiratsuka）于 1999 年所写的《资产价格波动和价格指数》（Asset Price Fluctuation and Price Indices）一文中遵循了涩谷浩所采用的 DEPI 计算方法，并验证了资产价格作为主要的通货膨胀目标指示器的信息含量。他按照涩谷浩所采用的方法，得出了 1957—1997 年间的 DEPI 走势图（见图 3）。

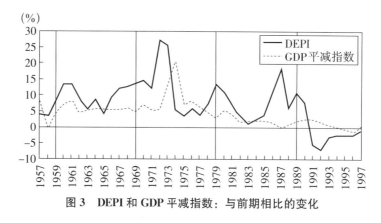

图 3　DEPI 和 GDP 平减指数：与前期相比的变化

从图 3 中我们可以明显地看到，DEPI 和 GDP 平减指数的运动趋势在 20 世纪 60 年代末、70 年代初期和末期以及 80 年代中后期出现了比较大的分离。1986—1990 年间，DEPI 急剧上升，而 GDP 平减指数则保持着相当稳定的走势，在涩谷浩的文章中，他对此做出了一定的解释：投机、过强的流动性以及所得税体系和土地政策等都是在这一阶段导致资产价格膨胀的因素。他认为在此期间 DEPI 的信号作用比 CPI 或 GDP 平减指数更为准确有效，但是白冢重则认为在 80 年代末期（图中所示的 1989 年之后) DEPI 低估了通货膨胀，从 1989 年开始，DEPI 开始下降，到 1991 年左右甚至变为负值，而 GDP 平减指数所显示的通货膨胀率却一直升高至 1991 年，直到 1992 年左右才逐渐得到缓解，白冢重则认为在这一阶段 DEPI 低估了通货紧缩的压力，也就是说，它的信号作用并非那么准确。从他对于图 3 的解释可知，他与涩谷浩的看法还存在一定的分歧。

白冢重则所用的概念以及计算方法等都起源于涩谷浩的这篇论文，但是他又进一步做了一些实证模拟来检验 DEPI 究竟能否作为货币政策制定的有效信息变量，他得出的结论是：尽管 DEPI 的推导过程具有很强的连贯性和逻辑性，但是货币政策制定者也只能指望将其作为通货膨胀压力的一个补充信号，因为他认为 DEPI 对于传统价格指数所做的修改可行性不太强，理由如下：首先，资产价格的变化不一定能预示着未来价格水平的变化，因为除了私人部门对于未来通货膨胀的预期外，导致资产价格变化的原因是很多的；其次，DEPI 的计算中资产价格的比重太高，近乎等于 1；最后，与传统价格指数相比，资产价格统计数据的可信度不高。

Aoki 和 Kitahara（2010）在 Shibuya（1992），Shiratsuka（1999）和 Reis（2005）等研究的基础上改进了构建动态价格指数（DPI）的方法。基于 Epstein 和 Zin（1991）的效用函数，在同质偏好假设下，改进后的 DPI 平滑度更高，与 CPI 的相关性更高，比 DEPI 更加稳定。具体构造方式为：

$$\ln\pi(s_t \mid s'_\tau) \simeq \{p_t - p'_\tau\} - \frac{1}{\psi}\sum_{j=1}^{\infty}\rho^j\{E_t[\Delta c_t + j] - E'_\tau[\Delta c'_\tau + j]\}$$

式中，s_t 和 s'_τ 分别表示代表性消费者在 t 期和 τ 期的状态，π 即通货膨胀率，也就是 DPI；p 为价格水平的对数；Δc 代表消费增长率；ψ 为跨期替代弹性参数；$\rho \equiv [\exp(\overline{wc}) - 1]/\exp(\overline{wc})$ 为长期平均财富消费比。

根据该式，使用美国 1959 年第四季度至 2003 年第一季度的消费数据便可衡量 DPI（通货膨胀率）。参数值设定如下：根据已有文献，考虑跨期替代弹性 ψ 分别为 0.2 和 2 两种情况；根据家庭金融财富的价格股利率在样本期间的平均对数，设定 ρ 为 0.990 2。

对于家庭的期望，考虑两种假设情况。在第一种假设下，家庭对未来消费增长率的期望与实际值一致。图 4 上半部分绘制了替代弹性为 0.2 的 DPI（标记为 DPI-0.2）、替代弹性为 2 的 DPI（标记为 DPI-2）和 CPI 三条曲线，左图和右图分别表示原始值和平滑值。表 1 的左侧报告了三条曲线的相关统计指标。为了进行比较，作者还计算了仅度量金融财富的 DPI 的统计数据（标记为 DPI-r^f）。在第二种假设下，家庭基于 VAR 模型形成期望。图 4 的下半部分和表 1 的右侧给出了 VAR 情况的结果。两种假设得到的结论基本一致。结果表明，DPI-2 的平滑度与 CPI 的相关性很高，优于 Shibuya（1992），Shiratsuka（1999）和 Reis（2005）等构建的指数。

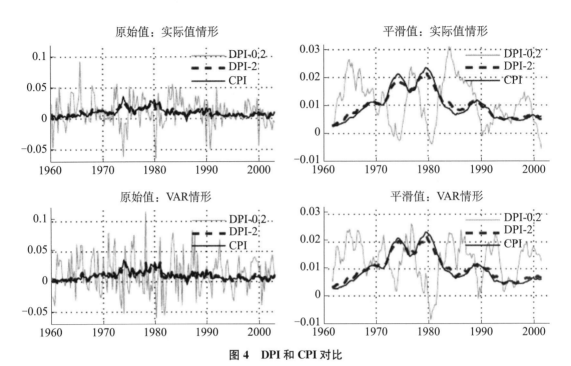

图 4　DPI 和 CPI 对比

注：纵轴表示通货膨胀率，横轴为年份。平滑值采用 3 年移动平均值。

表 1　　　　　　　　　　　　　　　　　DPI 的统计指标

	实际值情形				VAR 情形			
	Std	Corr	AC1	AC1（MA）	Std	Corr	AC1	AC1（MA）
CPI	0.71%	1	0.82	0.99				
DPI-0.2	2.35%	−0.28	0.21	0.95	3.16%	−0.08	0.06	0.88
DPI-2	0.61%	0.93	0.81	0.99	0.69%	0.89	0.62	0.99
DPI-r^f	2.26%	−0.02	0.03	0.92	2.68%	−0.05	−0.09	0.92

注：表中依次列示的指标为标准差、与 CPI 的相关系数、一阶自回归系数及平滑值的一阶自回归系数。根据通货膨胀率计算。平滑值采用 3 年移动平均值。DPI-r^f 为仅度量金融财富的 DPI。

作为货币政策规则的通货膨胀目标[①]

作者简介 **Lars Erik Oscar Svensson**

拉尔斯·埃里克·奥斯卡·斯文森（Lars Erik Oscar Svensson）是瑞典经济学家，2001—2009 年在普林斯顿大学任教，2007—2013 年间任瑞典中央银行（Sveriges Risksbank）副行长，2014 年 6 月后在斯德哥尔摩经济学院任教，同时也是瑞典皇家工程科学研究院和计量经济学会会员，是目前世界上最具影响力的经济学家之一。其研究领域涉及宏观审慎政策、货币经济学和货币政策、汇率理论和汇率政策以及国际宏观经济学等方面。在瑞典中央银行任职期间，由于瑞典失业率居高不下，通货膨胀率远低于央行目标，他独持异议，倡导实行负利率政策，并因此闻名。他倾注了近十年的精力集中研究通货膨胀目标理论，取得了丰硕的成果。他于1998 年完成的《作为货币政策规则的通货膨胀目标》（Inflation Target as a Monetary Policy Rule）一文开创了"有弹性的通货膨胀目标"研究的先河。这一概念是在对通货膨胀目标理论的探讨中提出的，本文将对此进行述评。

---

① 本文是向"The Sveriges Risksbank—IIES Conference on Monetary Police Rules"（Stockholm，June 1998）会议提交的论文。

主要成果

"Macroprudential Policy and Household Debt：What is Wrong with Swedish Macroprudential Policy?"，*Nordic Economic Policy Review*，pp. 111 - 167，2020.

"Monetary Policy Strategies for the Federal Reserve"，*International Journal of Central Banking*，16，pp. 133 - 193，February 2020.

"The Relation between Monetary Policy and Financial-Stability Policy"，in Aguirre，Brunnermeier，and Saravia，eds.，*Monetary Policy and Financial Stability：Transmission Mechanisms and Policy Implications*，Banco Central de Chile，pp. 283 - 310，2019.

"Monetary Policy and Macroprudential Policy：Different and Separate?"，*Canadian Journal of Economics*，51，pp. 802 - 827，2018 (3).

"Leaning Against the Wind：Costs and Benefits，Effects on Debt，Leaning in DSGE Models，and a Framework for Comparison of Results"，*International Journal of Central Banking*，13，pp. 385 - 408，September 2017.

"Cost-Benefit Analysis of Leaning Against the Wind"，*Journal of Monetary Economics*，90，pp. 193 - 213，2017.

"Forward Guidance,"*International Journal of Central Banking* 11，Supplement 1，pp. 19 - 64，September 2015.

"The Possible Unemployment Cost of Average Inflation below a Credible Target"，*American Economic Journal：Macroeconomics*，7 (1)，pp. 258 - 296，2015.

"Practical Monetary Policy：Examples from Sweden and the United States"，*Brookings Papers on Economic Activity*，pp. 289 - 332，Fall 2011.

"Inflation Targeting"，in Friedman，Benjamin M.，and Michael Woodford，eds.，*Handbook of Monetary Economics*，*Volume* 3B，Chapter 22，Elsevier，2011.

"Anticipated Alternative Instrument-Rate Paths in Policy Simulations" (with Stefan Laséen)，*International Journal of Central Banking* 7 (3)，pp. 1 - 35，May 2011.

"Optimal Monetary Policy in an Operational Medium-Sized DSGE Model" (with Malin Adolfson，Stefan Laséen，and Jesper Lindé)，*Journal of Money，Credit and Banking*，43，pp. 1287 - 1331，2011.

"Credible Commitment to Optimal Escape from a Liquidity Trap：The Role of the

Balance Sheet of an Independent Central Bank" (with Olivier Jeanne), *The A-merican Economic Review*, 97, pp. 474 - 490, 2007.

"Social Value of Public Information: Morris and Shin (2002) Is Actually Pro Transpar-ency, Not Con", *The American Economic Review*, 96, pp. 448 - 452, 2006.

"Time Consistency of Fiscal and Monetary Policy: A Solution" (with Mats Persson and Torsten Persson), *Econometrica*, 74, pp. 193 - 212, 2006.

"Optimal Policy Projections" (with Robert J. Tetlow), *International Journal of Central Banking*, 1 (3), pp. 177 - 207, 2005.

"Monetary Policy with Judgment: Forecast Targeting", *International Journal of Central Banking*, 1 (1), pp. 1 - 54, 2005.

"Indicator Variables for Optimal Policy under Asymmetric Information" (with Mi-chael Woodford), *Journal of Economic Dynamics and Control*, 28, pp. 661 - 690, 2004.

研究背景

在20世纪70年代末80年代初，德国和瑞士的中央银行进行了通货膨胀目标的尝试，例如，德国中央银行间接地采用通货膨胀目标，运用货币增长率作为数量指数，来帮助衡量货币政策状况。当货币增长目标与通货膨胀目标发生冲突时，德国中央银行一般会给予通货膨胀目标更大的权重。

通货膨胀目标作为明确的货币政策策略是在20世纪90年代初，从1990年到1994年，先后有新西兰、加拿大、英国、瑞典、芬兰、澳大利亚、西班牙等七国的货币当局公开宣布了实行通货膨胀目标或目标区。在过去的十年，通货膨胀目标理论快速发展。目前，一些新兴的工业化国家对通货膨胀目标表现出了浓厚的兴趣，如巴西、智利等。同时，波兰等一些转型经济国家也开始采用通货膨胀目标框架。

通货膨胀目标框架的发展背景主要体现在两个方面：一是一些国家深受严重通货膨胀之苦。例如，最早于1990年采用通货膨胀目标制的新西兰，就曾在20世纪80年代出现过发达国家中最严重的通货膨胀。二是一些国家实行浮动汇率制，往往伴随着较高的通货膨胀，货币当局稳定汇率受挫之后，采用了通货膨胀目标。

1. 通货膨胀目标的实践

1990年，新西兰储备银行率先进行了通货膨胀目标的实践。截至2000年10

月，又有英国、加拿大、瑞典、西班牙及澳大利亚等 19 个国家相继宣布采用通货膨胀目标策略（见表 1）。

表 1　　　　　　　　　　　部分国家的通货膨胀目标框架

国家	采用时间	目标	价格指数	目标确定机构	实现目标期限
加拿大	1991 年 2 月	1%～3%	核心 CPI[①]	行长、财长确定	1 年
新西兰	1990 年 3 月	0%～3%	CPI[②]	货币政策协议	1 年半
英国	1992 年 10 月	2.5%±1%	RPIX[③]	财长	1 年半
瑞典	1993 年 1 月	2%±1%	CPI	瑞典银行	1 年

注：①此 CPI 中扣除了食品、能源价格及直接税。
②此 CPI 中扣除了直接税、利息成本、转移支付以及贸易条件变化所产生的价格效应。
③扣除了房屋按揭和利息支出的零售价格指数。
资料来源：Masson，Poucr，"Can Inflation Targeting be A Framework for Monetary Policy in Developing Countries"，Finance and Development，*World Bank Working Paper*，1998.

一般而言，中央银行在实施通货膨胀目标时，要对以下四个问题进行解释：第一，为什么以及在什么背景下采取通货膨胀目标体系；第二，通货膨胀目标体系的操作程序；第三，对通货膨胀目标的实际执行情况进行说明；第四，借鉴其他国家通货膨胀目标实施情况。

通货膨胀目标框架经历了一个演变过程。通货膨胀目标最初仅指定为一个相当精细的目标，并没有涉及一些经济活动中的相关变量。随着时间的推移，人们意识到通货膨胀目标的运作远比确定一个目标值繁杂得多，要成功地实施此目标，必须使其具有一定的弹性。但可能出现的问题是，如果这个通货膨胀目标过于精确，产出可能出现一些不必要的波动；如果过于宽松，货币政策就会失去其可信性，通货膨胀目标难以实现。通货膨胀目标幅度的宽、窄因国家而异，但一般而言，此目标最初确定时，中央银行应当将其确定得较为严格，以获得可接受性与可信性；当可信性逐步确定时，通货膨胀目标可以具有一定的弹性，以避免其他经济变量如利率、汇率及产出等不必要地波动。

2. 加拿大的通货膨胀目标框架

加拿大银行在 1991 年 2 月 26 日宣布采用通货膨胀目标即"追求低通货膨胀及实现物价稳定"。此目标的实行有两个方面的背景：一方面，表面的通货紧缩压力已比较明显，年度 CPI 已由 1989 年初的 5.5% 降为 4.2%，加拿大经济增长势头放缓，而且，在 1990 年形成了一次衰退；另一方面，更为重要的是，在此之前的二十年里，快速增长的外债、政治不确定性及可信度问题已使加拿大长期利率中蕴涵了大量的风险溢价。

在此情况下，加拿大银行宣布通货膨胀目标日程表：第一步，在 1992 年底，通货膨胀率降为 3％（CPI）；第二步，在 1994 年 7 月底，实现 2.5％的通货膨胀率；第三步，之后的 18 个月达到 2％的通货膨胀率水平。

在最初宣布通货膨胀目标时，加拿大银行允许上下浮动 1％，后来将目标区定位为 1％～3％，目标值为 2％。但是，加拿大银行从未努力追求这样一个精确值，因为区间值使通货膨胀目标更富有弹性，以应付供给冲击。

加拿大银行在执行通货膨胀目标时，注重协调经济增长与物价之间的关系，"换句话说，我们的目标是物价稳定，但我们追求的不是目标本身，而是更好的经济发展"。加拿大银行在增强其透明度、可信度的同时，努力减少公众、金融市场对各种冲击的不确定性反应。

加拿大银行的通货膨胀目标在具体运作中有值得借鉴的地方，主要体现为：

第一，加拿大的通货膨胀目标区间更具有弹性，这并没有影响到加拿大较低且稳定的通货膨胀水平的实现；

第二，加拿大银行在货币政策操作中，进一步增强透明度及与公众的交流；

第三，加拿大进行通货膨胀目标测量的部门（即统计部门）与负责通货膨胀目标实现及过去业绩评估的部门（即加拿大银行）实行了分别运作；

第四，将 CPI 作为基本的通货膨胀率目标变量，但同时，将扣除能源、食品价格及间接税收后的核心 CPI 用于测量通货膨胀的走势；

第五，将 MCI 作为实现通货膨胀目标框架中的短期操作目标；

第六，加拿大银行的货币政策操作赢得了公众的信任，通货膨胀目标被认为是为了减少商业周期的波动；

第七，加拿大银行运用季度规划模型对经济变量进行反映与预测。

从图 1 中可以看到，加拿大银行的通货膨胀目标是在不断探索中实现的。

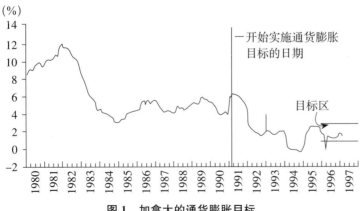

图 1 加拿大的通货膨胀目标

资料来源：加拿大银行，国际清算银行。

主要内容

在《作为货币政策规则的通货膨胀目标》一文中，斯文森教授是在货币政策规则框架下探讨通货膨胀目标的，并提出了"有弹性的通货膨胀目标"。斯文森教授从传统的货币政策传导机制出发，对货币政策规则进行了一般概念性的探讨，特别是对工具规则与目标规则进行了比较分析。在探讨通货膨胀特性时，他指出通货膨胀目标是对更加系统、理性的货币政策的承诺。与通货膨胀目标相关的损失函数以及通货膨胀目标的相应操作程序可以解释为一种综合中介变量的目标规则，通货膨胀目标会提升货币政策的透明度，但由此也会带来一些不确定性。利用其设立的模型，斯文森教授将通货膨胀目标与名义 GDP 目标、货币增长目标进行了比较分析，并对欧洲中央银行的货币政策进行了案例分析，涉及政治以及技术问题，从而得出了一些一般性结论。

货币政策规则是一个动态优化问题的最优解，它表现为货币政策中介目标与可观察的经济变量（一般是产出和通货膨胀率）之间的关系。这篇文章区分了工具规则和目标规则，旨在对货币政策规则进行探讨，尤其是对于通货膨胀目标进行分析。为了避免对"目标"产生误解，斯文森教授将目标界定为损失函数的变量，而不是反应函数的变量。

1. 传导机制

由于货币政策传导机制是谈论货币政策规则的核心问题，在对传统的货币政策传导机制进行回顾[①]后，斯文森教授对其进行了拓展，讨论了在小型开放经济条件下的传导问题。

2. 货币政策规则

斯文森教授从一个更广义的角度来看待货币政策规则，认为规则是一种货币政策操作或者运作的指导，并对工具规则以及目标规则进行了区分。

工具规则的作用。工具规则是规定函数的预定变量。货币政策规则中最著名的是泰勒规则，其表达式为：

$$i_t = \bar{i} + 1.5(\pi_t - 2) + 0.5y_t$$

式中，i_t——t 时刻的联邦基金利率；

$\bar{i}$——联邦基金利率平均水平；

π_t——t 时刻的通货膨胀率；

[①] 见 Mishkin, Frederic S. (1995)，"Symposium on the Monetary Transmission Mechanism"，*Journal of Economic Perspectives* 9（4），3.10，以及其他一些经济学家对于封闭经济、开放经济条件下货币政策传导机制的探讨。

y_t——产出缺口。

当通货膨胀偏离2%的水平时，联邦基金利率为此进行了适当调整。通货膨胀与产出缺口的系数分别为1.5及0.5。（泰勒规则的另外一个表达式为：$i_t = \bar{r} + \pi_t + 0.5(\pi_t - \hat{\pi}) + 0.5y_t$，式中，$\bar{r}$为平均实际利率，为2%，$\hat{\pi}$为平均通货膨胀率或者通货膨胀目标）。

另外，亨德森-麦基宾（Henderson-McKibbin）提出的货币政策规则为：

$$i_t = \bar{i} + 2(\pi_t + y_t - \widehat{\pi + y})$$

当通货膨胀率和产出水平增长率之和偏离目标值时，联邦基金利率做出反应。麦卡勒姆（McCallum）曾提出过针对基础货币的货币政策规则，而加拿大银行的QPM模型和新西兰银行使用的反应函数为：

$$i_t = i_t^L + \gamma(\pi_{t+T|t} - \hat{\pi})$$

式中，i_t——短期名义利率；

i_t^L——长期名义利率；

$\pi_{t+T|t}$——6～8季度通货膨胀预期；

$\hat{\pi}$——通货膨胀目标区间的均值；

γ——大于0。

通过短期利率的调节，使长短期利率之差与通货膨胀率偏离目标程度成比例。

在开放经济条件下，中央银行仅仅遵循工具规则是不够的，还要充分利用更多的信息。在实际操作中，中央银行按"稳定通货膨胀"的规则行事，通货膨胀目标作为一种货币政策目标规则，以实现损失函数最小化。当然，这个损失函数中考虑到了经济稳定因素，也就是说，一方面，通货膨胀目标是一个"弹性"区间，而不是一个"精确"的数字；另一方面，也可以认为通货膨胀目标规则是一个中介目标规则，即"通货膨胀预测目标"（也有人将其称为通货膨胀及产出缺口预测目标）。通货膨胀目标比其他的货币政策更能够体现一种系统、理性的承诺，这主要是由于在基于通货膨胀目标的操作程序下，可以保证损失函数的最小化，而且，较高程度的可信度与透明度可以监督执行情况，以激励中央银行遵循通货膨胀目标行事。

3. 通货膨胀目标的特性

通货膨胀目标是一种货币政策策略，斯文森教授认为通货膨胀目标框架的主要特征为①：

---

① 米什金（Mishkin）曾指出关于通货膨胀目标的一些特性，主要为：第一，从制度上承诺物价稳定作为货币政策的基本目标，其他目标仅处于服从的地位；第二，用于决定货币政策工具的是一系列信息变量，不仅是货币供应量和汇率；第三，货币当局在计划、目标及决策方面加强与公众的交流，从而增强货币政策策略的透明度；第四，在追求通货膨胀目标时，中央银行的责任性不断增强。详见 Frederic S. Mishkin, "Special Issue on Inflation Targeting", *Federal Reserve Bank of New York's Economic Policy Review*, August 1997。

第一，明确地向公众宣布通货膨胀目标；

第二，在操作程序上，以一定区间的通货膨胀预测作为中介目标变量；

第三，较高程度的透明度与可信度。

明确的通货膨胀目标或者采用区间形式或者采用具体的数值，区间的中心值或者目标点一般在 1.5％和 2.5％之间浮动。

在通货膨胀目标框架下，得到学术界以及银行家一致认同的损失函数为：

$$L_t = \frac{1}{2}\left[(\pi_t - \hat{\pi})^2 + \lambda y_t^2\right]$$

式中，π_t——t 时期的通货膨胀；

$\hat{\pi}$——通货膨胀目标（或者通货膨胀目标区间的中间值）；

y_t——产出缺口；

λ——大于等于 0，反映了产出缺口的相对权重。

当 $\lambda=0$ 时，只有通货膨胀因素进入损失函数中，被称为"严格"的通货膨胀目标；当 $\lambda>0$ 时，产出缺口也纳入损失函数中，被称为弹性的通货膨胀目标。

通货膨胀目标策略致力于使通货膨胀偏离目标值最小化，学术界达成的共识为：通货膨胀目标要考虑到产出缺口因素。通货膨胀预测目标可以运用所有相关信息使损失函数最小化，这样，通货膨胀预测目标可以被视为最优的中介目标规则。

4. 结论

斯文森教授通过分析得出了如下结论：

（1）通货膨胀目标可以被解释为一种目标规则，以实现相对明确的损失函数最小化，无疑，这个损失函数考虑到了实体经济的稳定性问题；

（2）目标规则可以被解释为中介目标规则；

（3）通货膨胀目标框架是一种更为系统、理性的货币政策的承诺。

将通货膨胀目标与货币增长目标进行比较发现，货币增长目标作为中介目标规则，只能间接实现通货膨胀目标。由于货币增长目标与通货膨胀目标会经常不可避免地发生冲突，两个目标优先权的确定是非常重要的。

整体而言，货币增长目标和名义 GDP 目标的困难在于二者都不是通货膨胀的中介变量。货币政策传导机制变得更为复杂，存在一些不包括货币、名义 GDP 的传导渠道。货币量和名义 GDP 并不是通货膨胀最好的预测变量，稳定货币量、名义 GDP 增长并不是稳定通货膨胀水平的有效途径。

评 价

与其他的货币政策中介目标相比，通货膨胀目标实现了规则性和灵活性的高度统一，增加了政策的透明度。通过定期公布的《通货膨胀报告》，社会公众对本国货币政策的目标、手段及政策调整依据有一个比较全面的了解，这有利于公众增加对货币政策的信心及对货币政策的实施效果进行评价。

盯住通货膨胀率的优点不仅在于其可测性和相关性非常出色，便于公众理解和形成稳定合理的预期，提高货币政策的有效性，而且货币当局可以保留在工具运用上的灵活性，从而更有效地实现经济增长这一最终意义上的货币政策目标。

通货膨胀目标也有其缺点，例如，可控性差。但是，最大的问题在于中央银行对于通货膨胀率的控制力有限。这是由于货币政策传导机制的时滞效应、不确定性、当前的经济状态、未来的经济冲击以及一些其他的影响因素，尤其是在控制时滞期内的一些冲击。由于货币当局监管中存在的一些困难，通货膨胀目标的可信度以及透明度将在一定程度上被减弱，通货膨胀目标的一些益处将无法实现。解决这个问题的办法就是以有条件的通货膨胀目标作为中介目标变量①，以利用所有相关信息使损失函数最小化。

后续研究

1. 纳入汇率因素

随着经济开放性的增强，贸易和资本账户的冲击导致汇率的波动，有必要将汇率因素纳入通货膨胀目标框架。假定汇率与国内价格水平存在着联系，而且，政策控制的利率上升会影响到通货膨胀（在更为开放的经济中这种影响程度会更大），汇率通过两种渠道发挥作用：第一种是直接渠道，即汇率变动影响在 CPI 中列示的进口商品成本；第二种是间接渠道，即实际汇率变动对总需求的影响。中央银行一般采用渐进的方法，以抵消通货膨胀率偏离目标水平，时间范围的选择考虑到了汇率效应的发挥，如新西兰联邦银行已将其时间范围由 18 个月延长

---

① 在通货膨胀目标框架下，将通货膨胀预测作为一个中介目标，是最先由金（King）提出的。详见 King, Mervyn A. (1994)，"Monetary Policy in the UK"，*Fiscal Studies* 15，No. 3。

至 24 个月。

货币当局通过价格指数对通货膨胀与产出缺口进行预测之后，若发现通货膨胀预测值偏离目标值或目标区间，则应考虑是否采用货币政策工具进行扩张或紧缩性操作。为了实现通货膨胀目标，开放经济与封闭经济所适用的最优规则是不同的。

在开放经济中，若将汇率因素纳入通货膨胀目标体系，货币当局可以运用 MCI。[①] 在确定了利率与汇率之间恰当的权重后，如果汇率贬值是短期的，通货膨胀目标应当只关注国内价格如非贸易品价格、工资等，货币政策不用做出反应；但如果汇率的贬值是长期的或者是结构性的，货币当局就不得不通过提高利率来进行对冲性操作。

在一个封闭经济中，可以依照泰勒规则、通货膨胀目标规则等变动利率水平，以应付出现的通货膨胀缺口。

2. 本·伯南克（Ben Bernanke）和马克·格特勒（Mark Gertler）对有弹性的通货膨胀目标的探讨

本·伯南克和马克·格特勒在探讨资产价格与货币政策的关系问题时指出，有弹性的通货膨胀目标框架[②]可以使中央银行的价格稳定目标与金融稳定目标相互补充、协调一致。当 CPI 与广义通货膨胀率之间没有出现背离时，中央银行不应当直接对资产价格变化做出反应；但当资产价格变动形成了通货膨胀或通货紧缩压力时，中央银行应当积极调整货币政策，以便压力在形成初期便予以抵消。

一般而言，有弹性的通货膨胀目标框架有这样三个特性：第一，在通货膨胀目标下，货币当局承诺在长时期内将通货膨胀率维持在一个特定水平上，重要的是通货膨胀水平不能过低或过高，因为避免通货紧缩与避免通货膨胀同样重要；第二，在长期通货膨胀目标约束下，中央银行在短期可以灵活地兼顾一些其他目标，比如产出稳定等；第三，在此框架下，货币政策的制定要公开、透明，例如，要定期发表反映通货膨胀状况的报告，以及对货币政策的计划进行公开的讨论。

近些年，美联储的货币政策具有上述通货膨胀目标的前两个特性，但是欠缺第三个。因此，一些经济学家指出，美联储应当进一步采取明确的通货膨胀目标，近期对此问题的争论非常热烈。

---

① Charles Freedman, "The Use of Indicators and of the Monetary Conditions Index in Canada", *The Transmission of Monetary Policy in Canada*, Bank of Canada, 1996.

② Ben Bernanke and Mark Gertler, "Monetary Policy and Asset Price Volatility", in *New Challenge for Monetary Policy*, Jackson Hole, August 26 - 28, 1999.

有弹性的通货膨胀目标对于货币政策制定者和公众来说都是非常清晰的，更为重要的是其提供了一个一体化框架，不仅用于正常时期货币政策的制定，而且可以防止金融危机的发生。此目标框架可以使货币政策在面对资产价格异常波动或者金融动荡时，自动调节利率以寻求稳定。

由于资产价格增长刺激了总需求，资产价格下降降低了需求水平，致力于稳定总需求的通货膨胀目标将进行逆风向操作，即当资产价格飙升时提升利率水平，反之亦然。可见，这种自动反应机制不仅可以稳定经济，还可以稳定金融市场。

两位学者认为，实施有弹性的通货膨胀目标需要考虑的要素有：第一，时间期限。因为货币政策操作影响到通货膨胀水平具有时滞性，而且需要为适当货币政策的调整留出时间。第二，通货膨胀目标的形式。目标区间比数字更容易使中央银行获取信任，但在适当区间范围的选取上，中央银行需要有一个探索的过程。第三，对突发性事件的处理。第四，对信息变量的观测与公布，包括货币量 M2、汇率及利率等。

3. 纳入资产价格的通货膨胀测量

运用传统的价格指数进行通货膨胀测量，只体现了商品、服务的价格水平，并没有反映出资产价格如股票价格、房地产价格等的变动情况。如果货币政策以持续的价格稳定作为最终目标，仅仅监控传统的价格指数是不够的。因为随着金融市场结构的深化，资产价格具有越来越多有用的信息内涵，使资产价格成为商品、劳务价格未来变动的一个重要预测指标，从而为货币政策制定者提供私人部门对于通货膨胀预期的有用信息。因此，有必要从动态的角度扩展价格指数，使其成为传统价格指数如 CPI 的参考指标。

4. 偏离通货膨胀目标的情形

针对许多通货膨胀目标国家出现的"持续通胀脱靶经历"（sustained off-target inflation episodes），Neuenkirch 和 Tillmann（2014）研究了中央银行如何应对偏离通胀目标的情况。基于五个通胀目标经济体的经验证据，研究发现，中央银行一般会公布通货膨胀的目标范围，使得公众可以容忍与通货膨胀目标的偏差较小的情况。对于"舒适区"内的通货膨胀偏差，中央银行无须采取任何措施。而如果通货膨胀长期或者大幅偏离目标水平，中央银行的信誉就会恶化，即"信誉损失"。为了重建信誉，中央银行必须对近期通胀做出更大反应，采取更大幅度的利率调整政策。如果平均通货膨胀率超过之前设定的目标范围，中央银行必须将利率提高到足以实现比目标更低的通胀水平。因此，中央银行对通货膨胀缺口的反应是非线性的，利率调整的力度随着信誉损失的程度而增加。

　　Svensson（2015）进一步测算了实际通胀低于通胀目标的失业成本。如果通胀事实上已经偏离目标，通胀预期却仍与通胀目标一致，则长期菲利普斯曲线将不再是垂直的。作者发现，在1997—2011年期间，澳大利亚、加拿大、英国等国家的平均通胀与通胀目标比较接近，而瑞典的实际平均通胀水平却低于目标0.6个百分点。估计结果表明，长期菲利普斯曲线的斜率约为0.75，意味着瑞典的平均失业率比平均通胀达到目标时高出约0.8个百分点。这就是通胀低于目标水平的巨大失业成本。

货币政策和资产价格波动性[①]

作者简介　　**Ben Bernanke**

2014 年 2 月 1 日卸任美联储主席后，本·伯南克（Ben Bernanke）继续参与到布鲁金斯学会的经济研究项目中，重点研究经济复苏政策。

伯南克于 1953 年 11 月出生于佐治亚州的奥古斯塔。1975 年毕业于哈佛大学经济学院，获经济学学士学位，1979 年在麻省理工学院获得博士学位。1979—1983 年伯南克任职斯坦福大学副教授，1983—1985 年为斯坦福大学教授，1985 年开始，在普林斯顿大学任教。在这两所大学任教 23 年后，于 2002 年 8 月踏入政坛，担任联邦储备委员会成员。2006 年 2 月 6 日，伯南克宣誓就任第 14 位美联储主席。

伯南克教授的主要研究兴趣为货币政策及其传导机制、资产定价、宏观经济波动与增长等，本文的另一作者马克·格特勒（Mark Gertler）教授（简介见后）的主要研究兴趣为货币政策、资产定价、宏观经济波动等，两位教授的研究兴趣十分相似，他们合作了多篇有影响力的学术论文。两人于 1989 年 3 月在《美国经济评

---

①　本文是向 "The Federal Reserve Bank of Kansas City Conference on New Challenges for Monetary Policy" （Jackson Hole，Wyoming，Aug. 1999）会议提交的论文。

论》（*American Economic Review*）上发表了一篇文章[①]对金融加速模型进行了开创性的研究，这篇论文已经成为该领域的经典文献，它成功地解释了外部噪声在经济系统中如何被延续和放大的问题，并以此来说明金融市场对宏观经济波动的影响。后来所有这方面的研究都要提及该文章。到目前为止，关于这个方向的所有研究基本上都是对伯南克和格特勒模型（简称 B-G 模型）的扩展或精细化。1994 年伯南克、格特勒和吉尔克里斯特（Gilchrist）为 NBER[②] 完成的一篇工作论文《金融加速器和流动性迁徙》（The Financial Accelerator and the Flight to Quality），对三人以前的研究成果进行了系统总结和实证检验，并对该领域的相关研究做了简要综述。三人的这篇文章于 1996 年发表于《经济与统计评论》（*The Review of Economics and Statistics*），本文将对这篇文章予以评述。

主要成果

"The New Tools of Monetary Policy"，*American Economic Review*，Vol. 110，no. 4，pp. 943 – 983，Apr. 2020.

"Monetary Policy Strategies for a Low-Rate Environment"（with Michael Kiley and John Roberts），AEA Papers and Proceedings，Vol. 109，pp. 421 – 446，May 2019.

"The Real Effects of Disrupted Credit：Evidence from the Global Financial Crisis"，Brookings Papers on Economic Activity，Vol. 49，no. 2，pp. 251 – 342，Fall 2018.

"A Century of US Central Banking：Goals，Frameworks，Accountability"，*Journal of Economic Perspectives*，Vol. 27，no. 4，pp. 3 – 16，Fall 2013.

"What Explains the Stock Market's Reaction to Federal Reserve Policy?"（with Kenneth Kuttner），*Journal of Finance*，Vol. 60，no. 3，pp. 1221 – 1257，June 2005.

"Measuring the Effects of Monetary Policy：A Factor-Augmented Vector Autoregressive（FAVAR）Approach"（with Jean Boivin and Piotr Eliasz），*Quarterly Journal of Economics*，Vol. 120，no. 1，pp. 387 – 422，Feb. 2005.

"Monetary Policy Alternatives at the Zero Bound：An Empirical Assessment"（with Vincent Reinhart and Brian Sack），Brookings Papers on Economic Activi-

---

① Bernanke，B. S. & Gertler，M.，"Agency Costs，Net Worth and Business Fluctuations"，*The American Economic Review*，1989，79（01）：14 – 31.

② National Bureau of Economic Research，即美国国家经济研究局。

ty, Vol. 35, no. 2, pp. 1 – 100, Sep. 2004.

"Conducting Monetary Policy at Very Low Short-Term Interest Rates" (with Vincent Reinhart), *The American Economic Review*, Vol. 94, no. 2, pp. 85 – 90, May 2004.

"Monetary Policy in a Data-Rich Environment" (with Jean Boivin), *Journal of Monetary Economics*, Vol. 50, no. 3, pp. 525 – 546, Apr. 2003.

"Should Central Banks Respond to Movements in Asset Prices?" (with Mark Gertler), *The American Economic Review*, Vol. 91, no. 2, pp. 253 – 257, May 2001.

"Measuring Monetary Policy" (with Ilian Mihov), *Quarterly Journal of Economics*, Vol. 113, no. 3, pp. 869 – 902, Aug. 1998.

"What does the Bundesbank Target?" (with Ilian Mihov), *European Economic Review*, Vol. 41, no. 6, pp. 1025 – 1053, June 1997.

"Inflation Targeting: A New Framework for U. S. Monetary Policy?" (with Frederic Mishkin), *Journal of Economic Perspectives*, Vol. 11, no. 2, pp. 97 – 116, Spring 1997.

"Systematic Monetary Policy and the Effects of Oil Price Shocks" (with Mark Gertler and Mark Watson), *Brookings Papers on Economic Activity*, Vol. 28, no. 1, pp. 91 – 157, Spring 1997.

"Nominal Wage Stickiness and Aggregate Supply in the Great Depression" (with Kevin Carey), *Quarterly Journal of Economics*, Vol. 111, no. 3, pp. 853 – 883, Aug. 1996.

"The Financial Accelerator and the Flight to Quality" (with Mark Gertler and Simon Gilchrist), *Review of Economics and Statistics*, Vol. 78, no. 1, pp. 1 – 15, Feb. 1996.

"Inside the Black Box: The Credit Channel of Monetary Policy Transmission" (with Mark Gertler), *Journal of Economic Perspectives*, Vol. 9, no. 4, pp. 27 – 48, Fall 1995.

"The Federal Funds Rate and the Channels of Monetary Transmission", *The American Economic Review*, Vol. 82, no. 4, pp. 901 – 921, Sep. 1992.

"The Credit Crunch" (with Cara Lown and Benjamin Friedman), *Brookings Papers on Economic Activity*, Vol. 22, no. 2, pp. 205 – 248, 1991.

"Procyclical Labor Productivity and Competing Theories of the Business Cycle: Some Evidence from Interwar U. S. Manufacturing Industries" (with Martin Parkinson), *Journal of Political Economy*, Vol. 99, no. 3, pp. 439 – 459, June 1991.

"Clearing and Settlement during the Crash", *Review of Financial Studies*, Vol. 3, no. 1, pp. 133 – 151, Jan. 1990.

"Agency Costs, Net Worth and Business Fluctuations" (with Mark Gertler), *The American Economic Review*, Vol. 79, no. 1, pp. 14 – 31, Mar. 1989.

"Credit, Money, and Aggregate Demand" (with Alan Blinder), *The American Economic Review*, Vol. 78, no. 2, pp. 435 – 439, May 1988.

"Employment, Hours, and Earnings in the Depression: An Analysis of Eight Manufacturing Industries", *The American Economic Review*, Vol. 76, no. 1, pp. 82 – 109, Mar. 1986.

"Permanent Income, Liquidity, and Expenditure on Automobiles: Evidence from Panel Data", *The Quarterly Journal of Economics*, Vol. 99, no. 3, pp. 587 – 614, Aug. 1984.

"Nonmonetary Effects of the Financial Crisis in Propagation of the Great Depression", *The American Economic Review*, Vol. 73, no. 3, pp. 257 – 276, June 1983.

"Irreversibility, Uncertainty, and Cyclical Investment", *The Quarterly Journal of Economics*, Vol. 98, no. 1, pp. 85 – 106, Feb. 1983.

"Bankruptcy, Liquidity, and Recession", *The American Economic Review*, Vol. 71, no. 2, pp. 155 – 159, May 1981.

作者简介　　**Mark Gertler**

　　马克·格特勒（Mark Gertler）于 1973 年 5 月毕业于威斯康星大学，获得经济学学士学位。1978 年 6 月在斯坦福大学获得经济学博士学位，毕业论文的题目为

《宏观经济学理论和方法之评论》(Essays on Macroeconomic Methodology and Poli-
cy)。1978 年开始在康奈尔大学担任助教，此后在威斯康星大学担任助教和副教授，
1985 年到斯坦福大学任访问副教授。在此期间，他担任过普林斯顿大学、威斯康
星大学和哥伦比亚大学访问教授。1990 年至今，担任纽约大学教授，NBER 研究
员。此外，格特勒还陆续担任纽约联邦储备银行学术顾问，耶鲁大学访问教授，应
用经济学中心主任，联储理事会、英格兰银行、国际货币基金组织学术顾问。目
前，除了在纽约大学的教职工作之外，格特勒教授还是美国国家经济研究局关于经
济波动和增长研究项目的联合负责人，同时也是欧洲中央银行顾问。

主要成果

"A Macroeconomic Model with Financial Panics"（with Nobuhiro Kiyotaki and Andrea
　　Prestipino），*Review of Economic Studies*，Vol. 87，no. 1，pp. 240 - 288，Jan. 2020.

"Endogenous Technology Adoption and R&D as Sources of Business Cycle Persist-
　　ence"（with Diego Anzoatigui, Diego Comin, and Joseba Martinez），*American
　　Economic Journal：Macroeconomics*，Vol. 11，no. 3，pp. 67 - 110，July 2019.

"What Happened? Financial Factors in the Great Recession"（with Simon Gilchrist），
　　Journal of Economic Perspectives，Vol. 32，no. 3，pp. 3 - 30，Summer 2018.

"Banking, Liquidity and Bank Runs in an Infinite-Horizon Economy"（with Nobu
　　Kiyotaki），*The American Economic Review*，Vol. 105，no. 7，pp. 2011 - 2053，
　　July 2015.

"Monetary Policy Surprises, Credit Costs, and Economic Activity"（with Peter
　　Karadi），*American Economic Journal：Macroeconomics*，Vol. 7，no. 1，pp. 44 -
　　76，Jan. 2015.

"Financial Crises, Bank Risk Exposure, and Government Financial Policy"（with
　　Nobu Kiyotaki and Albert Queralto），*Journal of Monetary Economics*，Vol. 59，
　　supplement 15，pp. S17 - S34，Dec. 2012.

"A Model of Unconventional Monetary Policy"（with Peter Karadi），*Journal of
　　Monetary Economics*，Vol. 58，no. 1，pp. 17 - 34，Jan. 2011.

"Unemployment Dynamics with Staggered Nash Wage Bargaining"（with Antonella
　　Trigari），*Journal of Political Economy*，Vol. 117，no. 1，pp. 38 - 86，Feb. 2009.

"A Phillips Curve with an Ss Foundation"（with John Leahy），*Journal of Politi-*

cal Economy，Vol. 116，no. 3，pp. 533 – 572，June 2008.

"Markups，Gaps and the Welfare Costs of Business Cycles"（with Jordi Galí and David Lopez-Salido），*Review of Economics and Statistics*，Vol. 89，no. 1，pp. 44 – 59，Nov. 2007.

"Medium Term Business Cycles"（with Diego Comin），*The American Economic Review*，Vol. 96，no. 3，pp. 523 – 551，June 2006.

"Robustness of the Estimates of the Hybrid New Keynesian Phillips Curve"（with Jordi Galí and David Lopez-Salido），*Journal of Monetary Economics*，Vol. 52，no. 6，pp. 1107 – 1118，Sep. 2005.

"A Simple Framework for International Monetary Policy Analysis"（with Richard Clarida and Jordi Galí），*Journal of Monetary Economics*，Vol. 49，no. 5，pp. 879 – 904，July 2002.

"European Inflation Dynamics"（with Jordi Galí and David Lopes-Salido），*European Economic Review*，Vol. 45，no. 7，pp. 1237 – 1270，June 2001.

"Optimal Monetary Policy in Open versus Closed Economics：An Integrated Approach"（with Richard Clarida and Jordi Galí），*The American Economic Review*，Vol. 91，no. 2，pp. 248 – 252，May 2001.

"Should Central Banks Respond to Movements in Asset Prices?"（with Ben Bernanke），*The American Economic Review*，Vol. 91，no. 2，pp. 253 – 257，May 2001.

"Monetary Policy Rules and Macroeconomic Stability：Evidence and Some Theory"（with Richard Clarida and Jordi Galí），*Quarterly Journal of Economics*，Vol. 115，no. 1，pp. 147 – 180，Feb. 2000.

"Inflation Dynamics：A Structural Econometric Model"（with Jordi Galí），*Journal of Monetary Economics*，Vol. 44，no. 2，pp. 195 – 222，Oct. 1999.

"Overreaction of Asset Prices in General Equilibrium"（with Rao Aiyagari），*Review of Economic Dynamics*，Vol. 2，no. 1，pp. 3 – 35，Jan. 1999.

"Monetary Policy Rules in Practice：Some International Evidence"（with Richard Clarida and Jordi Galí），*European Economic Review*，Vol. 42，no. 6，pp. 1033 – 1067，June 1998.

"Systematic Monetary Policy and the Effects of Oil Price Shocks"（with Ben Bernanke and Mark Watson），*Brookings Papers on Economic Activity*，Vol. 28，no. 1，pp. 91 – 157，Spring 1997.

"The Financial Accelerator and the Flight to Quality"（with Ben Bernanke and Simon Gilchrist)，*The Review of Economics and Statistics*，Vol. 78，no. 1，pp. 1 – 15，Jan. 1996.

"Inside the Black Box: The Credit Channel of Monetary Policy Transmission" (with Ben Bernanke)，*Journal of Economic Perspectives*，Vol. 9，no. 4，pp. 27 – 48，Winter 1995.

"Monetary Policy, Business Cycles and the Behavior of Small Manufacturing Firms" (with Simon Gilchrist)，*Quarterly Journal of Economics*，Vol. 109，no. 2，pp. 309 – 340，May 1994.

"Corporate Financial Policy, Taxation, and Macroeconomic Risk" (with Glenn Hubbard)，*Rand Journal of Economics*，Vol. 24，no. 2，pp. 286 – 303，Summer 1993.

"The Cyclical Behavior of Short-Term Business Lending Implications: For Financial Propagation Mechanisms" (with Simon Gilchrist)，*European Economic Review*，Vol. 37，no. 2 – 3，pp. 623 – 631，Apr. 1993.

"Financial Capacity and Output Fluctuations in an Economy with Multiperiod Financial Arrangements"，*Review of Economic Studies*，Vol. 59，no. 3，pp. 455 – 472，July 1992.

"Asset Returns with Transaction Costs and Uninsurable Individual Risks" (with Rao Aiyagari)，*Journal of Monetary Economics*，Vol. 27，no. 3，pp. 311 – 331，June 1991.

"Financial Fragility and Economic Performance" (with Ben Bernanke)，*Quarterly Journal of Economics*，Vol. 105，no. 1，pp. 87 – 114，Feb. 1990.

"North-South Lending with Endogenous Domestic Financial Market Inefficiencies" (with Kenneth Rogoff)，*Journal of Monetary Economics*，Vol. 26，no. 2，pp. 245 – 266，Oct. 1990.

"Agency Costs, Net Worth and Business Fluctuations" (with Ben Bernanke)，*The American Economic Review*，Vol. 79，no. 1，pp. 14 – 31，Mar. 1989.

"The Backing of Government Bonds and Monetarism" (with Rao Aiyagari)，*Journal of Monetary Economics*，Vol. 16，pp. 19 – 44，July 1985.

"Imperfect Information and Wage Inertia in the Business Cycle"，*Journal of Political Economy*，Vol. 90，no. 5，pp. 967 – 987，Oct. 1982.

"Monetary Randomness and Investment" (with Errol Grinols)，*Journal of Monetary Economics*，Vol. 10，no. 2，pp. 239 – 258，Sep. 1982.

研究背景

伯南克和格特勒在 1999 年的论文《货币政策和资产价格波动性》（Monetary Policy and Asset Price Volatility）中提出了"有弹性的通货膨胀目标制"的概念，论述了采取这一货币政策的优势，这篇论文首次发表在"货币政策的新挑战"（New Challenge for Monetary Policy）这一会议上。

1990 年美国经济出现了一定程度的衰退，许多经济学家将此归因于之前房地产价格的下降，原因是房产价格的下降削弱了银行的资本状况以及公司借款者的资产负债情况；在亚洲和拉丁美洲金融危机中，衰退的经济也与资产价格暴跌密切相连；在日本，经济衰退时期也伴随着股票和土地价格的持续跌落……种种实际情况显示：金融不稳定性（financial instability）是摆在政策制定者面前的一个大问题，而衡量这个不稳定性的一个重要尺度就是资产价格波动性。那么，央行在制定和执行货币政策的时候应该如何应对资产价格波动性？

在此背景下，伯南克和格特勒提出了"有弹性的通货膨胀目标制"这一货币政策的概念。他们认为：货币政策工具并不能独立地解决资产价格波动的破坏效应，另外一些可以使经济有效远离金融扰动的重要因素也必须同时具备，比如说透明的法律和会计制度、有助于限制银行和公司风险因素的健全的管理体系以及有助于培养公众对于经济基础信心的谨慎的财政政策。然而，从过去的经验来看，资产价格跌落只在货币政策对于紧缩的压力没有反应或者反而加强这种反应的时候才对经济产生了持续的破坏作用。所以，在短期货币政策的管理过程中，中央银行应该在一个统一的政策框架中，将追求价格稳定和金融稳定作为相互统一、相互补充的目标，而要达到这两个目标的最好的政策框架就是有弹性的通货膨胀目标制。

主要内容

在经济学家所描述的有效资本市场中，资产价格的波动仅仅反映其潜在经济基础因素的变化。在这种情况下，中央银行无须关心资产价格波动性本身。但现实中往往会产生下列两种情况：第一，非基础因素常常成为资产价格波动性的基础；第二，与基础因素无关的资产价格变化对于经济有着十分重要的影响。这两种情况一且出现，资产价格波动性就成为经济不稳定的相关因素，货币政策制定者应该将其纳入考虑范围之内。伯南克和格特勒认为：中央银行应该将价格稳定和金融稳定作为一个相互统一、相互补充的整体来看待，实际中，实现这一整体目标的最好的策略就是有弹性的通货膨胀目标制。

1. 概念的探讨

伯南克和格特勒认为通货膨胀目标制有三个特征：第一，顾名思义，在通货膨胀目标制下，货币政策应力图在长期内保持一特定的通货膨胀水平，长期内的价格稳定是货币政策最重要的目标，既反通货膨胀又反通货紧缩，二者同样重要；第二，在长期通胀目标制的限制下，短期内央行有追求产出稳定等其他目标的自主性，这也就是之所以称为"有弹性的通货膨胀目标制"的原因；第三，通货膨胀目标制的一般特性体现在其具有充分的公开性以及透明度，比如政策制定者会定期发布关于通货膨胀情况的报告以及经常展开关于政策选择和计划的公开讨论。

2. 优势的陈述

伯南克和格特勒认为有弹性的通货膨胀目标制的主要优势在于它提供的统一框架不仅适用于正常时期内制定货币政策，而且可以阻止和改善金融危机的破坏作用。因为它促使政策制定者在面对资产价格不稳定或者其他的金融干扰因素时可以自动地往稳定的方向调整利率，也就是采取"逆风而动"的措施，这种措施不但可以稳定经济，而且可以稳定金融市场，原因在于：首先，没有通货膨胀和通货紧缩的宏观经济本身就可以稳定金融市场；其次，资产价格下跌时央行的稳定可以在一定程度上保护资产负债不受影响，减轻经济可能遭受进一步负向冲击的可能性；最后，金融市场参与者对央行反经济周期而行的预期有助于减弱由于心理或者其他非基础因素导致的过度反应。

3. 货币政策应对资产价格泡沫的 BGG 模型及其扩展

伯南克、格特勒以及吉尔克里斯特曾经提出了一个标准的新凯恩斯动态模型，称为 BGG 模型，重点考虑的是金融加速因子的影响。所谓金融加速因子，就是当企业的资产负债情况恶化以及信贷资金减少的时候会影响总需求和总供给，总需求和总供给的变化又会产生巨大的反馈和扩大作用：下降的销售量和就业率意味着现金流的继续降低，因此也就意味着消费支出的进一步降低，这样就会造成销售量和就业率更进一步的下降。伯南克、格特勒以及吉尔克里斯特将这种扩大作用称为"金融加速因子"。

而本文中伯南克和格特勒对 BGG 模型进行了进一步扩展，考虑了外生的资产价格泡沫问题。因为资本的基础价值是其在未来可以产生的所有红利预期值的现值之和，伯南克和格特勒将 t 时期可折旧资本的基础价值定义为 Q_t，则：

$$Q_t = E_t \sum_{i=0}^{\infty} \left[(1-\delta)^i D_{t+1+i} / \prod_{j=0}^{i} R_{t+1+j}^q \right]$$
$$= E_t \{ [D_{t+1} + (1-\delta)Q_{t+1}] / R_{t+1}^q \} \tag{1}$$

式中，E_t——在 t 时期的预期；

δ——资本的有形损耗率；

D_{t+1}——红利；

R_{t+1}^q——t 期对于在 $t+1$ 期收到的红利的贴现率。

伯南克和格特勒考虑外生资产价格泡沫的新假设是：资本的市场价格 S_t 可能不等于资本的基础价值 Q_t。当 $S_t - Q_t \neq 0$ 时就证明泡沫存在，伯南克和格特勒假设 t 时期泡沫继续存在的概率为 p 并增长如下：

$$S_{t+1} - Q_{t+1} = \frac{a}{p} (S_t - Q_t) R_{t+1}^q \tag{2}$$

式中 $p < a < 1$；如果泡沫以 $1-p$ 的概率破裂，则：

$$S_{t+1} - Q_{t+1} = 0 \tag{3}$$

由于 $p < a < 1$，有 $a/p > 1$，因此泡沫会一直增长直至破裂。简单起见，伯南克和格特勒假设一旦泡沫破裂就不会再次发生，这些假设意味着泡沫的可预期部分满足：

$$E_t \left(\frac{S_{t+1} - Q_{t+1}}{R_{t+1}^q} \right) = a(S_t - Q_t) \tag{4}$$

因为 $a < 1$，泡沫的贴现价值经过一段时间后会趋于零，趋于零的速度由 a 值决定，也就是说，泡沫不会永远持续下去。综合式（1）和式（4）可以得到股价：

$$S_t = E_t \{ [D_{t+1} + (1-\delta)S_{t+1}] / R_{t+1}^s \} \tag{5}$$

R_{t+1}^s 随资本的基础收益率 R_{t+1}^q 而变，二者的关系是：

$$R_{t+1}^s = R_{t+1}^q \left[b + (1-b) \frac{Q_t}{S_t} \right] \tag{6}$$

式中，$b \equiv a(1-\delta)$，从式（6）可以看出：在有泡沫的时候，股票的预期收益率与基础因素所决定的收益率是不同的，如果泡沫是正向的，即 $S_t/Q_t > 1$，股票的预期收益率要低于基础收益率，反之则高于基础收益率。但是如果泡沫一直持续，就应该能观察到一系列超常收益率，这似乎对股票市场的投机性波动给出了一个合理的描述。在伯南克和格特勒扩展的模型中，泡沫通过两个方面影响实际经济活动：一是消费的财富效应；二是通过影响公司的资产负债情况进而影响公司的财务情况。扩展模型的主要变化就是考虑了资产价格的非基础运动会影响实际经济活动，尽管与 BGG 模型所考虑的冲击的源泉可能不同，但资产价格与实际经济之间的主要联系仍然是金融加速因子。

4. 运用扩展的数量模型模拟不同货币政策下资产价格泡沫以及相关冲击对于经济的影响

此举的目标就是探究什么样的政策规则最适合于减弱资产市场干扰因素的破坏性影响，模拟结果发现致力于稳定通货膨胀率的政策在几个不同的情景下都非常有效。

（1）央行的货币政策只考虑预期的通货膨胀，这种情况下，伯南克和格特勒假设央行的政策规则采取如下形式：

$$r_t^n = \hat{r}^n + \beta E_t \pi_{t+1} \tag{7}$$

式中，r_t^n——央行控制的基准利率；

$\hat{r}^n$——实际利率（steady-state value）；

$E_t\pi_{t+1}$——下一期的预期通货膨胀率。

其中，β 总是大于 1，这样当预期通货膨胀率变动一个百分点时，央行提高名义利率的幅度就超过一个百分点，这就能保证在预期通货膨胀率提高时实际利率也相应提高，起到稳定经济的作用。

1）随机而动的货币政策：即根据对通货膨胀的预期相应调整利率水平，我们可以用 $\beta = 1.01$ 表示此种情况，也就是说，如果预期通货膨胀率变动一个百分点，那么利率也相应变动约一个百分点。在这种货币政策下，股价的升高会改善公司借款者的资产负债情况，使其外部融资的资金成本降低，这会有效地刺激公司的投资支出，进而使得产出增加；另外，股价的升高还会通过财富效应影响投资者的消费，使消费支出明显增加，由于利率并不能迅速对这种通胀压力做出反应，结果资产价格泡沫刺激总需求，出现经济过热。一旦泡沫破裂，公司的净资产遭到相应的毁坏，其在信贷市场的融资成本相应提高，这就导致产量迅速下降，而且下降的幅度要超过起初的增加幅度，如果没有更进一步的冲击，产出水平就会稳定在起初的产出水平之下，一旦还有更进一步的冲击，经济将会更进一步地恶化。

2）与此相对，下面考虑通货膨胀目标政策的效果（$\beta = 2.0$）。在这种政策框架下，一旦预期通胀率变动一定幅度，央行会采取措施，在更大程度上改变利率，使得通胀率尽量保持在期望达到的目标区间内。实证模拟发现，通货膨胀目标可以在很大程度上缓和资产价格泡沫的破坏效果。因为在通货膨胀目标政策下，公众很清楚：利率水平是会对价格泡沫导致的初始通货膨胀压力作出迅速反应的。这样，人们普遍存在的如果产出和通胀上升，利率水平也会增加的预期将足以有效地抑制泡沫的影响并稳定产出和通胀，尽管如果依据经济发展形势分析，在随机而动的货币政策下利率并不需要变动那么大。

（2）央行的货币政策除考虑预期的通货膨胀外还考虑股价。在通货膨胀目标制下，资产价格的非预期变动将影响中央银行的通货膨胀预期。这是因为资产价格的迅速上升会带来财富效应，从而刺激消费需求，间接推动价格指数上升，因而关注资产价格在逻辑上是成立的。在这种情况下，伯南克和格特勒将式（7）做了一下变化：

$$r_t^n = \hat{r}^n + \beta E_t \pi_{t+1} + \varepsilon \log\left(\frac{s_{t-1}}{s}\right)$$

这表示利率水平不仅包含预期通货膨胀率的变化，还考虑到前期股价与本期股价之比的对数水平。其中，他们设定 $\varepsilon = 0.1$，这表示股票市场变化 10% 会带来利率水平变化 1%。当然，短期利率水平的全部变化肯定会超过一个百分点，因为政策还要考虑股价变化导致的预期通货膨胀率的变化。

1）随机而动的货币政策，即 $\beta = 1.01$，在这种情况下，考虑股价制定政策会产生不正当的结果，尽管股价全面上升，公众对于泡沫发生初期利率会上升的预期会降低股价的基础组成成分价值（因为利率升高会降低对于股票的需求）。利率的上升以及基础组成成分价值的下降超过了泡沫的刺激效果，使得产出和通货膨胀都降低了，结果导致经济紧缩。

2）在通货膨胀目标制下，$\beta = 2.0$，考虑股价的政策几乎不能改变经济的动态反应。很明显地，货币规则中能起作用的组成部分，也就是那些可以调整实际利率以抵消预期通货膨胀影响的部分，弥补了由于考虑股价政策所产生的不正当的影响。

（3）此外，伯南克和格特勒还模拟验证了正的资产泡沫破裂之后紧随一个负向泡沫的情况，这种情况会导致金融市场和整个经济都发生振动，但是模拟结果发现：在随机而动的货币政策（$\beta = 1.01$）下，振动的周期很长，而在通货膨胀目标制（$\beta = 2.0$）下，这种振动在很大程度上被减弱了。也就是说，坚决地以预期的通货膨胀率为目标的货币政策可以稳定总需求，极大地减弱股票价格波动的影响。

伯南克和格特勒还设计了几种其他情景，比如资产价格波动起源于基础因素和非基础因素的综合影响、外部融资的成本受到冲击……模拟结果显示，通货膨胀目标制的货币政策效果更好。

5. 美联储和日本银行的反应函数估计

从第 4 个问题中可以看出，不同的情景对应着不同的利率规则，究竟哪一种规则能最好地描述现在央行的实践？伯南克和格特勒采用了克拉里达（Clarida）、格特勒和加利（Gali）的方法来估计美联储和日本银行自 1979 年以来的反应函数。结果发现，美联储基本上沿用了伯南克和格特勒所提出的建议，总体上比较稳定，只是对通货膨胀的预测和预期的产出缺口采取应对措施，基本上不对股价的变化采取应对措施（除非股价的变化包含了关于通货膨胀和产出的信息）。在估计日本银行的反应函数时，伯南克和格特勒发现，日本的货币政策实际上引燃了 1987—1989 年间的股价升高之势，1990 年股票市场暴跌之后，日本的货币政策试图保护股价水平但是没有能够积极应对一直降低的通货膨胀率，从而导致日本的货币政策从 1993 年末一直到 1996 年初都过于收紧，这些问题在一定程度上反映了在面对日益变化的宏观经济形势时日本银行对名义利率调整的速度太慢了。伯南克和格特勒比较美联储和日本银行货币政策的过程至少说明，集中关注货币政策的传统目标——产出缺口以及预期的通货膨胀，是防止资产价格长期波动以及对经济的相应影响的有效途径。

评价和后续研究

伯南克和格特勒集中论述了通货膨胀目标制的效果优势，对于各国中央银行货币政策的制定和实施具有重要的参考意义，但是，正如伯南克和格特勒所提到的，还有一些工作需要继续去做，如把他们的模型扩展到适合开放经济的情况，扩展到可以包含诸如对本国通货的投机性攻击以及银行挤兑等金融危机的来源。尽管伯南克和格特勒没有进一步扩展模型，但是足以得出一个结论：他们所采用方法的逻辑暗示最近许多遭受金融危机冲击的国家所采用的固定汇率制度在一个金融脆弱的环境里是非常不合需要的。

Bean（2004）[1] 在美国经济学会会议上发表的《资产价格、货币政策和金融稳定：一个中央银行的视角》（Asset Prices，Monetary Policy and Financial Stability：A Central Banker's View）一文中，在伯南克和格特勒探讨的应对资产价格波动性的货币政策基础上，考虑了资本和债务积聚的因素，探索了资产泡沫造成信贷紧缩的可能性对于最佳货币政策制定的影响。通过一系列模型的论证，比恩（Bean）的结论是：伯南克和格特勒提到的短期内追求稳定的通货膨胀率的中央银行，应该充分考虑资产价格泡沫在长期内可能造成信贷紧缩这一不利影响，当存在信贷紧缩的可能性时，最佳的货币政策应该更猛烈一些，比如说产出缺口应该比标准模型下的

---

① Bean，C.，"Asset Prices, Monetary Policy and Financial Stability: A Central Banker's View"，Speech given at the American Economic Association Annual Meeting，San Diego，03 January，2004.

变化更多而持续的时间缩短，因为中央银行发现在宽松的货币政策下，信贷紧缩会对通货膨胀预期产生不利影响，进而影响货币政策的效果。这进一步延伸了伯南克和格特勒对于货币政策在应对资产价格波动性方面的研究。

在后续的研究中，大多数文献对伯南克和格特勒的结论进行了检验，探讨了货币政策规则的时变特征。Fuhrer 和 Tootell（2008）[①] 发表的《眼见为实：美联储如何应对股市波动》（Eyes on the Prize：How did the Fed Respond to the Stock Market?）一文中基于 VAR 和 GMM 模型，对股票价格是否会影响货币政策走向的问题进行了实证检验。为了解决回归模型的识别问题，作者首先将宏观经济变量、绿皮书（Greenbook）预测变量与股票价格进行了分时段的回归检验，结果显示在 1987—2002 年期间（"格林斯潘时期"），绿皮书有效地预测了宏观经济在面对股价波动时的动态变化，而在 1966—1987 年期间（"前格林斯潘时期"），绿皮书对产出和通胀的预测分别存在高估和低估的问题。进一步，作者估计了拓展型的泰勒规则方程，发现在"格林斯潘时期"，货币政策并不会单独考虑资产价格因素，而在"前格林斯潘时期"，货币政策需要纳入资产价格目标，在修正绿皮书的预测结果后，货币政策不再需要对股价波动做出调整。以上结果表明政策目标与股价的关系是决定货币政策规则是否盯住资产价格波动的重要因素。

Galí（2014）[②] 在《美国经济评论》上发表的《货币政策和理性资产价格泡沫》（Monetary Policy and Rational Asset Price Bubbles）一文中，采用带有名义价格黏性的迭代模型，检验了针对理性资产价格泡沫的货币政策实施效果。结合对局部均衡模型和一般均衡模型的推导论证，加利提出了关于货币政策和资产价格泡沫关系的主要观点：在面对理性预期的资产价格泡沫时，"逆风而行"的利率政策可能会增强资产价格波动性。此外，加利认为最优货币政策需要在稳定当期总需求和稳定未来总需求之间找到平衡点。当期需求和未来需求的稳定分别依靠提高利率和降低利率来实现，如果价格泡沫足够严重，中央银行维持未来需求稳定的目标将主导货币政策走向，那么降低利率将成为货币政策的最优选择。

Cúrdia 和 Woodford（2016）[③]在新凯恩斯模型中引入了时变的信贷利差变量和异质性家庭部门，探究了不同外生冲击下的货币政策最优反应规则。作者对比了货

① Fuhrer, J. & Tootell, G., "Eyes on the Prize：How Did the Fed Respond to the Stock Market?", *Journal of Monetary Economics*, 2008, 55 (04)：796 - 805.

② Galí, J., "Monetary Policy and Rational Asset Price Bubbles", *The American Economic Review*, 2014, 04 (03)：721 - 752.

③ Cúrdia, V. & Woodford, M., "Credit Frictions and Optimal Monetary Policy", *Journal of Monetary Economics*, 2016 (84)：30 - 65.

币政策分别采取通货膨胀目标规则、泰勒规则、弹性通货膨胀目标规则的情况下，宏观经济和金融部门的波动情况，发现当经济遭受技术冲击、劳动供给冲击、利率冲击和信用摩擦冲击时，弹性的通胀目标规则相对显著地降低了社会福利的损失程度。即便如此，Cúrdia 和 Woodford（2016）认为中央银行理应基于冲击类型及冲击传导机制来确定货币政策盯住目标，并强调货币政策需要特别关注信用摩擦，指出当名义利率降低能够显著改善金融中介的借贷意愿时，货币政策应该采用下调政策利率的方式来避免信贷利差出现过度正向波动。

相机抉择 VS 政策规则的实践[①]

作者简介　　**John B. Taylor**

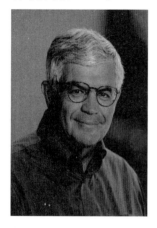

　　约翰·泰勒（John B. Taylor）于 1946 年 12 月出生于纽约。1968 年毕业于普林斯顿大学，获得经济学学士学位。1973 年在斯坦福大学获得经济学博士学位。在 1984 年之前，泰勒曾在普林斯顿大学和哥伦比亚大学从事教学工作，之后担任斯坦福大学经济学教授。1992 年在斯坦福大学获得 Hoagland 优秀教师奖，于 1997 年获得 Rhodes 教学奖。在斯坦福大学任职期间，泰勒曾先后担任斯坦福经济政策研究中心主任、货币政策和宏观经济研究项目负责人等职务。不仅如此，泰勒曾任国会预算草案的经济顾问、美国经济学会副主席、经济合作与发展组织主席（国际宏观经济）等重要职务。泰勒在 1976 年担任福特政府的经济顾问，1989—1991 年担任布什政府的经济顾问。1996—1998 年担任加利福尼亚州经济顾问。在此期间，泰勒还是费城联邦储备银行和日本银行的研究顾问和名誉顾问。此后，泰勒在 2000—2001 年期间担任美国经济学会副主席。2001 年泰勒离开斯坦福大学到美国财政部任职，主要负责国际金融、贸易、投资等领域政策的制定、执行以及美国与国际金融组织之间关系的协调。在财政部任职期间，泰勒同时担任经济合作与发展组织的主席职务（国际宏观经济）。2005 年卸任后，泰勒再次成为加利福尼亚州的

①　本文发表于 *Carnegie-Rochester Conference Series on Public Policy*，39（1993），pp. 195 - 214，North-Holland.

亚洲经济顾问，直到 2010 年。2013—2016 年期间，泰勒为美国经济学会政府关系委员会的成员之一。2018—2020 年期间，泰勒任朝圣山学会主席。目前，泰勒是胡佛学院、斯坦福经济政策研究中心和国家发展中心的高级研究员，NBER 研究员。

泰勒在美国经济界享有很高的学术地位，他主要致力于货币、财政以及国际经济政策的研究。泰勒最著名的学术贡献之一就是泰勒规则，他开创的泰勒规则被很多人认为是确定利率的权威规则。这条规则在美联储的银行家中已深入人心，并被许多中央银行广泛应用。

主要成果

"A Tractable Framework for Analyzing a Class of Nonstationary Markov Models" (with Lilia Maliar, Serguei Maliar, and Inna Tsener), *Quantitative Economics*, Vol. 11, no. 4, pp. 1289 - 1323, Nov. 2020.

"Inflation Targeting in High Inflation Economies: Lessons About Rules and Instruments", *Journal of Applied Economics*, Vol. 22, no. 1, pp. 102 - 115, Feb. 2019.

"Can We Restart the Recovery All Over Again?", *The American Economic Review*, Vol. 106, no. 5, pp. 48 - 51, May 2016.

"Monetary Policy Rules Work and Discretion Doesn't: A Tale of Two Eras", *Journal of Money, Credit, and Banking*, Vol. 44, no. 6, pp. 1017 - 1032, Sep. 2012.

"The Role of Policy in the Great Recession and the Weak Recovery", *The American Economic Review*, Vol. 104, no. 5, pp. 61 - 66, May 2014.

"Surprising Comparative Properties of Monetary Models: Results from a New Model Data Base" (with Volcker Wieland), *Review of Economics and Statistics*, Vol. 94, no. 3, pp. 800 - 816, Aug. 2012.

"An Empirical Analysis of the Revival of Fiscal Activism in the 2000s", *Journal of Economic Literature*, Vol. 49, no. 3, pp. 686 - 702, Sep. 2011.

"The Term Structure of Policy Rules" (with Josephine Smith), *Journal of Monetary Economics*, Vol. 56, no. 7, pp. 907 - 917, Oct. 2009.

"The Lack of an Empirical Rationale for a Revival of Discretionary Fiscal Policy", *The American Economic Review*, Vol. 99, no. 2, pp. 550 - 555, May 2009.

"A Black Swan in the Money Market" (with John Williams), *American Economic*

Journal：*Macroeconomics*，Vol. 1，no. 1，pp. 58 - 83，Jan. 2009.

"Thirty-Five Years of Model Building for Monetary Policy Evaluation：Break-throughs，Dark Ages，and a Renaissance"，*Journal of Money，Credit，and Banking*，Vol. 39，no. s1，pp. 193 - 201，Jan. 2007.

"The Role of the Exchange Rate in Monetary Policy Rules"，*The American Economic Review*，Vol. 91，no. 2，pp. 263 - 267，May 2001.

"Low Inflation，Pass-Through，and the Pricing Power of Firms"，*European Economic Review*，Vol. 44，no. 7，pp. 1389 - 1408，June 2000.

"Teaching Modern Macroeconomics at the Principles Level"，*The American Economic Review*，Vol. 90，no. 2，pp. 90 - 94，May 2000.

"The Robustness and Efficiency of Monetary Policy Rules as Guidelines for Interest Rate Setting by the European Central Bank"，*Journal of Monetary Economics*，Vol. 43，no. 3，pp. 655 - 679，June 1999.

"A Core of Practical Macroeconomics"，*The American Economic Review*，Vol. 87，no. 2，pp. 233 - 235，May 1997.

"The Monetary Transmission Mechanism：An Empirical Framework"，*Journal of Economic Perspectives*，Vol. 9，no. 4，pp. 11 - 26，Fall 1995.

"Changes in American Economic Policy in the 1980s：Watershed or Pendulum Swing?"，*Journal of Economic Literature*，Vol. 33，no. 2，pp. 777 - 784，June 1995.

"The Use of the New Macroeconometrics for Policy Formulation"，*The American Economic Review*，Vol. 83，no. 2，pp. 300 - 305，May 1993.

"International Coordination in the Design of Macroeconomic Policy Rules"，*European Economic Review*，Vol. 28，no. 1 - 2，pp. 53 - 81，Jun. -Jul. 1985.

"Recent Changes in Macro Policy and Its Effects：Some Time-Series Evidence"，*The American Economic Review*，Vol. 74，no. 2，pp. 206 - 210，May 1984.

"Union Wage Settlements During a Disinflation"，*The American Economic Review*，Vol. 73，no. 5，pp. 981 - 993，Dec. 1983.

"Establishing Credibility：A Rational Expectations Viewpoint"，*The American Economic Review*，Vol. 72，no. 2，pp. 81 - 85，May 1982.

"Stabilization，Accommodation，and Monetary Rules"，*The American Economic Review*，Vol. 71，no. 2，pp. 145 - 149，May 1981.

"Aggregate Dynamics and Staggered Contracts"，*Journal of Political Economy*，Vol. 88，no. 1，pp. 1 - 23，Feb. 1980.

"Staggered Wage Setting in a Macro Model", *The American Economic Review*, Vol. 69, no. 2, pp. 108 - 113, May 1979.

"Stabilizing Powers of Monetary Policy under Rational Expectations" (with Edmund Phelps), *Journal of Political Economy*, Vol. 85, no. 1, pp. 163 - 190, Feb. 1977.

"Monetary Policy during a Transition to Rational Expectations", *Journal of Political Economy*, Vol. 83, no. 5, pp. 1009 - 1021, Oct. 1975.

研究背景

这条"新"的货币政策规则是泰勒在 1993 年的论文《相机抉择 VS 政策规则的实践》(Discretion Versus Policy Rules in Practice)中最先提出来的,发表在《卡内基-罗切斯特公共政策会议系列》(*Carnegie-Rochester Conference Series on Public Policy*)上。

"规则还是相机决策"的争论可以追溯到 19 世纪初期"银行学派"的追随者与"通货学派"之间关于英格兰银行法的讨论。

在 20 世纪初期,威克塞尔、费雪、西蒙、弗里德曼等货币经济学家分别提出了货币当局应按"规则"行事的货币政策。1983 年以前的货币政策规则常被称为"古典货币政策规则"。货币政策规则理论在现代货币主义和理性预期学派那里得到了充足的继承和发展。不断发展的动态非一致性模型为单一规则提供了理论依据,"相机抉择政策即最佳的决策选择,在既定的情况下,不会导致社会目标函数最大化"[1]。最优的货币政策具有动态非一致性,而动态一致的货币政策带来了次优的结果。单一规则可以避免相机抉择带来的通货膨胀倾向,"按规则行事"是解决动态非一致性问题的一种有效策略。"泰勒规则"在此背景下被提出,并逐步取代了稳定货币供给增长率规则。

主要内容

在各种影响价格水平和经济增长率的因素中,真实利率是唯一能够与价格和经

---

[1] Kydland, F., E. and Prescott, E.C., "Rules Rather Than Discretion: the Inconsistency of Optimal Plans", *Journal of Political Economy*, Vol. 85, p. 473, June 1977.

济增长保持长期稳定关系的变量，因此，调整真实利率应当成为中央银行的主要操作工具。泰勒根据实证分析开创性地提出了一种"新"的货币政策规则，并指出货币当局不可机械地运用，而应当将其融入货币政策操作之中。

1. 概念的探讨

传统的货币政策规则是单一货币供应量增长规则，反馈规则则是货币供应量针对失业率与通货膨胀率的变动进行调整。

泰勒认为，一种货币政策规则不是机械地运用一个公式，不能简单地理解为对于政策工具一系列系数的设定。货币当局不仅要以一种货币政策规则为基础进行运作，还要对各种经济变量可能的变化进行判断，这是一个广义的货币政策规则概念。因此，在1990年的报告中"政策规则"被"政策体系"所代替，这旨在表明，政策规则是按照一定计划执行的一套方法体系。货币当局若想获得可信度，就要做出承诺按照规则行事，而且，规则并不是随意变动的，否则其经济价值就微乎其微了。

泰勒进一步指出了关于政策规则的三个议题：政策规则的设计、向新设计完成规则的转变以及政策规则的日常运作。

2. "新"货币政策规则的探索

布赖恩特（Bryant）、胡珀（Hooper）和曼（Mann）利用9种不同的经济模型比较了不同货币政策规则的效应，其中，布赖恩特评价的所有货币政策规则为利率规则。货币当局在面临以下几种情况时，通过利率进行调节：第一种情况是货币供应量与目标的偏离；第二种情况是汇率与目标的偏离；第三种情况是通货膨胀或实际产出与目标的偏离。

泰勒在1993年的研究与上述结论一致。在理性预期假设条件下，泰勒对西方七国在不同政策规则条件下的经济表现进行了检验，按照促进价格稳定与产出稳定目标实现的程度进行排序。泰勒指出，在美国、日本、英国、意大利及德国，采用固定汇率制比浮动汇率制条件下实际产出以及通货膨胀率的波动幅度更大。

泰勒指出，应当运用利率工具调节经济，在利率规则中，给予价格水平以及产出正的权重更为可取；而且，赋予产出水平一定的权重比单一的价格规则将有更好的模拟结果。经济学家对于不同变量的权重意见不一，Taylor（1993）[1] 提出了一个非常具体而又简单的货币政策规则即泰勒规则，为货币政策操作提供了新的理论依据。这一规则确立的"中性"原则既秉承了"单一货币增长规则"，又具有单一

---

① Taylor J.，"Discretion Versus Policy Rules in Practice"，*Carnegie-Rochester Conference Series on Public Policy*，Vol. 39，1993.

规则不具有的灵活性，因此备受关注，并为越来越多的货币当局所采用。

泰勒通过对 1984—1992 年美国联邦储备体系货币政策操作的研究指出，美国两个缺口即通货膨胀缺口、GDP 缺口的调整因子均为 0.5，美国实际均衡利率和目标通货膨胀率均为 2%，泰勒开创的"新"的货币政策规则为：

$$r = p + 0.5y + 0.5(p-2) + 2$$

式中，r——联邦基金利率；

p——以前四个季度的通货膨胀水平；

y——实际 GDP 与目标的偏离，即

$$y = 100(Y - Y^*) / Y^*$$

式中，Y——实际 GDP；

Y^*——实际 GDP 的趋势。

通货膨胀缺口、GDP 缺口的调整系数相同。当通货膨胀率与实际 GDP 符合目标水平时，联邦基金利率将等于 4。

泰勒认为，实际均衡利率为名义利率减去预期通货膨胀率，因此，为了保持实际均衡利率的稳定，名义利率要顺应通货膨胀率的变化。如果实际产出增长率超过潜在产出水平，实际失业率低于自然失业率或者预期通货膨胀率超过通货膨胀目标水平时，也就是说，当存在 GDP 缺口及通货膨胀缺口时，实际利率就会偏离实际均衡利率，此时，中央银行就应当运用货币政策工具，调整名义利率从而使实际利率恢复和保持在实际均衡水平。

在考察区间，运用泰勒规则反映美国的政策走势与实际极为吻合。文中泰勒用图 1 来反映泰勒规则中的变量——实际 GDP。依据泰勒规则进行判断，在 20 世纪 80 年代后期，美国经济高于目标值；而在 20 世纪 90 年代初期的衰退中又低于目标值。在 1991—1992 年的衰退期中，实际 GDP 和目标 GDP 之间的缺口有所减少。

泰勒规则认为，实际联邦基金利率与通货膨胀和经济增长之间具有长期稳定的关系。在自然失业率水平下的通货膨胀率和潜在产出增长率都对应着一个实际均衡的联邦基金利率。若货币当局以实际均衡联邦基金利率作为中介目标，便可以获得通过改变名义均衡联邦基金利率来稳定或影响产出、价格水平的最优路径。

3. 不同货币政策规则之间的转变

经济的运行不是一成不变的，因此，我们不仅要研究货币政策规则的设计，还要考虑随着宏观经济状况的演变，一种规则向另一种规则的转变。比如，在货币政策规则运行中发现，5% 的通货膨胀目标值偏高，2% 的通货膨胀目标值将更加有利于长期经济运行，此时，货币政策规则就需要转变。

泰勒认为，在规则的转变中需要做一些相应处理的理由主要有：

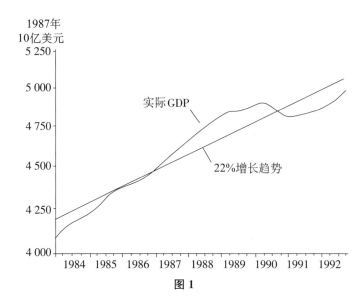

图 1

第一，政策规则假设人们的预期是理性的，这使得政策的长期运作具有意义。人们根据现行的政策调整他们的行为，从而减少对政策以及其他变量预期的偏差。1975 年，泰勒曾利用一个简单的模型对政策规则转变过程中的通货膨胀目标问题进行了研究。

第二，经济中存在的自然刚性阻止人们迅速改变行为。在泰勒看来，有很多可以作为解释政策规则转变的例子，但是在实际操作中，不同规则之间的转变好像仅存在着微小的区别。

4. 货币政策规则运作中的灵活性

上述货币政策规则的公式不可机械地使用，应当将特定货币政策规则作为中央银行决策过程中的一个输入变量；同时，设定一些一般性的原则作为政策规则的基础，从而使中央银行的政策设定不完全依赖于规则公式。泰勒进一步介绍了两种可供选择的方法。

第一，影响货币政策制定者，如联邦公开市场委员会成员决策的基础因素有领先指标、产出曲线的形状、联邦储备委员会的模型预测等。利用泰勒规则进行测算，如果结果与美联储的行为十分相似，那么，此规则可能会作为未来决策的一种指导。

第二，利用政策规则的一般特性。例如泰勒规则的基本特性可以概括为：美联储一般在存在通货膨胀压力时提升利率，在通货膨胀压力下降或者衰退期降低利率。对政策工具的调整幅度需要进行评估，而且，对于政策规则中的系数，要视总需求对利率变动的敏感度而定。

泰勒利用关于石油价格冲击以及债券市场的两个相关案例进行了进一步分析。

5. 结论

在文中，泰勒澄清了一些术语，区分了政策规则的设计、转变以及运行。在此文中，泰勒一再强调不可机械地运用规则公式，而应将政策规则融入中央银行的政策决策程序中，并运用特殊性与一般性相结合的方法使政策规则具有更强的可操作性。

评 价

许多经济学家认为，遵循"泰勒规则"行事会使国民经济保持在一个稳定且持续增长的理想状态。但是，一些经济学家，如斯蒂格利茨和威廉姆森等却提出了反对意见。他们认为，在利率没有显著变化的情况下，投资也会发生变化，并且影响投资的往往是其他金融变量而不是利率，因此，利率不可能成为货币政策的适当指标。

计算和使用泰勒利率最初看起来非常简单，但也不能忽略操作和理论中的一些现实问题。

首先，GDP 缺口、通货膨胀缺口权重的确定。各国中央银行在确定这个系数时要考虑到货币政策取向及该国的经济结构。

其次，在进行通货膨胀率测量时，价格指数的选取。比如是采取消费者价格指数还是 GDP 平减指数，因为价格指数的选取会影响到通货膨胀缺口的大小。

再次，在估计 GDP 缺口时，对 Y^* 的估计是使用一种生产函数来估计还是采用一种线性趋势来估计。

最后，一般对于实际均衡利率的测量，会由于不同名义利率、不同通货膨胀率及不同期间的选取而不同。从长期来看，实际均衡利率不仅与固定资产的预期收益率及公众的储蓄倾向有关，而且应考虑到经济的不确定性因素及中央银行的可信度。

泰勒提出的"新"货币政策规则，虽然存在着争议以及不足之处，但其学术价值是不可磨灭的。

后续研究

在泰勒规则的基础上，经济学家们进行了大量的后续研究，发展了许多相关货币政策分析的模型，主要可分为两类：一类是"向后看"模型，此类研究认为，产出缺口与通货膨胀取决于它们过去的值，如 Svensson（1999）[①]；另一类是"向前看"模型，认为产出缺口取决于未来预期产出和实际利率，未来预期通货膨胀会影响当期的通胀水平，如 Clarida 等（1999）[②]。

此外，学者还对不同货币政策规则的实施效果进行了对比分析。Sala 等（2008）[③] 研究了经济中存在黏性价格、匹配摩擦和劳动议价时的最优货币政策规则。通过数值模拟，作者发现当出现成本推动、劳动议价和技术冲击时，通胀水平和失业率的标准差与反应系数数值的相关性明显提高，说明此时中央银行将面临选择价格稳定或充分就业的两难问题。此外，作者基于社会福利损失函数，估算了"缺口"规则和"增量"规则下主要宏观变量的标准差和社会福利损失情况，结果显示"缺口"规则明显好于"增量"规则，且在考虑工资黏性的情况下，盯住失业率的"缺口"规则好于盯住产出的"缺口"规则。进一步，通过引入不确定性因素，作者发现产出和失业率测量误差的存在可能抵消货币政策的逆周期调控效果。基于以上研究，作者指出关于最优货币政策的研究可以延伸至探究自然利率的多种定义、纳入劳动市场的竞争模型等领域。

针对货币政策规则可能存在的结构性变化，Andrew 等（2011）[④] 将货币政策和利率期限结构纳入二次结构期限模型中，采用 1952—2007 年间的季度宏观数据估算了货币政策的产出系数和通胀系数。经过模型推导和实证检验，作者发现样本期间内货币政策的通胀系数表现出时变特征，这主要归因于美联储对通胀波动容忍程度的改变。通过对比实证结果和历史数据，作者发现通胀反应系数的时变特征与对应样本期间美联储货币政策的立场变化情况存在高度一致性，这在一定程度上证明了时变参数的泰勒规则作为未来决策指导的可行性。

部分学者研究了泰勒规则在发展中国家的适用性。Anand 等[⑤]（2015）在《发展中国家中央银行应该盯住什么通货膨胀测度?》（What Measure of Inflation Should a Developing Country Central Bank Target?）一文中综合考虑了发展中国家的经济和金融发展情况，对如何计算货币政策盯住变量的问题进行了探究，并检验

[①]　Svensson，L.，"Price Level Targeting vs. Inflation Targeting: A Free Lunch?"，*Journal of Money，Credit，and Banking*，1999，31（03）：277 – 295.

[②]　Clarida，R.，Gali，J. & Gertler，M.，"The Science of Monetary Policy: A New Keynesian Perspective"，*Journal of Economic Literature*，1999，37（04）：1661 – 1707.

[③]　Sala，L.，Söderström，U. & Trigari，A.，"Monetary Policy under Uncertainty in an Estimated Model with Labor Market Frictions"，*Journal of Monetary Economics*，2008，55（05）：983 – 1006.

[④]　Andrew，A.，Jean，B.，Sen，D. & Rudy，L. K.，"Monetary Policy Shifts and the Term Structure"，*Review of Economic Studies*，2011，78（2）：429 – 457.

[⑤]　Anand，R.，Prasad，E. S.，Zhang，B.，"What Measure of Inflation Should a Developing Country Central Bank Target?"，*Journal of Monetary Economics*，2015，74：102 – 116.

了调整计算方法后的货币政策实施效果。首先，考虑到发展中国家的金融摩擦因素，作者构建了包含不完美金融市场的开放经济模型，以此模拟发展中国家的经济动态变化。其次，基于居民食品消费弹性较低的事实，作者调整了 CPI 计算公式中食品消费的权重。最后，通过数值模拟分析发现，在考虑金融摩擦的情况下，调高食品消费权重后社会福利水平显著改善。以上结果表明随着经济和金融发展程度改变，外生冲击的传导机制也将出现结构性转变，对此各国中央银行应根据经济和金融的实际情况在政策变量的计算方法、货币政策盯住变量的选择和反应系数的确定等方面做出调整。

一些国家的中央银行也做了一些尝试，如德国在进行货币政策运作中，对泰勒规则可能出现的一些理论与现实问题进行了修订。首先，产出的数量水平变成了增长率。其次，德国联邦银行的利率规则中，中央银行在对偏离目标值的缺口予以反应时，是基于变动前一期的短期利率水平。而在泰勒规则中，则是相对于均衡利率进行名义利率的调整。再者，考虑到未来通货膨胀的风险会通过前一时期现金持有量的增长反映出来，中央银行不但对通货膨胀、产出的波动做出反应，而且要对流通速度偏离其运动趋势给予关注。

目前，对于实际利率的计算与泰勒的最初方法不同，已将经济理论增长因素考虑在内，因为泰勒最初的平均值计算方法一般会使得实际均衡利率及泰勒利率值偏低。

我们能把一价定律推广多远？[1]

作者简介　　**Peter Isard**

彼得·伊萨德（Peter Isard）曾供职于美国联邦储备委员会国际金融司，目前在国际货币基金组织研究部工作。他主要致力于宏观经济学以及国际经济学等领域的研究。《我们能把一价定律推广多远？》（How Far can We Push the "Law of One Price"?）一文，使用了当时较为先进的计量经济学技术，对一价定律的成立范围进行了检验，其研究问题的方法给后来的经济学者以很深的启发。

主要成果

"Globalization and the International Financial System: What's Wrong and What Can Be Done?" (with B. Eichengreen), *Journal of Economic Literature*, 01/01/2006.

---

[1]　本文发表于 *The American Economic Review*，Vol. 67，No. 5（Dec. 1977），pp. 942 - 948。

"The Macroeconomic Effects of Higher Oil Prices"（with B. Hunt，D. Laxton），
National Institute Economic Review，01/01/2002.

International Finance and Financial Crises：Essays in Honor of Robert P. Flood，
Jr，Kluwer Academic Publisher，01/01/2000.

Multimod Mark Ⅲ：The Core Dynamic and Steady-State Models，Bernan Associa-
tion，06/01/1998.

"Exchange Rate Movements and Their Impact on Trade and Investment in the
APEC Region"，Bernan Assocication，06/01/1996.

"Future of the SDR in Light of Changes in the International Financial System"，
Proceedings of a Seminar Held in Washington，D. C.，March 18 - 19，1996.

Exchange Rate Economics，Cambridge University Press，12/01/1995.

"SDR System and the Issue of Resource Transfers"（with Reinhard W. Furstenberg and
Warren L. Coats），Princeton University International Economics，05/01/1991.

"Currency Convertibility and the Transformation of Centrally Planned Economies"
（with Joshua E. Greene），Bernan Assocication，05/01/1991.

"SDR System and the Issue of Resource Transfers"，Princeton University Interna-
tional Economics，06/01/1991.

研究背景

彼得·伊萨德的《我们能把一价定律推广多远？》发表于《美国经济评论》
1977 年 12 月刊。

"一价定律"是一种历史非常悠久的价格理论，其渊源可以上溯至公元前 4
世纪古希腊学者亚里士多德在《伦理学》中关于公平的讨论。开放经济中的一价
定律则是由英国学者大卫·李嘉图（David Richardo）于 19 世纪初期在有关"比
较优势原理"的论述中提出的，此后，一价定律的理论含义逐渐成为经济学家们
的共识。

20 世纪 70 年代初期，随着计量经济学技术的发展，经济学家们开始试图利
用实际数据验证一价定律的结论，其中较有代表性的是劳伦斯·卢森博格（Law-
rence Rosenberg）于 1973 年利用美国与欧洲和日本钢材贸易的数据验证了一价
定律在初级产品市场上基本成立。但是能否通过经验数据的实证检验将一价定
律的范围推广至更具一般性的产品上呢？本文在这方面作出了开创性的贡献。

主要内容

一、一价定律的理论含义

当某种商品在不同市场上的价格存在差异时，有可能引致套利活动。对于不可移动的商品（如房地产）和套利的交易成本无限高的商品（如某些服务），它们在不同市场上的价格差异不可能通过套利活动来消除，这种商品称为不可贸易品。与之相对应的是可贸易品，套利活动将使它在不同市场之间的价格差异保持在较小的、稳定的范围内。如果不考虑交易成本、运输成本等因素，则同一种可贸易品在各个市场上的价格必然完全一致，经济学家称之为封闭经济中的一价定律。

开放经济中的一价定律可以表述为：如果不考虑交易成本、贸易壁垒等因素，以同一货币衡量的不同国家的某种可贸易品的价格是完全一致的。用公式可以表示为：

$$p_i = e p_i'$$

式中，e——直接标价的汇率；

p_i——本国的价格水平；

p_i'——外国的价格水平。

二、经验研究

通过对实际数据的研究，伊萨德认为，在现实中，考虑到一般范围的商品，一价定律并不成立。汇率的波动对可贸易品的价格差存在显著的影响，而且这种影响并不是暂时的，常常可以持续数年。在此基础上，作者得出进一步的结论：很难找到一种价格指数，它既涵盖了一般性的商品，又符合一价定律的结论，因此用"价格指数"来表示购买力平价是不准确的，或者，至少购买力平价理论无法将"一价定律"作为其成立的前提，因为即使能够用某种价格指数来表示购买力，但这种包含了众多商品的价格指数很难符合"一价定律"。

首先，作者选取了美国与德国1968—1975年间工业产品的贸易数据作为研究的样本。

根据一价定律的表达式

$$p_i = e p_i'$$

变形得到

$$\frac{p_i}{p_i'} = e$$

现实中总是存在若干系统性的因素（如运输成本、贸易保护等等）使得上式两端无法严格相等，但是这些系统性因素在短期内不会轻易改变，因此等式两端的差值是相对稳定的。但是，将实际数据代入公式中验证，结果发现，这种差值并不是稳定的，而且与汇率的波动幅度有很大的联系，在所选的样本区间内，几乎年年如此。这说明"一价定律"起码直观地看，并不能对某些可贸易品成立。具体数据如表1和图1所示。

表 1

	1968—1969 年	1969—1971 年	1971—1972 年	1972—1973 年	1973—1974 年	1974—1975 年	1975—1975 年	1968—1975 年
汇率	4.07	5.85	14.14	31.33	−7.70	12.11	−9.90	53.94
服装	4.57	6.15	16.73	36.26	−10.52	13.61	−8.47	64.29
化工品	6.17	3.36	9.91	43.92	−15.01	−13.47	−16.04	7.18
农药	8.39	−4.51	9.02	37.36	14.37	−10.26	−27.05	16.06
塑料	10.73	10.90	14.93	28.96	−20.23	−10.13	−13.11	13.37
纸制品	2.08	0.86	9.35	23.57	−14.12	13.92	−12.00	19.78
车床	10.68	20.66	14.23	33.52	−14.98	11.08	−12.04	69.18
电机	5.36	7.85	15.04	34.08	−5.06	8.88	−11.85	59.71
家电	10.99	8.07	10.87	38.32	−5.68	12.69	−9.22	77.51
玻璃	−0.47	−3.66	19.54	38.97	−11.61	4.44	−13.26	27.55

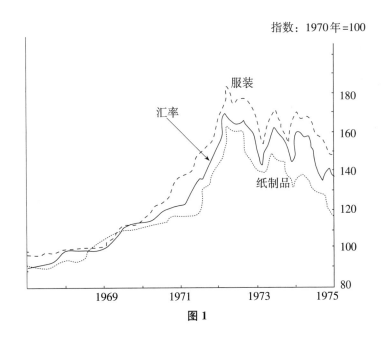

图 1

其次，作者选取了美国和德国 1970—1975 年之间的六种具体的机械设备贸易品的出口价格作为研究的样本，仍是将其相对价格与对应的汇率进行比较，如表 2 所示。

表 2

	汇率	内燃机	耕作机	计算器	车床	泵	铲车
1970 年 6 月	100	100	100	100	100	100	100
1971 年 6 月	103.4	104.1	108.9	110.3	110.4	106.2	111.1
1972 年 6 月	114.6	119.8	116.6	114.4	125.2	121.2	125.6
1973 年 6 月	140.9	155.5	136.2	139.3	153.8	144.7	159.7
1974 年 6 月	143.9	147.7	138.1	146.0	144.3	151.7	145.1
1975 年 6 月	155.2	148.1	122.5	147.7	141.8	139.3	139.1

结果上面的现象也同样发生在这些较为具体的产品门类上。这说明，即使是很近似的可贸易品，"一价定律"也无法成立。实际上，它们仍然存在"质"的差别，不是完全的替代关系，因而存在价格差。

最后，作者选取了美国与加拿大、德国、日本 1968—1975 年五种贸易品的单位价值作为研究的样本。由于这些商品的单位价格变动较为剧烈，数据的规律性不如宏观数据那么明显，作者采用了回归分析的方法来揭示数据的规律，检验的方程式如下：

理论方程式：

$$\frac{p_i}{p_i'} = e$$

计量方程式：

$$R_t = a_0 + a_1 S_t + a_2 D_t + e_t + e_{t-1}$$

式中，t 表示数据的时间；R_t 相当于 P_i/P_{i1}，用美国单位产品的进口价格除以出口国的出口价格；S_t 相当于 e；D_t 是虚拟变量，1968—1973 年其取值为零，1974—1975 年其取值为 1；e_t 是随机干扰项。

将实际数据代入方程式，得到回归分析的结果，并进行相关的统计检验，如表 3 所示。

表 3

	a_0	a_1	a_2	ρ	$\bar{R}^2$	D.W.
			加拿大			
轮胎	−4.16 (−0.832)	0.005 8 (1.16)	−0.317 (−1.15)	0.859 (8.87)	0.737	2.33

续表

	a_0	a_1	a_2	ρ	$\bar{R}^2$	D.W.
墙纸	−0.406 (−0.462)	0.011 8 (1.31)	0.361 (4.50)	0.186 (1.00)	0.656	1.89
钢材	0.852 (0.935)	−0.002 92 (−0.312)	0.418 (4.82)	0.093 0 (0.494)	0.553	1.94
德国						
肥皂	0.726 (0.607)	0.093 8 (2.35)	−0.791 (−1.35)	0.120 (0.641)	0.148	1.60
轮胎	−0.082 8 (−0.152)	0.043 7 (2.72)	−0.142 (−0.816)	0.758 (6.15)	0.728	1.66
墙纸	0.316 (0.885)	0.026 4 (2.21)	−0.040 1 (−0.223)	−0.097 4 (−0.518)	0.163	1.96
日本						
肥皂	−0.582 (−0.137)	15.49 (1.12)	0.921 (0.740)	0.113 (0.604)	0.067 4	1.87
轮胎	−0.940 (−2.90)	6.28 (6.04)	0.244 (2.95)	0.461 (2.75)	0.869	2.11
墙纸	−0.720 (−1.83)	6.79 (5.30)	1.07 (9.40)	0.153 (8.17)	0.901	2.04
瓷砖	0.0242 (0.082 6)	2.32 (2.43)	0.428 (4.99)	0.125 (0.665)	0.693	1.74
钢材	0.183 (0.825)	1.39 (1.95)	0.148 (2.71)	0.508 (3.12)	0.672	2.42

利用方差分析可以看出 R_t 的变动在多大程度上可以由 S_t 的变动来解释。结果发现，有多个 $\bar{R}^2$ 值显著不为零，这说明汇率的波动对可贸易品的单位价格差仍有很大的影响，美国与德国、日本的数据很好地支持了这一结论，但是，美国与加拿大的数据却没有反映上述特征。相反，R_t 近似地等于 S_t。作者猜测原因可能是由于两国之间贸易壁垒较少，经济情况近似，因此更为符合一价定律成立的前提条件。

基于上面的实证研究，作者得出结论：汇率波动对同种可贸易品之间的价格差有实质性的、持续性的影响，现实中，一价定律除了应用在初级产品市场上，很难将其推广至一般性的商品市场上。

评　价

一价定律的理论含义简洁明晰，已经成为经济学家的共识。极端的例子是英国

《经济学家》（*Economist*）杂志，从 1986 年开始，按期计算麦当劳快餐中"巨无霸"汉堡包在世界上四十多个国家和地区的价格，以此来衡量各地汇率的合理水平，这可以说是一价定律最直接的应用。虽然这种方法不甚科学，但是足见一价定律的巨大影响力，它是汇率理论中的基础性结论之一。

本文在利用经验数据实证检验一价定律的成立范围方面作出了开创性的贡献，经济学家，特别是计量经济学家，开始关注时间序列数据的某些特性，这一点可以从伊萨德的计量方程式中开始引入虚拟变量和试图解决自相关问题看出来。毫无疑问，伊萨德较早地注意到了这些问题对数据分析的影响。但是由于时代的局限，当时的计量经济学技术，特别是时间序列分析技术并不完善，使得作者的检验方法显得过于原始与简单，只是从直观上"证伪"了一价定律。显然，对汇率这样不平稳的时间序列数据做回归分析，会存在"伪回归"的问题，仅仅引入虚拟变量无法完全消除自相关的影响，因此这种方法的结论往往是误导性的。

同时，一价定律本身在计量检验中存在着技术上的困难，主要的问题包括：第一，价格指数选择的不同，可以导致不同的购买力平价。第二，商品分类上的主观性可以扭曲价格。不同国家的商品分类标准不尽相同，从而很难比较不同国家间的同类商品价格。第三，在计算汇率时，基年的选择至关重要。因为相对购买力平价实际上隐含地假定了基年的汇率是均衡的汇率。因此，准确选择一个汇率均衡的基年，是保证以后一系列计算结果正确的前提，但是现实中很难做到这一点。

后续研究

在本文之后大量实证色彩浓厚的模型被发展起来，特别是时间序列分析技术的引入，使更为准确地检验一价定律成为可能。样本区间也得到了扩展，包括金汇兑本位制、固定汇率制和浮动汇率制等不同汇率制度下的数据。

后人主要对伊萨德的检验方法做了如下改进：充分考虑时间序列数据的统计学特点，改进计量方程式，对原等式两边取自然对数：

$$\ln p_i - \ln p_i' = \ln e$$

令

$$q_t = \ln e - \ln p_i + \ln p_i'$$

对应的计量方程式为：

$$q_t = s_t - p_t + p_t'$$

这样，不像本文中检验 q_t 为常数，而是验证其为平稳序列。数据验证的结果支持这一结论，由此得到一价定律的深层次含义：在长期，无论汇率的波动如何剧烈，可贸易品的价格必然会回到它们价值的均值。

　　近些年不少研究分析了价格偏离一价定律的原因，主要有品质差异和套利成本，分析方法包括建立开放经济一般均衡理论模型和历史价格数据实证研究。从商品品质差异考虑，如抵押价值，Cipriani 和 Houser（2018）[1] 发现尽管资产收益率相同，但能进行杠杆融资的资产价格高于不能进行杠杆融资的资产；再如土地市场的地理属性，Waights（2018）[2] 指出铁路建设影响地理空间均衡价格。

　　从商品交易套利成本考虑，例如市场摩擦，Lee 和 Park（2015）[3] 将其细分为商品消费伴随的商品市场摩擦（如分销成本，影响贸易发生概率）和国际交易伴随的商品市场摩擦（如贸易成本，产生无套利区间）；再如边界效应，Engel 和 Rogers（1996）计算美国和加拿大的边界效应为 75 000 英里，Gorodnichenko 和 Tesar（2009）[4] 指出控制国内价格分布异质性后美国和加拿大的边界效应应为 47 千米。

　　另外，尽管金融市场相比商品市场的潜在贸易壁垒少，但一些研究也在其中发现了一价定律偏离现象，例如 Esqueda，Luo 和 Jackson（2015）[5] 指出，美国存托凭证（ADR）溢价的部分原因是平滑波动率指数的滞后所致。

① Cipriani，M.，Fostel，A.，& Houser，D.，"Collateral Constraints and the Law of One Price: An Experiment"，*The Journal of Finance*，2018，73（6）：2757 - 2786.

② Waights，S.，"Does the Law of One Price Hold for Hedonic Prices?"，*Urban Studies*（Edinburgh，Scotland），2018，55（15）：3299 - 3317.

③ Lee，I.，& Park，S.，"The Law of One Price Revisited: How Do Goods Market Frictions Generate Large and Volatile Price Deviations?"，*Journal of Macroeconomics*，2015，46：71 - 80.

④ Gorodnichenko，Y.，& Tesar，L. L.，"Border Effect or Country Effect? Seattle May Not Be so Far from Vancouver After All"，*American Economic Journal: Macroeconomics*，2009，1（1）：219 - 241.

⑤ Esqueda，O. A.，Luo，Y.，& Jackson，D. O.，"The Linkage Between the U. S. 'Fear Index' and ADR Premiums Under Non-Frictionless Stock Markets"，*Journal of Economics and Finance*，2015，39（3）：541 - 556.

贬值的经济效应：
弹性方法与吸收方法的一个简化综合[①]

作者简介　**Sidney S. Alexander**

　　希德尼·S. 亚历山大（Sidney S. Alexander）教授，曾任教于麻省理工学院工业管理系。他的研究领域包括国际经济学，特别是国际收支理论，以及数理经济学。亚历山大最主要的学术贡献，就是创造性地将弹性方法与吸收方法结合起来，分析汇率的变动对贸易余额的影响，而在他之前，经济学者长期认为这两种方法是对立的。亚历山大教授于 2005 年逝世。

主要成果

"Social Evaluation Through Notional Choice", *The Quarterly Journal of Economics*, 88, pp. 597 - 624, 1974 (4).

"Price Movements in Speculative Markets: Trends or Random Walks", *Industrial Management Review* (pre - 1986), 2, p. 7, 1961 (2).

---

　　① 本文发表于 *The American Economic Review*，Vol. 49，No. 1 (Mar. 1959)，pp. 22 - 42。

"Effects of a Devaluation：A Simplified Synthesis of Elasticities and Absorption Approaches", *The American Economic Review*，49，pp. 22–42，1959（1）.

"Rate of Change Approaches to Forecasting—Diffusion Indexes and First Differences", *The Economic Journal*，68，pp. 288–301，1958（270）.

"Issues of Business Cycle Theory Raised by Mr. Hicks", *The American Economic Review*，pp. 861–878，1951.

"Mr. Harrod's Dynamic Model", *The Economic Journal*，60，pp. 724–739，1950（240）.

"The Accelerator as a Generator of Steady Growth", *The Quarterly Journal of Economics* 63，pp. 174–197，Feb. 1949.

"The Effect of Size of Manufacturing Corporation on the Distribution of the Rate of Return", *The Review of Economics and Statistics*，pp. 229–235，1949.

研究背景

汇率的变动会引起开放经济一系列变量的调整，尤其是贬值对贸易余额的影响非常复杂。贬值既会直接影响贸易余额，又会通过贸易余额的变动引起收入与吸收的变动，从而对原有的贸易余额产生进一步的影响。因此在分析中，必须将贬值对贸易余额的直接影响以及对收入与吸收的影响结合起来，才能全面分析贬值的效应。

这一分析方法实际上需要综合国际收支理论中的两种方法。在国际收支理论的发展中，最早出现的是由马歇尔、勒纳和罗宾逊等人于 20 世纪 30 年代倡导的"弹性方法"，这一分析方法只考虑进出口和贸易余额，从而得出了只要满足马歇尔-勒纳条件，贬值就可以改善贸易余额的结论。显然，这一分析方法没有考虑宏观经济因素。随后在 20 世纪 50 年代出现了由亚历山大等人倡导的"吸收方法"，它主要研究的是收入与吸收，得出了要相对于吸收提高收入才能改善贸易余额的结论。

这两种分析方法各有短长，亚历山大试图将其有机地联系起来，更全面准确地分析贬值的经济效应。《贬值的经济效应：弹性方法与吸收方法的一个简化综合》（Effects of a Devaluation：A Simplified Synthesis of Elasticities and Absorption Approaches）一文于 1959 年发表在《美国经济评论》杂志上。

主要内容

亚历山大之前的研究认为，汇率变动对贸易平衡的影响取决于四个弹性，它们是本国出口供给对本国进口需求的弹性、本国出口供给对外国进口需求的弹性、外国出口供给对外国出口需求的弹性和外国出口供给对本国出口需求的弹性。具体的公式如下：

$$(a) \quad E_f = k\left[X_f \frac{e_{hxs}(e_{fxd}-1)}{e_{hxs}+e_{fxd}(1-k)} + M_f \frac{e_{hmd}(e_{fms}+1)}{e_{hmd}+e_{fms}(1-k)}\right]$$

$$(b) \quad E_h = k\left[X_h \frac{e_{fxd}(e_{hxs}+1)}{e_{hxs}+e_{fxd}(1-k)} + M_h \frac{e_{fms}(e_{hmd}-1)}{e_{hmd}+e_{fms}(1-k)}\right]$$

$$(1)$$

式中，h——本国；

f——外国；

x——出口；

m——进口；

s——供给；

d——需求；

e——弹性；

k——贬值幅度；

E_h 或 E_f——贬值对贸易余额的影响；

X_h 或 X_f——贬值前出口品的价格；

M_h 或者 M_f——贬值前进口品的价格。

式（1）只是一个定义式，用弹性来表示贬值的效应。

假设 $X_f = M_f$，e_{hxs} 和 e_{fms} 无穷大，k 很小，则上式可以写成：

$$E_f = rE_h = kM_f(e_{fxd} + e_{hmd} - 1)$$

从中可以看出，汇率稳定的条件是需求弹性的总和大于1。

此外，式（1）还需要一个很重要的假设：货币收入保持不变。这样，弹性就会表示出口品价格与进口品价格之间的相关关系。为了保证这一假设，即保证没有收入效应，需要贬值的同时采取补偿性的货币政策，用通货紧缩抵消增加的国内需求。这样，式（1）就可以表示贬值带来的全部效应。

以上是用弹性方法得到的主要结论，下文开始采用吸收方法来弥补弹性方法的不足。

如果贬值的同时没有补偿性的货币政策，那么贬值的效应又如何呢？这正是亚历山大在《贬值的经济效应：弹性方法与吸收方法的一个简化综合》一文中研究的问题，作者将对式（1）进行修订。

一、反转因素

贬值会刺激本国产出增加，从而本国的真实收入上升，这导致本国进口需求上升，而需求的上升反过来减弱了贬值的影响。也就是说，真实货币收入的增加，导致货币支出的增加，而货币支出的增加会引起国内产品价格的上涨，价格的上涨显然减小了贬值初期的价格差，这一过程与贬值最初的效应（即公式（1）描述的效应）是相反的（"反转"，即指此而言）。同样的分析也适用于外国。

1. 反转因素的标准形式

首先定义最初的反转因素：令 R_1 和 R_2 为最初的影响比率，则 R_1-1 和 R_2-1 表示反转比率，贬值的初始效应为 E_f，E_f 由公式（1）表示，收入的增加会将这一效应变为 $E_f(R_1-1)$。一般来说，R_1 和 R_2 都小于 1。当两个系数 R_1 和 R_2 同时起作用时，就形成了对贬值初始效应的一系列调整过程：从最初的 E_f，到 R_1E_f，再到 $R_1R_2E_f$，再到 $R_1R_2E_f-(R_1-1)(R_1E_f-R_1R_2E_f)$……经过推导，可以得到贬值对贸易平衡的最终影响为：

$$\text{(a) } dB_f = \frac{R_1R_2E_f}{1-(R_1-1)(R_2-1)}$$

$$\text{(b) } dB_h = \frac{R_1R_2E_h}{1-(R_1-1)(R_2-1)}$$

(2)

式（2）中的乘子 $\dfrac{R_1R_2}{1-(R_1-1)(R_2-1)}$ 称为最终的反转因素，它表示反转因素对贬值的最初效应 E_f 的最终影响。

如果该过程是一个无穷序列，则反转因素的和可以写成：

$$\frac{1}{1-(R_1-1)(R_2-1)}$$

2. 最初的反转因素

反转因素的标准形式有一个重要的假设，即增加的货币收入全部用来消费，从而刺激了总需求，但是这与实际情况不完全相符，因为有一部分货币会被窖藏起来。但窖藏不是与贬值同步出现的，而是在贬值引起货币收入的改变后，才有可能发生，所以我们将窖藏视为贬值的次级效应，而将货币收入的改变称为最初的反转因素。

对于本国来说，假设货币收入导致的窖藏比例为 h_1，货币收入导致的进口增加比例为 f_1，h_1 和 f_1 共同称为货币收入的引致因素。

在第一期，扣除窖藏和进口增加的比例，剩余为 $1-h_1-f_1$，到了第二期，额外的窖藏比例为 $h_1(1-h_1-f_1)$，额外的进口增加比例为 $f_1(1-h_1-f_1)$，依此类推，窖藏的最终比例为：

$$H_1 = \frac{h_1}{h_1+f_1}$$

进口增加的最终比例为：

$$F_1 = \frac{f_1}{h_1+f_1}$$

对应增加的数量为：

$$F_1 E_h = \frac{f_1 E_h}{h_1+f_1}$$

因此，贬值对本国贸易平衡的影响为：

$$E_h - F_1 E_h = E_h(1-F_1) = H_1 E_h$$

结合 R_1 的定义，可得 $R_1 = H_1$，$1-R_1 = F_1$，同样地，$R_2 = H_2$。

将 $R_1 = H_1$ 和 $R_2 = H_2$ 代入式（2），得到：

$$(a)\ dB_f = \frac{H_1 H_2 E_f}{1 - F_1 F_2}$$

$$(b)\ dB_h = \frac{H_1 H_2 E_h}{1 - F_1 F_2}$$

(3)

式（3）描述了贬值对贸易平衡的最终影响。

3. 反转因素只取决于货币收入引致因素

式（3）可以进一步地简化，因为它关于 h 和 f 是零次齐次的。

令 $v_1 = f_1/h_1$，$v_2 = f_2/h_2$，则 $H_1 = 1/(v_1+1)$，$F_1 = v_1/(v_1+1)$，

式（3）可以写成：

$$(a)\ dB_f = \frac{E_f}{1 + v_1 + v_2}$$

$$(b)\ dB_h = \frac{E_h}{1 + v_1 + v_2}$$

(4)

式（4）较为全面地描述了贬值的效应。

贬值最初的效应由初始的四个弹性决定，最初效应持续的时间由货币收入的引致因素来决定。当值非常大时，即货币收入引致的进口需求的增加远远大于货币贮藏，贬值的影响将会被彻底抵消掉。当值非常小时，即货币贮藏远大于贬值对贸易平衡的影响，贬值的影响将只由四个弹性决定。

二、货币收入引致因素的经济学性质

实际上，h 表示货币收入引致的收入效应，f 表示货币收入的价格效应。

一般情况下，货币收入的增加可以分为两部分，第一部分用 ω_{1y} 表示，是真实收入的增加量；另一部分用 ω_{1p} 表示，是真实收入增加之外的价格的提高量。因此，收入效应就可以写成：$h_1 = h_{1y}\omega_{1y} + h_{1p}\omega_{1p}$；价格效应可以写成：$f_1 = f_{1y}\omega_{1y} + f_{1p}\omega_{1p}$。其中，$\omega$ 代表对应变量的权重，这一权重由贬值发生时的经济状况来决定。

至此，分析贬值效应的模型已经建立完毕。从中可以看出，贬值对贸易平衡的影响取决于四个弹性，同时还与货币收入引致因素有关，即与货币窖藏和进口需求的增加量有关，而后两者取决于国家本身的宏观经济状况，比如就业水平、制度环境等。

三、假设的修正及对模型的影响

模型的假设条件过于简单，下面对模型的假设做一些修正，主要是考虑下面两种情况：

1. 贬值前贸易不平衡

假设贬值前贸易余额不为零，则有：

$$\text{（a）} B_{f_0} = rB_{h_0}$$
$$\text{（b）} B_{f_a} = r_aB_{h_a} \tag{5}$$

式中，B_{f_0}——外国贬值前的余额；

$\quad\quad B_{f_a}$——外国贬值后的余额；

$\quad\quad B_{h_0}$——本国贬值前的余额；

$\quad\quad B_{h_a}$——本国贬值后的余额；

$\quad\quad r$——贬值前的汇率；

$\quad\quad r_a$——贬值后的汇率。

并且令 $r_a = r(1-k)$，则

（5a）$-$（5b），可得：

$$\Delta B_f = r\Delta B_h - rkB_{ha}$$

式中，$\Delta B_f = B_{fa} - B_{f0}$，$\Delta B_h = B_{ha} - B_{h0}$，整理后得到：

$$\text{（a）} \Delta B_f = r_a\Delta B_h - rkB_{h0} = r_a\Delta B_h - kB_{f0}$$
$$\text{（b）} \Delta B_h = \frac{\Delta B_f}{r_a} + \frac{k}{1-k}B_{h0} \tag{6}$$

117

为了简化起见，令 $\Delta B_f = 0$，则：

$$\Delta B_h = \frac{k}{1-k}B_{h0}$$

令 $D_f = -kB_{f0}$，$D_h = \frac{k}{1-k}B_{h0}$，则贬值的效应可以改写为：

(a) $\mathrm{d}B_f = \dfrac{E_f + v_1 D_f}{1 + v_1 + v_2}$

(b) $\mathrm{d}B_h = \dfrac{E_h + v_2 D_h}{1 + v_1 + v_2}$ 　　　　　　　　(7)

式（7）说明，如果贬值前贸易不平衡，那么贬值的效应与贬值前贸易余额的规模 D 有关。

2. 贸易余额的改变没有完全转换成国内支出

假设贬值使本国贸易改善，最初的效应为 E_h，但是其中 d_1 的货币被窖藏起来，则这时贬值的初始效应为（$E_h - d_1$）。本国的货币收入会随之改变 $d_1/h_1 + f_1$，外国余额会改变 $F_1 d_1$，然后是 $H_2 F_1 d_1$，依此类推。由前面的推导可知，本币最终的货币收入效应为 $H_2 F_1 d_1 / (1 - F_1 F_2)$，用 v 的形式表示就是：

$$\frac{v_1 d_1}{1 + v_1 + v_2}$$

用外币表示这一改变，需要乘以汇率 r_a，即：

$$\frac{v_1 d_1 r_a}{1 + v_1 + v_2}$$

对于外国来说，上面三个量的分析是完全相同的，对应为：

$$\frac{H_1 F_2 d_2}{1 - F_1 F_2} \quad \text{或} \quad \frac{v_2 d_2}{1 + v_1 + v_2}$$

对本国的影响为：

$$\frac{v_2 d_2 / r_a}{1 + v_1 + v_2}$$

3. 推导最具一般性的模型

综合考虑如上两个条件，在贬值前，令本国为国家 1，外国为国家 2，Δ_{ji} 表示第 j 个国家在第 i 期的表现，从第二期开始：

(B1)　(a) $\Delta_{1i} = (R_1 - 1)\Delta_{2(i-1)}/r_a$

　　　　(b) $\Delta_{2i} = (R_2 - 1)\Delta_{1i} r_a$

这里 Δ_{1i} 由本币衡量，Δ_{2i} 由外币衡量。

令 $\Delta_1 = \sum\limits_{i=1}^{\infty} \Delta_{1i}$ 和 $\Delta_2 = \sum\limits_{i=1}^{\infty} \Delta_{2i}$，那么，用各自货币衡量的外国余额的最终改变

将是最初改变与随后调整之和。

(B2)　(a)　$\mathrm{d}B_h = E_h + \Delta_1 + \Delta_2/r_a$

　　　　(b)　$\mathrm{d}B_f = E_f + \Delta_1 r_a + \Delta_2$

式中，

(B3)　(a)　$\Delta_1 = (R_1 - 1)(E_h + \Delta_2/r_a)$

　　　　(b)　$\Delta_2 = (R_2 - 1)(E_f + \Delta_1 r_a)$

将（B3b）代入（B3a），（B3a）代入（B3b），并定义：

$$g = (R_1 - 1)(R_2 - 1)$$

则有：

(B4)　(a)　$\Delta_1 = (R_1 - 1)E_h + g\dfrac{E_f}{r_a} + g\Delta_t$

　　　　(b)　$\Delta_2 = (R_2 - 1)E_f + gE_h r_a + g\Delta_2$

从中可以解得：

(B5)　(a)　$\Delta_1 = \dfrac{1}{1-g}\Big[(R_1 - 1)E_h + g\dfrac{E_f}{r_a}\Big]$

　　　　(b)　$\Delta_2 = \dfrac{1}{1-g}\big[(R_2 - 1)E_f + gE_h r_a\big]$

如果贬值前贸易是平衡的，则有 $E_h = E_f/r_a$，所以：

(B6)　(a)　$\Delta_1 = \dfrac{1}{1-g}(R_1 - 1 + g)E_h$

　　　　(b)　$\Delta_2 = \dfrac{1}{1-g}(R_2 - 1 + g)E_h r_a$

将（B2a）代入（B6），可得：

(B7)　$\mathrm{d}B_h = E_h\Big[1 + \dfrac{1}{1-g}(R_1 + R_2 - 2 - 2g)\Big]$

　　　　　$= E_h\Big[\dfrac{1}{1-g}(R_1 + R_2 - 1 + g)\Big]$

再结合 g 的定义，可得：

(B8)　(a)　$\mathrm{d}B_f = \dfrac{R_1 R_2 E_f}{1 - (R_1 - 1)(R_2 - 1)}$

　　　　(b)　$\mathrm{d}B_h = \dfrac{R_1 R_2 E_h}{1 - (R_1 - 1)(R_2 - 1)}$

下面在模型中引入直接窖藏的效应 d_1 和 d_2，（B3）和（B4）需要修改为下面的形式：

(B3′)　(a)　$\Delta_1 = (R_1 - 1)(E_h - d_1 + \Delta_2/r_a)$

　　　　(b)　$\Delta_2 = (R_2 - 1)(E_f - d_2 + \Delta_1 r_a)$

这样，（B4）就改写为：

(B4′)　(a) $\Delta_1 = (R_1 - 1)(E_h - d_1) + g\,\dfrac{(E_f - d_2)}{r_a} + g\Delta_1$

　　　　(b) $\Delta_2 = (R_2 - 1)(E_f - d_2) + g(E_h - d_1)r_a + g\Delta_2$

然后，考虑贬值前贸易余额不为零的情况：这时，$E_h = (E_f/r_a) + D_h$，$E_f = E_h r_a + D_f$，并且 $D_h = -D_f/r_a$。

（B5）和（B6）改写为：

(B5′)　(a) $\Delta_1 = \dfrac{1}{1-g}\Big[R_1(E_h - d_1) + d_1 - g\Big(D_h + \dfrac{d_2}{r_a}\Big)\Big] - E_h$

(B6′)　(b) $\dfrac{\Delta_2}{r_a} = \dfrac{1}{1-g}\Big[R_2\Big(E_h - D_h - \dfrac{d_2}{r_a}\Big) + \dfrac{d_2}{r_a} + D_h - gd_1\Big] - E_h$

将（B2a）代入（B6′）得：

(B7′)　$dB_h = \dfrac{1}{1-g}\Big[E_h(g - 1 + R_1 + R_2) - d_1(g + R_1$

　　　　　　$- 1) - \Big(D_h + \dfrac{d_2}{r_a}\Big)(g + R_2 - 1)\Big]$

令 $v_1 = \dfrac{1 - R_1}{R_1}$ 和 $v_2 = \dfrac{1 - R_2}{R_2}$，则有：

$$\frac{g - 1 + R_1 + R_2}{1 - g} = \frac{1}{1 + v_1 + v_2}$$

$$\frac{g - 1 + R_1}{1 - g} = \frac{-v_1}{1 + v_1 + v_2}$$

$$\frac{g - 1 + R_2}{1 - g} = \frac{-v_2}{1 + v_1 + v_2}$$

将这些方程代入（B7′），可得：

(B8′)　(a) $dB_f = \dfrac{E_f + v_2 d_2 + v_1(D_f + d_1 r_a)}{1 + v_1 + v_2}$

　　　　(b) $dB_h = \dfrac{E_h + v_1 d_1 + v_2(D_h + d_2/r_a)}{1 + v_1 + v_2}$

这就是亚历山大推导出来的贬值对贸易余额效应的一般描述。

综上，贬值对贸易余额的影响最具一般性的表达式为：

(a) $dB_f = \dfrac{E_f + v_2 d_2 + v_1(D_f + d_1 r_a)}{1 + v_1 + v_2}$

(b) $dB_h = \dfrac{E_h + v_1 d_1 + v_2(D_h + d_2/r_a)}{1 + v_1 + v_2}$

$$(8)$$

评 价

亚历山大的《贬值的经济效应：弹性方法与吸收方法的一个简化综合》一文在国际收支理论发展史上占有重要地位，这一点主要体现在以下几个方面：

第一，亚历山大之前的经济学者认为弹性方法和吸收方法是对立的，但是亚历山大成功地将二者结合起来，在弹性方法的基础上，引入了吸收方法，从而得出了更具有一般性的结论，为后来的经济学者研究更复杂的贬值效应奠定了良好的基础。

第二，亚历山大的模型具有深刻的政策含义，它说明开放经济下各个国家贸易之间的依存性较高，贬值会引起贸易余额一系列的调整，影响到贸易国国内经济的运行。亚历山大的模型对国家间经济政策的制定与协调有一定的借鉴价值。

当然，亚历山大的模型也存在一些不足，比如，只是用比较静态学的方法研究了贬值的经济效应，而没有考虑这些效应持续的时间与程度。

后续研究

在亚历山大的模型之后，经济学家们发现，汇率变化后，亚历山大认为的贬值效应并不能立刻显现出来，反而经常出现与他的结论相反的现象。这启发学者们用动态学的方法来研究贬值的经济效应，这种时滞效应称为 J 曲线效应，如图 1 所示。

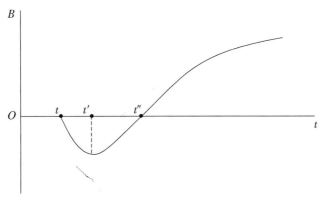

图 1

　　J 曲线效应说明贬值有可能使贸易余额首先恶化（$t \rightarrow t'$），出口供给和进口需求调整后，贸易余额才开始好转（$t' \rightarrow t''$），t'' 之后，亚历山大描述的贬值效应开始明显地表现出来。

　　传统的非优化模型，包括凯恩斯主义（Bahmani-Oskooee，1985[1]）和货币主义（Miles，1979[2]）的贸易平衡（支付）方法，通常使用简化形式的解决方案，并检查贸易和经常账户平衡的宏观经济等总体方面。虽然非优化模型提供了有用的政策框架，但这些模型并不以微观经济基础和前瞻性经济主体的优化行为为前提。

　　20 世纪 80 年代标志着开放经济宏观经济学的范式转变，出现了基于微观层面的跨期贸易和经常账户平衡优化模型。这些模型使用跨期预算约束，考虑具有前瞻性优化能力的经济主体的所有当前和未来收入，模型中经常账户受当前和未来经济因素的制约，有助于区分当前和未来以及临时和永久冲击对贸易和经常账户平衡的影响，且背后的效用理论能够对宏观经济政策的福利影响进行评估。关于跨期优化模型的文献日益增多，而且在方法论上也取得了重大进展。直到 20 世纪 80 年代后期进行的研究一直使用确定性完美预期模型，而 20 世纪 90 年代以来进行的一些研究放松了完美预期和确定性等价的假设，并开发了随机动态一般均衡模型来解决、优化主体面临的不确定性（Mendoza，1995[3]；Otto，2003[4]）。

---

　　[1]　Bahmani-Oskooee，Mohsen，"Devaluation and the J-Curve：Some Evidence from LDCs"，*The Review of Economics and Statistics*（1985）：500 – 504.

　　[2]　Miles，Marc A.，"The Effects of Devaluation on the Trade Balance and the Balance of Payments：Some New Results"，*Journal of Political Economy* 87.3（1979）：600 – 620.

　　[3]　Mendoza，Enrique G，"The Terms of Trade，the Real Exchange Rate，and Economic Fluctuations"，*International Economic Review*（1995）：101 – 137.

　　[4]　Otto，Glen，"Terms of Trade Shocks and the Balance of Trade：There is a Harberger-Laursen-Metzler Effect"，*Journal of International Money and Finance* 22.2（2003）：155 – 184.

预期与汇率动态学[①]

作者简介　　**Rudiger Dornbusch**

　　鲁迪格尔·多恩布什（Rudiger Dornbusch，1942—2002 年），美国著名经济学家，麻省理工学院经济系教授。1966 年多恩布什毕业于波兰的吉尼瓦大学，获政治学学士学位。1971 年毕业于芝加哥大学，获经济学博士学位。1972—1974 年，多恩布什任罗切斯特大学经济系助理教授；1974 年，任伦敦经济学院研究员；1974—1975 年，任芝加哥大学经济系助理教授；1975—1978 年，任麻省理工学院经济系副教授；1975—2002 年，任麻省理工学院经济系教授。他还兼任美国国家经济研究局研究员，纽约和波士顿联邦储备银行顾问。他主要致力于宏观经济学和国际经济学领域的研究。多恩布什最重要的贡献之一，就是创建了现代汇率决定理论中的黏性价格货币模型——超调模型，并由此奠定了汇率动态学的理论基础。这一模型是他在 1976 年的论文《预期与汇率动态学》（Expectations and Exchange Rate Dynamics）中最先提出来的。多恩布什教授于 2002 年去世。

---

　　① 本文发表于 *The Journal of Political Economy*，Vol. 84，No. 6（Dec. 1976），pp. 1161 - 1176。

主要成果

Keys to Prosperity: *Free Markets Sound Money and a Bit of Luck*，MIT Press，2000.

"Financial Opening: Policy Lessons for Korea"（with Y. C. Park），Korea Institute of Finance，International Center for Economics Growth，1995.

Reform, *Recovery and Growth*（with S. Edwards），University of Chicago Press，1994.

Stabilization, *Debt*, *and Reform*: *Policy Analysis for Developing Countries*，Prentice Hall，1993.

Postwar Economic Reconstruction and Lessons for the East Today（with W. Nolling and R. Layard），MIT Press，1993.

East-West Migration（with Layard，Blanchard，and Krugman），MIT Press，1992.

Reform in Eastern Europe（with O. Blanchard），MIT Press，1991.

Global Warming: *Economic Policy Responses*（with J. Poterba），MIT Press，1991.

The Macroeconomics of Populism in Latin America（with S. Edwards），MIT Press，1991.

Public Debt Management: *Theory and History*（with Mario Draghi），Cambridge University Press，1990.

Macroeconomics（with S. Fischer），McGraw-Hill，New York，1990.

The Political Economy of Argentina, *1946—83*（with G. Tella），Macmillan，1988.

Exchange Rates and Inflation，MIT Press，1988.

Stopping High Inflation（with M. Bruno，G. Tella，and S. Fischer），MIT Press，1988.

The Open Economy: *Tools for Policy Makers in Developing Countries*（with Leslie Helmers），Oxford University Press，1988.

Restoring Europe's Prosperity（with O. Blanchard and R. Layard），MIT Press，1987.

Dollars, *Debts and Deficits*，MIT Press，1987.

Macroeconomics and Finance（with S. Fischer），MIT Press，1987.

Economics （with S. Fischer and R. Schmalensee），McGraw-Hill，New York，1986.

Inflation，Debt and Indexation （with M. H. Simonsen），MIT Press，1983.

Financial Policies and the World Capital Market （with P. Aspe and M. Obstfeld），
　University of Chicago Press，1983.

Open Economy Macroeconomics ，Basic Books，New York，1980.

研究背景

蒙代尔和弗莱明模型是传统西方汇率决定理论的基础，但是早期的汇率决定理论存在着一些严重不足，比如没有考虑资产市场。20 世纪 70 年代及其以后的现代汇率决定理论与传统理论的重要差别是研究汇率决定时考虑到了国际资产市场的均衡。

20 世纪 70 年代以来，国际资本流动的发展对汇率变动产生了重大影响。在资本流动主宰了汇率的变动之后，资产市场对汇率的影响日益显现。经济学者开始考虑能够同时保证商品市场和资产市场均衡的汇率决定理论。这一分析方法被称为汇率决定的资产市场理论，它逐步取代了汇率的国际收支流量分析，成为汇率理论的主流。

汇率决定的资产市场理论包括众多的模型，其中最早出现的是多恩布什的超调模型，该模型充分考虑了资产市场的两个特点：一是资产市场相对于商品市场较快的价格调整速度；二是一致性预期对汇率形成的作用。其理论核心反映在多恩布什1976 年发表于《政治经济学杂志》（*The Journal of Political Economy*）上的《预期与汇率动态学》一文中。超调模型的特点之一是允许汇率在短期内超出其长期均衡水平，即汇率的"超调"。

主要内容

《预期与汇率动态学》这篇论文提出了一套关于汇率变动的理论。该理论的前提是资本完全自由流动、商品市场相对于资产市场的缓慢调整和一致性预期。在这些假设条件下，多恩布什推导出了汇率变动的"完美路径"，沿着这一路径，货币扩张会引起汇率下降。而汇率下降过程中的过度调整（超调）来源于资产市场和商品市场的调整速度不同。该模型中的结构性参数可以决定超调的幅度和持续的时间。特别地，在短期内，货币扩张可能会引起产出变化，这会导致利率增加，从而减弱汇率下降的影响。

一、模型概述

汇率超调模型由下列方程组成：

1. 资本流动性与预期

$$r = r^* + x \tag{1}$$

式中，r——本国利率；

r^*——外国利率；

x——本币的预期贬值率。

式（1）保证了资本完全自由流动的假设条件。

$$x = \theta(\bar{e} - e) \tag{2}$$

式中，e——即期汇率；

$\bar{e}$——长期汇率；

θ——一个参数，表示调整的幅度。

式（2）实际上与"完美路径"一致，这保证了一致性预期的假设条件。

2. 货币市场

货币市场均衡需要满足方程：

$$M/P = Y^\varphi \exp(-\lambda r)$$

对其两边取自然对数，可得：

$$-\lambda r + \varphi y = m - p \tag{3}$$

式中，y 是真实产出，m 是货币量，p 是价格水平，λ 和 φ 是参数。

联立式（1）、式（2）和式（3），就得到货币市场出清时即期汇率、价格水平和长期汇率三者之间的关系：

$$p - m = -\varphi y + \lambda r^* + \lambda \theta (\bar{e} - e) \tag{4}$$

考虑长期的情况，稳定的货币供给会保证即期汇率等于长期汇率，所以长期的价格水平 $\bar{p}$ 可以表示为：

$$\bar{p} = m - \varphi y + \lambda r^* \tag{5}$$

将式（5）代入式（4）就得到了汇率与价格水平之间的关系：

$$e = \bar{e} - (1/\lambda\theta)(p - \bar{p}) \tag{6}$$

从中可以看出，给定长期的汇率和价格水平，即期汇率是现在价格水平的函数。

3. 商品市场

多恩布什采用的需求函数的形式是：

$$\ln D = u + \delta(e - p) + \gamma y - \sigma r \tag{7}$$

式中，D 是国内需求，$e-p$ 是国内相对价格水平，u 是参数。

下面用超额需求占产出的比率来表示价格的增加率：

$$p = \pi \ln(D/Y) = \pi[u + \delta(e-p) + (\gamma-1)y - \sigma r] \tag{8}$$

考虑长期情况，$p=0$，$r=r^*$，所以得到：

$$\bar{e} = \bar{p} + (1/\delta)[\sigma r^* + (1-\gamma)y - u] \tag{9}$$

将式（9）代入式（8）可得：

$$p = -\pi[(\delta+\sigma\theta)/\theta\lambda + \delta](p-\bar{p}) = -v(p-\bar{p}) \tag{10}$$

其中定义

$$v = \pi[(\delta+\sigma\theta)/\theta\lambda + \delta] \tag{11}$$

对微分方程（10）求解可得：

$$p(t) = \bar{p} + (p_0 - \bar{p})\exp(-vt) \tag{12}$$

将式（6）代入式（12）可得汇率的时间路径：

$$e(t) = \bar{e} + (e_0 - \bar{e})\exp(-vt) \tag{13}$$

从式（13）可以看出，汇率会趋于其长期水平。

4. 均衡汇率

我们借助图 1 来说明均衡汇率的形成。

图 1 中的每一点都表示货币市场出清，因此，QQ 曲线反映了这种情况下价格和即期利率之间的关系，是式（6）的几何描述。$\mathrm{d}p/\mathrm{d}t=0$ 这条曲线是式（8）的几何描述。

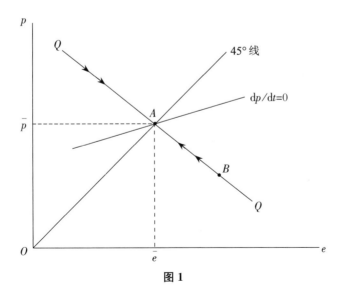

图 1

假设经济初始为 B 点，这时价格水平低于长期水平，因此汇率要超过长期均衡汇率水平。这说明商品市场上存在超额需求，因为现在的价格水平和利率都过低。因此，价格会上升，超额需求会下降。同时，价格上升伴随着汇率的上升，最后两者均达到长期水平。

当经济到达 A 点时，本国与外国利率相等，产品市场出清，价格不再改变，预期汇率的改变为零。这时的均衡汇率就是长期汇率水平。

二、一致性预期

从式（12）和式（13）我们可以看出，价格和汇率趋向均衡水平的速率是 v。从式（11）可以看出，v 是 θ 的函数。

再结合式（2），可以准确地预测汇率改变的路径，完美的预期路径（即预期汇率的变动与实际变动一致）可以由式（14）表示。

$$\theta = v = \pi[(\delta + \sigma\theta)/\theta\lambda + \delta] \tag{14}$$

解得

$$\tilde{\theta}(\lambda, \delta, \sigma, \pi) = \pi(\sigma/\lambda + \delta)/2 + [\pi^2(\sigma/\lambda + \delta)^2/4 + \pi\delta/\lambda]^{1/2} \tag{15}$$

$\tilde{\theta}$ 就是经济沿着完美路径趋向于长期均衡的速率。

从中可以看出完美路径的特点是：利率对货币需求的反应越慢，对商品市场的反应越快，趋向速率 $\tilde{\theta}$ 就越大。

三、货币扩张的效应

我们借助图 2 来分析货币扩张的效应。

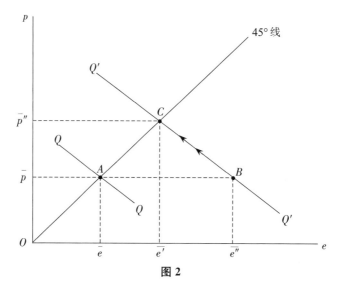

图 2

经济最初处于均衡状态 A 点，对应的长期价格水平为 $\bar{p}$，汇率水平为 $\bar{e}$，其中由式（5）可以看出，$\bar{p}$ 是给定的，由式（9）可以看出，$\bar{e}$ 由 $\bar{p}$ 和国内需求决定。

假设现在名义货币量增加，商品市场和资产市场都不再均衡。为了保持资产市场均衡，增加的货币量要求价格水平上升，或者汇率下降。这时，QQ 曲线移动到 $Q'Q'$。

显然，新的长期均衡点是 C。在 C 点，商品市场和资产市场同时实现均衡，汇率和价格的变动仅仅反映了货币量的增加，这一点毋庸置疑，因为我们的模型中没有考虑长期内会出现货币幻觉和价格刚性的问题。

下面分析从 A 点到 C 点的调整过程。

1. A 点→B 点：最初的均衡至短期的均衡

在最初的价格水平下，货币扩张引起利率下降，并且人们预期利率会继续下降，同样，人们也预期汇率会继续下降。结果国内资产的吸引力下降，资本开始外流，即期汇率下降。因此，货币扩张的短期效应是，即期汇率迅速贬值，并且超过了长期的贬值。因为公众预期汇率未来会上升，以此来抵消国内资产收益率下降的影响。这一点表现在图 2 中就是经济从 A 点移动到了短期均衡点 B。

我们再用代数方法描述这一过程。

已知 $\mathrm{d}\bar{e}=\mathrm{d}m=\mathrm{d}\bar{p}$，对式（4）两边同时求导，得到：

$$\mathrm{d}e/\mathrm{d}m=1+1/\lambda\theta \tag{16}$$

式（16）描述了货币扩张对汇率波动的影响。从中可以看出短期内汇率会超调，超调的幅度取决于利率对货币需求的反应 λ 和与预期有关的参数 θ。

但是式（16）没有考虑理性预期的条件（也就是说预期汇率的变动与实际变动一致），将式（15）代入式（16）可得：

$$\mathrm{d}e/\mathrm{d}m = 1+1/\lambda\tilde{\theta} = 1+\frac{1}{\pi(\sigma/\lambda+\delta)/2+[\pi^2(\sigma/\lambda+\delta)^2/4+\pi\delta/\lambda]^{1/2}} \tag{17}$$

这样，式（17）就把理性因素包括进来，它说明如果利率对货币需求的反应 λ 为零，则 $\mathrm{d}e/\mathrm{d}m=1+1/\pi\sigma$，这时利率对总需求的反应将决定货币扩张对汇率波动的影响。另外，从方程 $\mathrm{d}e/\mathrm{d}m=1+1/\lambda\tilde{\theta}$ 可以看出，短期内汇率的超调与系统的调整速率 $\tilde{\theta}$ 负相关。

2. B 点→C 点：短期的均衡至长期的均衡

在 B 点存在超额需求，它源于较低的本国利率水平和由汇率下降导致的较低的相对价格。在长期，利率和价格会上升，经济会重新实现均衡。这一过程的一个重要特点是价格上升伴随着汇率的上升。这是因为价格上升使得真实货币供给下降，利率上升。利率上升（就是国内资产的收益率上升）会使资本重新流回国内，结果汇率与利率同步上升，这里强调"同步"是为了保证净产出不变。经济达到新的均衡点 C，在图 2 中，B 点沿着 $Q'Q'$ 移动到 C 点。

在上面的分析中，最重要的一点是商品市场的调整速度慢于资产市场的调整速度。并没有理论专门来解释这种调整速度的差异，但是现实中的确如此，而且超调模型的结论至少可以解释 20 世纪 70 年代的汇率变化。

四、产出的短期调整

上文分析的前提之一是产出是固定不变的，下面放松这一假设，我们认为短期内产出会对总需求的变动作出反应。因此，式（7）变为：

$$y = \ln D = u + \delta(e - p) + \gamma y - \sigma r \tag{18}$$

除此之外，我们还要定义价格调整方程：

$$\dot{p} = \pi(y - \bar{y}) \tag{19}$$

$\dot{p}$ 可以近似地表示通货膨胀率，$\bar{y}$ 是潜在产出。

在这一框架下，货币扩张对汇率和利率的影响会与第三部分的分析有显著的不同。短期内产出的扩张会使汇率下降的幅度低于货币扩张的幅度。因为产出增加会刺激货币需求，这样利率会上升。如果利率上升的幅度过大，即期汇率甚至会超过长期的均衡水平，在这种情况下，要满足的条件是：

$$1 - \varphi\delta/(1 - \gamma) < 0 \tag{20}$$

$\delta/(1 - \gamma)$ 是均衡产出关于汇率的弹性。

总之，短期内，产出的调整会减弱汇率的改变，甚至会改变货币扩张对利率的影响，使利率不升反降，因此有必要考虑现实中产出何时是固定的，何时是可变的。

显然，在非常短的时间内，产出是固定的，或者说对总需求的变化反应缓慢，在这种情况下，超调模型的主要结论是成立的。

评　价

多恩布什的《预期与汇率动态学》一文，在现代汇率理论研究文献中占有极为重要的地位，这一点主要体现在以下几个方面：

首先，论文建立的超调模型是开放经济下汇率分析的最基本的模型。超调模型的主体框架是货币分析方法，同时它采用了商品价格黏性这一更符合实际的假设，使得模型得出的结论更具一般性。例如，1979—1981 年，英镑在短期内急剧升值，正是因为英国政府紧缩货币供给，造成了汇率过度调整，超调模型可以对此作出较为可信的分析。

其次，论文中对超调幅度和持续时间的研究，实际上创立了汇率理论的一个重要分支——汇率动态学，在超调模型之后，随机过程、动态规划等动态学的研究方法被广泛地引入到了汇率理论的研究中。

最后，超调模型具有鲜明的政策含义。在资本完全自由流动条件下，货币扩张会使汇率在短期内无法维持均衡水平，甚至会远远超过均衡水平，从而降低了经济体系的效率，因此，完全放任资本自由流动、完全自由浮动的汇率制度并不是最合理的，政府有必要对资金流动、汇率乃至整个经济进行干预与管理。

超调模型也存在一些缺陷：

首先，正如作者所言，只有在短期内，产出无法对总需求的变动作出反应时，汇率超调的现象才会十分明显，没有这个前提，现实中很难出现汇率超调的现象。

其次，超调模型没有考虑国际收支的流量因素。实际上，随着金融创新和金融深化的进行，商品市场和资产市场的价格联系会更加复杂，而并非超调模型认为的那样简单，仅仅是前者的调整速度会慢于后者。

后续研究

多恩布什之后，一些经济学家继续完善他的超调模型，其中较为著名的是布朗森（Branson）的汇率资产组合模型，该模型假设国内和国外资产市场是有差异的，而并非如超调模型假设的那样存在一个统一的资产市场。

但是，总体来说，宏观模型大都只能预测汇率的长期走势，而无法对短期内汇率的决定作出有力的解释，因此，经济学家们另辟蹊径，开始采用微观经济学的研究方法，将外汇市场视为一个金融市场，侧重于研究市场微观结构对汇率决定的作用。

Xavier 和 Matteo（2015）[①] 在布朗森理论的基础上继续研究，认为在不完全竞争的资本市场中，投资者承担着由国际资产供求失衡导致的风险，汇率由这些投资者的资产负债表风险和风险承受能力决定。模型中，汇率决定脱离了传统的宏观经

---

① Xavier Gabaix, and Matteo Maggiori, "International Liquidity and Exchange Rate Dynamics", *The Quarterly Journal of Economics* 130. 3 (2015)：1369 – 1420.

济基础，与以不同货币计价的资产需求等金融因素联系更紧密。

与以往的研究不同，Evans 和 Lyons（2002）[①] 强调信息传递的作用，开创性地从订单流角度出发，探讨了微观结构对汇率决定的影响。Daníelsson 等（2012）[②] 用四组汇率数据进行检验，发现订单流对汇率具有强大的解释力，并且提出了订单流的跨市场影响。Kleinbrod 和 Xiao-Ming Li（2017）[③] 进一步将订单流与汇率之间的联系扩展到多变量。可见，对订单流的研究逐渐成为未来汇率决定理论研究的主要方向。

[①] Evans，Martin D. ，and Richard K. Lyons，"Order Flow and Exchange Rate Dynamics"，*Journal of Political Economy* 110. 1（2002）：170 – 180.

[②] Daníelsson，Jon，Jinhui Luo，and Richard Payne，"Exchange Rate Determination and Inter-Market Order Flow Effects"，*The European Journal of Finance* 18. 9（2012）：823 – 840.

[③] Kleinbrod，Vincent M. ，and Xiao-Ming Li，"Order Flow and Exchange Rate Comovement"，*Journal of International Money and Finance* 77（2017）：199 – 215.

最适度货币区理论[①]

作者简介　**Robert A. Mundell**

　　罗伯特·A. 蒙代尔（Robert A. Mundell）1932 年出生于加拿大，现任美国哥伦比亚大学经济系教授。蒙代尔 1953 年毕业于哥伦比亚大学，获得文学学士学位；后在华盛顿大学获得硕士学位；1956 年在麻省理工学院取得哲学博士学位。1970年，他担任欧洲经济委员会货币委员会的顾问。他还是 1972—1973 年度在布鲁塞尔起草关于统一欧洲货币报告的九名顾问之一。1964—1978 年，他担任 Bellagio-Princeton 国际货币改革研究小组成员。1971—1987 年，担任 Santa Colomba 国际货币改革会议主席。1966—1971 年，担任芝加哥大学经济学教授和《政治经济学》编辑。1974 年起执教于美国哥伦比亚大学。2009 年 9 月，蒙代尔教授担任香港中文大学博文讲座教授。此外，蒙代尔教授还在北美洲、南美洲、欧洲、非洲、澳大利亚和亚洲等地广泛讲学。多年来，他先后担任过联合国、世界银行、国际货币基金组织、加拿大政府、美国联邦储备委员会、美国财政部及欧洲经济委员会的高级顾问。

　　作为著名经济学家，蒙代尔教授原创性地提出了众多关于国际金融和经济政策

---

①　本文发表于 *The American Economic Review*，Vol. 51，No. 4（Sep. 1961），pp. 657 – 665。

的理论与模型，对开放宏观经济理论做出了巨大贡献。他首创了最适度货币区理论，大胆地提出了欧元区的构想，并被誉为"欧元之父"。同时他也是开放经济下财政政策与货币政策合理配置理论的开拓者，也是从货币角度研究国际收支理论的先行者。他于 1997 年荣获美国经济学会颁发的杰出人士奖，1998 年被选为美国艺术和科学院院士。1999 年，蒙代尔教授获得诺贝尔经济学奖。瑞典皇家科学院的新闻公报称"蒙代尔进一步发展了开放经济下的宏观经济学理论，他建立的这一理论基础支配着开放经济下的货币政策和财政政策，并且成为国际宏观经济教学的基础课"。

主要成果

"A Reconsideration of the Twentieth Century", *The American Economic Review*, 90 (3), pp 327 - 340, 2000.

"What the Euro Means for the Dollar and the International Monetary System", *Atlantic Economic Journal*, 26, No. 3, pp. 227 - 237, September 1998.

"The Good Fix and the Bad Fix", *European Economic Review*, 28, 1985.

"The International Monetary System: The Missing Factor", *The Journal of Policy Modeling*, 17 (5), pp. 479 - 492, 1995.

"The Monetary Consequences of Jacques Rueff", *Journal of Business*, June 1973.

"The Dollar and the Policy Mix: 1971", *Essays in International Finance*, No. 85, May 1971.

"Problems of the International Monetary System" (with Swoboda), in *Monetary Problems of the International Economy*, pp. 21 - 38, 1969.

"The Redundancy Problem and the World Price Level" (with Swoboda), in *Monetary Problems of the International Economy*, pp. 379 - 382, 1969.

"Real Gold, Dollars and Paper Gold", *The American Economic Review*, May 1969.

"Toward a Better International Monetary System", *Journal of Money, Credit, and Banking*, August 1969.

"The International Monetary Fund", *Journal of World Trade Law*, September 1969.

"A Fallacy in the Interpretation of Macroeconomic Equilibrium", *The Journal of Political Economy*, LXXIII, No. 1, pp. 61 - 66, February 1965.

"Growth，Stability and Inflationary Finance"，*The Journal of Political Economy*，LXXIII，No. 2，pp. 97 – 109，April 1965.

"Problems of Monetary and Exchange Rate Management in Canada"，*National Banking Review*，2，No. 1，pp. 77 – 86，September 1964.

"Inflation and Real Interest"，*The Journal of Political Economy*，LXXI，No. 3，pp. 280 – 283，June 1963.

"Capital Mobility and Stabilization Policy Under Fixed and Flexible Exchange Rates"，*The Canadian Journal of Economics and Political Science*，XXIX，No. 4，pp. 475 – 485，November 1963.

"A Theory of Optimum Currency Areas"，*The American Economic Review*，LI，No. 4，pp. 509 – 517，November 1961.

"The Pure Theory of International Trade"，*The American Economic Review*，L，No. 1，pp. 68 – 110，March 1960.

"The Monetary Dynamics of International Adjustment Under Fixed and Flexible Exchange Rates"，*Quarterly Journal of Economics*，LXXXIV，No. 2，pp. 227 – 257，May 1960.

"The Public Debt，Corporate Income Taxes and the Rate of Interest"，*Journal of Political Economy*，LXVIII，No. 6，pp. 622 – 626，December 1960.

"Transport Costs in International Trade Theory"，*Canadian Journal of Economics and Political Science*，XXIII，No. 3，pp. 331 – 348，August 1957.

"International Trade and Factor Mobility"，*The American Economic Review*，XLVII，No. 3，pp. 321 – 335，June 1957.

研究背景

蒙代尔的《最适度货币区理论》（A Theory of Optimum Currency Areas）一文于 1961 年发表于《美国经济评论》。该文原创性地提出了货币区的概念。

最适度货币区理论诞生于 20 世纪五六十年代关于固定汇率与浮动汇率孰优孰劣的激烈争论时期。

第二次世界大战后的国际货币体制经历了一个从固定汇率制到浮动汇率制的过程，这个过程反映了各国经济实力的此消彼长。1944 年建立的布雷顿森林体系是可兑换黄金的美元本位制。作为唯一的国际储备货币，美元在此体系中具有特殊地位，与黄金等同（1 美元等于 1/35 盎司黄金）。各国货币按其含金量与之保持固定汇率。但随着时间的推移，欧洲大陆各国及日本经济迅速增长，美国的地位每况愈下。20 世纪 50 年代末，美国国际收支持续恶化，到 1960 年美国的黄金储备额已少于短期对外债务总额，终于爆发了美元危机。危机暴露了固定汇率制的弱点，也暴露了布雷顿森林体系的固有缺陷。

此时有人提出浮动汇率是维持世界经济稳定发展的重要工具。理论界展开了围绕着固定汇率制和浮动汇率制孰优孰劣的争论。20 世纪 50 年代，以米尔顿·弗里德曼（Milton Friedman）为代表的浮动汇率制的拥护者提出，一个国家如果价格和工资具有刚性，那么它应该实施浮动汇率制以保持宏观经济内外均衡。浮动汇率制的拥护者认为，固定汇率、工资和价格的刚性阻碍贸易条件对国际收支发挥调节作用，是国际经济体系中出现周期性国际收支危机的原因，并且在固定汇率制下，任何旨在调节国际收支平衡的政策都会面临一种困境，即要么导致通货膨胀，要么加剧失业，而在浮动汇率制下，货币对外价格的变化将通过贸易条件和实际工资的改变而减少资源重新配置所付出的成本。当一国国际收支出现顺差时，本币升值可以代替通货膨胀的发生；而当一国国际收支出现逆差时，本币贬值可以代替失业率的增加。

而实际上，各国的经济情况千差万别，是否都适合采用浮动汇率制呢？虽然固定汇率制有其自身的缺点，但它能使各国经济连成一个稳定的经济体系，有利于世界经济的协调发展。最适度货币区理论正是在关于浮动汇率和固定汇率争论的基础上提出的。

主要内容

蒙代尔教授在这篇论文中从生产要素的流动性、刚性价格、特定货币的交易成本和冲击等方面对"最适度货币区"进行了分析，并独创性地提出了"最适度货币区"的概念，即不同国家或地区组成一个货币联盟，区域内实行单一的共同货币，或虽然存在几种货币但相互之间具有无限可兑换性，其汇率在对内进行经常项下交易和资本交易时相互盯住；对外则统一浮动。蒙代尔的这种最适度货币区理论是对浮动汇率制度的一种扬弃，它使宏观经济政策在世界范围内达到最优效果。关于最适度货币区形成的特点，蒙代尔教授指出，在该区域内生产要素必须具有较高的流动性。该文的发表在国际经济及国际金融领域产生了深远的影响。蒙代尔教授因此成为最适度货币区理论的创始人之一。

一、浮动汇率具有自动调节国际收支平衡的独特功能

假定世界上有两个国家 A 和 B，A 国生产产品 a，B 国生产产品 b。当人们对产品 a 的需求转移到产品 b 上时，A 国国际收支会出现逆差，B 国国际收支会出现顺差；A 国面临失业率增加的风险，B 国面临通货膨胀的风险。这时如果两国有两种货币并实行浮动汇率制度，则 A 国汇率会下降（本币贬值），B 国汇率会上升（本币升值）。在满足马歇尔-勒纳（Marshall-Lerner）条件的情况下，通过汇率的调节，A 国贸易条件改善，出口增加，缓解失业加剧的压力，B 国的通货膨胀压力得到抑制。

如果 A、B 作为一个封闭经济体系中的两个地区，使用同一种货币，A 地区生产产品 a，B 地区生产产品 b。当人们对产品 a 的需求转移到产品 b 上时，如果两个地区间劳动要素不能充分流动，则 A 地区将面临失业率上升的压力，B 地区将面临通货膨胀的压力。这时如果政府的目标是保持就业率，则央行会扩大货币供给，虽然 A 地区的失业率增加的压力会得到缓解，但 B 地区的通胀压力则会扩大。如果政府的目标是保持适当的通货膨胀率，紧缩银根使 B 地区的通货膨胀压力得到缓解，则 A 地区的失业率会进一步上升。

从这个简单例子的分析中，我们似乎看出浮动汇率有其特有的调节国际收支的作用。

二、最适度货币区概念的提出

然而，蒙代尔又提出了另外一个例子。假定世界由北美大陆的两个国家组成——美国和加拿大，并且两国有各自的货币——美元和加元，美元和加元之间实行浮动汇率制度。通过前面的分析我们不难设想，当加拿大商品的需求转移到美国商品上时，加元贬值、美元升值会使两国的贸易条件发生变化，进而促进两国的贸易条件恢复平衡。现在假定北美大陆可以分为两部分——东部和西部。东部专门生产汽车，西部专门生产木材制品。两地区之间劳动要素（一种重要的生产要素）不能自由流动。在这种情况下，如果对汽车的需求转移到木材制品上，会引起两国东部地区的失业率上升压力和西部地区的通货膨胀压力。这时如果美加两国中的一国以控制通胀为目标，紧缩银根，虽然西部的通胀压力得到缓解，但东部的失业压力将加剧；如果以控制失业率为目标，扩大货币供给，虽然东部的失业率上升压力会得到缓解，但西部的通胀压力将加剧。这时虽然两国之间的货币实行浮动汇率制度，但这种浮动汇率制只能解决两个国家之间产品需求的转移，不能解决一国内两个地区之间产品需求的转移。

实际上这个例子并不能全盘否定浮动汇率在国际经济体系中的重要作用。蒙代尔认为要使浮动汇率制更好地发挥作用，应当放弃各国货币，实行区域货币重组。例如在美国和加拿大这个例子中，我们如果放弃美元和加元，而采用东部货币和西部货币，并在两种货币之间实行浮动汇率制度，这时当两地区出现需求转移时，浮动汇率会发挥其特有的调节作用。

在文章中，蒙代尔还进一步简要阐述了建立最适度货币区的优势和劣势的比较。他认为，建立适当的最适度货币区可以降低贸易中货币结算的交易成本，消除相关价格的不确定性。当然，建立这种货币区也有潜在的风险，当需求发生变化或遇到冲击，要求某一特定地区的实际工资下降时，则难以保证充分就业。

总之，蒙代尔认为为发挥浮动汇率制的作用，浮动汇率制应该基于地区货币，而非国家货币，最适度货币区应该是一个地区。

三、最适度货币区的标准

那么，到底什么样的区域作为一个货币区更适合呢？

蒙代尔指出，某区域内生产要素（尤其是劳动要素）可以充分流动，而与其他区域之间不能流动，当出现国际收支不平衡时，生产要素的高度流动性能够消除这种不平衡，而不需借助汇率浮动来保持宏观经济的稳定，则这种具有要素流动性的区域就构成一个最适度货币区。在这样的货币区内应采用单一的货币或者区域内各地区间的货币实行固定汇率制，保持区内汇率的稳定，区域货币与区域外货币实行浮动汇率制。

由此，蒙代尔教授创造性地提出了以生产要素的高度流动性作为确定最适度货币区的标准。在这种体系下，世界经济能够更加有效地预防和抵御区域内外的经济冲击。如果本区域和区域外的产品需求发生变化，则通过两个区域货币间的浮动汇率机制可以自主地调节两个货币区之间各自的均衡。如果区域内的产品需求发生变化，则生产要素的自由流动可以调节区域内的均衡。

可见在蒙代尔提出最适度货币区的概念以后，他将生产要素的流动性作为确定最适度货币区的标准。

当然，在实践中要各国放弃自己的货币主权，按区域重组货币的现实性并不是很大。蒙代尔承认，只有在出现根本性的政治变革后，才会实现真正意义上的货币重组。因此他指出，最适度货币区的概念只有在像西欧和前殖民地这样的地区内才更可行。基于这种考虑，他还在文章中透露了一些关于"最适度货币区"建立的现实构想。蒙代尔认为，欧洲共同市场的建立可以被看作是该区域迈向统一政治联盟的第一步。欧共体这样一个经济一体化进程正在加速进行的地区，各国间生产要素的流动性正在逐渐提高。这样一个地区可以尝试组成一个货币区，各成员国的货币相互间实行固定汇率或直接采用一种货币，对区域外的其他货币实行浮动。

四、本文涉及的其他内容

除了对最适度货币区理论进行了详尽的描述外，本文还从侧面涉及了下面三个问题：

（1）当今世界一些地区的发展正在体现一种一体化的趋势，许多新的模式正在被尝试。而最适度货币区理论的提出可以阐明这些试验的意义所在。

（2）一些像加拿大这样的国家正在实行浮动汇率制。由于它们作为一个货币区，并不与最适度货币区的概念相一致，所以可能遇到一些特殊的问题，而最适度货币区理论的提出帮助我们解决了这些问题。

（3）这一理论还可以解释货币所具有的一些特定功能，这些功能常常在考虑经济政策制定时被忽略。

后续研究

蒙代尔的最适度货币区理论的提出，在国际学术界引起了很大的反响，众多学者都加入对这一理论的研究中。有学者对蒙代尔提出的生产要素流动标准提出了批评。批评者认为，生产要素流动性标准不适宜作为"最适度货币区"标准。首先，在一个货币区中，劳动要素很难以较快的速度和足够的规模从一个地区转移到另一个地区，以抵消由于失去浮动汇率调节机制所引发的损失；其次，由于劳动要素的调整远远低于汇率浮动的频率，因此，在短时间内，劳动要素的高度流动性难以代替浮动汇率机制；最后，生产要素流动性的标准与后来欧元区的实践不相符，实际上欧元区内的生产要素流动性并不高，单一货币反而成为促进要素流动的手段而不是结果。

学术界在其后的研究中不断发展和丰富着最适度货币区理论，学者们研究和争论的焦点集中于确定最适度货币区的标准。随着研究的不断深入，这一标准从"单一标准"逐渐发展到引入"成本和收益"综合分析的标准。

1. 单一标准分析

经济开放度标准

1963 年，美国经济学家罗纳德·麦金农（Ronald McKinnon）提出了经济开放论。他主张以经济的开放程度作为建立最适度货币区的标准。经济开放程度的高低取决于可贸易产品在社会总产品中所占比重的大小。比重越大，经济开放程度越高，反之越低。他认为，浮动汇率对开放经济并不是最有利的选择。在外部价格同样稳定的前提下，一些相互间贸易关系密切的开放经济形成一个相对封闭的货币区，在区域内实行固定汇率，而与其贸易往来关系不大的地区实行浮动汇率，这将有利于实现内外部经济的均衡和价格的稳定。

生产多样化标准

1969 年美国经济学家彼得·凯南（Peter Kenen）提出，以高度的生产多样化作为形成一个最适度货币区的标准。他认为，生产多样化程度越高的国家，对于需求转移带来的外部冲击更有抵抗力，因而汇率波动几乎是不必要的。在生产多样化程度较高的国家之间更适合实行固定汇率，组成一个货币区。

通货膨胀相似性标准

1970 年和 1971 年美国经济学家哈伯勒（G. Harberler）和弗莱明（J. M. Flemming）分别提出了以通货膨胀的相似性作为确定最适度货币区的标准。他们认为，各国通货膨胀率的差异不仅会通过影响汇率而影响国际收支账户的失衡，还会通过影响利率来影响短期资本的流动，从而导致国际收支失衡。因此各国通货膨胀趋于一致，就可以避免汇率的波动，相应地组成一个货币区。

金融市场一体化标准

1973 年美国经济学家詹姆斯·英格拉姆（James Ingram）提出了以金融市场高度一体化作为确定最适度货币区的标准。他认为，当金融市场高度一体化时，一国就可以借助资本的自由流动来恢复由于国际收支失衡所导致的利率的任何不利变化，从而降低了通过汇率波动来改变区域内贸易条件的需要，因此适宜实行固定汇率制。

2. 加入成本、收益分析的综合分析的最适度货币区标准

以上关于最适度货币区的选择标准强调的多是单一标准，显然这些标准过于狭窄。20 世纪 90 年代后，最适度货币区理论有了新的发展。1990 年克鲁格曼（Krugman）通过建立 GG-LL 模型，对单一货币区的成本和收益进行分析。

GG-LL 模型认为组成一个货币区既有成本也有收益。收益主要包括：货币流动性提高；减少了投机资本的流动性；消除了外汇风险，从而提高资源配置效率，并将促进生产一体化和国际交换；可以节省直接和间接交易成本；提高货币区内经济的开放性，资本、商品的流动性进一步增大，有利于资源在货币区内的有效配置等。成本主要包括：贫富地区的悬殊加剧；放弃了汇率调节工具；丧失了货币政策自主权。进一步，该模型认为货币区参与国与货币区的经济一体化程度和加入货币区的收益呈正向关系，与成本呈反向关系。图 1 可以表示这种关系。

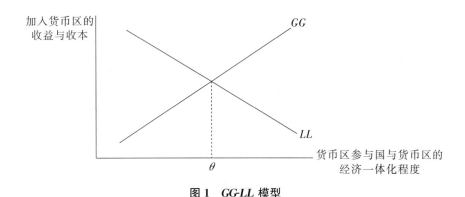

图 1 *GG-LL* 模型

通过该图，我们不难发现，只有当一国与货币区的经济一体化程度小于 θ 时，加入货币区才是有益的。

但是，成本收益法忽略了将财政政策一体性等因素纳入分析框架之中。Ricci（1997）在单一指标分析的基础上，发展了一个两国模型，综合考虑了诸如实际冲击的相关性、国际要素流动、财政政策调整、开放性、单一货币收益等方面的因素，从而避免了单一指标分析过程中的片面性。

3. 欧元区与最适度货币区理论共同发展

随着欧元区的酝酿与成立，经济学家们对最适度货币区的研究不再局限于理论层面，而是结合欧元区的实践进行分析。很多学者利用欧元区对最适度货币区的衡量指标进行了大量的实证分析，并得出了许多有益的结论。而欧元区的发展也在很大程度上借鉴了货币区理论的研究成果。

实践中，自 1958 年《罗马条约》签订以来，欧共体一直致力于关税同盟的建立与巩固。关税同盟的建立，使得各成员国的工农业产品凭借低关税，取得了比非成员国更优越的竞争优势，从而推动了欧共体内部相互贸易的迅速发展。1993 年欧洲统一大市场的建立，在欧盟内部实现了商品、资本、人员的自由流动。

欧共体在致力于经济一体化的同时，努力寻求成员国间经济的趋同和货币政策的合作。欧洲货币联盟具有强有力的政治权力，例如，《稳定与增长公约》规定，欧洲部长理事会的权力高于各成员国，要求各国政府不能拥有超额赤字；《马斯特里赫特条约》规定，各成员国将不再具有独立制定货币政策的权力，而由欧洲中央银行统一制定货币政策。法律保证了欧元区内政治协调和经济趋同的实现。

由于欧洲经济发展具有自身独特的特点，一体化进程开展较早，且取得了一定的成效，再加上众多区域内有强制性的法律法规的保证，欧共体内部实际上已经具备了诸如较高的生产要素流动性、较高的经济开放度、经济和政策目标相似及经济发展水平相当等众多条件。因此从 1979 年 3 月欧洲货币体系开始运作以来，经历了将近 20 年的努力，欧元终于于 1999 年 1 月诞生。

4. 亚元区的设想

1997 年亚洲金融危机的爆发使东亚（包括东南亚）国家认识到区域内各国和地区间协调与合作的重要性。目前东亚区域内贸易关联性较强、各国的经济开放程度较高，可以说已经具备了进行区域内货币合作的一定条件。

但是目前东亚各国和地区的经济发展水平参差不齐，且东亚各国间生产要素的流动性尚不高，各国货币和财政政策独立性很强，政治上尚不能协调统一，这些都给货币区的建立带来了很多障碍。

虽然在东亚区域内组成单一货币区尚不具备现实的可行性，但是东亚各国及理论界的学者们从来没有放弃推进亚元区的工作。蒙代尔教授又一次有前瞻性地指出：亚洲可以借鉴欧洲货币联盟的经验，加速一体化的进程，建立可行的新货币——亚元。他还大胆地设想：亚元与亚洲各国的单一货币可以共存，各国的单一货币与亚元建立固定的汇率。

可以说蒙代尔教授开创性地提出了最适度货币区的概念，并提出了生产要素流动性标准，开创了国际金融理论界的一个新纪元。随后最适度货币区理论的发展为欧元的诞生提供了必要的理论支持，而欧元的实践又为该理论的发展提供了肥沃的土壤。亚元将进一步在实践和理论上继续、丰富蒙代尔教授开创的最适度货币区理论。

5. 最适度货币区标准的内生性

在很长一段时期内，对最适度货币区理论标准的讨论一直停留在外生性的层面上，也就是单纯地从静态上考虑最适度货币区的事前标准能否得到满足。然而，Frankel 和 Rose（1998）[1] 进一步提出了最适度货币区理论的"内生性假说"。他们在论文中指出，货币联盟的形成本身会促进联盟成员国之间的贸易往来。所谓的最适度货币区标准存在内生性是指所要求的货币区的事前标准可以在事后得到满足。如果内生性这一假说成立，那么传统的最适度货币区标准可能就会表现得太"严苛"了。比如，根据事前标准，达到贸易程度（a）的地区应该组成最优货币区，但由于货币联盟的形成会促进成员国之间的贸易，实际上小于贸易程度（a）的地区也应该组成最优货币区。因此，这就有可能根据事前标准做出错误的政策选择。

---

[1] Frankel, Jeffrey A., and Andrew K. Rose, "The Endogenity of the Optimum Currency Area Criteria", *The Economic Journal* 108.449 (1998): 1009-1025.

　　自最适度货币区标准的内生性假说被提出的二十年来，学者们从不同的角度出发，围绕"内生性假说"展开了大量的实证检验，比如，金融一体化标准（Stefano，2008）[1] 以及产品和劳动力市场灵活性标准（De Grauwe et al.，2005）[2] 等。虽然到目前为止关于内生性标准并没有形成一致的结论，但内生性假说确实从一个新的角度开辟了对最适度货币区的讨论。

　　相信在不远的将来，随着标准内生性的不断丰富和发展，最适度货币区理论也将取得更好的发展。

---

　　① Schiavo，Stefano，"Financial Integration，GDP Correlation and the Endogeneity of Optimum Currency Areas"，*Economica* 75. 297（2008）：168–189.

　　② De Grauwe，Paul，and Francesco Paolo Mongelli，"Endogeneities of Optimum Currency Areas：What Brings Countries Sharing a Single Currency Closer Together?"（2005）.

经济发展的金融方面[①]

作者简介　John G. Gurley

约翰·G. 格利（John G. Gurley）教授的主要研究兴趣为货币银行、货币政策和传导机制，货币与经济发展，近些年来的研究兴趣转向马克思理论、社会主义和中国经济、经济体制等。

主要成果

"Marx's Contributions and Their Relevance Today", *American Economic Review*, 74（2, May）: 110 - 115, 1984.

"The Dialectics of Development: USSR Versus China", *Modern China*, 4（2, Apr.）: 123 - 156, 1978.

---

①　本文发表于 *The American Economic Review*，Vol. 45，No. 4（Sep. 1955），pp. 515 - 538。

"The Symposium Papers: Discussion and Comments", *Modern China*, 3 (4, Oct.): 443 - 464, 1977.

"Rural Development in China 1949—72, and the Lessons to be Learned From it", *World Development*, 3 (issue 7 - 8), pp. 455 - 471, 1975.

"Some Comments on the Principles Course", *The American Economic Review*, 65 (2, May), pp. 431 - 433, 1975.

"Have Fiscal and Monetary Policies Failed?", *The American Economic Review*, 62 (1/2, Mar.), pp. 19 - 23, 1972.

"The State of Political Economics", *The American Economic Review*, 61 (2, May), pp. 53 - 62, 1971.

"Capitalist and Maoist Economic Development", *Bulletin of Concerned Asian Scholars*, 2 (issue3), pp. 34 - 50, 1970.

"Financial Structure and Economic Development" (with E S. Shaw), *Economic Development and Cultural Change*, 15 (3, Apr.), pp. 257 - 269, 1967.

"The Radcliffe Report and Evidence", *The American Economic Review*, 50 (4, Sep.), pp. 672 - 700, 1960.

"Intermediaries and Monetary Theory: A Criticism of the Gurley-Shaw Theory: Reply" (with E S. Shaw), *The American Economic Review*, 48 (1, Mar.), pp. 132 - 138, 1958.

"The Growth of Debt and Money in the United States, 1800—1950: A Suggested Interpretation" (with E S. Shaw), *Review of Economics and Statistics*, 39 (3, Aug), pp. 250 - 262, 1957.

"Financial Intermediaries and the Saving-Investment Process" (with E S. Shaw), *Journal of Finance*, 11 (2, May), pp. 257 - 276, 1956.

"Financial Aspects of Economic Development" (with E S. Shaw), *The American Economic Review*, 45 (4, Sep.), pp. 515 - 538, 1955.

"Excess Liquidity and European Monetary Reforms, 1944—1952", *The American Economic Review*, 43 (1, Mar.), pp. 76 - 100, 1953.

"Fiscal Policy in a Growing Economy", *Journal of Political Economy*, 61 (6, Dec.), pp. 523 - 536, 1953.

作者简介　　**Edward S. Shaw**

　　爱德华·S. 肖（Edward S. Shaw）于 1908 年出生于美国，1929 年在斯坦福大学获得学士学位，第二年在该校获得硕士学位，1936 年又在该校获得博士学位。肖从 1941 年起担任斯坦福大学经济系教授，其间曾任经济系主任。1964—1966 年，肖在布鲁金斯学会任研究员，还曾在财政部、美联储和军队任过职。此后，在 1967 年，肖受福特基金会的派遣到乌拉圭工作，这使得他对一些发展中国家的情况有较多的了解。

　　肖的研究集中在金融深化理论、货币政策和传导机制、货币与经济发展等方面。

　　两位教授早期的研究兴趣十分相似，他们合作了多篇具有影响力的学术论文和专著，两人对金融发展和经济发展的关系进行了系统的研究，提出了许多独创性的观点，有关这些观点的后续研究十分活跃，直接引发了经济学界关于金融深化理论的研究。

主要成果

"Financial Structure and Economic Development"（with J. G. Gurley），*Economic Development and Cultural Change*，15（3，Apr.），pp. 257 - 269，1967.

"Intermediaries and Monetary Theory：A Criticism of the Gurley-Shaw Theory：Reply"（with J. G. Gurley），*The American Economic Review*，48（1，Mar.），pp. 132 - 138，1958.

"The Growth of Debt and Money in the United States，1800—1950：A Suggested Interpretation"（with J. G. Gurley），*Review of Economics and Statistics*，39（3，Aug.），pp. 250 - 262，1957.

"Financial Intermediaries and the Saving-Investment Process"（with J. G. Gurley），*Journal of Finance*，11（2，May），pp. 257 - 276，1956.

"Financial Aspects of Economic Development"（with J. G. Gurley），*The American Economic Review*，45（4，Sep.），pp. 515 - 538，1955.

研究背景

金融发展理论研究的是有关金融发展与经济发展之关系的理论。其中，所谓金融发展，主要包括金融资产的发展、金融机构的发展以及金融市场的发展。而所谓经济发展，则是指各种实际经济因素的发展，如实物财富的增加、生产技术的进步及经济制度的健全等。金融发展理论要解释金融发展与经济发展的因果关系，并说明各种货币金融因素的变化对经济发展的影响。

第二次世界大战以后，西方各国的经济取得了较快的增长，其金融体系也得到迅速的发展。与此同时，为数众多的发展中国家的经济增长却相对缓慢，其金融体系也比较落后。于是，金融发展与经济发展的关系，尤其是它们之间的因果关系，便成为不少经济学家所关心并致力于研究的一个问题。美国经济学家格利与肖较早地从事这一问题的研究，并取得了重要的成果。格利和肖于 1955 年在《美国经济评论》上发表了《经济发展的金融方面》（Financial Aspects of Economic Development）一文，提出了他们的初步研究成果。

主要内容

《经济发展的金融方面》这篇文章分为四部分。

第一部分：简要回顾收入、消费、储蓄、投资及财富积累在金融上的表现

分析经济的发展变化通常依赖于一套简化的社会账户，格利与肖认为，传统的社会账户忽略了金融方面的发展变化，即债务和金融资产以不同的方式增长和积累，这是一个不完整的账户，导致了金融分析难以与实物分析相一致，而且可能会使经济学家低估金融在经济发展的速度和模式方面所起的重要作用，因而需要设计一套包括金融在内的完整的社会账户。

最终产出的购买者即消费部门可以分为三组：盈余部门、赤字部门和平衡部门。一个完整的社会账户应该反映可贷资金在各个消费部门之间的流动及其金融地位的改变。格利和肖接受了凯恩斯学派关于"事后"的储蓄等于投资的结论，他们认为，对整个经济部门而言，可贷资金的供给等于可贷资金的需求，净金融资产的增加等于净金融负债的增加。经济增长一方面表现为收入增长和财富积累，另一方

面表现为金融负债和金融资产的积累。

负债积累是增长过程的一部分，但是其积累的比率并不是相对于财富和收入的一个简单的常数。首先，在收入-财富比例给定时，负债占收入的比例取决于以下三个因素：（1）借款-赤字的比例，即赤字中有多大的比例需要靠借款来弥补；（2）赤字-收入的比例；（3）收入的变化率。有多种原因可以影响以上三个因素。其次，技术进步会改变充分就业时资本的产出效率，或者由于有效需求的变动，生产能力被开发的程度也有所改变。这些都会影响负债占收入的比例，使之不再是一个常数。

第二部分：阐述了金融中介机构在转换可贷资金中的作用

平衡部门靠内部融资来满足其消费和投资的资金需求，赤字部门靠外部融资来满足其资金需求。外部融资可分为直接融资和间接融资两种形式。在直接融资的情况下，债务与财富将同步增长，因此仅仅依靠内部融资和直接融资，经济发展会被延迟，而金融中介的基本职能就是在吸收可贷资金需求方（即赤字方）的债务（即初级证券）的基础上，面向可贷资金供给方（即盈余方）发行间接债券，从而增强了可贷资金的流动性，有助于提高投资和储蓄水平，并在可供选择的投资项目中最佳地配置稀缺的储蓄。金融中介介入到可贷资金的流动中并不改变盈余方的净资产增加等于赤字方的净债务增加这一等值性，但是总的债务额，包括中介购买的直接债务及其发行的间接债券，相对于收入和财富的增长速度却越来越快。从而，通过金融中介机构的储蓄和投资加快了收入和财富的增长速度。

商业银行具有重要的作用，首先，它通过发行间接证券（如通货、存款）从盈余方借款。其次，通过购买赤字方的直接证券将资金贷给赤字方。最后，通过把自己的间接证券与消费部门的直接证券相交换，满足消费部门调整其拥有的直接证券和间接证券比例的需求。当银行为唯一的金融中介时，消费部门面临的资产选择很有限，只有实物资产、债券和货币三种。随着金融创新和金融中介的发展，银行的竞争者越来越多，新的中介发行的间接证券与货币、债券形成了竞争。非货币金融中介的出现促使盈余部门积累的金融资产越来越多，赤字部门积累的债务越来越多，总之，使债务的增长快于收入的增长。

货币金融的传统观点认为，商业银行在部分准备金的基础上，以放款和投资的形式进行信用扩张，从而拥有了创造货币的能力，而其他金融机构，如储蓄和贷款协会及互助储蓄银行等，仅仅起到筹集公众储蓄用于投资建设的作用。格利与肖认为商业银行虽然是唯一能够创造活期存款形式的货币的金融机构，但是，其他金融机构也能创造某种独特的金融债务凭证，与商业银行分享着扩张信用的能力。这两者都能创造信用，都能转换可贷资金的形式，使消费部门能够多样化其投资组合。由于银行在支付体系中的垄断地位，人们直觉地认为银行在创造可贷资金上居于重要地位，而其他中介居于次要地位，而事实上，银行和其他中介都不能创造可贷资金，创造可贷资金是消费部门独有的功能，一个中介机构是否创造信用和创造了多少信用，不取决于其在支付体系中的作用，而取决于消费部门对其所持有的金融资产的选择。

格利与肖通过分析 1900—1949 年间的数据得出美国的金融发展具有以下趋势：全国的金融资产占国民财富的比例呈上升趋势，金融中介所持的金融资产占全国总金融资产的比例呈上升趋势，商业银行所持金融资产占其他金融中介所持金融资产的比例呈下降趋势。可见，20 世纪前半段，金融体系的发展快于实体经济的发展，而金融体系中其他金融机构的发展快于商业银行的发展。

第三部分：作者指出传统的收入、利息和货币理论忽略了实体经济发展与金融发展的联系，并提出了一些理论上的修正

格利与肖认为凯恩斯模型已经无法使用。在实体经济方面，它没有考虑投资和劳动力增长对促进生产能力的作用。哈罗德和多马已经指出，投资具有双重作用，一方面提高了有效需求，另一方面提高了生产能力。在金融方面，它没有考虑赤字部门用债务融资来维持消费对融资能力的影响。凯恩斯的流动性偏好模型考虑的时期太短，从而排除了借贷资金流动对利率的影响。凯恩斯认为，利率取决于可贷资金过去的流动，而不取决于可贷资金现时的流动。在凯恩斯短期模型中，债券数量的分布可由货币政策通过融资技术发挥作用而改变，但是债券的总数量不会改变。凯恩斯模型难以阐释经济发展的金融方面，第一，它没有考虑直接债券的积累和这种积累对消费部门决策的影响；第二，它只承认货币和债券两种金融资产，并假设债券的数量是固定的。总之，它忽略了长期中证券的积累以及金融机构的储蓄和投资对实体经济的作用。

格利和肖将凯恩斯模型由静态修改为动态，财富、收入和债务增长率的不一致影响了消费部门的消费意愿，导致了赤字和负债的积累，从而形成了金融资产。假设给定国民收入水平和交易需求，给定消费部门发生赤字时利用债务融资的比例。如果可贷资金只通过直接融资渠道而不通过银行体系，且货币供给固定，那么随着赤字部门的负债逐渐增加，盈余部门所吸收的债券数量越来越多，其资产组合的流动性降低，因而对货币的多样化的需求增加，由于假设货币供给不变，这必然导致利率升高和国民收入下降。同时，随着负债的积累，赤字部门的消费倾向递减。由于赤字和盈余部门的上述反应产生了通货紧缩的效果。为了预防这种紧缩效果的冲击，货币当局应当准许增加货币供给，促进银行体系的增长，这会使借贷资金通过间接融资渠道流动的份额增加，因此在整个金融体系中会有足够多的货币，从而使利率水平不至于升高。而货币供给的增长速度要与货币需求的增长速度相适应。货币需求可分为交易需求、谨慎需求和多样化需求，取决于收入的增长速度、债务融资的增长速度等诸多因素，很难准确度量，但总的说来，收入增长速度增加时，货币需求也会增加，但其增长速度低于收入的增长速度，边际增长速度是增加的。

格利和肖认为，货币的基本特征是具有高度的流动性。而在金融市场较为发达的经济中，各种非货币的金融资产也具有较高的流动性。所以，从流动性这一基本特征而言，货币与各种非货币的金融资产之间实际上只有程度的不同，而没有本质区别。因此，从货币供给的角度，货币的定义应该是广义的货币。利率取决于债券在公众和广义的货币体系之间的分布。流动性不是债券与其他金融资产的唯一区别，它们在流动性上只有程度的差别，一项金融资产的流动性可能会高于或低于债券，但可能提供了其他服务（例如保险），这些功能是债券和狭义的货币所不具有的。随着金融资产类型的逐渐增多，应该抛弃流动性作为唯一的利率决定因素的利息理论。

在凯恩斯模型中，只有债券和狭义货币两种资产，货币需求和利率都由此决定。格利与肖引入了债券和货币以外的其他金融资产，各种资产的利率有所不同，主要取决于该资产与债券或货币的替代程度。（1）如果非货币间接金融资产只是消费部门的投资组合中货币的替代品，消费部门对这些资产的需求将导致非银行金融中介对于债券几乎等量的需求，他们在债券市场上与消费部门竞争，导致债券价格上升和利率下降。（2）如果非货币间接金融资产只是债券的替代品，债券市场上的总需求并没有发生改变，债券的价格和利率都不变。（3）如果非货币间接金融资产同时是债券和货币的替代品，利率会下降，但下降的幅度会低于其只是货币替代品的情况。

格利和肖认为作为分析经济增长的工具，一个考虑债务积累和非货币金融中介发展的理论要比只考虑短期流动性偏好的理论要好得多，因此，需要将金融方面纳入经济发展的分析之中。投资的增长和劳动力供给的增长提高了生产能力。给定消费函数，投资必然要不断地增长，以满足生产不断增长所引起的有效需求的增加，否则，要么出现无效的超额供给，要么一部分生产能力闲置。而投资的增加又必然使产出进一步增加，这个过程不断循环。赤字部门计划发行的债券和盈余部门计划持有的债券可能不匹配。盈余部门的需求要受到以下因素影响：（1）对证券的投资预期；（2）对间接金融资产的多样化需求；（3）与收入增长保持一定比例的交易需求。赤字部门发行的直接债券缺乏流动性，而盈余部门却希望持有流动性资产，金融中介通过吸收缺乏流动性的直接债券，发行具有流动性的间接债券来调和这一矛盾。这种调和矛盾的需要最终导致非银行金融机构和非货币金融资产的增长。

格利与肖认为，长期中，货币供给的增长与收入和债务增长不是简单的函数关系，还受许多其他因素的影响。融合了金融方面的增长模型更符合现实，也更为复杂，难以用公式描述。货币市场是竞争性的，利率会发生剧烈的波动，间接金融的增长意味着更多的中介介入到可贷资金的转移过程中。在凯恩斯模型中，利率是有下限的，而间接金融特别是非银行中介的存在使这个下限更低。货币的收入需求弹性很大，因此，间接金融的增长快于收入、财富和直接债务的增长。总之，间接金融的发展使得包含金融方面的经济发展模型更复杂。

"MV"与金融理论。"M"即货币供给，"V"即货币流通速度。传统理论认为，货币流通速度与利率成正比，格利与肖认为，货币流通速度与利率的关系要受到流动性偏好的弹性以及消费函数的影响。当货币的多样化需求以及货币和其他金融资产发生替代时，货币流通速度的分析就更加复杂。把"V"作为分析工具已经过时了，金融发展必然要求扩展"M""V"的范围。

第四部分：讨论了作者的理论在货币、经济政策、监管技术等方面的应用

格利与肖认为，从流动性这一基本特征而言，货币与各种非货币的金融资产之间，实际上只有程度的不同，而没有本质的区别。因此，从货币供给的角度，货币的定义应该是广义的货币。于是，作为货币创造者的银行与作为非货币金融资产创造者的其他各种金融机构之间，也只有程度的不同，而没有本质的区别。从货币供给的角度，货币的定义应该是广义的货币，因此从金融控制的角度而言，中央银行不仅应该控制银行，而且应该控制各种非银行金融中介机构。

现实中，无论是短期的货币控制还是长期的货币控制都不是很有成效。假设银行是唯一的中介，国民收入也不是货币政策的唯一标准。即使在国民收入不变的情况下，债券数量的增加和产出能力的提高也会要求货币供给增加。但由于直接债务本身可以部分满足对金融资产的多样化需求，因而债务扩张引起的货币扩张会被抵减一部分。在短期，由于面向公众发行的债务和货币具有替代性，债务管理和货币管理应具有同样的目标。

格利与肖认为即使货币是唯一的间接金融资产，也没有简单的货币扩张公式，很难准确把握该供给多少货币。货币供给的扩张意味着货币体系的扩张，随着储备要求的变化，商业银行和中央银行会以不同的比率增长。

从投资组合的角度来看，当政府是赤字方时，银行系统的扩张是合适的，政府债券是货币的近似替代品，为了维持利率，需要不断地增发货币。若私人为赤字

方，而且中央银行倾向于限制自己所持有的资产，那么货币的增长很显然将集中于商业银行，商业银行的储备必将下降，这将产生以下两个问题：一是低储备将导致短期货币的供给不稳定；二是商业银行所提供的间接金融服务越多，其承担的风险也越多，而作为支付体系的首要管理者，应该尽量使自己的风险最小化，以保证支付体系的顺畅运行，这两种职责之间的矛盾难以调和。在现有条件下只有政府在经济增长过程中是赤字方，货币体系才是金融发展的理想工具。

货币体系的不完备至少产生了两个影响，一是使企业倾向于内部融资，特别是大企业；二是创造了非银行金融中介发展的机会，当货币扩张受到限制时，实体经济的发展必然导致非银行金融机构的发展和非货币间接金融资产的增多。而现实中，监管技术的发展滞后于日益复杂的金融体系和日益多样化的金融机构和金融资产的发展。格利与肖认为应该进行全面的金融监管，而不仅是货币监管。

评　价

格利和肖的观点与他们之前的西方传统货币金融理论的重要区别在于：他们认为货币不是货币金融理论的唯一分析对象，货币金融理论应该面对多样化的金融资产，而货币只是无数金融资产中的一种。他们认为，除商业银行之外，形形色色的非银行金融机构也在信用创造中扮演着重要角色；他们还认为控制货币的政策不是决策者可依赖的唯一经济政策，影响金融制度的应该是一套完整的金融政策，包括货币政策、债务管理政策以及财政政策。由此可见，格利和肖试图建立一个以研究多种金融资产、多样化的金融机构和完整的金融政策为基本内容的广义货币金融理论。这种理论的问世是与第二次世界大战后美国金融领域出现的新情况、货币政策面临的新问题密切相关的。

从西方货币理论的发展来看，格利与肖的理论贡献主要在两个方面：一是关于银行与非银行金融机构的异同问题；二是关于"内在货币"与"外在货币"的区分问题。也正是这两方面，在西方经济学界引起了较大的争议。

格利与肖在分析货币与经济的关系时，不仅从总的货币存量角度进行考察，而且从创造不同类型货币的不同渠道考察它们给经济带来的不同影响，这对于货币金融理论的研究来说是深入了一步。此外，值得指出的是，他们关于"内在货币"与"外在货币"的区分对我们研究社会主义经济中货币的"经济发行"或"财政发行"等问题也有一定的参考价值。

格利与肖比较清晰地描述了经济与金融的关系，以及货币金融体系内部的各种复杂关系，他们特别把"非银行"的金融中介机构"自大多数经济理论所放弃的废墟中捡回来"，深入探索这些机构对实际经济活动及货币系统的影响，这无疑使货币金融学科的研究视野得到了大大扩展。

近几十年来，西方国家（特别是美国）呈现的金融机构和金融工具多样化的趋势证实了格利与肖的观点。应该承认，格利与肖在这种趋势刚露端倪之时，便敏锐地觉察出来，并且把它置于金融理论的重要地位予以重视，这是值得充分肯定的。

格利与肖的理论的优点在于其把理论分析与政策建议结合在一起。不足之处是缺乏统计资料的证明，也没有涉及短期金融中风险和不确定性等理论。

后续研究

1. 本文作者的后续研究

1956 年格利与肖又一起在美国《金融杂志》（*Journal of Finance*）上发表了《金融中介机构与储蓄-投资过程》（Financial Intermediaries and the Saving-Investment Process）一文，深入阐述了金融中介的重要作用。1960 年出版的合著《金融理论中的货币》（*Money in a Theory of Finance*）一书对以往提出的观点做了进一步的阐述，并且使他们的思想在理论结构上趋于完整。在这之后的一二十年里，格利与肖又致力于研究发展中国家的经济与金融。他们合作或者单独发表了许多著作和论文。格利对社会主义的理论问题也有深入研究。肖在 1973 年出版了《经济发展中的金融深化》（*Financial Deepening in Economic Development*）一书，这是一部影响深远的金融学著作。

2. 整个金融发展理论的后续发展

研究货币金融与经济发展关系的金融发展理论本身也在不断发展着。

1969 年，戈德史密斯（R. W. Goldsmith）出版了名为《金融结构与金融发展》（*Financial Structure and Development*）的专著，提出了金融结构理论。他认为，金融发展是指金融结构的变化，研究金融发展就是研究金融结构的变化过程和趋势。

1973 年，爱德华·肖出版了《经济发展中的金融深化》一书，其同事罗纳德·麦金农也于同年出版了《经济发展中的货币与资本》（*Money and Capital in Economic Development*）一书，两人都以发展中国家的货币金融问题作为研究对象，从一个全新的角度对金融与经济进行了开创性研究，提出了金融深化理论。他们首次指出发展中国家经济落后的症结在于金融抑制，深刻地分析了如何在发展中国家建立一个以金融促进经济发展的金融体制，即实现金融深化，开创了金融深化理论的先河。

进入 20 世纪 90 年代，信息经济学的成就被广泛应用到各个领域，尤其是应用到政府行为的分析中。托马斯·赫尔曼（Thomas Hellmann）、凯文·穆尔多克（Kevin Mardock）、约瑟夫·斯蒂格利茨等人于 1996 年在麦金农和肖的金融深化理论基础上，提出了金融约束论。

卡普尔（Kapur）、加尔比斯（Galbis）、弗赖伊（Fry）和马西森（Mathieson）等人融合了内生增长理论的一些积极因素，突破了麦金农和肖的框架，在模型中引入了诸如不确定性（偏好冲击、流动性冲击）、信息不对称（逆向选择、道德风险）和监督成本（有成本的状态证实）之类的与完全竞争相悖的因素，对金融机构和金融市场的形成做出了规范意义上的解释。

一直以来，不同学者对金融发展和经济增长之间的关系持有不同的意见。Goldsmith（1969）认为金融发展和经济活动水平之间存在正相关关系。Levine（1997，2003），Rajan 和 Zingales（1998）等学者也认为金融发展和经济增长之间存在着长期的积极联系。Felix Rioja 和 Neven Valev（2004），Philippe Aghion（2005）等学者认为，金融发展和经济增长之间存在着非线性关系，金融对增长的影响在金融发展水平较高时变得较小甚至消失。2008 年的全球经济危机开始让学术界和政策制定者重新考虑他们先前的结论。以 Stephen Cecchetti 和 Enisse Kharroubi（2012）为代表的经济学家重新评估了金融对增长的影响，认为金融部门的规模对生产率增长具有倒 U 形效应，即金融发展水平仅在一定程度上是好的，之后它会成为增长的拖累。此后，有更多的学者，如 Siong Hook Lawa 和 Nirvikar Singhb（2014），Nahla Samargandi 等（2015）也通过实证研究发现金融发展和经济增长之间存在倒 U 形关系。

此外，也有更多的学者研究金融发展与收入不平等之间的关系，并持有截然不同的观点。一方面，一些学者认为金融发展可以减少收入不平等，如 Aghion 和 Bolton（1997），Galor 和 Moav（2004）等认为金融发展可以促进增长，减少不平等。他们认为金融缺陷，如信息和交易成本，可能对缺乏抵押品和信用记录的穷人特别有约束力。因此，这些信贷约束的任何放松都将给家庭带来不成比例的好处。Levin（2007）通过估计金融与收入分配和贫困水平变化之间的关系来研究金融发展对穷人的影响，发现金融发展与减贫相关，更高的金融发展导致了更快的人均增长和更低的不平等。Jeanneney 和 Kpodar（2011）对发展中国家进行研究，发现金融发展使穷人能更好地获得储蓄或信贷机会，并主要通过麦金农导管效应减少贫困而降低收入不平等，但同时，金融不稳定会伤害穷人，并部分抵消金融发展的好处。另一方面，Greenwood 和 Jovanovic（1990）预测金融发展和收入不平等之间服从"库兹涅茨效应"的倒 U 形关系，其中假设收入不平等首先随着金融系统的复杂程度而增加，然后稳定并最终下降。他们认为在经济发展的所有阶段，金融发展都改善了资本配置，促进了总体增长，并通过这一渠道帮助了穷人。然而，金融发展的分配效应，以及由此产生的对穷人的净影响，取决于经济的发展。在早期的金融发展中，只有富人才能进入更好的金融市场并直接从中获利，因此，提高金融服务质量的直接影响可能不成比例地落在富人身上，扩大了不平等；而随着经济金融发展愈发成熟，收入分配趋于均等。Townsend 和 Ueda（2003）在 Greenwood 和 Jovanovic（1990）模型的基础上进行简化和改进，再次论证了金融发展与经济增长不平等呈倒 U 形曲线这一结论。Rajan 和 Zingales（2003）也同样认为在薄弱的制度环境中，正规金融部门的改善主要惠及富人，因此金融发展会扩大收入不平等。Jaumotte 等（2013）研究发现，金融全球化和技术进步虽然使各阶层人口的收入都有所增加，但主要惠及最富裕的 20% 人口，因此金融发展会扩大收入不平等。J. De Haan 和 Sturm（2017）使用了一个覆盖 1975—2005 年 121 个国家样本的面板固定效应模型，发现更高水平的金融发展、金融自由化和银行危机的发生都加剧了一个国家的收入不平等。此外，他们还发现，随着金融发展水平的提高，金融自由化会增加收入不平等程度。

金融加速因子[①]

作者简介　**Ben Bernanke**

　　2014 年 2 月 1 日卸任美联储主席后，本·伯南克（Ben Bernanke）继续参与到布鲁金斯学会的经济研究项目中，重点研究经济复苏政策。

　　伯南克于 1953 年 11 月出生于佐治亚州的奥古斯塔。1975 年毕业于哈佛大学经济学院，获经济学学士学位，1979 年在麻省理工学院获得博士学位。1979—1983年伯南克任职斯坦福大学副教授，1983—1985 年为斯坦福大学教授，1985 年开始，在普林斯顿大学任教。在这两所大学任教 23 年后，于 2002 年 8 月踏入政坛，担任联邦储备委员会成员。2006 年 2 月 6 日，伯南克宣誓就任第 14 位美联储主席。

　　伯南克教授的主要研究兴趣为货币政策及其传导机制、资产定价、宏观经济波动与增长等，本文的另一作者马克·格特勒（Mark Gertler）教授（简介见后）的主要研究兴趣为货币政策、资产定价、宏观经济波动等，两位教授的研究兴趣十分相似，他们合作了多篇有影响力的学术论文。两人于 1989 年 3 月在《美国经济评论》（*American Economic Review*）上发表了一篇文章[②]对金融加速模型进行了开创

---

　　① 本文发表于 *The Review of Economics and Statistics*，Vol. 78，No. 1（Feb. 1996），pp. 1 – 15。

　　② Bernanke, B. S. & Gertler, M., "Agency Costs, Net Worth and Business Fluctuations", *The American Economic Review*，1989，79（01）：14 – 31.

性的研究，这篇论文已经成为该领域的经典文献，它成功地解释了外部噪声在经济
系统中如何被延续和放大的问题，并以此来说明金融市场对宏观经济波动的影响。
后来所有这方面的研究都要提及该文章。到目前为止，关于这个方向的所有研究基
本上都是对伯南克和格特勒模型（简称 B-G 模型）的扩展或精细化。1994 年伯南
克、格特勒和吉尔克里斯特（Gilchrist）为 NBER 完成的一篇工作论文《金融加速
器和流动性迁徙》(The Financial Accelerator and the Flight to Quality)，对三人以
前的研究成果进行了系统总结和实证检验，并对该领域的相关研究做了简要综述。
三人的这篇文章于 1996 年发表于《经济与统计评论》(*The Review of Economics
and Statistics*)，本文将对这篇文章予以评述。

主要成果

"The New Tools of Monetary Policy", *American Economic Review*, Vol. 110,
　　no. 4, pp. 943 - 983, Apr. 2020.

"Monetary Policy Strategies for a Low-Rate Environment" (with Michael Kiley and
　　John Roberts), AEA Papers and Proceedings, Vol. 109, pp. 421 - 446, May 2019.

"The Real Effects of Disrupted Credit: Evidence from the Global Financial Crisis",
　　Brookings Papers on Economic Activity, Vol. 49, no. 2, pp. 251 - 342, Fall 2018.

"A Century of US Central Banking: Goals, Frameworks, Accountability", *Jour-
　　nal of Economic Perspectives*, Vol. 27, no. 4, pp. 3 - 16, Fall 2013.

"What Explains the Stock Market's Reaction to Federal Reserve Policy?" (with Kenneth
　　Kuttner), *Journal of Finance*, Vol. 60, no. 3, pp. 1221 - 1257, June 2005.

"Measuring the Effects of Monetary Policy: A Factor-Augmented Vector Autore-
　　gressive (FAVAR) Approach" (with Jean Boivin and Piotr Eliasz), *Quarterly
　　Journal of Economics*, Vol. 120, no. 1, pp. 387 - 422, Feb. 2005.

"Monetary Policy Alternatives at the Zero Bound: An Empirical Assessment"
　　(with Vincent Reinhart and Brian Sack), Brookings Papers on Economic Activi-
　　ty, Vol. 35, no. 2, pp. 1 - 100, Sep. 2004.

"Conducting Monetary Policy at Very Low Short-Term Interest Rates" (with Vincent Re-
　　inhart), *The American Economic Review*, Vol. 94, no. 2, pp. 85 - 90, May 2004.

"Monetary Policy in a Data-Rich Environment" (with Jean Boivin), *Journal of
　　Monetary Economics*, Vol. 50, no. 3, pp. 525 - 546, Apr. 2003.

"Should Central Banks Respond to Movements in Asset Prices?" (with Mark Gertler), *The American Economic Review*, Vol. 91, no. 2, pp. 253 – 257, May 2001.

"Measuring Monetary Policy" (with Ilian Mihov), *Quarterly Journal of Economics*, Vol. 113, no. 3, pp. 869 – 902, Aug. 1998.

"What does the Bundesbank Target?" (with Ilian Mihov), *European Economic Review*, Vol. 41, no. 6, pp. 1025 – 1053, June 1997.

"Inflation Targeting: A New Framework for U. S. Monetary Policy?" (with Frederic Mishkin), *Journal of Economic Perspectives*, Vol. 11, no. 2, pp. 97 – 116, Spring 1997.

"Systematic Monetary Policy and the Effects of Oil Price Shocks" (with Mark Gertler and Mark Watson), *Brookings Papers on Economic Activity*, Vol. 28, no. 1, pp. 91 – 157, Spring 1997.

"Nominal Wage Stickiness and Aggregate Supply in the Great Depression" (with Kevin Carey), *Quarterly Journal of Economics*, Vol. 111, no. 3, pp. 853 – 883, Aug. 1996.

"The Financial Accelerator and the Flight to Quality" (with Mark Gertler and Simon Gilchrist), *Review of Economics and Statistics*, Vol. 78, no. 1, pp. 1 – 15, Feb. 1996.

"Inside the Black Box: The Credit Channel of Monetary Policy Transmission" (with Mark Gertler), *Journal of Economic Perspectives*, Vol. 9, no. 4, pp. 27 – 48, Fall 1995.

"The Federal Funds Rate and the Channels of Monetary Transmission", *The American Economic Review*, Vol. 82, no. 4, pp. 901 – 921, Sep. 1992.

"The Credit Crunch" (with Cara Lown and Benjamin Friedman), *Brookings Papers on Economic Activity*, Vol. 22, no. 2, pp. 205 – 248, 1991.

"Procyclical Labor Productivity and Competing Theories of the Business Cycle: Some Evidence from Interwar U. S. Manufacturing Industries" (with Martin Parkinson), *Journal of Political Economy*, Vol. 99, no. 3, pp. 439 – 459, June 1991.

"Clearing and Settlement during the Crash", *Review of Financial Studies*, Vol. 3, no. 1, pp. 133 – 151, Jan. 1990.

"Agency Costs, Net Worth and Business Fluctuations" (with Mark Gertler), *The American Economic Review*, Vol. 79, no. 1, pp. 14 – 31, Mar. 1989.

"Credit, Money, and Aggregate Demand" (with Alan Blinder), *The American*

Economic Review，Vol. 78，no. 2，pp. 435 - 439，May 1988.

"Employment，Hours，and Earnings in the Depression：An Analysis of Eight Manufacturing Industries"，*The American Economic Review*，Vol. 76，no. 1，pp. 82 - 109，Mar. 1986.

"Permanent Income，Liquidity，and Expenditure on Automobiles：Evidence from Panel Data"，*The Quarterly Journal of Economics*，Vol. 99，no. 3，pp. 587 - 614，Aug. 1984.

"Nonmonetary Effects of the Financial Crisis in Propagation of the Great Depression"，*The American Economic Review*，Vol. 73，no. 3，pp. 257 - 276，June 1983.

"Irreversibility，Uncertainty，and Cyclical Investment"，*The Quarterly Journal of Economics*，Vol. 98，no. 1，pp. 85 - 106，Feb. 1983.

"Bankruptcy，Liquidity，and Recession"，*The American Economic Review*，Vol. 71，no. 2，pp. 155 - 159，May 1981.

作者简介　**Mark Gertler**

　　马克·格特勒（Mark Gertler）于 1973 年 5 月毕业于威斯康星大学，获得经济学学士学位。1978 年 6 月在斯坦福大学获得经济学博士学位，毕业论文的题目为《宏观经济学理论和方法之评论》（Essays on Macroeconomic Methodology and Policy）。1978 年开始在康奈尔大学担任助教，此后在威斯康星大学担任助教和副教授，1985 年到斯坦福大学任访问副教授。在此期间，他担任过普林斯顿大学、威斯康星大学和哥伦比亚大学访问教授。1990 年至今，担任纽约大学教授，NBER 研究员。此外，格特勒还陆续担任纽约联邦储备银行学术顾问，耶鲁大学访问教授，应用经济学中心主任，联储理事会、英格兰银行、国际货币基金组织学术顾问。目前，除了在纽约大学的教职工作之外，格特勒教授还是美国国家经济研究局关于经济波动和增长研究项目的联合负责人，同时也是欧洲中央银行顾问。

主要成果

"A Macroeconomic Model with Financial Panics"（with Nobuhiro Kiyotaki and Andrea Prestipino），*Review of Economic Studies*，Vol. 87，no. 1，pp. 240 – 288，Jan. 2020.

"Endogenous Technology Adoption and R&D as Sources of Business Cycle Persistence"（with Diego Anzoategui，Diego Comin，and Joseba Martinez），*American Economic Journal：Macroeconomics*，Vol. 11，no. 3，pp. 67 – 110，July 2019.

"What Happened? Financial Factors in the Great Recession"（with Simon Gilchrist），*Journal of Economic Perspectives*，Vol. 32，no. 3，pp. 3 – 30，Summer 2018.

"Banking，Liquidity and Bank Runs in an Infinite-Horizon Economy"（with Nobu Kiyotaki），*The American Economic Review*，Vol. 105，no. 7，pp. 2011 – 2053，July 2015.

"Monetary Policy Surprises，Credit Costs，and Economic Activity"（with Peter Karadi），*American Economic Journal：Macroeconomics*，Vol. 7，no. 1，pp. 44 – 76，Jan. 2015.

"Financial Crises，Bank Risk Exposure，and Government Financial Policy"（with Nobu Kiyotaki and Albert Queralto），*Journal of Monetary Economics*，Vol. 59，supplement 15，pp. S17 – S34，Dec. 2012.

"A Model of Unconventional Monetary Policy"（with Peter Karadi），*Journal of Monetary Economics*，Vol. 58，no. 1，pp. 17 – 34，Jan. 2011.

"Unemployment Dynamics with Staggered Nash Wage Bargaining"（with Antonella Trigari），*Journal of Political Economy*，Vol. 117，no. 1，pp. 38 – 86，Feb. 2009.

"A Phillips Curve with an Ss Foundation"（with John Leahy），*Journal of Political Economy*，Vol. 116，no. 3，pp. 533 – 572，June 2008.

"Markups，Gaps and the Welfare Costs of Business Cycles"（with Jordi Galí and David Lopez-Salido），*Review of Economics and Statistics*，Vol. 89，no. 1，pp. 44 – 59，Nov. 2007.

"Medium Term Business Cycles" (with Diego Comin), *The American Economic Review*, Vol. 96, no. 3, pp. 523 – 551, June 2006.

"Robustness of the Estimates of the Hybrid New Keynesian Phillips Curve" (with Jordi Galí and David Lopez-Salido), *Journal of Monetary Economics*, Vol. 52, no. 6, pp. 1107 – 1118, Sep. 2005.

"A Simple Framework for International Monetary Policy Analysis" (with Richard Clarida and Jordi Galí), *Journal of Monetary Economics*, Vol. 49, no. 5, pp. 879 – 904, July 2002.

"European Inflation Dynamics" (with Jordi Galí and David Lopes-Salido), *European Economic Review*, Vol. 45, no. 7, pp. 1237 – 1270, June 2001.

"Optimal Monetary Policy in Open versus Closed Economics: An Integrated Approach" (with Richard Clarida and Jordi Galí), *The American Economic Review*, Vol. 91, no. 2, pp. 248 – 252, May 2001.

"Should Central Banks Respond to Movements in Asset Prices?" (with Ben Bernanke), *The American Economic Review*, Vol. 91, no. 2, pp. 253 – 257, May 2001.

"Monetary Policy Rules and Macroeconomic Stability: Evidence and Some Theory" (with Richard Clarida and Jordi Galí), *Quarterly Journal of Economics*, Vol. 115, no. 1, pp. 147 – 180, Feb. 2000.

"Inflation Dynamics: A Structural Econometric Model" (with Jordi Galí), *Journal of Monetary Economics*, Vol. 44, no. 2, pp. 195 – 222, Oct. 1999.

"Overreaction of Asset Prices in General Equilibrium" (with Rao Aiyagari), *Review of Economic Dynamics*, Vol. 2, no. 1, pp. 3 – 35, Jan. 1999.

"Monetary Policy Rules in Practice: Some International Evidence" (with Richard Clarida and Jordi Galí), *European Economic Review*, Vol. 42, no. 6, pp. 1033 – 1067, June 1998.

"Systematic Monetary Policy and the Effects of Oil Price Shocks" (with Ben Bernanke and Mark Watson), *Brookings Papers on Economic Activity*, Vol. 28, no. 1, pp. 91 – 157, Spring 1997.

"The Financial Accelerator and the Flight to Quality" (with Ben Bernanke and Simon Gilchrist), *The Review of Economics and Statistics*, Vol. 78, no. 1, pp. 1 – 15, Jan. 1996.

"Inside the Black Box: The Credit Channel of Monetary Policy Transmission" (with Ben Bernanke), *Journal of Economic Perspectives*, Vol. 9, no. 4, pp. 27 – 48,

Winter 1995.

"Monetary Policy, Business Cycles and the Behavior of Small Manufacturing Firms" (with Simon Gilchrist), *Quarterly Journal of Economics*, Vol. 109, no. 2, pp. 309 – 340, May 1994.

"Corporate Financial Policy, Taxation, and Macroeconomic Risk" (with Glenn Hubbard), *Rand Journal of Economics*, Vol. 24, no. 2, pp. 286 – 303, Summer 1993.

"The Cyclical Behavior of Short-Term Business Lending Implications: For Financial Propagation Mechanisms" (with Simon Gilchrist), *European Economic Review*, Vol. 37, no. 2 – 3, pp. 623 – 631, Apr. 1993.

"Financial Capacity and Output Fluctuations in an Economy with Multiperiod Financial Arrangements", *Review of Economic Studies*, Vol. 59, no. 3, pp. 455 – 472, July 1992.

"Asset Returns with Transaction Costs and Uninsurable Individual Risks" (with Rao Aiyagari), *Journal of Monetary Economics*, Vol. 27, no. 3, pp. 311 – 331, June 1991.

"Financial Fragility and Economic Performance" (with Ben Bernanke), *Quarterly Journal of Economics*, Vol. 105, no. 1, pp. 87 – 114, Feb. 1990.

"North-South Lending with Endogenous Domestic Financial Market Inefficiencies" (with Kenneth Rogoff), *Journal of Monetary Economics*, Vol. 26, no. 2, pp. 245 – 266, Oct. 1990.

"Agency Costs, Net Worth and Business Fluctuations" (with Ben Bernanke), *The American Economic Review*, Vol. 79, no. 1, pp. 14 – 31, Mar. 1989.

"The Backing of Government Bonds and Monetarism" (with Rao Aiyagari), *Journal of Monetary Economics*, Vol. 16, pp. 19 – 44, July 1985.

"Imperfect Information and Wage Inertia in the Business Cycle", *Journal of Political Economy*, Vol. 90, no. 5, pp. 967 – 987, Oct. 1982.

"Monetary Randomness and Investment" (with Errol Grinols), *Journal of Monetary Economics*, Vol. 10, no. 2, pp. 239 – 258, Sep. 1982.

作者简介　　**Simon G. Gilchrist**

　　西蒙·G. 吉尔克里斯特（Simon G. Gilchrist）于 1984 年在艾奥瓦州立大学获得经济学学士学位。1987 年在威斯康星大学获得经济学硕士学位。1990 年在威斯康星大学获得经济学博士学位。1990—1994 年吉尔克里斯特担任联邦储备委员会的专职经济学家，1995—2001 年在波士顿大学做助教，并曾于 1999—2000 年在国家经济研究局做顾问，2001 年至今在波士顿大学经济系担任副教授。曾两度获得国家科学基金奖。

主要成果

"Inflation Dynamics During the Financial Crisis" (with S. , Schoenle, R. , Sim, J. , & Zakrajšek, E.), *The American Economic Review*, 107 (3), pp. 785 – 823, 2017.

"Credit Spreads as Predictors of Real-Time Economic Activity: A Bayesian Model-Averaging Approach" (with Faust, J. Wright, J. H. , and Zakrajšek, E.), *Review of Economics and Statistics*, 95 (5), pp. 1501 – 1519, 2013.

"Credit Spreads and Business Cycle Fluctuations" (with Zakrajšek, E.), *The American Economic Review*, 102 (4), pp. 1692 – 1720, 2012.

"Do Stock Price Bubbles Influence Corporate Investment?" (with Himmelberg, C. P. and Huberman, G.), *Journal of Monetary Economics*, 52 (4), pp. 805 – 827, 2005.

"Monetary Policy and Asset Prices" (with John Leahy), *Journal of Monetary Economics*, January 2002.

"Putty-Clay and Investment: A Business Cycle Analysis" (with John Williams), *Journal of Political Economy*, Oct. 2000.

"The Financial Accelerator in a Quantitative Business Cycle Framework" (with Ben Bernanke and Mark Gertler), in John Taylor and Michael Woodford (eds.), *The Handbook and Macroeconomics*, Amsterdam: North Holland, 1999.

"Investment, Fundamentals and Finance" (with Charles Himmelberg), in Ben Bernanke and Julio Rotermberg (eds.), *The NBER Macroeconomics Annual*, 1998.

"The Financial Accelerator and Flight to Quality" (with Ben Bernanke and Mark

Gertler），*Review of Economics and Statistics*，Feb. 1996.

"Monetary Policy，Business Cycles，and the Behavior of Small Manufacturing Firms"（with Mark Gertler），*Quarterly Journal of Economics*，Vol. CIX，May 1994.

"The Cyclical Behavior of Short-Term Business Lending：Implication for Financial Propagation Mechanisms"（with Mark Gertler），*European Economic Review：Papers and Proceedings*，April 1993.

研究背景

通货紧缩具有自我加速和循环的特点，如不及时治理将导致严重的后果。因此研究通货紧缩的形成机理和其具有恶性循环的原因具有重要的理论和现实意义。西方主要的通货紧缩模型都与凯恩斯和费雪两位经济学大师的思想密切相关。20 世纪 80 年代前的通货紧缩模型侧重于从总需求的角度来分析通货紧缩，80 年代后的模型则主要从总供给的角度来分析通货紧缩。伯南克和格特勒基于信息不对称的假设将金融市场引入到真实经济周期模型，成功地解释了外部噪声在经济系统中如何被延续和放大的问题，并以此来说明金融市场对宏观经济波动的影响。这种理论解释了通货紧缩形成的机理和其具有恶性循环的特点，无疑是理解当前成熟市场经济国家宏观经济波动的一个较好的理论框架。伯南克和格特勒认为，金融市场是通过投资而进入宏观经济模型中的，其作用就像是在真实经济周期中"安装"了一个"加速器"。也就是说，那些影响该经济系统的噪声经过该加速器后会被放大，使得繁荣的经济会愈加繁荣，萧条的经济会愈加萧条。因此，这种基于不完全信息金融市场的模型又被称作"金融加速因子模型"。伯南克、格特勒和吉尔克里斯特的这篇发表于 1996 年的文章是对金融加速因子模型进行系统论述的学术论文。

主要内容

全文总共分为五个部分。

第一部分：提出了所要研究的问题和文章的结构框架

作者指出，在商业周期的分析中长期存在着一个谜题，即大规模的整体经济波动有时只是由于一个小冲击造成的。例如，对长期实际利率造成轻微影响的货币政策导致了投资和产出的巨幅波动。同样，20 世纪 70 年代的石油价格冲击实际上对企业的生产成本和居民家庭预算只有较小的影响，却在当时造成了严重的衰退。作者写作本文的目的就是为了解释"小冲击，大周期"之谜。伯南克、格特勒和吉尔克里斯特认为信用会放大市场的真实状况从而促进了最初的小冲击（包括实体的或货币的），并把初始冲击引起信用市场的状况改变从而放大了冲击的效果这一过程称为金融加速因子（financial accelerator）。

有多种视角可以用来分析金融加速因子，作者使用的分析框架是信用市场的"委托-代理"关系，由于信息不对称和代理成本的存在，逆向的外部冲击发生或者经济扩张自然结束，都会显著恶化金融状况，提高企业和家庭融资过程中产生的代理成本，从而损害其获取信用的能力，与此同时，外部融资的需求会增加（例如为计划外的存货积累融资等），从而导致支出和产出的下降，而支出和产出的下降又加剧了经济衰退的程度。正是通过这样一种传导机制，影响该经济系统的噪声经过该加速器后会被放大，使得繁荣的经济愈加繁荣，萧条的经济愈加萧条。因而，在信用市场上，面临较高代理成本的借款者（如小企业和消费者），在经济衰退中容易受到较大的冲击，所以高代理成本的借款者，在衰退发生时应该较早地收缩自身的经济活动，同理，在经济开始复苏时，应该快速做出反应，扩张自己的经济活动。通过研究不同规模的企业获取信用的能力，作者发现在衰退中小的企业相对于大企业，其销售额、存货、短期债务等周期性变量都受到经济周期的较大影响。通过对美国商务部季度金融报告数据的研究，作者还发现，无论是根据规模还是根据信用的能力进行分类，都得到了极为类似的结论。作者还通过简单的运算表明，在制造业中，企业之间的周期性变量的差异有三分之一可以用企业在信用市场上受到约束的程度不同来解释。

第二部分：具体阐释了金融加速因子理论

1. 借贷过程中的局部均衡分析

作者利用委托-代理方法作为分析金融加速因子的框架。由于信息不对称的存在，贷款者（即委托人）想要获取借款者（代理人）的品性、经营状况、投资机会等信息需要付出成本。代理成本的存在有以下三个影响：首先，外部融资比内部融资更为"昂贵"，前者由于信息不对称而面临较高的代理成本。其次，给定需要的融资总量，外部融资需要支付的溢价与借款者的净值成反比。其中，净值＝内部资金（流动性资产）＋固定资产的担保值。最后，借款者净值的下降，一方面提高了外部融资所需支付的溢价（即提高了外部融资的成本），另一方面，也提高了外部融资的需求量，因而减少了借款者的消费和生产，这一点是金融加速因子理论的核心：对经济的负向冲击减少了借款者的净值（或者正向冲击增加了借款者的净值），因而初始冲击对产出的影响被放大了。

假设有两个时期 0 和 1。企业采用给定的生产技术在 0 期投入，在 1 期获得产出。投入分为两种：固定要素 K 和可变投入 X_1。在 1 期，企业能够以每单位 q_1 的价格售出固定要素，可变投入（可认为是劳动力、原材料等）在生产过程中被完全消耗，没有残值。可变投入的初始价格被单位化为 1。在 1 期，产出是 $a_1 f(X_1)$，其中生产函数 $f(\cdot)$ 是凹的和递增的，a_1 是技术参数。在 0 期时，企业家拥有的总现金流包括从先前生产中获取的产出 $a_0 f(X_0)$ 减去需要偿还的前期债务利息 $r_0 b_0$，其中 b_0 是先前的债务总量，r_0 是先前的总债务的实际利率。X_1 是 1 期的可变投入，b_1 是新的借款。可以得到以下会计等式：

$$X_1 = a_0 f(X_0) + b_1 - r_0 b_0 \tag{1}$$

企业家通过在 0 期选择 X_1 和 b_1 来最大化 1 期的净产出（即扣除债务支付后的总产出）。假设：（1）借款者想要掌握违约企业的产出信息需要付出巨大的成本；（2）第三方（例如法庭）是难以观察到借款者的真实情况的；（3）把固定要素作为抵押品，当借款者不偿还债务时，固定要素的所有权可以不费成本地从债务人转移到债权人。

在这些假设前提下，容易看到贷款者在 0 期时愿意提供的资金要受到借款者所拥有的固定要素市价的现值限制，即：

$$b_1 \leqslant (q_1/r_1)k \tag{2}$$

式中，r_1 为在 0 期借出的需要于 1 期偿还的债务的实际利率。

由于在可变投入的支出中，存在"提前担保"的限制，作者联立式（1）和式（2）得：

$$X_1 \leqslant a_0 f(X_0) + (q_1/r_1)k - r_0 b_0 \tag{3}$$

可变投入上的支出不能超过企业的净值，其中企业的净值为企业总的现金流 $a_0 f(X_0)$ 和资产贴现后的净值 $(q_1/r_1)k - r_0 b_0$，如果企业的净值少于没有约束条件时 X_1 的最优值，即满足一阶条件 $a_1 f'(X_1) = r_1$ 的值（边际产出＝利率），那么约束条件（3）就会有约束力。

虽然这个框架极其简单，但它展示了作者想要讨论问题的关键性结论。首先，当约束（3）生效时，额外一单位的内部资金的影子价值 $a_1 f'(X_1)$ 会超过在资本市场上进行外部融资的总实际利率 r_1，即 $a_1 f'(X_1) > r_1$，严格地讲，企业外部融资的一美元的边际价值低于企业内部的一美元。边际价值的差异反映了借贷中的代理成本。其次，净值的下降提高了所要求的代理溢价（$a_1 f'(X_1) - r_1$），并且减少了借款者的支出和产出，这表明借款者净值的波动导致了实体经济的波动，即作者所分析的金融加速因子。最后，式（3）还表明，总现金流 $a_0 f(X_0)$ 的下降、资产价格 q_1 的下降或者初始债券 b_0 的上升都会导致净值的下降并加强了约束。如果担保约束不起作用，那么预期的总实际利率的上升通过传统资本成本的影响降低了支出，即 r_1 的上升必然要求通过借款进行的投入有更高的边际产出 $a_1 f'(X_1)$，根据边际报酬递减规律，最优的投入 X_1 也会相应降低。如果净值担保的约束生效，r_1 的上升会降低资产的价值 (q_1/r_1)，从而使借款者的净值和支出降低。先前债务的利率 r_0 的上升也会导致借款者减少支出（考虑企业的债务是浮动利率和短期债务的情况），由于它增加了当前的利息支付 $r_0 b_0$，从而使净现金流 $(a_0 f(X_0) - r_0 b_0)$ 降低。

在上文的模型中，贷款只能是担保贷款，违约从来不会发生。可以对此进行修正，准许无担保贷款和违约的发生，同时维持净值与支出之间的联系。在 Robert Townsend（1979）[1] 的著名 CSV（costly state verification）模型中，把审计成本（auditing cost，也称状态识别成本）作为单纯用抵押来约束借款者的补充手段。这个附加工具使均衡状态时存在未担保的贷款成为可能，而且意味着违约也以一定的概率发生。相对于 Kiyotaki-Moore（1995）模型[2]，在 CSV 模型中，内部融资将比外部融资的价值更高，因为借款者需要补偿贷款中的审计成本。在 CSV 模型中，借款者净值的提高会降低外部融资的成本（因为未抵押贷款的比例下降，预期的违约成本下降），从而促使其增加投资。在 Myers 和 Majluf（1984）[3] 的模型中，管理者关于投资机会的私人信息的存在，导致了柠檬溢价（lemon premium）[4] 在外部融资方面的成本产生。如果总投资中内部融资的比例增加，柠檬问题就会有所缓解，因为它降低了外部融资的成本并提高了投资成功的可能性。

2. 动态宏观经济中的一般均衡分析

要把包括金融传导机制在内的商业周期模型阐述清楚，面临着以下难题：首先，在均衡中的贷款和借款过程都有差异性，极为复杂，要求我们不能拘泥于单纯的委托-代理范式，以便牢牢把握由于差异而形成的复杂问题。特别值得注意的是，任何涉及金融加速因子的模型中，财富的分配显著影响了经济的动态过程。其次，金融结构会从初始状态发生改变。金融合约和金融机构都是内生变化的，因而任何在给定金融结构的前提下得出的结论都是不可靠的。由于以上两点，构建一个在理

① Robert Townsend，"Optimal Contracts and Competitive Markets with Costly State Verification"，*Journal of Economic Theory* 21（2），October 1979：265-293.

② Kiyotaki，John Moore and Nobuhiro，"Credit Cycles"，*NBER Working Paper*，No. 5083 Apr. 1995.

③ Stewart C. Myers，and Nicholas S. Majluf，"Corporate Financing and Investment Decisions When Firms Have Information That Investors Do Not Have"，*Journal of Financial Economics* 13，June 1984：187-221.

④ 即由于信息不对称导致的逆向选择，从而导致价格的降低或成本的升高。

论上逻辑严密又和现实数据高度吻合的模型是极为困难的。

伯南克和格特勒在 1989 年建立的 B-G 模型①在 CSV 模型的基础上进行研究，认为逆向的外在冲击（如生产的减少）降低了现时的现金流，减弱了企业为投资项目进行内部融资的能力，从而使投资的有效成本提高，减少了投资支出，进而降低了经济活动的水平和随后时期的现金流，传递着初始的冲击。B-G 模型表明，这种机制可以把独立同分布的随机冲击转化为产出的自相关运动。

从 B-G 模型中可以得到以下启示：首先，B-G 模型中经济周期在本质上是非线性的，金融加速的效果越强，经济衰退的程度就越深。在现实中表现为，一个企业内部融资的比例越高，其投资过程中面临的代理成本就越低，因为一个企业有充足的内部资金而只有小部分资金需要外部借款时，破产风险是很低的，从而在一个有充足内部融资的经济中，独立同分布的现时利润波动对投资支出没有影响，金融的传导机制失效。反之，当内部融资的比例低时，利润波动对支出有很大的影响。其次，出现了"逃往质量"现象②。在 B-G 模型中，当预期的代理成本（以破产风险的形式）增加时，贷款者减少向该借款者的贷款量，把自己的储蓄投资到更为安全的地方，这就导致了在信用下降过程中的再分配问题，信用从"低净值"的借款者转移到"高净值"的借款者。最后，B-G 模型中就业是固定的，产出的变化仅反映生产率和资本量的变化。

金融加速因子与宏观经济的相互依赖以及多重均衡之间可能存在着潜在的联系。这种联系存在是由于在一个过剩经济中，个人借款者的净值取决于代理人战略的相互作用，即企业的高负债对企业的投资造成了不利影响，具有高负债的企业的投资意愿较差，特别是在经济不景气时，赚取的利润要被分配次序在前的债权人所有，因而高杠杆的存在使宏观经济更容易遭受悲观情绪带来的衰退。

3. 理论和实践

总的说来，金融加速因子理论在借款者是中小企业的时候，与现实是吻合的。事实上，几乎所有的企业都需要通过中介融资，必然涉及如何克服信息不对称的问题。当企业是中小企业时，无论是银行贷款还是私人贷款都包含着抵押水平、营运资本比率、最大化的股利支付等一系列合约。设计这些复杂的金融合约是为了缓解信息不对称时出现的逆向选择和道德风险问题。事实上，我们能从这些合约中看出金融加速因子在实践中是如何发挥作用的：企业收入状况的恶化会使资产负债比率

---

① B. Bernanke and Mark Gertler，"Agency Costs，Net Worth and Business Fluctuations"，*The American Economic Review*，March 1989.

② 逃往质量（flight-to-quality），指资源向质量高及风险小的部门流动，是规避风险的战略。

偏离所要求的标准比率，或者资产价格的下降减弱了其未来所能获得的抵押贷款的能力，这些都直接影响到所能取得的信用量和所需支付的利率。总的说来，对中小企业而言，应用委托-代理关系会得到近似于"融资优序"论的结论（Myers，1984；Fazzari and Peterson，1988①）。这个理论指出：企业融资时会优先考虑内部融资，因为其成本最低；当企业不得不考虑外部融资时，会优先考虑债务融资，最后才会考虑权益融资，即融资顺序与代理成本成反比。该理论与金融加速因子的理论是一致的，衰退会减少企业内部融资和债务融资的能力，必然会增加新投资的融资成本。

大企业由于多样化、规模化经营，在收集和处理信息方面具有优势，并具有长期的信用记录，外部融资时，每单位资金的代理成本较低，因而，大的、公开交易的企业相对于小企业而言，在衰退时状况较好，受到金融加速因子的影响也较小。

第三部分：作者回顾了本文发表之前对"逃往质量"问题的相关实证研究

Bernanke 和 Gertler（1989）的研究将借款者分为存在严重的代理成本问题（代理成本较高）和不存在严重的代理成本问题（代理成本较低）两类。根据该理论推定，当经济衰退时，前者由于净值减少、代理成本上升而使其获得信用的能力降低，从而更早地减少支出和产出；经济衰退的程度越大，金融加速因子的影响就越强。

1. 信用扩张中的"逃往质量"

对企业而言，两种最重要的短期融资工具就是商业票据和银行贷款。图 1 中的数据表明，在一次紧缩性货币政策之后，商业票据的发行会急剧上升，而银行贷款的变化比较平缓，这是由于紧缩性货币政策限制了银行的信用供给，迫使企业发行商业票据来满足新增的外部融资需求。然而只有大企业容易发行商业票据，小企业很难通过商业票据市场获取短期资金，虽然它们的融资需求很高。数据还表明，衰退时，小企业获取的银行贷款比例是下降的。

来自联邦储备委员会的数据表明，小企业更可能在获取贷款时提供抵押品，或者在经济衰退时被要求提供以前贷款的事后抵押。小企业一般采用私募形式发行债券。研究表明，当衰退发生和实行紧缩性货币政策时，私募发行相对于公开发行会大幅下降。

---

① Hubbord S. Fazzari and B. C. Petersen, "Investment，Financing Decisions，and Tax Policy"，*The American Economic Review* 78（May 1988）.

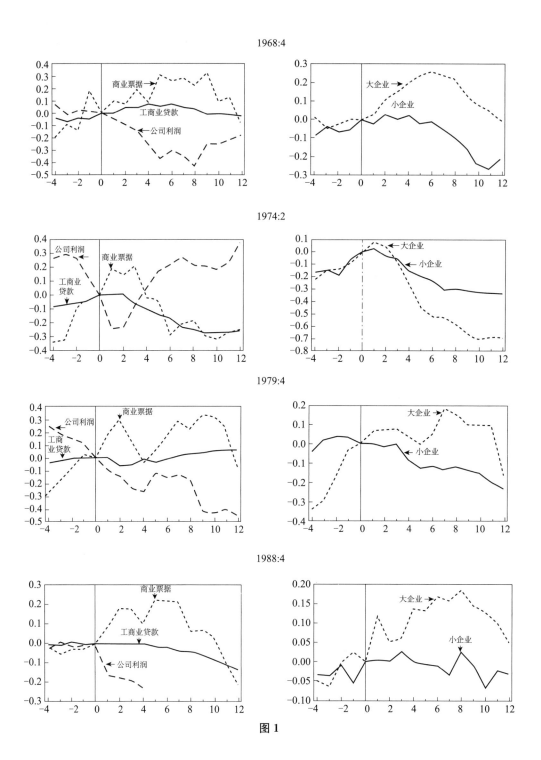

图1

2. 用面板数据研究"逃往质量"现象对实际经济活动的影响

金融加速因子不仅说明由于代理问题的存在，借款者在经济衰退中获取信用的能力会降低，还说明各种企业的经济活动受影响的程度是不同的，该部分就是通过面板数据来验证这一点。作者着重阐述了 Fazzari，Hubbard 和 Peterson（FHP，1988）[①] 所做的相关检验。FHP 用上市交易的企业数据来研究投资支出和现金流之间的关系。他们把样本企业按照股利政策的不同分组，这是由于快速增长而不支付股利的企业更容易受到外部融资的约束。FHP 对企业的投资支出和其现金流做回归分析，并把托宾 q 作为衡量投资机会的指标，他们发现，受到信用约束的企业比不受信用约束的企业，其投资对现金流的敏感性更高。其他经济学者对 FHP 的验证的完善和发展主要表现在以下方面：数据的来源、样本的划分标准、模型的特别化验证等。但是利用 FHP 的结论存在一个潜在问题，即托宾 q 并不能完全把握企业的投资机会。

金融加速因子还预测到，在信用市场上受到约束的企业，资本投资以外的其他经济活动也都受到经济下降的不同影响。许多经济学者在自己的论文中对就业、消费、存货投资等的变化做了实证检验。其中 Blinder 和 Maccini（1991）[②] 在信贷市场受约束的情况下，关于存货投资变化的研究尤为重要，因为它解释了存货投资对经济周期和货币政策冲击的高度敏感性，即使这些冲击对真实利率的影响是微不足道的。此外，Gertler 和 Hubbard（1988）[③] 通过分组数据证实了衰退的程度越深，企业内部融资的比例就越大。

第四部分：利用季度金融报告的数据所做的相关验证

文章的第三部分采用的数据有两个缺陷：一是样本企业都是上市公开交易的企业，难以合理代表一般企业的状况；二是数据是年度数据，间隔期过长。作者在该部分采用制造业企业的季度金融报告（quarterly financial report of manufacturing firm，QFR），采用 QFR 数据，一方面因为制造业是竞争性很强的行业，并且所包含的企业既有大的、公开交易的企业，也有小企业，分布比较合理。另一方面，数据是季度更新的，更真实和及时地反映了现实。这就有效弥补了文章第三部分讨论

[①] Bruce C. Petersen，R. Glenn Hubbard，and Steven M. Fazzari，"Financing Constraints and Corporate Investment：Response to Kaplan and Zingales"，*NBER Working Paper*，Date Posted：June 16，1998.

[②] Alan Stuart Blinder and Louis J. Maccini，"The Resurgence of Inventory Research：What Have We Learned?"，*Journal of Economic Surveys*，Vol. 5，No. 4（1991），pp. 291 – 328.

[③] M. Gertler and R. Glenn Hubbard，"Financial Factors in Business Fluctuations"，Federal Reserve Bank of Kansas City，Financial Market Volatility，1988.

的相关验证在数据方面的缺陷。

1. 先前利用 QFR 数据所做的相关研究

Gertler 和 Gilchrist（1993[①]，1994[②]）的研究将 QFR 中的企业按规模分为"大""小"两类，得出结论：小企业倾向于具有较高的代理成本，因而在信贷市场不完备的情况下，大小企业间的行为差异（主要是一些周期性变量如销售存货、短期债务等）会发生周期性的变化。主要表现为：（1）小企业的销售额下降得比大企业更早，下降的幅度也更大。（2）实行紧缩性货币政策之后，大企业的销售额下降时，存货-销售比例会上升；而小企业的销售额下降时，存货-销售比例迅速下降。这是由于大企业在销售下降时能通过借款来增加存货投资，而小企业只能尽快地减少生产，销售存货。（3）货币政策变化时，小企业变量的变化程度要比整个部门的平均变化显著。（4）对小企业而言，利息支出占现金流的比例与其存货积累之间是正相关关系，但对大企业而言并不存在这种关系。

2. 本文利用 QFR 数据研究的结果

先前利用 QFR 数据的研究没有能够剔除与信用无关的其他因素，例如，某行业成员的资格或技术因素，而这些非信用因素对小企业和大企业的影响是不同的。本文作者通过对实际资产和增长速度的调整，剔除掉这两个非信用因素。对数据修正后的结果见图 2。我们可以看到修正后的数据与原数据的整体差异不大，变化趋势相同，因而先前的研究结论还是大体相同的。

图 3 展示了大小企业周期性变量的差异与部门整体经济运动的关系。

作者利用调整过的数据，研究大小企业的销售、存货、存货-销售比例与制造业部门整体情况之间的关系。由于样本中小企业的销售量占总部门的大约三分之一，因此，约三分之一的总周期性波动可以用大小企业的差异来解释。作者还根据是否依赖银行获得外援性融资，将企业划分为"银行依赖型"企业和"非银行依赖型"企业，来代替按规模划分大小企业的研究方法。

图 4 是在新的划分标准下的数据调整情况。

图 5 展示了"银行依赖型"企业与"非银行依赖型"企业的变量差异与整体情况变化的比较。"银行依赖型"企业的销售额约占整体部门的 45%，而整体波动中可以由金融因素解释的约为三分之一。

[①] Mark Gertler and Simon Gilchrist，"The Role of Credit Market Imperfections in the Monetary Transmission Mechanism：Arguments and Evidence"，*Scandinavian Journal of Economics*，January 1993.

[②] Mark Gertler and Simon Gilchrist，"Monetary Policy, Business Cycles and the Behavior of Small Manufacturing Firms"，*Quarterly Journal of Economics*，May 1994.

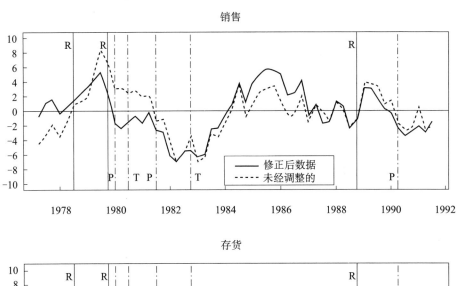

销售

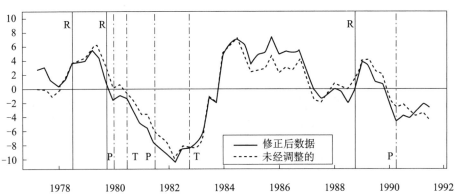

存货

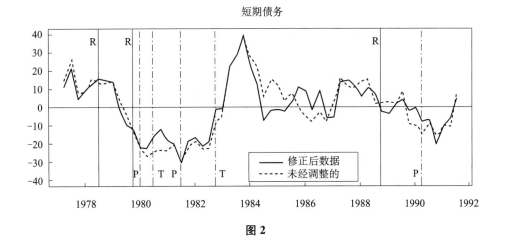

短期债务

图 2

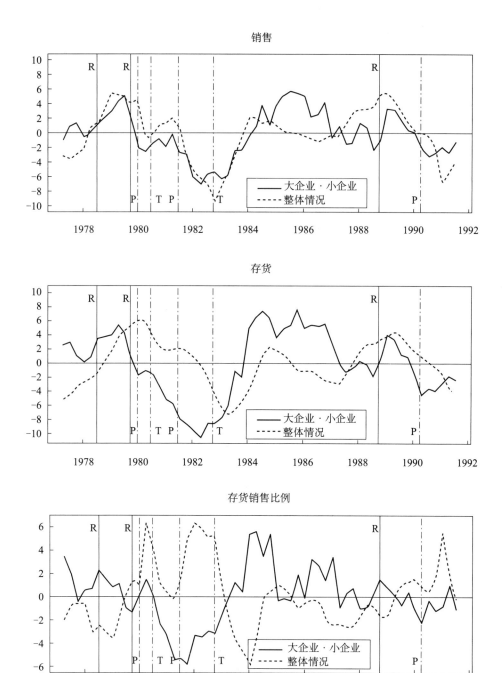

图 3

销售

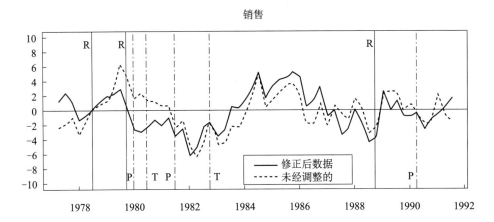

存货

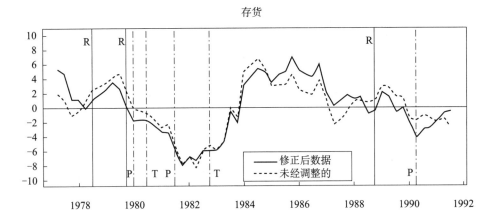

短期债务

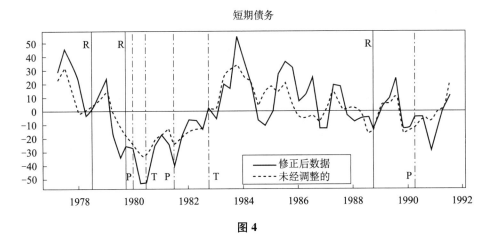

图 4

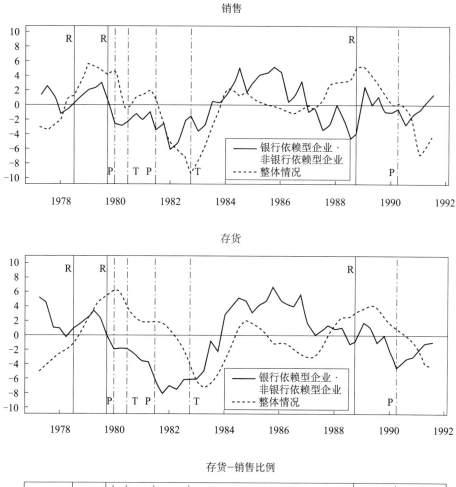

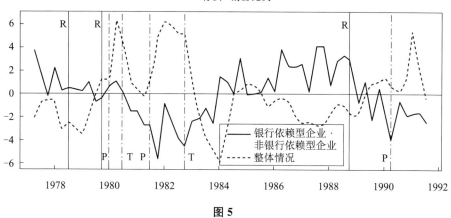

图 5

最后，作者强调文章中的分析只限于制造部门，有关数据表明，在整体经济中，信用市场不完备对实际经济活动的影响程度要大于仅限于制造部门的分析结果。

第五部分：作者对文章的总结和后续研究的建议

金融加速因子的理论表明：(1) 在信用市场上面临较高代理成本的借款者更易受到经济衰退的冲击。(2) 高代理成本的借款者减少支出、产出和投资加剧了负面冲击的影响，文中的实证检验有力地表明了至少在企业范围内，经济衰退对高代理成本的借款者在信用市场上获取信用的能力和其真实的经济活动都造成了影响。对后续研究的建议：(1) 需要加强对其他部门，特别是银行部门和家庭部门的相关研究；(2) 对金融加速因子在动态宏观经济中的作用的定量分析也相当重要。

评　价

本文对金融加速理论进行了系统的阐述并进行了实证检验，以此来说明金融市场对宏观经济波动的影响。其不足之处在于：本文主要是关于金融加速因子的定性分析，缺乏定量分析；理论上做了简明扼要的综述，是该领域的经典文献，成功地解释了外部噪声在经济系统中如何影响企业，缺乏对银行、家庭等非企业部门的讨论；实证检验使用的主要是制造业部门的数据，缺乏其他部门的数据检验。

对金融加速理论而言，金融加速模型是一种把信息经济学的新进展和主流宏观经济模型融合在一起的产物。这种融合增强了主流宏观经济模型对现实问题的解释能力。尽管我们可以像评价一切西方经济学那样指责它的一些假设不真实，但不可否认，从它的发展中我们可以看到该理论向现实经济逐渐逼近的趋势。就金融加速模型本身来说，由于它所考虑的金融市场只是信贷市场，因此，我们会感觉到它过分强调了某些因素的重要性，而忽略当前金融市场迅速发展及新的融资手段不断出现的现实。这种理论强调企业净值或自有资本对企业融资的影响，继而对宏观经济所产生的冲击。而在现实中，"信用记录"在企业融资中扮演着重要角色，而一些企业总是可以通过一些方式来改变其现有资本存量，例如通过发行股票的方式、债权转股权的方式、资本重组的方式等等。所以，在英美这些有着发达资本市场的国家中，并没有充分的证据显示大企业的融资行为与宏观经济波动之间存在上述这种很强的相关关系。例如，Gertler（1995）[①] 的实证分析也表明，"净值"对中小企

---

① M. Gertler and Ben Bernanke, "Inside the Black Box: The Credit Channel of Monetary Policy Transmission", *Journal of Economic Perspectives*, Winter 1995.

业行为的影响是显著的，而对大企业融资行为的影响则不太显著。

在一个间接融资处于主导地位的经济里，上述通货紧缩理论特别是金融加速器模型就显得很有解释能力，例如对于亚洲的大多数国家和地区来说就是如此。在亚洲经济里，"过度银行化"是一个重要特征，企业主要依靠信贷市场进行融资。如果我们以国内信贷占 GDP 的比率来衡量银行在一个地方所扮演的角色，那么我们可以看到，1996 年日本的这一比率是 207%，泰国是 157%，韩国是 134%；而在欧美地区，除了英国外的其他国家的这一比率都没有超过 100%，例如美国是 58%，法国是 82%，意大利是 52%。信贷市场的这种核心作用对亚洲经济的发展起着非常重要的影响。很多学者都指出，这种过度银行化是 20 世纪 90 年代以后日本经济萧条和 1997 年亚洲金融危机的一个重要原因。

由于资本市场不发达，目前我国企业（特别是国有企业）的资本也主要来自银行。随着银行体制改革的加快，银行的行为逐渐趋于内生化，例如在决定是否给予企业贷款时，越来越从贷款的风险和收益角度考虑问题。由于银行的这种变化及企业真实负债率的不断提高，金融加速理论在我国具有很强的现实意义，具有进一步研究的价值。

后续研究

Kiyataki 和 Moore（1997）在美国《政治经济学杂志》上发表了一篇题为《信贷周期》（Credit Cycles）的文章，他们根据 Hart 和 Sharir（1985）[1] 的讨论，把债务合约建立在贷款人可控制的企业资产的基础上，并且考虑了企业净值变化的两种效应，一种是静态效应，另一种是动态乘数效应。在动态乘数效应中，企业净值和企业债务之间的关系类似于生物学中的"捕食者-食饵"的游戏，这是对信贷周期内生化的一个形象说明。

Calstrom 和 Fuerst（1997）[2] 将 RBC 模型发展成为一个可以计算的一般均衡模型，并使用 Kydland 和 Prescott（1982）所使用的方法[3]，先对模型的参数进行

---

[1]　Sergiu Hart and Micha Sharir，"Concurrent Probabilistic Programs，or：How to Schedule If You Must"，*SIAM Journal on Computing* 14（1985），4，991－1012.

[2]　Charles T. Carlstrom and Timothy S. Fuerst，"Agency Costs，Net Worth，and Business Fluctuations：A Computable General Equilibrium Analysis"，*The American Economic Review*，December 1997.

[3]　Edward C. Prescott and F. Kydland，"Time to Build and Aggregate Fluctuations"，*Econometrica*，November 1982：1345－1370.

赋值或微调，然后用计算机进行仿真模拟。这种做法取得了很好的结果，增加了金融加速模型的说服力。

Hubbard（1998）[①] 使用横截面资料，通过一个计量模型检验了金融加速因子的可靠性。

Bernanke，Gertler 和 Gilchrist（1999）[②] 通过放宽动态新凯恩斯框架中的完全金融市场假设发展出了一个可计算的随机动态模型。在这个模型中，他们同时考虑了多个部门，把一些原先外生的变量内生化了，使他们以前的理论更加精细化。同样，RBC 模型在这里也只是一个特例。

Aghion 等（1999）[③] 首次把上述模型由一个封闭经济扩展到了一个小型开放经济中。这种扩展把国际金融市场的变化对一国经济的影响纳入宏观经济模型，相当于为该国经济的周期性波动加入了第二道"加速器"。该文为人们认识金融危机的原因和影响、小国如何对外开放金融市场等问题提供了一个新的视角，同时，该文得到了很多富有启发性的结论。

Gertler 等（2007）[④] 将金融加速器理论扩展到开放经济中，通过建立一个小型开放经济条件下的一般均衡模型，发现模型经过校准后能够较好地解释韩国1997—1998 年金融危机期间的经济收缩，尤其是能够解释借贷利率的急剧上升，以及产出、就业、投资的大幅下降。

Gertler 和 Karadi（2011）[⑤] 进一步考虑了金融加速因子理论在非常规货币政策中的应用，在文章中建立了一个包含金融中介的 DSGE 模型，用以评估模拟金融危机状态下非常规货币政策的效果。

在理论应用方面，Chio 和 Cook（2012）[⑥]在金融加速器的 DSGE 模型中引入了一个代价高昂的止赎抵押品清算过程和顺周期恢复率。通过研究，他们发现内生恢复率、风险溢价和违约风险之间的联系产生了流动性螺旋，放大了金融加速器效应。

---

① R. Glenn Hubbard，"Capital-Market Imperfections and Investment," *Journal of Economic Literature*，36，March 1998.

② M. Gertler，Ben Bernanke，and Simon Gilchrist，"The Financial Accelerator in a Quantitative Business Cycle Framework"，*Handbook of Macroeconomics*，John Taylor and Michael Woodford，editors，1999.

③ Philippe Aghion，Philippe Bacchetta，and Abhijit V. Banerjee，"Capital Markets and the Instability of Open Economies"，*Working Paper Series*，Date Posted：March 24，1999.

④ Gertler，Mark，Simon Gilchrist，and Fabio M. Natalucci，"External Constraints on Monetary Policy and the Financial Accelerator"，*Journal of Money*，*Credit*，*and Banking*，39.2 - 3（2007）：295 - 330.

⑤ Gertler，Mark，and Peter Karadi，"A Model of Unconventional Monetary Policy"，*Journal of Monetary Economics*，58.1（2011）：17 - 34.

⑥ Choi，Woon Gyu，and David Cook，"Fire Sales and the Financial Accelerator"，*Journal of Monetary Economics*，59.4（2012）：336 - 351.

金融脆弱假说[①]

作者简介　　**Hyman Philip Minsky**

　　海曼·菲利浦·明斯基（Hyman Philip Minsky）1919 年 9 月 23 日出生于美国芝加哥，1934 年毕业于芝加哥大学，获数学学士学位。由于受亨利·西蒙斯（Henry Simons）的影响，他转而学习经济学，专攻金融学方向，师从约瑟夫·熊彼特（Joseph Schumpeter）和瓦西里·列昂惕夫（Wassily Leontief），1954 年毕业于哈佛大学，获硕士和博士学位。1965—1990 年明斯基在华盛顿大学任教，同时在美国加州大学伯克利分校和哈佛大学担任教授，此外他还在卡内基研究中心工作。1980 年，他曾到意大利里雅斯特教学。1990 年明斯基加入利维研究中心工作，是该研究中心杰出的学者，也是顾问团的成员之一。他的工作推进了金融机构研究的发展。1996 年明斯基教授被经济发展协会授予 Veblen-Commons 奖，以表彰他在制度经济学领域的杰出贡献。

　　明斯基教授是激进的凯恩斯主义者，是资本主义经济体系不稳定理论的复辟先锋。他主要致力于债务对经济运行的影响和金融制度等方面的研究。早在 20 世纪六七十年代他就敏锐地提出了金融市场与经济运行存在相关性，认为金融市场会周

---

　　① 本文是为 *Handbook of Radical Political Economy*（edited by Philip Arestis & Malcolm Sawyer, Edward Elgar, Alder Shot, 1993）所写的专项论文。

期性地出现过剩的现象，需要政府、中央银行进行管理，并且他强调了联邦储备银行作为最后贷款人的重要性。明斯基教授最突出的工作是他首先解释了金融市场不稳定性的形成原因，以及这种不稳定性与经济运行的内在相关性。

主要成果

"Business Cycles in Capitalist Economies"，MIJCF，1994.

"Financial Instability Hypothesis"，in Arestis and Sawyer，*Handbook of Radical Political Economy*，1993.

"Cyclical Movements of the Labor Input and its Implicit Real Wage"（with Edward C. Prescott），*Economic Review*，pp. 12 - 23，1993.

"The Financial Instability Hypothesis"，Working Paper ♯ 74，The Jerome Levy Economics Institute，New York：Annandale-on-Hudson. November 1992.

"The Financial Instability Hypothesis：A Clarification"，in M. Feldstein，ed. *The Risk of Economic Crisis*，Chicago，University of Chicago Press，1991b.

"The Transition to a Market Economy：Financial Options"，1991.

"Stabilizing an Unstable Economy. A Twentieth Century Fund Report"，*The Economic Journal*，Vol. 97，No. 387，pp. 776 - 777，Sep. 1989.

"Stabilizing an Unstable Economy"，*Journal of Economic Literature*，Vol. 27，No. 1，pp. 105 - 108，Mar. 1989.

"Economic Implications of Extraordinary Movements in Stock Prices"（with Benjamin M. Freidman and David I. Laibson），*Brookings Papers on Economic Activity*，Vol. 198，No. 2，pp. 137 - 189，1989.

"The Macroeconomic Safety Net：Does it Need to Be Improved?"，in H. P. Gray，ed. *Modern International Environment*，1989.

Stabilizing an Unstable Economy，New Haven，Conn. ，Yale University Press，1986a.

"The Crises of 1983 and the Prospects for Advanced Capitalist Economies"，in Marx，Schumpeter and Keynes，*A Centenary Celebration of Dissent*，Suzanne W. Helburn and David F. Bramhall，eds. Armonk，New York，M. E. Sharpe，1986b.

"The Global Consequences of Financial Deregulation"，Marcus Wallenberg Papers on *International Finance*，1986.

"The Financial Instability Hypothesis：A Restatement"，in Arestis and Skouras eds.，*Post Keynesian Economic Theory*，1985.

"Can It Happen Again?"，*Journal of Money，Credit，and Banking*，Vol. 16，No. 3，pp. 394 - 496，Aug. 1984.

"Private Sector Asset Management and the Effectiveness of Monetary Policy：Theory and Practice (in Session Topic：Asset Management and Monetary Policy)"，*The Journal of Finance*，Vol. 24，No. 2，Papers and Proceedings of the Twenty-Seventh Annual Meeting of the American Finance Association Chicago，Illinois December 28 - 30，1968，pp. 223 - 238，May 1969，pp. 1835 - 1837，Dec. 1977.

"John Maynard Keynes"，*The Journal of Finance*，Vol. 32，No. 5，pp. 1835 - 1837，Dec. 1977.

"Discussion (in The Allocation of Social Risk)" (with Martin J. Bailey and Donald D. Hester)，*The American Economic Review*，Vol. 61，No. 2，pp. 388 - 391，May 1971.

"Session Topic：Financial Model Building and Federal Reserve Policy：Discussion (in Session Topic：Financial Model Building and Federal Reserve Policy)" (with Paul S. Nadler)，*The Journal of Finance*，Vol. 24，No. 2，Papers and Proceedings of the Twenty-Seventh Annual Meeting of the American Finance Association Chicago，Illinois，December 28 - 30，1968，pp. 291 - 297，May 1969.

"Longer Waves in Financial Relations：Financial Factors in More Severe Depressions"，*The American Economic Review*，Vol. 54，No. 3，Papers and Proceedings of the Seventy-Sixth Annual Meeting of the American Economic Association，pp. 324 - 335，May 1964.

"Comments on Friedman's and Schwartz's Money and the Business Cycles (In Part I：The State of Monetary Economics)" (with Arthur M. Okun and Clark Warburton)，*The Review of Economic and Statistics*，Vol. 45，No. 1，Part 2，*Supplement*，pp. 64 - 78，Feb. 1963.

"A Linear Model of Cyclical Growth"，*The Review of Economic and Statistics*，Vol. 41，No. 2，pp. 133 - 145，May 1959.

"Investments in United States Government Securities by Nonfinancial Corporations，1952—1956：Reply"，*The Quarterly Journal of Economics*，Vol. 72，No. 2，pp. 297 - 300，May 1958.

"Central Banking and Money Market Changes"，*The Quarterly Journal of Economics*，Vol. 71，No. 2，pp. 171 - 187，May 1957.

"Monetary Systems and Accelerator Models", *The American Economic Review*,
  Vol. 47, No. 6, pp. 859 - 883, Dec. 1957.

研究背景

　　20 世纪 80 年代以来，随着金融自由化和经济全球化步伐的加快，一些国家和区域出现了金融市场动荡、金融危机频频发生的现象。经济学家开始研究金融危机问题，试图阐释金融危机的成因。然而令人匪夷所思的是，这些危机往往发生在宏观经济运行正常的时期，很难从各国宏观经济运行方面找到危机发生的原因。此时，以明斯基为代表的一些经济学家开始从资本主义制度本身的缺陷出发研究金融危机的成因，金融脆弱理论应运而生。

　　早在 20 世纪六七十年代明斯基就意识到资本主义经济存在自身缺陷和脆弱性。进入 80 年代，他的理论开始趋于成熟，写了很多文章阐述资本主义经济的脆弱性。但是当时的主流经济学家认为自由的市场经济总是会实现一种单一的、全社会最优的均衡状态，即认为市场会自动出清，反对政府对经济的干预，提倡无政府干预的自由经济。所以明斯基的理论并不被主流经济学家所认可，也没有得到学术界的关注。

　　1987 年世界范围内主要股票市场大跌后，人们开始意识到虽然在整个 20 世纪 80 年代采取了放任自由的经济政策，可是市场却出现了高负债、高投机性投资的现象，最后轰然而至的证券市场崩盘导致了全社会的恐慌和经济衰退。现实表明，现实经济运行并没有像理论描述的那样实现均衡。主流经济学理论无法解释当时社会中盛行的这种非理性投资的市场行为。此时人们开始关注明斯基的金融脆弱假说理论，希望能够从资本主义自身特点中找到答案。

主要内容

　　明斯基在 1992 年完成的这篇《金融脆弱假说》（The Financial Instability Hy-pothesis）中，第一次鲜明地提出了"金融脆弱"的概念，并且从理论和实例两方面攻击了传统理论——经济的特性是寻求均衡并保持均衡。明斯基认为从现实和理论中都可以得出，资本主义经济存在着似乎是无法摆脱的通货膨胀和债务紧缩现象，并且随着经济运行，这一现象会不断恶化。在此文中，明斯基还开创性地将企业划分为三种类型，并且探讨了政府在维护经济正常运行中所起的作用。

1. 概念的界定

明斯基的金融脆弱假说可以简单地表述为，在经济长期繁荣后，由于资本主义制度的内在缺陷，金融结构会由坚固转向脆弱。他将金融脆弱性描述为金融制度和金融体系出现非均衡，从而导致风险积聚，最终使金融体系丧失部分或全部功能的金融状态。金融脆弱性理论认为由于资本主义制度自身的缺陷，资本主义金融体系本身是不稳定的，具有内在脆弱性，因此金融风险是普遍存在的，金融危机是不可避免的。明斯基关注的是资本主义繁荣和低迷的长期波动，而不是经济周期，他认为在经济的繁荣时期就埋下了金融危机的隐患。

2. 对金融脆弱根源的探索

明斯基认为金融脆弱的根源在于资本主义经济的本质特征——资本积累和复杂的金融体系。

首先，从资本角度分析，明斯基认为，正如凯恩斯所述，"资本主义经济是由资本发展而来的经济"，在资本主义经济运行的全过程中，关注的核心是资本积累，这一过程是通过资金的跨期安排实现的。具体而言，人们以未来现金收入（预期的利润）为担保进行债务融资获得初始投资资本，并用该笔资本去购买原材料，进行生产，制造产品，最终实现利润，偿还债务本息，同时形成新的资本。

资本主义经济中的任何经济个体都以追求利润最大化为目标，因而资金的流向是由投资项目的未来预期利润决定的，即未来预期利润决定了融资合同的需求量、供给量和市场价格（利息率）。也就是说，当投资项目未来预期收益良好时，经营者愿意选择该投资项目，同时贷款者愿意为其融资。

其次，从金融体系分析，在融资过程中，银行作为中介，资金首先由储户转移到银行，银行将资金以贷款合约的形式借给企业进行初始投资，当债务到期企业实现利润后，企业再将资金的本利偿还给银行，最后银行再偿还给资金的真正所有者——储户。伴随着资金流动，经济中形成了复杂的融资关系。此外，还要考虑个人、政府、跨国组织这些经济参与者的作用和相互之间的关系。

明斯基通过对资本主义经济的分析，剖析了资本主义制度的本质特性是任何经济的参与者都以追求自身利益最大化为目的，以资本积累为目标，同时伴随着纷繁复杂的金融关系。从这一点出发，明斯基相信经济周期是内生的，是由资本主义制度本身的内在性质决定的，而不是由外部冲击导致的。这一观点有悖于主流经济学家所认为的经济周期是由于外部冲击造成的，如货币供给的波动或技术进步等因素。

3. 企业的三种类型

明斯基按照经营风险的高低，开创性地将经济参与个体划分为三种类型，以经济参与者的行为来分析金融脆弱的微观成因。

明斯基将企业现金流入划分为四种：第一种是正常经营产生的现金流入；第二种是债务人偿还债务产生的现金流入；第三种是通过借入资金或是变卖资产产生的现金流入；第四种是少量的自有现金。

根据企业的资产负债结构和现金流类型，明斯基将经济参与个体分为三类：一是避险型个体，该类个体预期第一、二种现金流入能够弥补企业支出，财务状况良好，只是根据未来现金需求做抵补型融资；二是投机型个体，该类个体第一、二种现金流入有可能不能弥补日常开支以及偿还应付债务本息的支出，存在"资金缺口"，有临时性资金短缺的可能，必要时需要靠循环债务来维持正常经营，这类经济体存在较大的经营风险，一旦遇到市场利率上升，资产价格下降，个体财务状况就会恶化；三是庞氏型个体，也称为庞氏骗局，这是一种具有极大经营风险的经济体，该类个体几乎不进行经营活动，第一、二种现金流入不足以支付日常现金支出，若想维持个体运行只能通过循环负债或是变卖资产的方式实现。这类个体风险极大，一旦利率升高，财务状况会急剧恶化，陷入资不抵债的境地几乎是必然的。

明斯基认为，在正常情况下，社会资金只会流入避险型经济体，因此市场以避险型个体为主，经济呈现出寻求均衡并且保持均衡的机制。但是由于经济周期的存在，当经济繁荣时，经济参与者的预期收益上升，市场融资条件也因为对经济个体未来收益的良好预期而相应放宽，借款容易，利率低，大量资金不仅流入避险型经济体，也流向投机型，甚至是庞氏型个体，在借款人中投机型和庞氏型经济体所占企业总量的比重越来越大，金融体系内部的脆弱性增加。一旦经济停滞或是陷入衰退，经济参与者的利润增速放缓，甚至出现亏损，金融部门出于安全性考虑开始加强贷款控制，减少贷款量，结果利率上升，这使得那些靠借债为生的企业难以为继。这样一来，投机型个体出现现金流困难，而庞氏型个体不得不依赖变卖资产来偿还债务。这两类高风险企业一旦资不抵债而破产，必将给金融机构造成巨大的不良贷款损失，甚至会引发金融机构的破产，影响金融体系的稳定，导致金融危机的爆发。

然而令人遗憾的是，经历过金融危机的金融机构不会吸取教训，在下一个经济高涨时期还会将资金出借给风险较大的企业。明斯基认为这种危机循环性主要存在两个方面的原因：一是代际遗忘，即在利益最大化的驱使下，今天的贷款人忘记了过去痛苦的经历；二是迫于同业竞争压力和对市场份额的争夺，贷款人会做出许多不审慎的贷款决策，否则将会失去市场和盈利机会。

4. 政策建议

在对金融脆弱假说理论的分析中，明斯基意识到资本主义金融体制的病症，并且提出了治理方法。为了实现金融系统的稳定，防御金融危机甚至是经济危机，两个体制是必要的：一是财政体制，政府要制定有效的财政政策，保证经济的正常运行，保持总产出和就业水平；二是中央银行体制，中央银行要监督、管理银行业以及其他金融机构，制定有效的货币政策，并且在危机到来时作为最后贷款人，挽救金融体系。

同时，明斯基强调，这种政府干预金融体系和经济运行的方式也存在问题，会造成道德风险。例如，当商业银行知道中央银行会在危机时介入并且拯救银行时，它们就有动机在经营上冒更大的风险，为风险更高的项目融资。这种动机将导致资本主义经济和金融体系更加脆弱，危机爆发的风险更大。

5. 结论

金融脆弱假说建立了一个资本主义经济运行的模型，该模型认为资本主义经济危机不是由外部冲击造成的，而是由资本主义制度的内在本质决定的。明斯基通过对金融脆弱假说进行分析，得到了两个结论。第一个结论是："拥有金融制度的经济是稳定的，但是在这种（资本主义）经济制度下的金融制度是不稳定的"，也就是说，资本主义制度内在的缺陷导致了金融制度的不稳定。第二个结论是："在资本主义长期繁荣后，经济会从系统稳定的金融关系转向系统不稳定的金融关系"，也就是说，资本主义经过长期繁荣后，金融关系会从以避险型个体融资占主导的稳定型的金融结构，逐渐转化成以高风险个体融资占主导的不稳定的金融结构。

评 价

"金融市场不稳定"的提法首先出现于凯恩斯的《就业、利息和货币通论》一书中，但是凯恩斯没有对此进行更多的解释。在此基础上，明斯基通过多年的理论分析和实证研究，提出了金融脆弱假说，对金融脆弱性问题做了较为系统的阐述，深入分析了金融脆弱产生的原因以及金融脆弱性对经济运行产生的影响。

明斯基的金融脆弱理论主要是基于资本主义经济繁荣与萧条的长波理论，从债务危机和通货紧缩的角度分析了金融体系的脆弱性，其理论核心是"金融不稳定性假说"。该假说认为私人信用体系，特别是商业银行和其他相关贷款人追逐个人利益最大化的内在特性使得他们将经历周期性破产危机，金融部门的困境又被传递到整个经济，最终导致经济危机的发生。在文中，明斯基还探讨了在越来越纷繁复杂的金融结构中政府介入的重要性，以及中央银行作为最后贷款人的必要性。同时他也强调了政府的介入一方面增强了金融体系的抗风险能力，起到了防止经济衰退的作用，另一方面也可能导致经济过于高涨，造成通货膨胀的恶果。

作为激进的凯恩斯主义者，明斯基继承了凯恩斯理论的基本观点，并且吸收了理性预期理论。他的金融脆弱假说为资本主义金融危机和经济危机提供了一个合理的理论解释，强调政府参与经济运行的重要性，攻击了主流经济学家重市场、轻政府的观点。明斯基还指出，他所认为的经济稳定不是传统意义上的静态均衡，而是一种游离在规避经济过于高涨和严重衰退的中间状态。金融脆弱假说在控制和引导金融理论发展和金融机构管理方面起到了重要作用。

明斯基的《金融脆弱假说》没有建立相应的数学模型，或是进行必要的实证检验，只是从理论的角度进行了阐述，所以面对主流经济学的攻击，金融脆弱假说在实证方面缺乏有力的佐证。

1992 年发表的《金融脆弱假说》一文在明斯基的金融脆弱假说理论中具有承前启后的作用。它既高度总结了以往研究的成果，第一次明确地提出了"金融脆弱假说"，也是此后进一步进行理论完善的基础。

后续研究

明斯基于 1992 年发表《金融脆弱假说》后，还写了《金融和稳定：资本主义的局限性》(Finance and Stability：The Limits of Capitalism，1993)、《资本主义经济中的经济周期》(Business Cycles in Capitalist Economies，1994) 等文章，不断完善金融脆弱假说理论。

明斯基进一步分析了为什么会在经济高涨时出现金融危机的隐患。他指出，在经济高涨时，经济参与者对未来收益的预期变得更加乐观。公司开始经营风险更大的投资项目并且加大债务比例，扩大财务杠杆。银行在个体利润最大化动机的驱使下，也乐于为这些高风险项目提供贷款，以要求高利息率的回报。然而，这种对未来收益的过高估计，在使得投机型和庞氏型经济体所占企业总量的比重越来越大的同时，也使一部分企业和金融部门由风险规避者转变为投机者，整个社会的负债比率在经济高涨时被提高了。负债的增加提高了企业成本，并最终导致产品价格上升。当企业发现市场供过于求时，企业不得不通过变卖资产或重新融资来缓解现金流压力，但繁荣时期所累积的杠杆率已经使得企业深陷债务危机，因为此时银行面临大量坏账并开始执行更加严格的信贷政策，结果更多的企业得不到融资，纷纷倒闭，金融体系也就处在了崩溃的边缘。明斯基明确地指出：经济个体追求个人利益最大化，以及对自身未来表现的过度乐观，造成了整个经济体系的内在不稳定。

在后续的研究中，明斯基还分析了政府和中央银行维护经济稳定的作用和方法以及政策建议。他认为政府赤字有三方面的作用，一是增加收入和就业机会；二是现金流作用，平衡跨期的资金流动；三是资产组合效益，政府债券提供了一种安全的金融工具。强大的中央银行可以监督、规范金融机构的经营，在危机时作为最后贷款人为金融机构提供必要的流动性，挽救金融体系免于崩溃。然而政府介入也不能从根本上使经济稳定，因为它无法改变资本主义经济制度一系列的本质特征。

事实上，作为第二代后凯恩斯主义学派代表人物的明斯基所提出的金融脆弱假说在当时并没有引起主流经济学家们的重视，但是在 2007 年次贷危机爆发后，人们发现主流的危机理论并不能很好地解释此次危机的爆发，而明斯基的"金融脆弱假说"则很好地刻画了经济繁荣时危机隐患的积累过程，有学者将此次危机的爆发形容为"明斯基时刻"，明斯基的金融脆弱假说开始重新回归主流经济学家的视线。

明斯基金融脆弱假说的核心在于繁荣时期所积累的过高的杠杆率会诱发金融危机，考虑到 2007 年次贷危机中影子银行扮演了极其重要的角色，金融危机之后，大量研究聚焦于影子银行体系对于金融稳定性的冲击。Adrian 和 Shin（2010）指出，金融中介的资产负债表规模和杠杆率具有很强的正相关关系，在经济繁荣时期，一些本不应该获得资金的企业也从金融机构获得了融资，这便为未来的危机埋下了种子。因为在危机发生时，资产价格的下跌会侵蚀金融机构的资本金，开展大量影子银行业务的金融机构的惜贷会引起资产抛售，进一步导致资产价格下降和融资趋紧（Brunnermeier，2009）。Gennaioli 等（2012）认为，可以将金融机构通过货币市场基金开展影子银行业务向储户提供类银行存款金融产品视为一种金融创新，但事实上这些金融产品通常包含一些被忽略的风险，一旦市场意识到风险的存在，便会将资金转向其他安全资产。以 2007 年次贷危机为例，次级贷款的违约向市场发出了风险提示，以资产支持商业票据为代表的证券化产品出现崩盘（Covitz et al.，2012），货币市场基金作为证券化产品的主要持有者同样遭受到巨额损失，进而影响到了银行间市场流动性（Gorton and Metrick，2012），导致投资银行大量破产。Gennaioli 等（2012）将这一危机传导链条视为金融体系固有的脆弱性。

此外，金融危机的跨境传染也推动经济学家不断深入对于金融开放程度与金融脆弱性之间关系的研究。根据 Mishkin（2006）的研究，金融开放可能会使得资本的跨国流动更为容易，进而导致金融机构面临过多风险，这使得金融冲击在各国之间更为迅速地传导开来。但是 Glick 和 Hutchison（2005）通过使用 69 个发展中国家在 1975—1997 年的面板数据研究发现，在控制了宏观经济、政治条件后，资本管制并不能有效隔离货币危机的影响，反而是资本管制程度较轻的国家遭受投机性攻击的可能性更低。总而言之，金融开放对金融脆弱性的影响并未能得出较为一致的结论，金融开放程度对金融脆弱性影响的作用机制也有待进一步深入。

经济周期中的房价、借贷约束和货币政策

作者简介 **Matteo Iacoviello**

马特奥·雅科维洛（Matteo Iacoviello）于 1996 年获得罗马第二大学经济学学士学位，1998 年获得伦敦经济学院经济学硕士学位，2001 年获得博洛尼亚大学经济学理论与制度博士学位，2002 年获得伦敦经济学院经济学博士学位。曾在波士顿学院、乔治敦大学、米兰天主教大学、米兰大学和德国经济研究所任教。

2010 年加入美国联邦储备委员会，现任美联储理事会国际金融部副主任，《经济动态评论》（*Review of Economic Dynamics*）编辑和《货币、信贷和银行业杂志》（*Journal of Money，Credit，and Banking*）副主编。曾任波士顿联邦储备银行、国际货币基金组织、欧洲央行和加拿大银行顾问。

主要研究方向为宏观经济学、货币经济学和国际金融学，最新研究集中在解决和估计存在约束的一般均衡模型，考虑贸易不确定性和地缘政治风险对宏观经济的影响，以及探究房地产价格波动与经济周期之间的联系。其中，关于房地产价格波动与经济周期之间联系的研究对学界影响极大。

主要成果

"Foreign Effects of Higher U. S. Interest Rates"（with Gaston Navarro），*Journal of International Money and Finance*，July 2019.

"Financial Business Cycles"，*Review of Economic Dynamics*，Jan. 2015.

"Housing and Debt Over the Life Cycle and Over the Business Cycle"（with Marina Pavan），*Journal of Monetary Economics*，Mar. 2013.

"Input and Output Inventories in General Equilibrium"（with Fabio Schiantarelli and Scott Schuh），*International Economic Review*，Nov. 2011.

"Housing Market Spillovers：Evidence from an Estimated DSGE Model"（with Stefano Neri），*American Economic Journal：Macroeconomics*，Apr. 2010.

"Household Debt，and Income Inequality，1963—2003"，*Journal of Money，Credit，and Banking*，Aug. 2008.

"The Credit Channel of Monetary Policy：Evidence from the Housing Market"（with Raoul Minetti），*Journal of Macroeconomics*，Mar. 2008.

"International Business Cycles with Domestic and Foreign Lenders"（with Raoul Minetti），*Journal of Monetary Economics*，Nov. 2006.

"House Prices，Borrowing Constraints，and Monetary Policy in the Business Cycle"，*The American Economic Review*，June 2005.

"Consumption，House Prices，and Collateral Constraints：A Structural Econometric Analysis"，*Journal of Housing Economics*，Dec. 2004.

"Hedging Housing Risk in London"（with François Ortalo-Magné），*The Journal of Real Estate Finance and Economics*，Sep. 2003.

"Financial Liberalization and The Sensitivity of House Prices to Monetary Policy：Theory and Evidence"（with Raoul Minetti），*The Manchester School*，Jan. 2003.

研究背景

1933 年，欧文·费雪（Irving Fisher）正式提出债务-通货紧缩理论，该理论通过系统阐述过度负债与通货紧缩的逻辑关系，较好地解释了大萧条的成因。费雪认为，金融因素是影响经济周期的关键因素，在经济增速放缓后，为清偿债务而廉价抛售资产会导致债务负担进一步加重，整个信贷市场状况不断恶化。而信贷市场状况的恶化不仅是经济衰退的消极反映，也是抑制经济活动的主要因素。这一观点为后来关于金融因素与经济周期的研究奠定了基础，但在 20 世纪 80 年代末以前，关于该主题的大多数研究还是在局部均衡的范畴内展开。

1989 年，本·伯南克和马克·格特勒在一般均衡框架下进行分析，提出了金融加速器理论。该理论认为当企业遭受经济中的正向或负向冲击时，企业净资产会相应地增加或减少，而这种变化对经济的影响会被信贷市场放大。其他学者的相关研究也同样强调了金融因素对解释宏观经济波动的重要性，但是这些研究均未能系统评估模型对经济变量时间序列证据的解释力度，同时还缺乏相关的货币政策分析。

2005 年 6 月，马特奥·雅科维洛在《美国经济评论》上发表了《经济周期中的房价、借贷约束和货币政策》（House Prices，Borrowing Constraints，and Monetary Policy in the Business Cycle）一文。雅科维洛基于经济数据的 VAR 结果，发现了金融加速器面对不同冲击的非一致性表现，通过构建包含房地产抵押效应与名义债务效应的一般均衡模型，首次较好地解释了关键的经济周期事实以及资产价格和经济活动之间的相互作用，为金融摩擦与宏观经济的研究开拓了新维度。除此之外，文章提供了与资产价格波动和名义债务相关的货币政策分析，具备现实的指导意义。

主要内容

全文内容可以概括为五部分。第一部分阐述了作者提出的疑问与所做的假设；第二部分介绍了模型构建与参数估计；第三部分解释了房地产抵押效应与名义债务在四种冲击下的传导机制；第四部分对比了 VAR 结果与脉冲响应结果，对模型关键属性与经验证据的一致性进行分析；第五部分研究了房地产价格和债务指数化对货币政策制定的影响。

第一部分：提出问题与假设

作者认为，债务-通货紧缩理论和金融加速器理论为金融因素与宏观经济波动的研究提供了基本的解释框架，但还不足以较好地解释现实经济变量的时间序列证据。因此，作者考虑纳入两个重要的经济特征，以使模型更好地反映经济情况。第一，与房地产价值相关的抵押约束。在现实经济中，相当大一部分借款由房地产担保后借出，房地产市场在经济周期中发挥了重要作用，但房地产影响经济的渠道往往被忽略。第二，名义债务。在低通胀国家，债务往往以名义债务的形式存在，这样的债务约定难以被认为是合理的，因此需要考虑其对经济周期产生的影响。

基于上述假设，作者使用 VAR 方法对 1974 年第一季度至 2003 年第二季度之间去趋势真实 GDP（Y）、GDP 平减指数的对数变化（π）、去趋势真实房价（q）和联邦基金利率（R）四个变量之间的关键关系进行记录，初步验证了作者的假设。根据 VAR 结果，作者认为房价和经济周期之间存在以下三个事实关系：第一，货币紧缩会导致名义价格、实际房价和国内生产总值下降（图 1，第 1 行）；第二，正向的通胀冲击会导致实际房价和产出下降，实际房价下降显著，产出下降较小（图 1，第 2 行）；第三，房价和产出之间存在双向互动，正向的房价冲击导致产出同步上升（图 1，第 3 行），而正向的产出冲击也会导致房价同步上升（图 1，第 4 行）。

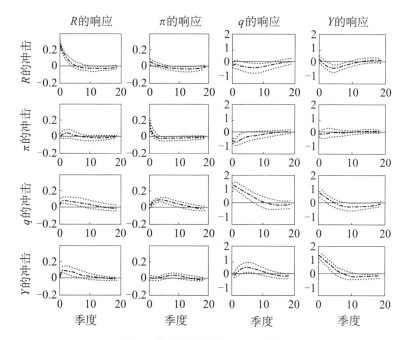

图 1　基于美国数据的 VAR 结果

注：虚线为 90% 置信区间。

第二部分：模型构建与参数估计

考虑 VAR 方法的结果，作者最终选择构建一个五部门模型，包含耐心的家庭、不耐心的家庭、企业家、零售商与中央银行。在模型中，作者允许两个家庭部门与企业家均能参与房地产投资，这使各部门资产存量的变化将对经济产生影响，其中不耐心的家庭与企业家需要面对房地产抵押贷款的借贷约束。同时，作者假设房地产总量固定，这使得房价可变。另外，作者引入了投资调整成本、房地产存量调整成本以及黏性价格三类摩擦，引入了通货膨胀冲击、技术冲击、住房偏好冲击和货币冲击四类冲击。下文将介绍五部门模型的建模过程。

1. 耐心的家庭

家庭部门追求终身效用的最大化，消费 c'_t、持有的房地产 h'_t、工作时间 L'_t 以及实际货币余额 M'_t/P_t 决定了家庭的效用，而家庭的"耐心"表现在贴现因子 $\beta \in (0,1)$ 上，通过选取合适的 β 来使得耐心的家庭相对于企业家和不耐心的家庭更偏好未来的消费。另外，家庭存在当期收入等于当期支出的现金流约束条件。当期收入来源于真实借款 b'_t、真实工资收入 $w'_t L'_t$、来自零售商的一次性转移利润 F_t、政府的一次性转移支付 T'_t、实际货币余额的变化 $\Delta M'_t/P_t$ 和房地产存量调整成本 $\xi_{h,t} = \varphi_h (\Delta h'_t/h'_{t-1})^2 q_t h'_{t-1}/2$，当期支出则主要是消费 c'_t、真实房地产价值变化 $q_t \Delta h'_t$ 和真实还款额 $R_{t-1} b'_{t-1}/\pi_t$，$\pi_t = P_t/P_{t-1}$ 表示总通胀水平，因此耐心的家庭有如下的目标函数和约束条件：

$$E_0 \sum_{\infty}^{t=0} \beta^t (\ln c'_t + j_t \ln h'_t - (L'_t)^\eta/\eta + \chi \ln(M'_t/P_t))$$

$$c'_t + q_t \Delta h'_t + R_{t-1} b'_{t-1}/\pi_t = b'_t + w'_t L'_t + F_t + T'_t - \Delta M'_t/P_t - \xi_{h,t}$$

式中，j_t 代表对房地产效用的随机扰动，直接影响了对住房的需求，提供了一种简单的方法来评估外部扰动对房价的宏观影响。λ'_t 为拉格朗日乘子，求解可得一阶条件：

$$\frac{1}{c'_t} = E_t \left(\frac{\beta R_t}{\pi_{t+1} c'_{t+1}} \right)$$

$$w'_t/c'_t = (L'_t)^{\eta-1}$$

$$\frac{q_t}{c'_t} \left(1 + \varphi_h \frac{\Delta h'_t}{h'_{t-1}} \right) = \frac{j_t}{h'_t} + E_t \left[\frac{\beta q_{t+1}}{c'_{t+1}} \left(1 + \frac{\varphi_h}{2} \frac{(h'_{t+1})^2 - (h'_t)^2}{(h'_t)^2} \right) \right]$$

2. 企业家

企业家部门的建模基于规模报酬不变的柯布-道格拉斯生产函数。企业家当期投入生产的要素为以 δ 水平折旧的可变资本 K_{t-1}、真实房地产 h_{t-1}、来自耐心的家庭与不耐心的家庭的劳动要素 L'_t 和 L''_t，并以当期技术水平 A_t 生产不直接用于消费的中间产品：

$$Y_t = A_t K_{t-1}^\mu h_{t-1}^\nu L_t'^{\alpha(1-\mu-\nu)} L_t''^{(1-\alpha)(1-\mu-\nu)}$$

式中，α 表示两个家庭部门提供劳动的相对比例，并有投资 $I_t = K_t - (1-\delta)K_{t-1}$。同时，企业家部门存在房地产抵押贷款的借贷约束。作者假设当借款人拒绝偿还房地产抵押贷款时，贷款人可以支付 $(1-m)E_t(q_{t+1}h_t)$ 的真实交易成本来获得被抵押的房地产，因此在考虑了真实交易成本与付息后，借款人当期抵押房地产可获得的名义贷款金额不能超过 $mE_t(Q_{t+1}h_t/R_t)$，可写出如下真实借贷约束：

$$b_t \leqslant mE_t(q_{t+1}h_t\pi_{t+1}/R_t)$$

为了使得上述借贷约束有效，需要满足两个前提：第一，企业家的资金报酬率大于借贷成本，这将激励企业家进行借贷；第二，企业家不会推迟消费，从而无法积累财富进行资本自筹，这保证了借贷约束的上限有效。因此，作者假设企业家比耐心的家庭更重视当前的消费，体现为企业家的贴现因子 $\gamma_e < \beta$。企业家同样面对现金流的约束，中间产品的销售收入 Y_t/X_t 和新的借款 b_t 构成了现金流入，企业家的消费 c_t、所拥有的真实房产价值变化 $q_t\Delta h_t$、真实还款额 $R_{t-1}b_{t-1}/\pi_t$、工资支付 $w'_t L_t$、资本安装成本 $\xi_{K,t} = \psi(I_t/K_{t-1}-\delta)^2 K_{t-1}/(2\delta)$ 与房地产存量调整成本 $\xi_{e,t} = \varphi_e(\Delta h_t/h_{t-1})^2 q_t h_{t-1}/2$ 构成了现金流出。其中，真实还款额 $R_{t-1}b_{t-1}/\pi_t$ 反映了以名义值设定债务合约的现实。因此有如下的企业家目标函数与约束条件：

$$E_0 \sum_{t=0}^{\infty} \gamma^t \ln c_t$$
$$Y_t/X_t + b_t = c_t + q_t\Delta h_t + R_{t-1}b_{t-1}/\pi_t + w'_t L'_t + w''_t L''_t + I_t + \xi_{e,t} + \xi_{K,t}$$

令 v_t 代表借款的影子价值，整理可得如下一阶条件：

$$v_t = \frac{1}{c_t}\left[\frac{\psi}{\delta}\left(\frac{I_t}{K_{t-1}}-\delta\right)\frac{I_t}{K_{t-1}} - \frac{\psi}{2\delta}\left(\frac{I_t}{K_{t-1}}-\delta\right)^2\right] + \gamma E_t\left[\frac{\mu Y_{t+1}}{c_{t+1}X_{t+1}K_t} + v_{t+1}(1-\delta)\right]$$
$$w'_t = \alpha(1-\mu-\nu)Y_t/(X_t L'_t)$$
$$w''_t = (1-\alpha)(1-\mu-\nu)Y_t/(X_t L''_t)$$

3. 不耐心的家庭

与耐心的家庭类似，不耐心的家庭同样追求终身效用的最大化，消费 c''_t、持有的房产 h''_t、工作时间 L''_t 以及实际货币余额 M''_t/P_t 决定了家庭的效用：

$$E_0 \sum_{\infty}^{t=0} (\beta')^t \left[\ln c''_t + j_t \ln h''_t - (L''_t)^\eta/\eta + \chi \ln M''_t/P_t\right]$$

家庭的"不耐心"表现在贴现因子 $\beta' < \beta$ 上，这保证了借贷约束的有效性。另外，该部门有类似耐心家庭部门的现金流约束条件和类似企业家部门的借贷约束条件：

$$c''_t + q_t\Delta h''_t + R_{t-1}b''_{t-1}/\pi_t = b''_t + w''_t L''_t + T''_t - \Delta M''_t I'_t - \xi_{h,t}$$
$$b''_t \leqslant m'' E_t(q_{t+1}h''_t\pi_{t+1}/R_t)$$

λ''_t 为拉格朗日乘子，求解可得如下一阶条件：

$$\frac{1}{c''_t} = E_t\left(\frac{\beta' R_t}{\pi_{t+1}c''_{t+1}}\right) + \lambda''_t R_t$$
$$\frac{q_t}{c''_t}\left(1+\varphi_h\frac{\Delta h''_t}{h''_{t-1}}\right) = \frac{j_t}{h''_t} + E_t\left[\frac{\beta' q_{t+1}}{c''_{t+1}}\left(1+\varphi_h\frac{\Delta h''_{t+1}}{h''_t}\right) + \lambda''_t m'' q_{t+1}\pi_{t+1}\right]$$
$$w''_t/c''_t = (L''_t)^{\eta-1}$$

4. 零售商

零售商部门采用 Bernanke 等（1999）的方法进行建模，引入了不完全竞争与价格黏性的特征。假设每一期可以重新设置最优价格 $P_t^*(z)$ 的家庭比例为 $1-\theta$，不能重新设置最优价格的家庭沿用上一期的价格水平，最后可以写出最优价格 $P_t^*(z)$ 的设定方程与总价格水平方程：

$$\sum_{\infty}^{k=0} \theta^k E_t \left\{ \Lambda_{t,k} \left[\frac{P_t^*(z)}{P_{t+k}} - \frac{X}{X_{t+k}} \right] Y_{t+k}^*(z) \right\} = 0$$

$$P_t = \left[\theta P_{t-1}^{d-\varepsilon} + (1-\theta)(P_t^*)^{1-\varepsilon} \right]^{1/(1-\varepsilon)}$$

式中，$\Lambda_{t,k} = \beta^k(c_t'/c_{t+k}')$ 表示相对贴现率，X_t 表示最终产品相对于中间产品的加成。将两个方程结合并进行对数线性化，可得到前瞻性的菲利普斯曲线，该曲线表明预期通货膨胀的上升会带来当期通胀的上升，而最终商品相对于中间商品的涨价幅度上升会带来当期通胀的下降。除此之外，可以写出零售商最终返还给家庭部门的利润为 $F_t = (1-1/X_t)Y_t$。

5. 中央银行与利率规则

中央银行向实体部门一次性转移资金以实施泰勒规则。在该规则下，货币政策系统地对过去的通胀和产出做出反应：

$$R_t = (R_{t-1})^{r_R} \left[\pi_{t-1}^{1+r_\pi} (Y_{t-1}/Y)^{r_Y} \overline{rr} \right]^{1-r_R} e_{R,t}$$

式中，$\overline{rr}$ 和 Y 分别表示稳态的真实利率和产出，r_R 表示利率政策的平衡程度，$e_{R,t}$ 是均值为 0、方差为 σ_e^2 的白噪声冲击过程。

6. 均衡方程

结合各个市场的出清条件，将五部门的均衡条件进行整理并实行对数线性化。令 $\omega = (\beta' - m''\beta')/(1-m''\beta)$，$\iota = (1-\beta)h/h'$，$\iota'' = (1-\beta)h''/h'$，$\gamma_h \equiv \beta' + m''(\beta-\beta')$，$\gamma_e \equiv m\beta + (1-m)\gamma$，并有事前实际利率 $\hat{r}_t \equiv \hat{R}_t - E_t\hat{\pi}_{t+1}$，最终可得如下均衡方程组：

总需求方程：

$$\hat{Y}_t = \frac{c}{Y}\hat{c}_t + \frac{c'}{Y}\hat{c}_t' + \frac{c''}{Y}\hat{c}_t'' + \frac{I}{Y}\hat{I}_t$$

$$\hat{c}_t' = \hat{c}_{t+1}' - \hat{r}_t$$

$$\hat{I}_t - \hat{K}_{t-1} = \gamma(\hat{I}_{t+1} - \hat{K}_t) + \frac{1-\gamma(1-\delta)}{\psi}(\hat{Y}_{t+1} - \hat{X}_{t+1} - \hat{K}_t) + \frac{1}{\psi}(\hat{c}_t - \hat{c}_{t+1})$$

边际住房/消费方程：

$$\hat{q}_t = \gamma_e \hat{q}_{t+1} + (1-\gamma_e)(\hat{Y}_{t+1} - \hat{X}_{t+1} - \hat{h}_t) - m\beta\hat{r}_t - (1-m\beta)\Delta\hat{c}_{t+1} - \varphi_e(\Delta\hat{h}_t - \gamma\Delta\hat{h}_{t+1})$$

$$\hat{q}_t = \gamma_h \hat{q}_{t+1} + (1-\gamma_h)(\hat{j}_t - \hat{h}_t'') - m''\beta \hat{r}_t + (1-m''\beta)(\hat{c}_t'' - \omega \hat{c}_{t+1}'') - \varphi_h(\Delta \hat{h}_t'' - \beta' \Delta \hat{h}_{t+1}'')$$

$$\hat{q}_t = \beta \hat{q}_{t+1} + (1-\beta)\hat{j}_t + \iota \hat{h}_t + \iota'' \hat{h}_t'' + \hat{c}_t' - \beta \hat{c}_{t+1}' + \frac{\varphi_h}{h'}(h\Delta \hat{h}_t + h'' \Delta \hat{h}_t'' - \beta h \Delta \hat{h}_{t+1} - \beta h'' \Delta \hat{h}_{t+1}'')$$

借贷约束方程：

$$\hat{b}_t = \hat{q}_{t+1} + \hat{h}_t - \hat{rr}_t$$

$$\hat{b}_t'' = \hat{q}_{t+1} + \hat{h}_t'' - \hat{rr}_t$$

总供给方程：

$$\hat{Y}_t = \frac{\eta}{\eta-(1-\nu-\mu)}(\hat{A}_t + \nu \hat{h}_{t-1} + \mu \hat{K}_{t-1})$$
$$- \frac{1-\nu-\mu}{\eta-(1-\nu-\mu)}[\hat{X}_t + \alpha \hat{c}_t' + (1-\alpha)\hat{c}_t'']$$

$$\hat{\pi}_t = \beta \hat{\pi}_{t+1} - \kappa \hat{X}_t + \hat{u}_t$$

$$\hat{K}_t = \delta \hat{I}_t + (1-\delta)\hat{K}_{t-1}$$

资金流动方程：

$$\frac{b}{Y}\hat{b}_t = \frac{c}{Y}\hat{c}_t + \frac{qh}{Y}\Delta \hat{h}_t + \frac{I}{Y}\hat{I}_t + \frac{Rb}{Y}(\hat{R}_{t-1} + \hat{b}_{t-1} - \hat{\pi}_t) - (1-s'-s'')(\hat{Y}_t - \hat{X}_t)$$

$$\frac{b''}{Y}\hat{b}_t'' = \frac{c''}{Y}\hat{c}_t'' + \frac{qh''}{Y}\Delta \hat{h}_t'' + \frac{Rb''}{Y}(\hat{b}_{t-1}'' + \hat{R}_{t-1} - \hat{\pi}_t) - s''(\hat{Y}_t - \hat{X}_t)$$

$$\frac{b''}{Y}\hat{b}_t'' = \frac{c''}{Y}\hat{c}_t'' + \frac{qh''}{Y}\Delta \hat{h}_t'' + \frac{Rb''}{Y}(\hat{b}_{t-1}'' + \hat{R}_{t-1} - \hat{\pi}_t) - s''(\hat{Y}_t - \hat{X}_t)$$

货币政策方程与冲击过程：

$$\hat{R}_t = (1-r_R)(1+r_\pi)\hat{\pi}_{t-1} + r_Y(1-r_R)\hat{Y}_{t-1} + r_R \hat{R}_{t-1} + \hat{e}_{R,t}$$

$$\hat{j}_t = \rho_j \hat{j}_{t-1} + \hat{e}_{j,t}$$

$$\hat{u}_t = \rho_u \hat{u}_{t-1} + \hat{e}_{u,t}$$

$$\hat{A}_t = \rho_A \hat{A}_{t-1} + \hat{e}_{A,t}$$

7. 参数估计

作者将模型参数分为三组：第一组为经典参数，采用校准的方法获得参数值，详情参见表 1；第二组为货币政策参数，使用 1974 年第一季度至 2003 年第二季度的数据，由联邦基金利率对自身的滞后项、过去通胀水平和去趋势产出进行 OLS 回归可得 $r_R=0.73$，$r_Y=0.13$，$r_\pi=0.27$；第三组为每次冲击的自相关系数和标准差、贷款价值比和耐心的家庭贡献劳动的份额，作者通过最小化经验脉冲响应与模型脉冲响应之间的距离来估计这些参数，详情参见表 2。

表1	参数校准结果		
描述		参数符号	参数值
偏好：贴现因子			
耐心的家庭		β	0.99
企业家		γ	0.98
不耐心的家庭		β'	0.95
其他偏好参数			
房地产的效用系数		j	0.1
劳动供给厌恶		η	1.01
技术：要素生产率			
可变资本份额		μ	0.3
房地产份额		ν	0.03
其他技术参数			
可变资本调整成本		ψ	2
可变资本折旧成本		δ	0.03
住房调整成本		φ	0
黏性价格			
稳态总利润		X	1.05
固定价格概率		θ	0.75

表2	参数估计结果		
描述	参数符号	参数值	标准差
要素份额和贷款价值比			
耐心的家庭的劳动份额	α	0.64	0.03
企业家的贷款价值比	m	0.89	0.02
不耐心的家庭的贷款价值比	m''	0.55	0.09
冲击的自相关性			
通胀冲击	ρ_u	0.59	0.06
房地产偏好冲击	ρ_j	0.85	0.02
技术冲击	ρ_A	0.03	0.1
冲击的标准偏差			
通胀冲击	σ_u	0.17	0.03
房地产偏好冲击	σ_j	24.89	3.34
技术冲击	σ_A	2.24	0.24

第三部分：抵押效应与债务通缩的传导机制

1. 房价冲击下，抵押效应对消费的影响

图 2 为消费对房价持续上涨的脉冲响应结果。随着抵押效应的影响增强（m 和 m'' 越大），消费的变动与房价的变动趋于一致，这表明消费对房价存在正弹性。在不耐心的家庭提供 36％ 的劳动供给，且企业家部门和不耐心的家庭的贷款价值比分别为 89％ 和 55％ 时，可以产生符合 VAR 估计的消费对房价冲击的反应。相反，在不存在抵押效应的模型（m 和 m'' 趋于 0）下，由于房地产和消费之间存在替代效应，消费将与房价呈反向变动，这与数据特征不符。

已有研究同样表明消费对房价存在正弹性，但这与传统的生命周期模型相矛盾。作者认为这是由家庭部门对未来消费的偏好差异导致的。考虑这样一种情况，假设家庭对未来消费的偏好一致，面对外生的房价上涨，如果家庭选择将这些新增的财富存储于房地产之中，那么家庭部门的总财富与房地产财富之差将保持不变，非住房消费需求将保持不变，消费与房价将不存在弹性。但如果家庭对未来消费的偏好并非完全同质，假设存在一部分流动性受限且重视当期消费的家庭，那么当房价上涨时，他们可能会成比例地增加借贷和消费，因此房地产价格上涨可能会对总需求产生积极影响，图 3 的结果证明了这一机制的合理性。

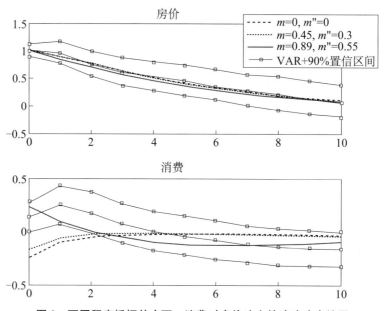

图 2　不同程度抵押效应下，消费对房价冲击的脉冲响应结果

为了更好地说明结果，作者将借款人的资产需求方程重新解释为消费由资产价格和实际利率决定，而非资产价格由消费和实际利率决定。将耐心的家庭部门和企业家部门的住房和消费的最优条件进行改写（忽略调整成本）：

$$\hat{c}_t = E_t\hat{c}_{t+1} + \frac{1}{1-m\beta} \times (\hat{q}_t - \gamma_e E_t\hat{q}_{t+1} - (1-\gamma_e)E_t\hat{S}_{t+1}) + \frac{m\beta}{1-m\beta}\hat{r}r_t$$

$$\hat{q}_t = \beta E_t\hat{q}_{t+1} + \iota\hat{h}_t + \hat{c}'_t - \beta E_t\hat{c}'_{t+1}$$

式中，$E_t\hat{S}_{t+1}$ 是预期房地产边际产出。第一个公式表明，在预期消费、预期住房回报和事前实际利率不变的情况下，债务人单位 q_t 变动对消费的影响存在乘数效应并且随着 m（贷款价值比）的增加而显著增加。而第二个公式则表明，对于债权人来说，单位 q_t 变动对消费的影响不存在乘数效应，因此房地产价格上涨可能会对总需求产生积极影响。

2. 货币冲击下，债务通缩的抑制作用

在负向的货币冲击下，存在这样的传导机制：在黏性价格下，负向的货币冲击会带来实际利率的上升，而实际利率的上升会抑制当期的消费，进而抑制产出。而这种影响会通过房地产价格的下跌而加强，房地产价格下跌导致借款减少和企业房地产投资减少，并且由于债务没有指数化，债务通缩提高了偿债成本，进一步抑制了企业消费和投资。

3. 通胀冲击下，债务通缩的稳定作用

图 3 为在 1% 的持续通胀冲击下名义债务与指数债务的脉冲响应结果。在名义债务的假设下（实线），持续的通胀冲击将带来两种相反的效应。一方面，冲击带来的价格上涨将减少在给定价格水平上的预期商品供应；另一方面，物价上涨使得财富从债权人向债务人转移，而债务人往往具有更高的消费倾向，会促使商品供应的增加。图 4 表明，开始时，第一种效应强于第二种效应，产量立即小幅下降，并且短期内第一种效应会进一步加强，产量下降幅度增大，但随着时间的延长，第二种效应开始增强，最终体现为产量的驼峰式变化，并缓慢恢复到初始的稳定状态。这与没有债务通缩效应（虚线）模型的反应形成了鲜明对比：在债务指数化的情况下，由于此时不存在名义债务下的第二种效应，产出将在冲击下直接大幅下降。因此，名义债务的假设从反应路径和反应强度两方面保证了模型对 VAR 中所体现的产出对通货膨胀的驼峰形持续反应。从另一个角度来看，名义债务下，通货膨胀冲击引起的产出反向变动成为经济的内在稳定因素。因此，债务通缩假设为金融加速器理论增加了新的内容：在债务通缩假设下，需求型冲击将被放大，但能为影响产出和通胀的冲击提供一个内在的稳定机制。

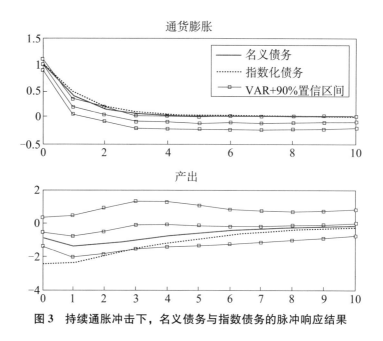

图3　持续通胀冲击下，名义债务与指数债务的脉冲响应结果

4. 技术冲击下，债务通缩的抑制作用

在正向的技术冲击下，由于名义债务所带来的负债务通货紧缩效应，产出的增长低于债务指数化情况下的产出增长，导致产出缺口扩大。尽管在这两种情况下，价格黏性都会阻止总需求的充分增长以满足增加的供给，但债务通缩意味着如果债务不被指数化，需求的增长会更少，产出缺口更大。

第四部分：VAR结果与脉冲响应结果对比

图5显示了模型的脉冲响应结果，作者将该结果与VAR方法下的脉冲响应进行比较，以此来评估模型关键属性与经验证据的一致性。

面对通货紧缩（图4，第1行），尽管二者在总产量的牺牲上估计一致，但是动态路径变化不同，模型中的产出在冲击后立即下降，而经验数据显示产出的下降有一定的延迟。这一差异可能是由于模型缺乏滞后预期、惯性的价格调整或持久的习惯等特征，这些特征有助于复制宏观经济变量对各种冲击的延迟响应。但模型较好地表现了货币冲击具有不同的效应：债务人在通货紧缩时会大幅减少消费，而债权人的消费仅受到了轻微影响，这使得产出在向稳态收敛的过程中可能会向上穿过基线。另外，实际利率在收敛过程中可能会向下穿过基线，而实际房价的下降加剧了衰退，但会在经济复苏前向上穿过基线。

在正向的通胀冲击下（图4，第2行），该模型较好地呈现了利率的正响应和房

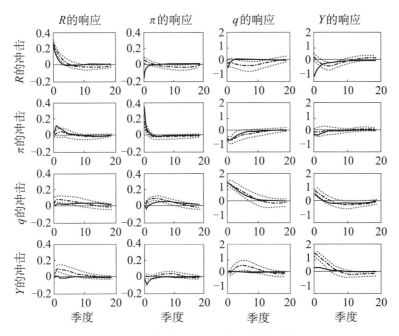

图 4 所有冲击下，VAR 结果与模型结果

注：实线为模型结果，点线为 VAR 结果及其 90% 置信区间。

地产价格的负响应方面。另外，在房地产偏好冲击下（图 4，第 3 行），该模型也较好地捕捉了需求和通货膨胀在房价冲击下所表现的正弹性方面做得很好。对于正向的生产率冲击（图 5，第 4 行），由于难以将 VAR 方法下的扰动视作纯粹的生产率冲击，作者认为模型的脉冲响应结果难以与经验数据进行比较。

除此以外，作者发现在负向货币冲击的影响下，h 下降了 4%，而在正向偏好冲击的影响下，h 上升了 3%。由于房地产–产出弹性非常小（0.03），这表明房地产所有权的变化对传导机制并不重要，真正影响总体结果的是影响所有生产要素需求的一般均衡效应。

第五部分：房地产价格和债务指数化对货币政策制定的影响

由于产出和通胀之间反向的变动关系，对二者的冲击会迫使央行在产出波动和通胀波动之间进行权衡。作者基于所构建的模型，进一步研究不同的货币政策规则和债务合约设置对产出和通胀的影响并给出政策建议。

1. 房地产价格与货币政策

作者基于已有研究，设置了如下的泰勒规则：

$$\hat{R}_t = 0.73\hat{R}_{t-1} + 0.27[r_q\hat{q}_t + (1+r_\pi)\hat{\pi}_{t-1} + r_Y\hat{Y}_{t-1}]$$

式中，r_q 表示货币政策对于房地产价格的反应程度，$r_q=0$，代表货币政策不对房地产价格作出反应，$r_q>0$，代表货币政策将对房地产价格作出反应。通过控制 r_q 的取值，作者研究在两种货币政策下产出和通胀的波动情况，图 5 给出了结果。基于此结果，作者认为尽管房地产价格传递并放大了对实体经济的冲击，但对该价格作出反应不会在产出和通胀稳定方面产生显著收益。

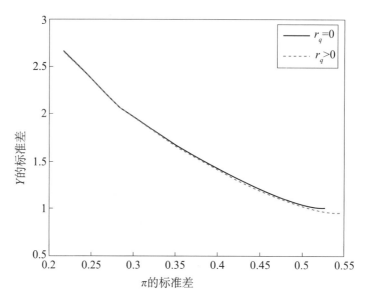

图 5　不同货币政策下，产出与通胀的波动情况

2. 债务指数化与经济波动

债务指数化与经济波动的问题较为复杂。一方面，名义债务与指数化债务在不同冲击条件下各有优劣，债务指数化可以减弱产出对负向货币冲击的反应，避免技术冲击下产出缺口的进一步扩大，但债务指数化不能减弱产出对通货膨胀或技术冲击的响应。值得一提的是，在供给冲击下，指数化债的表现优于名义债务经济体（图 6）。这与家庭和企业的高负债可能威胁经济稳定的观点背道而驰。作者认为原因有二：第一，图中仅体现了只考虑部分重要冲击的结果，并非考虑所有因素的更优；第二，需求冲击的加速器效应会给中央银行调控带来杠杆作用，这使得央行在单位需求冲击下，只需要较小幅度的利率调控就能稳定经济。

另一方面，涉及通货膨胀和产出缺口时，名义债务是否在数量上优于指数化债务取决于通胀对技术冲击的相对标准偏差和决策者的偏好。图 7 显示了产出缺口／通胀标准差空间中的两条泰勒曲线：如果通胀稳定的权重较大，优先考虑采用名义债务；如果产出稳定的权重更大，指数化债务是更好的选择。

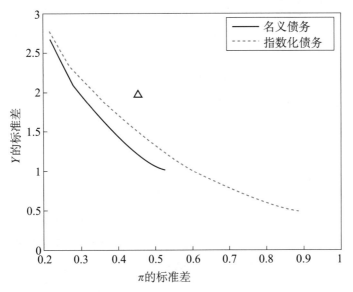

图6 供给冲击下，指数化债务与名义债务的产出与通胀波动情况

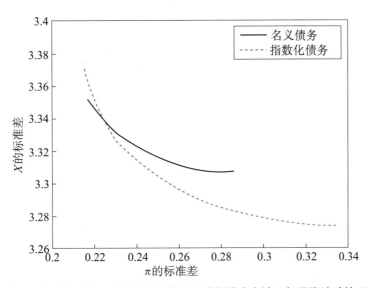

图7 技术冲击下，指数化债务与名义债务的产出缺口与通胀波动情况

评　价

　　雅科维洛撰写的《经济周期中的房价、借贷约束和货币政策》一文对学界的贡献主要有两方面：第一，从研究范式上看，利用 VAR 方法捕捉经济关键特征—构建对经济特征具有强解释力的一般均衡模型—研究不同冲击下的传导机制—定量分析货币政策并给出政策建议，这一研究范式使得一般均衡分析方法具有更强的实用价值。第二，从研究结论上看，他为研究金融摩擦和宏观经济波动增加了两个重要维度：名义债务契约以及公司和家庭部门的房地产贷款抵押约束。房地产贷款抵押约束的引入，使得模型产生抵押效应，较好地呈现实际支出对正向房价冲击的正反应。名义债务的引入，使该模型能够准确地体现正向通胀冲击下实际支出被稳定的情况。作者认为，货币政策对资产价格做出反应不会产生显著的福利收益，而债务通缩将放大需求冲击但稳定供给冲击的事实可以为央行带来产出-通胀方差的改善，但对债务是否指数化的考虑需要根据具体情况进行权衡。

该文章也存在一些不足之处：第一，文章的基础模型设置较为简单，没有采用如 CEE（2005）、SW（2007）等较为成熟的基础一般均衡模型，使得模型没有较好地体现一部分经济特征（如宏观经济变量对各种冲击的延迟响应），可能会对结果产生一定影响；第二，作者认为货币政策对资产价格做出反应不会产生显著的福利收益，这一结论并非定论，还有进一步讨论的空间。从 2008 年金融危机来看，央行采用非常规货币政策处理由房地产价格崩盘所引发的危机，可能说明了两个问题：第一是在常规货币政策下，只有在资产价格波动剧烈到一定程度时政策才会产生显著福利；第二是在泰勒规则外采取的资产价格干预政策，有可能产生显著的福利收益。

后续研究

雅科维洛继本文之后，对经济周期、房地产市场与货币政策这一主题进行了更加深入的研究。Iacovielloa（2008）使用欧洲四个国家的房地产数据，考虑房地产市场不同的制度框架和抵押贷款系统不同的效率水平，分析货币传导在家庭需求方的信贷渠道，并试图将信贷渠道与房地产金融体系的结构特征联系起来。研究结果表明：第一，欧洲住房市场以及最终货币政策的传导机制仍存在剩余异质性；第二，与 Iacovielloa（2005）结果一致，房地产在总体经济中起着关键作用，房价对消费和投资有重要的财富效应；第三，由于银行通常是小企业外部融资的主要来源，论文基于房地产市场所获得的结果可能与小企业部门相关。

Iacovielloa（2010）又在 CEE（2005）、SW（2007）和 Iacovielloa（2005）的模型基础上，通过在供给方面增加部门异质性并考虑工资刚性，开发了用于解释美国住房市场 40 年波动的一般均衡模型。基于该模型，他们首先研究了用于解释数据中住宅投资和房价动态的冲击和摩擦组合，进而探究住房市场对更广泛经济的溢出效应。作者发现在经济周期中，住房需求和住房供给冲击解释了住房投资和房价周期性波动的大约 25%，而货币因素解释了大约 20%。20 世纪 70 年代的房价飙升主要是非住房行业技术进步加快的结果，而在世纪之交，房价和住房投资的繁荣（以及 2005 年和 2006 年的逆转）在很大程度上是由货币因素推动的。而从房地产市场到更广泛经济的溢出效应不可忽视，溢出效应集中在消费而不是商业投资上，并且随着时间的推移变得更加重要。

Calza Alessandro 等（2013）基于 Campbell 和 Hercowitz（2004）以及 Iacovielloa（2005）的模型，建立了具有三个非标准特征（分别为生产非耐用消费品和新房地产的生产部门、具有不同耐心水平的家庭和对借款的担保约束）的一般均衡模型，研究了不同工业国家的房地产金融结构与货币传导机制之间的关系。该研究主要得出两个重要结论：第一，消费和房地产投资对货币政策冲击的反应由抵押资产释放的可能性和抵押贷款结构决定，只有在抵押资产释放水平高的国家，特别是在抵押贷款合同为可变利率类型的国家，消费才会有显著反应；第二，在拥有更发达抵押贷款市场的经济体中，私人消费对货币冲动更敏感，这与更发达的抵押贷款市场有利于消费平滑的假设存在差异。

Iacovielloa（2005）讨论了在不同冲击下应对房地产市场价格波动的常规货币政策，而 Mark Gertler 和 Peter Karadi（2011）研究了房地产价格崩溃后美联储在 2008 年金融危机中所采取的非常规货币政策。Mark Gertler 和 Peter Karadi（2011）将非常规货币政策解释为扩大央行信贷中介，以延续中断的私人金融中介功能。而央行相对于私人金融中介的优势在于，可以通过发行无风险政府债券来获取资金。在危机期间，由于私人中介的资产负债表约束收紧，提高了央行作为中介的净收益。该研究主要有以下重要结论：第一，在金融危机中即使名义利率已经达到零下限，信贷政策依然起作用。第二，央行对金融中介采取股权注入还是直接贷款取决于政策行动的相对效率成本。对于抵押担保证券或商业票据等证券化高等级资产，中央银行的中介成本可能相对较低，提供直接贷款是合理的。而在其他情况下，中央银行的中介服务可能效率很低，提供注资更为合理。

抵押危机[①]

作者简介　　**Gary Gorton**

　　加里·戈顿（Gary Gorton）先后在罗切斯特大学和克利夫兰州立大学获得经济学硕士学位，在密歇根大学获得中国研究硕士学位，并随后在罗切斯特大学获得经济学博士学位。戈顿于 1983—2008 年在宾夕法尼亚大学任教，是该校沃顿商学院金融学教授。他于 2008 年 8 月加入耶鲁大学，任耶鲁管理学院金融学教授。戈顿在金融和经济的许多领域做过研究，包括理论和实证工作。他是《被看不见的手扇耳光：2007 年的恐慌》（*Slapped by the Invisible Hand：The Panic of 2007*）和《误解金融危机》（*Misunderstanding Financial Crises*）的作者。戈顿曾为美国联邦储备委员会、美国多家地区联邦储备银行、英格兰银行、日本央行和土耳其中央银行提供咨询。1996—2008 年，他是 AIG 金融产品的顾问。

主要成果

“Agency-Based Asset Pricing”（with He P. Huang L.），*Journal of Economic Theory*，
　　149，pp. 311 - 349，Jan. 2014.

---

① 本文发表于 *The American Economic Review*，Vol. 101（2），2014，pp. 343 - 378。

"The Safe-Asset Share" (with Lewellen, S. and Metrick, A.), *The American Economic Review*, 102 (3), pp. 101 – 106, 2012.

"Eat or Be Eaten: A Theory of Mergers and Merger Waves" (with Kahl, M. and Rosen, R.), *The Journal of Finance*, 64 (3), pp. 1291 – 1344 (54), 2005.

"Securitized Banking and the Run On Repo", *Journal of Financial Economics*, 2012.

"Universal Banking and the Performance of German Firms" (with Schmid, F. A.), *Journal of Financial Economics*, 58, 2000.

"The Design of Bank Loan Contracts" (with Kahn, J.), *Review of Financial Studies*, 13 (2), pp. 331 – 364, 2000.

作者简介　Guillermo Ordoñez

　　吉列尔莫·奥多涅兹（Guillermo Ordoñez）是一位研究金融危机的决定因素和后果的宏观经济学家，他于 1999 年在阿根廷科尔多瓦国立大学获得经济学学士学位，于 2001 年和 2005 年分别在乔治城大学和加州大学洛杉矶分校获得经济学硕士学位，并于 2008 年在加州大学洛杉矶分校获得经济学博士学位。他曾先后就任美国国家经济研究局研究助理、沃顿商学院金融学教授以及宾夕法尼亚大学经济学教授。他的研究特别关注金融市场的信息缺陷，此外还涉及金融网络、主权债务拍卖和围绕危机的政治经济。

主要成果

"Fighting Crises with Secrecy" (with Gorton, G.), *American Economic Journal*:

Macroeconomics，12，2020.

"Confidence Banking and Strategic Default"，*Journal of Monetary Economics*，2018.

"Network Reactions to Banking Regulations"（with Erol，S. ），*Journal of Monetary Economics*，pp. 51 - 67，Aug. 2017.

"Optimal Regulation in the Presence of Reputation Concerns"（with Andrew，A. and Christian，H. ），*Quarterly Journal of Economics*，130（1），pp. 749 - 761，2012.

"The Asymmetric Effects of Financial Frictions"，*Journal of Political Economy*，2013.

"Which Workers Get Insurance Within the Firm?"（with Lagakes，D. ），*Journal of Monetary Economics*，58（6 - 8），pp. 632 - 645，2011.

研究背景

一般而言，金融危机总是和大规模的总量性冲击联系在一起的。但 2008 年的金融危机并非由一个大规模冲击所引发。美国金融危机调查委员会（FCIC）曾指出，虽然房价在经济危机期间大幅下跌，但房价下跌对抵押贷款支持证券（MBS）的影响以及对金融部门的相关冲击规模不大。"2005—2007 年，尽管原评级为 AAA 的抵押贷款支持证券评级大幅下调，但只有大约 10％的 Alt-A 和 4％的次级抵押贷款支持证券受到重大损害。"

虽然次级抵押贷款支持证券所受影响较小，但金融危机的规模是巨大的。美国金融危机调查委员会的报告写道："在美国 13 家最重要的金融机构中，有 12 家在一两周内面临倒闭的风险"。可见，对于经济体的一个小冲击导致了系统性危机。《抵押危机》（Collateral Crises）一文意在解释一个小的冲击有时会引发一个规模大的且突然的经济后果，而有时相同大小的冲击的后果是微不足道的。

主要内容

金融危机通常在信贷繁荣之前发生，而信贷增长是预测金融危机发生可能性的最佳指标，这表明危机理论也应该解释信贷繁荣。许多关于金融危机的理论难以解释金融危机与信贷繁荣之间的关系，"大型冲击"或者多重均衡理论不考虑信贷繁荣，从而不能令人信服地解释金融危机。解释金融危机需要在模型中考虑到冲击的大小，并显示这种冲击有时不产生后果，有时却会导致危机。《抵押危机》一文的解释基于经济中生产信息的内生动力，这种生产信息的内生动力会随着理性的信贷繁荣的发展造成金融脆弱性。

《抵押危机》建立的模型与2008年金融危机的特征相匹配，重点关注外部冲击影响了贷款人对抵押品预期价值的判断，从而触发危机的作用途径。在经济体受到外部冲击前，经济体中的贷款人对于借款人所提供的抵押品有其自身的感知质量。由于检查抵押品的质量需要付出信息成本，且借款人为了最大化借款会使用具有高感知质量且信息成本高的抵押品，所以贷款人在权衡成本与收益后不会对所有抵押品的质量都进行检查。如此，具有低质量抵押品的企业也可以进行借贷，从而导致信贷繁荣、经济体的产出以及消费增加。但是若经济受到外部冲击，且该冲击对抵押品的质量造成影响，那么贷款人对抵押品的质量便会产生怀疑。如果贷款人认为外部冲击对抵押品质量影响不大，选择相信抵押品具有高质量的话，冲击对经济的影响是微小的；如果贷款人对抵押品质量产生怀疑，从而降低对抵押品的感知质量，那么相同抵押品所能借到的金额变少，造成信贷紧缩；如果贷款人对抵押品质量进行考察，那么具有不良抵押品的企业便不能再借贷，从而造成金融危机。

《抵押危机》一文包含以下几点结论：

（1）如果贷款人在考虑是否检查抵押品的质量后，仍然愿意在不生产关于抵押品的信息的前提下贷款，那么短期抵押债务是有效率的。

（2）经济中关于抵押品的信息量是随着时间变化的。贷款人不会在每一时期都生产关于借款人的抵押品的信息，因为这样做代价高昂。在这种情况下，关于抵押品的信息随着时间的推移而损耗。贷款人不知道哪些借款人有好抵押品，哪些借款人有坏抵押品，所有的抵押品看起来都一样。信息变化的动态导致了信贷繁荣，此时拥有不良抵押品的公司可以开始借贷。在信贷繁荣期间，经济体中的产出和消费增加，但经济变得越来越脆弱。

（3）金融脆弱性是内生的，金融脆弱性会随着时间的推移和有关交易对手的信息衰减而逐渐积累。当冲击（可能是小冲击）导致贷款人突然有动机生产关于抵押品的信息时，就会导致产出下降以及发生危机。使用短期债务的私人贷款人不关心越来越脆弱的未来，导致了可能会发生金融危机。这一点对于计划者而言是不同的，因为计划者生产信息的成本更低且会考虑信息的未来收益。计划者相比私人贷款人会生产更多的信息，但计划者也并不总是想消除金融脆弱性。

（4）借款人为了最大化借款，会倾向于使用贷款人在未生产信息前，认为其具有高感知质量而且生产信息成本很高的抵押品，例如与土地相关的复杂证券——抵押贷款支持证券。所以次级抵押贷款支持证券在 2008 年的金融危机中起着主导作用。抵押贷款支持证券的不透明度和复杂性对于信贷繁荣而言是内生的，随着时间的推移，这会增加金融脆弱性。

一、文章创新

Allen 和 Gale（2004）将脆弱性定义为"小冲击产生不成比例的大影响"的程度。一些文献阐述了小冲击将如何产生较大的影响，一些文献显示了相同的冲击有时会产生大的影响，有时会产生小的影响。本文的工作解决了脆弱性两个方面的问题。

Kiyotaki 和 Moore（1997）表明杠杆可以有很大的放大效应，而这种放大机制依赖于抵押品价值随时间变化的反馈效应。与之相对，本文的机制是关于突然的信息状态切换的。

关注同一冲击潜在不同影响的论文是基于均衡多重性的。例如，Diamond 和 Dybvig（1983）表明，当对银行偿付能力的信念自我实现时，银行容易受到随机外部事件的影响。本文的工作与这一文献的内核不同，因为在本文中脆弱性是随着时间的推移而内生发展的，它基于独特确定的信息机制之间的切换。

本文还与 Geanakoplos（1996，2010）以及 Geanakoplos 和 Zame（2010）关于杠杆循环的文献有关，但强调了信息生产在推动这些循环中的作用。此外，在本文的模型中，杠杆不是通过单个抵押品单位能更多地借款来实现的，而是通过令经济中有更多的抵押品可借款而实现的。

一些论文中的代理人会选择事先不生产信息，事后可能会后悔这一决定。例如 Hanson 和 Sunderam（2013），Pagano 和 Volpin（2012），Andolfatto（2010）以及 Andolfatto，Berentsen 和 Waller（2014）。以上所述论文的模型具有内源性信息生产，但本文的工作额外描述了这些信息的内源性动态和真实影响。

最近的两篇相关论文是 Chari，Shourideh 和 Zetlin-Jones（2012）以及 Guerrieri 和 Shimer（2010），他们提出了以逆向选择和信息不对称作为理解 2008 年金融危机的关键因素。而本文更进一步，首先研究了可能导致信息不对称的激励。

二、模型设定

《抵押危机》研究信息不敏感的债务在宏观经济中的作用。本文构造的模型假设家庭对短期信息不敏感债务有需求，短期债务由公司直接向家庭发放。关于抵押品的信息生产成本很高，贷款人发现在每个时期都生产信息并不是最优选择，这导致信息随着时间的推移在经济中逐渐损耗。

模型中的关键动态是代理人对抵押品的感知质量在不生产关于抵押品的信息的条件下如何变化。首先引入异质性冲击（特定冲击），因此随着时间的推移，在没有信息生产的情况下，抵押品会回归到"平均感知质量"，所有抵押品的感知价值往往是相同的。如果长期以来信息没有被生产，那么经济中就会出现信息的显著损耗，只有一小部分抵押品的质量是已知的。

在这种情况下，模型接着引入了可能降低经济中抵押品感知价值的总量性冲击。在信贷繁荣之后，越来越多的公司以未知质量但感知质量较高的抵押品为支持进行借贷。总量性冲击有可能触发对信息的生产，也有可能没有效果，这取决于信贷繁荣时间的长短。如果冲击发生在足够长的信贷繁荣之后，家庭就有动机了解抵押品的真正质量。在这种情况下，企业可能更愿意减少借款数额，以避免昂贵的信息生产；也有可能信息最终被生产，这时只有拥有良好抵押品的企业才能借款。在这两种情况下，产出都会下降。因此，在该模型中危机的根源是外生的，而危机的规模则取决于冲击发生前债务对信息不敏感的时间，和对债务不敏感的时间造成的相应繁荣有多大。

本文的模型旨在把握 2008 年金融危机的中心特征。例如，模型设定抵押品被双方接受为信息不敏感的，即交易过程不产生任何信息。事实上，与模型一样，许多抵押品非常不透明，并且与土地和住房有关。与模型一样，在 2008 年金融危机发生之前，出现了住房方面的信贷繁荣，在 1996—2007 年信贷繁荣期间，私人住宅抵押贷款支持证券发行增长了 1 248%。这些抵押贷款通常被证券化为债券，在回购中用作抵押品。当房价开始下跌时，贷款人便开始质疑贷款支持债券的抵押品价值。模型设定为企业直接向家庭发放短期抵押债务，而事实上，回购市场确实不仅仅是一个银行间市场。

为了避免考虑经济主体之间的土地分配，模型假设一个世代交叠结构，该结构中经济个体短视，而其短视是市场失灵的根源。短期债务的抵押品在模型中被称为"土地"，即类似于先前存在的抵押贷款支持证券（MBS）。

三、模型描述

（一）单周期模型

1. 设定

在这一部分，本文在一个周期中给出了基本模型。

假设经济中有两种类型的代理人——企业和家庭；经济中有两种类型的商品——记账单位和土地。代理人是风险中性的，并通过对记账单位的消费在期末产生效用。记账单位可以用来产生更多的记账单位，而土地不能。由于记账单位在模型中也被用作资本，所以用 K 表示。

只有企业才拥有无弹性的、固定供应的、不可转让的管理技能，用 L^* 表示管理技能。管理技能可以与随机列昂惕夫技术中的记账单位结合起来，以产生更多的记账单位——K'。

$$K' = \begin{cases} A\min\{K, L^*\}, & \text{概率为 } q \\ 0, & \text{概率为 } 1-q \end{cases}$$

假设生产是有效的，即 $qA > 1$（预期生产出的记账单位大于投入的资本），那么在生产过程中，易知记账单位的最优规模为 $K^* = L^*$。

家庭和企业不仅在管理技能上不同，在最初的禀赋上也不同。一方面，家庭一开始时便拥有禀赋记账单位 $\overline{K} > K^*$，足以维持经济中的最优生产水平。另一方面，每个企业一开始就有一单位土地，但没有记账单位。

土地有潜在的内在价值。如果土地是"好的"，它可以在期末交换 C 单位的记账单位。如果土地是"坏的"，它不能交换任何记账单位。假设占比为 p 的土地是好的。在这一时期开始时，每单位的土地在其质量先验为"好的"的概率上可能是异质的。记每单位土地 i 先验为"好的"的概率为 p_i，并假设它们对于经济中的所有代理人而言是一样的。确定土地的质量需要消耗 γ 记账单位。

举个例子。假设石油是土地的内在价值。如果土地地下有石油，那么土地是好的，便可用土地在期末交换 C 单位的记账单位。如果土地地下没有石油，土地的质量就是坏的。是否有石油乍一看是不可观测的，但人们对土地地下是否有石油的概率有共同的看法。通过以 γ 记账单位的成本钻探土地，可以证实这一看法。

由于生产是有效率的，如果企业的产出情况是可核实的，公司就有可能通过发出依赖于状态的或有索取权（state contingent claims）借入最佳数量的记账单位 K^*。相反，如果产出无法核实，企业就不会还款，家庭也不愿意贷款。本文关注公司可以隐藏记账单位，但不能隐藏土地的情况。这使得土地可以作为抵押品。如果企业不偿还承诺的记账单位，它们可以将一小部分土地转让给家庭，这放松了由于企业产出情况不可验证而造成的财政限制。

2. 单一公司最优借款额

本节研究单个公司的最佳短期抵押债务。考虑到家庭可能希望生产关于作为抵押品的土地的质量信息的可能性，本文研究的是一个单向的信息问题，因为企业没有资源来了解抵押品的质量，只有家庭可以。

本节有两个假设。第一，除非贷款人决定提前披露，否则贷款人获取信息的行为和信息本身只有在期末才会公开，这意味着在此期间可能存在不对称信息；第二，每家企业随机配对一户家庭，企业在确定贷款条件时具有谈判力量。

公司在信息敏感的债务（触发抵押品信息获取）或信息不敏感的债务（不触发抵押品信息获取）之间进行最优选择。触发信息获取是昂贵的，因为它提高了借款成本，以补偿监测成本 γ。然而，不触发信息获取也可能是昂贵的，因为这可能意味着企业决定减少借款，以避免家庭生产信息。这种权衡决定了债务的信息敏感性，最终决定了经济中信息的数量和动态。

对于信息敏感的债务，贷款人通过支付 γ 记账单位来了解借款人土地的真实价值，贷款条件取决于所生产的信息。根据假设，贷款人的风险是中性的且收支平衡，于是有：

$$p[qR_{IS} + (1-q)x_{IS}C - K] = \gamma$$

式中，K 是贷款的金额，R_{IS} 是债务的面值，X_{IS} 是公司作为抵押品的土地的比例。

结合盈利能力和可行性条件，如果 $qA < C/K^*$ 且土地良好，无论企业想要何时借款，借款最优规模 K^* 都是可行的，那么从信息敏感债务中扣除土地价值的预期利润是：

$$E(\pi \mid p, IS) = \begin{cases} pK^*(qA-1) - \gamma, & \text{若 } p \geqslant \dfrac{\gamma}{K^*(qA-1)} \\ 0, & \text{若 } p < \dfrac{\gamma}{K^*(qA-1)} \end{cases}$$

对于信息敏感的债务——由于假设贷款人是风险中性的且收支平衡，有：

$$qR_{II} + (1-q)px_{II}C = K$$

为了使合同对信息不敏感，应当令在 X_{II} 和 R_{II} 评估的生产信息的预期收益低于其成本 γ：

信息不敏感的债务规模的特点如下：

$$K(p \mid II) = \min\left\{K^*, \frac{\gamma}{(1-p)(1-q)}, pC\right\}$$

也就是说，借贷要么在技术上受到限制（企业不需要借款超过 K^*），要么在信息上受到限制［企业不能借款超过 $\gamma/(1-p)(1-q)$ 而不触发信息生产］，要么受到低抵押价值的限制（土地单位价值不超过 pC）。

从信息不敏感债务中扣除土地价值的预期利润是：

$$E(\pi \mid p, II) = \begin{cases} K^*(qA-1), & \text{若 } K^* \leqslant \dfrac{\gamma}{(1-p)(1-q)} \text{（无信贷约束）} \\ \dfrac{\gamma}{(1-p)(1-q)}(qA-1), & \text{若 } K^* > \dfrac{\gamma}{(1-p)(1-q)} \text{（有信贷约束）} \\ pc(qA-1), & \text{若 } pC < \dfrac{\gamma}{(1-p)(1-q)} \text{（低抵押价值）} \end{cases}$$

根据企业对其抵押品的信念 p，一家企业比较生产信息和不生产信息时的预期利润，以选择发行信息不敏感的债务或信息敏感的债务。

命题 1　如果

$$\frac{\gamma}{qA-1} < pK^* - K(p \mid II)$$

企业会在触发信息生产的前提下借款，否则不会诱导信息生产。

图 1 显示了两种信息制度下每种可能的 p 扣除土地预期价值后的事先预期利润。

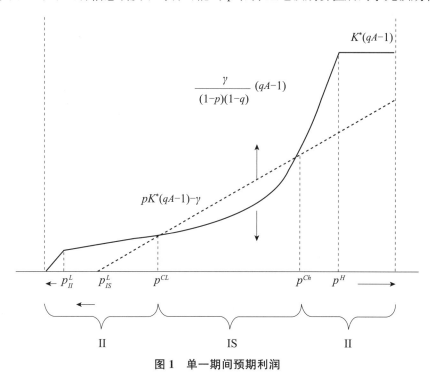

图 1　单一期间预期利润

一般选择信息不敏感贷款用于高信念和低信念的抵押品，选择信息敏感贷款用于具有中间信念的抵押品。如果信息是免费的（$\gamma=0$），所有抵押品都是信息敏感的。

以 γ 为条件，对于每个信念 p 的可行借款额为：

$$K(p) = \begin{cases} K^*, & \text{若 } p^H < p \\[2mm] \dfrac{\gamma}{(1-p)(1-q)}, & \text{若 } p^{Ch} < p < p^H \\[2mm] pK^* - \dfrac{\gamma}{(qA-1)}, & \text{若 } p^{cl} < p < p^{Ch} \\[2mm] \dfrac{\gamma}{(1-p)(1-q)}, & \text{若 } p_{II}^L < p < p^{Cl} \\[2mm] pC, & \text{若 } p < p_{II}^L \end{cases}$$

3. 抵押品的选择

在本节，除了关于土地价值的信念 p 是异质的以外，假设土地在获取信息的成本 γ 方面也是异质的，那么可引出以下命题。

命题 2　考虑以（p，γ）为特征的抵押品，借款人对这些变量的反应取决于财务限制和信息敏感性。如果借款人可以利用贷款人监测信念为 p 的抵押品需要付出成本这一特点，那么他们会将该抵押品设置为 $\gamma > \gamma_1^H(p)$，使得在不需要生产信息的前提下借款为 K^*。

这表明，内生经济将倾向于使用具备相对较高的 p 和相对较高的 γ 的抵押品。经济中的借款人首先会使用被认为是高质量的抵押品。随着抵押品需求的增加，借款人开始依赖质量越来越差的抵押品。为了适应这种预期质量较差的抵押品，借款人可能需要增加 γ，使信息获取变得昂贵。

4. 汇总

总消费是所有家庭和企业的消费总和。

$$W_t = \overline{K} + \int_0^1 K(p)(qA-1)f(p)\mathrm{d}p$$

式中，$f(p)$ 是经济中抵押品类型信念的分布，$K(p)$ 在 p 上单调递增（见图2）。

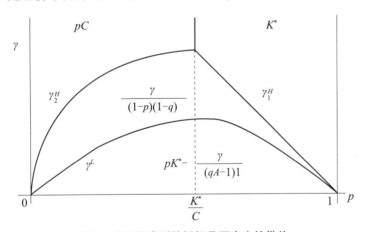

图 2　由不同类型的抵押品而产生的借款

p 相对较低的抵押品不能维持 K^* 的贷款。当对抵押品价值的信念趋向于变低时，财政限制阻碍了总生产。信念的分布带来了生产的异质性，这是由于抵押品和金融约束的异质性，而不是技术可能性的异质性。

（二）动态

在本节中，将前面的分析嵌套在重叠世代经济中的一个时期，研究决定每个时期经济生产水平关于抵押品信念的分布变化。

假设每一单位的土地质量都随着时间的推移而变化，回归到经济中土地的平均质量，模型研究内生信息的生产如何塑造信念随时间的分布。首先，研究异质性冲击的案例，并讨论内生信息生产对信贷动态的影响。然后，引入了降低经济中土地平均质量的总量性冲击，并研究了内生信息的生产对危机规模和复苏速度的影响。

1. 扩展设置

假设一个重叠的世代结构。每个时期都有两个群体，他们是风险中性的，生活了两个时期。这些人在第一期为家庭，拥有 $\bar{K}$ 的记账单位的禀赋，但没有管理技能；然后在第二期成为公司，拥有管理技能 L^*，但没有记账单位。假设记账单位是不可存储的，土地是可存储的，直到它的内在价值（C 或 0）被提取，之后土地消失。这意味着只要土地被转让，其作为抵押品的潜在价值就会保持不变。仍然假设每个时期都有企业和家庭之间的随机匹配。时间安排如下：

·在该时期期初，土地可能遭受异质性冲击或总量性冲击，其为好土地的概率变成 p。

·在冲击后，任一家庭都与任一企业匹配。家庭决定贷款的条件 [$(R_{II}；x_{II})$ 和 $(R_{IS}；x_{IS})$]，并使他对贷款与否无差异。企业选择一个能够使利润最大化的贷款合同并开始生产。取决于是否生产信息，对土地的信念分别更新为 0 或 1 或保持在 p。

·期末时，企业可以选择以 $Q(p)$ 的价格将其单位土地（或违约后的剩余土地）出售给家庭，或者提取和消费其内在价值。

土地可以跨代转让，代理人希望在年轻时购买土地，在年老时以其作为抵押品借用记账单位。土地本质上是有价值的，并且受到关于其质量的不完全信息的影响。在均衡中土地价格只在用作抵押品时反映土地的预期内在价值。

该模型的第一个限制是信息只能在期初产生，而不是在期末产生，这一假设意味着公司更喜欢将土地作为抵押品而不是出售土地；第二个限制是家庭在期末时为其匹配企业的土地提供出售机会且家庭拥有谈判势力，这意味着卖方在以 pC 出售土地或在预期中消费 pC 之间将无差异。

定义 1 在每个时期，对于家庭和企业的每一次匹配，均衡是：

·一对面值为 R_{II} 和 R_{IS} 的债务和一对在违约情况下要抵扣的土地 X_{II} 和 X_{IS}，使贷款人无差异；企业利润最大化地选择信息敏感债务或信息不敏感债务。

·土地价格 $Q(p)$ 由家庭决定。

·信念在生产信息或受到冲击后依照贝叶斯规则更新。

2. 异质性冲击

首先，假设异质性冲击是可观察的，但除非生产信息，否则它们的结果是不可观察的。其次，假设一个土地单位面临异质性冲击的概率与土地类型无关。最后，假设一个单位的土地变好的概率也独立于它的类型。

在每个时期，要么每个土地单位的真实质量随概率 λ 保持不变，要么存在一种异质性冲击，按照概率 $1-\lambda$ 改变其类型。在第二种情况下，土地以 $\hat{p}$ 的概率变得良好。

命题 3（在没有总量性冲击的情况下，总消费的演变） 假设在初始阶段有关于土地类型的完美信息。如果 $\hat{p}$ 处于信息敏感区域，则随着时间的推移，消费是恒定的，并且低于无约束最优消费额。如果 $\hat{p}$ 处于信息不敏感区域，则消费随着时间的推移而增长。

当 $\hat{p}$ 足够高时，经济就有足够的良好抵押品来维持最优规模的生产。当信息随着时间的推移而消失时，好的抵押品内含地补贴了坏的抵押品，经过足够的时间，几乎所有公司都能够以最优的规模生产。

3. 总量性冲击

引入负的总量性冲击，负冲击将 $1-\eta$ 的好抵押品转化为坏抵押品。当冲击袭来时，对所有抵押品的信念都会向下移动。也就是说，信念 $p=1$ 的抵押品向下修正为 $p'=\eta$，信念 $p=\hat{p}$ 的抵押品向下修正为 $p'=\eta\hat{p}$。

命题 4（信贷繁荣和冲击越大，危机越大） 消费减少 $\Delta(t|\eta) \equiv W_t - W_{t|\eta}$，在冲击的大小上是非减的，在未发生冲击的时间 t 上是非减的。经济不面临负冲击的时间越长，当负冲击确实发生时，消费损失就越大。

劣质抵押品与良好抵押品的混淆造成了信贷繁荣。在抵押品受到负冲击后，由于要么大量的记账单位需要用来生产信息，要么为了避免信息的生产，借款被过度限制，所以信贷规模可能会下降。

如果将"脆弱性"定义为总消费下降超过某一值的概率，那么命题 4 会衍生出：

推论 1 考虑到负的总量性冲击，经济的脆弱性随着经济中债务在信息上不敏感的时期延长而增加，因此随着质量未知的抵押品的比例增加而增加。

命题 5（信息和经济复苏） 假设 $\hat{p}>p^H$ 且负的总量性冲击 η 在 t 期产生危机。如果在危机发生后信息被生产出来，危机的恢复就会更快。

当发生负冲击后不生产信息时，维持信念 $\eta\hat{p}$ 的抵押品将在之后的时期限制信贷，直到平均回归将信念移动回 $\hat{p}$，这相当于将信贷限制于与以后各期的监测费用成比例。命题 5 得出了以下推论。

推论 2 存在一系列负的总量性冲击，在这些冲击中代理人不会生产信息，但如果生产信息，经济将复苏得更快。

命题 6（在繁荣和危机期间信念的分散） 在信用繁荣期间，信念的标准差下降。在信用危机期间，如果总量性冲击 η 触发关于有信念 $\eta\hat{p}$ 的抵押品的信息生产，则信念的标准差会增加。前一次繁荣的时间越长，这种增长幅度就越大。

直觉上，信用繁荣是由信息损耗产生的。由于在这个过程中，信念累积到平均质量 $\hat{p}$，信念分布的分散度下降。如果这一过程发展得足够长，触发信息生产的总量性冲击就会揭示出大多数土地的真实质量，对这些土地的信念回归到 $p=0$ 和 $p=1$，增加了信念分布的分散性。之前的繁荣越长，这种效应就越强。

（三）政策含义

本节讨论当计划者关心所有世代的折扣消费时的最佳信息生产，模型面临与家庭和企业相同的信息限制和成本。福利衡量如下：

$$U_t = E_t \sum_{\tau=t}^{\infty} \beta^{\tau-t} W_t$$

计划者选择从家庭到企业的捐赠转移（贷款规模），并决定是否生产有关企业抵押品的信息。计划者面临两种类型的限制。首先，抵押品限制阻碍了计划者向一家企业提供比企业抵押品预期价值更多的捐赠。

$$K(p) \leqslant \min\{K^*, pC\}$$

其次，如果贷款会引发分散经济中的贷款人生产信息，那么计划者就会生产信息。即，如果

$$K(p) > \frac{\gamma}{(1-p)(1-q)}$$

那么计划者必须生产信息。

定义 2（计划者的问题） 对于每个具有抵押品 p 的企业，计划者选择贷款规模 $K(p)$ 进行生产，并决定是否生产有关企业抵押品的信息，以最大限度地提高福利，但要受到抵押品约束和信息约束。

1. 异质性冲击

命题 7 当 $\beta>0$ 且有异质性冲击时，计划者比私人贷款人希望生产有关更多抵押品 p 的信息。计划者的信息敏感信念的最佳范围比分散经济中信息敏感信念的分散范围更宽。具体来说，如果

$$(1-\beta\lambda)\frac{\gamma}{qA-1} < pK^* - K(p|II)$$

计划者会生产信息，否则不会生产信息。

可以看出，分散的代理人在决定是否生产信息时不会将生产信息的未来收益内化，因为他们是短视的，不会权衡信息对后代的影响。这种差异随着计划者贴现（β）和抵押品保持不变的概率（λ）扩大而扩大。

2. 总量性冲击

命题 8 当抵押品质量良好的概率 p 处于某些水平时，即使未来可能出现负的总量性冲击，计划者也倾向于不生产信息从而保持较高的当前产出水平。未来出现负的总量性冲击的可能性并不一定说明生产信息，从而避免潜在的未来危机是正确的。在未来可能出现总量性冲击的情况下，如果

$$(1-\beta\lambda)\frac{\gamma}{qA-1} > \frac{(1-\beta\lambda)}{(1-\beta\lambda)+\beta\lambda\mu}\big[pK^* - K(p\,|\,II)\big]$$
$$+ \frac{\beta\lambda\mu}{(1-\beta\lambda)+\beta\lambda\mu}\big[p\widetilde{K}(\eta) - \widetilde{K}(\eta p)\big]$$

计划者将生产信息，否则不会生产信息。

假设总量性冲击不足以使 $\widetilde{K}(\eta p) < K^*$，但足以使 $K(\eta p) < K(P\,|\,II)$。在这种情况下，无论总量性冲击的概率如何，都不影响生产信息后的预期贴现消费（因为即使在冲击情况下，拥有一个单位良好土地的公司也能够借入 K^*），但冲击减少了未生产信息的预期贴现消费。在这个例子中，在未来负冲击的情况下，生产信息会放松潜在的借贷约束。因此，当这种冲击更有可能发生时，就会有更多的动机来生产信息（见图 3）。

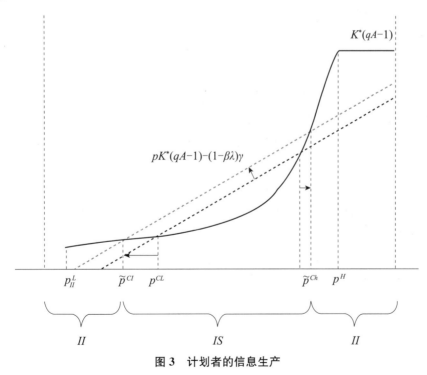

图 3 计划者的信息生产

在计划者经济和分散经济中，总量性冲击可能导致两种经济类型都不生产信

息，也可能导致计划者在冲击期间愿意生产信息，减少产出，从而导致更快的经济复苏。由于私人代理人不重视未来，他们更愿意在冲击期间生产更多的产品，而不考虑经济复苏放缓的代价（见图4）。

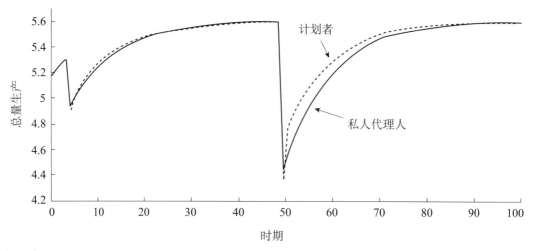

图4 总量性冲击 $\eta=0.91$ 时的动态图

评 价

《抵押危机》一文对学界的贡献主要有三方面：

其一，该文统一了金融脆弱性的两方面问题，建立的框架一方面显示了小冲击有可能会产生较大的影响，另一方面显示了相同的冲击有时会产生较大的影响，有时会产生小的影响。

其二，该文对于金融危机的解释路径不同，关注同一冲击潜在的不同影响的论文是基于均衡多重性的，关注杠杆的放大效应的论文是基于抵押品价值随时间变化的反馈效应的，而本文的解释框架是基于突然的信息状态切换。

其三，该文研究了可能导致不对称信息的激励，这对于以逆向选择和信息不对称来解释金融危机的理论而言意义重大。

后续研究

Gorton 和 Ordoñez（2015）在《好的繁荣，坏的繁荣》（Good Booms, Bad

Booms）中延续此文的框架，进一步解释了为何某些信贷繁荣以危机告终，而某些信贷繁荣则没有引发危机，并指出虽然所有的信贷繁荣都是从全要素生产率（TFP）和劳动生产率（LP）的增长开始的，但这种增长在会引发危机的信贷繁荣中下降得更快。在信贷繁荣期间，如果投资机会的平均质量也在增长，那么信贷繁荣可能不会以危机告终，因为借款人逐渐采用低质量抵押品的力度不足以诱导贷款人生产有关抵押品的信息。

此外，Gorton 和 Ordoñez（2016）在《抵押经济中的最优货币政策》（Optimal Monetary Policy in a Collateralized Economy）中根据信息经济学的观点，针对美国的金融体系已经转变为一个依赖大量抵押品如抵押贷款证券的体系，指出当抵押贷款证券与美国国债相比比例较高时，经济体发生金融危机的可能性更大，且指出央行有时会以最佳方式触发衰退，以降低系统脆弱性。

Chousakos，Gorton 和 Ordoñez（2018）还在《总量信息动态》（Aggregate Information Dynamics）一文中研究了经济体所包含的信息随着宏观经济状况变化的情况，并且提出了基于股票价格相关的信息描述社会经济活动的新方法。该文实证研究了以实际 GDP 水平衡量的社会总体经济活动变化时，整个经济体信息测度的变化以及经济脆弱性的变化，并且发现基于股价的信息度量对于预测有无金融危机的衰退具有重要意义，然后展示了信息对投资的反馈效应，尤其是在与危机相关的衰退期间。

存在金融部门的宏观经济模型[①]

作者简介　**Markus K. Brunnermeier**

　　马库斯·K. 布伦纳梅尔（Markus K. Brunnermeier）是普林斯顿大学 Edwards S. Sanford 经济学教授、Bendheim 金融中心主任。他也是美国国家经济研究局、经济政策研究中心和慕尼黑经济研究中心研究员，以及 Bellagio 国际经济小组成员。他获斯隆研究奖，是计量经济学会会士、古根海姆研究会士，并因在宏观经济和金融领域的杰出贡献而获得伯恩宏奖。布伦纳梅尔还是国际货币基金组织、纽约联邦储备银行、欧洲系统风险委员会、德国央行和美国国会预算办公室等组织顾问小组的成员。

　　马库斯·K. 布伦纳梅尔于 1991—1993 年就读于雷根斯堡大学经济系，1993—1994 年就读于范德比尔特大学经济系并获得经济学硕士学位，1994—1995 年就读于波恩大学经济系，这一年是其参加的欧洲博士项目（EDP）的预备学年，其在 1995—1999 年就读于伦敦经济学院经济系，在那里度过了欧洲博士项目的剩余学年，最后获得经济学博士学位。1999 年起，马库斯·K. 布伦纳梅尔便开始在普林斯顿大学任教，其开设的本科生课程有：金融市场，机构金融，货币银行学；开设的研究生课程有：资产定价；开设的博士课程有：货币经济学，金融经济学等。

　　他的研究重点是国际金融市场和宏观经济，特别关注泡沫、流动性、金融和货币价格稳定。马库斯·K. 布伦纳梅尔的研究模型将经济金融摩擦和个体行为结合起来。其在研究中试图建立以下概念：流动性螺旋、作为系统性风险度量的 CoVaR、波动悖

---

　　①　发表于 *The American Economic Review*，2014，104（2）：379–421。

论、审慎悖论、ESBies、金融主导地位、再分配货币政策、反转率和数字货币领域。

主要成果

"Asset Price Bubbles and Systemic Risk" (with Simon Rother and Isabel Schnabel), *Review of Financial Studies*, Vol. 33, No. 9, pp. 4272 – 4317, 2020.

"Banks' Non-Interest Income and Systemic Risk" (with Gang Dong and Darius Palia), *Review of Corporate Financial Studies*, Vol. 9, No. 2, pp. 229 – 255, 2020.

"On the Equivalence of Private and Public Money" (with Dirk Niepelt), *Journal of Monetary Economics*, Vol. 106, pp. 27 – 41, 2019.

"A Global Safe Asset for and from Emerging Market Economies" (with Lunyang Huang), in Álvaro Aguirre, Markus Brunnermeier, and Diego Saravia, *Monetary Policy and Financial Stability*: *Transmission Mechanism and Policy Implications*, Central Bank of Chile, pp. 111 – 167, 2019.

"China's Gradualistic Economic Approach and Financial Markets" (with Michael Sockin and Wei Xiong), *American Economic Review Papers and Proceedings*, Vol. 107, No. 5, pp. 608 – 613, 2017.

"ESBies: Safety in the Tranches" (with Sam Langfield, Marco Pagano, Ricardo Reis, Stijn van Nieuwerbergh, and Dimitri Vayanos), *Economic Policy*, Vol. 32, No. 90, pp. 175 – 219, 2017.

"Optimal Time-Inconsistent Beliefs: Misplanning, Procrastination, and Commitment" (with Filippos Papakonstantinou and Jonathan Parker), *Management Science*, Vol. 63, No. 5, pp. 1318 – 1340, 2017.

The Euro and the Battle of Ideas (with Harold James and Jean-Pierre Landau), Princeton University Press, Princeton, NJ, 2016.

"CoVaR" (with Tobias Adrian), *The American Economic Review*, No. 7, pp. 1705 – 1741, 2016.

Financial Dominance, Baffi Lecture on Money and Finance, Banca d'Italia Publication, 2015.

"International Credit Flows and Pecuniary Externalities" (with Yuliy Sannikov), *American Economic Journal*: *Macroeconomics*, Vol. 7, No. 1, pp. 297 – 338, 2015.

Risk Topography: *Systemic Risk and Macro Modeling* (edited with Arvind Krishnamurthy), Chicago University Press, Chicago, IL, 2014.

"A Welfare Criterion for Models with Distorted Beliefs" (with Alp Simsek and Wei Xiong), *Quarterly Journal of Economics*, Vol. 129, No. 4, pp. 1711 – 1752, 2014.

"Predatory Short Selling" (with Martin Oehmke), *Review of Finance*, Vol. 18, No. 6, pp. 2153 – 2195, 2014.

"Leadership, Coordination and Corporate Culture" (with Patrick Bolton and Laura Veldkamp), *Review of Economic Studies*, Vol. 80, No. 2, pp. 512 – 537, 2013.

"Bubbles, Financial Crises and Systemic Risk" (with Martin Oehmke), in George M. Constantinides, Rene Stulz, and Milton Harris (eds.), *Handbook of the Economics of Finance*, Vol. 2B, Chapter 18, pp. 1221 – 1288, 2013.

"The Maturity Rat Race" (with Martin Oehmke), *Journal of Finance*, Vol. 68, No. 3, pp. 483 – 521, 2013.

"The Fundamental Principles of Financial Regulations: 11th Geneva Report on the World Economy" (with Charles Goodhart, Andrew Crocket, Avinash Persaud, and Hyun Shin), 2009.

"Predatory Trading" (with Lasse Pedersen), *Journal of Finance*, Vol. 60, No. 4, pp. 1825 – 1863, 2005.

"Information Leakage and Market Efficiency", *Review of Financial Studies*, Vol. 18, No. 2, pp. 417 – 457, 2005.

"Hedge Funds and the Technology Bubble" (with Stefan Nagel), *Journal of Finance*, Vol. 59, No. 5, pp. 2013 – 2040, 2004.

Asset Pricing under Asymmetric Information: Bubbles, Crashes, Technical Analysis and Herding, Oxford University Press, Oxford: UK, 2001.

作者简介　　**Yuliy Sannikov**

　　尤利・桑尼科夫（Yuliy Sannikov），乌克兰经济学家，因其在数理经济学、博弈论和公司财务方面的贡献而闻名。他于 2000 年在普林斯顿大学获得数学学士学

位，2004 年在斯坦福大学商学院获得工商管理博士学位。桑尼科夫于 2003 年担任斯坦福大学经济系讲师；2004 年 7 月—2008 年 6 月，担任加州大学伯克利分校经济系助理教授；2007 年秋，担任麻省理工学院经济系客座副教授；2006 年 7 月—2008 年 6 月，担任纽约大学金融系助理教授；2011 年秋季和 2014 年春季，担任哈佛大学经济学客座教授；2008 年 7 月—2016 年，担任普林斯顿大学经济系教授，2017 年至今，桑尼科夫担任斯坦福大学商学院经济学教授，开设有公司财务的本科生课程，以及重复博弈和动态契约、经济学连续时间法、微观经济学等研究生课程。

他曾获得 2014 年基尔全球经济事务优秀奖、2015 年费希尔·布莱克奖和 2016 年约翰·贝茨·克拉克奖。桑尼科夫也是少数几个在国际数学奥林匹克竞赛中获得三枚金牌的选手之一。他的研究方向包括博弈论、契约理论、宏观经济学与金融摩擦、企业金融、市场微观结构、证券设计等。他提出了用随机微积分方法分析连续时间动态对策的新方法。他的工作不仅在方法论上开辟了新天地，而且对应用理论产生了实质性的影响。他极大地改变了研究动态对策可用的工具箱，而且由于他的贡献，新的经济研究领域已经成为严格的理论分析易于处理的领域。其应用领域包括证券设计、契约理论、金融摩擦的宏观经济学、市场微观结构和共谋。

主要成果

"International Credit Flows, Pecuniary Externalities and Capital Controls" (with Markus Brunnermeier), *AEJ Macro*, 7, pp. 297 – 338, 2015.

"A Macroeconomic Model with a Financial Sector" (with Markus Brunnermeier), *The American Economic Review*, 104 (2), pp. 379 – 421, 2014.

"Computing the Efficient Frontier in Discounted Repeated Games" (with Dilip Abreu), *Theoretical Economics*, 9 (2), pp. 313 – 338, 2014.

"Redistributive Monetary Policy" (with Markus Brunnermeier), in Jackson Hole, *Symposium 2012: The Changing Policy Landscape*, pp. 331 – 384, Federal Reserve Bank of Kansas City, 2013.

"Contracts: The Theory of Dynamic Principal-Agent Relationships and the Continuous Time Approach", in Daron Acemoglu, Manuel Arellano, and Eddie Dekel (eds.), *Advances in Economics and Econometrics*, *10th World Congress of the Econometric Society*, 2013.

"Macroeconomics with Financial Frictions" (with Markus K. Brunnermeier and Thomas Eisenbach), in Daron Acemoglu, Manuel Arellano, and Eddie Dekel (eds.), *Advances in Economics and Econometrics*, *10th World Congress of the Econometric Society*, 2013.

"Dynamic CEO Compensation" (with Alex Edmans, Xavier Gabaix, and Tomasz Sadzik), *Journal of Finance*, 67 (5), pp. 1603 - 1647, 2012.

"Dynamic Security Design and Corporate Financing," in George M. Constantinides, Rene Stulz, and Milton Harris (eds.), *Handbook of Economics and Finance*, Vol. 2, 2012.

"Reputation Effects and Degenerate Equilibria in Continuous-Time Games" (with Eduardo Faingold), *Econometrica*, 79 (3), pp. 773 - 876, 2011.

"The Role of Information in Repeated Games with Frequent Actions" (with Andy Skrzypacz), *Econometrica*, 78, pp. 847 - 882, 2010.

"A Continuous-Time Version of the Principal-Agent Problem", *Review of Economic Studies*, 75, pp. 957 - 984, 2008.

"Games with Imperfectly Observable Actions in Continuous Time", *Econometrica*, 75, pp. 1285 - 1329, 2007.

"Impossibility of Collusion under Imperfect Monitoring with Flexible Production" (with Andy Skrzypacz), *The American Economic Review*, 97, pp. 1794 - 1823, 2007.

"Optimal Security Design and Dynamic Capital Structure in a Continuous-Time Agency Model" (with Peter DeMarzo), *Journal of Finance*, 61, pp. 2681 - 2724, 2006.

研究背景

　　Fischer (1933)，Keynes (1936) 和 Minskey (1986) 等经济学家曾将大萧条时期的经济低迷归咎于金融市场的失灵。Kindleberger (1993) 通过分析金融危机认为金融摩擦会影响到商业周期。这几位学者的观点引起了学界对金融稳定性话题的探讨。譬如，金融体系抵御各种冲击的能力如何？从市场波动、信贷息差和融资活动剧烈变化的角度来看，金融体系何时会进入危机机制？风险在多大程度上是外生的，在多大程度上是由系统内部的相互作用产生的？如何量化系统性风险？金融创新真的会破坏金融体系的稳定吗？金融系统如何对各种政策做出反应，政策如何影响溢出效应和福利？

Bernanke 和 Gertler（1989），Kiyotaki 和 Moore（1997）（后称 KM），以及 Bernanke，Gertler 和 Gilchrist（1999）（后称 BGG）等首先针对这个问题做出了开创性贡献，并揭示出金融摩擦影响宏观经济的几个重要渠道。首先，暂时性冲击可能对经济活动产生持久影响，因为它们会影响杠杆代理人的净资产，而资产净值的重建需要时间。其次，金融摩擦直接地通过杠杆或间接地通过价格导致冲击放大，从而很小的冲击可能会对经济产生潜在的巨大影响。价格的放大效应通过逆向反馈循环发挥作用，即杠杆代理人的净资产价值下降会导致集中在他们手中的资产价格下降，这进一步降低这些代理人的净资产价值。

基于 BGG 和 KM 的工作，马库斯·K. 布伦纳梅尔和尤利·桑尼科夫在《存在金融部门的宏观经济模型》（A Macroeconomic Model with a Financial Sector）一文中继续深入探讨了金融摩擦与经济运行的话题，并做出了四大创新：第一，作者并不假设经济在经历一次冲击后会回归稳定状态，而是认为衰退期的长度是不确定的；第二，作者假设模型中的代表性个体能够理性地预测冲击；第三，作者使用连续时间方法求解模型的完全动态，从而指出正常时期和危机时期之间的明显区别；第四，作者在研究时还深入探讨了危机的长度、严重程度和频率等指标。这篇文章对系统性风险、金融创新、金融中介、杠杆、借贷成本、宏观审慎监管等问题的探讨具有重要的实践与现实指导意义。

主要内容

这篇文章主要分为七个部分：第一部分建立了本文的基准模型；第二部分旨在寻找合适的办法来求解这个模型，并刻画了专家总净资产中的马尔科夫均衡；第三部分讨论了均衡动态和资产价格的性质；第四部分介绍了波动性悖论，并讨论了资产流动性和柯薛拉科塔（Kocherlakota）批判；第五部分分析了借贷成本与金融创新的影响；第六部分讨论了效率和监管；第七部分则是对全文的总结。

一、建立基准模型

当具有完全市场的经济中没有金融摩擦时，资金可以不受限制地流向最具生产力的代表性个体，因此，财富的分配是无关紧要的。在存在摩擦的情况下，财富分配可能会随着宏观冲击发生变化，从而影响总生产率。当具有生产力的代表性个体的资产净值下降时，经济中资源（如资本）的配置效率就会降低，资产价格就会下降。

1. 技术

假设经济中只存在两种类型的代表性个体：一种是具备生产力的代理人，即专家，其只能通过发行无风险债券来为项目融资；另一种则是普通家庭。这两种类型的代表性个体均拥有资本，但专家能够更有效地管理资本。

用 K_t 表示经济中的总资本，用 k_t 和 $\underline{k}_t$ 分别表示某个专家和某个家庭持有的资本，其中时间 $t \in [0,\infty)$。专家持有的实物资本 k_t 以一定的速度进行生产：

$$y_t = ak_t$$

式中，a 为参数，产出价格标准化为 1。内部投资可以建立新资本。

对于专家，其持有的资本的演化过程可以表示为

$$dk_t = [\Phi(\iota_t) - \delta]k_t dt + \sigma k_t dZ_t$$

式中，ι_t 是每单位资本的投资率（那么 $\iota_t k_t$ 就是总投资），dZ_t 是外生的总布朗冲击，这种布朗冲击捕捉了对未来资本生产率预期的变化。函数 Φ 满足：$\Phi(0) = 0$，$\Phi'(0) = 1$，$\Phi'(\cdot) > 0$，$\Phi''(\cdot) < 0$，代表着一个具有调整成本的标准化投资技术。在缺乏投资的情况下，由专家管理的资金会以固定比率 δ 进行折旧。$\Phi(\iota)$ 的凹度代表技术非流动性，即将产出转换为新资本的调整成本。

家庭的生产力更低，家庭管理的资本的产出速度为 $\underline{a} \leqslant a$，其持有的资本 $\underline{k}_t$ 的演化过程可以表示为

$$d\underline{k}_t = [\Phi(\underline{\iota}_t) - \underline{\delta}]\underline{k}_t dt + \sigma \underline{k}_t dZ_t$$

式中，$\underline{\delta} > \delta$，$\underline{\iota}_t$ 是家庭每单位资本的投资率。

2. 偏好

专家和家庭都是风险中性的。家庭的贴现率为 r，他们的消费水平可为正也可为负，从而家庭能够以 r 的无风险利率提供完全弹性贷款。用 $\underline{c}_t$ 表示单个家庭在 t 时刻的累计消费，$d\underline{c}_t$ 是其在 t 时刻的消费，那么家庭的效用为

$$E\left[\int_0^\infty e^{-rt}\,d\underline{c}_t\right]$$

专家的贴现因子为 ρ，$\rho > r$，并且专家不能有负的消费，专家的累计消费量 c_t 是非递减的，即 $dc_t \geqslant 0$。那么专家的效用为

$$E\left[\int_0^\infty e^{\rho t}\,dc_t\right]$$

3. 最优资本价格、金融摩擦和资本结构

在没有摩擦的经济体中，专家将永远管理资本。由于专家没有家庭那么有耐心，他们会在 0 时刻消耗掉自己的全部净值，并通过向家庭发行股票来为未来的资

本持有融资。根据戈登（Gordon）增长公式，资本的价格为

$$\overline{p} = \max_{\iota} \frac{a - \iota}{r - \overline{[\Phi(\iota) - \delta]}}$$

从而资本获得了所需的股本报酬率，其等于风险中性家庭的贴现率 r。

如果专家不能向家庭发行股票，由于他们不可能出现负消费，因此就需要正净值来吸收风险。一旦专家的财富跌至 0，他们将无法再持有任何风险资本，那么资本的价格将永久跌至

$$\underline{q} \max_{\iota} \frac{a - \iota}{r - \underline{[\Phi(\iota) - \delta]}}$$

这个价格是如果家庭必须永远持有资本，他们愿意支付的价格。最优资本价格 $\overline{q}$ 与清算价值 $\underline{q}$ 之间的差异决定了资本的市场流动性。

4. 资本市场

专家和家庭可以在一个完全流动的市场上交易实际资本。我们用 q_t 表示资本相对于产出而言的均衡市场价格，并假定其变动规律采用如下形式：

$$dq_t = \mu_t^q q_t dt + \sigma_t^q q_t dZ_t$$

从而资本 k_t 的价值为 $q_t k_t$。在经济系统平衡时，q_t 是内生决定的，且介于 $\underline{q}$ 和 $\overline{q}$ 之间。

5. 持有资本的收益

当专家以 q_t 的价格购买并持有 k_t 单位的资本时，根据伊藤引理，资本的价值变动依据

$$\frac{d(k_t q_t)}{k_t q_t} = [\Phi(\iota_t) - \delta + \mu_t^q + \sigma \sigma_t^q] dt + (\sigma + \sigma_t^q) dZ_t$$

上式也是专家的资本利得率。专家的总风险包括外生的基础风险，如关于未来资本生产率 σdZ_t 的变动，以及经济中金融摩擦 $\sigma_t^q dZ_t$ 带来的内生风险。资本还能产生股息收益率 $(a - \iota_t)/q_t$。因此，专家从资本（每单位财富投资）中获得的总收益是

$$dr_t^k = \underbrace{\frac{a - \iota_t}{q_t} dt}_{\text{股息收益率}} + \underbrace{[\Phi(\iota_t) - \delta + \mu_t^q + \sigma \sigma_t^q] dt + (\sigma + \sigma_t^q) dZ_t}_{\text{资本利得率}}$$

类似地，低效率家庭的收益为

$$dr_{\underline{t}}^k = \underbrace{\frac{a - \iota_t}{q_t} dt}_{\text{股息收益率}} + \underbrace{[\Phi(\iota_t) - \underline{\delta} + \mu_t^q + \sigma \sigma_t^q] dt + (\sigma + \sigma_t^q) dZ_t}_{\text{资本利得率}}$$

6. 动态交易以及专家最优化问题

一个专家的财富净值为 n_t，其会拿出 x_t 比例的财富投资于资本，$1 - x_t$ 的比例

投资于无风险资产，同时消费 $\mathrm{d}c_t$，这些数据的演变过程依据

$$\frac{\mathrm{d}n_t}{n_t} = x_t \mathrm{d}r_t^k + (1-x_t)r\mathrm{d}t - \frac{\mathrm{d}c_t}{n_t}$$

上式称为专家的动态预算约束。此外，专家可以使用杠杆，即 x_t 可以大于 1。生产率较低的家庭以利率 $r(r<\rho)$ 为财富净值为正的专家提供完全有弹性的债务融资。由于价格是连续变化的，单个专家不足以对价格产生影响，所以财富净值为正的专家一定能偿还债务。

专家面临的是下式描述的最大化问题：

$$\max_{x_t>0, \mathrm{d}c_t \geq 0_t} E\left[\int_0^\infty e^{-\rho t} \mathrm{d}c_t\right]$$

这个最大化问题的约束条件为：偿付能力约束 $n_t \geq 0$，$\forall t$ 以及专家的动态预算约束。

$\mathrm{d}c_t/n_t$ 称为专家的消费率。当不同专家选择相同的投资组合权重，并以相同的消费率进行消费时，他们的预期贴现收益将与他们净资产的比例相同。

7. 家庭最优化问题

类似地，一个家庭的净值为 $\underline{n}_t$，其会拿出 $\underline{x}_t$ 比例的财富投资于资本，$1-\underline{x}_t$ 的比例投资于无风险资产，同时消费 $\mathrm{d}\underline{c}_t$，这些数据的演变过程依据

$$\frac{\mathrm{d}\underline{n}_t}{\underline{n}_t} = \underline{x}_t \mathrm{d}\underline{r}_t^k + (1-\underline{x})r\mathrm{d}t - \frac{\mathrm{d}\underline{c}_t}{\underline{n}_t}$$

该式是家庭的动态预算约束。

家庭需要求解的最大化问题为

$$\max_{\underline{x}_t \geq 0, \mathrm{d}\underline{c}_t, \epsilon_t} E\left[\int_0^\infty e^{-rt} \mathrm{d}\underline{c}_t\right]$$

家庭的约束条件为：偿付能力约束 $\underline{n}_t \geq 0$，$\forall t$ 以及家庭自身的动态预算约束，当然，不同于专家，家庭的消费 $\mathrm{d}\underline{c}_t$ 可为正也可为负。

总结起来，专家和家庭在三个方面有所不同：首先，专家的工作效率更高，即 $a \geq \underline{a}$ 或者 $\delta < \underline{\delta}$。第二，专家的耐心不如家庭，即 $\rho > r$。第三，专家的消费必须是正的，而家庭的消费可以是正的也可以是负的，确保无风险利率始终是 r。

8. 均衡状态

均衡状态下，由冲击历史 $\{Z_s, s \in [0,t]\}$ 到资本价格 q_t 以及资产配置的映射会使得代表性个体均最大化了自身效用，并且市场出清。用区间 $\mathbb{I} = [0,1]$ 表示专家的集合，单个专家用 i 表示，$i \in \mathbb{I}$。类似地，家庭的集合为 $\mathbb{J} = (1,2]$，单个家庭用 j 表示。

对于任意资本初始禀赋 $\{k_0^i, \underline{k}_0^j; i \in \mathbb{I}, j \in \mathbb{J}\}$ 满足

$$\int_I k_0^i \mathrm{d}i + \int_J \underline{k}_0^j \mathrm{d}j = K_0$$

均衡可以用布朗运动 $\{Z_t, t \geq 0\}$ 定义的滤波概率空间上的随机过程来描述，即资本价格演变过程 $\{q_t\}$，净值 $\{n_t^i, \underline{n}_t^j \geq 0\}$，资本持有 $\{k_t^i, \underline{k}_t^j \geq 0\}$，投资决策 $\{\iota_t^i, \underline{\iota}_t^j \in \mathbb{R}\}$，代表性个体（$i \in \mathbb{I}$，$j \in \mathbb{J}$）的消费选择 $\{\mathrm{d}c_t^i \geq 0, \mathrm{d}\,\underline{c}_t^j\}$ 满足以下三点：

(i) 对于任意 $i \in \mathbb{I}$，$j \in \mathbb{J}$，初始净值满足 $n_0^i = k_0^i q_0$ 以及 $\underline{n}_0^j = \underline{k}_0^j q_0$。

(ii) 专家和家庭都是在给定价格下求解自身的最优化问题。

(iii) 商品市场和资本市场出清，即

$$\int_I (\mathrm{d}c_t^i) \mathrm{d}i + \int_J (\mathrm{d}\underline{c}_t^j) \mathrm{d}j = \left[\int_I (a - \iota_t^i) k_t^i \mathrm{d}i + \int_J (\underline{a} - \underline{\iota}_t^j)\, \underline{k}_t^j \mathrm{d}j \right] \mathrm{d}t$$

$$\int_{\mathbb{I}} k_t^i \mathrm{d}i + \int_J \underline{k}_t^j \mathrm{d}j = K_t$$

式中，

$$\mathrm{d}K_t = \left(\int_{\mathbb{I}} \left[\Phi(\iota_t^i) - \delta \right] k_t^i \mathrm{d}i + \int_J \left[\Phi(\underline{\iota}_t^j) - \underline{\delta} \right]\, \underline{k}_t^j \mathrm{d}j \right) \mathrm{d}t + \sigma K_t \mathrm{d}Z_t$$

如果两个市场均出清，那么根据瓦尔拉斯法则，余下的利率为 r 的无风险借贷市场就会自动出清。由于代表性个体是完全竞争的价格接受者，所以在这个经济体中，财富在专家和家庭之间的分配并不重要。

二、求解均衡状态

均衡求解过程主要有两步：首先，利用代表性个体效用最大化和市场出清条件来推导均衡状态的性质。其次，作者证明了均衡动态可以用一个单一的状态变量即专家的财富份额 η_t 来描述，并导出了一个将所有均衡变量作为 η_t 的函数的方程组。

1. 内部投资

通过求解问题：

$$\max_\iota \Phi(\iota) - \iota / q_t$$

得到使专家和家庭资产收益最大化的最优投资率为

$$\iota_t = \underline{\iota}_t = \iota(q_t)$$

可以看到，最优投资率只取决于当前的资本价格 q_t。

2. 家庭的最优投资组合

家庭的真实资本持有比例为

$$1 - \psi_t = \frac{1}{K_t} \int_J \underline{k}_t^j \mathrm{d}j$$

家庭无金融约束，均衡状态下，家庭从借给专家的无风险资本中获得的收益即

为贴现率 r，如果 $1-\Psi_t>0$，其持有资本的收益也为 r。如果家庭不持有资本，其资本预期收益必须不超过 r。从而均衡条件可以表示为

$$\underbrace{\frac{a-\iota(q_t)}{q_t}+\Phi(\iota(q_t))-\underline{\delta}+\mu_t^q+\sigma\sigma_t^q}_{E_t[dr_t^k]/dt}$$

当 $1-\Psi_t>0$ 时，上式取等号。

3. 专家的最优投资组合以及消费选择

作者首先使用贝尔曼（Bellman）方程刻画专家的最优动态策略，然后从一个可行策略集 $\{x_t,d\zeta_t\}$ 出发，通过分析价格过程 $\{q_t,t\geq 0\}$ 和专家的预期净收益率 $\{\theta_t\}$，得到策略最优的条件为

$$\rho\theta_t n_t dt=\max_{\hat{x}\geq 0,d\hat{\zeta}_t\geq 0}n_t d\hat{\zeta}_t+E[d(\theta_t n_t)]$$

$$\text{s. t.}\quad \frac{dn_t}{n_t}=\hat{x}_t dr_r^k+(1-\hat{x}_t)rdt-d\hat{\zeta}_t$$

接着，作者将贝尔曼方程分解为 q_t 和 θ_t 的随机运动规律以及专家的最优策略需要满足的一些特定条件。即对于有限过程

$$\frac{d\theta_t}{\theta_t}=\mu_t^\theta dt+\sigma_t^\theta dZ_t$$

$\{x_t,d\zeta_t\}$ 是最优策略时需满足的四项充要条件为：

(i) $\theta_t\geq 1$；当且仅当 $\theta_t=1$ 时，$d\zeta_t>0$；

(ii) $\mu_t^\theta=\rho-r$；

(iii)（EK）或者　$x_t>0$

以及　$\underbrace{\frac{a-\iota(q_t)}{q_t}+\Phi(\iota(q_t))-\delta+\mu_t^q+\sigma\sigma_t^q-r}_{\text{预期资本超额收益率},E_t[dr_t^k]/dt-r}=\underbrace{-\sigma_t^\theta(\sigma+\sigma_t^q)}_{\text{风险溢价}}$

或者　$x_t=0$　以及　$E[dr_t^k]/dt-r\leqslant-\sigma_t^\theta(\sigma+\sigma_t^q)$

(iv) 满足横截性条件 $E[e^{-\rho t}\theta_t n_t]$。

净收益率 θ_t 实际上是专家财富的边际效用，可以理解为专家持有资产的价格。条件（iii）给出了专家风险溢价或预防性动机的公式，并反映出当内生风险使得所需的风险溢价率超过了资本的超额收益率时，专家就会选择在经济波动时期不持有资本，而是以无风险利率贷款给家庭，等待之后再以低价格购买资产（"逃向优质资产"）。

作者还进一步验证了均衡状态下专家的杠杆率一定大于 0，并给出了在时间 $t+s$ 产生随机现金流 CF_{t+s} 的资产的定价公式为

$$E_t\left[\frac{e^{-\rho s}\theta_{t+s}}{\theta_t}CF_{t+s}\right]$$

4. 市场出清

当专家和家庭的资本配置比例分别为 Ψ_t 和 $1-\Psi_t$ 时，资本市场出清。此外，由于家庭消费可为正也可为负，家庭愿意以无风险利率 r 自由借入或贷出任意数额的资本，因而商品市场出清，无风险资产出清。

5. 财富分配

专家和家庭拥有的总财富水平分别为

$$N_t = \int_{\mathbb{I}} n_t^i \,\mathrm{d}i \quad \text{和} \quad q_t K_t - N_t = \int_{\mathbb{J}} \underline{n}_t^j \,\mathrm{d}j$$

专家的财富份额为

$$\eta_t \equiv \frac{N_t}{q_t K_t} \in [0,1]$$

当专家财富份额占比下降时，家庭的资本配置比例 $1-\Psi_t$ 将会上升，资本价格 q_t 将会降低，资本的投资比例也会降低。进一步，作者给出了均衡时专家财富份额 η_t 的变动规律：

$$\frac{\mathrm{d}\eta_t}{\eta_t} = \frac{\psi_t - \eta_t}{\eta_t}(\mathrm{d}r_t^k - r\mathrm{d}t - (\sigma + \sigma_t^q)^2\,\mathrm{d}t)$$

$$+ \frac{a - \iota(q_t)}{q_t}\mathrm{d}t + (1-\psi_t)(\underline{\delta}-\delta)\mathrm{d}t - \mathrm{d}\zeta_t$$

式中，$\mathrm{d}\zeta_t = \mathrm{d}C_t / N_t$，$\mathrm{d}C_t = \int_{\mathbb{I}}(\mathrm{d}c_t^i)\,\mathrm{d}i$。

根据条件 EK 可以得到

$$\frac{\mathrm{d}\eta_t}{\eta_t} = \mu_t^{\eta}\mathrm{d}t + \sigma_t^n\mathrm{d}Z_t - \mathrm{d}\zeta_t$$

式中，$\sigma^\eta = \dfrac{\psi_t - \eta_t}{\eta_t}(\sigma + \sigma_t^q)$，$\mu_t^\eta = -\sigma_t^\eta(\sigma + \sigma_t^q + \sigma_t^\theta) + \dfrac{a-\iota(q_t)}{q_t} + (1-\psi_t)(\underline{\delta}-\delta)$。

6. 马尔可夫均衡

当均衡状态是马尔可夫均衡时，所有的变量过程都是 η_t 的函数，即 $q_t = q(\eta_t)$，$\theta_t = \theta(\eta_t)$ 以及 $\phi_t = \phi(\eta_t)$。

通过将均衡条件转换为微分方程，作者求解出函数 $q(\eta)$，$\theta(\eta)$，$\psi(\eta)$ 的定义域为 $[0,\eta^*]$，$q(\eta)$ 递增，$\theta(\eta)$ 递减，并且边界条件为

$$q(0) = \underline{q}, \quad \theta(\eta^*) = 1, \quad q'(\eta^*) = 0, \quad \theta'(\eta^*) = 0, \quad \text{和} \quad \lim_{\eta \to 0}\theta(\eta) = \infty$$

当 $\eta_t < \eta^*$ 时，专家消费 $\mathrm{d}\zeta$ 为 0；当 $\eta_t = \eta^*$ 时，专家消费为正。

进一步，$\psi(\eta)$ 的解满足下式：

$$\frac{a-\underline{a}}{q(\eta)} + \underline{\delta} - \delta + (\sigma + \sigma_t^q)\sigma_t^\theta = 0$$

式中，$\sigma^\eta \eta = \dfrac{(\psi - \eta)\sigma}{1 - (\psi - \eta)q'(\eta)/q(\eta)}$，$\sigma_t^q = \dfrac{q'(\eta)}{q(\eta)}\sigma^\eta\eta$，$\sigma_t^\theta = \dfrac{\theta'(\eta)}{\theta(\eta)}\sigma^\eta\eta$。

从而解得

$$\mu_t^\eta = -\sigma_t^\eta(\sigma + \sigma_t^q + \sigma_t^\theta) + \frac{a - \iota[q(\eta)]}{q(\eta)} + (1-\psi)(\underline{\delta} - \delta)$$

$$\mu_t^q = r - \frac{a - \iota[q(\eta)]}{q(\eta)} - \Phi[q(\eta)] + \delta - \infty\sigma_t^q - \sigma_t^\theta(\sigma + \sigma_t^q), \quad \mu_t^\theta = \rho - r$$

$$q''(\eta) = \frac{2[\mu_t^q q(\eta) - q'(\eta)\mu_t^\eta\eta]}{(\sigma_t^\eta)^2\eta^2}$$

$$\theta'(\eta) = \frac{2[\mu_t^\theta\theta(\eta) - \theta'(\eta)\mu_t^\eta\eta]}{(\sigma_t^\eta)^2\eta^2}$$

使用 MATLAB 求解函数 $q(\eta)$，$\theta(\eta)$ 和 $\psi(\eta)$ 的数值解，可以得到它们的函数图像（见图 1）。

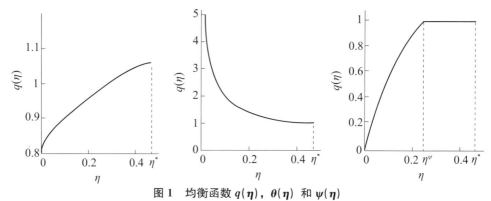

图 1　均衡函数 $q(\boldsymbol{\eta})$，$\boldsymbol{\theta}(\boldsymbol{\eta})$ 和 $\boldsymbol{\psi}(\boldsymbol{\eta})$

7. 均衡状态下的低效率

如果没有金融摩擦，专家们将永久地管理经济中的所有资本。资本价格将为 $\bar{q}$，投资率为 $\iota(\bar{q})$，专家会在 $t=0$ 时一次性消费他们的全部净值，因此所有代表性个体的效用总和将是 $\bar{q}K_0$。当存在摩擦时，模型中便会存在三种类型的低效率：

（i）资本错配。当 $\Psi_t < 1$ 时，由于较低的 η_t，生产率较低的家庭最终会进行资本管理，导致资本错配。

（ii）投资不足。这是由于 $\iota(q_t) < \iota(\bar{q})$。

（iii）消费扭曲。这是由于专家会将其一部分消费延迟到未来进行。

低效率的存在使得所有代表性个体的效用总和小于 $\bar{q}K_0$。当 $\eta_t = \eta^*$ 时，由于 $\theta(\eta^*)=1$，$q(\eta^*) < \bar{q}$，代表性个体的效用总和为

$$\underbrace{E\left[\int_0^\infty e^{-\rho t}\mathrm{d}C_t\right]}_{\text{专家收益}} + \underbrace{E\left[\int_0^\infty e^{-rt}\mathrm{d}\underline{C}_t\right]}_{\text{家庭收益}} = \underbrace{\theta(\eta^*)N_0}_{} \text{ expert payoff} + \underbrace{q(\eta^*)K_0 - N_0}_{\text{家庭收益/财富}}$$

$$= q(\eta^*)K_0 < \bar{q}K_0$$

三、不稳定性、内生风险和资产定价

不同于 BGG 和 KM 的对数线性化解的解释，该文的模型均衡具有不稳定性。在本文的模型中，内生风险会随着经济周期发生变化：其在经济处于稳态 η^* 时趋近于零，但在经济低于稳态 η^* 时却很大。因此，长时间的负面冲击会将经济推入一个不稳定的危机机制，大量的这种负面冲击便会使整个经济体系陷入萧条状态，经济短时间难以恢复。

当改变模型假设时，如效用函数为对数形式时，稳态附近仍然存在一定程度的冲击放大效应，这种放大效应在低于稳态的情形下会更加明显，特别是在专家开始向家庭出售资本的时候。也就是说，系统动态的非线性特征对于模型假设是稳健的。

另外，经济系统在稳态附近和偏离稳态处的差异与决定稳态的因素有关，这些因素包括专家的利润和他们的内生支出/消费决策。当两种因素相互匹配时，经济便处于随机稳态。在危机机制中，波动性和风险溢价较高，专家会进行净资产积累。只有当专家的总净值恢复到足以承受可能的下一次危机时，它们才会开始支出。

1. 内生风险的放大效应

内生风险是指资产价格随着约束和预防动机所导致的投资组合调整而发生变化的风险。外生的基本面冲击一般会导致初始损失，当代表性个体对这些损失做出反应时，便会驱动反馈循环，从而产生内生风险。

造成内生风险的冲击的放大效应取决于专家的杠杆水平和资本对冲击的价格反应，后者会改变专家的净资产价值，使得专家做出进一步的调整。导致放大效应的反馈机制可以绘成图 2：

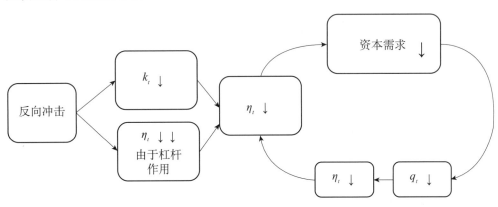

图 2　负反馈循环机制

2. 正常时期、危机时期和遍历不稳定性

经济处于随机稳态时不存在内生风险，而在低于稳态时则存在明显的内生风险。事实上，经济低于稳态时，内生风险会急剧上升，较大冲击和较小冲击对于经济的影响存在明显差别，系统状态变动实际上是非线性的。

内生风险上升以及杠杆的使用会使得 η_t 剧烈变动，从而导致系统性风险的产生，也就是说，经济可能会在某时陷入一种远低于稳态的萧条状态，在这种萧条时期，绝大部分资本会被分配给低效的家庭。

图 3 所示为 η_t 的平稳密度函数，其度量的是处于不同的状态空间时 η_t 波动调整所花费的平均时间。可以看到，该平稳分布的关键特征是双峰分布，即在极端（接近 η^* 和接近 0）处密度很高，这种特性被称为"遍历不稳定性"。该密度函数在低于 η^* 的中间区域非常矮，这是因为系统在高波动性区域的变动速度很快，因此在那里停留的时间相对较短。在随机稳定状态下的系统波动具有很高的不确定性，系统很可能会陷入 $\eta=0$ 的萧条状态。在状态空间的最低处，资产基本上是由非生产性家庭定价的，$q_t \sim \underline{q}$，此时波动性水平较低。作者进一步证明了经济体系的大部分时间都在极端点附近：要么专家资本充足，金融体系能够很好地应对小的负面冲击，要么经济会在很长一段时间内被困在专家财富份额非常低的情况中。

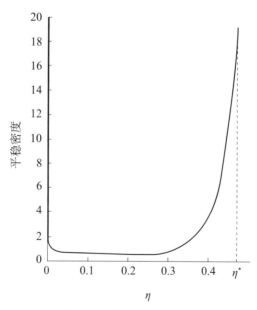

图 3 η_t 的平稳密度函数

3. 均衡特征的稳健性

由于财富分配是内生演化的，本文的模型在正常时期表现出稳定性，在危机时

期则表现出很强的放大效应。财富分配的稳定状态取决于专家和家庭的相对消费率，以及专家和家庭在投资组合中获得的回报差异。当专家积累了足够的财富，能够轻松地吸收大多数冲击时，变量 η_t 达到随机稳定状态，在这一点上，专家之间的竞争会推高资本价格，降低专家所获得的风险溢价，从而使得专家更希望将净资产用于消费，而不是将其用于再投资。

在随机稳定状态 η^* 附近，专家的情况会变好，风险溢价下降，资本价格对冲击的反应较弱。因此，在接近稳定状态时，放大效应和内生风险显著降低。特别地，在本文的风险中性模型中，风险溢价和内生风险都在 η^* 处降为零。

为判断均衡特征是否具有稳健性，作者重新设定代表性个体具有对数形式的效应函数，其他条件保持不变，重新求解模型，发现此时专家和家庭的资本收益率公式、η_t 的变动规律均未改变，只是无风险收益 $\mathrm{d}r_t$ 不再为常数，系统均衡特征与之前的分析相同。

4. 资产价格相关性

内生风险不仅使受约束的代表性个体所持有的所有资产都会受到影响，而且会显著增强危机时期的资产价格相关性。

考虑模型包括多种类型的资本，某种特定类型的资本用 k_t^l 表示，那么资产 l 的收益为

$$\mathrm{d}r_t^{k,l} = \left[\frac{a - \iota(q_t)}{q_t} + \Phi(\iota(q_t)) - \delta + \mu_t^q + \sigma\sigma_t^q \right]\mathrm{d}t$$
$$+ (\sigma + \sigma_t^q)\mathrm{d}Z_t + \hat{\sigma}\mathrm{d}Z_t^l$$

资产 l 和 l' 的相关性系数为

$$\frac{\mathrm{Cov}[q_t k_t^l, q_t k_t^{l'}]}{\sqrt{\mathrm{Var}[q_t k_t^l]\mathrm{Var}[q_t k_t^{l'}]}} = \frac{(\sigma + \sigma_t^q)^2}{(\sigma + \sigma_t^q)^2 + \hat{\sigma}^2}$$

可以看到，两种资产的相关性会随着内生风险的增加而增加，稳态 η^* 附近的相关性为 $\sigma^2 / (\sigma^2 + \hat{\sigma}^2)$。

四、波动性悖论以及柯薛拉科塔批判

在分析了系统均衡特征之后，作者进一步研究小的外部冲击是否会产生大的内生风险，并发现了一种波动性悖论：内生风险不会随着基本风险 σ 趋近于 0 而消失。令人惊讶的是，内生风险 σ_t^q 的最大值对 σ 的敏感性非常低，随着 σ 的下降，σ_t^q 的最大值可能会略微增加。因此，即使在低波动性环境中，也存在系统性风险。倘若外源性风险 σ 对最大内源性风险 σ_t^q 没有显著影响，那么最大的决定因素将会是流动性，即经济系统适应收紧的金融约束的容易程度。

由于波动悖论，柯薛拉科塔批判并不适用于本文的情形。Kocherlakota（2000），Cordoba 和 Ripoll（2004）认为，在 BGG 和 KM 的模型环境下，当一个孤立的意外冲击使系统远离稳态时，不会出现很大的放大效应，即在一次冲击之后，经济系统会在一个确定的恢复路径上回到确定性的稳定状态。既然经济复苏必然会发生，价格就必须下跌到较低程度，才能吸引生产率较低的家庭购买资本，也就是说，放大效应很低。

但在本文的模型中，震荡后的复苏是不确定的，一次冲击使人们担忧未来资产价格可能会一直跌到 $\underline{q}$。这说明了为什么资本的市场流动性是内生风险的关键决定因素——资本的市场流动性取决于价格在理论上可能会下跌到的下限 $\underline{q}$。当外源性风险趋近于 0 时，内源性风险不会消失，放大效应在整个状态空间中几乎都是无穷大的。

波动性悖论描述的现象也是稳健的，即适用于采用对数形式效用的模型。波动性悖论用公式表达为：当 $\eta_t \rightarrow 0$ 时，$\sigma_t^\eta \rightarrow \dfrac{\Lambda}{\sigma} + O(\sigma)$，其中，$\Lambda = (a - \underline{a}) / \underline{q} + \underline{\delta} - \delta$。

波动性悖论与现实中危机之前的低波动环境相符，即所谓的"大缓和"。换句话说，即使在总体风险水平较低的情况下，经济系统也容易出现不稳定情形。

五、借贷成本和金融创新

进一步，作者还探讨了借贷成本对均衡动态的影响。

除了预防性动机外，借贷成本也能促使专家降低杠杆率，杠杆率的降低会使内生风险水平 σ_t^η 显著降低，并降低危机发生的概率，从而使系统变得更稳定。

相反，低借贷成本的金融创新则会导致更高的杠杆率，并可能损害经济系统的稳定性。譬如证券化、信用违约掉期以及各种期权和期货合约等金融创新能让专家更好地进行风险分担，并对冲特殊风险。专家之间的风险分担一方面降低了特殊风险带来的低效率，另一方面促使他们保持较小的净值缓冲，并处于更高的杠杆水平，这将会显著提升经济中的系统性风险，使经济系统变得不稳定。可以看到，旨在提高个人风险管理效率的金融工具事实上可能会使整个经济系统变得不稳定。

六、效率和宏观审慎政策

金融摩擦会引致系统性不稳定和内生风险的出现，但这并不一定意味着要进行严格的金融监管，使系统更加稳定的措施很可能会抑制经济增长。

作者使用福利分析对金融监管的影响进行了讨论。在原有模型中，专家和家庭的福利水平分别为 $\eta\theta(\eta_t)q(\eta_t)K_t$ 和 $(1-\eta_t)q(\eta_t)K_t$，由于资本错配、投资不足和消费扭曲这三种低效率情形，总福利水平会低于$\bar{q}K_t$，并且危机期间的内生风险还会加剧这些低效率。在研究金融政策对均衡结果的影响时，作者得到了以下结论：

第一，当政策设计考虑到了专家进行融资会面临的金融摩擦时，政策就能够促成有效的结果，不过这些政策通常要求对金融体系进行大规模的调整，或者要使用金融资产进行大规模的公开市场操作；

第二，监管者假设只存在尾部风险时实施的政策，可以显著地改善总体福利，特别是当外生风险较小而潜在的内生风险较大时；

第三，微小的政策失误可能对均衡结果产生巨大影响；

第四，一些自然政策——资本金要求和对股息的限制——可能会导致意想不到的后果。

考虑存在杠杆约束时的情况，该约束禁止专家的杠杆水平超过某一上限。一般来说，专家会通过积累净资产来应对杠杆约束。一方面，η^*的增加可以使系统稳定并改善福利。另一方面，杠杆约束也会通过资本错配以及导致投资不足的低价格造成许多低效率。现实中，通过杠杆约束来改善福利并不容易，尽管通过精心制定有针对性的政策，有可能实现小幅改善，但简单粗暴地限制杠杆常常会适得其反，并降低福利。

股息限制的政策会迫使专家保留收益，并允许他们只有在η_t达到临界水平$\bar{\eta}$时才能按照净资产的一定比例进行派息。虽然在该模型中，对支出的小限制往往会轻微地改善福利，但大的限制却会损害福利，并产生其他一些严重后果。当专家被迫保留更多的净资产时，资本的价格会上升，甚至可能超过稳定状态下的上限$\bar{q}$。那么专家净资产的边际价值$\theta(\eta)$就会下降，并在接近$\bar{\eta}$处是非单调的，风险溢价在接近$\bar{\eta}$处变为负值。在这种情况下，危机事件并不频繁发生，但是危机的性质更加严重。并且由于价格有更大的下跌空间，危机时的最大内生风险水平将会上升。

七、研究结论

金融摩擦会对宏观经济产生重要影响。在经济系统偏离稳定状态时，逆反馈循环会引致巨大的内生风险。均衡系统具有非线性特征：小的冲击使经济处于稳定状态附近，而大的冲击则可能使经济长期处于不稳定的危机状态。无论总体风险水平有多大，由于杠杆水平和风险承担是内生决定的，经济都容易不稳定。当总体风险水平下降时，均衡杠杆率上升，危机机制中的放大效应变得更加严重，这被称为波动性悖论。由于波动性悖论的存在，柯薛拉科塔批判并不适用于本文的模型：事实上，在波动性低的经济环境中，危机的放大效应也可以是无限的。在特殊风险和总体风险并存的经济环境中，均衡杠杆率也会随着用于对冲特殊风险的多样化的金融工具的增加而增加。因此，那些为更好地管理风险而设计的金融工具反而可能会增加系统性风险。

政策干预可以降低危机发生的可能性，但可能会损害福利。仅针对危机时期而设计的政策，比如旨在调整金融体系资本结构的政策，可能会在危机出现之前增加人们的冒险动机。然而，如果相比于小机构而言，这些政策更有利于大机构，那么道德风险的影响就会减轻。此外，对经济杠杆的简单限制可能弊大于利，因为这种政策只在经济低迷时期起约束作用，而对繁荣时期的个体行为可能没有什么影响。鼓励金融机构在繁荣时期更长时间保留收益的政策如股息限制，确实降低了危机发生的频率，但可能会通过刺激繁荣时期的资产价格来提升内生风险，从而减缓了经济复苏。

资本流动和货币政策的风险承担渠道^①

作者简介　**Valentina Bruno**

　　瓦伦蒂娜·布鲁诺（Valentina Bruno）于 2006 年获得伦敦经济学院金融学博士学位，现任美国大学 Kogod 商学院金融学教授，在加入 Kogod 商学院之前，布鲁诺教授曾在世界银行金融部门战略和政策组以及国际金融团队工作。布鲁诺教授的研究兴趣包括宏观金融、全球流动性、公司治理和银行业。

主要成果

"Capital Flows and the Risk-Taking Channel of Monetary Policy" (with Hyun Song Shin), *Journal of Monetary Economics*, pp. 119 - 132, 71, 2015.

"Global Dollar Credit and Carry Trades: A Firm-Level Analysis" (with Hyun Song Shin), *The Review of Financial Studies*, pp. 703 - 749, 30.3, 2017.

"Exchange Rates and the Working Capital Channel of Trade Fluctuations" (with Se-Jik Kim and Hyun Song Shin), *AEA Papers and Proceedings*, Vol. 108, 2018.

"Cross-Border Banking and Global Liquidity" (with Hyun Song Shin), *The Review of Economic Studies*, pp. 535 - 564, 82.2, 2015.

---

　　① 本文发表于 *Journal of Monetary Economics*，2015，71（4）：119 - 132。

"Corporate Governance and Regulation：Can There Be Too Much of a Good Thing?"（with Stijn Claessens），The World Bank，2007.

"Corporate Governance and Ownership：Evidence from a Non-Mandatory Regula-tion"（with Arcot，Sridhar），*Journal of Law，Finance，and Accounting*，pp. 59 – 84，3. 1，2018.

作者简介　　**Hyun Song Shin**

　　申炫松（Hyun Song Shin）在牛津大学纳菲尔德学院先后取得了哲学、政治和经济学学士学位，哲学硕士学位以及经济学博士学位。申炫松教授于 2014 年 5 月 1 日开始就任国际清算银行经济顾问和研究主管，在此之前，申炫松教授曾担任普林斯顿大学休斯-罗杰斯经济学教授和伦敦经济学院金融学教授，他还曾担任韩国总统的高级顾问，牵头制定了韩国的金融稳定政策，并参与了 G20 峰会议程的制定。

主要成果

"Capital Flows and the Risk-Taking Channel of Monetary Policy"（with Bruno，Valentina），*Journal of Monetary Economics*，pp. 119 – 132，71，2015.

"Global Dollar Credit and Carry Trades：A Firm-Level Analysis"（with Bruno，Valentina），*The Review of Financial Studies*，pp. 703 – 749，30. 3，2017.

"Exchange Rates and the Working Capital Channel of Trade Fluctuations"（with Bruno，Valentina and Se-Jik Kim），*AEA Papers and Proceedings*，Vol. 108，2018.

"Cross-Border Banking and Global Liquidity"（with Bruno，Valentina），*The Review of Economic Studies*，pp. 535 - 564，82. 2，2015.

研究背景

发达经济体央行的低利率政策引发了一场关于全球流动性特征及跨境传导渠道的激烈讨论，媒体报道中比较流行的一种说法是，发达国家的低利率推动了跨境资本流动，导致资本接受国经济过热，信贷过度增长，然而这种观点背后的确切经济机制有待确认。

作者在该篇文章中提出银行业是货币政策传导的重要渠道，银行作为金融中介，其融资成本与央行选择的政策利率密切相关，货币政策可能通过改变银行的风险承担行为对经济产生作用，即货币政策的风险承担渠道。事实上，货币政策的风险承担渠道最早由 Borio 和 Zhu（2012）提出，其指出货币政策如何影响市场参与者所承担的风险暴露敞口，从而进一步对实体经济决策产生作用，而在这篇文章中，作者特别关注银行部门的风险承担渠道，研究了当外界经济环境变化时，银行部门的杠杆水平将如何波动，而这种波动又会给国内和国际带来怎样的经济后果。

这篇文章的贡献主要体现在两个方面，第一个贡献是提出银行杠杆是货币政策传导的重要渠道，银行部门将美联储的微小冲击转换成更大的风险承担，进而对包括资本流动和汇率在内的其他金融变量产生影响；第二个贡献是基于实证经验的启发，进一步建立了货币政策风险承担渠道的理论模型，其核心结果表明，一国银行杠杆将随着本币预期升值而上升，这与 Gourinchas 和 Obstfeld（2012）以及 Lund-Jensen（2012）的实证研究相一致，即高杠杆和货币急剧升值是金融脆弱性的重要信号。

主要内容

文章的核心内容可分为三部分。

一、风险承担渠道的经验证据

作者首先给出了货币政策风险承担渠道的经验证据。通过构建包含联邦基金利率、美国做市商杠杆水平、VIX 指数对数值以及实际有效汇率的四变量递归式向量自回归模型，文章获得了 90% 置信区间下的脉冲响应函数图。

图 1 给出了其中最为核心的三幅，最右侧的图描述了给定一个货币政策冲击，美国做市商杠杆率所做出的响应，伴随着联邦基金利率的正向冲击，杠杆率在 10 个季度之后出现下降，并显著持续到第 17 个季度，影响峰值出现在第 12 个季度。另两幅图揭示了这种反应背后的机制，与 Bakaert 等（2012）的研究一致，最左侧的图表示，伴随着紧缩性货币政策的冲击，VIX 指数将在第四个季度之后上升，中间一幅图表明 VIX 指数的上升会降低银行杠杆率水平。三幅图整体告诉我们，银行美元融资成本的提高将通过 VIX 指数带来银行杠杆率水平的降低。

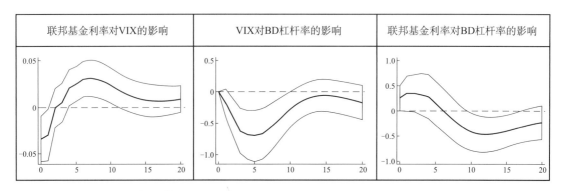

图 1　这幅图展示了四变量［联邦基金利率、BD 杠杆率、VIX 指数、实际有效汇率（REER）］VAR 模型中的脉冲响应图，阐释了联邦基金利率对美国做市商杠杆造成的冲击，联邦基金利率的 1 单位正向冲击通过 VIX 指数的下降导致做市商杠杆率的降低。图中细线展示了两期滞后模型经 1 000 次重复的 **90%bootstrap** 置信区间。

图 2 则进一步展示了联邦基金利率冲击如何通过银行杠杆对以实际有效汇率衡量的美元汇率产生影响。最右侧的图告诉我们，总的来看，联邦基金利率的正向冲击将导致美元在较长的滞后期之后出现升值；而根据左侧的图，随着银行融资成本，即联邦基金利率的上升，银行杠杆率水平将出现下降；中间的图则告诉我们，银行杠杆率的提升将导致美元在三个季度后出现贬值，并且这种影响将会显著持续 20 个季度之久。

通过上述 VAR 分析，我们发现货币政策冲击能够影响银行杠杆水平和 VIX 指数，而银行杠杆水平进一步对美元汇率产生了影响，这些作用不仅在统计上显著，在经济上也同样显著。图 3 展示了 VAR 中四个变量结构性方差中能够被货币政策和银行杠杆解释的比例，我们可以看到，货币政策能够解释 30% 左右的 VIX 指数方差和 10%～20% 的银行杠杆方差，但对美元汇率的解释力并不强，相比之下，银行杠杆能够解释超过 20% 的汇率波动，方差分解结果揭示了变量间的相互作用程度，进一步表明银行杠杆周期是货币政策冲击跨境传导的重要渠道。

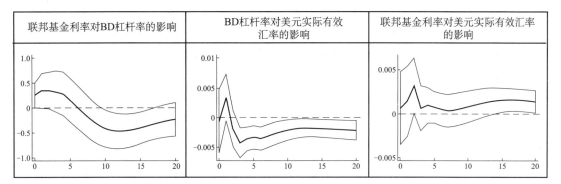

图 2　这幅图展示了四变量［联邦基金利率、BD 杠杆率、VIX 指数、实际有效汇率（REER）］VAR 模型中的脉冲响应图，阐释了联邦基金利率对美元汇率的影响。具体地，联邦基金目标利率 1 单位的正向冲击将通过银行部门杠杆率的降低导致美元升值。图中细线展示了两期滞后模型经 1 000 次重复的 90% bootstrap 置信区间。

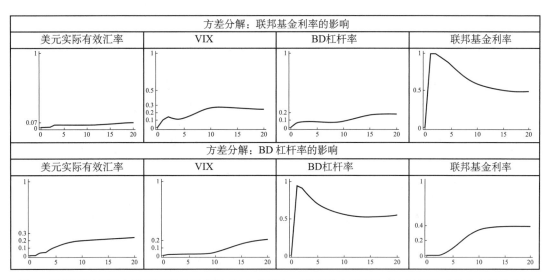

图 3　这幅图展示了在滞后两期的四变量 VAR 模型中，联邦基金利率和 BD 杠杆率对其余变量冲击的方差分解图。

二、国际层面：资本流动的 VAR 分析

Taylor（2013）指出，以利率为主要政策操作工具的货币政策溢出导致了央行间利率政策的强制协调，尤其是对那些担心因不能适应外部低利率环境而破坏其他宏观目标的国家。在这篇文章中，作者认为全球银行作为跨境批发融资的部门，可能是金融环境进行国际传导的重要渠道，Cetorelli 和 Goldberg（2012）的研究发

现，当面临美国货币政策冲击时，跨国银行将在母行和海外分支机构之间重新配置资金，从而将国内流动性冲击传导至国外。基于此，作者进一步对货币政策银行风险承担渠道的国际层面进行研究，具体地，作者在先前的 VAR 模型中加入银行部门跨境资本流动变量。

同样，为了以更简洁的方式揭示货币政策风险承担渠道的具体机制，图 4 给出了 VAR 模型中最为核心的三幅脉冲响应函数图，最左侧的图展示联邦基金利率冲击如何对银行部门杠杆率产生影响，联邦基金利率的正向冲击在第 10 个季度之后显著降低银行的杠杆水平，这一影响在第 12 个季度左右达到峰值。其余两幅图中，中间一幅图展示了银行杠杆率的上升将在第 11 个季度后对银行跨境资本流动产生显著的正向影响，右侧图则展示了货币政策通过银行杠杆作用对银行部门跨境资本流动产生的总体连锁反应。三幅图清晰地揭示了风险承担渠道如何在国际层面发挥作用，即货币政策通过决定银行部门的杠杆周期，最终对美元汇率和美元的资本流动产生影响。

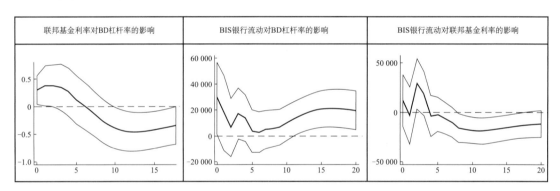

图 4 这幅图展示了五变量［联邦基金利率、BD 杠杆率、BIS 银行资本流动、VIX 指数、实际有效汇率（REER）］VAR 模型中的脉冲响应图，阐释了联邦基金利率对 BIS 银行资本流动性的影响。具体地，联邦基金目标利率 1 单位的正向冲击将通过银行部门杠杆率的降低导致银行资本流动性的减少。图中细线展示了两期滞后模型经 1 000 次重复的 90% bootstrap 置信区间。

VAR 模型带给我们的下列几条经验事实也为风险承担渠道的理论研究框架提供了动机：

（1）当银行的美元融资利率下降时，美元贬值。

（2）伴随着银行美元融资利率的下降，银行部门杠杆率提高，以国际清算银行部门资本流动度量的跨境资本流动增加。

（3）当银行部门资本加速流动时，美元将出现贬值。

三、风险承担渠道的理论模型

基于 VAR 模型所揭示的经验证据，作者进一步围绕银行部门构建了一个风险承担渠道的理论模型。图 5 直观地展现了模型中各方的借贷关系，资本接受国的银行从美元批发市场上融得资金，并以此向本地借款人提供分散性贷款。

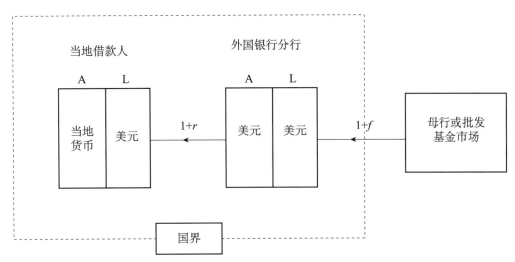

图 5 这幅图展示了模型中各方的借贷关系，简单来说，外国银行机构通过从美元批发市场上获取资金，向本地借款人发放美元借款。

（一）借款人

假设经济中有大量同质的本地借款人，用 j 表示，每个借款人在第 0 期从银行获取期限为 T 的美元贷款 F，并将其投资于 T 期到期、以本币计价的项目，在第 t 期该项目以本币计价的价值为 V_t，定义 θ_t 为 t 期的汇率，即本币的美元价值，因而 θ_t 的上升代表本币相对美元升值。假定信贷风险服从 Merton（1974）中提出的模型，项目以美元计价的价值服从对数正态分布，由下式给出：

$$\theta_T V_T = \theta_0 V_0 \exp\left\{\left[\mu(\bar{\theta}_T) - \frac{s^2}{2}\right]T + s\sqrt{T}W_j\right\}$$

式中，W_j 为标准正态分布的变量，$\bar{\theta}_T$ 为第 0 期对 T 期汇率 θ_T 的期望，$\mu(\cdot)$ 为 $\bar{\theta}_T$ 的增函数。根据项目终值的密度函数，当本币相对于美元升值时，项目将有更高的预期收益。

如图 6 所示，当项目终值小于美元债务 F，$\theta_T V_T < F$ 时借款人将选择违约，从第 0 期看贷款违约的概率为：

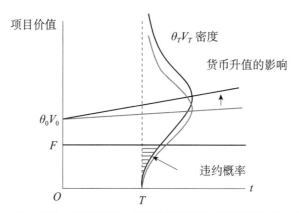

图 6 当 $\theta_T V_T$ 小于 F 时，借款人选择违约，货币升值将使密度函数图上移，最终降低违约概率。

$$\text{Prob}(\theta_T V_t < F) = \text{Prob}\left(W_j < - \frac{\ln(\theta_0 V_0 / F) + \left(\mu - \dfrac{s^2}{2} \right) T}{s \sqrt{T}} \right)$$

$$= \Phi(-d_j)$$

$$d_j = \frac{\ln(\theta_0 V_0 / F) + \left[\mu(\bar{\theta}_T) - \dfrac{s^2}{2} \right] T}{s \sqrt{T}}$$

式中，d_j 是以 W_j 的标准差为单位衡量的违约距离，d_j 是 θ_T 的增函数，反映出当借款人借入美元时，本币升值将大大改善借款人的资产负债表。

（二）银行

银行从批发市场或从母行以 $1 + f$ 的融资利率获得美元计价的资金 L，并将这些资金以 $1 + r$ 的利率向本地借款人提供美元贷款 C，银行的账面权益用 E 来表示。不失一般性，假设经济中存在一家银行，为了简化，假设在 $1 + r$ 的利率下，以美元计价的贷款具有无限弹性，因而可以假定利率 r 固定。

银行的资产组合由大量本地借款人的分散贷款构成，信贷风险服从 Vasicek（2002）提出的默顿（Merton）模型拓展形式，假定 W_j 可以写成两个相互独立的标准正态的线性组合：

$$W_j = \sqrt{\rho} Y + \sqrt{1 - \rho} X_j$$

式中，Y 为公共风险因子，X_j 为每个借款人特定的异质性风险因子，ρ 介于 0 和 1 之间，为分配给共同因子 Y 的权重。对每个借款人而言，当满足 $Z_j \geqslant 0$ 时，选择偿还贷款，随机变量 Z_j 的表达式为：

$$Z_j = d_j + \sqrt{\rho} Y + \sqrt{1 - \rho} X_j$$

借款人 j 的违约风险为 $\varepsilon = \varnothing(-d_j)$，由于 d_j 是 $\bar{\theta}_T$ 的函数，因而违约风险 ε 同样也是预期汇率的函数。

在这篇文章设定的合同问题中，作者着重关注银行作为借方的身份，银行拥有选择贷款组合的权利，但面临道德风险问题，假定银行一方面可以选择好的组合，贷款违约概率为 ε，违约之间的相关性为 0，另一方面可以选择差的组合，违约概率为 $\varepsilon + k (k > 0)$，贷款间违约相关性为 $\rho (\rho > 0)$，对于银行而言，较高的违约相关性能够产生较大的贷款组合密度分散性，进而与使用债务融资情况下较高的期权价值相关。

如果银行选择差组合，T 期资产实现的价值为随机变量 $W_B(Y)$，由下式给出：

$$w_B(Y) = (1+r)C \cdot \Pr[\sqrt{\rho}Y + \sqrt{1-\rho}X_j \geqslant \Phi^{-1}(\varepsilon + k) \mid Y]$$

$$= (1+r)C \cdot \Phi\left(\frac{Y\sqrt{\rho} - \Phi^{-1}(\varepsilon + k)}{\sqrt{1-\rho}}\right)$$

将 $W_B(Y)$ 用资产的票面价值标准化，定义 $\hat{w}_B(Y) \equiv w_B(Y)/(1+r)C$，$\hat{w}_B(Y)$ 的累积分布函数由下式给出：

$$F_B(Z) = \Phi\left(\frac{\Phi^{-1}(\varepsilon + k) + \sqrt{1-\rho}\Phi^{-1}(z)}{\sqrt{\rho}}\right)$$

如果银行选择好组合，资产组合的分布可以通过在 $F_B(Z)$ 的表达式中将 k 设为 0，并令 $\rho \to 0$ 来实现，可进一步推得好组合的分布为：

$$F_G(z) = \begin{cases} 0, & \text{若 } z < 1-\varepsilon \\ 1, & \text{若 } z \geqslant 1-\varepsilon \end{cases}$$

银行的最优化问题是在激励相容约束下，给定账面权益价值 E，选择 L、C 和 f 最大化期望回报 $E(\hat{w}) - [\varphi - \pi(\varphi)][\pi(\varphi)$ 为行权价值为 $\varphi = (1+f)L/(1+r)C$ 的看跌期权的价值]，其由下式给出：

$$E_G(\hat{w}) - [\varphi - \pi_G(\varphi)] \geqslant E_B(\hat{w}) - [\varphi - \pi_B(\varphi)]$$

令 $\Delta\pi(\varphi) = \pi_B(\varphi) - \pi_G(\varphi)$，上式也可以写成 $\Delta\pi(\varphi) \leqslant k$。

作者推出了 1 个引理和 2 个命题。

引理 1　存在唯一的 $\varphi^* < 1-\varepsilon$，使得 $\Delta\pi(\varphi) \leqslant k$。

命题 1　由于 $\varphi < 1-\varepsilon$ 时，银行的违约概率是 0，这就意味着我们可以将这一最优化问题完全解出，即合同问题存在唯一解，银行的融资成本 f 为无风险利率，银行杠杆由 $\dfrac{1}{1 - \dfrac{1+r}{1+f}\varphi^*}$ 给出，跨境融资总额为 $L = \dfrac{E}{\dfrac{1+f}{1+r}\dfrac{1}{\varphi} - 1}$。

命题 2　银行杠杆随着预期货币升值而上升。

　　根据本文模型，融资成本 f 下降所带来的效应可分解为直接效应和放大效应两部分，作用机制如图 7 所示，融资成本 f 的下降最初使得曲线向箭头所指的方向移动，使得信贷从 C_0 增大到 C_1，由于银行信贷的资金来自跨境资本流动，因此信贷的增加反映在银行部门跨境资本流动 L 的增加上，考虑到 $\bar{\theta}_T/\theta_0$ 是 L 的增函数，因此资本流动的增加导致预期货币升值，根据图 6，进一步造成违约概率的下降，由于银行杠杆决策及其贷款对违约风险高度敏感，违约风险的下降导致了一种放大效应，使得信贷供应和货币升值相互促进，最终形成一种循环强化机制。

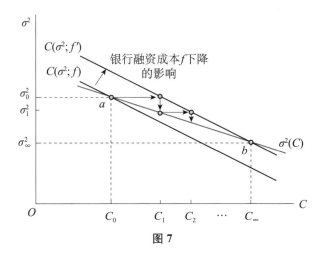

图 7

评　价

　　Shin（2012）[1] 的研究强调了美元在国际银行业中的核心地位，并指出欧洲银行是全球金融环境跨境传导的重要桥梁，这篇文章的实证结果证实，即便对于非美国金融中介，美元也起到至关重要的作用，同时该文章也支持了近期一系列研究的观点，即美元在全球金融状况变化中发挥着重要的指示器作用（Lustig et al.，2014）[2]。

　　从更广义的角度上说，该篇文章促进了与金融环境跨境传导相关的研究，Calvo 等（1996）[3] 识别了驱动跨境资本流动的推动因素，强调外部推动因素在解释 20

---

　　① Shin，Hyun Song，"Global Banking Glut and Loan Risk Premium"，*IMF Economic Review* 60. 2（2012）：155 - 192.

　　② Lustig，Hanno，Nikolai Roussanov，and Adrien Verdelhan，"Countercyclical Currency Risk Premia"，*Journal of Financial Economics* 111. 3（2014）：527 - 553.

　　③ Calvo，Guillermo A.，Leonardo Leiderman，and Carmen Reinhart，"Capital Flows to Developing Countries in the 1990s：Causes and Effects"，*Journal of Economic Perspectives* 10. 2（1996）：123 - 139.

世纪 90 年代新兴市场跨境资本流入中起到的重要作用。Bruno 和 Shin（2013）[①] 的研究进一步指出，与银行部门杠杆相关的全球因素是主导跨境银行部门资本流动的重要因素。在最新的文献中，Eickmeier 等（2014）[②] 尝试阐明"全球流动性"这一概念，这篇文章的研究结果表明，进一步深入研究货币政策的风险承担渠道有利于理解全球流动性跨境传导的机制。

后续研究

Bruno 和 Shin（2015）[③] 在《金融研究综览》（*Review of Financial Studies*）上发表了一篇题为《跨境银行和全球流动性》（Cross-Border Banking and Global Liquidity）的文章，构建了一个本地银行和全球银行存在互动的双层模型。模型求解结果强调，银行杠杆周期是外部金融环境通过银行部门资本流动进行跨境传导的决定性因素，根据理论模型的预测，本币升值与银行部门高杠杆密切相关，而银行杠杆水平及杠杆水平的变动是驱动银行资本流动的"供给推动"因素。在理论研究的基础上，文章进一步利用 46 个国家的面板数据进行实证检验，结果支持了模型的结论。

[①] Bruno，Valentina and Hyun Song Shin，"Capital Flows，Cross-Border Banking and Global Liquidity"，No. w19038. National Bureau of Economic Research，2013.

[②] Eickmeier，Sandra，Leonardo Gambacorta，and Boris Hofmann，"Understanding Global Liquidity"，*European Economic Review* 68（2014）：1 - 18.

[③] Bruno，Valentina and Hyun Song Shin，"Cross-Border Banking and Global Liquidity"，*The Review of Economic Studies* 82. 2（2015）：535 - 564.

无限期限经济中的银行、流动性和银行挤兑[①]

作者简介　**Mark Gertler**

　　马克·格特勒（Mark Gertler）于 1973 年 5 月毕业于威斯康星大学，获得经济学学士学位。1978 年 6 月在斯坦福大学获得经济学博士学位，毕业论文的题目为《宏观经济学理论和方法之评论》（Essays on Macroeconomic Methodology and Policy）。1978 年开始在康奈尔大学担任助教，此后在威斯康星大学担任助教和副教授，1985 年到斯坦福大学任访问副教授。在此期间，他担任过普林斯顿大学、威斯康星大学和哥伦比亚大学访问教授。1990 年至今，担任纽约大学教授，NBER 研究员。此外，格特勒还陆续担任纽约联邦储备银行学术顾问，耶鲁大学访问教授，应用经济学中心主任，联储理事会、英格兰银行、国际货币基金组织学术顾问。目前，除了在纽约大学的教职工作之外，格特勒教授还是美国国家经济研究局关于经济波动和增长研究项目的联合负责人，同时也是欧洲中央银行顾问。

---

　　① 本文发表于 *The American Economic Review*，vol. 105，No. 7（July 2015），pp. 2011 - 2043。

主要成果

"A Macroeconomic Model with Financial Panics"（with Nobuhiro Kiyotaki and Andrea Prestipino），*Review of Economic Studies*，Vol. 87，no. 1，pp. 240 - 288，Jan. 2020.

"Endogenous Technology Adoption and R&D as Sources of Business Cycle Persistence"（with Diego Anzoatigui, Diego Comin, and Joseba Martinez），*American Economic Journal: Macroeconomics*，Vol. 11，no. 3，pp. 67 - 110，July 2019.

"What Happened? Financial Factors in the Great Recession"（with Simon Gilchrist），*Journal of Economic Perspectives*，Vol. 32，no. 3，pp. 3 - 30，Summer 2018.

"Banking, Liquidity and Bank Runs in an Infinite-Horizon Economy"（with Nobuhiro Kiyotaki），*The American Economic Review*，Vol. 105，no. 7，pp. 2011 - 2053，July 2015.

"Monetary Policy Surprises, Credit Costs, and Economic Activity"（with Peter Karadi），*American Economic Journal: Macroeconomics*，Vol. 7，no. 1，pp. 44 - 76，Jan. 2015.

"Financial Crises, Bank Risk Exposure, and Government Financial Policy"（with Nobuhiro Kiyotaki and Albert Queralto），*Journal of Monetary Economics*，Vol. 59，supplement 15，pp. S17 - S34，Dec. 2012.

"A Model of Unconventional Monetary Policy"（with Peter Karadi），*Journal of Monetary Economics*，Vol. 58，no. 1，pp. 17 - 34，Jan. 2011.

"Unemployment Dynamics with Staggered Nash Wage Bargaining"（with Antonella Trigari），*Journal of Political Economy*，Vol. 117，no. 1，pp. 38 - 86，Feb. 2009.

"A Phillips Curve with an Ss Foundation"（with John Leahy），*Journal of Political Economy*，Vol. 116，no. 3，pp. 533 - 572，June 2008.

"Markups, Gaps and the Welfare Costs of Business Cycles"（with Jordi Galí and David Lopez-Salido），*Review of Economics and Statistics*，Vol. 89，no. 1，pp. 44 - 59，Nov. 2007.

"Medium Term Business Cycles"（with Diego Comin），*The American Economic Review*，Vol. 96，no. 3，pp. 523 - 551，June 2006.

"Robustness of the Estimates of the Hybrid New Keynesian Phillips Curve"（with

Jordi Galí and David Lopez-Salido）, *Journal of Monetary Economics*, Vol. 52, no. 6, pp. 1107 – 1118, Sep. 2005.

"A Simple Framework for International Monetary Policy Analysis" （with Richard Clarida and Jordi Galí）, *Journal of Monetary Economics*, Vol. 49, no. 5, pp. 879 – 904, July 2002.

"European Inflation Dynamics" （with Jordi Galí and David Lopes-Salido）, *European Economic Review*, Vol. 45, no. 7, pp. 1237 – 1270, June 2001.

"Optimal Monetary Policy in Open versus Closed Economics: An Integrated Approach" （with Richard Clarida and Jordi Galí）, *The American Economic Review*, Vol. 91, no. 2, pp. 248 – 252, May 2001.

"Should Central Banks Respond to Movements in Asset Prices?" （with Ben Bernanke）, *The American Economic Review*, Vol. 91, no. 2, pp. 253 – 257, May 2001.

"Monetary Policy Rules and Macroeconomic Stability: Evidence and Some Theory" （with Richard Clarida and Jordi Galí）, *Quarterly Journal of Economics*, Vol. 115, no. 1, pp. 147 – 180, Feb. 2000.

"Inflation Dynamics: A Structural Econometric Model" （with Jordi Galí）, *Journal of Monetary Economics*, Vol. 44, no. 2, pp. 195 – 222, Oct. 1999.

"Overreaction of Asset Prices in General Equilibrium" （with Rao Aiyagari）, *Review of Economic Dynamics*, Vol. 2, no. 1, pp. 3 – 35, Jan. 1999.

"Monetary Policy Rules in Practice: Some International Evidence" （with Richard Clarida and Jordi Galí）, *European Economic Review*, Vol. 42, no. 6, pp. 1033 – 1067, June 1998.

"Systematic Monetary Policy and the Effects of Oil Price Shocks" （with Ben Bernanke and Mark Watson）, *Brookings Papers on Economic Activity*, Vol. 28, no. 1, pp. 91 – 157, Spring 1997.

"The Financial Accelerator and the Flight to Quality" （with Ben Bernanke and Simon Gilchrist）, *The Review of Economics and Statistics*, Vol. 78, no. 1, pp. 1 – 15, Jan. 1996.

"Inside the Black Box: The Credit Channel of Monetary Policy Transmission" （with Ben Bernanke）, *Journal of Economic Perspectives*, Vol. 9, no. 4, pp. 27 – 48, Winter 1995.

"Monetary Policy, Business Cycles and the Behavior of Small Manufacturing

Firms" (with Simon Gilchrist), *Quarterly Journal of Economics*, Vol. 109, no. 2, pp. 309 – 340, May 1994.

"Corporate Financial Policy, Taxation, and Macroeconomic Risk" (with Glenn Hubbard), *Rand Journal of Economics*, Vol. 24, no. 2, pp. 286 – 303, Summer 1993.

"The Cyclical Behavior of Short-Term Business Lending Implications: For Financial Propagation Mechanisms" (with Simon Gilchrist), *European Economic Review*, Vol. 37, no. 2 – 3, pp. 623 – 631, Apr. 1993.

"Financial Capacity and Output Fluctuations in an Economy with Multiperiod Financial Arrangements", *Review of Economic Studies*, Vol. 59, no. 3, pp. 455 – 472, July 1992.

"Asset Returns with Transaction Costs and Uninsurable Individual Risks" (with Rao Aiyagari), *Journal of Monetary Economics*, Vol. 27, no. 3, pp. 311 – 331, June 1991.

"Financial Fragility and Economic Performance" (with Ben Bernanke), *Quarterly Journal of Economics*, Vol. 105, no. 1, pp. 87 – 114, Feb. 1990.

"North-South Lending with Endogenous Domestic Financial Market Inefficiencies" (with Kenneth Rogoff), *Journal of Monetary Economics*, Vol. 26, no. 2, pp. 245 – 266, Oct. 1990.

"Agency Costs, Net Worth and Business Fluctuations" (with Ben Bernanke), *The American Economic Review*, Vol. 79, no. 1, pp. 14 – 31, Mar. 1989.

"The Backing of Government Bonds and Monetarism" (with Rao Aiyagari), *Journal of Monetary Economics*, Vol. 16, pp. 19 – 44, July 1985.

"Imperfect Information and Wage Inertia in the Business Cycle", *Journal of Political Economy*, Vol. 90, no. 5, pp. 967 – 987, Oct. 1982.

"Monetary Randomness and Investment" (with Errol Grinols), *Journal of Monetary Economics*, Vol. 10, no. 2, pp. 239 – 258, Sep. 1982.

作者简介　　**Nobuhiro Kiyotaki**

　　清泷信宏（Nobuhiro Kiyotaki）于 1955 年 6 月出生于日本。1978 年毕业于东京大学，获得经济学学士学位，1985 年在哈佛大学获得经济学博士学位，毕业论文的题目为：《垄断竞争的宏观经济学》（Macroeconomics of Monopolistic Competition）。1985—1991 年清泷信宏在威斯康星大学经济系担任助理教授，1989—1991 年在伦敦经济学院经济系担任讲师，1991—1997 年在明尼苏达大学经济系担任副教授，1997—2006 年在伦敦经济学院经济系担任教授。在此期间，还陆续担任明尼阿波利斯联邦储备银行客座研究员、麻省理工学院客座教授、纽约联邦储备银行资深经济学家。2006 年至今在普林斯顿大学任教，同时担任纽约联邦储备银行和里士满联邦储备银行的学术顾问。

　　清泷信宏教授的主要研究领域为宏观经济学和货币经济学，提出了著名的微观经济基础模型，在新凯恩斯主义的宏观经济学发展中扮演了重要的角色。其中，具有代表性的是，1987 年清泷信宏教授与美国国家经济研究局的数理经济学家奥利弗·布兰查德（Olivier Branchard）共同提出累计总需求乘数的垄断性竞争的重要性；1999 年清泷信宏与英国经济理论家约翰·摩尔（John Moore）提出"清泷信宏-摩尔模型"，并因此共同被欧洲经济学学会授予大奖。

主要成果

"A Macroeconomic Model with Financial Panics"（with Mark Gertler and Andrea

Prestipino），*Review of Economic Studies*，2020.

"Credit Booms，Financial Crises，and Macroprudential Policy"（with Mark Gertler and Andrea Prestipino），*Review of Economic Dynamics*，2020.

"Liquidity，Business Cycles，and Monetary Policy"（with John Moore），*Journal of Political Economy*，2019.

"The Great Escape?"（with Marco Del Negro，Gauti Eggertsson，and Andrea Ferrero），*The American Economic Review*，2017.

"Banking，Liquidity and Bank Runs in an Infinite-Horizon Economy"（with Mark Gertler），*The American Economic Review*，2015.

"Financial Crises，Bank Risk Exposure and Government Financial Policy"（with Mark Gertler and Albert Queralto），*Journal of Monetary Economics*，2012.

"Winners and Losers in Housing Markets"（with Alex Michaelides and Kalin Nikolov），*Journal of Money，Credit，and Banking*，2011.

"A Model of Job and Worker Flow"（with Ricardo Lagos），*Journal of Political Economy*，2007.

"Liquidity and Asset Prices"（with John Moore），*International Economic Review*，2005.

"Credit Cycles"（with John Moore），*Journal of Political Economy*，1997.

"Towards a Theory of International Currency"（with Kiminori Matsuyama and Akihiko Matsui），*Review of Economic Studies*，1993.

"A Dynamic Equilibrium Model of Search，Production and Exchange"（with Michele Boldrin and Randall Wright），*Journal of Economic Dynamics and Control*，1993.

"More on Money as a Medium of Exchange"（with Timothy Kehoe and Randall Wright），*Economic Theory*，1993.

"A Search-Theoretic Approach to Monetary Economics"（with Randall Wright），*The American Economic Review*，1993.

"A Contribution to the Pure Theory of Money"（with Randall Wright），*Journal of Economic Theory*，1991.

"On Money as a Medium of Exchange"（with Randall Wright），*Journal of Political Economy*，1989.

"Multiple Expectational Equilibria under Monopolistic Competition,"*Quarterly Journal of Economics*，1988.

"Monopolistic Competition and the Effects of Aggregate Demand"（with Olivier Blanchard），*The American Economic Review*，1987.

研究背景

文献中常用两种互补的方法来研究银行危机和实体经济之间的相互作用。第一种方法强调了在经济衰退时期银行资本的枯竭如何阻碍银行发挥金融中介的作用。由于代理问题以及监管限制的存在，银行筹集资金的能力受到自身资本的约束。因此，经济衰退时期投资组合的减值会造成银行资本的损失。在均衡状态下，银行资本和银行资产的收缩增加了银行信贷的成本，减缓了经济增长，并进一步压低了资产价格和银行资本。第二种方法由戴蒙德（Diamond）和迪布维格（Dybvig）开创，提出银行流动性错配（即短期负债和部分非流动性长期资产的组合）引发了银行挤兑的可能性。如果发生这种情况，银行挤兑将导致低效率的资产清算，并导致银行业普遍受损。

在 2008 年的金融危机中，这两种现象都在起作用。次级贷款和相关资产损失造成的资本枯竭迫使许多金融机构收缩贷款，并且提高了它们的信贷成本。最终，财务状况的恶化导致挤兑在各种金融机构中发生。这些挤兑主要发生在监管薄弱的影子银行中，分为两个阶段：从 2007 年 8 月次贷危机爆发到 2008 年 3 月贝尔斯登濒临倒闭，一直到 2008 年 9 月初，出现了一系列"慢速挤兑"，债权人变得越来越不愿意向影子银行提供短期贷款展期。危机随后以一系列"快速挤兑"达到高潮，从 2008 年 9 月中旬雷曼兄弟倒闭开始，然后是整个影子银行系统崩溃。重要的是，正如伯南克所论证的，由挤兑所引发的资产抛售加剧了金融市场的整体困境，提高了信贷成本，进而引发了经济活动的急剧萎缩。

在此背景下，BGG 模型的作者之一格特勒和 KM 模型的作者之一清泷信宏将 DD 模型和传统的金融加速器模型相结合开展了一系列研究，完善了包含金融中介的宏观经济模型的微观基础，并将金融中介的破产机制、存款保险制度等纳入模型进行分析。《无限期限经济中的银行、流动性和银行挤兑》（Banking, Liquidity and Bank Runs in an Infinite-Horizon Economy）一文正是格特勒和清泷信宏在金融危机后一系列研究的基础上，提出的关于银行挤兑和实体经济相互作用的一个新的分析路径。

主要内容

在大多数研究银行危机的宏观模型中，都强调了金融加速器效应，但是并未充分描述银行挤兑现象。而大多数银行挤兑模型也通常过于程式化，不适用于定量分析，并且这些模型中的挤兑通常被设定为与基本面无关。为了强调机制间的互补性，格特勒和清泷信宏建立了一个具有金融加速器效应和银行挤兑特征的银行业不稳定性的宏观经济模型。在这一模型框架下，资产负债表状况不仅影响银行信贷成本，而且影响挤兑发生的可能性。这就使得在分析中可以将挤兑的可能性与宏观经济状况联系起来，进而讨论挤兑如何反馈到宏观经济中。

一、模型概述

1. 银行部门

格特勒和清泷信宏在本文中所刻画的银行部门更为接近影子银行的特征：不受监管，持有长期证券，发行短期债券，因此存在发生挤兑的可能性。模型假设银行有一个有限的预期寿命，存续至下一期的概率为 σ，退出的概率为 $1-\sigma$，那么银行的预期寿命就为 $1/(1-\sigma)$。并且，每期退出的银行在当期享受消费，而新进入的银行在当期获得禀赋 w^b。

银行的行为可由图 1 表示，其中 z_t 是生产率冲击，n_t 为银行资本净值，d_t 为贷款，k_t^b 为银行持有的资本，Q_t 是资本的市场价格。

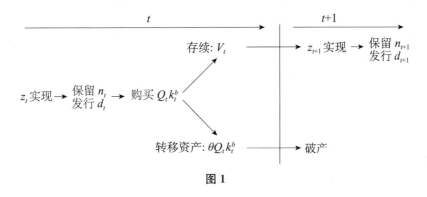

图 1

银行的预期效用函数为：
$$V_t = E_t \Big[\sum_{i=1}^{\infty} \beta^i (1-\sigma) \sigma^{i-1} c_{t+i}^b \Big] \tag{1}$$
存续至下一期的银行的资本净值为：
$$n_t = (Z_t + Q_t) k_{t-1}^b - R_t d_{t-1} \tag{2}$$
银行的资产负债表满足：
$$Q_t k_t^b = d_t + n_t \tag{3}$$
模型中，银行的道德风险表现为：银行家在第 t 期初获得存款并购买资产后，决定在整个周期内是诚信经营（持有资产至第 $t+1$ 期获得收益并履行存款兑付义务），还是转移资产供个人使用（在二级市场上秘密出售 θ 份额的资产以获取个人使用的资金）。银行必须在第 $t+1$ 期的不确定性实现之前决定是否转移资产，而转移资产的成本则是存款人可以在下一时期开始时迫使银行进行破产清算。因此，银行家的决定可归结为对银行的特许权价值（V_t，用于衡量银行未来从诚信经营中获得收益的现期贴现值）与挪用资金所获得的利润（$\theta Q_t k_t^b$）之间的比较，即银行受到以下激励约束：

$$\theta Q_t k_t^b \leqslant V_t \tag{4}$$

银行的特许权价值以递归形式可以表述为以退出为条件的资本净值与以继续经营为条件的特许权价值的期望贴现值之和：

$$V_t = E_t\big[\beta(1-\sigma)n_{t+1} + \beta\sigma V_{t+1}\big] \tag{5}$$

从银行的资产负债表约束中可得到资本净值的增长率为：

$$\frac{n_{t+1}}{n_t} = \frac{Z_{t+1}+Q_{t+1}}{Q_t}\frac{Q_t k_t^b}{n_t} - R_{t+1}\frac{d_t}{n_t} = (R_{t+1}^b - R_{t+1})\varphi_t + R_{t+1} \tag{6}$$

式中，$R_{t+1}^b = \dfrac{Z_{t+1}+Q_{t+1}}{Q_t}$ 为银行持有资产的实际收益率，$\varphi_t = \dfrac{Q_t k_t^b}{n_t}$ 为银行的杠杆倍数。由于银行的目标函数和约束条件都是规模报酬不变的，因此银行的最优化问题简化为选择杠杆倍数以便最大化托宾 q 比率（每单位资产净值的特许权价值$\dfrac{V_t}{n_t} = \psi_t$），结合式（5）和式（6），银行的最优化问题可进一步表述为：

$$\psi_t = \max_{\varphi_t} E_t\{\beta(1-\sigma+\sigma\psi_{t+1})[(R_{t+1}^b-R_{t+1})\varphi_t+R_{t+1}]\} = \max_{\varphi_t}\{\mu_t\varphi_t + v_t\} \tag{7}$$
$$\theta\varphi_t \leqslant \psi_t = \mu_t\varphi_t + v_t$$

式中，$\mu_t = E_t[\beta\Omega_{t+1}(R_{t+1}^b-R_{t+1})]$；$v_t = E_t(\beta\Omega_{t+1})R_{t+1}$；$\Omega_{t+1} = 1-\sigma+\sigma\psi_{t+1}$。在激励约束有效时，对套利的限制导致均衡中的预期超额收益率为正，即 $\mu_t>0$，并且银行资本净值的影子价格大于1，即 $\psi_t>1$。在这种情况下，银行的资产组合受到其资本净值的限制，资本净值的波动将相应地引起银行信贷的波动，从而导致传统的金融加速器效应。然而，除此之外，因为银行不能以负的资本净值运作，所以可能会出现银行挤兑平衡。如果在第 t 期开始时，存款人在 Z_t 实现后选择不结转其存款，那么就可能会发生挤兑。

2. 家庭部门

家庭部门的效用函数为：

$$U_t = E_t\Big(\sum_{i=0}^{\infty}\beta^i \ln C_{t+i}^h\Big) \tag{8}$$

面临的预算约束为：

$$C_t^h + D_t + Q_t K_t^h + f(K_t^h) = Z_t W^h + R_t D_{t-1} + (Z_t+Q_t)K_{t-1}^h \tag{9}$$

式中，C_t^h 是家庭部门的消费，D_t 是存款，K_t^h 是家庭部门持有的资产。家庭部门可以选择直接持有资产或者将资产借给银行而持有存款，直接持有资产产生的收益为：

$$
\begin{array}{ll}
\text{第 } t \text{ 期} & \text{第 } t+1 \text{ 期} \\
\text{资本}:K_t^h & \left\{\begin{array}{l} \text{产出}:Z_{t+1}K_t^h \\ \text{资本}:K_t^h \end{array}\right.
\end{array}
\tag{10}
$$

持有存款的收益率为：

$$
R_{t+1} = \begin{cases} \bar{R}_{t+1}, & \text{若无银行挤兑} \\ x_{t+1}\bar{R}_{t+1}, & \text{若挤兑发生} \end{cases}
\tag{11}
$$

3. 不存在挤兑时的均衡

银行业总资产与总资本净值：

$$
Q_t K_t^b = \varphi_t N_t
\tag{12}
$$

银行业的总资本净值：

$$
N_t = \sigma\left[(Z_t + Q_t)K_{t-1}^b - R_t D_{t-1}\right] + W^b
\tag{13}
$$

银行业总消费：

$$
C_t^b = (1-\sigma)\left[Z_t + Q_t K_{t-1}^b - R_t D_{t-1}\right]
\tag{14}
$$

总产出：

$$
Y_t = Z_t + Z_t W^h + W^b
\tag{15}
$$

市场出清：

$$
Y_t = f(K_t^h) + C_t^h + C_t^b
\tag{16}
$$

二、不可预期的银行挤兑

为了讨论不可预期的银行挤兑发生的可能性，依旧假设家庭在第 $t-1$ 期存款时认为在第 t 期发生挤兑的概率是 0，然而，在存款到期后，家庭必须决定是否继续持有存款至下一期。在这种情况下存在两个均衡：一个是"正常"均衡，即家庭会把存款续存；另一个是"挤兑"均衡，即家庭的存款不再续存，银行进行清算，家庭利用他们的剩余资金直接投资获取收益。设 Q_t^* 为银行系统被迫进行清算的资产价格，如果银行资产的清算价值 $(Q_t^* + Z_t)K_{t-1}^b$ 小于未偿债务额 $R_t D_{t-1}$，那么挤兑就有可能发生，而银行的资本净值将会耗尽。由此可得到挤兑均衡存在的条件为：

$$
x_t = \frac{(Q_t^* + Z_t)K_{t-1}^b}{R_t D_{t-1}} = \frac{R_t^{b*}}{R_t} \cdot \frac{\varphi_{t-1}}{\varphi_{t-1}-1} < 1
\tag{17}
$$

式中，x_t 为发生挤兑时的存款回收率，R_t^{b*} 为发生挤兑时的银行资产收益率。由式（17）可知，决定挤兑发生的条件取决于两个内源性因素：资产的清算价格 Q_t^* 以及银行资产负债表的状况。由于 R_t^{b*}，R_t 及 φ_t 都是内生变量，那么，银行挤兑发生的可能性会随着宏观经济情况而变化。不存在银行挤兑的均衡决定了 R_t 和 φ_t 的变动，R_t^{b*} 随着清算价格 Q_t^* 的上升而上升，而 Q_t^* 受到经济状况的影响。图 2 展示了宏观经济情况如何影响挤兑发生的可能性。在图 2 中，经济运行至 A 点时不会发生挤兑。然而，一个负向经济冲击会提高杠杆率并降低清算价格，使得经济运行至 B 点，此时挤兑就有可能发生。

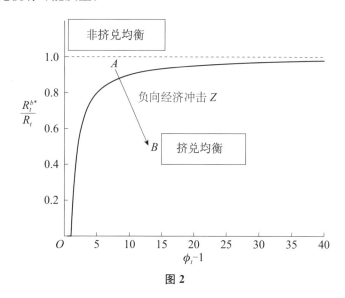

图 2

清算价格可通过以下步骤确定：第 t 期的挤兑导致所有银行进行清算，银行把资产卖给家庭，家庭在第 t 期持有这些资产。银行系统随着新银行的进入开始重建。发生挤兑后，银行的资本净值为：

$$N_{t+1} = W^b + \sigma W^b$$

$$N_{t+i} = \sigma\left[(Z_{t+i} + Q_{t+i})K_{t+i-1}^b - R_{t+i}D_{t+i-1}\right] + W^b, \qquad 对于所有 i \geqslant 2 \quad (18)$$

由家庭部门的欧拉方程可以得到清算价格的表达式为：

$$Q_t^* = E_t\left[\sum_{i=1}^{\infty} \Lambda_{t,t+i}(Z_{t+i} - \alpha K_{t+i}^h)\right] - \alpha \quad (19)$$

上式说明，Z_t 的负面冲击会使得 Q_t^* 降低，进而导致挤兑发生。并且，银行系统资本重组所需时间越长，清算价格越低。

三、可预期的银行挤兑

假设 p_t 为家庭在第 t 期时认为银行将在第 $t+1$ 期发生挤兑的概率：

$$p_t = \begin{cases} g[E_t(x_{t+1})], & g'(\bullet) < 0 \\ 0, & 若 E_t(x_{t+1}) = 1 \end{cases} \quad (20)$$

当家庭预期银行挤兑发生的可能性为正时，银行承诺的存款收益率必须满足家庭存款的一阶条件：

$$1 = \bar{R}_{t+1} E_t \left[(1-p_t)\Lambda_{t,t+1} + p_t\Lambda_{t,t+1}^* x_{t+1} \right] \tag{21}$$

挤兑发生时的存款回收率 x_{t+1} 取决于 $\bar{R}_{t+1}$：

$$x_{t+1} = \min\left[1, \frac{(Q_{t+1}^* + Z_{t+1})k_t^b}{\bar{R}_{t+1}d_t}\right] = \min\left[1, \frac{R_{t+1}^{b*}\varphi_t}{\bar{R}_{t+1}\varphi_t - 1}\right] \tag{22}$$

与基础模型类似，银行选择资产负债表 (k_t, d_t) 以最大化 V_t，但在考虑可预期的银行挤兑的情况下，银行挤兑发生的概率会影响银行的决策。此时，杠杆倍数 $\varphi_t(= Qk_t^b/n_t)$ 的选择将影响银行所支付的存款利率 $\bar{R}_{t+1}$：

$$\bar{R}_{t+1} = \frac{1 - p_t E_t(\Lambda_{t,t+1}^* R_{t+1}^{b*}) \dfrac{\varphi_t}{\varphi_t - 1}}{(1-p_t)E_t(\Lambda_{t,t+1})} \tag{23}$$

银行现在必须考虑其杠杆率决策如何影响存款成本，进而影响其累积收益 n_t（如果挤兑没有发生）：

$$n_t = R_t^b Q_t k_{t-1}^b - \bar{R}_t d_{t-1} \tag{24}$$

值得注意的是，杠杆率 $\varphi_t = \nu_t/(\theta - \mu_t)$ 虽然依旧是资产超额收益 μ_t 和存款边际成本 ν_t 的增函数，但是此时 μ_t 取决于 p_t：

$$\mu_t = \beta E_t\{\Omega_{t+1}[R_{t+1}^b - R_{t+1}^o - p_t(R_{t+1}^b - R_{t+1}^o E_t(\Lambda_{t,t+1}^* R_{t+1}^{b*}))]\} \tag{25}$$

式中，R_{t+1}^o 是不存在挤兑时的无风险收益率。可以看到，p_t 的上升降低了 μ_t，从而降低了杠杆率，收紧了杠杆率约束。这又进一步降低了银行的特许权价值 $V_t = (\mu_t\varphi_t + \nu_t)n_t$，收紧了激励约束。

在杠杆率约束有效时，银行持有的总资产等于杠杆率最大值与银行总资本净值的乘积 $(Q_t K_t^b = \varphi_t N_t)$。银行的总资本净值又取决于 $\bar{R}_{t+1}$：

$$N_{t+1} = \begin{cases} \sigma[(R_{t+1}^b - \bar{R}_{t+1})\varphi_t + \bar{R}_{t+1}]N_t + W^b, & \text{无银行挤兑} \\ 0, & \text{发生银行挤兑} \end{cases} \tag{26}$$

从上式可以看到，即使没有发生挤兑，挤兑的可能性 p_t 也会通过提高融资成本 $\bar{R}_{t+1}$ 和减小杠杆倍数 φ_t 两个渠道使得 N_{t+1} 减小。

总而言之，即使挤兑最终没有发生，对挤兑可能性预期的上升也会对经济产生负面影响：一是造成银行信贷收缩；二是降低了最大杠杆率；三是由此导致的存款利率上升使得银行总资本净值缩水。

四、数值模拟

图 3 展示了在负向生产率冲击下，不存在挤兑和存在不可预期的挤兑时的脉冲响应。从图中可以看到，假设在第 2 期发生了不可预期的挤兑，那么，银行持有的资产将会在第 3 期完成清算，资产价格也下降到清算价格。由于家庭持有资产的低效率，净产出也下降了约 12%，进而导致家庭消费也相应下降了约 7%。从第 4 期

开始，新的银行进入，银行系统进行资本重组。由于最初的资产价格较低，因此银行能够获得高利润并以高杠杆率运作。最终，银行资本以及银行持有的资产和资本价格都恢复到稳态水平。这一过程所需的时间取决于银行如何快速建立其资本基础。

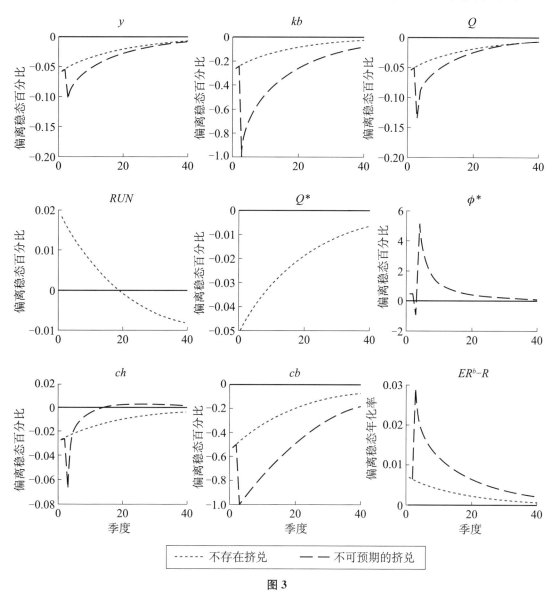

图 3

为了考察可预期的挤兑对经济金融状况的影响，图 4 展示了在负向生产率冲击下，不存在挤兑和存在可预期的挤兑时的脉冲响应。对比图 3 中的情况，图 4 中的经济金融状况在挤兑之前就出现了明显恶化。在受到负向冲击后，挤兑发生的概率增加到 2%。这是因为银行资产负债表的恶化和清算价格的降低导致存款回收率下降。而 p_t 的上升反过来进一步弱化了经济状况。与具有零挤兑概率的基准情况不同，存款利率相对于无风险利率有所上升，用以补偿存款人对发生挤兑的担忧。银行融资成本的增加将促使银行贷款利率的增长（由银行资产的必要收益率给出），导致银行信贷和存款的明显萎缩。这种相比于零挤兑概率的基准情况的额外下降是由于挤兑概率增加致使家庭将其存款转移到银行系统之外造成的。并且，相比于图 3 中不可预料的挤兑中的情况，此时崩溃前的紧迫迹象更加明显，这在一定程度上与现实数据一致，捕捉到了影子银行系统在雷曼破产之前的"慢挤兑"（如图 5 所示）。最后，由预期挤兑而导致的银行体系萎缩加速了净产出的下降。因此，总体而言，即使不发生挤兑，仅仅是对挤兑有所预期也会对经济产生负面影响。

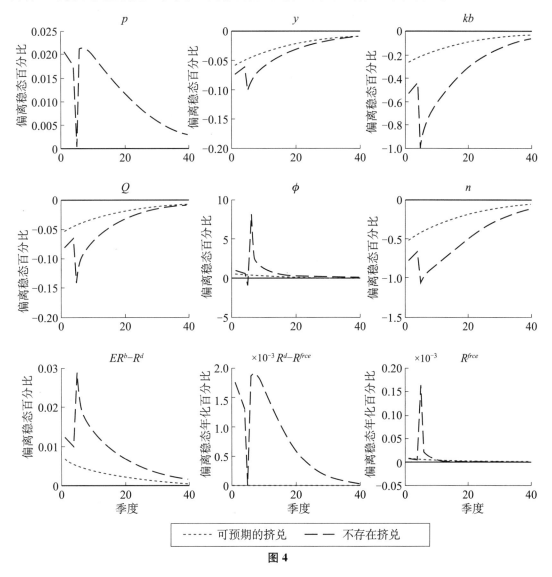

图 4

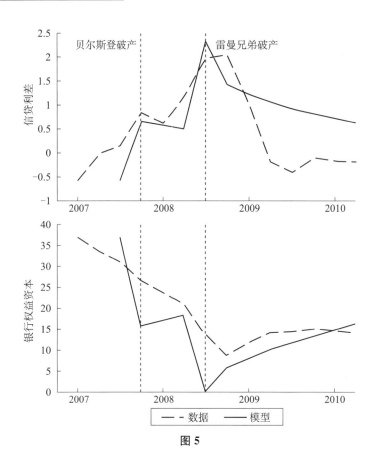

图 5

五、抑制金融脆弱性的政策

在文章的最后，格特勒和清泷信宏从定性分析的角度讨论了旨在减少金融危机可能性的事前监管政策和中央银行在危机时期可能采取的事后政策。首先，由于道德风险的存在，事前的存款保险制度在本文的模型框架下是不适用的，本文模型中的激励约束对银行的资产负债表选择施加了约束，而在存款保险制度下银行只会选择增加杠杆率和转移资产。

另一种事前政策是施加资本要求，在模型中可以归结为监管部门设定杠杆率上限，使之低于银行可以自由选择时的杠杆率。由于银行的杠杆率决策并未对危机时的资产抛售加以考虑，导致竞争均衡中出现了过度杠杆，而杠杆率监管可以消除这一扭曲。同时，本文的杠杆率会对挤兑概率以及存款回收率产生影响，因此，通过杠杆率监管降低银行的杠杆倍数可以降低挤兑发生的概率，并且原则上可以通过将存款回收率提高到 1 来消除挤兑发生的可能性。但是采用资本监管也存在一个权衡：收紧资本要求可以降低挤兑的脆弱性，但这是通过减少银行中介业务来实现的。这种情况下家庭直接持有更大比例的资本，会提高资本的总成本，从而使得经济活动萎缩。因此，最优资本要求很可能取决于经济状况，固定的资本要求可能导致衰退时期银行信贷的过度收缩。

除了事前政策之外，最后贷款人这一事后政策也能够减少金融脆弱性。中央银行在金融危机中的干预措施可以支撑资产价格，减少信贷利差，从而刺激经济。除此之外，从本文的模型框架中还可以得到一个新的见解：最后贷款人政策可以通过改善二级市场的流动性而获得"事前"的效果。如果市场参与者事先知悉这些政策会在危机中使用，那么这些政策就能够降低挤兑发生的可能性，甚至在这些政策并未付诸实施的情况下也能实现这一效果。然而，这一政策也存在潜在的副作用：挤兑概率的降低将使得银行的均衡杠杆率上升，在其他条件不变的情况下，可能会使整个系统更容易受到传统金融加速器效应的影响。

评 价

格特勒和清泷信宏通过将强调金融加速器效应的宏观经济方法与强调银行流动性错配和挤兑的微观经济方法相结合，构建了一个包含银行部门的宏观经济模型。格特勒和清泷信宏在这一模型下研究指出，由传统金融加速器效应而导致的衰退会限制银行贷款，同时由于资产负债表收缩以及二级市场中银行资产的流动性下降，也会导致挤兑发生的概率上升。并且，即使挤兑实际上并没有发生，可预期的银行挤兑也不利于经济发展。事实上，在实际挤兑发生之前对挤兑进行一段时间的预测，有助于发现银行危机在大萧条时期以及影子银行系统崩溃期间的全貌。在这一新的分析框架下，正如作者指出的，后续还有几个值得深入研究的方向：一是对银行挤兑发生概率的预期进行更为细致的建模；二是模型中的银行更为贴近影子银行的特征，未对金融系统中的其他金融中介加以考虑；三是虽然作者在文中对抑制金融脆弱性的政策进行了初步的定性讨论，但是对于事前和事后政策的最优组合问题，仍然需要开展进一步的定量研究进行分析。

后续研究

在本文的模型框架基础上，格特勒和清泷信宏围绕上述几个方向开展了进一步的研究，Gertler，Kiyotaki 和 Prestipino（2020）[①] 通过对导致泡沫破裂的信贷繁荣进行建模，拓展了基础模型的分析框架，研究发现乐观主义导致的杠杆上升增加了经济的脆弱性；在他们的另一个研究中，Gertler，Kiyotaki 和 Prestipino（2020）[②] 在模型中对宏观审慎政策加以讨论，分析了宏观审慎政策需要如何在防范危机的收益和抑制有益的信贷繁荣的成本之间进行权衡，指出逆周期资本缓冲是宏观审慎政策发挥有效性的关键。其他学者也在本文的研究思路下，对银行危机及其对宏观经济的影响展开了研究。其中，Egan，Hortaçsu 和 Matvos（2017）[③] 构建新型的实证方法对保险存款和非保险存款需求、银行财务状况以及银行竞争之间的反馈关系进行了研究，指出美国商业银行系统中大量的无保险存款会导致银行的不稳定性。Quadrini（2017）[④] 对模型加以拓展，研究了银行流动性预期自我实现所驱动的金融危机如何影响实体经济，发现对银行流动性预期的自我实现可以推动金融中介的兴衰，当经济预期银行业具有流动性时，银行就有高杠杆运作的动力，这会引发宏观经济繁荣。但是随着杠杆率的提高，银行业变得更容易受到悲观预期的影响，这可能导致发生预期自我实现的流动性危机。Ferrante（2018）[⑤] 在模型中同时对传统银行和影子银行进行研究，发现相比于传统银行，影子银行通过汇集不同的贷款实现了更高的杠杆率，提高了信贷可得性。但是，由于影子银行的贷款质量较低，并且存在挤兑风险，影子银行也使得金融部门更加脆弱。同时指出，在这种情况下，非常规货币政策会减少宏观经济的不稳定性。Lubello，Petrella 和 Santoro（2019）[⑥] 在这一模型思路下研究了银行抵押贷款、宏观经济环境以及银行杠杆率的顺周期性之间的关系，发现在金融摩擦限制下，增加金融资产的担保性有利于信贷增长和降低存贷款利差，从而减少经济中的资本错配现象……这些研究都是在本文的研究方法或研究思路下进行的拓展，由此可见，本文具有极高的理论价值和学术影响力。

① Gertler，M.，Kiyotaki，N.，and Prestipino，A.，2020. "A Macroeconomic Model with Financial Panics"，*Review of Economic Studies*，87（1）：240 - 288.

② Gertler，M.，Kiyotaki，N.，and Prestipino，A.，2020. "Credit Booms，Financial Crises，and Macroprudential Policy"，*Review of Economic Dynamics*，37：8 - 33.

③ Egan，M.，Hortaçsu，A.，and Matvos，G.，2017. "Deposit Competition and Financial Fragility：Evidence from the US Banking Sector"，*The American Economic Review*，107（1）：169 - 216.

④ Quadrini，V.，2017. "Bank Liabilities Channel"，*Journal of Monetary Economics*，89（C）：25 - 44.

⑤ Ferrante，F.，2018. "A Model of Endogenous Loan Quality and the Collapse of the Shadow Banking System"，*American Economic Journal：Macroeconomics*，10（4）：152 - 201.

⑥ Lubello，F. Petrella，I.，and Santoro，E.，2019. "Bank Assets，Liquidity and Credit Cycles"，*Journal of Economic Dynamics and Control*，105（C）：265 - 282.

货币政策的国际传导与蒙代尔三元悖论^①

作者简介　**Hélène Rey**

　　海伦·雷（Hélène Rey）1998 年在巴黎高等社会科学研究学校获得博士学位，同年在伦敦经济学院获得经济学博士学位。1997—2000 年担任伦敦经济学院讲师，2000—2006 年担任普林斯顿大学经济系助理教授，2006－2007 年担任普林斯顿大学经济系教授，2007 年至今担任伦敦商学院经济系教授。

主要成果

"The Global Financial Cycle after Lehman"（with Miranda-Agrippino Silvia），
　　AEA Papers and Proceedings，Vol. 110，2020.

---

　　①　本文发表于 *IMF Economic Review*，Vol. 64，No. 1（2016），pp. 6 - 35。

"The International Monetary and Financial System" (with Gourinchas Pierre-Olivier and Maxime Sauzet)，*Annual Review of Economics*，11，pp. 859 – 893，2019.

"Financial Cycles and Credit Growth across Countries" (with Coimbra Nuno)，*AEA Papers and Proceedings*，Vol. 108，2018.

"Home Bias in Open Economy Financial Macroeconomics" (with Coeurdacier Nicolas)，*Journal of Economic Literature*，51.1，pp. 63 – 115，2013.

"The Financial Crisis and the Geography of Wealth Transfers" (with Gourinchas Pierre-Olivier and Kai Truempler)，*Journal of International Economics*，88.2，pp. 266 – 283，2012.

"International Financial Adjustment" (with Gourinchas Pierre-Olivier)，*Journal of Political Economy*，115.4，pp. 665 – 703，2007.

"The Determinants of Cross-Border Equity Flows" (with Portes Richard)，*Journal of International Economics*，65.2，pp. 269 – 296，2005.

"International Trade and Currency Exchange"，*The Review of Economic Studies*，68.2，pp. 443 – 464，2001.

研究背景

　　蒙代尔的"三元悖论"指出，在开放经济条件下，一国货币政策的独立性、固定汇率制度和资本账户开放只能三者中选取其二。海伦·雷认为"三元悖论"是建立在国际金融市场的无抛补利率平价条件之上的，这一条件是指在资本具有充分国际流动性的条件下，投资者的套利行为使得国际金融市场上以不同货币计价的相似资产的收益率趋于一致，强调了中心国货币政策溢出时汇率渠道的重要性。"三元悖论"采取短期利率这一单一变量来衡量国家宏观经济情况的假设存在误导。如果"三元悖论"成立，那么浮动汇率获得的额外自由度应该足以抵消国外金融条件对国内宏观经济的影响。但是，全球化的金融世界中存在资本流动类型不同和金融市场不完善的情况，中心国家的货币政策可能以多种形式影响其他国家货币政策和金融稳定性。因此在这样一个世界里，即使是大国，采用浮动汇率制度也不足以使国内经济隔绝全球因素的影响，因此也无法保持货币政策的独立性。

主要内容

本文总共分为四部分。

第一部分：货币政策传导渠道相关文献

1. 蒙代尔-弗莱明与新开放经济宏观经济学

凯恩斯主义模型，如蒙代尔-弗莱明模型，重点介绍了货币传导汇率渠道。该模型认为在中心国家放松货币政策的情况下，中心国家的需求上升，带动了从外围国家到中心国家的出口（需求增长效应）。而中心国家债券的收益率相对于外国债券的收益率下降，导致汇率贬值，从而使得中心国家的商品比外围商品便宜，外围国家商品的支出就被转移出去（支出转换效应）。这两种效应在一定程度上抵消了外围国家的影响。总的来说，只要汇率自由浮动，外围经济体就可以选择利率来稳定产出。但是模型没有金融外溢。

货币政策的国际传导渠道在基准新凯恩斯主义模型中的作用是不同的。正如 Obstfeld 和 Rogoff（2000，2002），Corsetti 和 Pesenti（2001）以及 Benigno 和 Benigno（2003）所指出的，最优货币政策是在稳定产出和加强贸易条件的基础上进行的。在这些模型中，如果"各司其职"，即国际溢出效应不大，则国际合作的收益通常很小。

2. 金融市场摩擦模型

下面主要关注两个渠道：信贷渠道和风险承担渠道。

本文作者首先关注"信贷渠道"。之前的文献早就认识到代理问题是商业周期放大的一个重要来源（Bernanke and Gertler，1989）。当借贷双方的代理成本很重要时，内部融资的机会成本和外部融资的成本之间就有一个差距：外部融资溢价。这反映了与委托-代理问题相关的成本，并使借款人的信贷成本更高。而这种外部融资溢价可能取决于货币政策的立场。当扩张性货币政策导致资产价格上涨，特别是股票价格上涨时，增加了借款人的净值，这缓解了逆向选择和道德风险问题，缩小了内部资金和外部融资成本之间的差距，导致贷款增加和总需求增加，本文作者用"信贷渠道"一词来描述这种传导渠道。

本文作者也关注"风险承担渠道"。在 Borio 和 Zhu（2012）以及 Bruno 和 Shin（2015b）所描述的货币政策"风险承担渠道"中，金融中介起着关键作用，被衡量的风险进入金融摩擦。模型通常受风险价值约束，以风险中性杠杆中介机构为特征。正面冲击会提高对资产的需求，这会降低风险溢价。反过来，较低的风险溢价进一步放松了中介机构的风险价值约束，这使得它们能够进一步杠杆化。在这种环境下，宽松的货币政策会降低融资成本，并引发反馈循环。本文作者认为大部分论文都强调了由约束引发的杠杆的顺周期性，而从宏观经济的角度来看这可能不是最优的。作者提出人们可以考虑用例如政府担保、有限责任和风险转移来模拟过度冒险。

3. 实证研究

作者研究了关于货币政策传导渠道的相关实证研究，发现信贷渠道和风险承担渠道是货币政策传导的潜在重要渠道。这两个因素都关系到金融稳定，因为它们影响到中介机构的杠杆作用、信贷增长和资产定价，并可能导致"过度冒险"。尽管信贷渠道和风险承担渠道大多是在封闭经济环境下研究的，但证据表明它们也可能与国际环境有关。在资产负债表有外债的环境下，国内经济的货币政策面临着产出稳定和资产负债表效应之间的权衡。在这种情况下，一方面，当美国加息时，美元汇率就会贬值，从而刺激美国出口。另一方面，由于外债价值上升，这将导致不利的资产负债表效应。由于这种权衡，即使采用弹性汇率，利率也不足以实现货币自主权。因此，中心国家的货币政策可能会在国际上传播，并通过资本市场的摩擦而扩大，从而影响到世界其他地区的资产负债表或金融稳定。随着美元在国际金融市场上的主导地位越来越重要，这一问题对美国货币政策将更加重要。

第二部分：全球金融周期及结构 VAR 模型的构建

1. 全球金融周期

本文作者认为虽然有大量文献讨论了美元作为一种国际货币的重要性，但自布雷顿森林体系崩溃以来，在美元货币政策冲击传递的背景下，美元在国际银行业中的重要性、美元作为银行和资产管理公司的融资货币的用途及全球美元资金池的重要性都没有得到充分的研究。作者提出鉴于美元融资在国际经济中的普遍性以及美元资产在全球许多投资组合中的重要性，广义的信贷渠道或风险承担渠道可能是货币政策国际传导的有力渠道。作者在 Rey（2013）中将全球风险资产价格、信贷增长、杠杆率和金融总量的高度协同运动称为全球金融周期，而这种协同在一定程度上是由美国货币政策引起的。

作者从大量风险资产价格中提取了全球因子，该因子是全球资产价格差异的重要组成部分。作者认为鉴于美元融资和美元资产在世界资产负债表中普遍存在，以及许多金融体系对某种抵押品约束或风险价值约束的依赖，评估美国货币政策对这一全球风险价格因子动态的影响，有助于检验是否存在国际信贷或风险承担渠道。

2. 美国货币政策冲击的 VAR 识别

本文作者主要遵循 Gertler 和 Karadi（2015）以及 Mertens 和 Ravn（2013）的方法论，并使用 Gürkaynak，Sack 和 Swanson（2005）作为外部工具。作者使用变量来衡量一年期美国利率或 VAR 中的美联储有效利率。

结构 VAR 构造如下：

$$AY_t = \sum_{j=1}^{p} C_j Y_{t-j} + \varepsilon_t$$

式中，美国的 VAR 利率变量为一年期利率（工具性）、消费者价格指数（CPI）、工业生产（IP）、抵押贷款息差、商业票据息差和波动率指数（VIX），结构白噪声冲击为 ε_t。简化形式的 VAR 可以写成：

$$Y_t = \sum_{j=1}^{p} B_j Y_{t-j} + u_t$$

式中，$u_t = S\varepsilon_t = A^{-1}\varepsilon_t$，$B_j = A^{-1} C_j$。

简化形式 VAR 的方差-协方差矩阵为：

$$E_t[u_t u_t'] = E_t[SS'] = \sum$$

参考 Gertler 和 Karadi（2015），一年期利率由联邦公开市场委员会公布的美联储基金未来价格的变量衡量。本文作者把一个月内的变量加起来构成每月的观察结果。与 Gertler 和 Karadi（2015）不同的是，作者不认为冲击会持续 30 天。关于经济和金融变量对货币政策冲击的脉冲响应，需要恢复相关的结构性冲击：

$$Y_t = \sum_{j=1}^{p} B_j Y_{t-j} + s\varepsilon_t^p$$

为了计算货币政策冲击对一年期利率的影响 ε_t^p，工具变量 Z_t 应与结构性货币政策冲击 ε_t^p 相关，而与其他结构性冲击不相关。

$$E(Z_t\varepsilon_t^{p'}) = \alpha$$
$$E(Z_t\varepsilon_t^{q'}) = 0$$

本文作者从简化形式的 OLS 回归中得到 u_t 的估计值，用 u_t^p 表示简化形式下的政策变量，用 u_t^q 表示简化形式下变量 $q \neq p$ 时的方程残差，称 u_t^q 为对增加一单位政策冲击 ε_t^p 的响应。

可以从 u_t^q 对 u_t^p 的 TSLS 回归和工具变量 Z_t 中得到 s^q/s^p 的估计值。可以通过简单的 F 检验来测试工具变量的强度，与不考虑内生动力的时间研究方法相比，这种方法的优势在于能够估计货币政策冲击随时间变化的影响。

3. 美国货币政策冲击对美国经济和全球因素的影响

作者估计了一个月度的 VAR 模型，考察了美国货币政策冲击对标准实体经济变量（美国 CPI 和 IP）的影响，包括能够捕捉风险承担渠道或信贷渠道的金融变量：美国抵押贷款利差、企业利差和 VIX，并且将风险资产价格的全球共同因子包含进来以反映国际金融市场状况。在图 1 中，作者发现对于一年期利率的 20 个基点的冲击，会导致抵押贷款利差（最高约 8 个基点）和美国商业票据利差（约 5 个基点）有一个显著且几乎立即的影响。与此同时，CPI 会随着时间的推移而下降，而 IP 也会有滞后性的下降。同时 VIX 受到美国货币政策冲击的显著影响，一年内 20 个基点的紧缩冲击导致波动率指数上升 4 个基点。在图 2 中，作者将全球风险资产价格因子纳入其中，以捕捉美国货币政策对国际资产市场的溢出效应。一个基点的货币意外因子会导致一年期利率收紧 20 个基点，导致全球资产价格因子下降 8 个百分点。作者把图 1 和图 2 中的脉冲响应函数解读为与广义货币政策的信贷渠道或风险承担渠道一致。金融市场存在大量摩擦，它们受到货币政策变化的显著影响。重要的是，这些渠道同时在国内金融市场和世界金融市场运作，全球资产价格因子的反应就是证明。在美联储收紧货币政策的情况下，VIX 上升，全球资产价格大幅下跌。

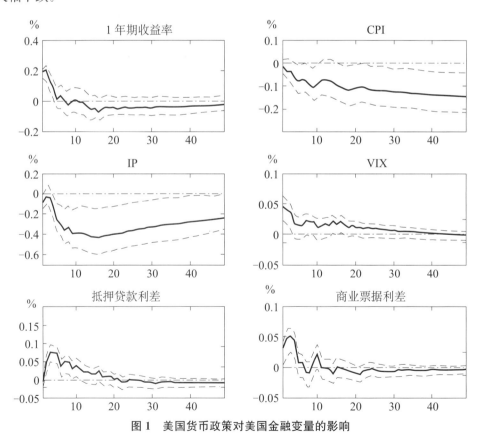

图 1　美国货币政策对美国金融变量的影响

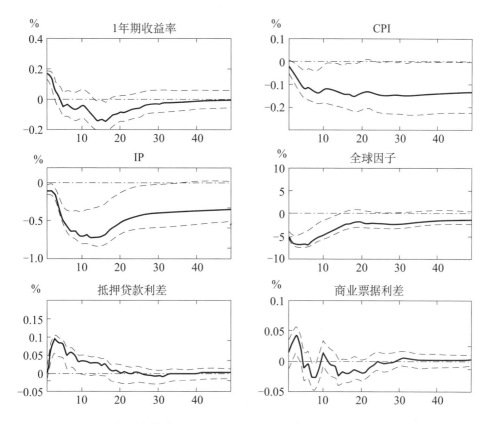

图 2　美国货币政策冲击对美国金融变化和全球风险资产价格因子的影响

注：图中为 1979 年 7 月至 2010 年 12 月的月度数据。工具变量（联邦基金期货 FF4）的有效期为 1991 年 1 月至 2012 年 6 月。F 值是 18.76，作者报告了 90% 的置信区间。

第三部分：美国货币政策冲击对弹性汇率制度下开放经济体的影响估计

作者认为全球金融周期的存在似乎表明，灵活汇率制度国家并没有与全球因素隔绝，作者估计了美国货币政策对一系列具有灵活汇率制度的发达开放经济体的通货膨胀和资产价格产生的冲击。这些国家是通胀目标国，拥有自由浮动的汇率，国内金融市场发达。样本包括瑞典、加拿大、新西兰和英国。

作者采用与上一节相似的策略，通过使用工具变量（一年期美国利率或联邦基金利率）确定美国货币政策冲击。VAR 模型中每个国家的变量有 IP 或 GDP、CPI、国内政策利率、抵押贷款利差和 VIX。加拿大的结果如图 3 所示，瑞典的结果如图 4 所示，英国的结果如图 5 所示，新西兰的结果如图 6 所示。

从图 3～图 6 的结果来看，美国一年期利率上升 20 个基点，导致抵押贷款利差迅速上升 8 个基点（在前三个月左右）。在这些国家中，美国的紧缩性政策对抵押贷款利差有着显著且几乎立竿见影的效果。在紧缩性政策实施后的两个月内，加拿大的峰值约为 9 个基点。在瑞典，大约 3 个月后，其峰值约为 4 个基点。在英国，大约 6 个月内达到峰值，约 12 个基点。新西兰前两个季度的峰值约为 20 个基点。因此，美国货币政策冲击对这些发达经济体抵押贷款利差的影响程度是不同的，但与美国境内估计的影响大致相同。

作者认为开放经济货币条件对中心国的政策性依赖至少可以通过两个主要渠道实现。首先是"浮动渠道恐惧"，在美联储实施紧缩性政策的情况下，面临大量资金流动的央行可能会试图缩小利差，收紧政策利率；这反过来又会通过国内信贷或风险渠道对房贷利差产生影响。其次是广义的"国际信贷渠道"，通过美元跨期价格对抵押品价格、美元融资成本等产生影响，国内金融状况受到美联储货币政策变化的影响。

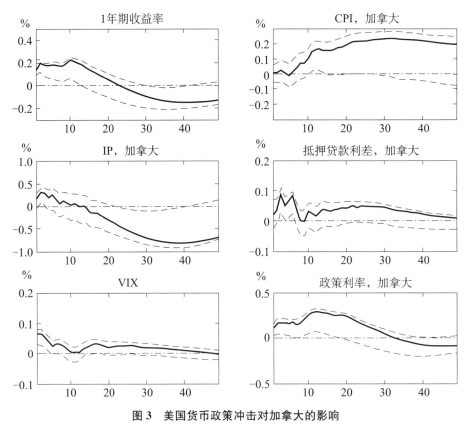

图 3　美国货币政策冲击对加拿大的影响

注：图中为 1985 年 3 月至 2012 年 6 月的月度数据。工具变量（联邦基金期货 FF4）的有效期为 1991 年 1 月至 2012 年 6 月。F 值是 12.34，作者报告了 90% 的置信区间。

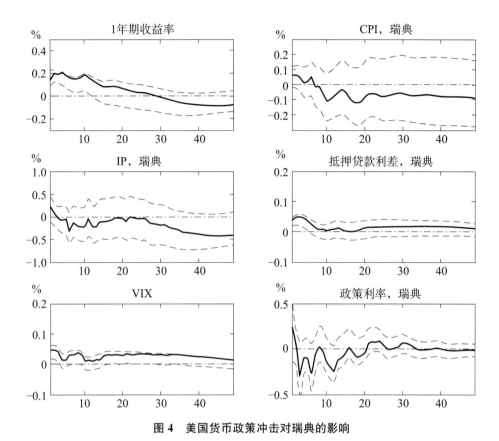

图 4　美国货币政策冲击对瑞典的影响

注：图中为 1987 年 1 月至 2012 年 6 月的月度数据。工具变量（联邦基金期货 FF4）的有效期为 1991 年 1 月至 2012 年 6 月。F 值是 13.87，作者报告了 90% 的置信区间。

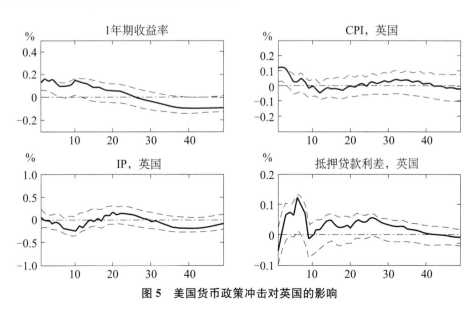

图 5　美国货币政策冲击对英国的影响

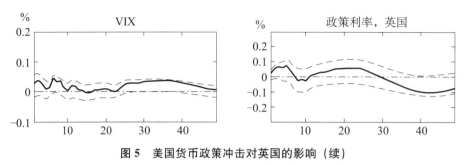

图 5　美国货币政策冲击对英国的影响（续）

注：图中为 1995 年 1 月至 2012 年 6 月的月度数据。工具变量（联邦基金期货 FF4）的有效期为 1991 年 1 月至 2012 年 6 月。F 值是 9.75，作者报告了 90% 的置信区间。

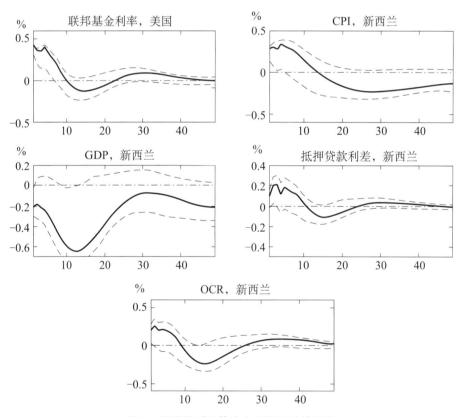

图 6　美国货币政策冲击对新西兰的影响

注：图中为 1987 年第三季度至 2012 年第三季度的季度数据。工具变量从 2009 年第一季度开始有效。F 值是 15.29，作者报告了 90% 的置信区间。

　　总之，美国收紧货币政策会对惠灵顿、渥太华、斯德哥尔摩和伦敦的国内金融状况生产直接影响。其影响程度与美国国内货币政策冲击对其自身抵押贷款利差的影响程度相似。大多数情况下，伴随着政策利率的变化，经济体出现汇率贬值。这意味着，一个灵活的汇率政策不足以使一个国家免受全球金融周期的影响。同时，通过衡量短期利率相关性来衡量货币自主性，对国际信贷渠道或风险承担渠道的效力几乎没有任何影响。"三元悖论"只关注利率问题，似乎错过了国际市场货币政策传导的一个潜在重要渠道。如果国际信贷渠道是强有力的，那么"三元悖论"更像是一个两难选择，需要更多的工具来恢复货币和金融的自主权。

第四部分：结论

（1）作者通过美元这种货币强调了货币政策的国际信贷传导渠道和风险承担渠道。由于许多资产负债表上都存在以美元计价的资产，美国的货币政策会通过影响银行、资产管理公司、家庭和企业的资产净值以及抵押效应影响借款能力。当资产价格较高时，利差较低，可计量风险较低，因此风险指数与杠杆率之间存在负相关关系。通过信贷渠道和风险承担渠道，美国的货币政策在各个地区传递，影响着全球金融稳定与经济活动事务。

（2）国际信贷渠道和风险承担渠道可以与著名的"害怕浮动"渠道互动。美联储放松政策后，如果另一家央行也因为大量资本流入而放松政策利率或进行干预以防止其汇率升值，那么受援国国内信贷渠道将倾向于强化国际信贷渠道，导致潜在的信贷繁荣。汇率的作用是模棱两可的，因为持续升值和偏离无抛率利率平价条件可能会强化资产负债表效应，即资产价格上涨和抵押品价值增加，从而进一步放松风险价值限制。同样的机制也可能反过来起作用，导致潜在的破产。

（3）实证结果表明，这些货币政策传导渠道在地区和跨地区之间存在某种组合。在本文选择的发达开放经济体的样本中，大多数经济学家可能会认为，由于通胀目标制和自由浮动汇率制度的确立，外部因素对货币自主性的影响很小或根本不存在。然而，本文认为外部融资溢价（抵押贷款利差）受到美国货币政策冲击的显著影响。

评　价

本文对传统的"三元悖论"进行了更深入的探究，指出由于"三元悖论"基于国际金融市场的无套利原则，强调了汇率渠道的重要性。作者通过研究证明浮动汇率制度下外围国家的货币政策并不是完全独立的，中心国家的中央银行可以通过多种渠道向外传播其货币政策的影响，包括国际信贷渠道和风险承担渠道，是对传统

"三元悖论"的补充和拓展。

随着金融全球化的不断发展，大量文献就国际金融市场联动性提出了自己的观点，Rey（2013）首次提出了"全球金融周期"这一概念，用来定义全球资本流动、资产价格、金融杠杆和信贷增长之间的同步性，本文又进一步强调了这一概念，并基于实际数据发现全球风险价格共同因子与衡量市场风险和不确定性的指数 VIX 有关。而全球金融周期这一问题与针对传统"三元悖论"是否成立的讨论密切相关，因此本文既高度总结了以往研究的成果，又对"全球金融周期"进行了进一步的理论完善。

雷的这篇文章建立了结构 VAR 模型，进行了相关实证检验，有效地佐证了所提出的问题，对全球金融周期的研究发展起到重要作用。

后续研究

Cerutti 等（2017）[1] 利用共同因子法量化了全球金融周期对资本流动的重要性，发现其对资本流动的解释力度很少能超过四分之一。针对雷之前指出的，一个外围国家可能会认为全球金融一体化的好处低于由中心国家货币政策等事件驱动资本流动带来的风险，因此外围国家会通过选择资本管制或宏观审慎政策等措施使自己不受全球金融危机的影响。Cerutti 等（2017）的研究结果表明，由于资本流动具有很多特殊性，难以通过出台政策进行甄别，因此外围国家更可能放弃国际金融一体化的好处而试图将自己隔离起来。

Han 和 Wei（2017）[2] 重新考察了货币政策冲击从发达经济体向新兴市场经济体的国际传递，发现当美国采取宽松货币政策时实施浮动汇率制度的外围国家无可避免受到美国货币政策的影响，但资本管制为外围国家提供了维护货币政策独立性的可能。因此对于一个外围国家而言，资本管制更能抵御中心国家货币政策冲击，而浮动汇率制度的优点可能被夸大了。

Coimbra 和 Rey（2017）[3] 的文章《有异质中介的金融周期》（Financial Cycles

---

[1] Cerutti，E.，S. Claessens，and A. K. Rose，"How Important is the Global Financial Cycle? Evidence from Capital Flows"，NBER Working Paper No. 23699，2017.

[2] Han，X.，Wei，S. J.，"International Transmissions of Monetary Shocks：Between a Trilemma and a Dilemma"，NBER Working Papers，2016.

[3] Coimbra，N.，and Rey，H.，"Financial Cycles with Heterogeneous Intermediaries"，NBER Working Paper No. 23245.

with Heterogeneous Intermediaries）指出，全球金融周期是由美国货币政策引起的，美国长期低利率政策导致全球金融机构为了寻求收益不得不提高风险承担。

Miranda-Agrippino 和 Rey（2020）[①] 进一步指出美国货币政策冲击是影响全球金融周期的重要因素之一。美国货币政策收紧会导致全球资产价格因子减少，导致全球中介机构大幅去杠杆，全球国内信贷供给下降，国际信贷流动大幅收缩，国外金融状况趋紧，此结果也适用于浮动汇率国家。与 Rey（2013）[②] 的观点呼应，本文认为蒙代尔的"三元悖论"可能已经演变成"二元困境"，只要跨境资本流动是自由的，而宏观审慎工具没有被使用，即使是汇率灵活的国家，任何国家的货币状况都会在一定程度上受制于霸主国家（美国）的货币政策。

---

①　Miranda-Agrippino S.，and Rey，H.，"U. S. Monetary Policy and the Global Financial Cycle"，*The Review of Economic Studies*，2020.

②　Rey，H.，"Dilemma not Trilemma：the Global Cycle and Monetary Policy Independence"，Proceedings-Economic Policy Symposium-Jackson Hole，2013.

微观金融理论

现代资产组合理论[①]

作者简介　　**Harry M. Markowitz**

　　哈里・M. 马科维茨（Harry M. Markowitz），1927 年出生于芝加哥，获得芝加哥大学经济学学士学位和博士学位。他的博士论文题目为《现代资产组合理论》（Portfolio Selection）。在芝加哥大学期间，曾参加 Cowles Commission for Research in Economics 的研究工作；1952 年离开芝加哥大学后加入兰德公司，曾于加州大学、宾夕法尼亚大学、罗格斯大学、纽约城市大学等任教职和从事研究工作，1994 年至今在加州大学圣迭戈分校任研究教授；马科维茨（Markowitz，1952，1959）的资产选择理论彻底改变了传统金融学仅用描述性语言来表达金融学思想的方法，被称作金融学研究上的一次革命。马科维茨本人也被称为现代证券组合理论或投资理论的创始人。他是 1990 年诺贝尔经济学奖得主之一。

主要成果

"Can Noise Create the Size and Value Effects?"（with Robert D. Arnott，Jason

---

　　①　本文发表于 *Journal of Finance*，No. 1，1952，pp. 77 - 91。

C. Hsu, and Jun Liu)，*Management Science* 61，pp. 2569 - 2579，2014.

"Portfolio Optimization with Mental Accounts" (with Sanjiv Das, Jonathan Scheid, and Meir Statman)，*Journal of Financial and Quantitative Analysis* 45，pp. 311 - 334，2010.

"A Note on Semivariance" (with Hanqing Jin and Xun Yu Zhou)，*Mathematical Finance* 16，pp. 53 - 61，2006.

"Foundations of Portfolio Theory"，*Journal of Finance*，Vol. 46，pp. 469 - 477，1991.

"Approximating Expected Utility by a Function of Mean and Variance" (with H. Levy)，*The American Economic Review*，1979.

Portfolio Selection：Efficient Diversification of Investment，Yale University Press，1958.

"Portfolio Selection"，*Journal of Finance* 7，No. 1，pp. 77 - 91，1952.

"The Utility of Wealth"，*Journal of Political Economy*，Vol. 60，pp. 161 - 158，1952.

"Social Welfare Functions Based on Individual Rankings" (with L. A. Goodman)，*American Journal of Sociology*，Vol. 58，1952.

研究背景

马科维茨的《现代资产组合理论》一文于 1952 年发表在权威性的学术期刊《金融杂志》上。该文的问世标志着现代金融经济学的发端，资产组合理论既是资产定价理论的奠基石，也是整个现代金融理论的奠基石。在该文中，马科维茨彻底改变了传统金融学用描述性语言表达金融学思想的方法，分别以均值和方差衡量收益和风险，很好地利用数学公式和几何图表来阐述观点；在该文中，马科维茨否认了一直以来投资领域采用的预期收益最大化的原则，提出了预期均值-方差理论，即经济主体对金融资产的选择不仅取决于资产的收益均值，还取决于资产的收益方差（即风险），投资者运用效用最大化的决策原则，在所有可能的投资方案中求出投资决策的最优解。

研究目的和方法

本文的研究着眼于资产组合选择过程的第二个阶段——假定我们通过观察和以

前的经验已经获得了对证券未来表现的预期（预期收益和方差），在此基础上我们如何根据均值-方差理论建立最优的资产组合？本文研究的目的有两个：（1）批驳传统的不考虑风险，只考虑单纯的预期收益最大化的决策理论（expected returns or anticipated returns rule）；（2）提出了预期收益-方差理论（expected returns-variance of returns（E-V）rule），证明了其合理性并阐述了其在实际投资决策中的应用价值。

首先，作者旗帜鲜明地否定了传统的单纯的预期收益最大化的理论假设。原因在于，该理论无法说明分散化的投资组合优于非分散化的投资组合，而在现实中投资者总是采用分散化的原则，不把鸡蛋放在同一个篮子里。不管我们如何获得期望，也不管我们对于不同的证券是否采用相同的贴现率，更不管贴现率如何决定，是否随着时间而变化，单纯的预期收益最大化的原则要求投资者只投资于所有证券中预期收益最大的证券或者证券组合（在存在多个证券具有相同的最高预期收益的情况下）。

假定存在 N 个证券，r_{it} 为证券 i 在将来时刻 t 的预期收益；d_{it} 为证券 i 在将来时刻 t 的预期收益贴现率；X_i 为投资于证券 i 的投资权重。假定不存在卖空的情况，则 $X_i \geqslant 0$，那么证券组合的未来预期收益的现值可用下面的公式来表述：

$$R = \sum_{t=1}^{\infty} \sum_{i=1}^{N} d_{it} r_{it} X_i = \sum_{i=1}^{N} X_i \left(\sum_{t=1}^{\infty} d_{it} r_{it} \right)$$

$R_i = \sum_{t=1}^{\infty} d_{it} r_{it}$，为证券 i 的预期收益率的现值；$R = \sum X_i R_i$，其中 R_i 与 X_i 无关。

由于 $X_i \geqslant 0$，$\sum X_i = 1$，R 以 X_i 为权重，R_i 为证券 i 的证券组合的预期收益。要使 R 最大化，只要令预期收益最大的第 i 只股票的权重 $X_i = 1$。如果有多个证券的预期收益 $R_{a_a}(a=1, \cdots, K)$ 为最大值，那么令 $\sum_{a=1}^{K} X_{a_a} = 1$ 就可使证券组合的收益最大化。在这种情况下，分散化的投资组合不可能优于非分散化的投资组合。

为方便起见，我们先考虑一个静态模型。我们不考虑证券 i 在不同时刻的贴现值，只考虑证券 i 的"收益流"（flow of returns）r_i，那么证券组合的"收益流"可表示为 $R = \sum X_i r_i$。和上面的动态模型一样，我们只要将所有资金投入具有最大预期"收益流"的证券就可使证券组合的预期收益最大化。

资产组合中一个普遍遵循的规则是：投资者既分散化又最大化预期收益。该规则表明投资者将资金分散于具有最大预期收益的证券中。大数法则可以确保组合的实际收益率与预期收益率几乎相等。但这仅是预期均值-方差理论的一个特例，因为它假定该投资组合不但具有最大的预期收益，而且具有最小方差，并将该组合推荐给投资者。大数法则不能应用于证券组合。证券之间总是具有某种相关性。分散化不能消除所有的风险（方差）。具有最大收益的证券组合不一定具有最小风险（方差）。投资者可以通过承担风险（即方差）来获得较高的预期收益或者通过放弃预期收益来减小风险（即方差）。由上面的分析可知，单纯的预期收益理论不充分。

接下来我们考虑预期收益-方差理论，分成三部分来介绍。首先介绍基本概念和一些数学统计结果，其次阐述预期收益-方差理论的含义，最后讨论该理论的合理性。

为了避免过于复杂的数学证明，该论文只是用几何图示简单分析了 3～4 个证券的情形，未能将结果推广至 n 个证券的情形。该文还假定证券的概率分布不随时间的变化而变化，但与现实不符，这也是该文的局限之一。

基本概念和数学统计结果

假定一组随机变量：R_1，$\cdots$，R_n，$R = \alpha_1 R_1 + \alpha_2 R_2 + \cdots + \alpha_n R_n$，$R$ 也是随机变量。$E(R) = \alpha_1 E(R_1) + \alpha_2 E(R_2) + \cdots + \alpha_n E(R_n)$ 表示 R 的预期收益；

$\sigma_{12} = E\{[R_1 - E(R_1)][R_2 - E(R_2)]\}$ 表示 R_1 和 R_2 的协方差；

$\sigma_{ij} = E\{[R_i - E(R_i)][R_j - E(R_j)]\}$ 表示 R_i 和 R_j 的协方差；

$\sigma_{ij} = \rho_{ij}\sigma_i\sigma_j$ 是 R_i 和 R_j 的协方差的另一种表示方式；

$V(R) = \sum_{i=1}^{N} \alpha_i^2 V(X_i) + 2\sum_{i=1}^{N}\sum_{i>1}^{N} \alpha_i\alpha_j\sigma_{ij}$ 表示以 α_i 为权重的组合的方差；

含有 N 种资产的组合的方差可表示为：$V(R) = \sum_{i=1}^{N}\sum_{j=1}^{N} \alpha_i\alpha_j\sigma_{ij}$。

现在令 R_i 为证券 i 的收益率，μ_i 为 R_i 的平均值，σ_{ij} 为 R_i 和 R_j 的协方差，σ_{ii} 为 R_i 的方差，X_i 为投资于证券 i 的权重。

$R = \sum R_i X_i$ 表示证券组合的收益率；$E = \sum_{i=1}^{N} X_i\mu_i$ 表示证券组合的预期收益率；$V(R) = \sum_{i=1}^{N}\sum_{j=1}^{N} X_i X_j\sigma_{ij}$ 表示证券组合的方差。

预期收益-方差理论（E-V rule）的含义

在组合中证券选定后，我们可以通过给证券赋予不同的权重来构建不同的组合，若（μ，σ_{ij}）不变，则可以通过改变权重 X_i 和 X_j 来获得（E，V）的不同组合。假定图 1 为投资者所能获得的所有（E，V）组合的集合。预期收益-方差理论表明投资者将选择图中的有效组合，即在给定预期收益时方差最小的组合，或在给定方差时预期收益最大的组合。

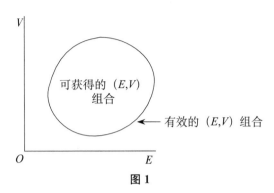

图 1

事实上，在给定（μ，σ_{ij}）时，我们可以使用不同的方法来计算有效集（E，V）。但是，在本文中我们只是采用几何图示的方法来描述有效集的一些特性。

现在我们考虑三个证券的情形，此时我们的模型可简化为：

$$E = \sum_{i=1}^{3} X_i \mu_i \tag{1}$$

$$V(R) = \sum_{i=1}^{3} \sum_{j=1}^{3} X_i X_j \sigma_{ij} \tag{2}$$

$$\sum_{i=1}^{3} X_i = 1 \tag{3}$$

$$X_i \geqslant 0 (i=1,\ 2,\ 3) \tag{4}$$

由式（3）得：

$$X_3 = 1 - X_1 - X_2 \tag{3a}$$

将式（3a）代入式（1）和式（2），我们可得到关于 X_1 和 X_2 的函数式（E，V）：例如，

$$E = \mu_3 + X_1(\mu_1 - \mu_3) + X_2(\mu_2 - \mu_3) \tag{1a}$$

我们可以将其简化为：

(a) $E = E(X_1, X_2)$

(b) $V = V(X_1, X_2)$

(c) $X_1 \geqslant 0,\ X_2 \geqslant 0,\ 1 - X_1 - X_2 \geqslant 0$

由（a）、（b）、（c），我们可以用二维几何图来获得有效集。

组合的可行集由满足（c）和式（3a）的所有组合构成。（X_1，X_2）的可行组

合由图 2 中的三角形 abc 表示。纵轴左边的任何一点由于违反 $X_1 \geq 0$ 的条件，均不能获得。同理，横轴下边的任何一点由于违反 $X_2 \geq 0$ 的条件，故也不能获得。任何高于 $1-X_1-X_2=0$ 的点由于违反 $1-X_1-X_2 \geq 0$ 的条件，也不能获得。

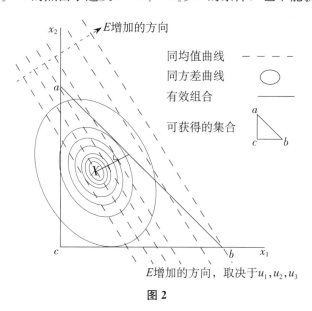

图 2

我们定义同均值曲线为具有相同预期收益的点集；同方差曲线为给定方差相同的所有点的集合。同均值曲线和同方差曲线的形状可由（E，V）公式得到。特别地，同均值曲线为一组平行的直线；而同方差曲线由一组具有相同圆心的椭圆构成。我们将式（1a）转换形式，可得到：$X_2 = \dfrac{E-\mu_3}{\mu_2-\mu_3} - \dfrac{\mu_1-\mu_3}{\mu_2-\mu_3} X_1$。

因此，当 $E=E_0$ 时，同均值曲线的斜率为 $-(\mu_1-\mu_3)/(\mu_2-\mu_3)$，截距为 $(E-\mu_3)/(\mu_2-\mu_3)$。如果 E 变化，截距随之变化，但斜率不变。这就证明了我们关于同均值曲线为一组平行线的假设。

同样我们可以证明，同方差曲线由一组同心椭圆组成。同心椭圆集的圆心即为方差最小的点，我们将其标为点 X，它的预期收益和方差分别为 E 和 V。离点 X 越远，方差越大。确切地说，若某同方差曲线 C_1 比另一曲线 C_2 更靠近点 X，那么我们说在 C_1 曲线上的点的方差小于在 C_2 曲线上的点的方差。下面我们利用一些几何工具来寻找有效集。

同方差曲线的圆心 X 既可能落在可行集内，也可能落在可行集外。图 2 表示的是 X 落在可行集内的情形，在该种情况下，X 是有效的。没有其他组合可以具有和 X 一样小的方差 V，所以也就没有其他组合可以具有小于 V 的方差或者在具有与 V 相同或更小的方差时具有大于 E 的预期收益。预期收益小于 E 的点均不是有效的。

考虑具有相同预期收益 E 的所有点，例如在预期收益为 E 的同均值曲线上的点。该同均值曲线上具有最小方差 V 的点为该同均值曲线与同方差曲线相切的点，我们称该点为 $\hat{X}(E)$。如果 E 发生变化，将所有 $\hat{X}(E)$ 的点连接成为一条曲线，我们定义其为关键线 L。

关键线 L 经过点 X（即所有点中方差最小的点），从点 X 出发沿着关键线 L 向任何一个方向延伸，方差 V 增大。关键线 L（从点 X 出发到关键线 L 与可行集的 ab 边相交的点）为有效集的一部分。可行集剩下的部分为 ab 边上从点 d 到点 b 的部分。在图 3 中 X 落在可行集的外面，此时，有效集从具有最小方差的可行点开始（即 ab 边），一直到点 d（即 ab 线与关键线 L 相交的点），然后就沿着关键线 L 一直到点 b。通过上述方法，我们可以分析以下情形：（1）X 落在可行集外且关键线与可行集不相交；（2）两个证券具有相同的预期收益，此时同均值曲线与边界（坐标轴）平行，具有最大预期收益的有效组合为分散化组合；（3）仅有一种有效组合的情形。

四个或 N 个证券的情形与三个证券的情形类似，其有效集为一组相连的线段。有效集的一端为具有最小方差的点，而另一端为具有最大预期收益的点（如图 4 所示）。

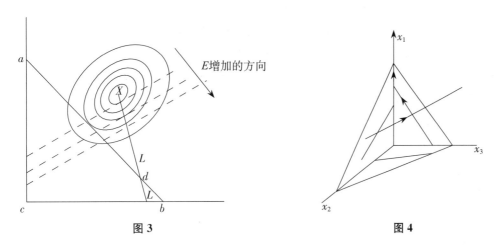

图 3　　　　　　　　　　　图 4

现在我们已经了解了有效组合集合的性质，我们就不难理解有效的 (E,V) 组合的性质了。对于三个证券的情形，预期收益 $E=a_0+a_1X_1+a_2X_2$ 是一个平面，方差 $V=b_0+b_1X_1+b_2X_2+b_{12}X_1X_2+b_{11}X_1^2+b_{22}X_2^2$ 是一个抛物面。如图 5 所示，在有效组合集上的预期收益平面部分是一系列相连的线段。如果我们将有效组合的方差 V 和预期收益 E 画在一张图上，我们就可以得到一系列相连的抛物面部分（如

图 6 所示）。

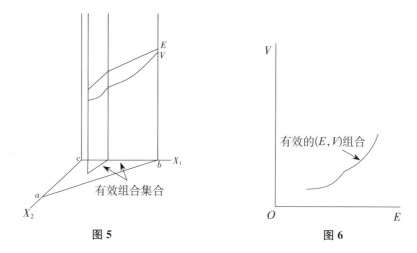

图 5   图 6

预期收益-方差理论的合理性

预期收益-方差理论可以帮助我们很好地解释投资行为，也可以帮助我们将投资行为和投机行为区分开来。

本文一开始否认了单纯的预期收益理论，因为它不能解释分散化的优越性。预期收益-方差理论意味着分散化，这并不表明预期收益-方差理论任何时候均优于单纯的预期收益理论。某一证券具有极高的预期收益同时具有最小的方差是可能的，但这是很极端的情况。一般情况下，预期收益-方差理论可以帮助我们找到有效组合。

预期收益-方差理论不仅表明了证券分散化的优越性，也告诉了我们如何有效地形成分散化的证券组合。分散化不仅取决于证券的数量，还取决于不同证券之间的相关程度。例如，同一铁路行业的 60 只不同证券的分散化效果比不上跨行业的具有相同数量证券组合（例如铁路行业、公共事业行业、矿业、制造业等等）的分散化效果。

同样地，投资于方差小的证券也并不是真正意义上的分散化。我们必须避免投资于那些具有高度相关性的证券。我们应该跨行业进行分散化，因为具有不同经济特点的行业的证券与同一行业的不同证券相比，往往具有较低的相关性。

我们经常在金融分析报告中读到"价格"和"风险"，现在我们可以用"预期收益"替代"价格变化"，用"预期收益的方差"替代"风险"。方差是衡量预期风险的常用方法，同样，我们也可以使用标准差 $\sigma=\sqrt{V}$ 或者变异系数 σ/E 来衡量风险。

假定一投资者对两个资产组合进行分散化投资，这两个资产组合具有相同的方差，风险分散化后的资产组合的方差在一般情况下会低于其中任何一个组合的方差，如图 7 所示。图中组合 P 由两个组合 $P'=(X_1',X_2')$ 和 $P''=(X_1'',X_2'')$ 构成，$P=\lambda P'+(1-\lambda)P''=(\lambda X_1'+(1-\lambda)X_1'',\lambda X_2'+(1-\lambda)X_2'')$。$P$ 在连接 P' 和 P'' 的直线上。

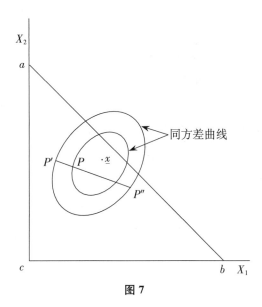

图 7

应用价值

现在我们看一下预期收益-方差理论的应用价值。我们既可以将其应用于理论研究，也可将其应用于现实证券组合的构建中。

在理论研究中，我们可以考察公众对公司的普遍看法改变、投资者对预期收益-方差偏好的改变或者证券供给变化带来的影响等等。在分析中，X_i 可以表示单个证券的投资比重或者债券、股票、房地产等组合的投资比重。

在实际决策中，应用预期收益-方差理论要求我们首先能够获得证券的预期收益、方差及证券之间的协方差。这些数据的获得要求我们将统计技术和实际经验结合起来。统计技术可以帮助我们得到预期收益、方差和协方差的可行集，在此基础上依据实际经验对其进行调整并选择。当我们找到证券的预期收益、方差和协方差之后，我们就能够根据预期收益-方差理论求得有效集。在此基础上，再根据个人偏好做出选择。

评　价

该文的问世标志着现代金融经济学的发端，资产组合理论既是资产定价理论的奠基石，也是整个现代金融理论的奠基石。在该文中，马科维茨彻底改变了传统金融学用描述性语言表达金融学思想的方法，分别以预期收益和方差衡量收益和风险，很好地利用数学公式和几何图表来阐述观点。

但是该理论也存在一定的缺陷。首先，当证券数量增加时，为了获得有效集，我们所需的数据呈几何级数增加，计算繁杂，且容易出错。斯坦福大学的夏普（Sharpe）教授和哈佛大学的林特纳（Lintner）教授以此角度切入，简化了风险和收益之间的关系，发展出了资本资产定价模型（capital asset pricing model，CAPM）。

其次，该论文只是考虑了资产选择过程的第二个阶段，始于对证券业绩的预期，终于对证券组合的选择，而并没有涉及资产选择过程的第一阶段，即如何形成这些预期。

后续研究

Markowitz（1952）提出的资产选择理论被视为是现代金融学的开山之作，这篇文章首次构建了资产风险-收益分析的研究框架并以严谨的数学推导展示了最优投资组合选择的方法，在此基础上也诞生了著名的资本资产定价模型（Sharpe，1964；Lintner，1965；Mossin，1965）。后续相关研究在资产选择理论这一方向上进行了多样化的模型拓展。

当投资者基于数以千计的股票个体开展投资组合分析时，马科维茨的资产选择理论需要大量而烦琐的计算，因而该理论在实践性上存在缺陷。Sharpe（1964）基于这一经典的理论提出了资本资产定价模型，并且在简化风险—收益关系刻画的同时，呈现出了对市场中 2 000 种证券以较低的成本进行分析的计算机程序，举证支持了该方法实际应用的可行性；关于投资组合的规模，Evans 和 Archer（1968）使用构建随机等权重组合的方法，发现当组合规模超过 10 种后，风险水平几乎不再下降；吴世农和韦绍永（1998）采用相同的组合构造方法，以 1996 年上证 30 指数的股票为样本，发现上海股市需要规模更大的投资组合，适度规模为 21～30 种。类似地，李善民和徐沛（2000）对 1998 年沪深股市 824 只股票的静态证券组合理论进行了检验，提出适度规模在 20 种左右；顾岚等（2001）则建议投资组合规模在 5～10 种。

上述对投资组合的研究均聚焦于单期策略，还有一部分后续研究则在多期动态策略上拓展。Mossin（1968）考虑到总财富随时间的推移而变化，提出了多期投资策略；Samuelson（1969）也聚焦多期，提出了基于消费和投资决定的终身规划，使得一般的概率分布适用于他的离散时间模型；默顿（Merton，1969）同样针对投资的终身规划，讨论了关于投资组合选择和消费法则的联合规划，在他的模型中时间是连续的，收入来源于资产的收益，并且收益和瞬时增长都是随机变化的。

资金成本、公司财务及投资理论^①

作者简介　　**Franco Modigliani**

　　弗兰科·莫迪利安尼（Franco Modigliani）出生于 1918 年 6 月 18 日，意大利籍美国人，2003 年 9 月 25 日去世。莫迪利安尼于 1939 年获得罗马大学（法律）学士，1944 年荣获新社会研究学院（社会科学）硕士。莫迪利安尼在 1942—1944 年任巴德学院讲师，1946—1948 年任新社会研究学院经济学助理教授，1949—1950 年任伊利诺伊大学经济学副教授，1950—1952 年任伊利诺伊大学经济学教授，1952—1960 年任卡内基理工学院经济学与产业管理教授，1960—1962 年任西北大学经济学教授，1962 年以来任麻省理工学院经济学与财务教授、讲座教授和荣誉教授。

　　莫迪利安尼是第一个提出储蓄的生命周期假设的经济学家。这一假设在研究家庭和企业储蓄中得到了广泛应用。莫迪利安尼认为，居民的消费支出不仅取决于当前收入，还取决于毕生的财富。而股价的变动将使居民部门的财富变化，从而影响居民当期和未来的消费，进而影响总需求和总产出。现代金融学的分析方法可以说起始于莫迪利安尼与米勒研究公司资本结构与公司价值之间关系的论文，即《资金成本、公司财务及投资理论》（The Cost of Capital, the Corporation Finance and

---

①　本文发表于 *The American Economic Review*，Vol. 48，No. 3，pp. 261 - 297，June 1958。

the Theory of Investment)，这篇论文中体现出的思想完全不同于传统经济学的研究方法，是金融学在现代意义上的首次出现。这篇论文中体现出的无套利均衡思想对后来金融工程学的发展有很大的影响。论文指出，在一定条件下，也就是满足莫迪利安尼-米勒（MM）定理的条件下，公司的资本结构与公司的价值无关。由于其在公司财务领域的杰出贡献，1985 年弗兰科·莫迪利安尼获得诺贝尔经济学奖。

主要成果

"Business Expectations and Strategy for the United States of Europe" (with H. Askari)，*Strategy and Business*，1997.

"The Supply of Money and the Control of Nominal Income" (with L. Papademos)，in Friedman and Hahn，editors，*Handbook of Monetary Economics*-intro，1990.

"The Role of Intergeneration Transfers and Life-Cycle Saving in the Accumulation of Wealth"，*Journal of Economic Perspectives*，Vol. 2，pp. 15 – 24，1988.

"Life Cycle，Individual Thrift and the Wealth of Nations"，*The American Economic Review*，Vol. 76，pp. 297 – 314，June 1986.

"The Monetarist Controversy or Should We Forsake Stabilization Policies"，*The American Economic Review*，Vol. 67，Iss. 2，p. 1，Mar. 1977.

"The Pasinetti Paradox in Neoclassical and More General Models" (with P. Samuelson)，*Review of Economic Studies*，Vol. 33（4），pp. 269 – 302，1966.

"The Monetary Mechanism and its Interaction with Real Phenomena"，*Review of Economics and Statistics*，February 1963.

"The Life Cycle Hypothesis of Saving" (with A. Ando)，*The American Economic Review*，Vol. 53，No. 1，pp. 55 – 84，Mar. 1963.

"Corporate Income Taxes and the Cost of Capital：A Correction" (with M. H. Miller)，*The American Economic Review*，Vol. 53，No. 3，pp. 433 – 443，June 1963.

"The Cost of Capital，Corporation Finance and the Theory of Investment" (with M. H. Miller)，*The American Economic Review*，Vol. 48，No. 3，pp. 261 – 297，June 1958.

"New Developments on the Oligopoly Front"，*Journal of Political Economy*，Vol. 66，pp. 215 – 232，1958.

"Utility Analysis and the Consumption Function：An Interpretation of Cross-section Data"（with R. Brumberg），in Kurihara，editor，*Post Keynesian Economics*，1954.

"Liquidity Preference and the Theory of Interest and Money"，*Econometrica*，Vol. 12，No. 1，pp. 45 – 88，Jan. 1944.

作者简介　　**Merton H. Miller**

默顿·H. 米勒（Merton H. Miller）于 1923 年出生于美国波士顿，中学就读于波士顿拉丁学校，1940 年进入哈佛大学学习，3 年后获哈佛大学文学学士学位。二战期间，米勒先后任职于美国财政部税务研究部和联邦储备委员会研究及统计部。1949 年进入约翰斯·霍普金斯大学学习，1952 年获经济学博士学位，其后分别任教于伦敦经济学院和卡内基梅隆大学，1961 年开始任教于芝加哥大学商学院，直至 1993 年退休，在此期间，米勒于 1983—1985 年还曾兼任芝加哥贸易委员会理事，1990 年以后，米勒还一直担任着芝加哥商品交易所董事。2003 年 6 月 3 日因癌症在芝加哥逝世，享年 79 岁。

米勒教授是世界知名的金融学家，在财务理论方面卓有建树，出版了八部著作。他早期一直致力于财务理论的研究，后期因工作关系，其研究范围还涉及证券及期权交易的监管问题，不过他最突出的贡献是在资本结构理论方面。他与莫迪利安尼通过大量的分析研究，于 1956 年在美国计量经济学会年会上发表了著名的论文《资金成本、公司财务及投资理论》，此文经修改后发表于《美国经济评论》1958 年 6 月期上。该文提出：公司价值取决于投资组合，而与资本结构和股息政策无关（称为"MM 理论"）。1961 年米勒又与莫迪利安尼合作发表了《股利政策、增长及股票定价》（Dividend Policy，Growth and the Valuation of Shares）一文，进一步阐述并发展了这一理论，并因此获得了 1990 年诺贝尔经济学奖。

主要成果

Merton Miller on Derivatives，New York：Wiley，1997.

Financial Innovations and Market Volatility，Cambridge：Blackwell，1991.

"Liquidity and Market Structure"（with Sanford J. Grossman），*Journal of Finance*，Vol. 43，No. 3，pp. 617 - 633，1988.

"Dividend Policy under Asymmetric Information"（with Kevin Rock），*Journal of Finance*，Vol. 40，No. 4，pp. 1031 - 1051，1985.

"Dividends and Taxes"（with Myron S. Scholes），*Journal of Financial Economics*，Vol. 6，No. 4，pp. 333 - 364，1978.

"Debt and Taxes"，*Journal of Finance*，Vol. 32，No. 2，pp. 261 - 275，1977.

"A Model of the Demand for Money by Firms"（with Daniel Orr），*Quarterly Journal of Economics*，Vol. 80，No. 3，pp. 413 - 435，1966.

"Corporate Income Taxes and the Cost of Capital：A Correction"（with Franco Modigliani），*The American Economic Review*，Vol. 53，No. 3，pp. 433 - 443，June 1963.

"Dividend Policy，Growth，and the Valuation of Shares"（with Franco Modigliani），*Journal of Business*，Vol. 34，No. 4，pp. 411 - 433，1961.

"The Cost of Capital，Corporation Finance，and the Theory of Investment"（with Franco Modigliani），*The American Economic Review*，Vol. 48，No. 3，pp. 261 - 297，June 1958.

研究背景

公司为了获取资金，都有一定的资本结构。什么是资金成本，不同的资本结构下的资金成本是否存在差异，如何衡量资本，这是令很多经济学者感到困惑的问题。经济学理论家们在许多正式的分析中都可能倾向于回避资金成本问题的本质，总在确定性条件下讨论资金来源问题。在确定性条件下，可以使用两个标准来确定融资结构：（1）利润的最大化；（2）公司市场价值的最大化。

而 MM 定理却认为，事实上，在一个收益确定的世界里，负债和股票仅在术语上存在差别，这两者仅在确定性条件下确实具有等价含义，但一旦考虑到不确定性因素，这种等价就消失了。利润最大化标准没有很好的定义，在不确定条件下，一个最终的利润结果受到公司每一个决策的影响，利润结果变成了一个随机变量，具有一定的不确定性，无法进行最大化。现实中金融产品之间之所以存在差别就是因为存在着不确定性。尽管 MM 定理尝试在确定性分析的结果上加上"风险贴现"的概念，从预期收入中减去（或者是在市场利率之上加上）"风险收益"，即用确定性等价方法建立起新的公司模型，但这也仅仅是个近似方法，不够完美：在宏观经济层面，没有充分考虑利率对投资率的影响因素；在微观经济层面，这种确定性模型只考虑了债券发行，忽视了其他融资形式。

在后来的研究中，莫迪利安尼正视资金成本问题的本质，开始在不确定条件下考虑资金成本和风险问题。他提出可以通过以下几种途径来解决这种困难。

第一，利润的数学期望值。使用多种筹资方式不仅影响到预期收益，还增强了结果的离散性。在这种情况下，要通过所有者的主观效用函数来进行比较和排序，选择资本结构的方式。

第二，效用方法。这一方法利用效用函数的一些特征，结合利润的产出分布来综合衡量预期收益。这样，在不确定性模型中的利润最大化标准可转化为效用最大化标准。这种方法更经常地以一种定性的、启发式的形式出现。

毫无疑问，这两种方法要比原先的确定性等价方法更进了一步，但是，在该方法下，资金成本已成为一个主观的概念。

第三，一种可替代的方法是市场价值最大化。可以给予资金成本明确的定义，并使资金成本的确定具有可操作性。在这种方法下，只需考察投资方案能否增加公司股票的市场价值。

需要指出的是，这项检验是完全独立于目前所有者的偏好的，因为市场价值不仅反映了他们的偏好，也反映了所有潜在所有者的偏好。但是，市场价值方法的潜在优势虽然长期以来一直被人们所看好，然而其分析结果却并不理想。本文要讨论的就是这一理论的发展以及它对资金成本问题的含义。

基本理论假设

假设 1：关于利润流。

公司拥有的有形资产在一段时间后对公司的所有者会产生一系列的利润流，这一系列的利润流是非持续的、非稳定的。虽然这种收益流相应分摊到普通股上，可以无限延伸到将来，但是我们假设一段时期后的收益流平均值（或者说是每一单位时间的平均利润）是有限的，而且是一个随机变量。这种对于流的刻画是指利润流，而不是股利。

假设2：对于公司的分类。

用"等价收益"（equivalent return）的概念，按照公司的收益状况对公司分类，把公司全部划分成具有可比性的类别，在该前提下，任一公司发行的任何一类股票都可与其他公司发行的同类股票进行交换，它们完全相关。这意味着同一类公司中的股票只有规模因素上的差别，我们通过改变收益与预期收益的比例来调整这种规模上的差别，最终使该比例的概率分布对同类中的所有股票都是相同的。这样，一种股票的全部相关特征都可以通过详细说明它所属的类别和它的预期收益来进行特定描述。

这一假设的重要性在于，我们可以把公司划分成组，每一组里不同公司的股票都是"同类"的，也就是说，彼此可以替代。

假设3：完全市场。

为了运用马歇尔价格理论完成上述类比，假定有关股票在小企业竞争条件下在完全市场中交易。在完全资本市场的均衡状态下，任一类中所有股票每一美元预期收益的价格都是相同的，或者说，在任一类中，每一股的价格必须与它的预期收益成比例。用公式可以表示成：

$$p_j = \frac{1}{\rho_k}\overline{x}_j \qquad (1)$$

或者

$$\frac{\overline{x}_j}{p_j} = \rho_k \qquad (2)$$

对R类中所有的 j 公司，这是一个常数。

ρ_k 是一个常数，它的含义可以有几种解释：第一，式（2）中的 ρ_k 是 k 类股票里任意一只股票的预期收益率；第二，式（1）中的 $1/\rho_k$ 是投资者从 k 类股票投资中获得1美元收益所付出的价格。

假设4：关于债券和债券市场。

为了展示负债融资对股票相对价格的决定机制，作者对债券及债券市场的性质做了下面两个假设，虽然它们实际上比分析所需的严格，但以后可以有所放松：（1）假定所有债券在单位时间里产生一个固定收入；（2）这一收入可以在所有市场上交易。

从假设 4 中的（1）可以推论出，所有债券完全可替代；从假设 4 中的（2）可以推论出，所有债券每 1 美元的收益都必须以相同的价格出售，或者产生同样的收益率。这个收益率用 r 表示，可被认为是利息率，或者说不确定利润流的资本化率。

MM 理论的主体——公司投资理论

作者在不确定条件下，对资本结构与公司价值间的关系做了开创性研究，共分为两个基本命题：

MM 命题 I：

在市场均衡时，对任何公司 j，都有 $V_j=S_j+D_j=X_j/\beta_r$。其中 X_j 表示公司所有资产的预期收益；D_j 表示公司债务的市场价值；S_j 表示普通股票的市场价值；$V_j=S_j+D_j$ 表示所有证券的市场价值，或者说公司的市场价值。

也就是说：（1）任何公司的市场价值均独立于资本结构之外，即与自身的资本结构无关；（2）公司的资本成本由其风险决定，即由 β_r 所显示的风险等级决定。

即使短期内两家融资结构不同，但其他方面完全相同的公司的市场价值产生差异，由于套利活动的存在，这种差异也会迅速消失。

MM 命题 II：

$$i_j = \rho_k + (\rho_k - r)D_j/S_j$$

式中，i_j 表示公司 j 在股票投资方面的预期收益率；r 指市场利率。

由公式可以看出，随着企业负债的增加，企业面临的风险增加，其权益成本也会随之增加。

结合命题 I 和命题 II，我们可以看出，在 MM 定理中，资本结构无关论的基本思想是：在无税收时，增加公司的债务并不能提高公司的价值，因为负债带来的好处完全被其带来的风险增加所抵消。

MM 理论的应用

在此我们只考虑两种情况：（1）考虑存在公司所得税的情况，利息支付可从税前扣除；（2）考虑到债券种类多样化和利率多重化。

1. 考虑存在公司所得税的情况

命题 I 变为：

$$\overline{\frac{x_j^{\tau}}{v_j}} = \rho_k^{\overline{\tau}}$$

$$\overline{x_j^{\tau}} = (\overline{x}_j - rD)(1 - \tau) + rD_j = \overline{\pi_j^{\tau}} + rD_j$$

式中，$\overline{\pi_j^{\tau}}$ 表示普通股持有人的累计预期收益；τ 表示公司所得税的平均税率。

命题 II 变为：

$$i_j = \frac{\overline{\pi_j^{\tau}}}{S_j} = \rho_j^{\tau} + (\rho_k^{\tau} - r)D_j/S_j$$

式中，$\rho_k^{\overline{\tau}}$ 表示投资者净收入所得税的资本化率。

2. 考虑到债券种类多样化和利率多重化

现存的资本市场里并非只有一个利率，整个利率家族随着期限、贷款技术条款、借款人的财务状况不同而改变。

命题 I 在形式和含义上都表明，虽然资金平均成本（即利率）倾向于随着债务的增长（杠杆增加）而上升，但公司价值不会受到影响，各种来源的资金的平均成本都独立于杠杆经营之外（除了税收影响）。这个结论直接来自那些从事套利者的能力，他们通过获得一个适当的债券和股票的证券投资组合以消除任何财务结构中的杠杆作用。换句话说，随着杠杆的增加，所借资金增加的成本会被普通股收益的相应减少所抵消。这个看上去似是而非的结果会在后面与命题 II 相联系并做进一步的检验。

只有当借款人有不同的收益曲线 $r = r(D/S)$ 时，命题 I 才需做出重大的改变。只要收益曲线对所有借款人都一样，命题 I 就可以保持不变，普通股收益和杠杆之间的关系就不必再是原来命题 II 中所给的事实上严格的线性关系。

评　价

莫迪利安尼和米勒正视资金成本问题的本质，开始在不确定条件下考虑资金成本和风险问题，与之前传统的确定条件下的研究结果和观点存在相当大的差异，引起了学术界广泛的关注和讨论。

第一，与当时财务领域学说的关系。MM 关于公司及股票发展的命题与当时财务领域学说看上去有本质上的不同。MM 的观点与当时金融观点之间的区别的总结见图 1 和图 2。图 1 中 M-M 线表示 MM 的观点——公司价值与杠杆比率无关。

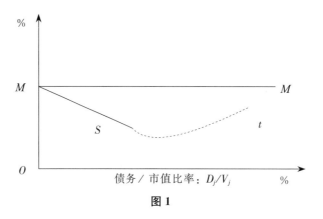

图 1

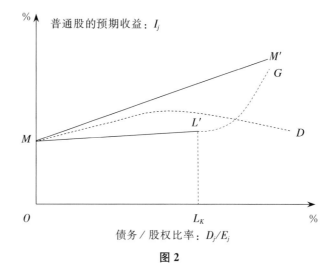

图 2

第二，区别于金融学家的传统观点。金融专家的传统观点是：如果所有其他条件都相同，一个公司普通股的盈利-股价比率（或者是它的倒数市盈率）在正常情况下受到公司资本结构的影响，公司的价值必然随着债务增加而上升。而 MM 的命题 I 认定公司的价值完全独立于资本结构之外。

第三，戴维·杜兰德（David Durand）提出了更进一步的理论。他认为，因为保险公司和其他一些重要的机构投资者受到债务证券的限制，非金融公司能够从它们那里以比自由市场里补偿给债权人的利率更低的利率借钱。杜兰德的观点及传统理论的薄弱之处处均在于混淆了投资者的主观风险偏好与客观市场机会。作者提出的命题 I 和命题 II 并不把它们的正确性建立在任何有关个人风险偏好的假设上。

后续研究

MM 的方法只是一个静态的、局部均衡的分析。MM 将问题进行简化，这是很有必要的，文中假设了资本市场中小公司的完全竞争状态，但现实中仅有一部分公司群体接近于这些假设。希望其他对这项研究感兴趣的人能够放宽假设，进行更深入的研究。

Miller 和 Modigliani（1958）之后，有关资本结构问题的理论研究和实证研究层出不穷。影响较大的有以下几种：

1. 权衡理论

MM 理论假设不存在企业所得税和破产风险，Modigliani 和 Miller（1963）放松了这一假设，指出在考虑企业所得税的情况下，利息支出有节税的作用，资本结构会影响企业价值；然而，债权融资也带来了破产成本，因此最优的资本结构应当权衡其成本和收益，这便是权衡理论。而 Miller（1977）认为 MM 定理仍具有现实适用性，因为企业所得税和破产成本的作用是较小的。在此基础上，Masulis 和 Angeloronald（1980）结合实际的税法条文进行了更细致的研究，提出由于折旧、税收抵免等税法规定，企业负债较低时债务税盾的作用能够体现，负债较高时债务税盾的好处反而被减弱，所以，在不考虑破产成本的情况下，企业也存在最优资本结构。

Rangan 和 Flannery（2006）通过实证研究发现企业存在长期资本结构目标，并向这一目标进行调整，这支持了权衡理论最优资本结构存在的观点。王跃堂等（2010）使用企业所得税改革作为外生冲击，从收入效应和替代效应两方面研究中国的债务税盾关系，发现税率较低的企业降低了债务水平，与投资有关的非债务税盾则与债务水平负相关，结果符合税盾相关理论的预期。

2. 信号传递理论

MM 理论假设信息是对称的。Leland 和 Pyle（1977）提出，在信息不对称的情况下，由于企业家拥有投资项目的内部信息，企业价值随企业家所持股份的增加而增加；当私人借贷面临约束时，企业的债权融资也可以作为企业价值的信号，企业价值随债权融资的增加而增加。Ross（1977）同样发现企业价值随负债率的增加而增加，因为负债率的增加改变了投资者对企业风险等级的感知。Myers（1984）发现，如果投资者认为企业仅在价值被高估时发行股票，被低估时则发行债券，那么投资者将不会购买股票，直至企业由于已有大量债权融资而在借新债时面临高成本。这就迫使企业在需要外部融资时，优先选择债权而非股权融资。因此迈耶斯（Myers）提出了优序融资理论，认为公司融资会按照先内部资金、后债权融资、再股权融资的顺序进行，而不存在最优资本结构。

　　一些学者也从其他角度对企业的资本结构做出了解释。Jensen 和 Meckling（1976）提出了代理成本理论，认为债务融资会减少股东和管理层的代理成本，而增加股东和债权人的代理成本，最优的资本结构应当使两者的边际成本相等，从而使得代理成本总和最低。Baker 和 Wurgler（2002）提出的择时理论则考虑到企业发行股票会进行市场择时，从而影响资本结构；低负债率的公司是在市场估值较高时融资的公司，而高负债率的公司是在市场估值较低时融资的公司，资本结构是市场择时的累积结果。束景虹（2010）的实证研究发现，在股票价格被高估时，中国上市公司发行股票带来的收益高于向市场传递负面信号带来的逆向选择成本，因此股权融资偏好是基于择时的考虑。

股利政策、增长及股票定价[①]

作者简介　Franco Modigliani

　　弗兰科·莫迪利安尼（Franco Modigliani）出生于 1918 年 6 月 18 日，意大利籍美国人，2003 年 9 月 25 日去世。莫迪利安尼于 1939 年获得罗马大学（法律）学士，1944 年荣获新社会研究学院（社会科学）硕士。莫迪利安尼在 1942—1944 年任巴德学院讲师，1946—1948 年任新社会研究学院经济学助理教授，1949—1950年任伊利诺伊大学经济学副教授，1950—1952 年任伊利诺伊大学经济学教授，1952—1960 年任卡内基理工学院经济学与产业管理教授，1960—1962 年任西北大学经济学教授，1962 年以来任麻省理工学院经济学与财务教授、讲座教授和荣誉教授。

　　莫迪利安尼是第一个提出储蓄的生命周期假设的经济学家。这一假设在研究家庭和企业储蓄中得到了广泛应用。莫迪利安尼认为，居民的消费支出不仅取决于当前收入，还取决于毕生的财富。而股价的变动将使居民部门的财富变化，从而影响居民当期和未来的消费，进而影响总需求和总产出。现代金融学的分析方法可以说起始于莫迪利安尼与米勒研究公司资本结构与公司价值之间关系的论文，即《资金成本、公司财务及投资理论》，这篇论文中体现出的思想完全不同于传统经济学的

---

　　①　本文发表于 *The American Economic Review*，Vol. 53，No. 3，pp. 433 – 443，June 1963。

研究方法，是金融学在现代意义上的首次出现。这篇论文中体现出的无套利均衡思想对后来金融工程学的发展有很大的影响。论文指出，在一定条件下，也就是满足莫迪利安尼-米勒（MM）定理的条件下，公司的资本结构与公司的价值无关。由于其在公司财务领域的杰出贡献，1985 年弗兰科·莫迪利安尼获得诺贝尔经济学奖。

主要成果

"Business Expectations and Strategy for the United States of Europe"（with H. Askari），*Strategy and Business*，1997.

"The Supply of Money and the Control of Nominal Income"（with L. Papademos），in Friedman and Hahn，editors，*Handbook of Monetary Economics*-intro，1990.

"The Role of Intergeneration Transfers and Life-Cycle Saving in the Accumulation of Wealth"，*Journal of Economic Perspectives*，Vol. 2，pp. 15 – 24，1988.

"Life Cycle，Individual Thrift and the Wealth of Nations"，*The American Economic Review*，Vol. 76，pp. 297 – 314，June 1986.

"The Monetarist Controversy or Should We Forsake Stabilization Policies"，*The American Economic Review*，Vol. 67，Iss. 2，p. 1，Mar. 1977.

"The Pasinetti Paradox in Neoclassical and More General Models"（with P. Samuelson），*Review of Economic Studies*，Vol. 33（4），pp. 269 – 302，1966.

"The Monetary Mechanism and its Interaction with Real Phenomena"，*Review of Economics and Statistics*，February 1963.

"The Life Cycle Hypothesis of Saving"（with A. Ando），*The American Economic Review*，Vol. 53，No. 1，pp. 55 – 84，Mar. 1963.

"Corporate Income Taxes and the Cost of Capital：A Correction"（with M. H. Miller），*The American Economic Review*，Vol. 53，No. 3，pp. 433 – 443，June 1963.

"The Cost of Capital，Corporation Finance and the Theory of Investment"（with M. H. Miller），*The American Economic Review*，Vol. 48，No. 3，pp. 261 – 297，June 1958.

"New Developments on the Oligopoly Front"，*Journal of Political Economy*，Vol. 66，pp. 215 – 232，1958.

"Utility Analysis and the Consumption Function：An Interpretation of Cross-section Data"（with R. Brumberg），in Kurihara，editor，*Post Keynesian Econom-*

ics，1954.

"Liquidity Preference and the Theory of Interest and Money"，*Econometrica*，
    Vol. 12，No. 1，pp. 45 – 88，Jan. 1944.

作者简介　　**Merton H. Miller**

    默顿·H. 米勒（Merton H. Miller）于 1923 年出生于美国波士顿，中学就读
于波士顿拉丁学校，1940 年进入哈佛大学学习，3 年后获哈佛大学文学学士学位。
二战期间，米勒先后任职于美国财政部税务研究部和联邦储备委员会研究及统计
部。1949 年进入约翰斯·霍普金斯大学学习，1952 年获经济学博士学位，其后分
别任教于伦敦经济学院和卡内基梅隆大学，1961 年开始任教于芝加哥大学商学院，
直至 1993 年退休，在此期间，米勒于 1983—1985 年还曾兼任芝加哥贸易委员会理
事，1990 年以后，米勒还一直担任着芝加哥商品交易所董事。2003 年 6 月 3 日因
癌症在芝加哥逝世，享年 79 岁。

    米勒教授是世界知名的金融学家，在财务理论方面卓有建树，出版了八部著
作。他早期一直致力于财务理论的研究，后期因工作关系，其研究范围还涉及证券
及期权交易的监管问题，不过他最突出的贡献是在资本结构理论方面。他与莫迪利
安尼通过大量的分析研究，于 1956 年在美国计量经济学会年会上发表了著名的论
文《资金成本、公司财务及投资理论》，此文经修改后发表于《美国经济评论》
1958 年 6 月期上。该文提出：公司价值取决于投资组合，而与资本结构和股息政策
无关（称为"MM 理论"）。1961 年米勒又与莫迪利安尼合作发表了《股利政策、
增长及股票定价》一文，进一步阐述并发展了这一理论，并因此获得了 1990 年诺
贝尔经济学奖。

主要成果

Merton Miller on Derivatives，New York：Wiley，1997.

Financial Innovations and Market Volatility，Cambridge：Blackwell，1991.

"Liquidity and Market Structure"（with Sanford J. Grossman），*Journal of Finance*，Vol. 43，No. 3，pp. 617–633，1988.

"Dividend Policy under Asymmetric Information"（with Kevin Rock），*Journal of Finance*，Vol. 40，No. 4，pp. 1031–1051，1985.

"Dividends and Taxes"（with Myron S. Scholes），*Journal of Financial Economics*，Vol. 6，No. 4，pp. 333–364，1978.

"Debt and Taxes"，*Journal of Finance*，Vol. 32，No. 2，pp. 261–275，1977.

"A Model of the Demand for Money by Firms"（with Daniel Orr），*Quarterly Journal of Economics*，Vol. 80，No. 3，pp. 413–435，1966.

"Corporate Income Taxes and the Cost of Capital：A Correction"（with Franco Modigliani），*The American Economic Review*，Vol. 53，No. 3，pp. 433–443，June 1963.

"Dividend Policy，Growth，and the Valuation of Shares"（with Franco Modigliani），*Journal of Business*，Vol. 34，No. 4，pp. 411–433，1961.

"The Cost of Capital，Corporation Finance，and the Theory of Investment"（with Franco Modigliani），*The American Economic Review*，Vol. 48，No. 3，pp. 261–297，June 1958.

研究背景

　　公司税后利润究竟应该分配给股东还是留在公司内部？应该分配多少给股东？股利支付水平对公司价值和股东财富有怎样的影响？这些问题一直是公司经理所面临的最重要的财务决策之一，也是经济学家关注的一个重要问题。

　　传统的股利政策理论以"在手之鸟论"为代表。该理论认为，对投资者来说，现金股利是抓在手中的鸟，是实在的，而公司留存收益则是躲在林中的鸟，随时可能飞走，也就是说资本利得的不确定性高于股利支付的不确定性。所以，作为风险回避型的投资者偏好股利而非资本利得，投资者愿意对支付较多股利的股票付出较高的价格。根据这一理论，公司应提高股利支付率，以满足投资者的偏好。主张这一理论的代表人物包括高登·格雷尼姆（M. Gorden Graham）、多得·格雷得尼亚（Dodd Glendenia）和凡·克里夫（Van Cleave）。

1961 年美国芝加哥大学教授默顿·H. 米勒和西北大学教授弗兰科·莫迪利安尼在《商务杂志》（*Journal of Business*）上发表的经典论文《股利政策、增长及股票定价》中，提出了股利无关性理论，成为股利政策理论的基石。此后的 40 余年里，股利政策理论在该理论的基础上进一步丰富和发展，并逐渐成为公司财务学的重要内容之一。

主要内容和结论

米勒和莫迪利安尼认为，公司价值的高低仅由公司的盈利能力和投资策略等真实因素决定，而与收益如何打包分配无关。由于公司对股东的分红只是盈利减去投资之后的差额部分，因此，一旦投资政策已定，在完美的资本市场上，股利政策的改变就仅仅意味着收益在现金股利和资本利得之间分配上的变化。如果投资者按理性行事，这种改变就不会影响公司的市场价值和股东的财富。如果公司增加当期股利分配而减少留存收益，新的投资所需资金就只能以发行新股的方式从外部获得。以后的收益将在更多股东间分配，这一损失将抵消当期股利增加带来的收益。从另一方面来说，由于投资者能够通过自制股利来调整收益，以实现他们的预期收益，所以他们不会对特定股利的公司支付溢价。

米勒和莫迪利安尼通过对以下五种具体情形和经济环境进行分析，通过严密的推导和证明支持了股利无关性理论。

一、完美市场、理性行为和确定性下的股利政策

米勒和莫迪利安尼的证明建立在以下严格假设的基础之上：

（1）完美的资本市场。首先，买卖双方均为价格接受者；其次，无信息不对称，无信息获取成本；再次，买卖和发行股票时，交易成本为零；最后，公司分配和留存的收益没有税收差异，股东个人的股利所得和资本所得没有税收差异。

（2）理性行为。投资者总是追求更多的财富，并且对以何种形式持有财富没有偏好。

（3）完全的确定性。市场中的每个投资者都了解每一家公司的投资计划和收

益，因此，没有必要区分公司股票和债券。

证明过程如下。

设 $d_j(t)$ 为公司 j 在 t 期中的每股股利，$p_j(t)$ 为公司 j 在 t 期的股票价格。在前述假设条件下，每只股票在给定时间内的收益率应相等，即：

$$[d_j(t) + p_j(t+1) - p_j(t)]/p_j(t) = \rho(t) \tag{1}$$

式中，$\rho(t)$ 为 t 期的必要报酬率，$\rho(t)$ 独立于 j。也可写作：

$$p_j(t) = [d_j(t) + p_j(t+1)]/[1+\rho(t)] \tag{2}$$

若 $n(t)$ 为 t 期初的股数，$m(t+1)$ 为在 t 期内以 $p(t+1)$ 的价格发行的新股数，则：

$$n(t+1) = n(t) + m(t+1) \tag{3}$$

如果 $V(t) = n(t)p(t) = t$ 期的公司总价值，$D(t) = n(t)d(t) = t$ 期支付的股利总额，则式（2）可重写为：

$$V(t) = [D(t) + n(t)p(t+1)]/[1+\rho(t)] \tag{4}$$

由式（3）、式（4）可得：

$$V(t) = [D(t) + V(t+1) - m(t+1)p(t+1)]/[1+\rho(t)] \tag{5}$$

可见，股利政策既可通过 $D(t)$ 直接影响 $V(t)$，也可通过发放新股的总价值 $m(t+1)p(t+1)$ 间接影响 $V(t)$，因为要保持预期的投资规模，用于增加股利支付的资金需要通过外部融资来弥补。而 $V(t+1)$ 不受 t 期股利政策的影响。事实上，在完美资本市场中，股利的上述两方面影响正好相互抵消，股利政策对股票价格和公司价值没有影响。

为了证明这一点，我们假设给定公司在 t 期的投资为 $I(t)$，$X(t)$ 为公司的净利润。由于资金的来源等于资金的运用：

$$m(t+1)p(t+1) + X(t) = I(t) + D(t) \tag{6}$$

将式（6）代入式（5），有：

$$V(t) = [X(t) - I(t) + V(t+1)]/[1+\rho(t)] \tag{7}$$

$D(t)$ 被抵消了，而其他的变量都独立于 $D(t)$，公司价值仅由公司的盈利能力 $X(t)$ 和投资策略 $I(t)$ 决定。由此可见，股利政策与股票价格和股东收益无关。

二、四种公司价值评估方法

1. 现金流贴现法

$$V(0) = \sum_{t=0}^{\infty} \frac{1}{(1+\rho)^{t+1}}[X(t) - I(t)] \tag{8}$$

$$= \sum_{t=0}^{\infty} \frac{1}{(1+\rho)^{t+1}}[R(t) - o(t)] \tag{9}$$

式中，ρ 为必要报酬率，假设其固定，$R(t)$ 为 t 期现金流入量，$o(t)$ 为 t 期现金流出量。

2. 投资机会法

公司价值有三个决定因素：市场利率、现有资产的盈利能力以及可获取高于市场利率收益的投资机会。假设 t 期投资有 $\rho^*(t)$ 的固定收益率，则：

$$V(0) = \frac{X(0)}{\rho} + \sum_{t=0}^{\infty} I(t) \times \frac{\rho^*(t) - \rho}{\rho}(1+\rho)^{-(t+1)} \tag{10}$$

式中，$\dfrac{X(0)}{\rho}$ 代表当期收益的现值，$\displaystyle\sum_{t=0}^{\infty} I(t) \times \frac{\rho^*(t) - \rho}{\rho}(1+\rho)^{-(t+1)}$ 代表未来投资机会的价值。这可以解释"成长性股票"的含义：只有 $\rho^*(t) > \rho$，即收益高于市场利率的投资机会的股票，才能称为成长性股票。可以证明，式（10）与式（8）等价。

3. 股利贴现法

$$V(t) = \sum_{\tau=0}^{\infty} \frac{D(t+\tau)}{(1+\rho)^{\tau+1}} \tag{11}$$

股利贴现法易使人产生"与股利有关"的错误推断。事实上，在无外部融资时：

$$D(t+\tau) = X(t+\tau) - I(t+\tau) \tag{12}$$

式（11）与式（8）、式（10）等价。在允许外部融资时，可以证明：

$$V(t) = \frac{1}{1+\rho}\big[D(t) + V(t+1) - m(t+1)p(t+1)\big] \tag{13}$$

由此可得到与式（5）相同的结果，与式（8）、式（10）也表示相同的含义。该式可进一步解释股利无关性，即当期股利的增加等于增加新股东带来的未来股利的减少。

4. 收益现值法

收益现值法不是简单的未来收益的贴现，未来投资所需资金的获得是有成本的。

$$V(0) = \sum_{t=0}^{\infty} \frac{1}{(1+\rho)^{t+1}} \times \Big[X(t) - \sum_{\tau=0}^{t} \rho I(\tau)\Big] \tag{14}$$

式中，$\displaystyle\sum_{\tau=0}^{t} \rho I(\tau)$ 表示实现 t 期收益 $X(t)$ 所需的 0 到 t 期投资的机会成本。式（14）也可转化为式（8）。

尽管四种估价方法的表现形式不同，它们的实质却是一致的，都说明了股利政策的无关性。

三、收益、股利和增长率

设增长率固定，投资率为 k，投资产生的永续年金为每期 ρ^*，则：

$$
\begin{aligned}
X(t) &= X(t-1) + \rho^* I(t-1) \\
&= X(t-1)[1 + k\rho^*] \\
&= X(0)[1 + k\rho^*]^t
\end{aligned}
\tag{15}
$$

故总收益增长率为 $k\rho^*$。将式（10）中的 $I(t)$ 用 $kX(0)[1+k\rho^*]^t$ 代换并化简，有：

$$
V(0) = \frac{X(0)(1-k)}{\rho - k\rho^*}
\tag{16}
$$

故公司价值增长率也为 $k\rho^*$。

股利增长率 g 取决于公司内、外部融资的比例。设 k_r 为利润留存比率，$k_e = k - k_r = $ 外部融资/当期利润。

由股利贴现法：

$$
V(0) = \frac{D(0)}{p - g} = \frac{X(0)[1 - k_r]}{p - g}
\tag{17}
$$

由投资机会法：

$$
V(0) = \frac{X(0)[1 - (k_r + k_e)]}{\rho - k\rho^*}
\tag{18}
$$

由式（17）、式（18）得：

$$
g = k\rho^* \frac{1 - k_r}{1 - k} - k_e \rho \frac{1}{1 - k}
\tag{19}
$$

可见，虽然股利分配越多（k_r 越小），股利的初始值越大，但股利增长也越缓（g 越小）。若全部为内部融资，即当 $k_e = 0$，$k_r = k$ 时，股利增值率 $g = k\rho^* = k_r\rho^*$，与总收益增长率相等。在其他任何情况下均有 $g < k\rho^*$。

有人得出股利相关的结论，是因为他们假设仅存在内部融资这一种资金获取渠道，所以股利政策就和投资政策相关，而最优投资策略是存在的，最优股利政策也就存在。如果考虑外部融资渠道，这一结论就不成立了。

下面分析投资者收益 $D_t(t) + G_t(t)$ 与公司总收益 $X(t)$ 的关系，其中 $G_t(t)$ 为 t 期的资本利得。

因为

$$
D_t(t) + G_t(t) = X(t) \times (1 - k_r) + gV(t)
\tag{20}
$$

由式（19）、式（20）得：

$$
D_t(t) + G_t(t) = X(t)\left[\frac{\rho(1-k)}{\rho - k\rho^*}\right]
\tag{21}
$$

可见，二者的关系完全由 ρ^* 与 ρ 的关系决定，当 $\rho^* = \rho$ 时，投资者收益与公司总收益相等；当 $\rho^* < \rho$ 时，前者小于后者；当 $\rho^* > \rho$ 时，前者大于后者。

四、不确定性条件下的股利政策

在不确定性条件下，未来收益是随机变量，不同投资者有不同的期望，不同的公司由于风险不同，其贴现率也不相等。但在理性对称市场（即个体行为理性和预期其他个体理性）的假设下，仍可证明股利政策的无关性。

存在不确定性时，股票、债券等融资工具间就存在差异。在纳入债务融资之后，股息、债券利息均可从公司价值计算公式中消去，说明公司价值与股利政策和利息政策均无关。

关于股利的信息内涵，文章指出，若公司设定了目标支付率，股利政策的变化会被人们解释为公司对未来收益的预期发生了变化，从而引起股价变化。但股利变化并非价格变化的原因，它只是未来收益的信号，真正影响价格的是对未来收益的预期。如果股利变化只是纯粹的政策改变，未来收益并未发生变化，股票价格将回到原来的水平。

五、不完全市场下的股利政策

在不完全市场条件下，投资者对相同数额的股息和资本利得存在系统性偏好差异。如：交易佣金使年轻人偏好成长型股票，使年老者偏好收益型股票。同时，不同人群对税差效应，即资本利得和股息收入的税收不等反应不一。

针对各种导致投资者在股利收入和资本利得间产生系统性偏好差异的因素，米勒和莫迪利安尼在文中提出了顾客效应理论，并强调这些导致系统性偏好的因素不足以在支付高股利和低股利的公司股票之间产生持久的差异。这是因为若公司股利支付比率的分布恰好与投资者所偏好的支付比率的分布相同，投资者就一定能够找到有自己满意的支付比率的公司。即使某一支付比率的公司股票相对较少，不能满足投资者的需求，投资者也能选择其他支付比率的公司构造投资组合，从而实现自己的需要。所以，投资者不会对某一股利支付比率的股票付出比其他股票更高的价格。只有当投资者偏好的分布集中在全部支付或者不支付股利这两类公司中的一个极端时，这些不完美因素才会在两类公司的股票之间产生持久的差异。

米勒和莫迪利安尼认为，未来的不确定性、不完全市场都不成为股利相关的理由，股利相关只有一种解释，即系统非理性。

评　价

MM 股利无关性定理由于严格的假设条件，把很多本来有影响力的因素排除在外，遭到了一些学者的反对，主要包括主张提高股利的右翼观点和主张降低股利的左翼观点。

（1）右翼观点认为股利无关性理论忽略了风险。当期的股利收入是确定性的，而买卖股票的资本利得是未来的不确定性收入，因此投资者应当更偏好确定性的股利支付。但在股利无关性定理中投资收益水平给定的假设下，公司股东承担的风险是固定的，与股利政策无关。

（2）右翼观点认为米勒和莫迪利安尼没有考虑到股利政策的信息含量。股利实际上是向投资者传播企业收益情况的信息，公司提高股利表明公司创造未来现金的能力增强，公司股票会更受欢迎，反之，降低股利则表明公司创造未来现金的能力减弱，投资者会抛出股票。当然，这是在不完全市场条件下得出的结论，如果在有效资本市场的假设下，信息可以完全在股票价格中得到反映。

（3）左翼观点最主要的是税差理论。在许多国家的税法中，股利税率比资本利得税率高，投资者自然喜欢公司少支付股利而将较多的收益留作再投资用，以提高股票价格，把股利转化为资本利得。但是，税收对股利政策的影响，在税制不同的国家和收入水平不同的群体间是不同的。

另外，代理成本、交易费用的存在也会对人们对股利政策的选择产生一定的影响。

尽管 MM 股利无关性定理存在一系列与现实生活不相符的假设，它在股利政策理论研究中的巨大作用却不容忽视，是影响力最大的一种股利政策理论。它被后来的经济学家视为股利政策理论的基石，其根本原因不在于股利政策与公司价值无关这一推论，而在于它以隐含的方式告诉人们，在哪些情况下股利政策的变化可能会引起公司的市场价值发生相应变化，这为今后放宽严格的假设条件，从而为不断使理论接近现实的研究工作奠定了科学的基础。后来的股利政策理论大多是沿着放松上述假设条件的路径而演绎的。

后续研究

在 Miller 和 Modigliani（1961）之后，股利政策理论得到进一步发扬光大，新的理论层出不穷。影响较大的有以下三种。

1. 信号传递理论

Pettit（1972，1976）指出，股利分配的变化为市场提供了关于公司长期现金流的信息，这些信息的重要性取决于有关公司长期现金流的信息是否已经为市场所知。Miller（1980）认为，未预期到的股利变化会向市场提供有关公司未来盈余的信息，因此会导致股票价格的变化。Miller 和 Rock（1985）在《不对称信息下的股利政策》（Dividend Policy under Market Structure）一文中指出，股利政策包含了企业价值的信息，较高的股利意味着企业有较好的投资回报。在不对称信息的条件下，业绩差的企业经理有动机削减投资以支持股利发放。因此，无论企业的水平如何，他们都倾向于多发放股利。Michaely 和 Roberts（2012）以英国公司作为研究样本，发现相比于非上市公司，上市公司更有动机平滑股利，这与上市公司对股利的信号传递作用更加敏感有关。宋逢明等（2010）以 1996—2008 年间我国沪深两市 A 股上市公司为样本，经过实证研究发现，现金分红可以通过向市场传递信息从而降低股票收益率的波动性，并且稳定的现金股利政策也能够提高公司股票收益率的波动性与基本面信息的相关性。

2. 税收效应理论

米勒和莫迪利安尼的顾客效应理论认为，税率较高的高收入投资者会偏好资本利得，从而购买当期股利支付率低但成长性好的股票，而收入较低的投资者会在两类公司之间没有偏好或者偏好高支付率的公司，他们更希望获得当期的股利收入。既然不可能同时满足所有股东的利益要求，公司就不必考虑股东对股利的具体意愿。Brennan（1970）通过税后资本资产定价模型说明，在考虑了税收因素之后，当期股利支付比率越高，期望的税前回报率就越大。所以，支付股利的公司的股票价格会低于不支付股利的公司的股票价格。然而，Miller 和 Scholes（1978）指出，足够的贷款可以产生足以抵消所有现金股利收入的利息费用，所以即使在现行的有利于资本利得的税法下，投资者也可以采取策略避免现金股利的所得税额。Graham 和 Kumar（2006）使用超过 60 000 条家庭投资数据，验证了散户投资者对于高股利股票的持有偏好与风险厌恶程度和年龄正相关，与其收入水平负相关，这一研究结论支持了顾客效应。Becker 等（2011）发现，散户投资者倾向于持有本地股票，年长的投资者更喜欢持有派息股票，如果公司总部设在年长者占比较大的区域，其更可能支付和发放股利，或相较其他公司而言有更高的股利回报率，这一研究实证检验了地域顾客效应的存在。

3. 代理成本理论

Jensen 和 Meckling（1976）认为股东可以通过降低投资水平或向外举债来增发

股利，以此减少经理控制的自由现金流量，解决管理层的代理问题。Easterbrook（1984）认为，股东可以保持一个稳定不变的股利支付水平，以避免公司权益资本的累积，迫使管理者凭借优良的业绩在资本市场上筹措资金。Denis 和 Osobov（2008）发现，股利集中于每个国家规模最大、盈利最多的公司，这一研究结论支持了代理成本理论；在代理成本理论中，公司权衡由于不发放股利而产生的现金流留存成本与发放股利的发行成本，当公司逐渐成熟时，现金流留存成本增加，公司发放股利的动机增强。肖珉（2010）使用 2000—2008 年沪深股票交易所全部上市公司的数据，发现发放现金股利有利于抑制内部现金流富余的公司进行过度投资，这一研究支持了股利的代理模型。

资本资产价格模型：
风险状态下的市场均衡理论[①]

作者简介　**William F. Sharpe**

　　威廉·F.夏普（William F. Sharpe），1930年出生于美国，是全球公认的25位杰出的金融学教授之一，也是斯坦福大学的终身教授。夏普于1955年、1956年、1961年分别获得加州大学洛杉矶分校经济学学士、硕士和博士学位。后又获得德保罗大学和西班牙阿利坎特大学荣誉博士学位。夏普于1963年任华盛顿大学助理教授，1967年成为华盛顿大学教授，后在加州大学欧文分校任教两年，之后一直在斯坦福大学任教，并获得终身教职。他也是夏普-亭特（Sharpe-Tint，Inc.）和财务引擎（Financial Engines，Inc.）两家公司的创始人和主席。曾担任威廉·F.夏普协会主席。夏普是资本资产定价模型的创始人之一，也是评估投资表现的夏普比率、期权定价的二叉树模型、资产配置最优化的梯度方法和评估投资基金表现的基于收益的类型分析法的提出者。由于夏普在资产定价和投资理论方面的杰出贡献，1990年被授予诺贝尔经济学奖。

[①]　本文发表于 *Journal of Finance*，pp. 425 – 442，1964。

主要成果

"Budgeting and Monitoring Pension Fund Risk", *Financial Analysts Journal*, Vol. 58 (5), pp. 74 – 86, 2019.

"The Arithmetic of Investment Expenses", *Financial Analysts Journal*, Vol. 69 (2), pp. 34 – 41, 2013.

"Post-Retirement Financial Strategies: Forecasts and Valuation", *European Financial Management*, Vol. 18 (3), pp. 324 – 351, 2012.

"Increasing Saving Behavior Through Age-Progressed Renderings of the Future Self" (with Hal E. Hershfield, et al.), *Journal of Marketing Research* 48 (SPL), pp. S23 – S37, 2011.

"Adaptive Asset Allocation Policies", *Financial Analysts Journal*, Vol. 66 (3), pp. 45 – 59, 2010.

"Expected Utility Asset Allocation", *Financial Analysts Journal*, Vol. 63 (5), pp. 18 – 30, 2007.

"Morningstar's Risk-Adjusted Ratings", *Financial Analysts Journal*, Vol. 54 (4), pp. 21 – 33, 1998.

"Dynamic Strategies for Asset Allocation" (with André F. Perold), *Financial Analysts Journal*, Vol. 51 (1), pp. 149 – 160, 1995.

"International Value and Growth Stock Returns" (with Carlo Capaul and Ian Rowley), *Financial Analysts Journal*, pp. 27 – 36, January/February 1993.

"Policy Asset Mix, Tactical Asset Allocation and Portfolio Insurance", Active Asset Allocation, State-of-the-Art Portfolio Policies, Strategies & Tactics (Robert D. Arnott and Frank J. Fabozzi, Editors), Probus Publishing Company, pp. 115 – 133, 1992.

"Asset Allocation: Management Style and Performance Measurement", *Journal of Portfolio Management*, pp. 7 – 19, Winter 1992.

"Capital Asset Prices with and without Negative Holdings", *Journal of Finance*, pp. 489 – 509, 1991.

"Dynamic Strategies for Asset Allocation" (with Andre Perold), *Financial Analysts Journal*, pp. 16 – 27, January/February 1988.

"Integrated Asset Allocation", *Financial Analysts Journal*, pp. 25 – 32, September/October 1987.

"An Algorithm for Portfolio Improvement", Advances in Mathematical Programming and Financial Planning (K. D. Lawrence, J. B. Guerard, Jr., and Gary D. Reeves, Editors), JAI Press, Inc., pp. 155 – 170, 1987.

"Financial Implications of South African Divestment" (with Blake R. Grossman), *Financial Analysts Journal*, pp. 15 – 29, 1986.

"Practical Aspects of Portfolio Optimization", Improving the Investment Decision Process: Quantitative Assistance for the Practitioner and for the Firm, Dow-Jones Irwin (Homewood, Illinois), pp. 52 – 65, 1984.

"Factor Models, CAPMs, and the APT", *Journal of Portfolio Management*, pp. 21 – 25, 1984.

"Optimal Funding and Asset Allocation Rules for Defined-Benefit Pension Plans" (with J. Michael Harrison), *Financial Aspects of the United States Pension System* (Zvi Bodie and John B. Shoven, Editors), The University of Chicago Press (Chicago), pp. 91 – 105, 1983.

"Some Factors in New York Stock Exchange Security Returns, 1931—1979", *Journal of Portfolio Management*, pp. 5 – 19, Summer 1982.

"Decentralized Investment Management", *Journal of Finance*, pp. 217 – 234, May 1981.

"Bank Capital Adequacy, Deposit Insurance, and Security Values Risk and Capital Adequacy in Commercial Banks" (Sherman J. Maisel, Editor), University of Chicago Press, pp. 187 – 202, 1981.

"Bank Capital Adequacy, Deposit Insurance, and Security Values", *Journal of Financial and Quantitative Analysis*, pp. 701 – 718, 1978.

"Duration and Security Risk" (with Ronald Lanstein), *Journal of Financial and Quantitative Analysis*, pp. 653 – 668, 1978.

The Capital Asset Pricing Model: A "Multi-Beta" Interpretation, Financial Decision Making Under Uncertainty (Haim Levy and Marshall Sarnat, Editors), Academic Press (New York), pp. 127 – 136, 1977.

"Risk, Return and Yield: New York Stock Exchange Common Stocks, 1928—1969" (with Howard B. Sosin), *Financial Analysts Journal*, pp. 33 – 42, March/April 1976.

"Corporate Pension Funding Policy", *Journal of Financial Economics*, pp. 183 – 193, 1976.

"Adjusting for Risk in Portfolio Performance Measurement", *Journal of Portfolio Management*, Winter 1975.

"Likely Gains From Market Timing", *Financial Analysts Journal*, pp. 60 – 69, March/April 1975.

"Imputing Expected Returns From Portfolio Composition", *Journal of Financial and Quantitative Analysis*, pp. 463 – 472, 1974.

"Bonds Versus Stocks: Some Lessons From Capital Market Theory", *Financial Analysts Journal*, pp. 74 – 80, 1973.

"Risk, Market Sensitivity and Diversification", *Financial Analysts Journal*, pp. 74 – 79, 1972.

"Risk-Return Classes of New York Stock Exchange Common Stocks, 1931—1967" (with Guy M. Cooper), *Financial Analysts Journal*, pp. 46 – 54, 81, 95 – 101, 1972.

"Mean-Absolute Deviation Characteristic Lines for Securities and Portfolios", *Management Science*, pp. B – 1 – B – 13, 1971.

"A Linear Programming Approximation for the General Portfolio Analysis Problem", *Journal of Financial and Quantitative Analysis*, pp. 1263 – 1275, 1971.

"A Linear Programming Algorithm for Mutual Fund Portfolio Selection", *Management Science*, pp. 499 – 510, 1967.

"Mutual Fund Performance", *Journal of Business*, pp. 119 – 138, 1966.

"Risk-Aversion in the Stock Market—Some Empirical Evidence", *Journal of Finance*, pp. 416 – 422, 1965.

"Capital Asset Prices: A Theory of Market Equilibrium Under Conditions of Risk", *Journal of Finance*, pp. 425 – 442, 1964.

"A Simplified Model for Portfolio Analysis", *Management Science*, pp. 277 – 293, 1963.

研究背景

夏普的《资本资产价格模型：风险状态下的市场均衡理论》（Capital Asset

Prices：A Theory of Market Equilibrium Under Conditions of Risk）于 1964 年发表在《金融杂志》上。该文发展了马科维茨的资产选择理论，研究资本市场均衡条件下资产收益的确定，提出了全新的风险衡量方法，在一系列严格的假设下，推导出了资产定价的公式，即"资本资产定价模型"（CAPM），也被称为"单因素模型"。之后不久，林特纳（Lintner）和莫辛（Mossin）也独立地得出了这个结论。

在此之前，缺乏有效的衡量风险的微观理论一直困扰着那些期望预测资本市场表现的金融界人士。尽管他们能从传统的确定性条件下的投资决策理论中获得一些启示，但风险（即不确定性）在金融交易中的广泛影响迫切要求发展关于资产价格决定的全新理论。我们知道，资本市场线可以衡量资本市场均衡条件下有效组合收益和风险的关系。如果投资者通过理性决策获得了有效组合，其可以通过承担额外的风险来获得更高的收益。资本市场线告诉我们，引入无风险资产后，有效集内任一证券组合的预期收益率与对应风险之间的关系由两部分组成：一部分是无风险利率（时间的价格），它反映了对投资者放弃即期消费的补偿；另一部分是风险的价格，是对投资者承担风险的补偿，通常称之为风险溢价。但是，对于风险的价格如何衡量，资本市场线并没有给出答案。资本市场线刻画了有效组合收益与风险之间的关系，但不能解决单个资产收益与风险之间的关系。另外，我们知道，通过分散化可以减少单个资产的一些风险，因此资产价格不会对承担的资产的所有风险进行补偿，而只会对其中的一部分进行补偿。很不幸的是，对风险构成的研究几乎也是一片空白。

在过去的十年中，一些经济学家提出了风险条件下的资产选择理论的标准化模型。马科维茨在冯·诺伊曼和摩根斯坦的基础上发展了预期收益-方差理论并提出了资产选择的一般方法。托宾（Tobin）简化了马科维茨的资产选择过程，提出了二分法，将资产选择划分为两个阶段：首先选择风险资产的最优组合，其次根据个人偏好将资金在最优组合和无风险资产之间进行分配。希克斯也提出了类似的理论。戈登（Gordon）和甘果里（Gangolli）对该过程进行了详尽的阐述并给出了严格的证明。但这些研究未能提出风险条件下资产价格决定的一般均衡理论，也未能阐明单个资产收益和总风险各个构成部分之间的关系。

研究目的和方法

本文的研究有两个目的：（1）在马科维茨、托宾等人的基础上发展资产选择理论，提出风险条件下资产价格决定的一般均衡理论；（2）研究总风险的不同构成部分，并且研究单个资产价格与风险的这些不同构成部分之间的关系。

一、本文提出了风险条件下单个投资者行为理论

1. 投资者偏好公式

假定给定投资结果的概率分布，为评估某一特定投资，投资者只需用到概率分布的两个参数：期望值和标准差。因此投资者的效用函数可以表示为以下形式：

$$U = f(E_w, \sigma_w)$$

式中，E_w 表示未来财富的预期值；σ_w 表示未来实际财富偏离 E_w 的标准差。

假定投资者的效用随未来财富预期值的增加而增加，即 $dU/dW > 0$；投资者是风险回避者，即 $dU/d\sigma_w < 0$，投资者的效用随着未来实际财富偏离财富预期值的标准差的减少而增大。这些假定保证了无差异曲线向上倾斜。

设投资者的初始财富为 W_1，通过投资第 t 期，该投资者的财富变为 W_t，其投资收益率为 R，则 $R = \dfrac{W_t - W_1}{W_1}$，也即 $W_t = RW_1 + W_1$，那么投资者的效用函数可表示为投资收益率 R 的函数，即：$U = g(E_R, \sigma_R)$。图 1 用一组无差异曲线描述了投资者的偏好，无差异曲线越靠右，效用水平越高。

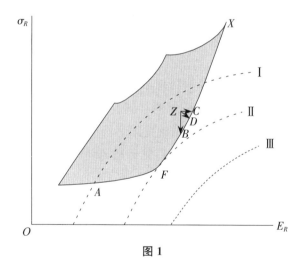

图 1

2. 投资机会曲线

投资者行为理论考虑的是投资者从一系列投资机会中找出使投资者效用最大化的投资机会。每一个投资机会对应于 (E_R, σ_R) 平面上的一点。如果投资机会是风险资产的组合，那么投资机会集的形状如图 1 的阴影部分所示。投资者将选择投资机会集与无差异曲线上的切点 F，此时投资者的效用水平最大。投资者的选择可分

成两个阶段：第一，找到有效投资机会集；第二，从有效投资机会集中选择最优的投资机会。所谓有效的投资机会是指：找不到任何其他的投资机会与该投资机会相比，具有相同的 E_R 和较小的 σ_R，或相等的 σ_R 和较高的 E_R，或较高的 E_R 和较低的 σ_R。因此在图 1 中投资机会 Z 不是有效的，因为投资机会 B，C，D 均占优于 Z。我们可以选择的有效投资机会必须是在投资机会集右边界上的点，该边界被称为投资机会曲线。

为了更好地理解投资机会曲线的性质，我们现在考虑两个投资机会 A、B（由一个或多个资产组成），其未来预期收益和标准差如图 2 所示。投资者将比重为 α 的财富投资于 A，比重为 $(1-\alpha)$ 的财富投资于 B，该投资组合的预期收益为：

$$E_{Rc} = \alpha E_{Ra} + (1-\alpha)E_{Rb}$$

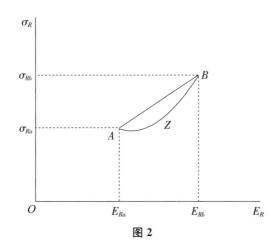

图 2

该组合预期收益的标准差为：

$$\sigma_{Rc} = \sqrt{\alpha^2 \sigma_{Ra}^2 + (1-\alpha)^2 \sigma_{Rb}^2 + 2 r_{ab} \alpha (1-\alpha) \sigma_{Ra} \sigma_{Rb}}$$

式中，r_{ab} 表示投资机会 A 和 B 的未来预期收益之间的相关系数。$r_{ab}=+1$，表示投资机会 A 和 B 的未来预期收益之间具有完全正相关关系；$r_{ab}=0$，表示投资机会 A 和 B 的未来预期收益之间不相关；$r_{ab}=-1$，表示投资机会 A 和 B 的未来预期收益之间具有完全负相关关系。

图 2 表示当我们赋予 r_{ab} 不同值时，由投资机会 A 和 B 构成的投资组合 C 的预期收益和标准差的可能值。当 $r_{ab}=1$，即投资机会 A 和 B 的预期收益完全正相关时，投资组合 C 的预期收益和标准差的关系可由 AB 两点间的连线表示。当投资机会 A 和 B 的预期收益间的关系不是完全正相关时，投资组合 C 位于 AB 线段下方的曲线上。图 2 中的曲线 AZB 刻画了 $r_{ab}=0$ 时，投资组合 C 的预期收益与标准差之间的关系。当 $r_{ab}<0$ 时，曲线更接近 U 形。

尽管我们很难准确获得投资机会曲线，但从概念出发，我们很容易画出投资机会曲线。首先，我们可以将单个资产与单个资产组合，再将资产组合与资产组合进行组合，从而画出投资机会曲线。投资机会曲线要么是线性的，要么是二阶偏导大于零（$d^2\sigma_R/d^2ER>0$）的曲线。投资机会曲线与单个资产的特征变量之间的关系比较复杂，不仅依赖于资产的预期收益和标准差，还依赖于资产收益和资产收益之间的相关系数。

3. 纯粹利率

现引入无风险资产 P，其风险为零（$\sigma_{RP}=0$），预期收益率为纯粹利率（E_{RP}）。如果投资者将比重 α 的财富投入无风险资产 P，将比重（$1-\alpha$）的财富投入风险资产 A，那么其投资组合的预期收益率为：

$$E_{Rc} = \alpha E_{RP} + (1-\alpha)E_{Ra}$$

该组合的标准差为：

$$\sigma_{Rc} = \sqrt{\alpha^2\sigma_{RP}^2 + (1-\alpha)^2\sigma_{Ra}^2 + 2r_{Pa}\alpha(1-\alpha)\sigma_{RP}\sigma_{Ra}}$$

由于 $\sigma_{RP}=0$，上式可简化为：$\sigma_{Rc} = (1-\alpha)\sigma_{Ra}$。

由上面的公式可知，无风险资产 P 和风险资产 A 的组合的点必定位于线段 PA 上。同样，无风险资产 P 和风险资产 B 的组合的点必定位于线段 PB 上。如图3所示，ϕ 点是 $P\phi$ 线与投资机会曲线的切点，风险资产 ϕ 与无风险资产 P 的组合在所有投资机会曲线上的风险资产与无风险资产的组合中是最优的。

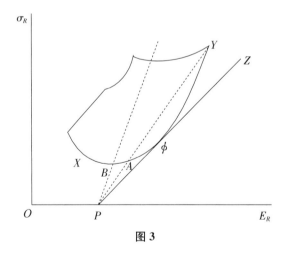

图3

现在我们考虑借入无风险资产，如果我们能够以纯粹利率借入无风险资产，就相当于投资于 P 的比重为负值。在这种情况下，我们要推导组合的预期收益率和标准差，只需让 α 取负值即可。若借入无风险资产 P，购入风险资产 A，此时表示该

组合的点应位于 PA 的延长线上。和投资于无风险资产类似，位于 $P\phi$ 线段延长线上的点优于 PA、PB 等其他线段延长线上的点。

二、资本市场均衡条件下的资本市场线

为了推导资本市场均衡的条件，作者做出了两个假设：第一，假定投资者借入和贷出无风险资产的纯粹利率相同；第二，假定投资者具有相同的预期，包括期望值、标准差和相关系数。这两个假设相当严格，并且与现实不符。但是，检验一个理论正确与否的方法不是看其假设是否和现实相符，而是看其是否揭示了复杂现象背后的本质。

现给定一组资产价格，其他的资产价格也以同样的方式给出。如图 4 所示，当投资者的偏好由无差异曲线 A_1 到 A_4 表示时，投资者会将一部分资金以纯粹利率贷出，剩下的投资于资产组合 ϕ，此时，投资者所持有的全部头寸可由图 4 中的点 A^* 表示。当投资者的偏好由无差异曲线 B_1 到 B_4 表示时，投资者会将所有的资金投资于资产组合 ϕ；而当其偏好由无差异曲线 C_1 到 C_4 表示时，投资者将以纯粹利率借入一部分资金，并将借入资金与其原有的资金全部投入资产组合 ϕ，此时其所持有的全部头寸可由图 4 中的点 C^* 表示。在任何情况下，所有投资者均会选择将资金的一部分或全部投资于资产组合 ϕ。

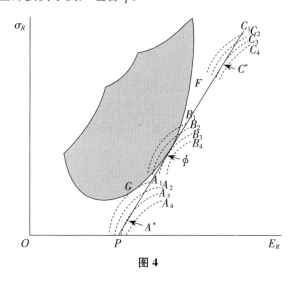

图 4

投资者购入组合 ϕ 而非其他组合，这将会带来价格变化。一方面，资产组合 ϕ 的价格会上升，其预期收益率会下降，这将会减少资产组合 ϕ 的吸引力，从而使点 ϕ 左移。另一方面，其他资产组合的价格下降，预期收益率上升，表示这些组合的点将会右移。这些价格变动会引起投资者投资行为的变化，一些新的组合或组合的

组合会变得更有吸引力，对这些新的组合的需求增加，从而使价格再次发生变化。这个过程（点 ϕ 左移，其他点如点 F 和点 G 右移）会持续进行下去，使得投资机会曲线越来越接近直线，如图 5 所示。我们知道，所有在阴影区域的点均可以通过风险资产的组合获得，PZ 线上的点又可以通过借入或贷出资金与风险资产的组合来获得，因此从点 A 到点 B 所有的点均可以通过上述两种方法中的任何一种实现。例如，我们可以通过风险资产组合来获得点 A，也可以通过贷出一部分资金和风险资产组合 C 的组合来获得点 A。

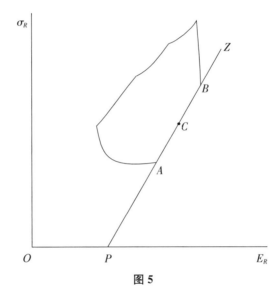

图 5

在图 5 中，很多风险资产的组合均是有效的，因此投资者不必持有相同的组合。另外，因为这些资产组合位于同一直线上，所以这些有效风险资产组合必须具有完全正相关的关系。这也为我们理解资产价格和不同种类风险之间的关系提供了一把钥匙。

三、单个资产价格与不同风险构成之间的关系：资本资产定价模型

迄今为止，我们已经证明了风险资产有效组合的预期收益和标准差之间具有线性相关关系，但我们仍旧不了解单个资产的预期收益和标准差之间的关系。在典型的情况下，由于未经分散的单个资产并不是有效的，所以表示单个资产的预期收益和标准差的点会位于资本市场线的上面。更进一步说，这些点可能分散在可行域内，致使单个资产的预期收益与其总风险之间的关系并不存在一致性。但是，单个资产的预期收益与系统性风险之间存在着一致关系。

图 6 表示单个资产 i 和有效组合 g（单个资产 i 是有效组合 g 的一部分）的关

系。由于曲线 igg' 与资本市场线必须相切于点 g，组合 g 中任一资产的预期收益与不同风险构成的关系就简单明了了。我们可以用回归来分析资产 i 和投资组合 g 的收益率之间的关系，如图 7 所示，资产 i 的收益率分散在其期望值附近，该种分散描述了该资产的总风险，这个分散性一部分来源于单个资产与组合 g 的潜在关系，可由回归线的斜率 B_{ig} 表示。因组合收益率的变化带来的单个资产收益率的变化即是单个资产的系统性风险，剩下的与组合收益率变化无关的风险为非系统性风险。B_{ig} 表示资产 i 的收益率变化对组合 g 的收益率变化的敏感性程度，即资产 i 的收益率与组合 g 的收益率之间的相关系数。由于有效组合之间具有完全的正相关关系，所以资产 i 的收益率变化对其他有效组合收益率变化的敏感度也是 B_{ig}。事实上，B_{ig} 衡量的是单个资产与整个市场经济活动之间的关系。投资者不能通过分散化来消除系统性风险，但是可以消除非系统性风险。因此资产的价格应对投资者所承担的系统性风险给予补偿，系统性风险越大，预期收益就越高，这就是证券市场线的含义。如果一个资产与整个市场的经济活动无关，那么该资产的收益率为纯粹利率；如果一个资产的收益率受整个市场的经济活动波动的影响，那么该资产的收益率肯定大于纯粹利率。

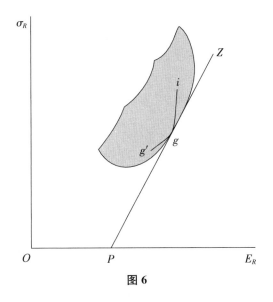

图 6

如果投资者因非系统性风险而获得额外回报，那么风险相同的分散投资组合中，有非系统性风险较大的组合比非系统性风险较少的组合收益高。投资者会想方设法买进非系统性风险较大组合的股票，卖掉 β 相同但非系统性风险较低的股票。前者的价格被拉抬上涨。以上过程会持续到 β 相同的股票都有相同的预期收益，非系统性风险不再有风险溢价为止。

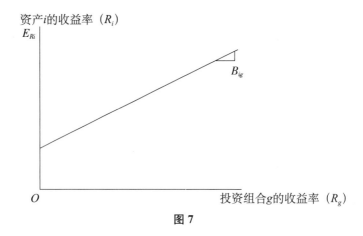

图 7

单个资产的预期收益包含两个部分：

（1）资金的纯粹时间价值。这也即纯粹利率，这一部分代表了对投资者因购买该股票而推迟消费（但不承担风险）的补偿，即该股票的收益率至少应大于这个无风险资产的收益率。

（2）系统性风险溢价。这一部分代表投资者不仅推迟了消费，还面临着资产价格波动而带来的风险，即应该给投资者以风险补偿。其中 β 反映了单位系统性风险所应得到的报酬，如图 8 所示。

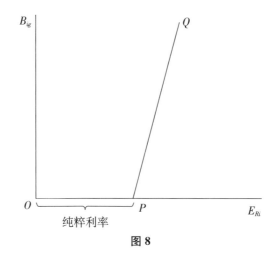

图 8

评　价

夏普的资本资产定价模型是在马科维茨和托宾的资产组合理论的基础上发展起

来的。尽管资产组合理论中的效率组合概念非常直观，但对于存在无数风险资产的现实世界来说，完全运用方差-协方差模型进行投资决策超出了当时计算技术的发展水平。夏普很巧妙地引入有效组合的概念，并得出了单个资产或组合的预期收益与其系统性风险线性相关的结论。这就大大简化了投资组合的选择过程。任何一个证券组合均可以视为市场组合与无风险资产的组合。

1972 年，布莱克（Black）、詹森（Jenson）和斯科尔斯（Scholes）首次对 CAPM 进行了实证检验，之后对 CAPM 进行著名的实证检验的早期论文包括 Fama 和 MacBeth（1973）以及 Blume 和 Friend（1973）等。这些学者的实证研究结果尽管与夏普的 CAPM 稍有出入，但与一些改良的资产定价模型预测基本吻合。因此，早期实证研究的结论是：CAPM 基本有效地解释了股票预期价格变化。

但是，1977 年的"罗尔的批评"对早些时候关于 CAPM 的实证研究结果提出了质疑。罗尔的主要论点是：CAPM 理论模型下的市场组合不仅限于股票指数，还应包括经济体中的债券、房地产、人力资本等全部财富，换句话说，我们很难获得市场组合。所以，即使实证结果不支持 CAPM，我们也无法断定 CAPM 无效，因为另外一个可能的解释是，实证检验中所用的市场组合本身也许就不是有效组合。1976 年罗尔进一步提出了"多因素定价模型——套利定价理论（APT）"，使资产定价理论的发展又向前迈出了一大步。

应用价值

CAPM 具有广泛的应用价值。CAPM 告诉了我们单个资产的预期收益与其系统性风险之间的关系，由此我们可以预期证券的未来收益，找出当前价格不合理的证券，发现有利可图的投资机会。

另外，CAPM 帮助我们简化了证券组合决策，我们可以利用系统性风险占总风险的比例来确定投资组合的适度规模。基本思路是研究股票数目增加所引起的投资组合系统性风险占总风险比例指标的变化。由于投资组合分散风险的作用主要在于它能够消除非系统性风险，因此，随着组合中股票数量的增加，与市场相关的系统性风险应该成为解释组合收益率变化的主要因素。随着组合中股票数量的增加，系统性风险占总风险的比例应该由快速上升到上升缓慢，直至为一个稳定水平，此时对应的组合规模即为适度规模。

后续研究

CAPM 主要研究资产预期收益与风险水平之间的关系，解释了均衡价格的形成，是现代金融市场价格理论的基石。后续的研究主要分为理论和实证两个方面。

理论延伸方面，Black（1972）聚焦借贷受限的资本市场的均衡，分析市场不完全对资产定价的影响。原始的 CAPM 假设投资者可以持有任意规模的一切资产，布莱克认为该假设不但不符合实际，而且对模型产生了重大影响，许多实证检验与CAPM 的偏离正归结于此；Merton（1973）建立了跨期资本资产定价模型（ICAPM），导出了明确的资产需求函数，展示了当期需求会受到未来投资机会不确定性的影响。后续其他学者也根据供需两方面发展了基于消费的资本资产定价模型（CCAPM）和基于生产的资本资产定价模型。Jagannathan 和 Wang（1996）进一步放宽了贝塔系数不随时间变化的假设，并在衡量总财富回报率时加入了人力资本回报率，构建了条件 CAPM。投资者往往将过去的数据外推作为对未来的预期，Barberis 等（2015）假设部分投资者具有这样的推定预期，其他投资者具有完全随机的预期，构建了 X - CAPM，它可以解释资产的横截面预期收益。

实证检验的结果往往与 CAPM 存在出入，最早的一批实证检验包括 Black 等（1972）以及 Fama 和 MacBeth（1973）的研究。Black 等（1972）发现实证中股票预期收益率并不严格与市场贝塔系数成正比，股票的 CAPM 贝塔系数整体与其预期收益率呈正相关，但是贝塔系数较低时预期收益率会低于 CAPM 的预测。Roll（1977）则对 CAPM 的实证检验的研究提出了批评，他认为正确检验的前提是完全了解市场投资组合的真实构成，并且每一项资产都必须被涵盖，但这一点是非常困难的。

后续研究也对 CAPM 的拓展模型进行了实证检验：Breeden 等（1989）对CCAPM 进行了实证检验，发现消费增长因子有显著为正的市场定价且无风险利率的估计接近于零，CCAPM 与传统 CAPM 的表现大致相同。对条件模型的检验引发了一些争议：Lettau 和 Ludvigson（2001）以消费财富比的对数作为条件变量，发现条件 CAPM 对市值因子的横截面收益有解释力度；Ang 和 Chen（2007）也发现条件 CAPM 可以解释传统 CAPM 所不能解释的账面市值比异象；而 Lewellen 和Nagel（2006）却得出了相反的结论，他们认为，除非贝塔系数和股票溢价的变化大得令人难以置信，否则条件 CAPM 无法解释资产定价异象。Fama 和 French

（2018）认为，虽然 CAPM 以及 CCAPM 在实证方面并不成功，但这些理论为收益的预测指明了方向，启发了因子模型的诞生。

国内对于 CAPM 的研究在景乃权（2000）的评述后展开，孙培源和施东晖（2002）以 CAPM 为基础建立了更灵敏的羊群行为检验模型，吴世农和许年行（2004）以沪深股市 A 股上市公司为样本，对比了 CAPM、三因子模型和基于特征的定价模型，他们发现三因子模型的解释力度更强。

期权和公司债务定价[①]

作者简介　**Fisher Black**

　　费雪·布莱克（Fisher Black），1938 年出生，是美国最伟大的经济学家之一。布莱克于 1959 年获得物理学学士学位，1964 年获哈佛大学应用数学博士学位。布莱克从 1971 年开始到芝加哥大学工作，1975 年离开芝加哥大学前往麻省理工学院（MIT）执教，10 年之后，即 1984 年离开 MIT，加盟高盛（Goldman Sachs）。早期布莱克在杰克·特雷纳（Jack Treynor）——CAPM 创始人之一——的影响下开始由应用数学转向金融学的研究。在对 CAPM 实证和理论性结合的研究中，产生了一篇经典论文《资本资产定价模型：一些实证检验》。然而，他最伟大的学术成果当属 1973 年和斯科尔斯教授在《政治经济学杂志》上发表的期权定价理论。该理论已经被毫无疑问地认为是现代金融理论和实务的中心基石，并由此开创了金融研究的一个新领域——连续时间金融。1997 年度诺贝尔经济学奖授予哈佛大学的资深教授罗伯特·默顿（Robert Merton）和斯坦福大学的荣誉退休教授迈伦·斯科尔斯（Myron Scholes），以表彰他们在期权定价理论方面所做出的杰出贡献。若非布莱克教授英年早逝，那么 1997 年诺贝尔奖的荣耀便由三个人分享了。

---

　　①　本文发表于 *Journal of Political Economy*，Vol. 81，No. 3，pp. 637 - 655，May/June 1973。

主要成果

"Noise", *Journal of Finance*, Vol. 41, No. 3, pp. 529 – 543, July 1986.

"The Magic in Earnings: Economic Earnings versus Accounting Earnings", *Financial Analysis Journal*, pp. 19 – 24, 1980.

"Global Monetarism in a World of National Currencies", *Columbia Journal of World Business*, 1978.

"An Approach to the Regulation of Bank Holding Companies" (with M. H. Miller and R. A. Posner), *Journal of Business*, Vol. 51, No. 3, pp. 379 – 412, July 1978.

"The Pricing of Commodity Contracts", *Journal of Financial Economics*, Vol. 3, Issues 1 – 2, pp. 167 – 179, January /March 1976.

"Uniqueness of the Price Level in Monetary Growth Models with Rational Expectations", *Journal of Economic Theory*, Vol. 7, pp. 53 – 65, 1974.

"International Capital Market Equilibrium with Investment Barriers", *Journal of Financial Economics*, Volume 1, Issue 4, pp. 337 – 352, December 1974.

"The Effects of Dividend Yield and Dividend Policy on Common Stock Prices and Returns" (with M. S. Scholes), *Journal of Financial Economics*, Vol. 1, Issue 1, pp. 1 – 22, May 1974.

"The Pricing of Options and Corporate Liabilities" (with M. S. Scholes), *Journal of Political Economy*, Vol. 81, Issue 3, pp. 637 – 655, 1973.

"The Capital-Asset Pricing Model: Some Empirical Tests" (with M. Jensen and M. S. Scholes), in Jensen, editor, *Studies in the Theory of Capital Markets*, 1972.

"Capital Market Equilibrium with Restricted Borrowing", *Journal of Business*, Vol. 45, No. 3, pp. 444 – 455, July 1972.

"The Valuation of Option Contracts and a Test of Market Efficiency" (with M. S. Scholes), *Journal of Finance*, Vol. 27, No. 2, pp. 399 – 417, May 1972.

"Active and Passive Monetary Policy in a Neoclassical Model", *Journal of Finance*, Vol. 27, No. 4, pp. 801 – 814, Sep. 1972.

作者简介　　**Myron Scholes**

　　迈伦·斯科尔斯（Myron Scholes），1941 年出生于加拿大，现任美国斯坦福大学名誉教授。1961 年获麦克马斯特大学工程学士学位，1964 年获芝加哥大学 MBA 学位，1969 年获芝加哥大学经济学博士学位。在 1983 年执教斯坦福大学之前，还曾于 1968—1973 年执教麻省理工学院、1973—1983 年执教芝加哥大学，1996 年退休后担任斯坦福大学名誉教授。他的主要研究领域包括期权定价、资本市场、税收政策和金融服务业。1997 年，瑞典皇家科学院将该年的诺贝尔经济学奖授予斯科尔斯和哈佛大学教授罗伯特·默顿（Robert Merton），以表彰他们和已故的费雪·布莱克在金融衍生品定价领域所做出的杰出贡献。

主要成果

"Global Financial Markets，Derivative Securities and Systemic Risks"，*Journal of Risk and Uncertainty*，Vol. 12，pp. 271 - 286，March 1996.

"Financial Infrastructure and Economic Growth"，*The Mosaic of Economic Growth*，edited by Ralph Landau，Stanford University Press，1996.

"The Future of Futures"，*Risk Management Problems & Solutions*，edited by William H. Beaver and George Parker，McGraw-Hill，1995.

"Firms' Responses to Anticipated Reductions in Tax Rates：The Tax Reform Act of 1986"（with Mark A. Wolfson），*Journal of Accounting Research*，Supplement，Vol. 30，Issue 3，pp. 161 - 186，1992.

Taxes and Business Strategies: A Planning Approach (with Mark A. Wolfson),
Prentice Hall, 1991.

"The Roles of Tax Rules in the Recent Restructuring of U. S. Corporations" (with
Mark A. Wolfson), *Tax Policy and the Economy*, edited by David F. Bradford,
NBER/MIT Press, Vol. 5, 1991.

"Stock and Compensation", *Journal of Finance*, Vol. 46, Issue 3, pp. 803 - 824,
July 1991.

"Employee Stock Ownership Plans and Corporate Restructuring: Myths and Reali-
ties" (with Mark A. Wolfson), *The Battle for Corporate Control*, edited by
Arnold W. Sametz, Business One, Irwin, 1991.

"The Effects of Changes in Tax Laws on Corporate Reorganization Activity" (with
Mark A. Wolfson), *Journal of Business*, Part 2 of 2, Vol. 63, Issue 1, pp. 141 -
165, January 1990.

"Tax Planning, Regulatory Capital Planning, and Financial Reporting Strategy for
Commercial Banks" (with Pete Wilson and Mark A. Wolison), *Review of Fi-
nancial Studies*, Vol. 3, No. 4, May 1990.

"Converting Corporations to Partnerships through Leverage: Theoretical and Prac-
tical Impediments" (with Mark A. Wolfson), *Debts, Taxes and Corporate Re-
structuring*, edited by John B. Shoven and Joel Waldfogel, Brookings Institu-
tion, 1990.

"Taxes, Trading and the Value of Real Estate" (with Eric Terry and Mark Wolfson),
Journal of Accounting, Auditing and Finance, Vol. 4, No. 3, pp. 317 - 340,
Summer 1989.

"Decentralized Investment Banking: The Case of Discount Dividend Reinvestment
and Stock-Purchase Plans" (with Mark A. Wolfson), *Journal of Financial Eco-
nomics*, Vol. 24, No. 1, pp. 7 - 35, September 1989.

"The Cost of Capital and Changes in Tax Regimes" (with Mark Wolfson), *Uneasy
Compromise: Problems of a Hybrid Income-Consumption Tax*, edited by Jo-
seph A. Pechman, The Brookings Institution, 1988.

"Taxes and Compensation Planning" (with Mark Wolfson), *Taxes*, December 1986.

"Taxes and Corporate Financial Management" (with Robert S. Hamada), *Recent
Advances in Corporate Finance*, edited by E. Altman and M. Subrahmanyan,
Richard D. Irwin, 1985.

"Who Owns the Assets in a Defined Benefit Pension Plan" (with Jeremy Bulow), *Financial Aspects of the U. S. Pension System*, University of Chicago Press, 1983.

"Economic Implications of ERISA" (with Jeremy Bulow and Peter Menell), *Financial Aspects of the U. S. Pension System*, University of Chicago Press, 1983.

"Dividends and Taxes: Some Empirical Evidence" (with Merton Miller), *Journal of Political Economy*, Vol. 90, Iss. 6, pp. 1118 - 1142, Dec. 1982.

"Executive Compensation Taxes and Incentives" (with Merton Miller), *Financial Economics: Essays in Honor of Paul Cootner*, edited by Katherine Cootner and William Sharpe, Prentice-Hall, 1981.

"Optimal Liquidation of Assets in the Presence of Personal Taxes: Implications for Asset Pricing" (with George Constantinides), *Journal of Finance*, Vol. 35, Issue 2, pp. 439 - 451, May 1980.

"Dividends and Taxes" (with Merton Miller), *Journal of Financial Economics*, Vol. 6, Iss. 4, p. 333, Dec. 1978.

"Estimating Betas from Nonsynchronous Data" (with Joseph Williams), *Journal of Financial Economics*, Volume 5, Issue 3, pp. 309 - 327, December 1977.

"Taxes and the Pricing of Options", *Journal of Finance*, Vol. 31, Issue 2, pp. 319 - 333, May 1976.

"The Effects of Dividend Yield and Dividend Policy on Common Stock Prices and Returns" (with Fischer Black), *Journal of Financial Economics*, Vol. 1, Issue 1, pp. 1 - 22, May 1974.

"The Pricing of Options and Corporate Liabilities" (with Fischer Black), *Journal of Political Economy*, Vol. 81, No. 3, pp. 637 - 655, May/June 1973.

"The Valuation of Options Contracts and a Test of Market Efficiency" (with Fischer Black), *Journal of Finance*, Vol. 27, Issue 2, pp. 399 - 418, May 1972.

"The Market for Securities: Substitution Versus Price Pressure and the Effects of Information on Share Prices", *Journal of Business*, Vol. 45, Issue 2, pp. 179 - 212, April 1972.

"The Capital Asset Pricing Model: Some Empirical Tests" (with Fischer Black and Michael Jensen), Studies in the Theory of Capital Markets, Michael C. Jensen ed., Praeger, Inc., 1972.

"Rates of Return in Relation to Risk: A Re-examination of Some Recent Findings" (with Merton Miller), *Studies in the Theory of Capital Markets*, Michael

C. Jensen, ed., Praeger, Inc., 1972.

"The Association Between Market Determined and Accounting Determined Risk Measures" (with W. Beaver and P. Kettler), *Accounting Review*, Vol. 45, Issue 4, pp. 654 – 683, October 1970.

研究背景

早在 20 世纪初就有许多学者致力于建立一个合理的期权定价理论体系和或有权益估值的一般理论。法国数学家路易斯·巴舍利耶（Louis Bachelier）在 1900 年的博士论文《投机的理论》（Theory of Speculation）中，首次提出了确定期权价格的均衡理论方法。模型假设股票价格过程是绝对布朗（Brown）运动，单位时间方差为 σ^2，收益呈正态分布，其到期日买方期权的预期价值为：

$$V_c = S \cdot \Phi\left(\frac{S-X}{\sigma\sqrt{t}}\right) - X \cdot \Phi\left(\frac{S-X}{\sigma\sqrt{t}}\right) + \sigma\sqrt{t} \cdot \phi\left(\frac{S-X}{\sigma\sqrt{t}}\right) \tag{1}$$

式中，S 是股票价格，X 是执行价格，t 是距到期日的时间，V_c 是看涨期权价格，$\Phi(\cdot)$ 和 $\phi(\cdot)$ 分别是标准积分正态函数和正态密度函数。

巴舍利耶模型奠定了现代期权定价理论的基础，但该模型假设股票价格过程是绝对布朗运动——这允许股票价格为负，与有限债务假设相悖。另外，该模型假设利率为零，忽略了资金的时间价值，也未考虑期权与股票之间的不同风险特征，以及投资者的风险偏好，因而在应用上受到限制。

在巴舍利耶以后的半个多世纪里，期权定价理论进展甚微，直到 20 世纪 60 年代才有了新的发展。Sprenkle（1961），Ayres（1963），Boness（1964），Samuelson（1965），Thop 和 Kassouf（1967），Samuelson 和 Merton（1969）以及 Chen（1970）先后在巴舍利耶的理论基础上进行了研究。

1961 年，斯普里克尔（C. M. Sprenkle）在《认股权价格是预期和偏好的指示器》（Warrant Prices as Indicators of Expectations and Preferences）一文中，假设股票价格是对数正态分布，从而保证了股票价格非负，同时假设投资者是风险厌恶的。以此假设为基础，他提出了一个看涨期权的定价公式：

$$V_c = e^{\alpha t}S \cdot \Phi \frac{\ln(S/X) + \left(\alpha + \frac{1}{2}\sigma^2\right)t}{\sigma\sqrt{t}}$$
$$- (1-\pi) \cdot X \cdot \Phi \cdot \left[\frac{\ln(S/X) + \left(\alpha - \frac{1}{2}\sigma^2\right)t}{\sigma\sqrt{t}}\right] \tag{2}$$

式中，π 是风险厌恶程度，α 是股票的预期收益率。

1964 年，博内斯（Boness）在《股票期权价值理论的要素》（Elements of a Theory of Stock Option Value）一文中，将股票终值用股票预期收益率贴现，以体现资金的时间价值，同时，博内斯考虑了风险保险的重要性，认为投资者不在乎风险。他的期权定价模型是：

$$V_c = S \cdot \varPhi \frac{\ln(S/X) + \left(\alpha + \frac{1}{2}\sigma^2\right)t}{\sigma\sqrt{t}}$$

$$- e^{\alpha t}X \cdot \varPhi \frac{\ln(S/X) + \left(\alpha - \frac{1}{2}\sigma^2\right)t}{\sigma\sqrt{t}} \tag{3}$$

萨缪尔森 1965 年在《认股权证的理性定价》（Rational Theory of Warrant Pricing）中提出的模型考虑到了期权和股票的预期收益率因风险特性的差异而不一致的问题，并认为期权有一个固定的更高的预期收益率 β。模型的公式是：

$$V_c = e^{(\alpha-\beta)t}S \cdot \varPhi \frac{\ln(S/X) + \left(\alpha + \frac{1}{2}\sigma^2\right)t}{\sigma\sqrt{t}}$$

$$- e^{-\beta t}X \cdot \varPhi \frac{\ln(S/X) + \left(\alpha - \frac{1}{2}\sigma^2\right)t}{\sigma\sqrt{t}} \tag{4}$$

萨缪尔森和默顿在 1969 年的论文中指出，期权价格应是股票价格的函数，而贴现率应通过一个由一份期权和一定数量股票组成的无风险组合来决定。他们得出了一个依赖于效用函数的定价公式。多普（Thorp）和卡索夫（Kassouf）在 1967 年的论文中，构造了认股权证定价的计量模型，并通过该模型计算了无风险证券组合中的股票与期权数之比。但他们并未将组合的预期收益与无风险收益联系起来。

上述期权定价模型的提出，推动了期权定价理论的发展，为后来的布莱克-斯科尔斯模型的开发奠定了基础。但他们大多数是根据认股权证的研究方法来对期权定价，将期权价格等同于期权预期收益的贴现值。从理论上来讲，这种思维方法没有错，但是由此推导出的公式均在不同程度上依赖于股票未来价格的概率分布和投资者的风险厌恶程度，虽然这两个参数从理论上可以进行严格的定义，但在实际应用中无法正确预测和估计，从而大大降低了这些模型的意义和用途。

20 世纪 60 年代末 70 年代初，在芝加哥大学任教的布莱克和在麻省理工学院任教的斯科尔斯开始用复杂的数学方法探索股票期权及其他衍生金融工具估价的独创性理论。1973 年 5 月，他们在《政治经济学杂志》联合发表的经典论文《期权和公司债务定价》（The Pricing of Options and Corporate Liabilities）中提出了著名的布莱克-斯科尔斯期权定价模型，推导出了基于无红利支付股票的任何衍生品所必须满足的微分方程，并且成功地给出了欧式期权价值的解析表达式。正是该论文使斯科尔斯成为 1997 年诺贝尔经济学奖的得主，而布莱克由于在 1995 年不幸去世，未能分享这一殊荣。瑞典科学院在嘉奖辞中这样说：股票期权定价理论和公式可以说是最近 25 年以来经济学领域中最为重大的突破和最卓越的贡献。它不但为金融衍生市场近十多年的迅猛发展奠定了可靠的理论基础，而且它在经济生活多个领域中的广泛应用将为金融业的未来发展带来一场革命性的变化。

主要内容和结论

尽管布莱克-斯科尔斯期权定价公式与之前的定价公式在形式上很相似，但它在期权定价研究中却有着质的突破，因为它将期权价格与无风险套利策略明确地联系起来，指出含有股票和股票期权的无风险证券组合的预期收益应等于无风险利率，即通过同时持有一定数量的标的股票，期权风险可以被完全抵消。

文章认识到期权的风险实际上在标的物的价格及其运动中就得到了反映，而且标的物的价格还反映了市场对未来的预测，因此，要研究期权定价必须首先刻画标的物价格的运动规律，这是期权定价理论的出发点。模型做了如下基本假设：

（1）市场无风险利率为已知常数，投资者可以此无风险利率无限制地借贷。

（2）股票价格的运动是连续变化的，遵循一种带漂移的几何布朗运动，在数学上表现为伊藤（Ito）过程 $dS = \mu S dt + \sigma S dZ$，其中 dZ 是一个维纳（Wiener）过程，$dZ = c\sqrt{dt}$，c 是从标准正态分布中抽取的随机值。股票价格服从对数正态分布，股票收益率的期望 μ 和波动率 σ 为常数。

（3）无股利分配。

（4）期权为欧式期权。

（5）没有交易摩擦，税收和交易成本为零。

（6）标的物可无限细分，自由买卖（在短期利率下，可以自由借贷以购买或者持有证券）。

（7）期权和标的物均可卖空〔也即无卖空成本（no penalties on short-selling）〕。也就是说，本身不拥有证券的卖方只需要接受买方的价格，并在将来的指定时间付给买方指定数量、同样价格的证券。

1. 用套利定价原理推导期权价格

文章用期权和标的股票构造了一个无风险头寸：设期权价格函数为 $f(S, t)$，作一个期权的空头，价值为$-f$；$\dfrac{\partial f}{\partial S}$份标的股票，价值为$\dfrac{\partial f}{\partial S}S$，则组合的总价值为：

$$\pi = -f + \frac{\partial f}{\partial S}S \tag{5}$$

且

$$\Delta\pi = -\Delta f + \frac{\partial f}{\partial S}\Delta S \tag{6}$$

用随机微分展开Δf：

$$\Delta f = \frac{\partial f}{\partial S}\Delta S + \frac{1}{2}\frac{\partial^2 f}{\partial S^2}\sigma^2 S^2 \Delta t + \frac{\partial f}{\partial t}\Delta t \tag{7}$$

由式（6）、式（7）得：

$$\Delta\pi = -\left(\frac{\partial f}{\partial t} + \frac{1}{2}\frac{\partial^2 f}{\partial S^2}\sigma^2 S^2\right)\Delta t \tag{8}$$

式中不含μ，说明组合头寸的价值与投资者的预期收益无关，也不含dZ，说明价格变动的风险已被消除。根据风险中性定价原则，其收益应等于无风险利率：

$$\frac{\Delta\pi}{\pi} = r\Delta t \tag{9}$$

由式（5）、式（8）、式（9）得到布莱克-斯科尔斯偏微分方程：

$$\frac{\partial f}{\partial t} + rS\frac{\partial f}{\partial S} + \frac{1}{2}\frac{\partial^2 f}{\partial S^2}\sigma^2 S^2 = rf \tag{10}$$

边界条件：

对看涨期权，当$t=T$时，$f=\max(S-X, 0)$

对看跌期权，当$t=T$时，$f=\max(X-S, 0)$ (11)

式中，X为期权执行价格，T为期权到期时间。

解这一微分方程，可得：

$$c = SN(d_1) - Xe^{-r(T-t)}N(d_2)$$
$$p = Xe^{-r(T-t)}N(-d_2) - SN(-d_1)$$

式中，

$$d_1 = \frac{\ln(S/X) + \left(r+\frac{1}{2}\sigma^2\right)(T-t)}{\sigma\sqrt{T-t}}$$

$$d_2 = \frac{\ln(S/X) + \left(r-\frac{1}{2}\sigma^2\right)(T-t)}{\sigma\sqrt{T-t}} = d_1 - \sigma\sqrt{T-t} \tag{12}$$

$N(d)$ 为标准正态分布变量的累积分布函数。其隐含的经济含义为：欧式看涨期权的价格等于卖出利率为 r 的无风险证券 $Xe^{-r(T-t)}N(d_2)$ 份并同时买入时价为 S 的股票 $N(d_2)$ 份所构成的投资组合的成本。

布莱克-斯科尔斯模型（简称 B-S 模型）与之前的模型相比，其优越性表现在：

第一，在 B-S 模型中所包含的变量均是可观察或可估计的，股票价格 S、执行价格 X、到期日 T、无风险利率 r 为已知量，价格波动率 σ 可以通过历史数据进行估算。

第二，B-S 模型所体现的开创性思想是期权价格与标的物的预期收益无关，即风险中性定价，因为投资者对股票的预期收益已经被融入了股票价格之中。这样，期权价格不依赖于投资者的风险偏好，大大简化了对期权的定价。

2. 用资本资产定价模型（CAPM）推导期权价格

由式（7）可知，期权收益率 $\Delta f/f$ 和市场收益率的协方差等于 $\dfrac{S}{f}\times\dfrac{\partial f}{\partial S}$ 乘以股票收益率 $\Delta S/S$ 和市场收益率的协方差，故

$$\beta_f = \frac{S}{f}\times\frac{\partial f}{\partial S}\beta_s \tag{13}$$

设 $\alpha = E(r_M)-r$，其中 $E(r_M)$ 是预期市场收益率，r 是无风险收益率，则由 CAPM：

$$E(\Delta S/S) = r\Delta t + \alpha\beta_s\Delta t \tag{14}$$
$$E(\Delta f/f) = r\Delta t + \alpha\beta_f\Delta t \tag{15}$$

由式（13）、式（15）得：

$$E(\Delta f) = rf\Delta t + \alpha S\frac{\partial f}{\partial S}\beta_s\Delta t \tag{16}$$

用随机微分展开 Δf：

$$\Delta f = \frac{\partial f}{\partial S}\Delta S + \frac{1}{2}\times\frac{\partial^2 f}{\partial S^2}\sigma^2 S^2\Delta t + \frac{\partial f}{\partial t}\Delta t \tag{17}$$

取式（17）的期望，并将式（14）代入，得：

$$E(\Delta f) = rS\frac{\partial f}{\partial S}\Delta t + \alpha S\frac{\partial f}{\partial S}\beta_s\Delta t + \frac{1}{2}\sigma^2 S^2\frac{\partial^2 f}{\partial S^2}\Delta t + \frac{\partial f}{\partial t}\Delta t \tag{18}$$

由式（16）和式（18）可得与式（10）相同的等式：

$$\frac{\partial f}{\partial t} + rS\frac{\partial f}{\partial S} + \frac{1}{2}\frac{\partial^2 f}{\partial S^2}\sigma^2 S^2 = rf \tag{19}$$

3. 更加复杂的期权及期权定价的推广

对于无红利支付的美式看涨期权，由于不会被提前执行，其价值与欧式看涨期

权相等，但对于可能被提前执行的美式看跌期权和支付红利股票的期权，文章没有得出一个明确的解析公式。

对于认股权证，文章指出，其定价比简单的期权定价更复杂。一些情况下可用式（12）近似估计，另一些情况下则需对式（12）作简单修改。

文章提出了将发放债务的公司的股权视为股东购回资产的期权的思想。δ^2 对应公司收益率的波动性，X 对应债券总面值，S 对应公司市场价值，可用式（12）直接对股票价格进行估算。若债券为付息债券，则应将股票视作复合期权，计算较为复杂。

评　价

B-S 模型为金融衍生产品市场提供了坚实的技术支持。在期权交易诞生后，许多大证券机构和投资银行都运用 B-S 模型进行交易操作，该模型在相当大的程度上影响了期权市场的发展，不仅使期权成交量迅速增长，各种新的期权品种也不断推出，如指数期权、期货期权、外汇期权、利率期权及其他复杂衍生工具。

控制风险是 B-S 模型的重要意义之一。随着世界经济的不断发展和一体化进程的加快，汇率和利率的波动更加频繁和剧烈，B-S 模型提出了能够控制风险的期权，也为创立更多的控制风险和规避风险的工具开辟了道路。

B-S 模型的影响已远远超出了期权交易领域。公司决策者将其作为投资决策分析的有力工具；证券分析家利用它来估算公司债券；不少经济学家更是将其拓展到从工资谈判到分析币值波动的各个方面，其在担保和保险合同中也得到了广泛应用。事实上，期权定价理论可以用来评估任何价值取决于不确定的未来资产价值的类似期权的商品。

默顿认为，期权定价理论之所以有如此强的应用性归功于以下三个关键因素：

（1）应用性强而相应的假设弱；

（2）模型中的变量或者可以直接观察，或者可以根据历史数据估算；

（3）用在其他期权或类似期权上的定价方法的通用性。

当然，B-S 模型也存在一些不足之处：

（1）虽然 B-S 模型的假设条件相对较弱，但与现实市场条件仍有出入，如无红利支付、无交易成本、利率水平固定、标的物价格连续变化等假设。

（2）B-S 模型假设股票价格服从对数正态分布，而实际上股票价格对数并非严格的正态分布，其分布曲线或左尾偏长，或右尾偏长；峰位或平阔，或高耸。分布曲线的峰度和偏度不一定与正态分布一致，可能产生定价偏差。

（3）股票价格波动率只能用过去的数据进行估算，由于股价的波动率是随时间不断变化的，估计值与真实值之间可能存在偏差。

由于严格的假设削弱了原始定价公式在现实中的适用性，以默顿为代表的经济学家在布莱克-斯科尔斯的研究基础上，放宽假设条件，对模型进行了更深入的研究与推广，使其适用于更广泛的金融衍生品和更普遍的经济环境。

后续研究

1. 期权定价

由于严格的假设削弱了原始定价公式在现实中的适用性，以默顿为代表的经济学家在布莱克和斯科尔斯的研究基础上，放宽假设条件，对模型进行了更深入的研究与推广，使其适用于更广泛的金融衍生品和更普遍的经济环境。总体来说，可分为红利假设模型、单变量扩散模型、随机波动率模型和跳跃模型。

红利假设模型对原模型支付红利的假设做了调整。1973 年，默顿在《理性期权定价理论》（The Theory of Rational Option Pricing）一文中放松了无红利支付的假设，给出了计算支付红利的欧式看涨期权价值的方法：用现时股票价格减去到期前红利支付额的现值作为调整后的股票价格，代入 B-S 模型。Richard Roll（1977）、Robert Geske（1979）、Robert E. Whaley（1981）对支付红利的美式看涨期权的精确定价模型进行进一步研究，得出了相应的公式。

单变量扩散模型在保留了原模型无套利假设的基础上，放松了价格服从几何布朗运动的假设。相关模型包括 Cox 和 Ross（1976）的弹性不变方差模型及 Rubinstein（1983）的杠杆率模型等。

随机波动率模型允许资产收益的瞬时波动率随时间变化，这种变化常以扩散形式出现，也存在 Naik（1993）提出的体制转换模型和 Duffie（2000）提出的跳跃扩散过程。

跳跃模型如 Merton（1976）通过研究利率的方差以及利率与标的资产价格的协方差在期权价格上的效应，放松了固定利率的假设，导出了随机利率条件下的期权定价公式。Merton（1976）还放松了标的物价格连续变化的假设，将产生扩散的维纳（Wiener）过程和产生跳跃的泊松过程结合起来，通过假定跳跃方式为对数正态分布，推导出欧式看涨期权定价公式。

同时，随着期权市场的不断发展，人们对期权的研究已远远超出了股票期权的范围。Black（1976）提出了一个商品期权和期货合约定价的模型；Garman 和 Kohlhagen（1983）提出了欧式外汇期权估值的模型；Merton（1977）用标的资产和无风险资产构造投资组合来复制标的资产收益的方法，推导出了在一定条件下该标的资产的定价模型。该模型的确立也给出了其他类似期权估价的一般公式。

2. 债务定价

继 Merton（1974）之后，Black 和 Cox（1976），Geske（1977），Longstaff 和 Schwarz（1995），Zhou（1997）以及 Madan（2000）等一大批金融学家对其模型进行了更为深入的研究和推广，由于这些模型都是基于 BSM 布莱克-斯科尔斯-默顿的股票期权定价模型，因此也称为结构化模型。

Black 和 Cox（1976）从安全契约条款角度讨论了贴现债券的估值问题，这里安全契约条款是指债权人有权在企业价值落在一个较低水平时强迫破产或重组，并立即得到企业资产所有权（也无破产成本），而不必如默顿所假定的必须在到期日实施。他们给出了特别的破产水平或重组边界为 $Ce^{-v(T-t)} = \rho P e^{-v(t-t)}$，$0 \leqslant \rho \leqslant 1$，得出债务价值 B 是 ρ 的增函数，所以债权人总是希望尽可能快地破产，使债务价值更大。因此破产水平越高（ρ 越大），债务会越安全。

默顿模型假设在贷款到期时，资产市场价值低于债务的价值就要发生违约。Longstaff 和 Schwarz（1995）对其模型假设进行扩展的结果是：只要企业市场价值低于未偿还债务价值，债务在任一时刻应当违约。但他们没有给出信用风险定价的明确公式。

Madan 和 Unal（2000）提出封闭形式下的双因素风险率模型来对风险债务进行定价。公司的无息敏感资产与无违约利率决定了违约的可能性。该模型可以分析资本结构变化对信用利差的影响，且允许随机利率影响当前资产价值及其未来的演变。

以上模型属于外生结构模型，不考虑公司发行债务带来的税收收益及代理成本等，而是直接对公司债务面值、期限等进行假设。相应的，内生结构模型基于公司财务理论，考虑代理成本和破产成本等因素对债务进行定价。如 Brennan 和 Schwartz（1978）首次通过税收收益对公司债务进行定价，Mello 和 Parsons（1992）则将代理成本加入模型，Leland 和 Toft（1996）同时考虑税收收益和破产成本。

将破产成本纳入模型。破产成本既可以理解为破产过程的直接成本，也可理解为包含各种破产的间接成本，如无形资产、声誉等的丧失。为了更好地理解破产成本对债务价值的影响，考虑另一种债务，即永久性息票债务。所得出的风险升水不仅包括默顿、布莱克和考克斯所提及的破产风险，还包含由破产而可能导致的破产成本损失。因此，这里给出的风险价格的含义更广泛、更贴近现实情况。

　　学术界也对默顿的债务定价模型预测效果进行了大量实证检验，发现其在实际预测中存在一定的偏差。Eom，Helwege 和 Huang（2004）实证检验了包括默顿模型在内的多种结构化债务定价模型，发现默顿模型相较于其他模型预期利差过低，并认为更加准确的结构化模型必须具有避免增加高风险债券的信用风险且同时不影响安全债券利差的特征。Bharath 和 Shumway（2008）测试了另一种模型，其使用了默顿模型所建议的函数形式但是并没有求解隐含概率违约模型，结果发现，在使用相同输入值的情况下，该模型在风险模型和样本外预测上的表现优于默顿模型，后者并不能提供违约概率的有效统计量，但其函数形式有助于预测违约概率。Schaefer 和 Strebulaev（2008）实证发现默顿模型准确地预测了公司债券收益对权益价值变化（对冲比率）的敏感性，但未能捕捉到公司债务对利率的敏感性。

前景理论：风险状态下的决策分析[①]

作者简介   Daniel Kahneman

　　丹尼尔·卡尼曼（Daniel Kahneman），犹太人，心理学家、行为科学家，1934年出生于以色列特拉维夫，现任美国普林斯顿大学尤金·希金斯心理学教授（荣休），美国普林斯顿大学伍德罗·威尔逊学院心理学和公共事务教授（荣休），兼任以色列希伯来大学理性研究中心研究员。卡尼曼于1954年在以色列希伯来大学获心理学与数学学士学位，1961年在美国加州大学伯克利分校获心理学博士学位。1961—1978年于希伯来大学任教，1978—1986年任加拿大不列颠哥伦比亚大学心理学教授，1986—1994年任加州大学伯克利分校心理学教授，1993年起在普林斯顿大学任教，2007年荣休。

　　卡尼曼是著名的心理学家、行为科学家，是行为经济学领域的开创者之一。作为一个接受全程心理学训练的心理学家，他与特沃斯基（Tversky）将心理学研究与经济学研究结合在一起，开辟了行为经济学决策这一领域，形成了一套相对完整的体系。他的主要贡献是不确定状态下的行为决策理论，包含启发式策略、前景理论、幸福指数等方面。卡尼曼是美国国家科学院院士、美国艺术与科学院院士、世界计量经济学会院士，也是美国哲学学会、美国心理学会、美国心理协会、实验心理学家学会的会员。他曾获众多奖项，包括美国心理学会杰出科学贡献奖（1982）、

---

　　①　本文发表于 *Econometrica*，Vol. 47，pp. 263 - 291，1979。

实验心理学家学会沃伦奖章（1995）、希尔加德普通心理学终身成就奖（1995）、格文美尔奖（2002）、美国心理学会杰出终身贡献奖（2007）和总统自由勋章（2013）等。2002 年，卡尼曼与弗农·史密斯（Vernon L. Smith）共同获得诺贝尔经济学奖，成为继西蒙之后又一位荣获诺贝尔经济学奖的心理学家，也是第一位凭借心理学研究获得诺贝尔经济学奖的心理学家。

主要成果

Thinking Fast and Slow，Farrar，Straus and Giroux，2011.

"Conditions for Intuitive Expertise：A Failure to Disagree"（with Gary Klein），*American Psychologist*，Vol. 64（6），pp. 515 – 526，2009.

"Would You be Happier If You Were Richer? A Focusing Illusion"（with Alan B. Krueger，David Schkade，Norbert Schwarz，and Arthur Stone），*Science*，Vol. 312，pp. 1908 – 1910，2006.

"Toward National Well-Being Accounts"（with Alan B. Krueger，David Schkade，Norbert Schwarz，and Arthur Stone），*The American Economic Review*，Vol. 94，pp. 429 – 434，2004.

"A Survey Method for Characterizing Daily Life Experience：The Day Reconstruction Method"（with Alan B. Krueger，David Schkade，Norbert Schwarz，and Arthur Stone），*Science*，Vol. 306，pp. 1776 – 1780，2004.

"A Psychological Perspective on Economics"，*The American Economic Review*，Vol. 93，pp. 162 – 168，2003.

"Maps of Bounded Rationality：Psychology for Behavioral Economics"，*The American Economic Review*，Vol. 93，pp. 1449 – 1475，2003.

Heuristics and Biases：The Psychology of Intuitive Judgment（with Thomas Gilovich and Dale W. Griffin），New York：Cambridge University Press，2002.

Choices，Values and Frames（with Amos Tversky），New York：Cambridge University Press and the Russell Sage Foundation，2000.

Well-Being：The Foundations of Hedonic Psychology（with Edward Diener and Norbert Schwarz），New York：Russell Sage Foundation，1999.

"Back to Bentham? Explorations of Experienced Utility"（with Peter P. Wakker and Rakesh Sarin），*Quarterly Journal of Economics*，Vol. 112，pp. 375 – 405，1997.

"The Effect of Myopia and Loss Aversion on Risk Taking: An Experimental Test" (with Richard H. Thaler, Amos Tversky, and Alan Schwartz), *Quarterly Journal of Economics*, Vol. 112, pp. 647 – 661, 1997.

"Timid Choices and Bold Forecasts: A Cognitive Perspective on Risk Taking" (with Dan Lovallo), *Management Science*, Vol. 39, pp. 17 – 31, 1993.

"Anomalies: The Endowment Effect, Loss Aversion, and Status Quo Bias" (with Jack L. Knetsch and Richard H. Thaler), *Journal of Economic Perspectives*, Vol. 5, pp. 193 – 206, 1991.

"Economic Analysis and the Psychology of Utility: Applications to Compensation Policy" (with Richard H. Thaler), *The American Economic Review*, Vol. 81, pp. 341 – 352, 1991.

"Loss Aversion in Riskless Choice: A Reference-Dependent Model" (with Amos Tversky), *Quarterly Journal of Economics*, Vol. 106, pp. 1039 – 1061, 1991.

"Experimental Tests of the Endowment Effect and the Coase Theorem" (with Jack L. Knetsch and Richard H. Thaler), *Journal of Political Economy*, Vol. 98, pp. 1325 – 1348, 1990.

"The Causes of Preference Reversal" (with AmosTversky and Paul Slovic), *The American Economic Review*, Vol. 80, pp. 204 – 217, 1990.

"Fairness as a Constraint on Profit Seeking: Entitlements in the Market" (with Jack L. Knetsch and Richard H. Thaler), *The American Economic Review*, Vol. 76, pp. 728 – 741, 1986.

Judgment under Uncertainty: Heuristics and Biases (with Paul Slovic and Amos Tversky), New York: Cambridge University Press, 1982.

"The Framing of Decisions and the Psychology of Choice" (with Amos Tversky), *Science*, Vol. 211, pp. 453 – 458, 1981.

"Prospect Theory: An Analysis of Decision under Risk" (with Amos Tversky), *Econometrica*, Vol. 47, pp. 263 – 291, 1979.

"Intuitive Prediction: Biases and Corrective Procedures" (with Amos Tversky), *Management Science*, Vol. 12, pp. 313 – 327, 1979.

"Judgment under Uncertainty: Heuristics and Biases" (with Amos Tversky), *Science*, Vol. 185, pp. 1124 – 1131, 1974.

Attention and Effort, Englewood Cliffs, NJ: Prentice-Hall, 1973.

"Pupil Diameter and Load on Memory" (with Jackson Beatty), *Science*, Vol. 154, pp. 1583 – 1585, 1966.

作者简介　　**Amos Tversky**

　　阿莫斯·特沃斯基（Amos Tversky），犹太人，美国心理学家、行为科学家，1937 年出生于以色列海法，1996 年因转移性黑色素瘤去世。特沃斯基于 1961 年在以色列希伯来大学获得学士学位，1965 年在美国密歇根大学获得博士学位。1965 年于希伯来大学任教，后加入美国斯坦福大学，直至去世。他的遗孀芭芭拉·特沃斯基（Barbara Tversky）现于斯坦福大学和哥伦比亚大学教育学院任教。

　　特沃斯基是认知科学的先驱，是发现认知偏差和风险处理的关键人物。他与卡尼曼长期合作超过 20 年，共同发表了多篇重要论文，人们认为两人在启发式策略和前景理论领域具有同等重要的贡献。特沃斯基的研究领域还包括数学心理学、测量学、模糊厌恶等。特沃斯基是美国国家科学院院士、美国艺术与科学院院士，与卡尼曼同获许多重要奖项，包括美国心理学会杰出科学贡献奖（1982）、实验心理学家学会沃伦奖章（1995）、格文美尔奖（2002）等，此外，特沃斯基还获得了麦克阿瑟天才奖（1984）等。卡尼曼认为，若非特沃斯基过早病逝，无疑将与他共享 2002 年诺贝尔经济学奖。

主要成果

Foundations of Measurement. Vol. Ⅰ-Ⅲ（with David H. Krantz, R. Duncan Luce, and Patrick Suppes），Mineola, NY: Dover Publications, 2007.

Preference, Belief, and Similarity: Selected Writings, Cambridge, Mass.: MIT Press, 2004.

Choices, Values and Frames（with Daniel Kahneman），New York: Cambridge University Press and the Russell Sage Foundation，2000.

"The Effect of Myopia and Loss Aversion on Risk Taking：An Experimental Test" (with Richard H. Thaler, Daniel Kahneman, and Alan Schwartz)，*Quarterly Journal of Economics*，Vol. 112，pp. 647 – 661，1997.

"Ambiguity Aversion and Comparative Ignorance" (with Craig R. Fox)，*Quarterly Journal of Economics*，Vol. 110，pp. 585 – 603，1995.

"Context-Dependent Preferences" (with Itamar Simonson)，*Management Science*，Vol. 39，pp. 1179 – 1189，1993.

"Choice under Conflict—The Dynamics of Deferred Decision" (with Eldar Shafir)，*Psychological Science*，Vol. 3，pp. 358 – 361，1992.

"Loss Aversion in Riskless Choice：A Reference-Dependent Model" (with Daniel Kahneman)，*Quarterly Journal of Economics*，Vol. 106，pp. 1039 – 1061，1991.

"The Causes of Preference Reversal" (with Paul Slovic and Daniel Kahneman)，*The American Economic Review*，Vol. 80，pp. 204 – 217，1990.

"Extensional vs. Intuitive Reasoning：The Conjunction Fallacy in Probability Judgment" (with Daniel Kahneman)，*Psychological Review*，Vol. 90，pp. 293 – 315，1983.

Judgment under Uncertainty：Heuristics and Biases (with Daniel Kahneman and Paul Slovic)，New York：Cambridge University Press，1982.

"The Framing of Decisions and the Psychology of Choice" (with Daniel Kahneman)，*Science*，Vol. 211，pp. 453 – 458，1981.

"Prospect Theory：An Analysis of Decision under Risk" (with Daniel Kahneman)，*Econometrica*，Vol. 47，pp. 263 – 291，1979.

"Intuitive Prediction：Biases and Corrective Procedures" (with Daniel Kahneman)，*Management Science*，Vol. 12，pp. 313 – 327，1979.

"Judgment under Uncertainty：Heuristics and Biases" (with Daniel Kahneman)，*Science*，Vol. 185，pp. 1124 – 1131，1974.

研究背景

1974 年，卡尼曼和特沃斯基开始研究决策问题，在对博弈偏好和效用理论进行分析时，他们发现了一个显著的缺陷：在传统的不确定性分析框架中，对决策起决定作用的是冯·诺伊曼-摩根斯坦期望效用理论，效用函数的定义域是财富的最终状态，而在博弈过程中，通常使用收益或损失。这种理论上的空隙在期望效用理论看来是可以忽略不计的，但卡尼曼和特沃斯基认为，在心理物理学中，难以实现两者之间的跨越。

期望效用理论沿用经济学重要的经济人假设，通过一系列公理，能够得到理性的决策者在不确定性状态下的偏好。假设决策者是风险厌恶的，期望效用函数表现为凹函数。然而，卡尼曼和特沃斯基认为大多数人在面对损失时是风险偏好的，人们宁愿选择期望损失更大但存在侥幸的决策，而摒弃带来确定损失的决策，这一现象在传统经济学中无法解释。

同样，经济人假设认为决策者的决策权重等同于所得到的发生不同结果的概率，如果客观概率已知，决策权重就等于客观概率。而在卡尼曼和特沃斯基看来，人们对风险的主观估计往往是通过启发式策略得到的直观判断，通常会有一定的认知偏差，这一偏差并非随机误差项，不能通过累积加总消除。卡尼曼和特沃斯基通过三种认知偏差来解释人们运用启发式策略造成的主观有偏估计，包括代表性偏差，即人们会通过事件的代表性特征直观地进行归类并赋予同类特征；易得性偏差，即人们会根据事件信息获取的难易程度形成主观概率；锚定与调整性偏差，即人们会根据起始点或特定值的位置并适当调整进行预测。

阿莱悖论（Allais paradox）是决策理论中有名的悖论之一，由 1998 年诺贝尔经济学奖得主莫里斯·阿莱（Maurice Allais）于 1952 年提出，证明在单次决策中期望效用理论的替代性公理存在逻辑不一致的问题。阿莱设计了一个实验，让 100 人对两个不同设定的赌局进行测试。

其中，赌局 1 具有两个选择：

· 选择 A：100% 的概率得到 100 万元。

· 选择 B：10% 的概率得到 500 万元，89% 的概率得到 100 万元，1% 的概率什么也得不到。

结果表明，绝大多数人选择 A 而不是 B。A 的期望值 100 万元小于 B 的期望值 139 万元，但 A 具有更高的效用。

赌局 2 同样具有两个选择：

· 选择 C：11% 的概率得到 100 万元，89% 的概率什么也得不到。

· 选择 D：10% 的概率得到 500 万元，90% 的概率什么也得不到。

结果表明，绝大多数人选择 D 而不是 C。C 的期望值 11 万元小于 D 的期望值 50 万元，并且 C 的效用更低。以 $U(*)$ 表示效用函数，可以得到 $U(A) > U(B)$，$U(C) < U(D)$。而根据期望效用理论可以得到：

$$U(A) = U(100)$$

$$U(B) = 0.1 \times U(500) + 0.89 \times U(100) + 0.01 \times U(0)$$

$$U(C) = 0.11 \times U(100) + 0.89 \times U(0)$$

$$U(D) = 0.1 \times U(500) + 0.9 \times U(0)$$

根据 $U(A) > U(B)$，可以得到：

$$U(100) > 0.1 \times U(500) + 0.89 \times U(100) + 0.01 \times U(0)$$

$$0.11 \times U(100) > 0.1 \times U(500) + 0.01 \times U(0)$$

$$0.11 \times U(100) + 0.89 \times U(0) > 0.1 \times U(500) + 0.9 \times U(0)$$

即 $U(C) > U(D)$，这与实验结果相矛盾。这一悖论表明，人们在决策时存在与期望效用理论不一致的情况。

卡尼曼和特沃斯基针对期望效用理论与实际观测结果相矛盾的现象，运用心理学的研究方法，为风险决策提供了一个新的替代模型，即前景理论。他们于 1979 年在《计量经济学》（*Econometrica*）上发表的《前景理论：风险状态下的决策分析》（Prospect Theory：An Analysis of Decision under Risk）一文，至今已被引用超过两万次。

主要内容

该论文在结构上主要分为三个部分：第一部分，卡尼曼和特沃斯基列举了与期望效用理论相悖的一些异象，表明期望效用理论在风险决策中存在不足；第二部分，他们提出了期望效用理论的替代方案，即前景理论；第三部分，他们就前景理论进行了讨论和展望。

1. 异象

卡尼曼和特沃斯基认为，期望效用理论应用于风险决策，是建立在三个原则基础上的：（1）期望：总效用为不同结果期望效用的概率加权之和。（2）资产整合：效用函数的定义域为资产的最终状态而非收益或损失。（3）风险厌恶：效用函数是凹的。他们通过问卷调查，设计了一系列问题，根据结果提炼出四种效应，以体现违反期望效用理论的现象。这里，他们主要考虑最多有两个非零结果的前景，用 (x,p) 表示前景 $(x,p;0,1-p)$，即以概率 p 得到 x，以概率 $1-p$ 得到 0。表 1 为其中部分问题的结果，左侧为收益，即正前景，右侧为损失，即负前景，中括号内为样本在每个问题中选择该前景的比例。

表 1 对偏好的实验结果

	正前景			负前景			
问题1 人数=72	(2 500, 0.33; 2 400, 0.66) [18]	<	(2 400, 1) [82]*				
问题2 人数=72	(2 500, 0.33) [83]*	>	(2 400, 0.34) [17]				
问题3 人数=95	(4 000, 0.8) [20]	<	(3 000, 1) [80]*	问题3′ 人数=95	(-4 000, 0.8) [92]*	>	(-3 000, 1) [8]
问题4 人数=95	(4 000, 0.2) [65]*	>	(3 000, 0.25) [35]	问题4′ 人数=95	(-4 000, 0.2) [42]	<	(-3 000, 0.25) [58]
问题5 人数=72	(三周三国游, 0.5) [22]	<	(一周一国游, 1) [78]*				
问题6 人数=72	(三周三国游, 0.05) [67]*	>	(一周一国游, 0.1) [33]				
问题7 人数=66	(6 000, 0.45) [14]	<	(3 000, 0.9) [86]*	问题7′ 人数=66	(-6 000, 0.45) [92]*	>	(-3 000, 0.9) [8]
问题8 人数=66	(6 000, 0.001) [73]*	>	(3 000, 0.002) [27]	问题8′ 人数=66	(-6 000, 0.001) [30]	<	(-3 000, 0.002) [70]*

1.1 确定性效应

确定性效应（certainty effect）是指人们将确定的结果看得比可能的结果更重的现象。阿莱悖论就体现了确定性效应，问题 1 与问题 2 和阿莱悖论类似，缩小了结果的数量级，所得结果与阿莱悖论一致。根据期望效用理论的替代性公理，如果 B 优于 A，则 (B, p) 必然要优于 (A, p)。然而，问题 3 与问题 4、问题 5 与问题 6 表明，人们的选择往往违背这一公理，说明人们在面对确定性事件时期望效用理论不适用。在问题 7 与问题 8 中，体现了另一类违背替代性公理的情况：在赢的概率都很大时，人们更愿意选择更接近确定性的前景；而在赢的可能性都极小时，人们更愿意选择收益更大的那一个。卡尼曼和特沃斯基将违反替代性公理的特征表述为：如果 (y, pq) 等价于 (x, p)，则 (y, pqr) 优于 (x, pr)，这里 $0 < p, q, r < 1$。

1.2 反射效应

通过问题 3′ 与问题 4′、问题 7′ 与问题 8′，卡尼曼和特沃斯基进一步分析了出现损失时的情形。可以看到，负前景是正前景的镜像，使前景的选择发生了逆转。他们将这种在 0 点周围前景的镜像导致逆转偏好次序的现象称为反射效应（reflection effect）。

反射效应具有三重含义。首先，人们在面对收益时是风险厌恶的，在面对损失时是风险偏好的。其次，对负前景的选择同样符合确定性效应，从而违反了替代性公理。人们认为确定性的损失更严重，从而倾向于选择可能的损失。最后，确定性效应并不意味着人们更倾向于确定性的结果，从而表现为风险厌恶。事实上，确定性效应表示人们会认为确定性的结果更加重要，确定的收益更好，确定的损失更糟。这样，人们更倾向于在面对收益时选择确定的收益，而在面对损失时选择可能的损失。

1.3　概率型保险

针对期望效用理论中的风险厌恶性质（效用函数的凹性），卡尼曼和特沃斯基引入了概率型保险（probabilistic insurance）来讨论。概率型保险是一类特殊的保险，支付较低的保费，但在损害发生时有一定的概率补齐保费并让保险公司赔付全部损失，否则将退回保费并自己承担损失。根据凹的效用函数，人们会愿意支付更少的保费去降低损失发生的概率而不是完全消除损失。也就是说，假定一个人的资产为 w，若他对于是否支付保费 y 去避免承担以概率 p 发生的损失 x 无差异的话，他会倾向于支付更少的保费 ry，将承担损失的概率从 p 降低到 $(1-r)p$，其中 $0<r<1$，即如果前景 $(w-x,p;w,1-p)$ 与 $(w-y,1)$ 无差异，人们更愿意选择概率型保险 $(w-x,(1-r)p;w-y,rp;w-ry,1-p)$ 而不是普通保险 $(w-y,1)$。这一结论的证明如下：

$$pU(w-x)+(1-p)U(w)=U(w-y)$$

由于效用函数是凹的，则

$$U(w-rp)=U[(1-r)w+r(w-y)]>(1-r)U(w)+rU(w-y)$$

假设

$$U(w-x)=0$$
$$U(w)=1$$

则有

$$U(w-y)=1-p$$
$$U(w-rp)>1-rp$$

由于

$$(1-r)pU(w-x)+rpU(w-y)+(1-p)U(w-ry)$$
$$>rp(1-p)+(1-p)(1-rp)=1-p=U(w-y)$$

因此

$$(1-r)pU(w-x)+rpU(w-y)+(1-p)U(w-ry)>U(w-y)$$

即选择概率型保险具有更高的期望效用。

然而，卡尼曼和特沃斯基通过问题 9，即人们是否会选择概率型保险，发现概率型保险几乎没有市场，极少有人选择。他们认为，即使效用函数具有凹性，也不足以体现出人们对风险的厌恶。

1.4　孤立效应

在选择前景时，人们常常会忽视各种前景的共有部分，只关注不同之处。但是对前景的分解方式不同，可能会导致不同的偏好。卡尼曼和特沃斯基将这种现象称为孤立效应（isolation effect）。他们设计了问题 10——一个两阶段的游戏：第一阶段，有 75％ 的概率终止游戏并一无所获，25％ 的概率进入下一阶段。第二阶段，可以在前景（4 000，0.8）和（3 000，1）之间进行选择，但这一选择需在第一阶段之前做出。从最终结果来看，这个游戏是在（4 000，0.2）和（3 000，0.25）之间选择，与问题 4 一样。然而，大多数人的选择与面对问题 4 时相反，倾向于后一种前景。在这里，人们忽略了游戏的第一阶段，孤立地将其等同于问题 3，即在（4 000，0.8）和（3 000，1）之间选择。卡尼曼和特沃斯基认为，这种由事件依赖关系造成的偏好逆转，违反了期望效用理论中偏好由财富最终状态唯一决定的基本原则。

此外，卡尼曼和特沃斯基还对结果的不同表示造成的孤立效应进行了研究：

问题 11：先获得 1 000，然后选择前景 A（1 000，0.5）和 B（500，1）；

问题 12：先获得 2 000，然后选择前景 C（−1 000，0.5）和 D（−500，1）。

在这里，人们大多选择了 B 和 C，似乎与反射效应相一致。然而，考虑到最终状态，这两个问题实际上是等价的，即 A＝（2 000，0.5；1 000，0.5）＝C 和 B＝（1 500，1）＝D。显然，人们在做决定时忽视了提前获得的收益，这违背了期望效用理论。

2. 理论

在批评了期望效用理论无法解释上述异象后，卡尼曼和特沃斯基介绍了他们的前景理论——一个在风险状态下进行决策的描述性替代理论。这一理论最初应用于对具有货币结果和明确客观概率的简单前景的选择，但可以扩展到更多情形。前景理论认为决策过程具有两个阶段：编辑阶段和评价阶段，在编辑阶段对前景进行加工处理，在评价阶段对编辑后的前景进行估值并选择价值最高的前景。

编辑阶段主要包括六种操作方式：编码：定位一个参考点并将结果转化为收益或损失；合并：将同样结果的概率进行合并；分离：将前景中的无风险部分分离出来；抵消：将一对前景中共有的部分抵消；简化：对概率或结果进行凑整简化处理，并忽视极小概率的结果；占优检测：在所有前景中找出占优的前景，并淘汰其他前景。卡尼曼和特沃斯基发现，编辑过程顺序的不同会造成编辑后的前景不同，而一些主观编辑行为会造成前景差异或者偏好异象。

评价过程认为经过编辑的前景的整体价值 V 取决于两个维度，分别是价值函数 V 和权重函数 π。若有一个兼具收益和损失的常规前景 $(x,p;y,q)$（即，$p+q<1$，或 $x>0>y$，或 $x<0<y$），则

$$V(x,p;y,q)=\pi(p)v(x)+\pi(q)v(y)$$

2.1 价值函数

前景理论与期望效用理论不同，价值的定义域不是财富的最终状态，而是相对于参考点的变化幅度。严格地讲，价值还取决于参考点的位置，函数随参考点的变化而变化，然而，前景的偏好排序不会因资产头寸小的甚至中等的变化而发生大的变化。因此，卡尼曼和特沃斯基先忽略这一问题，将价值函数作为单变量函数。

卡尼曼和特沃斯基对价值函数的形状提出了一些假设：

假设 1：相对于参考点，边际价值递减，即人们对财富变化的敏感性递减。整体来说，价值函数在参考点上方，即收益部分，是凹的；价值函数在参考点下方，即损失部分，是凸的。

假设 2：价值函数在损失一侧比收益一侧更为陡峭，即损失带来的痛苦要强于等量的收益带来的愉悦，这一特性即损失厌恶。

图 1 的函数满足上述假设，可以看到，函数在参考点最为陡峭且斜率不连续。在人们的收益部分表现为风险厌恶，在损失部分表现为风险偏好。在卡尼曼和特沃斯基的问卷调查中，这一函数形状也得到了支持。

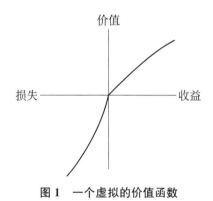

图 1　一个虚拟的价值函数

2.2 权重函数

前景理论中的决策权重源自不同结果的概率，但不等同于概率；决策权重不是对客观概率的有偏估计，它体现了风险状态决策者对前景不同结果的重视程度。权重函数 π 具有以下属性：

（1）权重函数 π 是概率 p 的增函数，且 $\pi(0)=0$，$\pi(1)=1$。

（2）次确定性。偏好对概率变化的敏感度并不像期望效用理论中的那么大，互补

事件的权重之和小于确定性事件的权重，即若 $0 < p < 1$，有 $\pi(p) + \pi(1-p) < 1$。

（3）次比例性。概率同比例缩小时，相应的决策权重之比更趋向于 1，即若 $0 < p$，q，$r < 1$，则有 $\dfrac{\pi(pq)}{\pi(p)} \leqslant \dfrac{\pi(pqr)}{\pi(pr)}$。

（4）小概率的次可加性。若 p 很小且 $0 < r < 1$，则 $\pi(rp) > r\pi(p)$。

（5）小概率被过度加权。若 p 很小，则 $\pi(p) > p$。需要注意，过度看重小概率导致其权重过大并不是对小概率事件的概率高估，问卷调查中已知客观概率，小概率权重过大说明决策者对小概率事件的重视程度已经超过了事件发生的概率。

此外，在端点 $\pi(0) = 0$ 和 $\pi(1) = 1$ 附近，权重函数的变化十分剧烈。一方面，在小概率被过度加权和次确定性的影响下，函数在端点附近不连续，这体现了确定性和不确定性的差异。另一方面，受编辑过程不同的影响，极低概率的事件要么被忽略，要么被加大权重，极高概率的事件要么等同于确定性事件，要么会被降低权重。由此看来，权重函数在端点附近表现不佳。

图 2 的权重函数满足了上述属性。可以看到，函数在端点处不连续，小概率被赋予了大的权重，其余大部分的概率都减少了权重。在前景理论中，通过将价值函数与权重函数进行结合，可以在评价阶段选择价值最高的前景，完成风险决策。综合来讲，前景理论具有四个要素：参照依赖、损失厌恶、敏感性递减和决策权重。

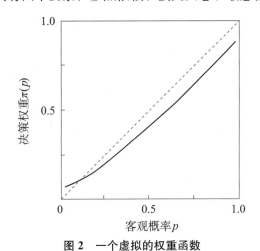

图 2   一个虚拟的权重函数

3. 讨论

卡尼曼和特沃斯基认为，人们对风险的态度是由价值函数 V 和权重函数 π 共同决定的。通过分析，他们发现，前景理论既可以解释前面违背替代性公理的现象，也可以解释概率型保险为何不受欢迎的现象。然而，尽管他们可以用小概率的权重过大解释概率型保险不受欢迎的现象，但前景理论并不能很好地解释其他一些现象。例如，保险经常覆盖到中等大小概率的事件，而小概率的灾害有时反而会被完全忽视。

3.1　参考点的转移

卡尼曼和特沃斯基还讨论了参考点的转移带来的影响。前面的分析都是将当前资产作为参考点，但有时候人们会将目标或期望水平作为参考点，这时人们可能会将收益的减少视为损失，或者将损失的减少视为收益，从而改变前景的偏好次序。

参考点的移动能够改变对前景的偏好次序，同样，未能及时调整参考点也可能会改变决策者的风险态度。比如，当一个人对近期的损失未能完全适应时，他可能会有更强的风险偏好倾向。

3.2　扩展

卡尼曼和特沃斯基对前景理论的扩展提出了展望：在扩展到含有多个结果的前景时，可能需要额外的编辑操作来简化评价过程；在扩展到非货币结果的前景时，前景理论应该也适用，同时价值函数的主要特征也应当适用；如果客观概率未给定，此时决策权重必须依附于特定事件，但权重函数的主要属性应该也成立。

评　价

卡尼曼和特沃斯基最重要的贡献就是将心理学研究的视角和方法同经济学分析相结合，从而开创了一个新的领域——行为经济学。不同于传统经济学侧重于规范性地思考、研究人们应该怎样做决策，他们更多地通过实验设计来描述人们是如何从内在出发来做决策的。卡尼曼和特沃斯基及他们的密切合作者理查德·塞勒（Richard Thaler）、保罗·斯洛维奇（Paul Slovic）等人运用心理学研究的实验设计和统计方法，证明了人们不理性的决策是可以被预测的。前景理论及其后续发展在对期望效用理论进行修正的同时，不断引入心理学的视角与观点，逐步形成了一个相对完善的理论体系，成为行为经济学的理论基石。2002 年，瑞典皇家科学院将诺贝尔经济学奖授予卡尼曼和实验经济学之父史密斯（Smith）。评审委员会称，卡尼曼因"将心理学的研究引入经济学的研究，特别是在不确定状态下与人们判断和决策相关的研究"而获奖。人们普遍认为，特沃斯基若非英年早逝，必将与卡尼曼分享这一奖项。2002 年的诺贝尔经济学奖，标志着行为经济学已进入主流经济学的范畴，成为经济学的重要组成部分。尽管卡尼曼和特沃斯基都认为自己是心理学家，但他们对经济学领域的拓展和对人们经济决策的认识都做出了巨大的贡献。

1979 年《前景理论：风险状态下的决策分析》这篇文章是行为经济学领域最为重要的文章之一，也是《计量经济学》截至目前被引用次数最多的一篇文章。这篇文章正式将心理学研究同经济学研究结合起来，成为行为经济学领域的先驱和开创者，也是行为经济学、行为金融学的必读文章。这篇文章的思想，如参照依赖、损失厌恶和决策权重等，适用于行为经济学的诸多领域，特别是它本身研究的是在不确定性状态下的决策问题，与金融学存在天然的联系。

后续研究

早期的前景理论存在一些局限，适用范围主要是一种特殊的决策类型：具有明确客观概率和最多两个非零结果的简单货币赌局选择。卡尼曼和特沃斯基（Kahneman and Tversky，1992）提供了一个新版本，即累积前景理论，可以应用于具有多个结果的不确定性和风险的前景。另外，学者们进一步研究了前景理论的四个主题，即决策权重的非线性（Fox and Tversky，1995；Prelec，1998 等）、参照依赖与损失厌恶（Thaler，1980；Tversky and Kahneman，1991；Kahneman，Knetsch，and Thaler，1991 等）、框架效应（Tversky and Kahneman，1981；1986 等）和体验效用（Kahneman，Wakker，and Sarin，1997 等）。

前景理论被认为是在实验条件下对风险态度的准确描述，而学者们通过研究将其应用到许多不同的领域，特别是金融领域。Benartzi 和 Thaler（1995）运用前景理论和框架效应，解释了股权溢价之谜。Barberis 和 Huang（2008）用前景理论代替期望效用理论来进行资产定价研究，发现证券的偏度可以被定价，而相较于传统期望效用理论的定价，一个右偏证券的价格会被高估，因此会有更低的平均收益率。这一结果实际暗含着前景理论放大了小概率事件权重的思想。在投资领域，Shefrin 和 Statman（1985）运用前景理论价值函数的损失部分，阐述了"处置效应"（disposition effect），并由 Odean（1998）检验了其非理性。赵学军和王永宏（2001）基于前景理论发现国内投资者的处置效应更为严重。在保险领域，Hu 和 Scott（2007）运用前景理论对年金之谜进行了解释，而 Sydnor（2010）基于前景理论的决策权重解释了家庭对不同财产险的选择。

此外，前景理论在经济其他领域也有广泛的应用。Thaler（1980）将前景理论拓展到无风险情形，提出了"禀赋效应"（endowment effect）。Camerer，Babcock，Loewenstein 和 Thaler（1997）通过研究纽约出租车司机的出工时间，运用前景理论分析了劳动供给问题。此外，Koszegi 和 Rabin（2009）将前景理论引入消费选择的动态模型中，而 Heidhues 和 Koszegi（2012）也针对这类消费者分析了相应的厂商决策。

信息有效市场悖论[①]

作者简介　**Sanford Grossman**

　　桑福德·格罗斯曼（Sanford Grossman）是世界著名的金融经济学家之一，1985—1989年任教于普林斯顿大学，1989—1999年任宾夕法尼亚大学金融学教授，退休后任宾夕法尼亚大学名誉教授。1987年获得有"小诺贝尔经济学奖"之称的克拉克奖。他最主要的研究领域是信息经济学、公司结构、财产权以及最优动态风险管理。他与哈特（Oliver Hart）曾有过多项合作研究成果。格罗斯曼与哈特和穆尔（John Moore）提出的所有权-控制权模型是分析控制权的配置对激励和对信息获取的影响，以及对公司治理结构的作用的非常有效的工具。

　　格罗斯曼于1973年获芝加哥大学经济学学士学位，1975年在芝加哥大学获得经济学博士学位。1992—1996年，格罗斯曼曾担任美国金融学会副会长和会长、芝加哥交易所的独立董事、联邦储备银行的经济学家。目前，格罗斯曼为康涅狄格州斯坦福德市数量金融战略公司（Quantitative Financial Strategies）总裁。

---

　　① 本文发表于 *The American Economic Review*，Vol. 70，pp. 393 - 408，1980。

主要成果

"Clustering and Competition in Asset Markets"（with M. H. Miller, K. R. Cone, D. R. Fischel, and D. J. Ross），*Journal of Law and Economics*, Vol. 40, pp. 23 – 60, 1997.

"Equilibrium Analysis of Portfolio Insurance"（with Z. Zhou）, *Journal of Finance*, Vol. 51, pp. 1379 – 1403, 1996.

"Dynamic Asset Allocation and the Informational Efficiency of Markets", *Journal of Finance*, Vol. 50, pp. 773 – 787, 1995.

"The Informational Role of Upstairs and Downstairs Trading", *Journal of Business*, Vol. 65, pp. 509 – 528, 1992.

"Asset Pricing and Optimal Portfolio Choice in the Presence of Illiquid Durable Consumption Goods"（with Laroque, G. ）, *Econometrica*, Vol. 58, pp. 25 – 51, 1990.

"Liquidity and Market Structure"（with M. H. Miller）, *Journal of Finance*, Vol. 43, pp. 617 – 633, 1988.

"An Analysis of the Implications for Stock and Futures Price Volatility of Program Trading and Dynamic Hedging Strategies", *Journal of Business*, Vol. 61, pp. 275 – 298, 1988.

"One-Share-One Vote and the Market for Corporate Control"（with O. Hart）, *Journal of Financial Economics*, Vol. 20, pp. 175 – 202, 1988.

"Corporate Financial Structure and Managerial Incentives"（with O. Hart）, *NBER Working Paper*, R0398, 1983.

"The Allocational Role of Takeover Bids in Situations of Asymmetric Information"（with O. Hart）, *Journal of Finance*, Vol. 36, pp. 253 – 270, 1981.

"An Introduction to the Theory of Rational Expectations Under Asymmetric Information", *Review of Economic Studies*, Vol. 48, pp. 541 – 559, 1981.

"On the Impossibility of Informationally Efficient Markets"（with Stiglitz, J. E. ）, *The American Economic Review*, Vol. 70, pp. 393 – 408, 1980.

"Stockholder Unanimity in Making Production and Financial Decisions"（with J. E. Stiglitz）, *Quarterly Journal of Economics*, Vol. 94, pp. 543 – 566, 1980.

"Take-Over Bids, the Managerial Theory of the Firm and the Free Rider Problem" (with O. Hart), *The Bell Journal of Economics*, Vol. 11, pp. 42 – 64, 1980.

"Disclosure Laws and Take-Over Bids" (with O. Hart), *Journal of Finance*, Vol. 35, pp. 323 – 324, 1980.

"A Theory of Competitive Equilibrium in Stock Market Economies" (with O. Hart), *Econometrica*, Vol. 47, pp. 293 – 329, 1979.

"Further Results on the Informational Efficiency of Competitive Stock Markets", *Journal of Economic Theory*, Vol. 18, pp. 81 – 101, 1978.

"The Existence of Futures Markets, Noisy Rational Expectations and Informational Externalities", *Review of Economic Studies*, Vol. 44, pp. 431 – 449, 1977.

"On the Efficiency of Competitive Stock Markets Where Traders Have Diverse Information", *Journal of Finance*, Vol. 31, pp. 573 – 585, 1976.

"Informational and Competitive Price System" (with Stiglitz, J. E.), *The American Economic Review*, Vol. 66, pp. 246 – 254, 1976.

作者简介　　**Joseph E. Stiglitz**

约瑟夫·E. 斯蒂格利茨（Joseph E. Stiglitz），1943 年 2 月出生于美国印第安纳州加里，现任哥伦比亚大学校级教授（University Professor），曾执教于耶鲁大学、斯坦福大学、牛津大学以及普林斯顿大学。他创立了经济学的一个新的分支——信息经济学；并提出了信息不对称、逆向选择和道德风险的概念。他在信息不对称市场理论研究上的最大贡献主要体现在对保险市场、信贷市场、金融市场效率、非自愿失业和发展经济学等所做的深入研究的几篇经典学术论文之中。他的模型和分析方法已经演绎成信息经济学乃至领域更宽泛的微观经济学和宏观经济学的规范方法。他是所引用的信息经济学和微观经济学文献中出现频率最高的学者之一。其因为对不对称信息市场分析方面所做出的开创性研究而获得 2001 年诺贝尔经济学奖。

斯蒂格利茨于 1964 年获阿默斯特大学学士学位。1966—1967 年获麻省理工学院经济学博士学位。斯蒂格利茨于 1993—1995 年担任经济学顾问委员会成员；1995—1997 年担任克林顿经济顾问委员会主席；1997—2000 年担任世界银行首席经济学家；2011—2014 年担任国际经济学协会主席。

主要成果

People, Power, and Profits: Progressive Capitalism for an Age of Discontent, New York: W. W. Norton, 2019.

"Interconnectedness as a Source of Uncertainty in Systemic Risk" (with T. Roukny and S. Battiston), *Journal of Financial Stability*, Vol. 35, pp. 93 – 106, 2018.

The Euro: How a Common Currency Threatens the Future of Europe, New York: W. W. Norton, August 2016.

"Striving for Balance in Economics: Towards a Theory of the Social Determination of Behavior" (with K. Hoff), *Journal of Economic Behavior and Organization*, Vol. 126, pp. 25 – 57, 2016.

The Great Divide: Unequal Societies and What We Can Do About Them, New York: W. W. Norton, 2015.

"Leaders and Followers: Perspectives on the Nordic Model and the Economics of Innovation", *Journal of Public Economics*, Vol. 127, pp. 3 – 16, 2015.

"Ownership Change, Institutional Development and Performance" (with A. Knyazeva and D. Knyazeva), *Journal of Banking and Finance*, Vol. 37, pp. 2605 – 2627, 2013.

The Price of Inequality: How Today's Divided Society Endangers Our Future, New York: W. W. Norton, 2012.

Freefall: America, Free Markets, and the Sinking of the World Economy, New York: W. W. Norton, 2010.

"Risk and Global Economic Architecture: Why Full Financial Integration May be Undesirable", *The American Economic Review*, Vol. 100, pp. 388 – 392, 2010.

"Dividend Taxation and Intertemporal Tax Arbitrage" (with A. Korinek), *Journal of Public Economics*, Vol. 93, pp. 142 - 159, 2009.

"Credit Chains and Bankruptcy Propagation in Production Networks" (with S. Battiston, D. Delli Gatti, and B. Greenwald), *Journal of Economic Dynamics and Control*, Vol. 31, pp. 2061 - 2084, 2007.

Making Globalization Work, New York: WW Norton, 2006.

Fair Trade for All (with Andrew Charlton), New York: Oxford University Press, 2005.

"The Integration of Unemployment Insurance with Retirement Insurance" (with J. Yun), *Journal of Public Economics*, Vol. 89, pp. 2037 - 2067, 2005.

"On Selective Indirect Tax Reform in Developing Countries" (with S. Emran), *Journal of Public Economics*, pp. 599 - 623, 2005.

"After the Big Bang? Obstacles to the Emergence of the Rule of Law in Post-Communist Societies" (with K. Hoff), *The American Economic Review*, Vol. 94, pp. 753 - 763, 2004.

The Roaring Nineties: A New History of the World's Most Prosperous Decade, New York: W. W. Norton, 2003.

"Challenging the Washington Consensus", *Feature Interview in The Brown Journal of World Affairs*, Vol. 9 (2), pp. 33 - 40, 2003.

"Dealing with Debt: How to Reform the Global Financial System", *Harvard International Review*, Vol. 25 (1), pp. 54 - 59, 2003.

Globalization and Its Discontents, New York: W. W. Norton, 2002.

"Failure of the Fund: Rethinking the IMF Response", *Harvard International Review*, Vol. 23 (2), pp. 14 - 18, 2001.

"Labor Market Adjustments and the Persistence of Unemployment" (with B. Greenwald), *The American Economic Review*, Vol. 85 (2), pp. 219 - 225, 1995.

"New and Old Keynesians" (with B. C. Greenwald), *Journal of Economic Perspectives*, Vol. 7, pp. 23 - 44, 1993.

"Moral Hazard and Non-Market Institutions: Dysfunctional Crowding Out or Peer Monitoring" (with R. Arnott), *The American Economic Review*, Vol. 81 (1), pp. 179 - 190, 1991.

"Asymmetric Information and the New Theory of the Firm: Financial Constraints and Risk Behavior" (with B. Greenwald), *The American Economic Review*,

Vol. 80 （2）, pp. 160 – 165, 1990.

"The Informational Content of Initial Public Offerings" (with I. Gale), *Journal of Finance*, Vol. 44 （2）, pp. 469 – 478, 1989.

"Why Financial Structure Matters", *Journal of Economic Perspectives*, Vol. 2 （4）, pp. 121 – 126, 1988.

"Keynesian, New Keynesian and New Classical Economics" (with B. C. Greenwald), *Oxford Economic Papers*, Vol. 39, pp. 119 – 133, 1987.

"The Causes and Consequences of the Dependence of Quality on Price", *Journal of Economic Literature*, Vol. 25, pp. 1 – 48, 1987.

"Credit Rationing with Many Borrowers" (with A. Weiss), *The American Economic Review*, 1987.

"Externalities in Economies with Imperfect Information and Incomplete Markets" (with B. C. Greenwald), *Quarterly Journal of Economics*, Vol. 101, pp. 229 – 264, 1986.

"Labor Turnover, Wage Structures and Moral Hazard: The Inefficiency of Competitive Markets" (with R. Arnott), *Journal of Labor Economics*, Vol. 3, pp. 434 – 462, 1985.

"Informational Imperfections and Macroeconomic Fluctuations" (with B. C. Greenwald and A. M. Weiss), *The American Economic Review*, Vol. 74 （2）, pp. 194 – 199, 1984.

"Incentive Effects of Termination: Applications to the Credit and Labor Markets" (with A. Weiss), *The American Economic Review*, Vol. 73 （5）, pp. 912 – 927, 1983.

"Utilitarianism and Horizontal Equity: The Case for Random Taxation", *Journal of Public Economics*, Vol. 18, pp. 1 – 33, 1982.

"On the Impossibility of Informationally Efficient Markets" (with Sanford Grossman), *The American Economic Review*, Vol. 70, pp. 393 – 408, 1980.

"Stockholder Unanimity in the Making of Production and Financial Decisions" (with S. Grossman), *Quarterly Journal of Economics*, Vol. 94 （3）, pp. 543 – 566, 1980.

"Aggregate Land Rents, Expenditure on Public Goods and Optimal City Size" (with R. Arnott), *Quarterly Journal of Economics*, Vol. 93 （4）, pp. 471 – 500, 1979.

"Efficiency in the Optimum Supply of Public Goods" (with L. J. Lau and E. Sheshinski), *Econometrica*, Vol. 46 (2), pp. 269 - 284, 1978.

"Monopoly, Non-Linear Pricing and Imperfect Information: The Insurance Market", *Review of Economic Studies*, Vol. 44 (3), pp. 407 - 430, 1977.

"The Corporation Tax", *Journal of Public Economics*, Vol. 5, pp. 303 - 311, 1976.

"Some Further Results on the Measurement of Inequality" (with M. Rothschild), *Journal of Economic Theory*, Vol. 6 (2), pp. 188 - 204, 1973.

"Risk Aversion and Wealth Effects on Portfolios with Many Assets" (with D. Cass), *Review of Economic Studies*, Vol. 39 (3), pp. 331 - 354, 1972.

"Differential Taxation, Public Goods, and Economic Efficiency" (with P. Dasgupta), *Review of Economic Studies*, Vol. 38 (2), pp. 151 - 174, 1971.

"Non-Substitution Theorems with Durable Capital Goods", *Review of Economic Studies*, Vol. 37 (4), pp. 543 - 553, 1970.

"Capital Gains, Income and Savings" (with K. Shell and M. Sidrauski), *Review of Economic Studies*, Vol. 36, pp. 15 - 26, 1969.

"Output, Employment and Wages in the Short-Run" (with R. Solow), *Quarterly Journal of Economics*, Vol. 82, pp. 537 - 560, 1968.

"A Two-Sector, Two-Class Model of Economic Growth", *Review of Economic Studies*, Vol. 34, pp. 227 - 238, 1967.

"Investment, Income, and Wages" (with G. A. Akerlof), *Econometrica*, Vol. 34 (5), Supplementary Issue, p. 118, 1966.

研究背景

格罗斯曼和斯蒂格利茨的这篇《信息有效市场悖论》（On the Impossibility of Informationally Efficient Markets）于 1980 年发表在《美国经济评论》上。

自法玛提出有效市场假说之后，对这个假说的争论就没有停止过，因为市场并不是假想的那样完美，信息的发布、传递等任何环节都可能影响到人们对信息的接受程度。在建立经济模型时如果不考虑信息不对称，则很可能得出错误结论。从信息不对称的角度考虑，许多市场会呈现出不同的姿态，从而可能会得出与传统经济理论不一样的结果，所以自信息不对称理论提出以来，它在经济研究中的应用逐步增加。

在这篇论文中，作者提出了所谓的格罗斯曼-斯蒂格利茨悖论：如果一个市场是信息有效的，即所有的相关信息都被反映在了价格之中，那么就没有人有动机去获取反映价格的信息。但是如果每个人都是不知情者，那么他们会雇人去获取信息，从而使自己变为知情者，因此，信息有效的均衡是不存在的。这一工作对金融经济产生了非常大的影响。

研究方法

本文的模型有两种资产：无风险资产的收益为 R，风险资产的收益为 u，u 每个时刻都是变动的：

$$u = \varepsilon + \theta \tag{1}$$

u 满足条件 $E(\varepsilon) = 0$，$\mathrm{Var}(u \mid \theta) = \mathrm{Var}(\varepsilon) = \sigma_\varepsilon^2$，且 ε 和 θ 服从多元正态分布。θ 可通过花费成本 c 而获知，ε 是不可获知的。

投资者分为两类：知情交易者和不知情交易者。知情交易者通过花费成本 c 获知 θ，他对资产的需求是根据 θ 和风险资产价格 p 来确定的。不知情交易者只根据风险资产价格来确定其需求。若 λ 代表知情交易者的比率，x 代表风险资产的供给，且假定知情交易者知道 x，则均衡时风险资产的价格为 $p_{\lambda(\theta, x)}$。因为价格是 θ 和 x 的函数，不知情交易者通过对价格的观察，就可获得一部分 θ 的信息，即价格传递了一部分知情交易者知道的信息给不知情交易者。

本文的目的就是研究金融市场中价格的传递性、影响信息传递的因素，以及整个市场的均衡性。本文利用理性人要追求效用最大化以及均衡时没有套利机会的思想来寻求在信息不对称情况下的均衡。即当均衡时，知情交易者与非知情交易者都使自身期望效用最大化，并且二者之比必然等于 1（效用相等）。因为大家都是理性投资者，当两种期望效用不一致时，必然导致两类投资者比率的变化，进而使价格对信息的传递性发生变化，然后影响两种投资者的投资方式和期望效用。

在方法上分以下几步进行：

第一，确定收益。

某个交易者拥有两种证券：无风险资产总量为 M，价格为 1；风险资产总量为 X，价格为 P，则交易者期初的预算约束为：

$$PX + M = W_0 \tag{2}$$

投资者持有这些资产到期末，每单位无风险资产获得 R 美元，而每单位风险资产获得 μ 美元，此时财富为：

$$RM + \mu X = W_1 \tag{3}$$

第二，确定交易者效用。

假定每个人有相同的效用函数，$V(W_1) = - e^{\alpha W_1}(\alpha > 0)$。$\alpha$ 为绝对风险回避系数。对于知情交易者，由式（1）可知，ε 服从正态分布，W_1 为它的线性函数，自然也服从正态分布，所以知情交易者 W_1 的期望效用是：

$$E(V(W_1/\theta)) = - \exp\left\{-\alpha\left[E(W_1 \mid \theta) - \frac{\alpha}{2}\mathrm{Var}(W_1 \mid \theta)\right]\right\}$$

$$= - \exp\left\{-\alpha\left[RW_0 + X_I(E(u \mid \theta) - RP) - \frac{\alpha}{2}X_I^2\mathrm{Var}(u \mid \theta)\right\}$$

$$= - \exp\left\{-\alpha\left[RW_0 + X_I(\theta - RP)\right] - \frac{\alpha}{2}X_I^2\sigma_\varepsilon^2\right\}$$

因为投资者是理性的，通过最大化效用函数可得到知情交易者对风险资产的需求 X_I：

$$X_I(p, \theta) = \frac{\theta - RP}{\alpha\sigma_\varepsilon^2}$$

对于不知情交易者，他们根据风险资产的价格来决定需求，则设某个价格是 (θ, x) 的函数，且与 u 服从联合正态分布，这个价格记为 P^*，这样不知情交易者的需求就根据 P^* 决定，X_U 表示不知情交易者对风险资产的需求，其效用函数为：

$$E(V(W_1 \mid P^*))$$

$$= - \exp\left\{-\alpha\left[E(W_1 \mid P^*)\right] - \frac{\alpha}{2}\mathrm{Var}(W_1 \mid P^*)\right\}$$

$$= - \exp\left\{-\alpha\left[RW_0 + X_U(E(u \mid P^*) - RP)\right] - \frac{\alpha}{2}X_U^2\mathrm{Var}(u \mid P^*)\right\}$$

最大化不知情交易者的效用函数，可得

$$X_U(P, P^*) = \frac{E[u \mid P^*(\theta, x) = P] - RP}{\alpha\mathrm{Var}[u \mid P^*(\theta, x) = P]}$$

因此，均衡时价格要满足：

$$\lambda X_I[P_\lambda(\theta, x), \theta] + (1 - \lambda)X_U[P_\lambda(\theta, x), P_\lambda^*] = x \tag{4}$$

主要结论

（1）在某一既定的 λ 水平上，以 $W_\lambda(\theta, x) = \theta - \frac{\alpha\sigma_\varepsilon^2}{\lambda}(x - Ex^*)$ 代表信息的传递性，它与信息交易者比率成反比，与 ε 方差成正比。如果 $(\theta^*, \varepsilon^*, x^*)$ 服从联合正

态分布，则式（4）存在一个均衡解，其形式为 $P_\lambda(\theta,x) = \alpha_1 + \alpha_2 W_\lambda(\theta,x)$，$\alpha_1$，$\alpha_2$ 是根据 λ 形成的常数。

这说明均衡价格在信息的传递上等于 W_λ，从 W_λ 的定义来看：

$$E[W_\lambda^* \mid \theta] = \theta$$

$$\mathrm{Var}[W_\lambda^* \mid \theta] = \frac{\alpha^2 \sigma_\epsilon^2}{\lambda^2} \mathrm{Var} x^* \tag{5}$$

很明显，θ 是每个非信息交易者所希望知道的信息，但是噪声 X^* 阻止了 W_λ^* 传递 θ 信息，非信息交易者从观察价格获得信息的程度以 $\mathrm{Var}[W_\lambda^* \mid \theta]$ 度量，一方面，当 $\mathrm{Var}[W_\lambda^* \mid \theta]$ 为 0 时，W_λ^* 与 θ 完全相关，所以当非信息交易者获知 W_λ^* 时，就相当于获知了 θ。另一方面，当 $\mathrm{Var}[W_\lambda^* \mid \theta]$ 很大时，W_λ^* 几乎不传递关于实际 θ 的信息。所以决定价格系统传递性的主要因素就是 $\mathrm{Var}[W_\lambda^* \mid \theta]$。另一个决定价格系统传递性的因素很微小，是 $\frac{\alpha^2 \sigma_\epsilon^4}{\lambda^2}$，当 α 很小时（即个人不是非常厌恶风险），或者 σ_ϵ^2 很小时（即信息非常准确，噪声少），信息交易者对风险资产的需求紧随 θ 变化，所以 $\frac{\alpha^2 \sigma_\epsilon^4}{\lambda^2}$ 很小，非信息交易者就可以很容易地从价格中获知信息。

（2）当 λ 在 0 到 1 之间变化时，均衡时知情交易者的期望效用等于不知情交易者的期望效用，知情交易者在期末时的收益为：

$$W_I^\lambda \equiv R(W_0 - c) + [u - RP_\lambda(\theta,x)] X_I[P_\lambda(\theta,x), \theta] \tag{6}$$

不知情交易者的期末收益为：

$$W_U^\lambda \equiv RW_0 + [u - RP_\lambda(\theta,x)] X_U[P_\lambda(\theta,x), P_\lambda^*] \tag{7}$$

根据式（6）、式（7）以及第一个结论，可得到两种交易者的期望效用比：

$$\frac{EV(W_I^\lambda)}{EV(W_U^\lambda)} = \mathrm{e}^{ac} \sqrt{\frac{\mathrm{Var}(u^* \mid \theta)}{\mathrm{Var}(u^* \mid W_\lambda)}} \tag{8}$$

（3）当市场均衡时，式（8）等于 1。为了叙述方便，令

$$\frac{EV(W_I^\lambda)}{EV(W_U^\lambda)} = \mathrm{e}^{ac} \sqrt{\frac{\mathrm{Var}(u^* \mid \theta)}{\mathrm{Var}(u^* \mid W_\lambda)}} = \gamma(\lambda) \tag{9}$$

当给定价格 P_λ^* 时，$\gamma(\lambda)$ 在 0 和 1 之间，(λ, P_λ^*) 为其均衡解。下面证明解的存在性和唯一性。知情交易者在 P_0^* 时的期望效用小于不知情交易者的期望效用，即 $r(0) < 1$，则只有 $\lambda = 0$ 才是均衡解；同理，在 P_1^* 时若知情交易者的期望效用大于不知情交易者的期望效用，则没有人不想成为知情交易者，只有在 $\lambda = 1$ 时才是均衡解。所以在 $0 < \lambda < 1$，$r(\lambda) = 1$ 的情况下，存在方程解。又因为均衡价格是 W_λ 的单调函数，当 $r(\lambda) = 1$ 时，由函数的单调性可知均衡的唯一性。如图 1 所示：

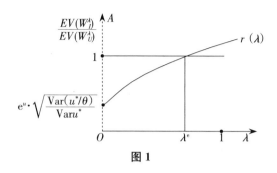

图 1

（4）均衡时信息的传递性。

令

$$m=\left(\frac{\alpha\sigma_\varepsilon^2}{\lambda}\right)^2\frac{\sigma_x^2}{\sigma_\theta^2}$$

$$n=\frac{\sigma_\theta^2}{\sigma_\varepsilon^2} \tag{10}$$

容易得出价格与 θ 的相关系数的平方为：

$$\rho_\theta^2=\frac{1}{1+m} \tag{11}$$

利用式（8）、式（9）、式（10）、式（11）以及 $r(\lambda)=1$ 的均衡条件，可得均衡时：

$$1-\rho_\theta^2=\frac{e^{2\alpha c}-1}{n} \tag{12}$$

所以，从式（12）可得：如果 n 增加、c 减少或者 α 减少，使价格系统的信息传递性上升，即表示价格与信息的相关性很大，则价格传递对信息有较强的反应作用。当 n 不变时，即使 $\sigma_x{}^2$ 或 $\sigma_u{}^2$ 变化，价格系统的信息传递性也不变，而知情交易者比率增加。从式（12）中可以看出，它们对相关系数不产生影响。比如当 $\sigma_x{}^2$ 增大时，噪声增加降低了价格的传递性，但是这样使知情交易者的收益大于不知情交易者，从而使更多的人成为知情交易者。以上两个作用相互抵消，最终导致价格系统的传递性不变。

（5）两种极端情况。

第一，若没有噪声，即 $\sigma_x{}^2=0$，则不存在总体均衡；

第二，若信息的质量很好，即 $\sigma_\varepsilon{}^2=0$，则 n 为无穷，此时也不存在均衡。

一方面，若没有噪声，且存在一些交易者为知情交易者，则所有他们的信息都被价格系统传递给非信息交易者，所以每个知情交易者认为，若他是一个不知情交易者，价格系统的传递性不会改变，他就会转向成为不知情交易者，所以以 $\lambda>0$ 不是一个均衡。另一方面，若没有交易者获知信息，即 $\lambda=0$，此时非信息交易者不能从价格系统中获知任何信息，则他有欲望获得信息，所以此时也不是一个均衡状态。类似地，若信息交易者获得完美信息，他们的需求对信息很敏感，则市场出清价格也会对他们的信息很敏感，这样就将 θ 传递了非信息交易者，所有交易者都期望成为非信息交易者。但是，若所有交易者都不知道信息，每个交易者通过购买信息可以消除其资产组合风险，因而每个交易者都期望成为信息交易者。

（6）市场流动性。

下面从交易量的表现上来进一步说明前面推论的正确性。任何时点发生的交易量都是随机变量，是 θ 和 x 的函数。很容易看出，它服从正态分布。

首先计算交易规模，令 $h \equiv \sigma_\varepsilon^2$，$\bar{x} = Ex^*$，且 $\bar{\theta} \equiv E\theta^*$，每单位资本的净交易为：

$$X_I - x = (1-\lambda)\left\{\left(nm + \frac{ah}{\lambda}\right)(x-\bar{x}) + [(m+1)n-1](\theta-\bar{\theta}) + \bar{x}nm\right\}$$
$$+ (1+m+\lambda nm) \tag{13}$$

因此，信息充分的交易均值是：

$$E\lambda(X_I - x) = (1-\lambda)\lambda m\bar{x}/(1+m+\lambda nm) \tag{14}$$

方差是：

$$\sigma_\theta^2(1-\lambda)^2\lambda^2\left[[(m+1)n-1]^2 + \left(nm + \frac{a\sigma_\varepsilon^2}{\lambda}\right)\frac{\sigma_x^2}{\sigma_\theta^2}\right]$$
$$+ [1+m+\lambda nm]^2 n^2 \tag{15}$$

对外生变量按 $\lambda \to 0$ 求极限，交易的均值和方差趋近于 0。当 ε 的方差很小，即 n 趋向于无穷大时，在前面已经论证过，此时 $\lambda \to 0$，知情交易者对一项资产具有完全确定的信息，价格系统的传递性很强，导致知情交易者倾向于成为不知情交易者。对于知情交易者来说，该资产是无风险的，因此在大多数价格下，投资者对它的需求会变得无穷大，从而限制了交易。所以，随着信息交易者信息的精确度 $n \to \infty$，交易的均值和方差趋近于 0。

另外，若给定足够大或小的交易成本 c，交易的均值和方差也为 0。

当 c 足够小时，人们支付少量成本而获得信息使自己的资产规避风险，不知情交易者都会成为知情交易者，即 $\lambda=1$，代入式（14）、式（15），很明显，交易趋近于 0。由式（6）可知，若 c 足够大，举例来说，取 c^0，$r(0)=1$，因此均衡时 $\lambda=0$，随着 λ 趋近于 0，c 趋近于 c^0，由式（5）、式（9）和 $r(\lambda)=1$ 可知，$\lim_{c \to c^0}[1+nm/(1+m)]^{-1/2} = e^{-ac^0}$。因此 $\lim_{c \to c^0}[nm/(1+m)]$ 是一个有限的正常数，然后从式（13）可以看出，当 c 趋近于 c^0 时，交易均值为 0。如果将式（15）的分子和分母同除以

$(1+m)^2$，可以得到，当 λ 趋近于 0、c 趋近于 c^0 时，交易的方差也为 0。

因此，竞争均衡和信息有效市场是不兼容的这一结论应该被解释为：价格反映许多信息的投机市场是非常小的，因为这种市场是由对市场看法非常相似的投资者构成的。

应用价值

对于任何给定的信息交易者的信息 θ，价格系统反映的将是带有噪声的信息 θ。噪声为 $(a\sigma_\varepsilon^2/\lambda)(x-Ex^*)$，非信息交易者获得关于 θ 的信息是一个均值为 0、方差为 $(a\sigma_\varepsilon^2/\lambda)^2 \mathrm{Var}x^*$ 的随机变量。这里 σ_ε^2 表示信息交易者获取信息的精确性，一般而言，价格体系并不能反映风险资产真实价值的全部信息。知情交易者通过对信息的搜集而获利的唯一途径就是他们利用信息而获得市场优势地位去交易。而有效市场理论家认为，在任何时点价格完全反映所有可以得到的信息。若有效市场理论成立，那么信息交易者不可能因自己拥有的信息而获得回报。本文对有效市场理论提出了质疑，作者认为，若有效市场假设成立并且信息获得要付出巨大的代价，竞争市场将会不存在。那是因为当 $\sigma_\varepsilon^2=0$ 或 $\mathrm{Var}x^*=0$ 时，价格会反映所有的信息。此时处于竞争市场的知情交易者认为他应该停止为获取信息而支付成本，而是与其他没有支付信息成本的不知情交易者一样进行交易。事实上所有的知情投资者都会如此认为。因此，若市场上存在任何知情交易者，市场都不会达到均衡。但是如果市场上没有一个是知情交易者，市场也不是均衡的，因为这样的话，每个交易者认为如果获得信息、成为知情交易者，就可获得超额利润。所以，有效市场理论家认为无成本信息是价格能够充分反映所有可用信息的充分条件，而未意识到它只是一个必要条件。

本文试图在原有有效市场概念的基础上重新对其进行定义。本文表明，当信息获得成本非常低或者信息充分的交易者得到非常准确的信息时，均衡状态才会存在，并且市场价格才会反映信息交易者的大部分信息。然而在前面已经讨论过，这样一个市场是非常狭小的，因为在这种情况下，几乎所有交易者都具有对市场相同的看法。

另外还有更深的矛盾。正如格罗斯曼（Grossman，1975，1977）所指出的，无论何时，投资者间都会存在不同的套利想法。这会直接刺激交易市场的出现。但是由于对收集信息的成本以及价格系统传递性的不同看法具有内生性，交易市场的产生消除了这些不同看法，而市场又是由不同看法产生的，所以，当这些不同看法消失的时候，这些市场也消失了。正如在均衡分析中的一贯假设，如果市场确立无成本，那么均衡将不会存在。

本文认为，信息是有成本的，所以价格不能完全反映那些可以获得的信息。如果不是如此，那些费力去获得信息的投资者将不会得到任何补偿。市场信息扩散的有效性和对获取信息的激励之间有根本的矛盾。然而本文并未谈及信息带来的社会效益，也未谈及有效的信息市场是不是社会存在的最优态。希望以后的研究借助于本文去检验均衡分配的福利属性。

后续研究

近年来，许多基于本文衍生出的前沿研究都建立在信息有效市场悖论模型的基础上，通过模型调整或引入其他模型对市场的有效性等问题展开研究，并试图验证信息有效市场悖论的合理性。

Dow 和 Han（2018）将信息有效市场悖论模型与柠檬市场模型结合，并发现当知情交易者存在资金约束时，其难以完全通过内部信息获利，导致市场信息含量下降。当利空事件发生时，不知情交易者因逆向选择而不愿参与交易，导致股价继续暴跌，加剧了市场波动性。Garleanu 和 Pedersen（2018）则引入搜寻模型，发现若投资者搜寻基金经理来代理投资的成本较低，则市场的信息含量和有效性更高。

另外，学者以股票市场投资者交易行为为研究对象通过实证分析证明了信息有效市场悖论是实际存在的。Easley 和 Ohara（2004）发现公共信息和私人信息间的差异影响了公司资本成本，投资者对含有更多私人信息的股票要求更高的回报率。这是因为知情交易者能够更好地调整他们的资产组合来纳入新信息，不知情交易者由此处于不利地位。Ben-Rephael，Da 和 Israelsen（2017）发现机构投资者（知情交易者）关注度越高的公司，其价格反映信息的速度越快，市场越有效。Dessaint 等（2019）发现公司 CEO 一般将股价作为指导投资的信号，但时常不能从价格中过滤掉噪声，也即证明了信息有效市场悖论的存在，为研究资本市场的非有效性如何影响实体经济提供了一个新视角。

信息有效市场悖论是对市场有效性的一大挑战，其模型和思想对观察资本市场中的常见异象及投资者交易行为具有重要参考意义。

代理问题和现代企业理论[①]

作者简介　　**Eugene F. Fama**

　　尤金·F. 法玛（Eugene F. Fama），1939 年 2 月生于美国波士顿，现任芝加哥大学商学院金融学教授。其主要研究领域包括投资的理论及实证研究、资产定价和公司财务。法玛的有效市场假说和资产定价理论在金融理论界和实业界都有广泛的影响。由于在这些方面的重要贡献，他于 2013 年获得诺贝尔经济学奖。法玛于 1960 年获马萨塞州诸塔夫斯大学学士学位；1963 年获芝加哥大学商学院 MBA；1964 年获芝加哥大学博士学位。他的博士论文题目为《股票市场价格行为》（The Behavior of Stock Market Prices）。1963 年法玛任职芝加哥大学商学院助理教授，1968 年至今任芝加哥大学商学院金融学教授。1987 年和 1989 年，法玛分别获罗切斯特大学和鲁文大学荣誉博士。他曾任美国人文科学院院士。

主要成果

"Comparing Cross-Section and Time-Series Factor Models"（with K. French），

[①]　本文发表于 *Journal of Political Economy*，Vol. 88，pp. 288 – 307，1980。

376

Review of Financial Studies, Vol. 33, pp. 1891 – 1926, 2020.

"Interest Rates and Inflation Revisited", *Review of Asset Pricing Studies*, Vol. 9, pp. 197 – 209, 2019.

"Long-Horizon Returns" (with K. French), *Review of Asset Pricing Studies*, Vol. 8, pp. 232 – 252, 2018.

"Volatility Lessons" (with K. French), *Financial Analysts Journal*, Vol. 74, pp. 42 – 53, 2018.

"Choosing Factors" (with K. French), *Journal of Financial Economics*, Vol. 128, pp. 234 – 252, 2018.

"Finance at the University of Chicago", Commemorative essay in "The Past, Present, and Future of Economics: A Celebration of the 125 Year Anniversary of the JPE and of Chicago Economics", *Journal of Political Economy*, Vol. 125, pp. 1790 – 1797, 2017.

"International Tests of a Five-Factor Asset-Pricing Model" (with K. French), *Journal of Financial Economics*, Vol. 123, pp. 441 – 463, 2017.

"Dissecting Anomalies with a Five-Factor Model" (with K. French), *Review of Financial Studies*, Vol. 29, pp. 69 – 103, 2016.

"Incremental Variables and the Investment Opportunity Set" (with K. French), *Journal of Financial Economics*, Vol. 117, pp. 470 – 488, 2015.

"A Five-Factor Asset Pricing Model" (with K. French), *Journal of Financial Economics*, Vol. 116, pp. 1 – 22, 2015.

"Two Pillars of Asset Pricing", *The American Economic Review*, Vol. 104, pp. 1 – 20, 2014.

"Was There Ever a Lending Channel?", *European Financial Management*, Vol. 19, pp. 837 – 851, 2013.

"Does the Fed Control Interest Rates?", *Review of Asset Pricing Studies*, Vol. 3, pp. 180 – 199, 2013.

"An Experienced View on Markets and Investing" (with Robert Litterman), *Financial Analysts Journal*, Vol. 68, pp. 15 – 19, 2012.

"Size, Value, and Momentum in International Stock Returns" (with K. French), *Journal of Financial Economics*, Vol. 105, pp. 457 – 472, 2012.

"Capital Structure Choices" (with K. French), *Critical Finance Review*, Vol. 1, pp. 59 – 101, 2012.

"Luck versus Skill in the Cross-Section of Mutual Fund Returns" (with K. French),

Journal of Finance，Vol. 65，pp. 1915 – 1947，2010.

"Average Returns，B/M，and Share Issues"（with K. French），*Journal of Finance*，Vol. 63，pp. 2971 – 2995，2008.

"Dissecting Anomalies"（with K. French），*Journal of Finance*，Vol. 63，pp. 1653 – 1678，2008.

"The Anatomy of Value and Growth Stock Returns"（with K. French），*Financial Analysts Journal*，Vol. 63，pp. 44 – 54，2007.

"Migration"（with K. French），*Financial Analysts Journal*，Vol. 63，pp. 48 – 58，2007.

"Disagreement，Tastes，and Asset Pricing"（with K. French），*Journal of Financial Economics*，Vol. 83，pp. 667 – 689，2007.

"Profitability，Investment，and Average Returns"（with K. French），*Journal of Financial Economics*，Vol. 82，pp. 491 – 518，2006.

"The Value Premium and the CAPM"（with K. French），*Journal of Finance*，Vol. 61，pp. 2163 – 2185，2006.

"The Behavior of Interest Rates"，*Review of Financial Studies*，Vol. 19，pp. 359 – 379，2006.

"Financing Decisions：Who Issues Stock?"（with K. French），*Journal of Financial Economics*，Vol. 76，pp. 549 – 582，2005.

"The Capital Asset Pricing Model：Theory and Evidence"（with K. French），*Journal of Economic Perspectives*，Vol. 18，pp. 25 – 46，2004.

"New Lists：Fundamentals and Survival Rates"（with K. French），*Journal of Financial Economics*，Vol. 72，pp. 229 – 269，2004.

"The Equity Premium"（with K. French），*Journal of Finance*，Vol. 57，pp. 637 – 659，2003.

"Testing Tradeoff and Pecking Order Predictions about Dividends and Debt"（with K. French），*Review of Financial Studies*，Vol. 15，pp. 1 – 33，2002.

"Disappearing Dividends：Changing Firm Characteristics or Lower Propensity to Pay"（with K. French），*Journal of Financial Economics*，Vol. 60，pp. 3 – 43，2001.

"Forecasting Profitability and Earnings"（with K. French），*Journal of Business*，Vol. 72，pp. 161 – 175，2000.

"Characteristics，Covariances，and Average Returns：1929—1997"（with J. Davis and F. French），*Journal of Finance*，Vol. 55，pp. 389 – 406，2000.

"The Corporate Cost of Capital and the Return on Corporate Investment" (with K. French), *Journal of Finance*, Vol. 54, pp. 1939 – 1967, 1999.

"Vale versus Growth: The International Evidence" (with K. French), *Journal of Finance*, Vol. 53, pp. 1975 – 1999, 1998.

"Market Efficiency, Long-term Returns, and Behavioral Finance", *Journal of Financial Economics*, Vol. 49, pp. 283 – 306, 1998.

"Taxes, Financing Decisions, and Firm Value" (with K. French), *Journal of Finance*, Vol. 53, pp. 819 – 843, 1998.

"Industry Costs of Equity" (with K. French), *Journal of Financial Economics*, Vol. 43, pp. 153 – 193, 1997.

"The CAPM is Wanted, Dead, or Alive" (with K. French), *Journal of Finance*, Vol. 51, pp. 1947 – 1958, 1996.

"Multifactor Explanations of Asset Pricing Anomalies" (with K. French), *Journal of Finance*, Vol. 51, pp. 55 – 84, 1996.

"Size and Book-to-Market Factors in Earnings and Returns" (with K. French), *Journal of Finance*, Vol. 50, pp. 131 – 156, 1995.

"Common Risk Factors in the Returns on Stocks and Bonds" (with K. French), *Journal of Financial Economics*, Vol. 33, pp. 3 – 56, 1993.

"The Cross-Section of Expected Stock Returns" (with K. French), *Journal of Finance*, Vol. 47, pp. 427 – 465, 1992.

"Efficient Markets Ⅱ", *Journal of Finance*, Vol. 46, pp. 1575 – 1617, 1991.

"Term Structure Forecasts of Interest Rates, Inflation, and Real Returns", *Journal of Monetary Economics*, Vol. 25, pp. 59 – 76, 1990.

"Contract Costs and Financing Decisions", *Journal of Business*, Vol. 63, S71 – 91, 1990.

"Business Conditions and Expected Returns on Stocks and Bonds" (with K. French), *Journal of Financial Economics*, Vol. 25, pp. 23 – 49, 1989.

"Business Cycles and the Behavior of Metals Prices" (with K. French), *Journal of Finance*, Vol. 43, pp. 1075 – 1093, 1988.

"Dividend Yields and Expected Stock Returns" (with K. French), *Journal of Financial Economics*, Vol. 22, pp. 3 – 25, 1988.

"Permanent and Temporary Components of Stock Prices" (with K. French), *Journal of Political Economy*, Vol. 96, pp. 246 – 273, 1998.

"The Information in the Long-Maturity Forward Rates" (with R. Bliss), *The American Economic Review*, Vol. 77, pp. 680 – 692, 1987.

"Organizational Forms and Investment Decisions", *Journal of Financial Economics*, Vol. 4, pp. 101 – 119, 1985.

"What's Different about Banks?", *Journal of Monetary Economics*, Vol. 15, pp. 29 – 39, 1985.

"The Information in the Term Structure", *Journal of Financial Economics*, Vol. 13, pp. 509 – 528, 1984.

"Agency Problems and Residual Claims" (with M. Jensen), *Journal of Law and Economics*, Vol. 26, pp. 327 – 349, 1983.

"Separation of Ownership and Control" (with M. Jensen), *Journal of Law and Economics*, Vol. 26, pp. 301 – 325, 1983.

"Agency Problems and the Theory of the Firm", *Journal of Political Economy*, Vol. 88, pp. 288 – 307, 1980.

"Banking in the Theory of Finance", *Journal of Monetary Finance*, Vol. 6, pp. 39 – 57, 1980.

"Human Capital and Capital Market Equilibrium" (with W. Schwert), *Journal of Financial Economics*, Vol. 4, pp. 95 – 125, 1977.

"Forward Rates as Predictors of Future Spot Rates", *Journal of Financial Economics*, Vol. 3, pp. 361 – 377, 1973.

"Risk, Return, and Equilibrium: Empirical Tests" (with MacBeth), *Journal of Political Economy*, Vol. 81, pp. 607 – 636, 1973.

"Risk, Return and Equilibrium", *Journal of Political Economy*, Vol. 79, pp. 30 – 55, 1971.

"Efficient Capital Markets: A Review of Theory and Empirical Work", *Journal of Finance*, Vol. 25, pp. 381 – 417, 1970.

"Random Walks in Stock Market Prices", *Financial Analysts Journal*, Vol. 21, pp. 55 – 59, 1965.

"The Behavior of Stock Market Prices", *Journal of Business*, Vol. 38, pp. 34 – 105, 1965.

研究背景

法玛的《代理问题和现代企业理论》（Agency Problems and the Theory of the

Firm）一文于 1980 年发表于《政治经济学杂志》。该文与 Jensen 和 Meckling（1976）以及 Shleifer 和 Vishny（1997）等一起开创了现代企业理论，奠定了公司治理理论的基础。

一方面，一直以来，经济学家相当关注企业的决策方由企业所有者转变为企业管理者时出现的激励问题。公司"行为"和"管理"理论的发展拒绝了传统的"一心只追求企业利润最大化"的企业家（既是管理者又是所有者）模型，更关注与传统假设中的"经济人"不同的管理者的激励问题。在这方面做出贡献的包括 Baumol（1959），Simon（1959），Cyert 和 March（1963）以及 Williamson（1964）。

另一方面，资产所有权理论的发展也较为迅速。企业被视为一系列生产要素合约的组合，这些生产要素均受自身利益的驱使。这些理论强调组织中通过合约规定的生产要素所拥有权力的重要性。Alchian 和 Demsetz（1972），Jensen 和 Meckling（1976）的最大贡献是将企业视为一系列生产要素的合约集合。事实上，企业可以被视为一个团队，团队中的每个成员均受其自身利益的激励，但他们的最终存亡在很大程度上取决于他们所在的团队与其他团队竞争的结果。但是，资产所有权理论也存在缺陷，在这个理论体系中既是管理者又是所有者的企业家在企业中依旧发挥着重要的作用，未能解释现代大企业中公司控制权掌握在并非所有者的经理人手中。

研究目的和方法

本文开创性地揭示了大企业所有权和控制权的分离如何成为一种有效的经济组织形式。

文章首先强调了公司所有权概念的无关性，这是我们理解企业的决策控制权并非只是企业股东（即所有者）特权的第一步。在由一系列要素合约组成的企业中，管理者拥有决策权，而风险分担者必须接受生产的最终总收入低于总成本的可能后果。尽管风险分担者没有必要一开始就将所有资金投入企业，但通常情况下，风险分担者总是选择一开始就将财富投入企业，以便让企业在生产过程中及时利用这部分资金购买资本和技术，确保公司的业绩。在传统理论中，决策功能和风险分担功能合二为一。在大企业中，风险分担和资本所有的共同角色被重新打包，按照不同的比例出售给投资者不同的组合。事实上，资本所有权和企业所有权并不是一个概念。企业中的每一个要素均有其所有者。企业是一系列合约的组合，这些合约包括投入品联合创造产出的方式以及由产出获得的收益在投入品中分配的方式。该一系列合约组合的核心是与企业所有权无关的。企业所有权无关的概念是帮助我们理解所有权和控制权分离的前提条件。

其次，文章从多个角度阐述了控制权和所有权分离的合理性。

在詹森和麦克林以及阿尔钦（Alchian）和德姆塞茨（Demsetz）的著作中，管理者与所有者角色合二为一的企业家处于核心地位。为了更好地理解现代企业，我们必须摒弃企业家的概念，将决策功能和风险分担功能视为生产中的两个独立要素，将管理者和风险分担者分离。

管理者和风险分担者均面临着各自提供服务的独立市场。例如，管理者面临着经理人市场，在该市场上管理者的薪酬与其所服务的公司的绩效相联系，同时该市场也提供给管理者选择将其劳务出售给哪家公司的权利。风险分担者（拥有剩余索偿权的投资者）面临的是资本市场。在资本市场上，风险分担者（即投资者）可以将其资金分散投资到不同的企业，也可以将其资金从交易成本较高的公司转移到交易成本较低的公司。本文从以下三个角度阐述了控制权和所有权分离的合理性。

第一，从所有者的角度阐述所有权和控制权分离的合理性。资产组合理论告诉我们，投资者的最优投资组合是将资金分散投资到不同企业证券的组合，而分散化的投资组合使投资者对监督任何一家特定企业的经营活动没有太大的兴趣。投资者风险分担功能的有效配置很大程度上要求企业所有权和控制权分离。

第二，从管理者的角度阐述所有权和控制权分离的合理性。管理者将其人力资本出租给企业，其租金取决于经理人市场上根据该经理人曾服务过的企业的业绩对其人力资本做出的评估。管理者的职责是监督要素合约组合的执行以及确保公司的生存发展。管理者曾服务的企业的业绩为我们提供了该管理者才能的信息，管理者现在服务的企业的业绩可能不会影响到管理者当前的薪酬，但一定会影响到他的未来薪酬，这种与绩效相联系的薪酬补偿机制使管理者与其服务的企业的成功紧紧相连，从该角度来看，控制权与所有权分离具有一定的合理性。

第三，企业的证券持有者通过其对所投资企业的管理的评估为经理人市场提供了重要的间接帮助。投资者投资于被合理估价的股票，也即能给其所承担的风险带来合理回报的企业的股票。投资者关注企业股票价格的走向和企业的价值。有效资本市场上提供的关于企业证券价值评估的信号给我们重新评估经理人市场上管理者所提供的人力资本提供了非常重要的帮助。

接着，作者开始回答本文的核心问题，即经理人市场、资本市场和其他市场所提供的信号对管理者的行为约束程度，换句话说，作者开始阐述控制权和所有权分离的可行性。在这部分，法玛阐述了所有权和控制权分离的大企业的生存和发展所依赖的三个市场作用机制。

第一，竞争性的外部经理人市场要求企业建立起与绩效相联系的薪酬补偿机制。一个持续经营的企业总是需要雇用新的管理者，而管理者往往很关注企业评判其管理业绩的机制，当企业未能根据管理者的管理绩效给予合理的薪酬激励时，最优秀的管理者会最先离开企业。所以，企业必须建立起合理的评估管理者绩效以及给予管理者合理薪酬补偿的机制，而这种机制的建立能够约束管理者的行为。

在企业内部，经理人之间也存在着相互监督，包括上级管理者对下级管理者的自然监督以及下级管理者对上级管理者的主动监督。上级管理者与下级管理者处于同一企业中，他们的边际产出取决于所有管理者的共同业绩，而在经理人市场上，决定任何一个管理者未来薪酬的是该管理者与其他管理者共同服务的企业的总体表现。任何一个管理者均与其他管理者息息相关，由此，他们之间的相互监督必然会约束管理者的行为。

但是，由谁来约束最高管理者的行为呢？证券的分散持有使得股东对某一特定企业的直接兴趣减弱。如果最高管理者之间存在着竞争，那么他们有可能成为控制董事会的最佳人选。因为最高经理人拥有最高决策权，他们的薪酬与经理人市场对企业绩效评价的关系最为密切。

第二，当最高管理者获得最高决策权之后，他们可能认为欺骗以及侵占股东财富比他们在经理人市场上的竞争更有吸引力，此时，外部董事的存在可以降低这种欺骗行为。外部董事的职责是激励和监督最高管理者之间的竞争。对作为专业裁判的外部董事的表现进行评估也是根据资本市场上企业股价的走势。

第三，以上分析并不意味着董事会就由最高管理者和外部董事组成。企业最终的内部监督者的职责是仔细监督企业的最高决策者，而这种监督机制也只有在其成本较其他的监督机制来说较低的情况下才能存活。董事会的监督成本相对于外部收购者来说较低。但是外部收购者的存在在一定程度上有助于约束企业管理者的行为，成为在经理人市场、外部董事市场以外的另一个约束机制。

法玛还阐述了在何种情况下，经理人市场对管理者行为约束的作用机制能够完全解决由所有权和控制权分离所带来的潜在激励问题。

如果管理者是企业唯一的所有者，此时不存在激励问题。当管理者不是企业所有证券的持有者时，经理人无须承担因其行为偏离合同约定而带来的全部责任，这将导致其具有过度在职消费的动机。通过更多的在职消费，管理者表面上赢得了这场游戏，但实际上，理性的经理人市场会通过调整管理者的薪酬使管理者偏离合同的行为得到惩罚。但是理性的经理人市场通过对管理者薪酬的重新评估来解决激励问题时必须考虑到以下三种情况：第一，管理者的才能及其消费的偏好是不确定的，随着时间的推移而变化，经理人市场对管理者薪酬的评估至少应根据管理者现在和过去的表现信息，而且经理人市场工作具有不确定性；第二，在经理人市场上，信息的处理并不一定有效和合理；第三，薪酬调整的比重能否解决管理激励带来的所有潜在问题。

因此，通过薪酬调整的方法实现对管理行为的监控的最终和最关键的条件是薪酬调整的比重足够解决管理激励中所有潜在的问题。为了进行较详尽的分析，法玛举了两个例子：

例一：市场化的人力资本。

假定一：管理者的人力资本（其未来的工资流）是可以在市场上流通的资产；

假定二：管理者认为其人力资本的变化量至少是因其行为偏离合同带来的股东财富的变化量的无偏估计值；

假定三：管理者不是风险偏好者。

因此，通过这些假定我们可以看出，对管理者人力资本的重新评估是一种完全事后清算的形式，由于薪酬调整的比重足以中和管理者偏离合同的行为动机，所以就不必根据假设的管理者的偏离行为对其薪酬进行事前调整。

管理者为何会认为其人力资本的变化量至少是因其行为偏离合同带来的股东财富的变化量的无偏估计值呢？对我们来说，思考这一点很重要。资本市场对股东财富变化量的评估是对管理者事前约定的边际产出和事后获得的边际产出的差异的评估。当然，外部噪声的存在会不可避免地影响到我们对管理者才能的客观评价。尽管管理者下一期的薪酬不能根据其这一期偏离合约的行为完全调整，但从长远来看，这是有可能的。管理者的薪酬也不必在现在的公司就得到完全调整，可以在其以后提供服务的其他公司得到最终调整。

当然，因预期的未来薪酬调整带来的管理者财富的变化不是总能达到事后完全清算的效果。当管理者不打算在经理人市场上长期提供劳务时，当管理者根据其偏离合同的行为预期的个人财富的变化大于由其他要素带来的财富变化时，预期的未来薪酬的调整就不能完全达到事后清算的效果。

例二：边际产出（marginal product）的随机过程模型。

该模型的目的是建立起经理人市场，该市场的薪酬调整过程能够解决在企业所有权和控制权分离时经理人任期内边际产出的内生决定机制带来的潜在激励问题。

假定一：管理者的边际产出是随机变化的；

假定二：管理者市场使用该随机过程的信息来调整管理者的未来工资；

假定三：风险分担者是风险中性的；

假定四：市场利率为 0。

T 期管理者的边际产出 Z_t 由两部分组成：（1）根据其才能、T 期的努力工作、特权、津贴或在职消费得到的期望值$\overline{Z_t}$，该期望值$\overline{Z_t}$服从随机游走分布，且独立于ε_t；（2）随机噪声ε_t为白噪声序列。

$$Z_t = \overline{Z_t} + \varepsilon_t \tag{1}$$

产生随机噪声的原因主要有三个：（1）衡量误差；（2）努力工作和才能可能并未带来相应的绩效；（3）期望值本身是个随机过程。

假定该过程描述了管理者在现在的雇佣和其他的雇佣过程中的边际产出。边际产出取决于努力、在职消费等不能全部观测到的变量。如果未来的期望边际产出根据过去的边际产出偏离期望值的程度进行调整，这将带来完全事后清算的准确结果。因此，边际产出Z_t可以用过去的边际产出和现在的噪声表示。

$$\overline{Z_t} = \overline{Z_{t-1}} + (1-\phi)\varepsilon_{t-1}, \quad 0 < \phi < 1 \tag{2}$$

它的转化形式为：

$$Z_t = (1-\phi)Z_{t-1} + \phi(1-\phi)Z_{t-2} + \phi^2(1-\phi)Z_{t-3} + \cdots + \varepsilon_t \tag{3}$$

由此，

$$\overline{Z_t} = (1-\phi)Z_{t-1} + \phi(1-\phi)Z_{t-2} + \phi^2(1-\phi)Z_{t-3} + \cdots \tag{4}$$

由式（4）可知，Z_{t-1}在$\overline{Z_t}$中所占的的比重为$(1-\phi)$，在$\overline{Z_{t+1}}$中所占的比重为$\phi(1-\phi)$，在$\overline{Z_{t+2}}$中所占的比重为$\phi^2(1-\phi)$……，因此$\overline{Z_{t+1}}$对未来期望边际产出（未来薪酬）的总贡献为Z_{t-1}。若利率为零，这意味着风险分担者允许管理者在未来时期内以财富转移的机会成本为代价摊平其边际产出。在这种情况下，完全事后清算的准确结果可以解决由企业所有权和管理权分离带来的潜在管理激励问题。管理者可签订合约，并且进行最佳数量的在职消费。ϕ值决定了在薪酬调整的给定期限内，边际产出进行摊平的比重。

此后，法玛对上述模型进行了拓展，从三个方面对该模型的细节进行了修改。

第一，假定管理者的边际产出是一个不平稳的随机过程，但是边际产出不同时期之间的变化服从稳定的混合滑动平均自回归模型（mixed autoregressive moving average），因此边际产出的差分是一个稳定的一阶滑动平均过程（a stationary, first-order moving average process）。故边际产出及其期望值可由以下转换形式表示：

$$Z_t = \pi_1 Z_{t-1} + \pi_2 z_{t-2} + \cdots + \varepsilon_t \tag{5}$$

$$\overline{Z_t} = \pi_1 z_{t-1} + \pi_2 z_{t-2} + \cdots \tag{6}$$

其中，

$$\sum_{t=1}^{\infty} \pi_t = 1 \tag{7}$$

上述模型说明，管理者的薪酬等于其边际产出的期望现值是通过薪酬调整过程实施准确的事后清算的一般条件。

第二，假定风险分担者是风险回避者。当风险分担者是风险中立型时，管理者跳槽对其没有任何影响。但当风险分担者是风险回避型时，若风险分担者仍像以前一样根据管理者边际产出的期望值与其签订合约，他会通过对每一期管理者薪酬打折扣来弥补因管理者跳槽而不能完全事后清算带来的损失。这样的调整满足了风险分担者的要求，但对于管理者而言，他不能接受让他完全承担不确定的未来损失的不合理要求。因此，管理者在与风险分担者签订合约时，要求根据其事后的边际产出来决定其薪酬。

第三，合约设定（contractual settling up）。最佳合约模型告诉我们，必须学会处理合约不能完全事后清算时带来的激励问题。实际上，经理人市场就像一个中介。它取出以前积累的边际产出的一部分来支付给管理者因其提供与未来边际产出期望值相等的人力资本所应获得的红利。换个角度来说，管理者签订了一个借款合同，贷出其现在的边际产出，在未来的各个时期收回其投资。若从这个角度出发，管理者面临着另外一个选择：他可以和风险分担者签订一个简单的只按照其事后提供的边际产出作为其薪酬的合约，而通过自己在资本市场上的投资来达到摊平未来消费的目的。该选择的好处是：管理者可以避免风险分担者由于存在管理者意外跳槽的可能性而要求将其薪酬打折扣带来的损失。当然，资本市场的作用在只考虑单期的模型中是无法显现其优势的。

评　价

本文的一个重要观点是：当薪酬调整过程的比重达到完全事后清算的效果时，在任何情况下由所有权和控制权分离带来的管理激励问题都可以得到解决。但是文中由式（5）至式（7）总结的模型只是其中的一个特殊情况，没有论述更一般的情况。

当然，薪酬调整的过程并不总是能达到完全事后清算的效果。未来预期薪酬的变化比重不足以抵消因管理者偷懒或偷窃超出事前合同的约定所造成的损失，这样的情况也是存在的。另外，对管理者的薪酬调整有可能超出其行为偏离带来的损失。

在特定情况下，薪酬调整过程到底对事后清算的影响达到何种程度，这是实证研究的问题。本文未能提供实证检验的结果。但至少我们可以得到这样一个结论：薪酬调整过程从一个角度帮助我们认识了股权分散且所有权和控制权分离的现代大企业是一个有效的经济组织形式。

应用价值

法玛的《代理问题和现代企业理论》是公司治理理论的经典文献之一，为其后公司治理方面的研究做了重要的铺垫。该文为很多研究提供了重要的理论基础，例如 Kirsten Foss 和 Nicolai J. Foss（1998）的《市场过程和企业：从一个动态的产权视角出发》（The Market Process and the Firm：Toward a Dynamic Property Rights Perspective）；Lent L. Van（1996）的《审计企业的经济学：荷兰 KPMG 案例研究》（Economics of an Audit Firm：The Case of KPMG in the Netherland）；Elijah Brewer Ⅲ，William E. Jackson Ⅲ 和 Julapa A. Jagtiana（2000）的《独立董事和监管环境对银行兼并价格的影响：来自 20 世纪 90 年代收购事件的研究》（Impact of Independent Directors and the Regulatory Environment on Bank Merger Prices：Evidence From Takeover Activity in the 1990s）；Eliezer M. Fitch 和 Lawrence J. White（2005）的《为何企业的总裁们在董事会中相互拥有席位？》（Why do CEO's Reciprocally Sit on Each Other's Boards?）等。仅《经济文献杂志》（*Journal of Economic Literature*，JEL）就包括了引用该文的 41 篇文章，而且从统计数字来看，越来越多的学者们在参考这篇文章，该文对实践和理论研究具有越来越重要的作用。

后续研究

在 Fama（1980）之后，更多文章在理论层面探讨了减少代理成本的方法。Jenson 和 Ruback（1983）认为控制权市场使得经理人团队之间为获取管理权相互竞争，当公司内部的控制系统无效时，控制权市场可以作为替代工具，通过收购使低效率的经理人团队被高效率的经理人团队替代。Fama 和 Jenson（1983）解释了具有决策控制职能的董事会产生的原因。Hermalin 和 Weisbach（1995）为董事会在经理人偏离利润最大化的目标时发挥治理效果提供了理论上的解释。Frank（1984）认为风险厌恶的经理人会选择安全但预期收益低于风险投资的项目，而股东则偏好高风险的项目，发放股息可以迫使经理人筹集债务资本从而承担更高风险，二者利益保持一致。Dyck 等（2008）认为股东能通过游说媒体曝光经理人的渎职行为来对经理人施加压力，渠道是维护公司声誉的动机或监管机构的介入。

实证研究检验了以上方法的有效性。理论研究认为外部经理人市场可以缓解代理人问题，Tate 等（2009）却发现当表现出色的 CEO 因获得媒体评选的奖项而提升地位时，薪酬得到增加但公司绩效却下降了，这可以由 CEO 权力过于集中来解释。

有关绩效薪酬，Morck 等（1988）发现公司绩效随着董事会持股量的增加先升后降，这符合理论的预测，即管理者持股较少时绩效薪酬能够减少代理成本，但在持股较多时，管理者会为自己谋取利益，从而增加代理成本。McConnell 和 Servaes（1990）用不同的样本发现了相似的结论，并且发现托宾 q 与机构投资者持股比例呈正相关关系，暗示了机构投资者的治理作用。

但也存在一些数据不支持绩效薪酬的效果，Himmelberg 等（2000）发现绩效薪酬设计与公司的风险相适应，当控制公司特征时，管理层所有权和公司绩效的关系不再存在。Jenson 和 Murphy（1990）发现，绩效薪酬对公司业绩的敏感性低于理论的预测，经理人持股比例很小并且在过去 50 年内一直在下降，这可能是由于存在对经理人薪酬的隐性监管，暗示在研究代理问题时不可忽略政治因素。

董事会作为重要的内部控制机制，传统观点认为人数较少的董事会能更好地发挥治理效果，Coles 等（2008）则发现对咨询等知识相对重要的公司而言，其托宾 q 随着董事会规模的增加而增加，这与外部董事的咨询职能相关。

叶康涛等（2011）使用中国上市公司独立董事对董事会议案发表意见和投票的数据，发现独立董事能够发挥监督作用，有利于缓解代理问题，提高公司价值。

媒体也是解决代理问题的潜在手段，郑志刚等（2011）选取 2000—2002 年 IPO 的中国 278 家上市公司，实证研究发现媒体负面报道将引起普通民众的关注，进而形成对经理人行为的外部约束，改善公司治理效果。

股价波动能用未来股息变化解释吗？[①]

作者简介   Robert J. Shiller

  罗伯特·J.希勒（Robert J. Shiller）教授 1946 年出生于底特律，是美国经济学家、学者、畅销书作家，也是耶鲁大学经济系著名教授，2013 年因在"资产价格实证分析方面的贡献"获得诺贝尔经济学奖。他于 1972 年获麻省理工学院经济学博士学位。现任耶鲁大学考尔斯经济学研究基金会研究员，耶鲁大学斯坦利·B.里索经济学教授。2005 年任美国经济学会副主席。同时兼任美国国家经济研究局研究员、美国艺术与科学院院士、计量经济学会资深会员，纽约联邦储备银行学术顾问小组成员，以及剑桥大学和斯坦福大学等学术机构的客座教授。他被视为新兴凯恩斯学派成员，曾获 1996 年经济学萨缪尔森奖、2009 年德意志银行奖。希勒教授也是顾景汉奖学金获得者。他是卡魏施有限公司（Case Shiller Weiss，Inc.）和宏观证券研究有限公司（Macro Markets LLC.）的创始人之一。

  希勒在经济学领域的研究工作遍及金融市场、行为经济学、宏观经济学、不动产、统计方法以及市场公众态度、意见与道德评判等领域。需要特别指出的是，希勒教授是行为金融学的奠基人之一。有别于传统金融学研究中的理性人假设，行为

  [①] 本文发表于 *The American Economic Review*，Vol. 71（3），pp. 421 - 436.

金融学研究侧重于从人们的心理、行为出发，来研究和解释现实金融市场中的现象。目前，行为金融学已经成为金融学研究中最为活跃的领域，行为金融学的研究方法和部分结论已经得到越来越多的专业人士的认可。

希勒教授著作颇丰，除了在各种经济学与金融学权威杂志上发表的大量学术论文外，希勒教授还有许多专著问世。在他 1989 年撰写的《市场波动》（*Market Volatility*）一书中，希勒教授对投机市场的价格波动做了数学分析和行为分析；而在其 1993 年撰写的《宏观市场：建立管理社会最大经济风险的机制》（*Macro Markets：Creating Institutions for Managing Society's Largest Economic Risks*）一书中，则提出了多种新的风险管理合同，如国民收入与不动产期货合同，引领了一场适应现代人生活水平的风险管理领域的新革命，此书获得了 1996 年美国教师保险与年金协会—大学退休证券基金（TIAA-CREF）萨缪尔森奖。

主要成果

Narrative Economics：*How Stories Go Viral and Drive Major Economic Events*，Princeton University Press，2020.

"Narrative Eonomics"，*The American Economic Review*，Vol. 107 （4），pp. 967 - 1004，2017.

Phishing for Phools：*The Economics of Manipulation and Deception*（with Akerlof，George A. ），Princeton University Press，2015.

Irrational Exuberance：*Revised and Expanded*（third edition），Princeton University Press，2015.

"Speculative Asset Prices"，*The American Economic Review*，Vol. 104 （6），pp. 1486 - 1517，2014.

Finance and the Good Society，Princeton University Press，2013.

"Wealth Effects Revisited：1975—2012 "（with Case，Karl E. and John M. Quigley），No. w18667，National Bureau of Economic Research，2013.

"Capitalism and Financial Innovation"，*Financial Analysts Journal*，Vol. 69 （1），pp. 21 - 25，2013.

The Subprime Solution：*How Today's Global Financial Crisis Happened*，*and What to Do About it*，Princeton University Press，2012.

Animal Spirits：*How Human Psychology Drives the Economy*，*and Why It Mat-*

ters for Global Capitalism (with Akerlof, George A.), Princeton University Press，2010.

The New Financial Order：Risk in the 21st Century，Princeton University Press，2009.

"Comparing Wealth Effects：The Stock Market Versus the Housing Market" (with Case, Karl E. and John M. Quigley)，*The BE Journal of Macroeconomics*，Vol. 5 (1)，pp. 1 - 32，2005.

Exuberâncial Irracional (with Teresa Arijón)，Turner，2003.

"From Efficient Markets Theory to Behavioral Finance"，*Journal of Economic Perspectives*，Vol. 17 (1)，pp. 83 - 104，2003.

"Measuring Bubble Expectations and Investor Confidence"，*Journal of Psychology and Financial Markets*，Vol. 1 (1)，pp. 49 - 60，2000.

"Risk Management，Designing New Markets, Incomplete Markets：The Significance of the Market Portfolio" (with Stefano G. Athanasoulis)，*Review of Financial Studies*，Vol. 13 (2)，pp. 301 - 329，2000.

"Cognition and Economic Behavior：Measuring Bubble Expectations and Investor Confidence"，*Journal of Psychology and Financial Markets*，Vol. 1，No. 1，pp. 49 - 60，2000.

"Human Behavior and the Efficiency of Financial Markets"，*Handbook of Macroeconomics*，Vol. 1，pp. 1305 - 1340，1999.

"Labor Income Indices Designed for Use in Contracts Promoting Income Risk Management" (with Ryan Schneider)，*Review of Income and Wealth*，Series 44 (2)，pp. 163 - 182，1998.

"Labor Income Indices Designed for Use in Contracts Promoting Income Risk Management" (with Ryan Schneider)，*Review of Income and Wealth*，Series 44 (2)，pp. 163 - 182，1998.

"Do Stock Prices Move Too Much to be Justified by Subsequent Changes in Dividends?"，*The American Economic Review*，Vol. 71 (3)，pp. 421 - 436，1981. Reprinted in Paul Whitely (ed.)，*Economic Policy*，Cheltenham, UK：Edward Elgar Publishing Ltd. ，1996，and in *The History of Management Thought*，Aldershot Hants, UK：Dartmouth Publishing Company，1997.

Inflation：Motivation and Strategy，National Bureau of Economic Research and University of Chicago Press，1996.

"Why Did the Nikkei Crash? Expanding the Scope of Expectations Data Collection" (with Fumiko Kon-Ya and Yoshiro Tsutsui), *Review of Economics and Statistics*, Vol. 78, pp. 156 – 164, 1996.

"Hedging Inflation and Income Risks", *Manchester School*, Vol. 63, pp. 1 – 21, 1995.

"Conversation, Information, and Herd Behavior", *The American Economic Review*, Vol. 85 (2), pp. 181 – 185, 1995.

Macro Markets: Creating Institutions for Managing Society's Largest Economic Risks, OUP Oxford, 1994.

"Actual and Warranted Movements in Asset Prices" (with Andrea Beltratti), *Oxford Economic Papers*, Vol. 45, pp. 387 – 402, 1993.

Market Volatility, MIT Press, 1992.

"Stock Prices and Bond Yields: Can Their Comovements be Explained in Terms of Present Value Models?" (with Andrea Beltratti), *Journal of Monetary Economics*, Vol. 30, pp. 25 – 46, 1992.

"Market Volatility and Investor Behavior", *The American Economic Review*, *Papers and Proceedings*, Vol. 80 (2), pp. 58 – 62, 1990.

"Speculative Prices and Popular Models", *Journal of Economic Perspectives*, Vol. 4 (2), pp. 55 – 65, 1990.

"A Scott-Type Regression Test of the Dividend-Ratio Model", *Review of Economics and Statistics*, Vol. 72 (2), pp. 356 – 361, 1990.

"Comovements in Stock Prices and Comovements in Dividends", *Journal of Finance*, Vol. 44, pp. 719 – 729, 1989.

"Stock Prices, Earnings and Expected Dividends" (with John Campbell), *Journal of Finance*, Vol. 43 (3), pp. 661 – 676, 1989.

"The Volatility Debate", *American Journal of Agricultural Economics*, Vol. 70 (5), pp. 1057 – 1063, 1988.

"The Dividend-Price Ratio and Expectations of Future Dividends and Discount Factors" (with John Campbell), *Review of Financial Studies*, Vol. 1 (3), pp. 195 – 228, 1988.

"Expectations", in John Eatwell, Murray Milgate, and Peter Newman (eds.), *The New Palgrave*, New York: Stockton Press, 1987.

"Fashions, Fads and Bubbles in Financial Markets", in Jack Coffee (ed.), *Knights, Raiders and Targets: The Impact of the Hostile Takeover*, Oxford

University Press，1987.

"The Volatility of Stock Market Prices"，*Science*，Vol. 235，pp. 33 – 37，1987.

"The Marsh-Merton Model of Managers' Smoothing of Dividends"，*The American Economic Review*，Vol. 76（3），pp. 499 – 503，1986.

"Stock Prices and Social Dynamics"，*Brookings Papers on Economic Activity*，Vol. 2，pp. 457 – 498，1984.

"Expectations and the Prices of Long-Term Assets"，in Pierre Malgrange and Pierre-Alain Muet（eds.），*Contemporary Macroeconomic Modelling*，Basil Blackwell，Oxford，1984.

"The Use of Volatility Measures in Assessing Market Efficiency"，*Journal of Finance*，Vol. 36，pp. 291 – 304，1981.

"The Determinants of the Variability of Stock Market Prices"（with Sanford Grossman），*The American Economic Review*，Vol. 71，pp. 222 – 227，1981.

"Rational Expectations and the Dynamic Structure of Macroeconomic Models：A Critical Review"，*Journal of Monetary Economics*，Vol. 4，pp. 1 – 44，1978.

"The Gibson Paradox and Historical Movements in Real Long-Term Interest Rates"（with Jeremy J. Siegel），*Journal of Political Economy*，Vol. 85（5），pp. 891 – 898，1977.

房地产：

"Moral Hazard and Home Equity Conversion"（with Allan Weiss），*Real Estate Economics*，Vol. 28，No. 1，pp. 1 – 31，2000.

"Evaluating Real Estate Valuation Systems"（with Allan N. Weiss），*Journal of Real Estate Finance and Economics*，Vol. 18（2），pp. 147 – 61，1999.

"The Efficiency of the Market for Single Family Homes"（with Karl E. Case），*The American Economic Review*，Vol. 79（1），pp. 125 – 137，1989.（Reprinted in John M. Quigley（ed.），*The Economics of Housing*，Cheltenham，UK：Edward Elgar，1997.）

"Mortgage Default Risk and Real Estate Prices：The Use of Index-Based Futures and Options in Real Estate"（with Karl E. Case），*Journal of Housing Research*，Vol. 7（2），pp. 243 – 258，1996.

"Term Structure of Interest Rates，Volatility of Interest Rates，Yield Spreads and Interest Rate Movements：A Bird's Eye View"（with John Y. Campbell），*Review of Economic Studies*，Vol. 58，pp. 495 – 514，1991.

"The Term Structure of Interest Rates", in Benjamin Friedman and Frank Hahn (eds.), *Handbook of Monetary Economics*, North Holland, 1989.

"Conventional Valuation and the Term Structure of Interest Rates", in Rudiger Dornbusch, Stanley Fischer, and John Bossons (eds.), *Macroeconomics and Finance: Essays in Honor of Franco Modigliani*, Cambridge, MA: MIT Press, pp. 63–88, 1987.

"A Simple Account of the Behavior of Long-Term Interest Rates" (with John Y. Campbell), *The American Economic Review*, *Papers and Proceedings*, Vol. 74 (2), pp. 44–48, 1984.

"Forward Rates and Future Policy: Interpreting the Term Structure of Interest Rates" (with John Y. Campbell and Kermit L. Schoenholtz), *Brookings Papers on Economic Activity*, pp. 173–224, 1983.

"Alternative Tests of Rational Expectations Models: The Case of the Term Structure", *Journal of Econometrics*, Vol. 16, pp. 17–87. 1981.

"The Volatility of Long-Term Interest Rates and Expectations Models of the Term Structure", *Journal of Political Economy*, Vol. 87, pp. 1190–1219, 1979.

"Coupon and Tax Effects on New and Seasoned Bond Yields and the Measurement of the Cost of Debt Capital" (with Franco Modigliani), *Journal of Financial Economics*, Vol. 7, pp. 297–318, 1979.

"Rational Expectations and the Term Structure of Interest Rates", *Journal of Money*, *Credit and Banking*, Vol. 3, pp. 856–860, 1973.

"Inflation, Rational Expectations and the Term Structure of Interest Rates" (with Franco Modigliani), *Economica*, Vol. 40 (157), pp. 12–43, 1973.

消费行为、与资产市场的关系：

"Estimating the Continuous-Time Consumption-Based Asset-Pricing Model" (with Sanford J. Grossman and Angelo Melino), *Journal of Business and Economic Statistics*, Vol. 5 (3), pp. 315–327, 1987.

"Financial Markets and Macroeconomic Fluctuations", in James L. Butkiewicz (ed.), *Keynes Economic Legacy*, Praeger, 1985.

"Consumption Correlatedness and Risk Measurement in Economics with Nontraded Assets and Heterogeneous Information" (with Sanford Grossman), *Journal of Financial Economics*, Vol. 10, pp. 195–210, 1982.

"Consumption, Asset Markets and Macroeconomic Fluctuations", *Carnegie-Roch-*

ester Conference Series on Public Policy，North-Holland Publishing Co.，Vol. 17，pp. 203 - 238，1982.

计量经济和统计方法：

"Arithmetic Repeat Sales Price Estimators"，*Journal of Housing Economics*，Vol. 1，pp. 110 - 26，1991.

"Cointegration and Tests of Present Value Models"（with John Campbell），*Journal of Political Economy* (1987)，95：1062 - 1088. Reprinted in R. F. Engle and C. W. J. Granger（eds.），*Long-Run Economic Relationships*. Oxford University Press，1991.

"Smoothness Priors and Nonlinear Regression"，*Journal of the American Statistical Association*，Vol. 79 (387)，pp. 609 - 615，1984.

"A Distributed Lag Estimator Derived from Smoothness Priors"，*Econometrica*，Vol. 41，pp. 775 - 788，1973. Also in Feinberg and Zellner（eds.），*Studies in Bayesian Econometrics and Statistics*，North Holland，1975.

机构投资者：

"The Significance of the Growth of Institutional Investing"，in *New York Stock Exchange*，*Institutional Investor Fact Book*，New York，pp. 21 - 26，1991.

"Survey Evidence on the Diffusion of Interest and Information Among Investors"（with John Pound），*Journal of Economic Behavior and Organization*，Vol. 12，pp. 47 - 66，1989.

宏观经济波动和预测：

"Comparing Information in Forecasts from Econometric Models"（with Ray C. Fair），*The American Economic Review*，Vol. 80 (3)，pp. 375 - 389，1990.

"The Informational Content of Ex Ante Forecasts"（with Ray C. Fair），*Review of Economics and Statistics*，Vol. 71 (2)，pp. 325 - 331，1989.

"Ultimate Sources of Aggregate Variability"，*The American Economic Review*，*Papers and Proceedings*，Vol. 77 (2)，pp. 87 - 92，1987.

社会主义和东欧研究：

"Hunting for Homo Sovieticus：Situational versus Attitudinal Factors in Economic Behavior"（with Maxim Boycko and Vladimir Korobov），*Brookings Papers on Economic Activity* (1992)，pp. 127 - 194. Reprinted（in Russian translation）in *Constants*（Ukraine），Vol. 1 (1)，pp. 1 - 67，1994.

"Popular Attitudes Towards Free Markets：The Soviet Union and the United States

Compared"（with Maxim Boycko and Vladimir Korobov），*The American Economic Review*（1991），81（3）：385 - 400. Also published（in Russian）as "Rinok v Vospriyatii Sovyetskoi i Amerikanskoi Obshchestvennosti（Sravnitelnii Analyz）", in *Mirovaya Ekonomikai Mezhdunarodniye Otnosheniya*，2/1992，pp. 39 - 54. Abridged version published in textbook *The Road to Capitalism*，Harcourt Brace Jovanovich，1992.

研究背景

希勒教授的《股价波动能用未来股息变化解释吗?》（Do Stock Prices Move Too Much to be Justified by Subsequent Changes in Dividends）一文发表于1981年第3期的《美国经济评论》上。

通常在解释公司普通股价格变动的简单模型中，实际的股价等于理性期望或最优预测的未来实际股息的贴现值，其中贴现率不变。经济学家和股市分析家常常把这一定价模型（或其变种，即贴现率不是恒定但较为稳定的情形）当作解释市场股价指数变化的合理模型，并从中寻找关于股价指数突然变化的理由。通常股价变化被认为是由未来股息的"新信息"所导致，这就是所谓的"有效市场理论"。

而较为流行的观点常常认为股价指数的波动性太大，就是说，股指的变动不能真正地归结于任何客观的新信息，因为股价的变化相对于确实发生的后续事件来说，似乎"太大"了。最近，关于金融资产的价格波动性与有效市场不一致的论点得到了某些计量经济学方面的支持，例如在 S. 莱罗伊（S. LeRoy）和 R. 波特（R. Porter）关于股市方面的文章和希勒关于债券市场方面的文章中就有。

在图 1 中作者画出了股价指数 p_t 和它的事后相应的股息现值曲线 p_t^*。股价指数 p_t 是实际的标准普尔成份股指数（已消除了长期指数增长的影响）。图 2 是一个类似经调整的道琼斯工业平均指数的序列。令人惊奇的是，与真实的股价比较，股息现值 p_t^* 是相当平滑和稳定的。例如，人们通常将"大萧条"看作一个很糟糕的时期，对一些萧条的年份——1933 年、1934 年、1935 年和 1938 年来说，实际的股息远远低于它们的长期指数增长路径（即低于标准普尔成份股指数增长路径 10%～25%，低于道琼斯工业平均指数增长路径 16%～38%）。但由于 p^* 的滑动平均方法确定，所以这种短期波动应该可以在计算中被平滑掉。所以很显然，从 1929 年开始到 1932 年结束的股市下跌不能用后来的股息合理解释。它也不能用后来的盈利合理解释，因为在这个模型中，盈利仅仅是作为反映后来股息的指标时才有相关性。但人们仍可以假设这类股市的崩盘是一个理性预期的错误，然而希勒认为事实并非如此。

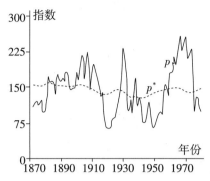

图 1　实际标准普尔成份股指数与事后理性价格（p^*）

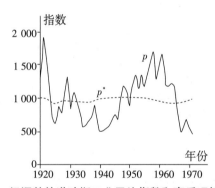

图 2　经调整的道琼斯工业平均指数和事后理性价格

研究目的和方法

　　为了比较波动性，文章考虑了对波动性进行度量的最简单的不等式，这种度量就是 p 的标准差。有效市场模型给出了下述关系：$p_t = E_t(p^*)$，即 p_t 是 p_t^* 关于时刻 t 的所有可用信息的条件数学期望。换句话说，p_t 是 p_t^* 的最优预测。我们可以定义预测误差 $u_t = p_t^* - p_t$。最优预测的基本原则是：预测误差必须和预测（量）不相关，即 u_t 和 p_t^* 的协方差必须为 0。如果某一预测误差表现出与预测（量）本身有一致的相关关系，那么，这本身就说明了该预测是可以改进的。数学上，用条件期望理论可以证明，u_t 必须与 p_t 不相关。

如果运用初等统计原理，即两个不相关的（随机）变量之和的方差等于它们各自的方差之和，于是有 $\mathrm{Var}(p^*)=\mathrm{Var}(u)+\mathrm{Var}(p)$。因为方差不能是负的，于是得到 $\mathrm{Var}(p)\leqslant\mathrm{Var}(p^*)$，或者换成更容易解释的标准差，有：

$$\sigma(p)\leqslant\sigma(p^*) \tag{1}$$

然而，图1和图2中的数据都不符合该不等式。

但本文的宗旨并不是要反驳那些有关有效市场的文献〔例如，P. 库特纳（P. Cootner）关于股市价格的随机特征的著作，或法玛的综述文章〕。这些文献大部分确实考察了证券价格的不同性质。关于有效市场的文献几乎都没有直接涉及本文考虑的特征性质：股市总体的期望实际收益是不变的（或近似不变的）。多数文章主要关注证券市场的盈利机会，以及交易成本是否会对利用这些机会产生影响。而希勒主要讨论是什么因素导致了股价大幅波动，以及这种波动是否由有关未来股息的新信息所导致。本文通过推导期望偏差的方差及其上下界来说明其影响。

表1为本文中涉及的符号的定义。

表1	文中涉及的符号的定义

$\gamma=$消除趋势影响前序列的实际贴现率：$\gamma=1/(1+r)$
$\bar\gamma=$消除趋势影响后序列的实际贴现率：$\bar\gamma\equiv\lambda\gamma$
$D_t=$股指的实际股息（消除趋势影响前）
$d_t=$消除趋势影响后的实际股息：$d_t\equiv D_t/\lambda^{t+1-T}$
$\Delta=$一阶差分项：$\Delta x_t\equiv x_t-x_{t-1}$
$\delta_t=$新息项：$\delta_t x_{t+k}\equiv E_t x_{t+k}-E_{t-1}x_{t+k}$；$\delta x\equiv\delta_t x_t$
$E=$无条件数学期望 $E(x)$ 是 x 的真实均值
$E_t=$在时刻 t 一定信息集上的条件数学期望：$E_t x_t\equiv E(x_t\mid I_t)$，其中 I_t 是 t 时刻的信息矢量
$\lambda=$价格和股利序列的趋势因子：$\lambda\equiv1+g$，其中 g 是价格和股利的长期增长率
$P_t=$实际股指（去除趋势影响前）
$P_t=$去除趋势影响后的股指：$P_t=P_t/\lambda^{t-T}$
$P_t^*=$事后理性股票指数
$r=$去除趋势影响前的一期实际贴现率
$\bar r=$去除趋势影响后的实际贴现率：$\bar r=(1-\bar\gamma)/\bar\gamma$
$\bar\gamma_2=$去除趋势影响后的两期实际贴现率：$\bar\gamma_2=(1+\bar\gamma)^2-1$
$t=$时间
$T=$去除趋势影响和零售价格指数的基准年
$P_T=T$时刻的名义股指

以下为构成有效市场模型的四个主要公式：

$$P_t=\sum_{k=0}^{\infty}\gamma^{k+1}E_t D_{t+k},0<\gamma<1 \tag{2}$$

该公式表明，股价为预期股利的贴现值之和。

$$P_t = \sum_{k=0}^{\infty} (\lambda_\gamma)^{k+1} E_t d_{t+k} = \sum_{k=0}^{\infty} \bar{\gamma}^{k+1} E_t d_{t+k} \tag{3}$$

该公式考虑到股利以一定增长率长期增长的情况，即 $\lambda = 1+g$，g 为增长率。

$$p_t = E_t(p_t^*) \tag{4}$$

式中，

$$p_t^* = \sum_{k=0}^{\infty} \bar{\gamma}^{k+1} d_{t+k}$$

$$\delta_t p_t = \sum_{k=0}^{\infty} \bar{\gamma}^{k+1} \delta_t d_{t+k} \tag{5}$$

该公式说明价格的变动取决于对股利预期的变化。其中，γ 为贴现系数，D 为股息，$\delta_t \equiv E_t - E_{t-1}$ 可看作期望的变化，d 为 D 除以一定增长率以后的股息。

式（1）就是由式（4）推导而来，用式（5）可以在给定 d 的标准差的情况下得到 δp 的标准差，而 δp 为不同时期价格期望的偏差。将式（5）两边取方差，再用拉格朗日乘数法取极值，在约束条件 $\text{Var}(d) = \sum_{k=0}^{\infty} \sigma_k^2$ 下可以得到：

$$\sigma(\delta p) \leqslant \sigma(d) / \sqrt{\bar{r}_2}$$

其中，

$$\bar{r}_2 = (1+\bar{r})^2 - 1 \tag{6}（原文中为式（11））$$

$\bar{r}_2$ 为时期 1 和时期 2 的利率。

主要结论

上面的推导反映这样一个事实：当信息以一个较为平缓的方式披露的时候，期望价格变化的方差达到最大，因为不同时刻进入市场的新信息都对应一个相应的权重。参照式（5），假设股息在支付之前就是确定的，那么信息更新的影响在式（5）中将被很大程度地贴现，因此对于方差作用不大。另外，如果假设股息支付事先是不知道的，那么尽管新信息对应的贴现因子较大，它们的影响也会被限制在一个较小的范围内，从而价格变化的标准差也将会受到单个股息标准差的限制。

通常人们都会认为股票价格变化的分布是有高峰度的，也就是肥尾效应。人们认为这种现象是由于新的信息突然无规律地进入股市所导致的，因此股票价格波动的方差会变得无限大。但是如果假设这种事情发生的概率是 $1/n$ 的话，当 n 足够大的时候，尽管峰度会比较高，然而价格变化的方差不会变得非常大。

　　一种有争议的看法认为应该用公司盈利来代替股市中的股利，然而希勒认为盈利与股利在本质上差别并不大。式（2）的结构与金融学中投资者关心总收益（资本利得＋股利）的概念相一致。因为该模型假设预期的总收益是常数而且收益的资本利得部分仅仅是对未来股利信息的一个反映。有些人认为价格不能作为预期股利的现值，因为公司常常只用部分收益支付股利并且总是试图稳定股利。的确，当公司完全不支付股利时，股价将会以贴现率增长，式（2）不再适用。如果支付部分股利，则公司价值将会以低于贴现率的水平增长，那么公司在较远未来的价值对于其当前的价值影响就很小了（因为贴现率大于其价值增长率）。这也说明了股票的当前波动性受未来股利的影响不大。

　　另一个重要的发现是，随时间推移而变化的贴现率并不会在新信息进入股市时导致较大的波动。通过证明，作者给出了贴现率变化时价格波动的上界。

$$\sigma(\bar{r}) \geqslant (\sqrt{2E(\bar{r})}\,\sigma(\Delta p) - \sigma(d))E(\bar{r})/E(d) \qquad (7)（原文中为式（17））$$

实证检验结果

　　希勒采用两个数据集（标准普尔成份股指数和经调整的道琼斯工业平均指数）。在两个数据集中，通过用常数和时间对 $\ln(P_t)$ 做回归，计算出了长期指数增长路径（曲线）。于是，式（3）中的 λ 等于 e^b，其中 b 是时间系数。用来在式（4）中计算 p^* 的贴现率 $\bar{r}$ 可由 d 的平均值除以 p 的平均值而得到。将 p 的平均值作为 p^* 的最终值。

　　在数据集 1（标准普尔成份股指数）中，名义价格序列及其股息序列是实际的标准普尔股指序列及其股息序列。对于这一序列做出较早研究的是 A. 考尔斯（A. Cowles）。标准普尔后来将样本限制在 500 种股票，但继续采用价值加权。它的优点是具有综合性；缺点是：由于股票权重的变化，资产组合在某一时刻股息的增值可能与标准普尔证券持有者在早些时候预测的股息并不对应。但是没有办法可以克服这一缺点而又不失其综合性。

　　在数据集 2 中，名义序列是道琼斯工业平均指数序列及其股息序列。这一数据集的优缺点正好和数据集 1 的优缺点互补。道琼斯工业平均指数的修正保证了这个指数反映了单一的不变证券组合的特性。它的缺点是：只有 30 只股票被收入。

　　表 2（原文中为表 2）揭示出：这两个数据集的样本统计不满足所有的不等式关系。不等式的左边总是大于右边，左边至少为右边的 5 倍，多时可到 13 倍。

表 2 价格和股利序列的样本统计

样本期	数据集 1：标准普尔	数据集 2：经调整的道琼斯工业平均指数
	1871—1979 年	1928—1979 年
1) $E(p)$	145.5	982.6
$E(d)$	6.989	44.76
2) $\bar{r}$	0.048 0	0.456
$\bar{r}_2$	0.098 4	0.093 2
3) $b=\ln\lambda$	0.014 8	0.018 8
$\sigma(b)$	(0.001 1)	(1.003 5)
4) $\mathrm{Corr}(p,p^*)$	0.391 8	0.162 6
$\sigma(d)$	1.481	9.828
不等式的组成：		
不等式（1）		
5) $\sigma(p)$	50.12	355.9
6) $\sigma(p^*)$	8.968	26.80
不等式（11）		
7) $\sigma(\Delta p+d_{-1}-\hat{r}p_{-1})$	25.57	242.1
$\min(\sigma)$	23.01	209.0
8) $\sigma(d)/\sqrt{\bar{r}_2}$	4.721	32.20
不等式（13）		
9) $\sigma(\Delta p)$	25.24	239.5
$\min(\sigma)$	22.71	206.4
10) $\sigma(d)/\sqrt{2\bar{r}}$	4.777	32.56

不等式的不成立意味着价格的"更新"是能够预测出来的。事实上，如果我们用 p_t（和常数）对 $\delta_{t+1}p_{t+1}$ 进行回归，便得到了显著结果：对数据集 1，p_t 的系数 δ_t 为 $-0.152\,1(t=-3.218,R^2=0.089\,0)$；而对数据集 2，$p_t$ 的系数 δ_t 为 $-0.242\,1$ $(t=-2.631,R^2=0.123\,8)$。

这些回归检验虽然技术上可靠，但对于评价模型的有效性（validity）一般并不像进行简单的波动性比较那样有用。首先，如上所述，回归检验对于数据的不一致性是敏感的。如此低的 R^2 可能是由股息或商品价格指数的数据误差所引起的。其次，虽然在大样本中模型被拒绝了，但如果我们缩小样本，如同大多数金融研究人员所做的那样，使得数据更准确，那么检验也不一定能够通过。而波动性的比较则会有更多的优势。波动性的比较揭示了有效市场模型必定是错的。如果股息永远不变的话，那么价格的变动永远不能反映出有关股息的新信息。

用不等式（7）可以计算出实际贴现率的标准差应该多大，才能解释表1中的结果（第9）、10）行）和不等式（13）之间的偏差 $\sigma(\Delta p)-\sigma(d)/(2\bar{r})^{1/2}$。假定表1中，$\bar{r}$（第2）行）等于 $E(\bar{r})$，样本方差等于总体方差，我们发现 $\bar{r}_t$ 的标准差应该至少为4.36个百分点（对数据集1）和7.36个百分点（对数据集2）。如果对表1中给出的实际利率 $\bar{r}$，我们取 $a\pm2\sigma$（σ 为标准差）这个范围为 $\bar{r}_t$ 的置信区间，那么，实际利率 $\bar{r}_t$ 应该分布在从 -3.91% 到 13.52%（对数据集1）和从 -8.16% 到 17.27%（对数据集2）的区间内。这些范围反映了最低可能的标准差，它们与模型是一致的。

评　价

在过去的一个世纪里，关于股价波动的测量结果高出理论值5～13倍，以至于不能将其归因于未来实际股息的新信息。有效市场模型在此严重地失效，而且好像不可能把这一失效归因于诸如数据误差、价格指数问题，或者税法变化等方面。保留有效市场模型的一个方法是将股价的运动归结为期望实际利率的改变。因为期望实际利率是不能直接观测到的，所以有效市场理论不能从统计上来评价，除非找到反映实际利率的某些个别指标。但希勒证明，解释股价波动性所需的期望实际利率的变化是很大的，远远大于名义利率在样本周期里的变化。另一个拯救有效市场模型的方法是说，我们对未来股息的不确定性的测量——实际股息围绕它的长期指数增长路径变化的样本标准差——减弱了未来股息真正的不确定性。这种对于股价变化波动性的解释是"理论式的"，其根本上是依赖于不可观测的事物，并且不能从统计上检验的。希勒的本意不在于批驳有效市场理论，而是强调现有解释有效市场失效的理论的问题。希勒的论文是几篇早期有影响的行为金融著作之一，对推动行为金融理论的发展有重要作用。

后续研究

标准有效市场理论表明，股价等于固定贴现率下期望股息的贴现值，这意味着实际股价的波动应该小于根据市场信息所预测的股价的波动。然而事实并非如此，股价的波动往往过大，以致与有效市场理论不一致。Shiller（1981）就此进行了不等式检验，并解释了有效市场假说的失效。但 Marsh 和 Merton（1986）在分析了希勒的方法后认为该方法不能用于检验理性市场的假设。他们提出，关于股票市场理性的结论只能用实证而不是理论分析得出。在后续的关于不等式检验的研究中，West（1988）用美国的年度股票市场数据，发现股价的波动性是理论边界的 4～20 倍，从而在数量和统计意义上拒绝了此不等关系和有效市场解释；Hansen 和 Ja-gannathan（1991）的研究展示了如何用证券市场数据限定消费者跨期边际替代率的均值和标准差的值域，他们的方法不含参数，且适用于多种动态经济模型，由此创立的 HJ 方差界检验可以用来检验各种资产定价模型。

除了以上不等式检验，后续也有一系列围绕波动率、市场有效性和股票预测的实证研究。在波动率和有效市场理论检验方面，Flavin（1983）的研究表明，在小样本中波动率检验往往偏向于拒绝市场有效性的原假设，这可能反映的是波动性度量的抽样问题而不是有效市场理论本身的失败；实验心理学研究表明，大多数人倾向于对意外消息做出过度反应，De Bondt 和 Thaler（1985）从这个切入点研究市场有效性，研究过度反应是否会影响股票价格，并发现了与过度反应假设一致的实证结果。国内关于市场效率的研究在是否达到弱式有效这一问题上有争议，对此，吴世农（1996）认为我国股市仍然处于初期发展阶段，信息的完整性、分布的均匀性和时效性与发达国家均存在较大差距，不能以股价的随机游走特征推断我国股市已达到弱式有效。

在股票收益预测方面，Vuolteenaho（2002）使用自回归模型将单个公司的股票收益率分解为来自期望现金流和贴现率两个部分的变化，并发现公司股票收益主要来自现金流信息的驱动；Goyal 和 Welch（2003）的论文提出了一种基于递归样本外残差的方法来评估股票溢价和股市时间序列回归的预测能力；Ang 和 Bekaert（2007）则检验了股息收益在预测额外收益、现金流和利率方面的能力，发现仅在短期预测中是比较可靠的，同时收益率能很好地预测未来现金流。Cochrane（2011）全面地评述了股息率对未来股价预测的理论与实证结果，他认为股息率的变动反映了未来贴现率的变动。

资本结构之谜[①]

作者简介　Stewart C. Myers

　　斯图尔特·C. 迈尔斯（Stewart C. Myers），1966—2015 年任教于麻省理工学院斯隆商学院，1976 年起担任金融学教授，曾任美国金融学会主席、美国国家经济研究局研究协会主席等职。迈尔斯是布拉特尔集团（the Brattle Group）的创始人和执行董事，还曾任凯特（CAT Ltd.）和恩特吉（Entergy Corporation）等公司的董事，现任鑫特克公司（Syntax LLC.）的董事。迈尔斯教授的主要研究领域为公司财务的理论与实践，包括公司融资过程中的非对称信息问题、实物和金融资产的价值评估及政府商业管制下的公司财务问题等内容。其近期研究领域还包含成熟上市公司投融资决策的长期动态理论模型、风险资本的有效配置问题、实物期权的估值等。迈尔斯教授是经典教材《公司财务原理》[*Principles of Corporate Finance*，与 R. A. 布雷利（R. A. Brealey）和 A. 富兰克林（A. Franklin）合著，现已出版第 12 版]的作者之一，该书以其博大精深的理论体系而又深入浅出的叙事风格被誉为"公司财务领域的《圣经》"。

　　迈尔斯于 2012 年获金融中介研究学会（Financial Intermediation Research Society）终身成就奖，2015 年获奥纳西斯金融学奖，2016 年获摩根士丹利美国金融

[①]　本文发表于 *Journal of Finance*，Vol. 39，pp. 575 - 592，1984。

协会金融杰出贡献奖。

主要成果

"The Dynamics of Investment, Payout and Debt" (with B. M. Lambrecht), *Review of Financial Studies*, Vol. 30, pp. 3759 – 3800, 2017.

"A Theory of Risk Capital" (with I. Eril and J. A. Read, Jr.), *Journal of Financial Economics*, Vol. 118, pp. 620 – 635, 2015.

"A Lintner Model of Dividends and Managerial Rents" (with B. M. Lambrecht), *Journal of Finance*, Vol. 67, pp. 1761 – 1810, 2012.

"The Internal Governance of Firms" (with V. Acharya and R. Rajan), *Journal of Finance*, Vol. 66, pp. 689 – 720, 2011.

"Debt and Managerial Rents in a Real-Options Model of the Firm" (with B. M. Lambrecht), *Journal of Financial Economics*, Vol. 89, pp. 209 – 231, 2008.

"A Theory of Takeovers and Disinvestment" (with B. M. Lambrecht), *Journal of Finance*, Vol. 62, pp. 908 – 845, 2007.

"R^2 Around the World: New Theory and New Tests" (with L. Jin), *Journal of Financial Economics*, Vol. 79, pp. 257 – 292, 2006.

Capital Investment and Valuation (with R. A. Brealey and The Brattle Group, Inc.), New York: McGraw-Hill Irwin, 2003.

Financing and Risk Management (with R. A. Brealey and The Brattle Group, Inc.), New York: McGraw-Hill Irwin, 2003.

"Outside Equity", *Journal of Finance*, Vol. 55, pp. 1005 – 1037, 2000.

"Testing Static Tradeoff vs. Pecking Order Theories of Capital Structure" (with L. Shyam-Sunder), *Journal of Financial Economics*, Vol. 51, pp. 219 – 244, 1999.

"The Paradox of Liquidity" (with R. Rajan), *Quarterly Journal of Economics*, Vol. 113, pp. 733 – 771, 1998.

Principles of Corporate Finance (with Richard A. Brealey), McGraw-Hill Series in Finance, New York, NY: McGraw-Hill, 1996.

Fundamentals of Corporate Finance, McGraw-Hill Series in Finance, New York, NY: McGraw-Hill, 1995.

Regulatory Risk: Economic Principles and Applications to Natural Gas Pipelines and Other Industries，Topics in Regulatory Economics and Policy Series，Boston，MA：Kluwer Academic Publishers，1993.

"Still Searching for Optimal Capital Structure"，*Journal of Applied Corporate Finance*，Vol. 6，pp. 4 – 14，1993.

Frontiers of Finance：*The Batterymarch Fellowship Papers*，Cambridge，MA：Blackwell，1990.

"Capital Structure Puzzle"，*Journal of Finance*，Vol. 39，pp. 575 – 592，1984.

"Corporate Financing and Investment Decisions When Firms Have Information Investors Do Not Have"（with N. S. Majluf），*Journal of Financial Economics*，Vol. 13，pp. 187 – 222，1984.

"Determinants of Corporate Borrowing"，*Journal of Financial Economics*，Vol. 5，pp. 146 – 175，1977.

"Interactions of Corporate Financing and Investment Decisions—Implications for Capital Budgeting"，*Journal of Finance*，Vol. 29，pp. 1 – 25，1974.

研究背景

自 1958 年米勒和莫迪利安尼提出著名的 MM 理论以来，资本结构问题一直是学术界讨论的焦点。从总体上看，对这一问题的研究主要循着两条思路进行：一条思路是 MM 定理所开创的"静态权衡"（static tradeoff）论。这一派学者通过不断放松 MM 定理的假设条件，寻找使得公司价值最大化的最优资本结构，为千差万别的公司融资行为提供理论解释与具体指导；另一条思路则是唐纳森（Donaldson）于 1961 年完整提出的"融资优序"（pecking order）论。这一派学者认为公司不存在所谓的最优资本结构，而是通过一定的优先次序对融资方式进行现实选择，从而确定自身的资本结构。从 20 世纪 70 年代初开始，信息经济学理论取得了突破性进展，为人们重新认识非完全信息市场下的公司融资行为打开了新的视角。迈尔斯于 1984 年发表于《金融杂志》的《资本结构之谜》（Capital Structure Puzzle）一文正是作者运用信息非对称原理在融资优序理论基础上解释公司资本结构问题的突破性理论尝试。作者认为，公司融资次序的现实选择是由于信息非对称问题所导致的。公司的实际融资行为往往按照先内源融资、后债务融资、再股权融资的先后顺序进行的。

研究目的与方法

　　《资本结构之谜》一文的研究目的是，运用现代信息经济学理论重新解释公司融资行为，一方面解决"静态权衡"论不能很好地解释个体公司融资行为的实证难题，另一方面则为传统"融资优序"论寻找更为坚实的经济理论基础，从而为资本结构问题的研究打开新的视角。

　　作者首先对"静态权衡"论与"融资优序"论进行了比较研究。"静态权衡"论所依赖的前提是：公司可以无成本或低成本地调整资本结构。在这一前提下，公司会通过比较债务税盾收益与财务困境成本的大小来寻找最佳债务比例，从而确定自己的最优资本结构。该理论认为税收政策是决定公司最优负债水平的主要因素。不论是 MM 定理、米勒对 MM 定理进行修正后的个人所得税理论还是迪安吉诺（D'Angelo）等人的折中理论，其基本结论都是一致的：有效税率越高，则公司从负债当中获取的净税收收益也就越大。该理论还认为，财务困境成本是普遍存在的。财务困境成本不仅包括公司破产状态下的法律及管理成本，还包括为避免违约发生的签约成本、代理成本、监管成本等。关于财务困境成本的文献认为：在同等条件下，市值波动较大的公司往往债务水平较低；持有流动性资产较多、有形资产较多的公司比持有流动性较弱、专有性资产或无形资产较多、成长机会较多的公司借贷水平要低。与"静态权衡"论不同，"融资优序"论认为，公司按照如下优先次序选择融资方式，形成自身的资本结构：（1）公司首先偏好于内源性融资；（2）由于公司股利政策具有刚性，分红比率很少变动，而公司投资收益具有不确定性，因而经常会出现公司内源性融资无法满足投资支出的情况，公司由此产生了外部融资的需求；（3）在外部融资方式中，公司往往又选择安全性较高的证券，即首先从公司债开始，其次选择可转债等混合型债券，最后才选择股权性融资。传统融资优序理论用"管理者资本主义"（managerial capitalism）解释融资优序形成的原因：公司之所以选择这样的次序进行融资，是因为在所有权与控制权分离的条件下，管理者不愿受到资本市场的较多管制，因而总是尽可能选择对自身利益约束较小的融资方式。

　　通过上述比较研究，迈尔斯认为，不论是"静态权衡"论还是"融资优序"论，都有不尽如人意之处。首先，实证研究发现，即使同一类公司之间也往往存在较大的债务比例差异。统计检验的方法无法判定产生这一现象是因为公司之间本身就存在不同的最优债务比例，还是由于其他因素使得公司显著偏离其最优债务水平。这说明，在不同资本结构之间进行调整可能具有较高的成本，并不像"静态权衡"论所假设的那样完美，因此"静态权衡"论虽然在理论逻辑上十分精妙，但不能很好地解释现实中单个公司的融资行为。其次，尽管股东与管理者之间存在委托-代理关系，但不能将管理者与股东之间的利益关系纽带割裂开来，认为管理者只按照自己的意志行事，这与公司财务理论中管理者必须追求股东权益最大化的假设是相背离的。因此，尽管传统的"融资优序"论比"静态权衡"论能够更好地解释单个公司的融资行为，却缺乏足够的理论说服力。为了解决资本结构问题研究中理论与现实难以兼容的尴尬局面，作者借鉴信息经济学的研究成果提出了自己的简单理论模型。

迈尔斯模型的假设是：公司现有一潜在投资收益项目，需要的融资数额为 N，其净现值（NPV）为 $y(y>0)$，如果放弃该投资项目，则公司价值为 x。在信息非对称条件下，项目质量和公司价值均为私人信息，只有公司经理知道 x 与 y，而投资者仅知道其联合分布 $(\tilde{x}, \tilde{y})$。公司以市场价值发行股票的融资数额为 N（暂不考虑债务融资），与投资者评价不同，公司管理者知道新股的真实价值为 N_1。由此可得，新股发行高估（$\Delta N<0$）或低估（$\Delta N>0$）值为 $\Delta N \equiv N_1 - N$。若管理者仅关心老股东利益，而新股东又知道这一事实，则新股东会在股票发行时理性调整其愿意支付的股票价格。

由以上前提条件可知，管理者发行新股进行投资的条件为 $y \geqslant \Delta N$。因此，当管理者的私人信息为利空而投资者不知道时，则发行新股必将有利可图，管理者将始终选择发行新股（当 $\Delta N<0$ 时，$y \geqslant \Delta N$ 总成立）；而当管理者的私人信息为利好而投资者不知道时，则公司有可能放弃融资（当 $\Delta N>0$ 时，$y \geqslant \Delta N$ 有可能不成立）。假定公司发行新股时其市值为 V'，不发行新股时其市值为 V，如果管理者的行为规则为每个市场参与者所共知，则市场理性均衡条件满足：

$$V = E(\tilde{x} \mid y < \Delta N)$$
$$V' = E(\tilde{x} + \tilde{y} + N \mid y \geqslant \Delta N)$$

虽然融资数额由假设给定，但新股发行量无法预先得知，因此 ΔN 是内生的，其大小依赖于 V'。当公司发行新股时，有：

$$N_1 = \frac{N}{V'}(x + y + N)$$

由于假设 N，x，y 均为给定，由上式可知，当新股发行时，每股价格越高，则新股东获得的价值越少，ΔN 越小。

上述模型说明，在公司经理的私人信息为利好、新股价值被低估时，公司融资过程中存在两个基本问题：

（1）外部融资的依赖成本。通常所谓的外部融资成本仅限于某些证券的发行成本和管理成本等。但由于非对称信息问题的存在，如果公司仅依赖于外部融资，则有可能放弃 NPV 为正的投资项目而选择不进行外部融资。此时，只有当公司内部现金流足以满足投资支出时，该成本才有可能得以避免。

（2）债务融资对于股权融资的相对优势。一旦公司不得不选择外部融资方式，则发行债券往往比发行新股更为有利。这是因为，公司债权收益对投资者而言比公司股权收益更为稳定、安全性更高，因此其真实价值更接近于市场价值。特别地，如果公司能够发行无风险债券，此时 $\Delta N = 0$，则公司不会放弃任何 NPV 为正的投资机会。总体来说，债务融资比股权融资更具优势。

如果公司经理的私人信息为利空，市场高估新股价值，似乎公司发行股票总会获益。但是，一旦市场知道公司的这一行为规则，则不会选择认购股票，除非公司的负债能力已达到极限而无法通过债务方式融资。因此，即使市场高估新股价值，"融资优序"论依然成立，公司仍然首先选择债务方式进行融资。

迈尔斯进一步列出了实证研究中发现的公司融资的五大特征，并基于上述模型将"静态权衡"论和"融资优序"论进行了深入比较。

1. 内源性权益融资与外源性权益融资

投资性支出首先由内生现金流和债务融资方式提供资金，而新股发行融资份额仅占少数，这是"融资优序"论所确认的基本事实。在"静态权衡"论中，如果放松交易成本为零的假设，并假定资本利得税率高于股息所得税率，则该理论也能够解释两大现象：（1）公司通常保持较低的分红比率，以避免经常性股票发行；（2）高负债率公司很少通过发行股票和回购债券的方式优化资本结构。但问题在于，现实当中股权回购成本通常较低，"静态权衡"论无法解释为何在此情况下低负债率公司不能通过发行债务并回购股权的方式以恢复最优负债水平。此外，如果股息所得税较高，使得公司明显偏好于内源性权益融资，则根据该理论，公司应当保持低分红比率并以节余现金回购股权。但实践中这一现象并未发生。

2. 股票发行的时机选择

实证研究中发现，公司管理层往往更愿意在股价攀升时发行股票。这一事实无法被"静态权衡"论所解释。因为当公司市值上升时，债务/市值比率下降，按照"静态权衡"论的观点，公司似乎应更多采用债务融资方式而非权益融资方式。"融资优序"论对这一现象同样无能为力：没有理由认为当股价较高时公司经理的私人信息更为有利。在市场达到理性均衡状态时，公司无法从发行新股当中获取系统性收益。

3. 针对无形资产与增长机会的借贷

公司账面价值（净资产）反映了有形资产和运营资本的大小，而公司市场价值则同时反映了无形资产和成长机会的价值。如果公司对资产类型不加区分，而根据"静态权衡"论的观点按照市场价值设定目标债务比率，则实际当中会观察到有公司保持较高的债务/账面资产比率，但事实上这一现象并未发生。这说明，公司融资过程中通常会考虑资产类型的因素。

4. 债股互换

当公司宣布以债务置换股本时，股票价格通常上升；而当公司宣布以股本置换债务时，股票价格通常下跌。如果按照"静态权衡"论的观点，以债务置换股本之所以能够提升公司市值是因为债务的税盾收益，而以股本置换债务之所以降低公司市值是因为公司无法利用这一收益，从而偏离最优债务水平。问题在于，这一结论只有在公司负债比率低于最优水平时方能成立。同样是"静态权衡"论的观点，公司负债比率总是或高于或低于最优债务水平，因此，以股本置换债务同样有可能使高负债公司的负债水平降至最优，从而提升公司市值。也就是说，以股本置换债务的方式同样可能是利好消息，从而使得股价上升，这与前述基本事实相反。迈尔斯认为，这一现象的出现也是由于非对称信息造成的。按照作者提出的简单模型，公司选择股票融资方式更可能发生在管理层私人信息为利空时，因而投资者认定以股票置换债务是坏消息，从而造成股票价格下跌。反之，回购股权则有可能成为好消息，从而造成股票价格上升。

5. 发行与回购股权

与第四个特征类似，公司在发行股票时往往造成价格下跌，而回购股票时其价格上升，这一事实无法用"静态权衡"论做出充分解释，只能用非对称信息原理加以说明。

主要结论

通过提出非对称信息条件下的简单模型，以及进行理论与现实两方面的纵深比较，迈尔斯对自己的研究进行了总结：由于非对称信息问题的存在，公司的实际融资行为是按照如下方式进行的：

（1）公司以发行股票或风险性证券的方式进行融资往往会遭遇某种两难：放弃NPV为正的项目或以低价发行。

（2）为解决这一两难问题，公司通常限定目标分红比率，以保证内源性现金流就能够满足正常投资支出。

（3）当公司以借贷方式为投资项目进行融资时，总是力图保证债券的安全性。这主要基于两点考虑：第一，尽量避免较高的财务困境成本；第二，保留充足的借债能力，维持较宽松的财务环境。

（4）由于目标分红比率在长期内保持稳定，而投资机会所产生的现金流不断波动，公司时常会耗尽自身的安全级债券融资能力。此时，公司总是首先考虑以低风险证券方式（如可转换债券）融资，其次再考虑以高风险证券方式（如股票）融资。

迈尔斯将上述理论称为"新融资优序"论。这一理论与"静态权衡"论的主要区别是：公司的目标债务比率反映了公司在一段更长时期内根据财务状况提出的累积性融资需求。例如，在一个成长率较低的行业内，一家非经常性盈利公司的负债比率将低于行业平均水平，并且不会通过发行债券回购股权的方式调整其资本结构；相反，一家非营利公司其债务比率往往较高，它可能由于非对称信息问题的存在而不能以发行股票回购债券的方式降低其债务水平。作者认为，上述理论比"静态权衡"论更加贴近实际，同时也吸收了"静态权衡"论中的合理成分。

评　价

迈尔斯的"新融资优序"论是运用非对称信息原理研究资本结构问题的首次尝试，为人们重新认识资本结构问题打开了新的视角，从而大大推动了整个公司财务理论的进展。但这一理论也并非尽善尽美，正如作者自己谦虚指出的那样，这一理论尚不能说明两大问题：（1）公司分红比率为什么具有刚性，在长期内保持不变；（2）公司在何时会以何种原因发行股票。对于第二个问题，作者认为，尽管公司很少愿意为了给实际项目融资而发行股票，却可能为了在长期内拥有更大的借债能力和购买更多流动性资产而发行股票。可见，公司资本结构选择不仅是一个静态比较的问题，同时也可能涉及多期动态最优问题。而非对称信息条件下资本结构的动态最优策略尚为一个有待探索的未知领域。

后续研究

本文认为公司经理与投资者之间的信息不对称导致了公司融资的先后顺序，完善了已有的静态权衡理论与融资优序理论。之后 Baker 和 Wurgler（2002）发现公司倾向于在市场价值高时发行股票，公司当前的资本结构选择与历史市场价值密切相关，从而构建出了基于市场择时的融资理论模型。

学术界的后续实证研究主要分为两个方面，一是针对观测到的公司融资行为是否能被这一理论解释以及信息不对称是否影响着公司融资行为进行了大量的实证研究，研究结果不尽相同；二是具体研究影响公司资本结构选择的因素。两者都存在对"静态权衡"论和"融资优序"论的比较。

Shyam-Sunder 和 Myers（1999）通过检验发现融资优序模型在时序上比静态权衡模型有更强的解释力。而 Frank 和 Goyal（2003）实证发现，随着时间的推移，发行股票融资比发行债务融资更能跟踪公司的财务赤字，这是由于更多不按照融资优序模型进行融资的小公司逐渐参与公开交易导致的。Lemmon 和 Zender（2010）将财务困境成本加入融资优序模型后，发现可以解释公司的融资行为。Bharath，Pasquariello 和 Wu（2009）认为融资优序模型的失效主要是由那些信息不对称程度低的公司导致的，这与本文的结论一致。而 Leary 和 Roberts（2010）认为只有将融资优序模型与其他公司融资模型结合起来，才能显著提高其解释能力，并且市场上满足融资优序的融资行为更多由激励冲突引发，而不是信息不对称。

其他文献研究了影响公司资本结构的因素。这些研究大多认为公司存在目标杠杆比率，长期来看会向其不断调整，这与"静态权衡"论一致。如 Kayhan 和 Titman（2007）实证发现股票价格变动和外部融资总量对资本结构变动有很强的影响，但长期来看这些影响会部分逆转。苏冬蔚和曾海舰（2009）发现中国上市公司的资本结构呈显著的反经济周期变化：宏观经济上行时，公司的资产负债率下降；信贷违约风险与资本结构呈显著的负相关关系，表明资本结构选择符合"融资优序"论。

股票市场反应过度了吗?[①]

作者简介　**Werner F. M. De Bondt**

　　维纳·F. M. 德邦特（Werner F. M. De Bondt）是世界著名的行为金融学家之一，主要研究领域是行为金融学、金融经济学、投资管理和证券分析。德邦特拥有经济学、工程学、公共管理学位，并于 1985 年获康奈尔大学商业管理博士学位。他曾于 1992—2003 年任威斯康星-麦迪逊大学商学院教授。1989—1990 年，德邦特在康奈尔大学做金融学访问教授。1994 年，在荷兰伊拉兹马斯担任罗贝科金融研究教授。1996—1997 年，任威斯康星-麦迪逊大学金融系主任。1997—1998 年，任苏黎世大学金融和货币经济学教授。2001 年，任瑞典斯德哥尔摩经济学院金融学访问教授。现任德保罗大学首席教授，理查德·德瑞豪斯行为金融研究中心主任。2019 年迪里豪斯商学院金融与房地产系授予他"荣誉教授"称号。

主要成果

"Investor and Market Overreaction：A Retrospective"，*Review of Behavioral Finance*，Vol. 12，pp. 11 - 20，2020.

---

　　①　本文发表于 *Journal of Finance*，Vol. 40（3），pp. 793 - 805，1985。

"Behavioral Finance: Quo Vadis?" (with Muradoglu, Yaz Gulnur, Shefrin, Hersh, Staikouras, and Sotiris), *Journal of Applied Finance*, Vol. 18, No. 2, pp. 7 - 21, 2008.

"Style Momentum within the S&P - 500 Index" (with Hsiu-Lang Chen), *Journal of Empirical Finance*, Vol. 11, pp. 483 - 507, September 2004.

"R&D Budgets and Corporate Earnings Target" (with Bange, Mary M.), *Journal of Corporate Finance*, Vol. 4, pp. 153 - 184, 1998.

"Financial Decision Making in Markets and Firms" (with Richard Thaler), *Finance*, Series of Handbooks in Operations Research and Management Science, 1995.

"Do Security Analysts Overreact?" (with Richard Thaler), *The American Economic Review*, Vol. 80, pp. 52 - 57, May 1990.

"Anomalies: A Mean-Reverting Walk Down Wall Street" (with Richard Thaler), *Journal of Economic Perspectives*, Vol. 3, pp. 189 - 202, 1989.

"Further Evidence on Investor Overreaction and Stock Market Seasonality" (with Richard Thaler), *Journal of Finance*, Vol. 42, pp. 557 - 581, December 28 - 30, 1986.

"Does the stock Market Overreact?" (with Richard Thaler), *Journal of Finance*, Vol. 40 (3), pp. 793 - 805, 1985.

作者简介　　**Richard Thaler**

　　理查德·塞勒（Richard Thaler），1945 年 12 月出生于新泽西州东部，现任芝加哥大学布斯商学院教授，是美国国家科学院、美国艺术与科学院院士，美国金融

学会和计量经济学会研究员，并在 2015 年担任美国经济学会主席。作为行为金融学的奠基人，他对人的有限理性行为对金融市场的影响做了很多重要研究。2017年，由于他对于行为经济学做出的卓越贡献，被授予诺贝尔经济学奖。他还与他人共同创办了富勒-塞勒（Fuller-Thaler）资产管理公司，利用行为偏差引起的投资错误进行投资。目前该基金取得了不俗的成绩。塞勒与卡斯·R. 桑斯坦（C. R. Sunstein）一同撰写了全球畅销书《助推》（*Nudge*），2008 年出版，该书运用行为经济学的概念解决了许多社会重大问题。2015 年，他出版了《"错误"的行为》（*Misbehaving：The Making of Behavioral Economics*）。他还编辑并出版了《准理性经济学》（*Quasi-Rational Economics*）、《赢者的诅咒》（*The Winner's Curse：Paradoxes and Anomalies of Economic Life*）等书籍，并在《美国经济评论》、《金融学报》和《政治经济学报》等著名期刊上发表了大量文章。

塞勒于 1967 年在凯斯西储大学获得经济学学士学位，1970 年在罗切斯特大学获得经济学硕士学位，1974 年在罗切斯特大学获得经济学博士学位，其博士论文题目为《生命价值的市场估计》（The Value of Saving a Life：A Market Estimate）。塞勒目前任职于芝加哥大学布斯商学院。1994—1995 年任马萨诸塞州技术学院斯隆管理学院的访问教授。1978—1995 年任康奈尔大学詹森管理研究所经济学教授。1991—1992 年在拉赛尔赛奇基金会做访问学者。

主要成果

"Behavioral Economics"，*Journal of Political Economy*，Vol. 125（6），pp. 1799 - 1805，2017.

"Behavioral Economics：Past，Present，and Future"，*The American Economic Review*，Vol. 106（7），pp. 1577 - 1600，2016.

Misbehaving：The Making of Behavioral Economics（with L. J. Ganser），New York：WW Norton，2015.

"Choice Architecture"（with C. R. Sunstein and J. P. Balz），*Behavioral Foundations of Public Policy*，pp. 428 - 439，2013.

The Winner's Curse：Paradoxes and Anomalies of Economic Life，Simon and Schuster，2012.

"Annuitization Puzzles"（with S. Benartzi and A. Previtero），*Journal of Economic Perspectives*，Vol. 25（4），pp. 143 - 164，2011.

Nudge：*Improving Decisions about Health*，*Wealth*，*and Happiness*（with C. Sunstein），Penguin，2008.

"Mental Accounting and Consumer Choice"，*Marketing Science*，Vol. 27（1），pp. 15 – 25，2008.

"Deal or No Deal? Decision Making under Risk in a Large-Payoff Game Show"（with T. Post，M. J. Van den Assem，and G. Baltussen），*The American Economic Review*，Vol. 98（1），pp. 38 – 71，2008.

"Heuristics and Biases in Retirement Savings Behavior"（with S. Benartzi），*Journal of Economic Perspectives*，Vol. 21（3），pp. 81 – 104，2007.

"Anomalies：Utility Maximization and Experienced Utility"（with D. Kahneman），*Journal of Economic Perspectives*，Vol. 20（1），pp. 221 – 234，2006.

"Individual Preferences，Monetary Gambles，and Stock Market Participation：A Case for Narrow Framing"（with N. Barberis，M. Huang），*The American Economic Review*，Vol. 96（4），pp. 1069 – 1090，2006.

"Dividend Changes Do Not Signal Changes in Future Profitability"（with G. Grullon，R. Michaely，and S. Benartzi），*Journal of Business*，Vol. 78（5），pp. 1659 – 1682，2005.

"Design Choices in Privatized Social-Security Systems：Learning from the Swedish Experience"（with H. Cronqvist），*The American Economic Review*，Vol. 94（2），pp. 424 – 428，2004.

"Save More Tomorrow：Using Behavorial Economics in Increase Employee Savings"（with Bernartzi，Shlomo），*Journal of Political Economy*，Vol. 112（1），S164 – S187，2004.

"Can the Stock Market Add and Subtract? Mispricing in Tech Stock Carve-Outs"（with Lamont，Owen），*Journal of Political Economy*，Vol. 111（2），pp. 227 – 268，2003.

"How Much is Investor Autonomy Worth?"（with Bernartzi，Shlomo），*Journal of Finance*，Vol. 57，pp. 1593 – 1616，2002.

"Naive Diversification in Defined Contribution Savings Plans"（with Bernartzi，Shlomo），*The American Economics Review*，Vol. 91（1），pp. 79 – 98，2001.

"From Homo Economicus to Homo Sapiens"，*Journal of Economics Perspectives*，Vol. 14，pp. 133 – 141，2000.

"The End of Behavioral Finance"，*Financial Analysts Journal*，Vol. 56（6），pp.

12 – 17, 1999.

"Risk Aversion or Myopia? Choices in Repeated Gambles and Retirement Invest-ment" (with Bernartzi, Shlomo), *Management Science*, Vol. 45, pp. 364 – 381, 1999.

"Mental Accounting Matters", *Journal of Behavioral Decision Making*, Vol. 12 (3), pp. 183 – 206, 1999.

"Caveat Compounder: A Warning about Using the CRSP Equally Weighted Index to Compute Long-Run Excess Returns" (with Linda Canina, Roni Michaely, and Kent Womack), *Journal of Finance*, Vol. 53, pp. 403 – 416, 1998.

"The Effect of Myopia and Loss Aversion on Risk Taking: An Experimental Test" (with Kahneman, Daniel, Alan Schwartz, and Amos Tversky), *Quarterly Journal of Economics*, Vol. 112 (2), pp. 647 – 661, 1997.

"Labor Supply of New York City Cab Drivers: One Day at a Time" (with Camer-er, Colin, Linda Babcock, and George Loewenstein), *Quarterly Journal of E-conomics*, Vol. 112 (2), pp. 407 – 441, 1997.

"Do Changes in Dividends Signal the Future or the Past?" (with Bernartzi, Shlo-mo, Roni Michaely), *Journal of Finance*, Vol. 52 (3), pp. 1007 – 1033, 1997.

"Irving Fisher: Modern Behavioral Economist", *The American Economic Review*, Vol. 87, pp. 439 – 441, 1997.

"Financial Decision Making in Markets and Firms" (with Werner F. M. De Bondt), *Finance*, Series of Handbooks in Operations Research and Management Science, 1995.

"Myopic Loss Aversion and the Equity Premium Puzzle" (with Shlomo Benartzi), *Quarterly Journal of Economics*, Vol. 110, pp. 73 – 92, February 1995.

"Price Reactions to Dividend Initiations and Omissions: Overreaction or Drift?" (with Roni Michaely and Kent Womack), *Journal of Finance*, pp. 573 – 608, June 1995.

Quasi Rational Economics, Russell Sage Foundation, 1994.

"Psychology and Savings Policies", *The American Economic Review*, Vol. 84, pp. 186 – 192, May 1994.

Advances in Behavioral Finance, Editor, Russell Sage Foundation, 1993.

"Yes, Discounts on Closed-End Funds are a Sentiment Index" and "Summing Up" (with N. Chopra, C. Lee, and A. Shleifer), *Journal of Finance*, Vol. 48, pp. 801 –

808，June 1993.

"Investor Sentiment and the Closed-end Fund Puzzle" (with Charles Lee and Andrei Shleifer)，*Journal of Finance*，Vol. 46，pp. 75 - 109，March 1991.

"Economic Analysis and the Psychology of Utility: Applications to Compensation Policy" (with Daniel Kahneman)，*The American Economic Review*，Vol. 81，pp. 341 - 346，May 1991.

"Window Dressing by Pension Fund Managers" (with Josef Lakonishok，Andrei Shleifer，and Robert Vishny)，*The American Economic Review*，Vol. 81，pp. 227 - 231，May 1991.

"Gambling with the House Money and Trying to Break Even: The Effects of Prior Outcomes in Risky Choice" (with Eric Johnson)，*Management Science*，Vol. 36，pp. 643 - 660，June 1990.

"Do Security Analysts Overreact?" (with Werner De Bondt)，*The American Economic Review*，Vol. 80 (2)，pp. 52 - 57，May 1990.

"Experimental Tests of the Endowment Effect and the Coase Theorem" (with Daniel Kahneman and Jack Knetsch)，*Journal of Political Economy*，Vol. 98，pp. 1325 - 1348，December 1990.

"Anomalies: A Mean-Reverting Walk Down Wall Street" (with De Bondt，Werner F. M.)，*Journal of Economic Perspectives*，Vol. 3，pp. 189 - 202，December 1989.

"The Psychology of Choice and the Assumptions of Economics"，*Laboratory Experiments in Economics: Six Points of View*，Cambridge University Press，pp. 99 - 130，1987.

"Anomalies: The January Effect"，*Journal of Economic Perspectives*，Vol. 1，pp. 197 - 201，1987.

"Related Disciplines"，*Journal of Economic Literature*，Vol. 21，pp. 1046 - 1048，1987.

"Further Evidence on Investor Overreaction and Stock Market Seasonality" (with De Bondt，Werner，F. M.)，*Journal of Finance*，Vol. 42，pp. 557 - 581，1986.

"Fairness and the Assumptions of Economics" (with Daniel Kahneman and Jack Knetsch)，*Journal of Business*，Vol. 59，pp. 285 - 300，October 1986.

"Fairness as a Constraint on Profit-Seeking: Entitlements in the Market" (with Daniel Kahneman and Jack Knetsch)，*The American Economic Review*，Vol. 76

(4)，pp. 728 - 741，1986.

"Mental Accounting and Consumer Choice"，*Marketing Science*，Vol. 4，pp. 199 - 214，1985.

"The Relevance of Quasi Rationality in Competitive Markets"（with Thomas Russell），*The American Economic Review*，Vol. 75，pp. 1071 - 1082，1985.

"An Economic Theory of Self-Control"（with H. M. Shefrin），*Journal of Political Economy*，Vol. 89，pp. 392 - 406，April 1981.

"Toward a Positive Theory of Consumer Choice"，*Journal of Economic Behavior and Organization*，Vol. 1，pp. 39 - 60，1980.

"A Note on the Value of Crime Control：Evidence from the Property Market"，*Journal of Urban Economics*，Vol. 5，pp. 137 - 145，1978.

"An Econometric Analysis of Property Crime：Interaction Between Police and Criminals"，*Journal of Public Economics*，Vol. 8，pp. 37 - 57，1977.

研究背景

德邦特和塞勒的《股票市场反应过度了吗?》（Does the Stock Market Overreact?）一文于1985年发表于《金融学杂志》。该文是实证检验美国股票市场是否存在过度反应和研究行为金融学的奠基性作品之一。至此之后，过度反应理论引起了越来越多学者的研究兴趣。

过度反应是行为金融学的重要理论之一。传统理论即以有效市场假说和理性预期为特征的主流金融理论，在金融领域中一直占据着统治地位。但大量的实证研究和观察结果表明，人们并不总是以理性态度做出决策，在现实中存在诸多的认知偏差，这些偏差不可避免地会影响到人们的金融投资行为，进而影响资产的定价，这是传统金融理论无法克服的缺陷。

过度反应理论正是运用了 Tversky 和 Kahneman（1979）提出的市场定价选择性偏差理论：投资者过分重视近期数据的变化模式，而对产生这些数据的总体特性不够重视，当股价或盈利信息发生变化时，投资者认为这些变化是持久的，接下来会延续同样的趋势，因而股价反应过度了，如果将来受到价格或盈利信息变化的影响，平均收益会出现反转。在本文中投资者对过去的历史弱势股（即过去3～5年收益率较差的公司）过分悲观，对过去的历史强势股（即过去3～5年收益率高的公司）过分乐观，因此导致股价偏离其基础价值，那么历史弱势股的收益会高于整个市场，历史强势股的收益则会比整个市场的差。不仅普通投资者这样，德邦特在1985 年的另一篇文章中指出，专业分析人员同样存在不同程度的过度反应现象。

这篇文章是在前人发现价格过度反应的基础上对美国股票市场是否存在过度反应进行的大样本实证研究。

在以前的实证研究中，Shiller（1981）曾研究发现股利的波动与股价的波动有很大的不同；而 Kleidon（1981）发现股价波动与随后几年的盈利变化高度相关。这两种研究结果都表明了明显的过度反应倾向的存在。尽管投资者知道股利分配趋势，却格外注重公司的短期发展，从而加大了股票价格的波动性。

市盈率（P/E）异象也代表了股价的过度反应。市盈率异象是指低市盈率股票比高市盈率股票获得更多的风险调整收益。鲍尔（Ball）认为，风险定价理论可以解释这种现象。把 P/E 看作风险的一个代表性指标，即跟贝塔值一样，P/E 越高，则其风险越小。但风险定价理论是以 CAPM 模型的假设为基础的，认为每单位风险的收益是固定的。Basu（1982）则提出了"价格比率假说"，即低 P/E 公司被认为是低估了，投资者对公司的一系列坏消息过分悲观，当未来盈利高于投资者预期时，股价再调整过来，相反，高 P/E 的公司则被高估了。Reinganum（1981）用规模理论，即小公司效应来解释过度反应的现象，即历史弱势股组合中包含的小公司比历史强势股组合多。然而 Basu（1983）在控制公司规模的情况下，也同样发现了市盈率异象。

研究目的和方法

本文的目的是根据过度反应的假说，设计一种投资策略进行套利，利用实证数据来检验过度反应。本文的假设有两个：（1）股价过度上升或下降，其结果是随后的反方向运动；（2）股价上升或下降过度的程度越大，其反方向运动的程度也越大。

这两个假设都是与市场弱式有效相背离的，体现了人们在投资时的行为偏差。

作者的实证研究方法分三步进行。第一步，本文先依据股票在过去 36 个月的收益构造两个组合：一个为过去表现好的股票组合（历史强势股，用 W，即 Past Winners 来表示）；另一个为过去表现差的股票组合（历史弱势股，用 L，即 Past Losers 来表示）。将纽约证券交易所普通股的月收益数据从 1930 年 1 月到 1980 年 12 月平均分为 16 组时间段，每组时间段有 72 个月，如 1930 年 1 月—1935 年 12 月为第一组时间段，以 1932 年 12 月为 $t=0$ 时刻。其他依此类推：

1933 年 1 月—1938 年 12 月为第二组时间段；

1936 年 1 月—1941 年 12 月为第三组时间段；

$\vdots$

1975 年 1 月—1980 年 12 月为第 16 组时间段。

然后计算前 36 个月的累积超额收益（CU）。对任意一只股票 i，$CU_i = \sum\limits_{t=-35}^{0} U_{it}$。$U_{it}$ 为第 i 只股票在 t 时刻的市场调整的超额收益（$U_{jt} = R_{jt} - R_{mt}$，R_{jt} 为 t 时刻股票 j 的实际收益率，R_{mt} 为 t 时刻整个市场的收益率）。

接着在每个时间段内，对 CU_i 按大小排序，选出 CU 最高的前 35 只股票组成组合 W，选出 CU 最低的 35 只股票组成组合 L。由于每组时间段都有这样的组合，最后可得到 16 个历史强势股组合和 16 个历史弱势股组合。

第二步：计算未来平均累积剩余收益（CAR）。对每个组合中的股票计算其在 $t=0$ 时刻以后 36 个月的 $CAR_{w,n,1}$，$CAR_{w,n,2}$，…，$CAR_{w,n,36}$。

第三步：计算 16 组时间段 CAR 的平均值 ACAR。对于 W，有 36 个 $ACAR_{w,1}$，$ACAR_{w,2}$，…，$ACAR_{36}$。只要（$ACAR_{L,t} - ACAR_{w,t}$）>0，即验证了前假设。

主要发现

该文的主要发现包括如下几个方面。

第一，数据分析结果支持了过度反应假说的假设一。历史弱势股组合的平均累积超额收益比市场高出 19.6%，而历史强势股组合的平均累积想象收益比市场低 5%，所以历史弱势股组合的平均累积超额收益在未来 36 个月较历史强势股组合高 24.6%（如图 1 所示）。它表示的是 1933 年 1 月到 1980 年 12 月的 16 组以 3 年为检验期的平均累积剩余收益。组合的形成期是 3 年。

从图 1 中还可以发现过度反应是不对称的：历史弱势股组合的超额收益高于历史强势股组合。

第二，对假设二的检验。

德邦特和塞勒利用组合形成年数的不同以及组合中股票数的不同两种方式加以对比分析，如表 1 共有 7 个不同的分组，分别为 10 组 5 年期形成的组合的数据，股票数为 50；16 组 3 年期形成的组合的数据，股票数为 35；24 组 2 年期形成的组合的数据，股票数为 35；25 组 2 年期形成的组合的数据，股票数为 35；24 组 2 年期形成的组合的数据，股票数为 82；25 组 2 年期形成的组合的数据，股票数为 82；

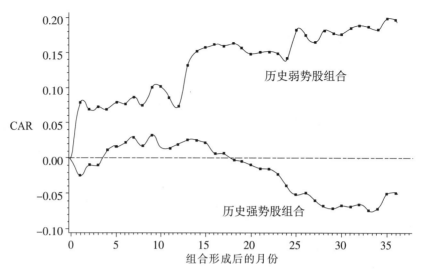

图1　各有 35 只股票的历史强势股和历史弱势股组合的平均累积剩余收益

（检验期是 1～36 个月）

49 组 1 年期形成的组合的数据，股票数为 35。表中显示的是历史强势股和历史弱势股组合在形成时（即 $t＝0$ 时刻的 ACAR）的平均累积剩余收益（市场调整后的剩余）以及在检验期 $t＝1$，12，13，18，24，25，36，60 时，历史弱势股组合与历史强势股组合的平均累积剩余收益之差（即 $ACAR_{L,t}－ACAR_{W,t}$）。

从表 1 中可以看出，结果是支持假设二的：组合在形成时的剩余收益越大，历史弱势股的收益表现越优于历史强势股，未来的平均累积剩余收益（$ACAR_{L,t}－ACAR_{W,t}$）就越大。

第三，德邦特和塞勒进一步发现，剩余收益的实现具有季节性，大多数超额收益都是在 1 月份实现的，即在 $t＝1$，$t＝13$，$t＝25$ 等等，这在图 1 和表 1 中都有体现。

表 1　　　　　　　　　　　　　　**不同组合的检验结果汇总**

组合的选择过程：组合的形成时间的长度和独立的分组的数目	平均股票数	组合形成时的 ACAR		$ACAR_{L,t}－ACAR_{W,t}$							
		历史强势股组合	历史弱势股组合	组合形成后的月份							
				1	12	13	18	24	25	36	60
10 组 5 年期	50	1.463	−1.194	0.070 (3.13)	1.156 (2.04)	0.248 (3.14)	0.256 (3.17)	0.196 (2.15)	0.228 (2.40)	0.230 (2.07)	0.319 (3.28)
16 组 3 年期	35	1.375	−1.064	0.105 (3.29)	0.054 (0.77)	0.103 (1.18)	0.167 (1.51)	0.181 (1.71)	0.234 (2.19)	0.246 (2.20)	N. A.

续表

组合的选择过程：组合的形成时间的长度和独立的分组的数目	平均股票数	组合形成时的 ACAR		$ACAR_{L,t} - ACAR_{w,t}$							
		历史强势股组合	历史弱势股组合	组合形成后的月份							
				1	12	13	18	24	25	36	60
24 组 2 年期[a]	35	1.130	−0.857	0.062 (2.91)	−0.006 (−0.16)	0.074 (1.53)	0.136 (2.02)	0.101 (1.41)	N. A.	N. A.	N. A.
25 组 2 年期[b]	35	1.119	−0.866	0.089 (3.98)	0.011 (0.19)	0.092 (1.48)	0.107 (1.47)	0.115 (1.55)	N. A.	N. A.	N. A.
24 组 2 年期[a]（在十分位数形成组合）	82	0.875	−0.711	0.051 (3.13)	0.006 (0.19)	0.066 (1.71)	0.105 (1.99)	0.083 (1.49)	N. A.	N. A.	N. A.
25 组 2 年期[b]（十分位数）	82	0.868	−0.714	0.068 (3.86)	0.008 (0.19)	0.071 (1.46)	0.078 (1.41)	0.072 (1.29)	N. A.	N. A.	N. A.
49 组 1 年期	35	0.774	−0.585	0.042 (2.45)	−0.076 (−2.32)	−0.006 (−0.15)	0.007 (0.14)	−0.005 (−0.09)	NA	NA	NA

说明：a. 这些组合的形成都是在 1933—1979 年奇数年的 12 月；b. 这些组合的形成都是在 1932—1980 年偶数年的 12 月；N. A. 表示数据不可得。

为了加强对 1 月效应的解释力度，作者对于这个效应通过增加组合的组数以及延长组合的形成期和检验期，即采用大量数据来排除其他的噪声来说明图 2 是从 1933 年到 1978 年每年 1 月开始的 46 组数据的平均累积剩余收益，组合形成期为 5 年。

图 2 是 1932—1977 年两个组合根据前 5 年的剩余收益选择形成的，以第 5 年 12 月为 $t=0$ 时刻。从图中可以明显看出，多数超额收益都是由历史弱势股组合在 1 月份获得的，历史强势股失去大量收益也发生在 1 月份，而且这种趋势一直持续到第五年的 1 月份。

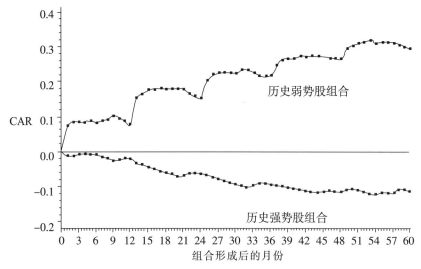

图2　由35只股票组成的历史弱势股和历史强势股组合
在 $t=1$，2，…，60 的平均累积超额收益

应用价值及其发展

　　过度反应理论是行为金融学的重要理论之一。本文发现，股票长期收益出现了反转，即在过去 3～5 年表现差的股票在接下来 3～5 年的收益超过了过去表现好的股票，这是由投资者的非理性行为导致的，他们对好消息和坏消息都反应过度了。同时实证表明了 1 月效应确实存在，但是本文对 1 月效应没能做出充分的解释。

　　1 月效应以前经常被解释为人们在年底抛售下跌的股票，以抵消当年其他股票的资本增值，从而达到少缴税的目的，而年关过后，人们又重新买回这些股票。但本文对这一说法提出了质疑。首先，如果早期的 1 月卖出压力消失了，价格恢复到均衡水平，为什么在第二年、第三年、第四年、第五年的 1 月，仍然会出现历史弱势股组合的超额收益高于市场的现象？其次，如果价格在 1 月恢复，为什么其波动幅度比前一年 12 月也是由卖压引起的波动幅度要大得多？

　　本文的研究结果还支持了前面提到的"价格比率"假说：低 P/E 公司被认为是低估了，投资者对公司一系列坏消息过分悲观，当未来盈利高于投资者预期时，股价再调整过来，相反，高 P/E 公司则是被高估了。但是同时也说明了这个观点在很大程度上也是 1 月效应，因为只有在 1 月份其收益才发生巨大的变化。

　　德邦特和塞勒提出的过度反应理论以及所用的检验方法有很大的实用价值。很多投资者设计出与之相关的反转交易策略来获得超额收益,买入历史弱势股组合包含的股票、卖出历史强势股组合包含的股票在长期可以获得超额收益。Peyer 和 Vermaelen(2009)的实证研究进一步发现,股市对坏消息过度反应,使得公开市场回购也可以提供套利机会。

但有学者提出用累积超额收益(CAR)作为形成期的划分指标不恰当,CAR 不但不能代表真正的收益,而且由于计算的误差使单期收益出现偏差,于是对收益的度量采用了其他指标或进行了修正。如 Conrad 和 Kaul(1989)采用持有期的收益代替 CAR,但其结论不支持过度反应理论。然而 Tim 和 Ritter(1996)检验后认为在检验期应采用持有期收益支持过度反应。

在本文之后,也有其他学者采用类似的方法对不同国家(地区)的股市进行检验。如 Vermaelen 和 Verstringe(1986)采用相同的方法检验了比利时的股市;Alonso 和 Rubio(1990)检验了美国和西班牙的证券市场。此外,Costa(1998)用巴西股市 1986—1998 年的数据,刘玉珍等(1990)用中国台湾股市 1982—1989 年的数据,刘力和陈兴珠(2001)用中国股市 1993—2000 年的数据均得出了支持股市长期过度反应的证据。

殊途同归,Tetlock(2007)使用媒体悲观情绪与股价做回归,使用 1984—1999 年《华尔街日报》的每日信息数据,支持美国股市过度反应现象的存在;张雅慧等(2011)借助 2003—2010 年胡润富豪榜上榜事件,发现事件期内被关注股票的交易量显著放大,在事件日前得到了显著的正收益,在事件日后则转为显著的负收益,我国 A 股上市公司存在过度反应;俞庆进和张兵(2012)实证检验了百度指数和深交所创业板股票市场表现的相关性,验证了投资者的有限关注能给股票带来正向的价格压力,而这种压力很快会发生反转,证明了过度反应现象的存在。基金方面,Vayanos 和 Woolley(2013)从委托资产管理的角度,提出了投资人委托基金进行资产管理时,也存在过度反应现象。

但是也有相反的实证结果,如 Kryzanowski 和 Zhang(1992)发现加拿大的股市长期没有过度反应现象;张人骥等(1998)检验出中国上海股市没有过度反应现象;Ratner 和 Leal(1998)检验了亚洲和拉丁美洲的新生股市,发现成熟股市如美国和日本的数据支持过度反应假设和不确定信息假设,而新生股市的反应模式不一致,有的统计不显著,有的根本就不支持。汪昌云(2004)在分析了中国股票市场所有 A 股的数据后发现,过去 3~24 个月表现较好的弱势股在未来的 3~24 个月中的收益显著低于过去的强势股,但这种现象可由股票的风险来解释。由此可见,各国(地区)的实证研究结果差异较大,为什么有的国家(地区)股市存在过度反应现象,而在另外一些国家(地区)却没有?这是不是统计方法的差异造成的?如果不是，各国（地区）的投资者心理上是否存在差异？形成不同投资习惯的原因有哪些？区分哪些长期异常收益是由过度反应引起的，哪些是由其他因素引起的？量化后怎样指导投资者的行为？怎样用过度反应理论有效地解释证券市场上的一些异常现象，如1月效应、周末效应、价值线异象等？本文虽然实证发现美国股票市场存在明显的过度反应现象，但不能充分解释在组合检验期，历史弱势股组合在每个1月都获得了正的超额收益。以上谈到的各个问题都是有待进一步研究的方向。

自由现金流的代理成本、公司财务和并购[①]

作者简介　**Michael C. Jensen**

　　迈克尔·C. 詹森（Michael C. Jensen）现任哈佛商学院荣誉退休教授。詹森获哥伦比亚大学经济学、金融学和会计学博士学位。在攻读博士学位之前，他曾获哥伦比亚大学 MBA 学位。詹森教授于 1985 年开始任哈佛商学院教授，现已荣誉退休。在加盟哈佛大学之前，他曾任教于罗切斯特大学工商管理学院，1967—1971 年任助理教授，1971—1979 年任副教授，1979—1984 年任教授，1984—1988 年任拉卡尔教授。他于 1977 年在罗切斯特大学成立了管理经济学研究中心，并任主管至 1988 年。他曾获得多所大学的荣誉学位。詹森于 2001—2002 年任达莱茅斯学院塔克商学院访问学者。他于 1973 年创办了《金融经济学杂志》（*Journal of Financial Economics*），并于 1987—1997 年任执行主编。该杂志已成为金融经济学领域最负盛名的三大学术性期刊之一。同时他还担任多项社会职务。他于 2002 年被任命为欧洲企业管理学术协会（ECGI）会员，1996 年入选美国艺术与科学学术协会。他还担任多家企业、基金会和政府机构的顾问。

　　詹森撰写过 60 多篇学术论文，在媒体上发表过大量文章和评论，出版过多部学术著作，其主要研究领域涵盖经济学、金融学及与商务相关的众多领域。1990

---

　　①　本文发表于 *The American Economic Review*，Vol. 76，No. 2，pp. 323 - 329，May 1986。

年他被美国东部金融学会评选为"年度学者"。并于同年被《财富》杂志评选为"年度最有影响力的 25 名商界人士"之一。他的多篇论文获得总机构的评奖。他凭借和威廉·麦克林在 1976 年合作的《公司理论：经理人行为、代理成本和所有权结构》（Theory of the Firm：Managerial Behavior，Agency Costs and Ownership Structure）一文，获得芝加哥大学商学院颁发的第一届里奥·梅拉梅得奖。1984 年这篇论文还被科学信息协会（Institute for Scientific Information）评选为该领域的经典引用文献。他于 1986 年 5 月发表于《美国经济评论》上的《自由现金流的代理成本、公司财务和并购》（Agency Cost of Free Cash Flow，Corporate Finance and Takeovers）一文提出的"自由现金流假说"（hypothesis of free cash flow）的理念成为公司控制权市场理论的三大核心概念之一，并对委托-代理理论的发展做出了重大贡献。

主要成果

"Baylor University Roundtable on the Corporate Mission，CEO Pay，and Improving the Dialogue with Investors"（with Ronald J. Naples，Trevor S. Harris，Don Chew，and John Martin），*Journal of Applied Corporate Finance*，Vol. 22，Issue 1，pp. 8 – 31，2010.

"Paying People to Lie：The Truth About the Budgeting Process"，*European Financial Management*，Vol. 9，No. 3，pp. 379 – 406，2003.

"Just Say No to Wall Street：Courageous CEOs are Putting a Stop to the Earnings Game and We Will all be Better Off for it"（with Joseph Fuller），*Journal of Applied Corporate Finance*，Vol. 14，No. 4，pp. 41 – 46，2002.

"Divisional Performance Measurement"（with William H. Meckling），*Foundations of Organizational Strategy*，pp. 345 – 361，Harvard University Press，1998.

"Science，Specific Knowledge，and Total Quality Management"（with Karen Hopper Wruck），*Journal of Accounting and Economics*，pp. 247 – 287，1994.

"CEO Incentives：Its Not How Much You Pay，But How"（with Kevin J. Murphy），*Harvard Business Review*，Vol. 68，pp. 138 – 149，1990.

"Performance Pay and Top Management Incentives"（with Kevin J. Murphy），*Journal of Political Economy*，Vol. 98，pp. 225 – 265，1990.

"Compensation and Incentives：Practice vs. Theory"（with George P. Baker and

Kevin J. Murphy), *Journal of Finance*, Vol. 43, pp. 593 - 616, July 1988.

"The Distribution of Power Among Corporate Managers, Shareholders, and Directors" (with Jerold B. Warner), *Journal of Financial Economics*, Vol. 20, pp. 3 - 24, February 1988.

"Takeovers: Their Causes and Consequences", *Journal of Economic Perspectives*, Vol. 2, No. 1, pp. 21 - 48, Winter 1988.

"The Agency Costs of Free Cash Flow, Corporate Finance and Takeovers", *The American Economic Review*, Vol. 76, No. 2, pp. 323 - 329, May 1986.

"Organizational Forms and Investment Decisions" (with Eugene F. Fama), *Journal of Financial Economics*, Vol. 14, No. 1, pp. 101 - 119, March 1985.

"Agency Problems and Residual Claims" (with Eugene F. Fama), *Journal of Law and Economics*, Vol. 26, No. 2, pp. 327 - 349, June 1983.

"Separation of Ownership and Control" (with Eugene F. Fama), *Journal of Law and Economics*, Vol. 26, No. 2, pp. 301 - 325, June 1983.

"The Market for Corporate Control: The Scientific Evidence" (with Richard S. Ruback), *Journal of Financial Economics*, Vol. 11, No. 1 - 4, pp. 5 - 50, April 1983.

"Organization Theory and Methodology", *The Accounting Review*, Vol. LVIII, No. 2, pp. 319 - 339, April 1983.

"Rights and Production Functions: An Application to Labor Managed Firms and Codetermination" (with William H. Meckling), *Journal of Business*, Vol. 52, No. 4, pp. 409 - 506, October 1979.

"Some Anomalous Evidence Regarding Market Efficiency", *Journal of Financial Economics*, Vol. 6, pp. 95 - 101, 1978.

"Theory of the Firm: Managerial Behavior, Agency Costs and Ownership Structure" (with William H. Meckling), *Journal of Financial Economics*, Vol. 3, No. 4, pp. 305 - 360, 1976.

"Capital Markets: Theory and Evidence", *Bell Journal of Economics and Management Science*, Vol. 3, No. 2, pp. 357 - 398, Autumn 1972.

"Corporate Investment under Uncertainty and Pareto Optimality in the Capital Markets" (with John B. Long, Jr.), *Bell Journal of Economics and Management Science*, Vol. 3, No. 3, pp. 151 - 174, Spring 1972.

"Random Walks and Technical Theories: Some Additional Evidence" (with George

A. Benington)，*Journal of Finance*，pp. 469 – 482，May 1970.

"Risk，the Pricing of Capital Assets，and the Evaluation of Investment Portfolios"，*Journal of Business*，Vol. 42，pp. 167 – 247，April 1969.

"The Adjustment of Stock Prices to New Information"（with Eugene F. Fama，Lawrence Fisher，and Richard Roll)，*International Economic Review*，Vol. 10，pp. 1 – 21，February 1969.

研究背景

詹森的《自由现金流的代理成本、公司财务和并购》一文于 1986 年 5 月发表在《美国经济评论》上。该文在公司财务和并收购等相关领域产生了重要的影响。该文提出的"自由现金流假说"成为公司控制权市场的三大核心理论之一，并对委托-代理理论的发展做出了重大贡献。

现代企业的一个重要特征是经营权和所有权分离。财产的所有者，包括股东和债权人（委托人）将财产委托给公司经理人（代理人）经营和管理，由于委托人的目标是使公司利益最大化，而代理人的目标则是使自我利益最大化，因此委托人和代理人之间存在着一定的利益冲突，并由此引致了委托-代理问题。传统的委托-代理理论主要从信息不对称的角度对这种代理关系及其所产生的利益冲突和引致的代理成本做了细致的分析。除此之外，还有没有其他导致二者之间利益冲突的元素？

在传统的公司财务理论中，最优资本结构的问题一直是广大学者争论的焦点。是否存在一个最优资本结构？如果存在，影响这一最优资本结构的确定的因素有哪些？从 1958 年莫迪利安尼和米勒提出 MM 定理，到以信息不对称为核心思想的资本结构理论的提出，包括詹森和麦克林提出的代理成本理论，罗斯、利兰德和波尔提出的信号理论，以及迈尔斯提出的"融资优序"论，都为最优资本结构问题的解决提供了各种理论解释。但是对于这一问题的研究仍有待进一步发展。

而在实务界，20 世纪 80 年代以来，美国企业间的并购交易活动日益高涨。除了一些制度上放松管制和金融工具创新的原因外，还有一些现象不能不引起关注。进入 20 世纪 80 年代后，诸如石油、烟草、食品和广播等行业由于经营环境的改变积累了大量的现金，但这些行业的成长性后来逐渐下降，这是因为管理层并未将大量过剩的现金以股利的形式返还给股东，而是将其用于分散化的并购交易中，而实践证明，这些并购活动的效率是十分低下的。应该用什么样适当的理论来解释这一现象呢？

在这样的背景下，詹森经过研究和实证分析认为，当企业产生大量现金流时，向股东支付现金股利的问题会引起公司经理人和股东会之间的利益冲突，并导致相关的代理成本的发生。詹森指出，债务融资可以相应地减少这种代理成本。债务融资可以替代股权融资，提高企业的杠杆水平和企业的组织运营效率，詹森将这一效应理论化为自由现金流假说，并提出了债务控制假说（control hypothesis）的概念。同时，该理论指出，债务融资行为除具有传统公司财务理论认为的一定的代理成本外，还应具有一些收益。这就为最优资本结构的确定提出了一个新的分析视角。除此之外，詹森还提出了最优资本结构的确定机制——债务的边际成本等于债务的边际收益。在实践中，这一基于自由现金流的理论还可以为我们解释 LBO 项目和很多实践中的一些并购活动。

詹森的文章试图回答以下四个问题：

（1）债务融资如何减少自由现金流产生的代理成本？

（2）债务如何可以替代股利？

（3）为什么"分散化"项目与在相同的产业中的并购、扩张或以清算为目的的并购活动相对于跨行业并购更可能产生损失？

（4）为什么在不同的行业中并购行为的驱动因素类似，像广播、烟草等行业，并购行为的促成因素与石油行业相似？

主要内容

在现代公司财务理论中，自由现金流是指一种超额现金流，即企业创造的现金流超出其可以进行的所有具有正 NPV（净现值）项目所需的资金而产生的现金流。这与传统理论界定义的自由现金流的概念是不同的。

当企业创造了大量的自由现金流后，股东和经理人之间由于股利支付政策问题会引发利益冲突。

对于自由现金流的处理，公司经理人有两种选择：

选择一：在没有更好的项目进行投资的情况下，经理人可以将这些现金以股利的形式支付给股东。这是一种最好的保护股东利益的方式。但这种行为会减少经理人可以控制的资源，削弱他手中的权利。当公司需要新资本注入时，公司不得不进入资本市场融资。这时，公司及经理人的行为将受到市场的监管。这一做法明显不符合经理人的利益。

选择二：经理人可以利用手中的权利不将这部分资金分配给股东，而将它用于扩大投资和扩大企业规模。由于没有更好的项目（没有 NPV 大于 0 的项目），这种扩张必然导致企业过度增长，超过其最优规模水平，企业价值下降，从而使股东权益受损。但从经理人角度出发，这种方法可以增强其对资源的控制能力，扩大其权利。同时，由于经理人的薪金往往与企业业绩挂钩，企业规模的扩大会导致销售收入的增长，从而使企业经理人的报酬增加。

综合考虑这两种选择，经理人从自己的利益出发会选择后一种做法。但这种做法会导致企业组织和运营的低效率，降低企业价值，使股东权益受损，从而产生相应的代理成本。市场对这种做法的反应通常表现为普通股股价下降。由此可见，自由现金流问题实质上是一种对于自由现金流这种资源控制权的争夺。

石油工业的例子验证了自由现金流假说。20 世纪 70 年代中后期，石油工业的产品价格迅猛增加，为产业内各企业创造了大量的现金流。而进入 80 年代后，随着石油消费量的下降和开采成本的上升，行业的成长潜力降低。在这种情况下，石油工业企业的经理人并没有将大量的现金返还给股东，而是将它们继续投资于平均收益低于资本成本的开发与发展活动（exploration and development activity, E&D）中，从而使企业的价值下降，股东利益受损。这正是詹森所描述的自由现金流理论。与此一致的是，McConnell 和 Muscarella（1986）的研究结果显示，在 1975—1981 年间，当石油工业中的企业宣布增加 E&D 项目的投资后，公司的股价都会出现一个系统性的下降，反之则会上升。这反映了市场对这一利益冲突引起的代理问题的反应。

詹森通过分析和研究发现，债务发行可以减少这种代理成本，促使经理人将这些现金流返还给股东，而不是将其投资于收益率低于资本成本的无效率的项目，从而避免经营效率的降低。

与股权融资相比，债务的发行可以保证经理人有效地履行其对于未来现金支付的承诺。债务违约会导致企业倒闭，因此债务会激励经理人，使企业运行得更有效率。债务融资可以加大对经理人产生约束，通过减少经理人手中可支配的自由现金流来降低代理成本。詹森将债务融资的这种效应称为债务发行的控制假说。

可以看出，债务发行具有一种新的正收益效应。而传统的公司财务理论认为，由于债务增加导致的财务杠杆的增加，会产生一定的财务困境成本（包括财务困境的直接成本——清算或重组的法律成本、管理成本，财务困境的间接成本和股东与债权人之间的代理成本等）。针对这一问题，本文提出了一个最优债务/股权比率的概念。詹森认为，最优资本结构是使债务引致的边际代理成本等于其带来的边际收益的点。这一理论为我们确定最优资本结构设计出了一种可借鉴的理论决策方法。

在资本结构方面，自由现金流理论可以帮我们解释在财务重组领域中出现的一些令人困惑的现象。

Jensen 和 Smith（1985）以及 Smith（1986）都考察了当资本结构改变的消息公布后公司股价的波动情况。研究表明，绝大多数引起财务杠杆比率增加的交易（包括股票回购交易、普通股转换为债务或优先股的交易、优先股转换为债务或收益债券的交易等）都会导致普通股股价显著地增长。研究发现，公告后两天的收益率从 2.2%（优先股转换为债务或收益债券）到 21.9%（普通股转换为债务），而绝大多数是财务杠杆比率下降的交易（包括普通股的销售，债务或优先股转换为普通股，债务或收益债券转换为优先股和可转换债券或可转换优先股转换为普通股）都会导致普通股股价的负增长。公告后两日的收益率从 -9.9%（债务转换为普通股）到 -0.4%（可转换优先股转换为普通股）。

本文提出的自由现金流理论可以解释这些现象。根据自由现金流理论，我们可以预测，除了公司具有可获利但缺少资金的项目外，预期外的对股东支付的实际增加或承诺增加都会使普通股股价上涨；对股东支付的减少或需要增加融资或承诺在未来减少股利支付都会使股价下降。这一预期正好与上面实证研究的结果相吻合。

根据这一理论，我们还可以预期，股价的下跌与对未来现金流支付承诺的力度变化相关。承诺越可能兑现，股价下跌的幅度越小。比如说，可转换优先股转换为普通股比债券转换为普通股对股价下降的影响要小。

当然，实践中看起来也有一些与上面叙述的杠杆比率规律的简单改变不一致的情况。比如目标回购或债务和优先股的发行可能会导致股价的异常下跌。目标回购导致股价下跌可能是因为该公司被并购的可能性下降。而债务和优先股的发行可以带来大量的现金流，从而可能发生自由现金流理论所描述的代理成本，由此引发股价的下降。实际上从这些角度的分析来看，这些现象与自由现金流理论的描述还是相一致的。

在文章中，詹森还用自由现金流假说解释了 20 世纪 80 年代出现的并购高潮。

詹森发现，在 20 世纪 80 年代初期的并购浪潮中，许多公司在收购前都有异乎寻常的良好的业绩表现，这些公司产生了大量的自由现金流，经理人不愿意将这些自由现金流交给股东，而是将它们用于并购项目中，其目的在于扩大企业的规模或进行分散化投资。实践表明，这些并购活动通常效率低下，不仅不能给收购企业带来收益，甚至会降低收购企业的价值。而对于跨行业的并购，这种分散化投资虽然可能会给企业和社会带来一些额外的收益，但由于经营管理者缺乏相关领域的管理经验，同样导致了一些投资项目效率的低下。这类收购活动明显体现了由自由现金流引发的代理成本。

同时，詹森还注意到这一时期的并购活动具有以下鲜明的特点：第一，大量目标企业都具有良好的业绩表现，能创造大量的自由现金流，但成长性较低，又不愿意将现金流以股利形式返还给股东；第二，收购方大量使用债务融资，出现了大量杠杆收购（LBO）案例。

之所以这些具有大量自由现金流而又不愿意将其返还给股东的企业成为被收购的目标企业，詹森在文章中用自由现金流假说给出了很好的解释。他认为这些公司由于具有大量自由现金流而引致的代理成本使公司的价值降低，相对较低的价格和良好的业绩使这些公司成为被收购的对象。一旦公司被收购成功，就可以抑制自由现金流的滥用。而被收购公司的经理人为了防止控制权的丧失而进行反收购行为，用自有现金或举债融资回购股票，被迫将过剩的资源返还给股东，同样可以起到降低代理成本的作用。

因此，詹森在文中指出："并购既是股东与管理层存在利益冲突的证据，也是解决这种冲突的方法。"

实践中，大量收购企业常常用债务为并购活动融资。根据前面描述的"债务控制假说"，这种用债务融资进行的并购活动将比通过股权交换方式完成的并购活动带来更大的收益。

在大量并购活动中，杠杆收购的方式被广泛采用。杠杆收购交易项目一般用高比例的债务进行融资，10：1的债务/股权比率并不罕见。根据自由现金流理论中描述的债务的控制功能，这些公司由于自由现金流引起的代理成本较少，公司的经营效率较高，从而新成立的公司组织有能力与"开放式的公司"* 展开有效的竞争。

现实中，石油工业通过债务融资进行并购，产生了积极的效应。这与自由现金流理论的预测是一致的。在由美萨石油（Mesa Petroleum）发起的并购浪潮中，公司大量借债，将大量资本返还给股东，从而减少了公司在 E&D 项目上的投资，最终减少了在精炼石油项目上的开支。这一举动使公司的经营效率大幅上升，公司的价值也随之大幅增加。例如，在海湾/雪佛兰（Gulf/Chevron）、格蒂/德士古（Getty/Texaco）和杜邦/科诺科（Dupont/Conoco）合并项目中，股东获益超过170 亿美元。而据 Allen Jacobs（1986）的研究估计，从消除低效率投资的角度分析，98 家企业在类似的并购活动中共获得了2 000亿美元的潜在收益。

烟草工业、木材业、食品工业以及广播业企业也面临着像石油工业中的公司类似的情况——能创造大量的自由现金流，但由于某些原因，企业的发展潜力不强。根据自由现金流假说，它们进行了类似石油工业企业进行的通过债务融资并购，并取得了良好的效果。同时这些行业中的公司也是杠杆收购项目的最佳目标，实践中

---

* 公开招股的股份公司。——编者注

在这些行业也确实发生了大量的杠杆收购活动。

后续研究

本文提出的自由现金流概念与传统理论界定义的自由现金流不同，很难进行度量，在后期相关的实证研究中，学者们常用传统理论的自由现金流近似代替这种自由现金流，而这只有在公司已没有使 NPV 大于 0 的项目可进行投资的情况下才是一致的，因此这种近似的代替显然不够准确。为解决这一问题，有的学者指出，应该与其他指标配合使用。理论界普遍认为，托宾 q 是一个很好的辅助指标。Lang, Stulz 和 Walkling（1991）提出企业价值包括现有资产价值和未来成长期权价值两部分，当企业现有管理条件没有很好的投资机会时，其未来成长期权价值将会很低，这时企业的价值将会低于其资产的重置成本，即 $q<1$。反之，$q>1$。

学术界基于詹森提出的自由现金流假说，利用各种数据（各国数据、行业数据）对其假说进行了检验，检验主要围绕债务的控制假说和自由现金流对收购行为的影响展开。学者们的实证研究结果大部分支持自由现金流假说。例如 Jaggi 和 Gul（1999）研究表明，对于投资机会较差的公司，自由现金流与债务水平呈正相关关系，大公司的显著性比小公司更强。这说明具有较高水平的自由现金流的企业有意识使用较多的债务来降低代理成本。这也验证了詹森提出的债务控制假说。

Kalcheva 和 Lins（2007）发现，当公司外部股东所受保护较少且经理持有较多现金时，公司价值会降低。Harford，Mansi 和 Maxwell（2008）发现，治理能力越弱的公司越愿意选择回购股票而不是增发股利。由于控制力较弱的经理会迅速将现金花费在并购和资本支出上，降低了公司盈利能力和价值，公司的现金储备更少。杨华军和胡奕明（2007）发现，地方政府的控制干预会显著地提高自由现金流的过度投资倾向，而金融发展则会减少该行为。俞红海、徐龙炳和陈百助（2010）发现，股权集中和控股股东的存在会导致公司自由现金流的过度投资，而控股股东的控制权与现金流权分离进一步加剧了这一行为。此外，更多学者对自由现金流与资本支出和研发费用之间的关系进行检验，发现自由现金流的减少与研发费用的减少相关，进而验证了詹森的观点。如 Bates，Kahle 和 Stulz（2009）发现，公司同时增加现金持有和研发投入的现象普遍存在。

当然，理论界也对这一理论提出了一些质疑。比如"融资优序"论认为股东与经理人之间的信息不对称会使内部融资成本高于外部融资成本，为避免不必要的大量外部融资行为发生，企业应为未来的 NPV 大于 0 的投资机会储存足够的内部资金。这显然与詹森简单地认为的大量现金流的积累会增加代理成本不一致。

另外，本文提出的基于自由现金流的理论可以为最优资本结构的确定提供一个新的视角。但债务融资能带来的收益还需要通过量化才能引入资本结构确定的问题中，这需要理论界的进一步研究。

总体来说，自由现金流假说作为一种理解企业代理成本的理论，可以为我们解决企业融资结构提供一个新的视角。它可以与众多基于资本结构的理论结合使用，为我们决定企业的资本结构提供有益的参考。

噪　　声①

作者简介　**Fisher Black**

　　费雪·布莱克（Fisher Black），1938 年出生，是美国最伟大的经济学家之一。布莱克于 1959 年获得物理学学士学位，1964 年获哈佛大学应用数学博士学位。布莱克从 1971 年开始到芝加哥大学工作，1975 年离开芝加哥大学前往麻省理工学院执教，10 年之后，即 1984 年离开 MIT，加盟高盛。早期布莱克在杰克·特雷纳——CAPM 创始人之一——的影响下开始由应用数学转向金融学的研究。在对 CAPM 实证和理论性结合的研究中，产生了一篇经典论文《资本资产定价模型：一些实证检验》。然而，他最伟大的学术成果当属 1973 年和斯科尔斯教授在《政治经济学杂志》上发表的期权定价理论。该理论已经被毫无疑问地认为是现代金融理论和实务的中心基石，并由此开创了金融研究的一个新领域——连续时间金融。1997 年度诺贝尔经济学奖授予哈佛大学的资深教授罗伯特·默顿和斯坦福大学的荣誉退休教授迈伦·斯科尔斯，以表彰他们在期权定价理论方面所做出的杰出贡献。若非布莱克教授英年早逝，那么 1997 年诺贝尔奖的荣耀便由三个人分享了。

---

　　①　本文发表于 *Journal of Finance*，Vol. 41，No. 3，pp. 529 - 543，July 1986。

主要成果

"Noise", *Journal of Finance*, Vol. 41, No. 3, pp. 529 - 543, July 1986.

"The Magic in Earnings: Economic Earnings versus Accounting Earnings", *Financial Analysis Journal*, pp. 19 - 24, 1980.

"Global Monetarism in a World of National Currencies", *Columbia Journal of World Business*, 1978.

"An Approach to the Regulation of Bank Holding Companies" (with M. H. Miller and R. A. Posner), *Journal of Business*, Vol. 51, No. 3, pp. 379 - 412, July 1978.

"The Pricing of Commodity Contracts", *Journal of Financial Economics*, Vol. 3, Issues 1 - 2, pp. 167 - 179, January /March 1976.

"Uniqueness of the Price Level in Monetary Growth Models with Rational Expectations", *Journal of Economic Theory*, Vol. 7, pp. 53 - 65, 1974.

"International Capital Market Equilibrium with Investment Barriers", *Journal of Financial Economics*, Volume 1, Issue 4, pp. 337 - 352, December 1974.

"The Effects of Dividend Yield and Dividend Policy on Common Stock Prices and Returns" (with M. S. Scholes), *Journal of Financial Economics*, Vol. 1, Issue 1, pp. 1 - 22, May 1974.

"The Pricing of Options and Corporate Liabilities" (with M. S. Scholes), *Journal of Political Economy*, Vol. 81, Issue 3, pp. 637 - 655, 1973.

"The Capital-Asset Pricing Model: Some Empirical Tests " (with M. Jensen and M. S. Scholes), in Jensen, editor, Studies in the Theory of Capital Markets, 1972.

"Capital Market Equilibrium with Restricted Borrowing", *Journal of Business*, Vol. 45, No. 3, pp. 444 - 455, July 1972.

"The Valuation of Option Contracts and a Test of Market Efficiency" (with M. S. Scholes), *Journal of Finance*, Vol. 27, No. 2, pp. 399 - 417, May 1972.

"Active and Passive Monetary Policy in a Neoclassical Model", *Journal of Finance*, Vol. 27, No. 4, pp. 801 - 814, Sep. 1972.

研究背景

　　传统的经济学理论有两大假设：交易主体是理性人与交易双方信息对称。按照该理论假设，经济中是不存在经济波动的，即使有，政府的干预也会消除这种波动。但是现实世界与此相反，在金融市场上，股票交易频繁，价格大幅波动且偏离价值；在经济发展中，商业周期频繁出现，政府干预效果不尽如人意。如何解释经济理论与现实的不符？这需要引入新的事物。布莱克的噪声理论即是在此背景下诞生的。布莱克的《噪声》（Noise）一文发表于 1986 年第 3 期的《金融学杂志》。

研究目的和方法

　　本文的研究目的是要揭示噪声对世界和对我们看世界的看法的影响。为此，布莱克将噪声分别引入传统的金融、计量、宏观经济模型中，得到了三个非理性均衡模型，并以之为分析对象得到结论：以数目庞大的小事件面目出现的噪声较数目稀少的大事件对经济的影响更大。

　　这些模型除了引入噪声外，还有一个共同的因素，即把不相关的偶然因素进行多样化组合来揭示这个世界发生的事情，并强调这一方法的重要性。布莱克认为没有单一、少量因素可以解释为什么股票价格会偏离理论价值，不存在因忽略单一变量而导致计量的研究走向迷途，也不存在简单的单因素模型或多因素模型对国内或国外商业波动进行解释。

主要结论

　　以数目庞大的小事件面貌出现的噪声较数目稀少的大事件对经济的影响更大。噪声使金融市场的交易成为可能，从而使我们得以知晓金融资产的价格；噪声使市场在某种程度上无效，但又经常阻止我们利用市场的无效；以未来偏好和技术的不确定性为形式的噪声导致了商业波动的出现，并使政府干预以期改善商业周期的努力大打折扣；以不需遵循理性规则预期形式出现的噪声导致了通货膨胀的产生，至少在不采用金本位或固定汇率时如此；以参照其他汇率而定的相对价格走向的不确定性出现的噪声使我们错误地认为相对汇率或通货膨胀率的变化会导致贸易、投资或经济活动的变化。

1. 金融——噪声保证了市场的流动性，并创造了通过交易获利颇丰的机会，但与此同时，又使获利变得困难

金融市场的模型是最为基本的。在该模型里，噪声是与信息相对应的。人们进行交易的方式有两种：一是基于信息交易，期望从这样的交易中获得收益是正确的；二是基于噪声交易，即交易者将噪声误以为信息，期望从这样的交易中获利是不正确的。然而，噪声是保证市场流动性所必需的。

噪声使金融市场的存在和运行成为可能，却使其不尽完美。如果不存在噪声交易，那么单一资产的交易量将微乎其微。人们将会直接或间接地持有单一资产，但很少进行交易。期望通过交易以改变风险暴露头寸的人们将会交易共同基金、组合、指数期货或指数期权，人们很少有理由去交易单个公司的股票。那些需要花销现金或想要将现金进行投资的人们将会增加或减少他们在短期证券、货币市场账户、货币市场互助基金上的头寸，或以不动产或其他资产抵押借款。

拥有某个公司信息的人有意愿进行交易，但会认识到只有同样拥有该公司信息的人才会充当交易的另一方。考虑到另一方也拥有信息，那么交易还会继续吗？从拥有交易双方都知晓的信息的第三方来看，如果交易，则必有一方犯了错误，该交易也将不再是基于信息。

换句话说，一个只含有基于信息交易而无噪声交易的模型是没有意义的。信念的不同源于所掌握的信息不同。在噪声交易模型中，噪声交易者虽然有不同的信念，但是他们认为彼此的信念是无差异的，或者说是一样好的，而在非噪声交易模型里，拥有独门信息的交易者将会认为其他交易者也都拥有该类信息，不会急于进行交易。

金融市场的整个结构依赖于相对具有流动性的股票交易市场。假如有很少或根本就没有单个资产的交易，也将没有共同基金、组合、指数期货或指数期权的交易，因为没有现实可行的方法对这些资产进行定价。

噪声交易者弥补了这一缺失的成分。频繁的交易使我们得以观察价格，从这个意义上说，噪声交易越多，市场越有流动性。但是噪声交易确实将噪声引入了价格。股票价格既包含了信息交易者进行交易基于的信息，又包含了噪声交易者所基于的噪声。

因为有众多的噪声交易者，所以基于信息的交易者将获利，甚至那些以高昂的成本获取信息并以这些信息为交易基础的人们也将获利。很多时候，噪声交易者作为一个整体将不得不向另一个整体——信息交易者掏钱。

随着噪声交易数量的增加，基于信息交易的人们获利更丰，但这仅仅是因为价格里面含有更多的噪声罢了。此时，更多的信息交易者会涌入，而且现有的信息交易者也会扩大头寸和投入更多的资源到信息的获取上，然而价格却因噪声交易数量的增加而更缺乏效率，也就是说，市场的流动性所必需的却降低了定价效率。

既然从整体来说，信息交易者将从噪声交易者身上获利，那么信息交易者会不会有动力承担更大的头寸，而且最终的结果如同 Friedman（1953）和 Fama（1965）所言，噪声交易者最终将从市场消失？并不必然如此！首先，即使信息给予信息交易者优势，但并未保证一定给予信息交易者正的回报。承担更大的头寸意味着面临更大的风险，因此存在着一个头寸限制。其次，信息交易者永远不能确定他们是基于信息而非噪声交易。如果他们拥有的信息已经被反映在价格里面了又该怎样呢？基于那样的信息交易无异于基于噪声交易，因为组合的实际报酬率是预期收益极富噪声的估计，即使在调整完对市场和其他因素的回报后也是如此，所以，从这一点来说，很难证明信息交易者较噪声交易者有优势。同理，也很难证明噪声交易者会在交易中损失，要想区分信息交易者和噪声交易者实在是一件很困难的事情。

噪声交易者带进价格中的噪声具有累积性，然而信息交易者的研究和行动会纠正这些累积性，使股价经过一段时间后有回归至均值的趋势。价格偏离价值越远，信息交易者的纠偏动机和行为就会更为积极进取，更多的信息交易者会涌入，他们的头寸也会扩大，他们甚至会发起并购或其他形式的重组，价格回归的速度就越快，这就限制了价格偏离价值的程度。不过所有对价值的估计都是充满噪声的，所以我们无法知晓价格偏离价值有多远。

虽然有噪声交易者参与市场活动，价格中有噪声成分，但是我们可以这样给市场有效性下定义：价格不超过其价值的两倍。直观地看，这样定义市场有效性是合理的——当考虑到价值的不确定性和迫使价格回归至价值的努力的力度时。依据这个定义，作者认为几乎所有——90％的市场在几乎所有的时间内都是有效的。

因为价值是无法观察的，因此那些空洞无物、不包含信息内容的事件也是有可能影响价格的。例如，当标准普尔 500 指数新增一只股票时，人们会购买它，购买将会使该股票价格在一段时间内上升，并超过其价值。信息交易会使其价格回归，不过这一过程是渐进的。与此类似，当在外已经发行两只普通股的公司增发其中某一只时，该只股票的价格会相对于另一只下降。

价格和价值的运动都可大体上看作数学上的有非零均值的随机游走过程。价格和价值变化的百分比的均值会随着时间的推移而变化。价值变化的百分比的均值发生变化是因为偏好、技术和财富会变，它会随着价值的增加（下降）而下降（上升）。价格变化的百分比的均值发生变化是因为价格变化与价值变化之间的关系（以及价值变化的百分比的均值）。价格趋向于价值运动。

价格的短期波动性大于价值的短期波动性。因为在本文中噪声与信息相独立，所以，当价格移动的百分比的方差（由噪声交易导致的）等于由信息交易导致的价值移动的百分比的方差时，价格移动的百分比的方差大体上是价值移动的百分比的方差的两倍。然而，时间间隔若不取天，而取更长的，两个方差会趋于一致。

波动性也将随着时间的推移而改变。公司价值的波动性受有关公司的信息到来的速度和公司杠杆等因素的影响，所有这些因素都会随时间改变。价格的波动性也会因上述原因及其他原因而随时间改变。任何改变噪声交易的数量和特征的事物都将改变价格的波动性。

2. 计量——尴尬的计量经济研究结果

为什么人们基于噪声交易？一个原因是，他们喜欢这样；另一个原因是，他们周围有太多的噪声，以致他们并不能判定他们是基于噪声还是信息交易。

这两个原因都不能在这样的土壤里生根开花，即人们充分利用可获得的一切信息，以期望效用最大化为准则行事。有大量的证据表明，人们并不遵守期望效用理论，比如，人们可能会接受投机性或赌博性的游戏以避免损失，但同时又会在有可预期的收益时拒绝同样的游戏。

那么，到底是什么让人们违背了效用准则呢？是噪声！

因为有太多的噪声，人们倾向于凭经验行事，他们彼此分享经验，期望以此弱化噪声的影响。但是很少有人有足够的阅历，很少有人能够通过充分解释噪声来认识到经验的浅薄和简单。

然而，即使是受过高等教育的人也会经常犯同一错误。例如，当审视数据时，如果两个事件经常一起出现，那么人们会有很强的意向认为是其中一个事件导致了另一个事件的发生，如果两个事件一前一后发生，那么人们又会有更强的意向认为先发生的是后发生的因，后发生的是先发生的果。

这些意向很容易在最简单的事件研究中被拒绝，但是当计量经济学变得日益复杂时，经常可以看到这些意向的身影显现于计量研究中。显然，从这些研究中得出结论是很值得怀疑的。

因为这个世界上有那么多的噪声，确定性的事物实质上是不可观察的。例如，我们并不知道市场预期收益是多少，有很多理由足以使我们确信它会随时间变化，而且也没有理由使人们相信它的变化是平缓的。我们可以利用过去的平均收益作为它的估计，但这是一个充满噪声的估计。同样，供求曲线的斜率也很难估计，以至它们在实质上也是不可观察的。其中一个原因是，无论我们在一个计量分析函数中引入多少个变量，总有一些潜在的重要变量被我们忽视，而这或许是因为它们也是不可观察的。例如，财富通常在估计需求曲线时是一个关键变量，但财富本身是不可观察的，人们甚至都不清楚该如何定义它。事实上，列举可观察事物要比列举不可观察事物更为容易，因为有很多事情都是不可观察的。

经济变量看起来要比金融变量更难以观察。比如，商品和服务的价格便很难观察，因为它们依赖于交易的地点和时间，相较金融变量有更强的特定性。因此，涉及经济变量的计量经济研究很难有说服力。

金融学中的实证研究要较经济学中的实证研究容易，因为股票价格的数据质量要比经济学中可用的数据质量好，但即便如此，在试图揭示股票价格的研究结果方面依然陷阱丛生。

例如，许多近来的金融实证研究中采用了事件研究的形式，即研究股票价格对可以影响到公司状况的公告的反应。如果股价中不包含噪声，这无疑是一种发现某事件是如何影响公司的可信赖的方法，然而，股票价格的反应仅告诉了我们事件是如何影响公司投资者的观点的，而投资者的观点是既有信息又有噪声的。

3. 宏观经济——周期与干预的另一种解释

布莱克认为，宏观经济中的噪声是导致商业周期、政府干预无效和通货膨胀产生的原因所在。

货币与价格并不能解释经济的波动，因为它们都是虚的，能够用来解释的是那些与虚的相对应的实的东西。例如，经济中只有两个人：A 生产玩具，B 生产艺术品，如果 A、B 各自所需正是对方之所产，那么两个人都会努力工作，经济就会繁荣。但是假若两人各自所需并非对方之所产，那么经济就会萧条乃至崩溃。在这个高度抽象的例子中，货币与价格并没有像现代经济学家所说的那样至关重要。

一方面，如果商业周期是因一般价格水平或政府支出水平未预料到的变化所致，这种不确定性并不能称为噪声。因为它是如此地简单！另一方面，如果商业周期是由部门内部和部门间未预料到的偏好和技术的改变所致，我们可将这种不确定性称为噪声。这样的部门，即在其内部偏好与技术相匹配的部门，数量会随时间而发生很大的变化，有时候，我们的经济会得到扩张，而另一些时候，经济会出现萧条。

这一改变产生效果的原因之一是各部门间的技术与偏好并非独立无关。当需要用石油方能生产的产品和服务的成本较高时，与此相关的其他部门的成本也会较高。而且，将各部门细分得越多，各子部门间的关联度就越大。

噪声或不确定性对经济产生影响的原因之二是，人力资源和实物资源在部门内部和部门之间的转移是有成本的。如果技术和资本可以在偏好与技术已经知道后在部门内外无成本地转移，那么我们想要做什么和我们能做什么的不匹配就不会发生。转移实物资源的成本明显是大的，所以认为这些成本在商业周期中扮演一定的角色是合理的。毕竟，将通货膨胀调整写入合同或公告价格水平的变化的成本是微不足道的，所以，认为这些成本在商业周期中扮演有举足轻重作用的角色是不对的。

但是目前尚不清楚，随着经济由简单向复杂和现代化的转变，日益深化的专业化与分工是否使商业周期变大或变小。一方面，在一个更为复杂的经济中，分工意味着某农作物的欠丰或需求的突然波动并不会产生毁灭性的影响；另一方面，专业化意味着如果存在着偏好与技术的不匹配，那么在部门之间转移技术和机器以修正这种不匹配的成本是巨大的。

经济稳定是政府所追求的四大经济目标之一，因此，面对商业周期，政府必定要有所为，也就是说要干预经济。但是，纵观世界各国，尤其是政府宏微观调控手段较为发达的西方国家，在它们的经济发展史中，似乎很难找到一幅没有波动的历史画卷。显而易见，经济中必定存在某种因素使政府的干预效果打了折扣，而这个因素就是噪声。

部门内部和部门间的未预料到的偏好和技术的改变不仅仅对于民众、对于那些工人和公司里的主管人员是噪声，对于政府而言是更大的噪声，甚至对那些做统计工作的政府雇员也是如此，因此，政府掌握的部门内外供求的未来状况信息比工作在这些部门里的人们所掌握的信息还差，政府在避免经济波动方面所能做的非常之少就不足为奇了。

一般认为，货币政策与通货膨胀的产生有极大的关系：货币供给增加，价格上升，通货膨胀产生。但是布莱克认为货币政策不能引起通货膨胀变化。

对于一个市场经济极为发达的国家或经济体，比如说美国，货币政策几乎完全是消极被动的。当价格或收入上升时，货币供给增加，因为此时货币需求增加。反之，则不存在一个均衡模型，在其中，货币的变化导致了价格或收入的变化。[①]

如果货币政策不能引起通胀变化，那又是什么引起的呢？

价格水平和通胀率在严格意义上是含糊的、不确定的。人们认为它们是什么，它们就是什么。它们由预期决定，但预期不遵从任何理性规则，如果人们认为货币的变化将会引起通胀率的变化，那么就有可能会发生，因为它们的预期将会被写进合同。

我们也可以用另一种说法来解释。在一个部门内部，产出与投入的价格往往被

---

① 货币的变化往往先于收入的变化，这不足为奇，因为对货币的需求不仅仅取决于当前收入，还取决于预期收入，财富的变化同样也先于收入的变化。

当作是既定的，生产什么与生产多少的决策是在价格既定的情况下确定的，因此，每个部门都认为其投入与产出的价格的通货膨胀是既定的。在一个含有预期通胀率的均衡模型里（金价与汇率均非固定不变），如果每一个人都有一个更低的预期通货膨胀率，那么人们就可以形成另一个新的均衡。（在作者的模型里，政府也是以一个部门的身份出现的——它作为货币的供给者。）所以，可以说是噪声导致了通胀的变化。

如果采用金本位，金价不时调整以使一般价格水平遵循人们希望走的路径，政府随时能够以当时的固定价格买卖黄金而又不使黄金的库存波动太大，那么通货膨胀将被控制而非随机游走。但现实情况是，恢复至金本位是不可能的。

同样，如果一个小国采用不时调整与一个大国之间的汇率的办法，使其价格水平也遵循人们希望走的路径，政府能够及时以当时的固定汇率买卖外汇而又不致外汇储备波动太大，那么它们的通胀也将被控制而非随机游走。对于富裕和有可靠、稳定的征税能力的国家，是可以采用这一办法的，因为它们总是有充足的资产可卖、大量的外汇储备可用。

但是我们并不清楚控制价格水平能够得到什么。如果商业周期是由实际因素而非那些被通胀影响的因素所引起，那么控制通胀的理由将不再成立。

布莱克认为，事实上存在着一个真实的国际均衡模型。该均衡在很大程度上不为价格水平和货币政策所影响，当然在那些没有稳定的金融市场或国家外债超过其应课税财富的国家中，该均衡是不存在的。这个均衡涉及国际和国内商业周期，这两个商业周期均源于偏好与技术的匹配程度。

该均衡亦包含各种各样的商品和服务不断变化的相对价格（包括不同地区同一商品和服务的相对价格）。因为获取信息与运输成本高昂，所以不存在某种形式的套利使不同地区的价格统一，但是，该均衡在很大程度上又独立于相对价格水平和汇率。

并且，该均衡也涉及国家之间不断变化的贸易流。无论是在短期还是在长期，不存在两国之间贸易平衡的原因或理由，而且不平衡的贸易并没有特定的福利含义。

虽然该均衡随着时间的推移而不断变化，但在某一时点上是固定的，在某一时点上若某一商品或服务的通货价格较其他时点高，也就意味着其余所有商品或服务的通货价格也较其他时点高。

评　价

噪声理论进一步否定了经济学中理性人和信息对称的假设，它将人的心理活动等非传统因素引入观察世界、观察经济的模型中，对原有的经济理论进行了修正，使经济理论离现实世界又近了一步，但与此同时，正如布莱克本人所言："噪声的存在使得对金融或经济如何运行的实务或学术理论的检验非常困难，我们不得不几乎是在黑夜中活动。"

噪声揭示了经济活动的复杂性。面对复杂性，人们现有的投资理念似乎不再处处有用，长期资本管理公司严格按照数学模型进行投资，然而数学不能描述现实中的经济，未曾预料到的小概率事件使长期资本管理公司黯然结束了昔日的辉煌。政府对经济的宏观调控有可能在制定政策之时就因为噪声的干扰注定了失败的结局。

后续研究

布莱克教授在其论文中称："我承认许多学者会认为我的许多结论是错误的或不可检验的……我做一预言：终将有一天，这些结论会被接受。噪声交易者的影响将会变得明显……"

布莱克教授的预言现在已经得到了证实，至少对金融市场的研究是如此。De Long，Shleifer，Summers 和 Waldmann（1990）的《金融市场中的噪声交易者风险》（Noise Trader Risk in Financial Markets）一文将金融市场的投资者分为两类：精明的投资者和噪声交易者。两者在效用函数、风险资产持有头寸上有区别，即在噪声交易者函数中引进了噪声交易者对风险资产的错误预期，风险资产的价格也因此被引入噪声交易者的风险因素。根据他们的模型，这四位教授在文中提出，噪声交易者对风险资产价格的影响不是暂时的，也不是可以忽略不计的。

Black（1986）的相关后续研究主要从噪声交易的产生及其影响的角度展开。

De Long 等（1990）将噪声交易者定义为误认为自己有关于风险资产未来价格的额外信息的人。关于噪声的产生，虽然一般的研究设定噪声是由散户或者业余交易者产生的，但是 Dow 和 Gorton（1997）认为，经理为了避免被客户认为没有尽力工作，会在没有发现好的盈利机会时进行噪声交易。

从资产价格角度，Campbell 和 Kyle（1993）将噪声导致的溢价考虑进资产定价模型，认为噪声交易者可以影响股价的原因是，理性投资者厌恶风险并且遵循效用最大化原则，并认为有的噪声来源于对基本面相关新闻的"过度反应"。Gemmill 和 Thomas（2002）发现噪声交易是导致市场资产价格波动的主要因素，导致了封闭式基金的长期折价。

从市场信息效率角度，Bloomfield 等（1996）构造了一个没有信息优势、没有外生性交易理由的实验室市场，发现噪声交易带来的好处包括增加市场交易量和深度、降低买卖价差和减少交易短时间内对价格产生的冲击，但是噪声交易也降低了市场根据新信息调整价格的能力，交易税也不能改变噪声交易对市场信息效率的影响。Greene 和 Smart（1999）发现，增加噪声交易可以降低股票买卖价差和逆向选择成本，提高市场流动性。

从市场福利角度，De Long 等（1989）使用世代交叠模型来研究噪声交易的福利成本，发现噪声交易产生的机会可以被熟练的理性投资者完全利用，但同时噪声交易产生的额外风险会降低经济中的股本和消费，这种成本的一部分可能会由理性交易者承担并很可能大于上述福利。Palomino（1996）认为在一个小型不完全竞争市场中，噪声交易者的市场力量导致其相对理性交易者会有更高的预期收益和效用，这种市场力量和额外的噪声交易者风险使理性专业投资者不愿意与噪声交易者逆向交易。

此外，国内学者也基于中国市场研究了噪声问题。胡昌生等（2017）研究发现投机者会在噪声不足时通过"主动套利"创造噪声来诱导非理性投资者，导致资产价格过度波动，而基本面投资者的"被动套利"有利于清除噪声。苏冬蔚（2008）发现噪声提高了市场流动性和波动性，降低了市场有效性。李学峰等（2013）则发现噪声会增加市场渐进有效性的短期波动，不会影响市场在长期趋于有效。

正向反馈投资策略以及非稳定性理性投机[①]

作者简介　**J. Bradford De Long**

　　J. 布拉德福德·德龙（J. Bradford De Long）于 1960 年在美国波士顿出生，现任加利福尼亚大学经济学教授。其主要研究领域包括金融、宏观经济学、经济史以及社会史。德龙于 1982 年获哈佛大学学士学位；1985 年获哈佛大学经济学硕士学位；1987 年获哈佛大学经济学博士学位。德龙于 1987—1988 年任职波士顿大学经济学院助理教授；1988—1991 年任职哈佛大学经济学院助理教授；1992 年 3—4 月在欧洲大学协会做访问演讲；1993—1997 年任职加利福尼亚大学经济学院副教授，1997 年至今任职加利福尼亚大学经济学教授。

主要成果

After Piketty：*The Agenda for Economics and Inequality*（with Boushey，Heather，and Marshall Steinbaum，eds.)，Harvard University Press，2017.

Concrete Economics：*The Hamilton Approach to Economic Growth and Policy*（with Cohen，Stephen S.)，Harvard Business Review Press，2016.

---

　　①　本文发表于 *Journal of Finance*，Vol. 45，pp. 374 - 397，June 1990。

"The US Equity Return Premium: Past, Present, and Future" (with Konstantin Magin), *Journal of Economic Perspectives*, Vol. 23, No. 1, pp. 193–208, 2009.

"Productivity Growth in the 2000s", *NBER Macroeconomics Annual*, Vol. 17, pp. 113–145, 2002.

"The 'New Economy': Background, Historical Perspective, Questions, and Speculations" (with Lawrence H. Summers), *Economic Review-Federal Reserve Bank of Kansas City*, Vol. 86, No. 4, p. 29, 2001.

"Introduction to the North America Symposium", *Journal of Economic Perspectives*, pp. 81–83, Winter 2001.

"Americans Historical Experience with Low Inflation", *Journal of Money, Credit, and Banking*, Vol. 32, pp. 979–993, November 2000.

"Review of Charles Ferguson, High Stakes, No Prisoners" (with A. Michael Froomkin), *Harvard Business Review*, Vol. 78, pp. 159–164, Jan.-Feb. 2000.

"Introduction to the Symposium on Business Cycles", *Journal of Economic Perspectives*, Vol. 13, pp. 19–22, 1999.

"Review of Richard Easterlin, Growth Triumphant: The Twenty-First Century in Historical Perspective", *Journal of Economic Literature*, Vol. 36, pp. 278–280, March 1998.

"How Strongly do Developing Countries Benefit from Equipment Investment?" (with L. Summers), *Journal of Monetary Economics*, Vol. 32, pp. 395–415, 1994.

"Equipment Investment and Economic Growth: Reply" (with Lawrence H. Summers), *Quarterly Journal of Economics*, Vol. 109, pp. 803–807, August 1994.

"Princes and Merchants: City Growth Before the Industrial Revolution" (with Andrei Shleifer), *Journal of Law and Economics*, Vol. 36, pp. 671–702, October 1993.

"Why Does the Stock Market Fluctuate?" (with Robert B. Barsky), *Quarterly Journal of Economics*, Vol. 108, pp. 291–312, May 1993.

"Closed-End Fund Discounts: A Yardstick of Small-Investor Sentiment", *Andrei Shleifer Journal of Portfolio Management*, Vol. 18, pp. 46–53, Winter 1992.

"The Stock Market Bubble of 1929: Evidence from Closed-End Funds" (with Andrei Shleifer), *Journal of Economic History*, Vol. 52, pp. 675–700, September 1991.

"Equipment Investment and Economic Growth" (with Lawrence H. Summers), *Quarterly Journal of Economics*, Vol. 106, pp. 445–502, May 1991.

"The Survival of Noise Traders in Financial Markets"（with Andrei Shleifer，Lawrence H. Summers，and Robert J. Waldmann），*Journal of Business*，Vol. 64，pp. 1 - 20，January 1991.

"Positive-Feedback Investment Strategies and Destabilizing Rational Speculation"（with Andrei Shleifer，Lawrence H. Summers，and Robert J. Waldmann），*Journal of Finance*，Vol. 45，pp. 374 - 397，June 1990.

"The Size and Incidence of Losses from Noise Trading"（with Andrei Shleifer，Lawrence H. Summers，and Robert J. Waldmann），*Journal of Finance*，Vol. 44，pp. 681 - 696，July 1989.

"Are Business Cycles Symmetrical?"（with Lawrence H. Summers），in Robert J. Gordon，ed.，*The American Business Cycle：Continuity and Change*（Chicago，IL：University of Chicago Press for the National Bureau of Economic Research），pp. 166 - 178，1986.

作者简介　　**Andrei Shleifer**

　　安德鲁·施莱弗（Andrei Shleifer）出生于 1961 年 2 月 20 日，现为哈佛大学经济学教授，他撰写的《低效的市场》（*Inefficient Markets*）、与赫什·谢弗森（Hersh Shefrin）撰写的《超越恐惧和贪婪：行为金融学与投资心理诠释》（*Beyond Greed and Fear：Understanding Behavioral Finance and the Psychology of Investing*）以及与罗伯特·希勒（Robert Shiller）撰写的《非理性繁荣》（*Irrational Exuberance*）是美国最热门的三本行为金融学名著，其主要研究领域为公司财务和行为金融。施莱弗于 1982 年获哈佛大学数学学士学位，1986 年获麻省理工学院博士学位。他的博士论文题目为《商业周期与股票市场》（The Business Cycles and the Stock Market)。

1986—1987 年施莱弗任职普林斯顿大学经济学助理教授，1987—1989 年任芝加哥大学商学院金融学助理教授，1989—1990 年任芝加哥大学商学院金融学教授，1991—2002 年任哈佛大学经济学教授，2002 年至今在哈佛大学任惠普尔·V. N. 琼斯教授。

主要成果

"Bubbles for Fama" (with R. Greenwood and Y. You), *Journal of Financial Economics*, Vol. 131, No. 1, pp. 20 - 43, January 2019.

A Crisis of Beliefs: Investor Psychology and Financial Fragility (with N. Gennaioli), Princeton University Press, 2018.

"Extrapolation and Bubbles" (with N. Barberis, R. Greenwood, and L. Jin), *Journal of Financial Economics*, Vol. 129, No. 2, pp. 203 - 227, August 2018.

"Competition for Attention" (with P. Bordalo and N. Gennaioli), *Review of Economic Studies*, Vol. 83, No. 2, pp. 481 - 513, April 2016.

"What Works in Securities Laws?" (with R. La Porta and F. López-de-Silanes), *Journal of Finance*, Vol. 61, No. 1, pp. 1 - 32, February 2006. Reprinted in Geoffrey P. Miller, ed., *Economics of Securities Law*, Vol. 1, Edward Elgar Publishing, Inc., 2016.

"Banks as Patient Fixed-Income Investors" (with S. Hanson, J. Stein, and R. Vishny), *Journal of Financial Economics*, Vol. 117, No. 3, pp. 449 - 469, September 2015.

"X-CAPM: An Extrapolative Capital Asset Pricing Model" (with N. Barberis, R. Greenwood, and L. Jin), *Journal of Financial Economics*, Vol. 115, No. 1, pp. 1 - 24, January 2015.

"Expectations of Returns and Expected Returns" (with R. Greenwood), *Review of Financial Studies*, Vol. 27, No. 3, pp. 714 - 746, March 2014.

"A Model of Shadow Banking" (with N. Gennaioli and R. Vishny), *Journal of Finance*, Vol. 68, No. 4, pp. 1331 - 1363, August 2013.

"The Comparative Economics" (with S. Djankov, E. Glaeser, R. La Porta, and F. López-de-Silanes), *Journal of Comparative Economics*, Vol. 31, No. 4, pp. 595 – 619, December 2003. Reprinted in *Chinese in Comparative Studies*, *Citic*, 2003. Reprinted in S. Deakon and K. Pistor, eds. , *Legal Origin Theory*, Edward Elgar Publishing Company, 2012. Reprinted in Kunal Sen, ed. , *Institutions and Governance in Developing Countries*, Vol. Ⅰ, Edward Elgar Publishing, Inc. , 2013.

The Failure of Judges and the Rise of Regulators, MIT Press, 2012.

"Neglected Risks, Financial Innovation and Financial Fragility" (with N. Gennaioli and R. Vishny), *Journal of Financial Economics*, Vol. 104, No. 3, pp. 452 – 468, June 2012.

"Chasing Noise" (with B. Mendel), *Journal of Financial Economics*, Vol. 104, No. 2, pp. 303 – 320, May 2012.

"Unstable Banking" (with R. Vishny), *Journal of Financial Economics*, Vol. 97, No. 3, pp. 306 – 318, September 2010.

"The Law and Economics of Self-Dealing" (with S. Djankov, R. La Porta, and F. López-de-Silanes), *Journal of Financial Economics*, Vol. 88, No. 3, pp. 430 – 465, June 2008.

"Private Credit in 129 Countries" (with S. Djankov and C. McLiesh), *Journal of Financial Economics*, Vol. 12, No. 2, pp. 77 – 99, May 2007.

A Normal Country: Russia after Communism, Harvard University Press, 2005.

"Comovement" (with N. Barberis and J. Wurgler), *Journal of Financial Economics*, Vol. 75, No. 2, pp. 283 – 317, January 2005.

"Stock Market Driven Acquisitions" (with R. Vishny), *Journal of Financial Economics*, Vol. 70, No. 3, pp. 295 – 311, December 2003.

"Family Firms" (with M. Burkhart and F. Panunzi), *Journal of Finance*, Vol. 58, pp. 2167 – 2202, October 2003.

"Government Ownership of Banks" (with R. La Porta and F. López-de-Silanes), *Journal of Finance*, Vol. 57, pp. 265 – 301, February 2002.

Without a Map: Political Tactics and Economic Reform in Russia (with D. Treisman), MIT Press, 2000.

"The Survival of Noise Traders in Financial Markets" (with B. De Long, L. Summers, and R. Waldmann), *Journal of Business*, Vol. 64, pp. 1 – 19, January 1991.

"Value Maximization and the Acquisition Process" (with R. Vishny), *Journal of Economic Perspectives*, Winter 1988. Reprinted in *Russian in Ekonomika I*

Matematicheskiye Metody，Vol. 27，No. 4，1991.

"Positive-Feedback Investment Strategies and Destabilizing Rational Speculation" (with J. Bradford De Long，Lawrence H. Summers，and Robert J. Waldmann)，*Journal of Finance*，Vol. 45，pp. 374–397，June 1990.

"The Noise Trader Approach to Finance"（with L. Summers），*Journal of Economic Perspectives*，Vol. 4，pp. 19–33，Spring 1990.

"Reversions of Excess Pension Assets after Takeovers"（with J. Pontiff and M. Weisbach），*Rand Journal of Economics*，Vol. 21，pp. 600–613，Winter 1990.

作者简介　　Lawrence H. Summers

　　劳伦斯·H. 萨默斯（Lawrence H. Summers）1954 年出生于美国纽黑文。现任哈佛大学查尔斯·W. 艾略特教授、哈佛大学名誉校长。其于 1993 年获得克拉克奖章。主要研究领域为资产定价、行为金融。萨默斯于 1975 年毕业于麻省理工学院，获学士学位。1982 年 28 岁时，在哈佛大学获哲学博士学位，其博士论文题目为《资本所得税的资产价格视角》（An Asset-Price Approach to Capital Income Taxation）。

　　1987—1993 年，萨默斯在哈佛大学担任政治经济学教授，1984—1990 年期间，一直是《经济学季刊》（*The Quarterly Journal of Economics*）的编辑。1991—1993 年，萨默斯受聘于世界银行，在世界银行的贷款委员会担任首席经济学家，1999 年在克林顿政府任财政部第 72 届部长，2001 年 3 月 11 日当选为哈佛大学第 27 任校长，任职至 2006 年。2006—2007 年、2011 年至今任哈佛大学查尔斯·W.

艾略特教授，2009—2011 年任奥巴马政府国民经济委员会主任及经济政策总统助理。

主要成果

"Secular Stagnation and Macroeconomic Policy"，*IMF Economic Review*，Vol. 66，No. 2，pp. 226 - 250，June 2018.

"The Permanent Effects of Fiscal Consolidations"（with Fatas，Antonio），*Journal of International Economics*，Vol. 112，pp. 238 - 250，May 2018.

"Secular Stagnation in the Open Economy"（with Eggertsson，Gauti B. and Neil R. Mehrotra），*The American Economic Review*，Vol. 106，No. 5，pp. 503 - 507，2016.

"Demand Side Secular Stagnation"，*The American Economic Review*，Vol. 105，No. 5，pp. 60 - 65，2015.

"International Financial Crises：Causes，Prevention，and Cures"，*The American Economic Review*，Vol. 90，No. 2，pp. 1 - 16，2000.

"The 'New Economy'：Background，Historical Perspective，Questions，and Speculations"（with De Long，J. B. ），*Economic Review-Federal Reserve Bank of Kansas City*，Vol. 86，No. 4，p. 29，2001.

"Trading Blocs：Alternative Approaches to Analyzing Preferential Trade Agreements"（with Arvind，J. N. B. P. K. and Krugman，P. ），MIT Press，1999.

"Unemployment Benefits and Labor Market Transitions：A Multinomial Logit Model with Errors in Classification"（with Poterba，James M. ），*The Review of Economics and Statistics*，Vol. 77，pp. 207 - 216，1995.

"How Strongly Do Developing Countries Benefit from Equipment Investment?"（with J. Bradford De Long），*Journal of Monetary Economics*，Vol. 32，pp. 395 - 415，1994.

"Equipment Investment and Economic Growth：Reply"（with J. Bradford De Long），*Quarterly Journal of Economics*，Vol. 109，pp. 803 - 807，August 1994.

"The Survival of Noise Traders in Financial Markets"（with J. Bradford De Long，Andrei Shleifer，and Robert J. Waldmann），*Journal of Business*，Vol. 64，pp. 1 - 20，January 1991.

"The Size and Incidence of Losses from Noise Trading" (with J. Bradford De Long, Andrei Shleifer, and Robert J. Waldmann), *Journal of Finance*, Vol. 44, pp. 681 - 696, July 1991.

"Positive-Feedback Investment Strategies and Destabilizing Rational Speculation" (with J. Bradford De Long, Andrei Shleifer, and Robert J. Waldmann), *Journal of Finance*, Vol. 45, pp. 374 - 397, June 1990.

"Equipment Investment and Economic Growth" (with J. Bradford De Long), *Quarterly Journal of Economics*, Vol. 106, pp. 445 - 502, May 1991.

"Noise Trader Risk in Financial Markets" (with J. Bradford De Long, Andrei Shleifer, and Robert J. Waldmann), *Journal of Political Economy*, Vol. 98, pp. 703 - 738, August 1990.

"Price Level 'Flexibility' and the Coming of the New Deal: A Response to Sumner" (with J. Bradford De Long), *Cato Journal*, Vol. 9, pp. 729 - 735, Winter 1990.

"The Size and Incidence of Losses from Noise Trading" (with J. Bradford De Long, Andrei Shleifer, and Robert J. Waldmann), *Journal of Finance*, Vol. 44, pp. 681 - 696, July 1989.

"Is Increased Price Flexibility Stabilizing?: Reply" (with J. Bradford De Long), *The American Economic Review*, Vol. 78, pp. 273 - 276, March 1988.

作者简介　　Robert J. Waldmann

罗伯特·J. 沃尔德曼（Robert J. Waldmann），现任罗马大学经济学教授。

主要成果

"A Behavioral Model of the Credit Cycle" (with Annicchiarico, Barbara, and Silvia Surricchio), *Journal of Economic Behavior & Organization*, Vol. 166, pp. 53 - 83, 2019.

"On B-robust Instrumental Variable Estimation of the Linear Model with Panel Data" (with Wagenvoort, Rien), *Journal of Econometrics*, Vol. 106, No. 2, pp. 297 - 324, 2002.

"Ruling Out Indeterminacy: The Role of Heterogeneity" (with Berthold Herrendorf and Akos Valentinyi），*Review of Economic Studies*，Vol. 67，pp. 295 - 307，2000.

"Can Waste Improve Welfare?"（with Alessandra Pelloni），*Journal of Public Economics*，Vol. 77，pp 45 - 79，2000.

"Positive-Feedback Investment Strategies and Destabilizing Rational Speculation"（with J. Bradford De Long, Andrei Shleifer, and Lawrence H. Summers），*Journal of Finance*，Vol. 45，pp. 374 - 397，June 1990.

研究背景

《正向反馈投资策略以及非稳定性理性投机》（Positive Feedback Investment Strategies and Destabilizing Rational Speculation）是由 J. 布拉德福德·德龙、安德鲁·施莱弗、劳伦斯·H. 萨默斯和罗伯特·J. 沃尔德曼合作撰写的一篇经典论文。其原文发表于《金融学杂志》1990 年第 45 卷。

关于理性投资者行为对资产价格的影响这个问题的答案可追溯到 Friedman（1953）的研究。弗里德曼得出的结论是：理性投资者将使资产价格稳定。最近的一些关于噪声交易以及市场有效的研究也基本认同这一观点，如 Figlewski（1979），Kyle（1985），Campbell 和 Kyle（1988）等。他们认为：噪声交易者可以影响价格，但理性投资者使价格向其基本面价值回归，即使不能完全回归，但方向总是趋向基本面价值的。

而本文基于金融市场上流行的正向反馈交易行为提出了与上述不同的观点。正向反馈交易者是在价格升高时买进股票、价格降低时卖出股票的投资者。这种交易出现可能来自对价格的过高预期或对趋势的追逐，也可能来自止损命令，即为了防止损失过大，在价格下降时，有效促进证券卖出，从而使资产价格下降幅度更大。在这种交易者存在的情况下，理性投资者使价格更加不稳定。一旦有好消息，知情的理性投资者预期价格的初期上涨会促使正向反馈交易者在第二天买进，所以他们可能在当天促使价格的上升高于本来应该上升的幅度。第二天，即使理性投资者卖出，对价格形成下降的压力，但因为开始的价格上涨使正向反馈交易者大量买入，从而价格还是保持上升的趋势。因而，理性交易者通过促使其他投资者的正向反馈交易而增加了价格的波动性。这种理性投机方式曾经被索罗斯（George Soros）成功地运用于 20 世纪 60 年代的并购浪潮以及 20 世纪 70 年代的不动产投资信托浪潮中。

正向反馈投资策略是非常普遍的，与它相关的研究包括：

（1）Andreassen 和 Krans（1988）的关于投资者追逐价格趋势进行投资的最有名的实验证据。在他们的实验中，他们告诉实验参加人员哪些股票是符合其基本面价值的，并要求他们在指定价位上交易。实验者用捐赠的资金投资。结果发现，如果经过一段时间对股价的观察，股价变动很小，实验群众会在价格上升时卖出、价格下降时买进。但是，如果经过一段时间的观察，价格波动呈现出一种趋势，实验者就开始追逐这种趋势，即在价格上升时买入、下降时卖出。而且，只有当股价水平在长时期观察中呈现重大改变时，实验者才转向对价格趋势的追逐，如果只是最近的价格改变，并不会发生这种趋势的追逐。

（2）Case 和 Shiller（1988）发现在过去一段时间住房价格涨得很快的城市，居住的买房者对未来住房价格上涨的预期要远高于生活在住房价格在过去一段时间停滞甚至下跌的城市的买房者。

（3）Frankel 和 Froot（1988）关于汇率市场的趋势追逐交易研究也证实了同样的正向投资策略的普遍存在。

这种交易不但存在，而且在不同的历史时刻，每当发生相似的趋势行情时，总是存在这种正向反馈交易者，他们不会从以前的惨败中吸取教训。其原因有：（1）每次行情都是不一样的，交易的投资者从以前的历史中得到的经验也是有限的；（2）每次新的行情与原来的行情已经隔了很长一段时间，人们已经淡忘了上次的惨败；（3）一些新的正向反馈交易者代替了以前的，而这些人从来未曾经历过追高杀跌的惨败；（4）即使那些投资者在上次泡沫中惨败，他们现在也已经有了新的储蓄准备再次投资；（5）如果交易者做出错误判断，从而比理性投资者承担了更多的市场风险，他们也能获得更多的收益，这些收益使他们更怠于从失败中学习。所以从长期来看，正向反馈交易总是存在的。

研究方法

本文假设正向反馈交易者只是简单的噪声交易者，他们根据固定的需求曲线在价格上升时买进、在价格下跌时卖出。本模型有四个时期：0，1，2，3 以及两种资产：现金与股票。现金是具有完全供给弹性的，无收益，而股票净供给为零。股票在时期 3 被清偿时支付（$\Phi+\theta$）的风险股利。θ 服从（0，σ_θ^2）的正态分布，在时期 3 之前，没有任何有关 θ 的信息。Φ 的均值为 0，有三个可能的取值，分别为 ϕ，0，$-\phi$。Φ 的价值在时期 2 被公开，在时期 1 有关于 Φ 的价值的消息。

模型中存在三类投资者：正向反馈交易者，数量以 1 计量，表示为"f"；知情的理性投资者，他们以时期 3 消费效用最大化为目的，数量以 u 计量，表示为"r"；被动投资者，他们总是根据股票基本面价值进行投资，数量以（$1-u$）计量，表示为"e"。保持后两类投资者的数目不变是为了在知情理性投资者数目改变的情况下使整个市场的风险相对固定，因为后两类理性投资者代表了整个市场的抗风险能力。一个这样的理性投资者的加入会提高市场的抗风险能力，且使市场的股价波动性降低。相应地，u 的增加只是获得内部信息并且推动短期价格波动的投资者比率的增加，而不是理性交易者总数的增加。表 1 概括了以上所有的模型假设和信息集。

表 1 模型结构

时期	事件	总的需求		
		正向反馈交易者	被动投资者	知情的理性投资者
0	没有	0	0	0
1	知情的投资者获得关于时期 2 股票基本面价值 Φ 的信息 ε	0	$-\alpha p_1$	最佳选择为 D_1^r
2	被动投资者知道 Φ	$\beta(p_1 - p_0)$	$-\alpha(p_2 - \Phi)$	最佳选择为 D_2^r
3	清算：股利为 $\Phi+\theta$，其中 θ 是时期 3 股票基本面价值的信息，此信息在此之前是不可预测的	$\beta(p_2 - p_1)$	$-\alpha(p_3 - (\Phi+\theta))$	最佳选择为 $p_3 = \Phi+\theta$

注：表中 β 表示正向反馈投资者交易曲线的斜率；α 表示被动投资者交易曲线的斜率；p_0，p_1，p_2，p_3 分别为股票在时期 0，1，2，3 的股价。

对模型的求解，作者采用的是倒推法：从时期 3 开始从后往前推导均衡解。

1. 时期 3

特征：没有任何交易，$p_3 = \Phi+\theta$。因为在这个时期，股利 θ 已经公开，所有投资者都知道了，理性投资者会将股价定在其基本面价值 $\phi+\theta$。

2. 时期 2

在这个时期，知情的理性投资者以及被动投资者都知道了 Φ 的价值。模型要求 Φ 足够小，其目的是不破坏为得到知情的理性投资者的股票需求中使用的均值和方差的近似值。

（1）正向反馈交易者对股票的需求为：

$$D_2^f = \beta(p_1 - p_0) = \beta(p_1) \qquad (1)$$

式中，p_1 是时期 1 的股价，p_0 是时期 0 的股价，在本模型中，p_0 设为 0，β 是正向反馈投资交易系数。

因为正向反馈交易者是根据过去的价格改变来决定今天的交易的，所以他们在时期 2 的需求是根据时期 0 和时期 1 的价格变化来决定的。

（2）知情的理性投资者对股票的需求为：

$$D_2^r = \frac{(\Phi - p_2)}{2\gamma\sigma_\theta^2} = \alpha(\Phi - p_2) \qquad (2)$$

为了叙述方便，令 $\alpha = \dfrac{1}{2}r\sigma_\theta^2$。

因为知情的理性投资者的投资目的是最大化风险回避系数为 r 的均值-方差效用函数，此时知情的理性投资者认为股价回到了其基本面价值，只是被时期 3 的股利风险所限制，所以他们对股票的需求如式（2）所示。

（3）被动投资者对股票的需求为：

$$D_2^e = D_2^r = \alpha(\Phi - p_2) \qquad (3)$$

因为被动投资者在时期 2 与知情的理性投资者了解的信息一样多，所以他们对股票的要求与知情的理性投资者是一样的。

（4）为使模型有稳定解，令

$$\alpha > \beta \qquad (4)$$

因为知情的理性投资者使时期 1 的价格随着对时期 2 股价的预期增长而增长，在对时期 2 价值的高度准确的预期下，需求会超过供给，所以只有 $\alpha > \beta$ 的模型才会有稳定的均衡解。

3. 时期 1

在这个时期，知情的理性投资者获知关于时期 2 的 Φ 的基本面价值的信息 $\varepsilon \in \{-\phi, 0, \phi\}$。关于信息 ε 有两个假设：第一，信息是无噪声的，$\varepsilon = \phi$；第二，信息是有噪声的，满足如下条件：

$$P(\varepsilon = \phi, \Phi = \phi) = 0.25 \qquad P(\varepsilon = \phi, \Phi = 0) = 0.25$$
$$P(\varepsilon = -\phi, \Phi = -\phi) = 0.25 \qquad P(\varepsilon = -\phi, \Phi = 0) = 0.25 \qquad (5)$$

（1）正向反馈交易者的需求为 0，即：

$$D_2^f = 0 \qquad (6)$$

因为正向反馈投资者是根据历史价格进行交易的，而不是根据现在的价格的改变进行交易，所以他们的交易需求为 0。

（2）本时期，被动投资者还是在低处买入、在高处卖出，他们的需求为：

$$D_2^e = -\alpha p_1 \tag{7}$$

（3）知情的理性投资者在本时期的需求与其获取的信息以及对下一期价格的预期有关，所以暂时无法获知。

4. 时期 0

时期 0 是个参考期，没有任何信息，股价也在最初的基本面价值：0。这个时期也没有任何交易。时期 0 提供了正向反馈交易者衡量股票从时期 0 到时期 1、再到时期 2 股价上升或下降的比较标准，这样就形成了他们在时期 1 和时期 2 的股票需求。

既然在时期 0 和时期 3 无交易，则在这些时期，市场自动出清，对于时期 1 和时期 2，知情的理性投资者的数量为 u，不知情的理性投资者的数量为 $(1-u)$，市场出清的条件分别为：

$$0 = D_1^f + u D_1^r + (1-u) D_1^e \tag{8}$$

$$0 = D_2^f + u D_2^r + (1-u) D_2^e \tag{9}$$

主要结论

因为知情的理性投资者在时期 1 获取信息有两种情况，所以为了求得均衡解，下面分两种情况进行讨论。

1. 在无噪声信息情况下求解，即 $\varepsilon = \phi$

当 $\Phi = \phi$ 时，时期 1 知情的理性投资者对时期 2 的价格就没有不确定性。只要知情的理性投资者为正，即 $u > 0$，他们预期未来价格上涨，于是买进，进行实际上的无风险套利，这就保证了时期 1 与时期 2 的价格相等。如果没有知情的理性投资者，即 $u = 0$，则时期 1 价格为 0，因为没有人有关于未来股票价值的信息，即：

$$p_1 = p_2，若 u > 0 \tag{10}$$

$$p_1 = 0，若 u = 0$$

将式（1）、式（2）、式（3）代入式（9），即：

$$0 = \beta p_1 + \alpha(\phi - p_2) \tag{11}$$

根据式（10）、式（11），得到：

$$p_1 = p_2 = \alpha\phi/(\alpha - \beta)，若 u > 0 \tag{12}$$

$$p_1 = 0，p_2 = \phi，若 u = 0 \tag{13}$$

我们由此得出结论：假如 $\beta > \alpha/2$，则在知情的理性投资者存在的条件下，股价在所有时期相对于不知情的理性投资者而言远远偏离其基本面价值，所以知情的理性投资者的加入会促使股价更加偏离其基本面价值。

在无噪声信息的情况下，股价变化路径是非连续的，在 $u=0$ 与 $0<u\leqslant1$ 之间是不等的，而且一旦 u 不等于零，股价变动与 u 的变化无关。

用图形表示如下（见图1）：

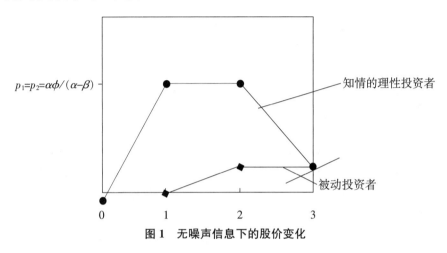

$p_1=p_2=\alpha\phi/(\alpha-\beta)$ 知情的理性投资者 被动投资者

图1　无噪声信息下的股价变化

2. 非完善信息状态下的求解

考虑理性投资者获得了一个有噪声的信息，如式（5）所示。但本模型只考虑 $\varepsilon=\phi$ 的情况，此时有两种情况：第一种为 $\Phi=+\phi$，概率为 $1/2$；第二种为 $\Phi=0$，概率也为 $1/2$。如此定义第一种不确定性状态为 $2a$，第二种为 $2b$，分别代入式（11），则时期2市场出清时：

$$0=\beta p_1+\alpha(\phi-p_{2a}) \tag{14a}$$

$$0=\beta p_1-\alpha p_{2b} \tag{14b}$$

将式（6）、式（7）代入式（8），可以得到时期1市场出清条件为：

$$0=uD_1^r-\alpha(1-u)p_1 \tag{15}$$

式中，D_1^r 未知，但对于任何给定的在时期1购买的 D_1^r，在 a，b 两个状态下时期2的确定性等值财富为：

$$W_{2a}=D_1^r(p_{2a}-p_1)+\alpha(p_{2a}-\phi)^2/2$$

$$=D_1^r\left(\phi+\frac{\beta-\alpha}{\alpha}p_1\right)+\beta^2p_1^2/2\alpha \tag{16a}$$

$$W_{2b}=D_1^r(P_{2b}-p_1)+\alpha p_{2b}^2/2$$

$$=D_1^r\left(\frac{\beta-\alpha}{\alpha}p_1\right)+\beta^2p_1^2/2\alpha \tag{16b}$$

在时期 2 确定性等值财富分布的基础上最大化均值-方差效用，可得到理性投资者时期 1 的需求为：

$$D_1^r = \frac{(p_{2a} + p_{2b}) - 2p_1}{\gamma(p_{2a} - p_{2b})^2} \tag{17}$$

联立式（14a）、式（14b）、式（15）、式（17）四个方程组成方程组，有四个未知数，分别为 p_1，p_{2a}，p_{2b}，D_1^r。故可求得：

$$p_1 = \frac{\phi}{2} \times \frac{\alpha}{\alpha - \beta} \times \frac{1}{1 + \frac{\phi^2}{4\sigma_\theta^2} \times \frac{\alpha}{\alpha - \beta} \times \frac{1 - \mu}{\mu}} \tag{18}$$

在一些特殊情况下，比如 u 为 1，或为 0，这个表达式可简化为：

$$若\ u = 1,\quad p_1 = \frac{\phi}{2}\left(\frac{\alpha}{\alpha - \beta}\right) \tag{19a}$$

$$若\ u = 0,\quad P_1 = 0 \tag{19b}$$

当在时期 1 没有被动投资者时（$u=1$），理性投资者在时期 1 拥有的股票为零，因为根本就没有投资者卖股票。所以在式（19a）中，时期 1 的价格等于预期的时期 2 的股价。当没有理性投资者存在，即 $u=0$ 时，没有人能在时期 1 预测时期 2 股价的基本面价值，所以在式（19b）中，时期 1 的价格为 0。

只要 $\beta > 0$，就可以将式（14a）、式（14b）换一种方式表示为：

$$p_{2a} = \frac{\beta}{\alpha} p_1 + \phi \tag{20a}$$

$$p_{2b} = \frac{\beta}{\alpha} p_1 \tag{20b}$$

为了更好地表示两种情况下股价的变化情况，下面用图形加以描述（见图 2）。其中 $p_1 = \frac{\phi\alpha}{2(\alpha - \beta)}$，$p_2 = \frac{\beta}{\alpha} p_1 + \phi$。

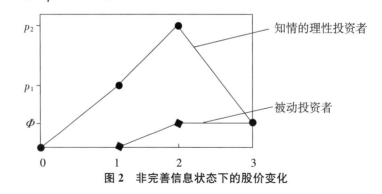

图 2　非完善信息状态下的股价变化

从图 2 可以看出，投资者采取冒险的想法，认为在时期 2 时 $\varPhi = +\phi$，于是推动时期 1 的价格上涨，这又使正向反馈交易在时期 2 的两种情形下都提高了对股票的需求。在时期 2，虽然理性投资者卖出拥有的股票，但正向反馈需求使股价继续保持在其基本面价值之上。所以当 $u>0$ 时，价格要比 $u=0$ 时远高于其基本面价值。这样，知情的理性投资者的引入使价格波动性加剧。

在时期 1，只要 $\dfrac{1-\mu}{\mu}<\dfrac{2\sigma_\theta^2}{\phi^2}\left[1-2\left(\dfrac{\alpha-\beta}{\alpha}\right)\right]$，并且当 $u>0$ 时，股价也比 $u=0$ 时远高于其基本面价值。

因为当只有少量的理性投资者进入经济体时，他们总能使时期 1 的价格更接近其本来价值。然而只要 $\beta>\alpha/2$，当有多于 $u^*(u^*<1)$ 数量的理性投资者进入时，他们会使股价偏离其基本面价值，且比 $u=0$ 时偏离得更厉害，当正向反馈系数 β 更高，关于 θ 的不确定性相对于关于 ϕ 的不确定性更高时，则 u^* 就更低。只要有足够的投资者被引入，时期 1 的股价就如同时期 2 的股价一样偏离其基本面价值。

在时期 1 有噪声的信息下，时期 1 的股价反映了时期 2 需求的不确定性，时期 1 的股价低于时期 2 的平均股价，短期价格从时期 0 到时期 1 的变动在时期 1 到时期 2 仍在持续，因而收益在短期是正相关的，在长期，即到了时期 3，价格又恢复到其基本面价值，所以长期收益是负相关的。

这样，即使在没有理性投资者预期交易的情况下仍可获得短期内收益正相关与长期收益负相关的结论。在本文的模型中，如果在时期 1 公布一个好消息，在时期 2 促使正向反馈交易，在时期 3 回到基本面价值，所以即使在没有理性套利者的情况下也产生了短期内正向反馈、长期内负向反馈交易。理性投资者存在的目的就是使趋势波动更明显以及保证当信息一旦被公布时其价格到其基本面价值的完全调整。这个模型也显示：套利不仅没有消除收益与时间的相关性，反而加强了它们的关系。当理性投资者预期正向反馈交易时，他们会促进短期收益正相关关系发展，而不是消除这种关系。

应用价值

本模型的重要含义是：同样的理性投资者在短期内预期价格趋势持续，而长期将回到其内在价值。短期内预期价格运动方向与长期不一致并不意味着个人预期的不一致。尽管长期来看，价格还是要回到基本面价值。这样的预期会使正向反馈交易对短期价格行为产生重要影响。但不要过分强调模型中收益相关性的含义。原因如下：第一，短期内收益正相关可以来自交易双方的非对称性。在这种情况下，一系列正相关关系只是市场指数建造的想象中的情况而非价格的真实情况，在这样的价位上单只股票不可能实行。第二，模型所预测的短期收益正相关是由正向反馈交易者决定的，正向反馈交易者的偏好是变化的，这样我们就不能期望在某个固定时期收益有正的自相关性。第三，模型中收益长期负相关只是最后一个时期的结果，而这个时期消除了所有的不确定性，价格必须回到其基本面价值，所以有关泡沫破灭的内生时间的发现还有待进一步研究。

模型的另一个重要意义是价格对信息的过度反应。原因是信息促进了正向反馈交易和理性投资者事先的交易，信息实际带来的价格上涨程度暂时要大于信息本身所应带来的价格上涨程度。这个模型的结论与 De Bondt 和 Thaler（1985）提供的过度反应实证检验是一致的，而且从理论上解释了为什么市场容易对信息过度反应。同时也为人们提供了一种投机理念：因为知道了正向反馈交易者的存在，知情的理性交易者可以在短期内获利。

后续研究

学界常常把机构投资者视为更加理性的交易者并且认为他们能够提高市场有效性。然而诸多研究发现，由于代理问题、偏好股票特定特征、趋势交易或市场反馈信息方式等原因，这些"理性交易者"行为的外部性可能加剧市场波动性。主流观点认为其行为对其他交易者的影响可分为羊群效应与正反馈交易两类。二者在一定程度上能够解释股价的异常波动、动量效应和反转效应，正反馈交易可能伴随着羊群效应发生。

早期的研究中，学者们对上述行为的存在性进行了检验。Lakonishok 等（1992）在 769 只免税基金中发现机构投资者存在上述行为但均不明显，其认为经理人更加追求广泛分散化的投资风格，理性程度相对较高。Grinblatt 等（1995）发现有 77% 的共同基金进行了正反馈交易，这些基金更倾向于买入历史赢家组合、卖出输家组合（非完全操作），但也存在少数羊群效应。Nofsinger 和 Sias（1999）则发现机构相较于个人投资者存在更多的羊群效应或者正反馈交易行为，但前者并非出于非理性，而后者更多的与动量有关。

关于正反馈交易产生的直接结果（动量和反转效应），后续研究也提供了基于行为金融的解释。Daniel 等（1998）认为过度自信及自我归因偏差造成投资者存在反应不足和过度反应，导致股市出现短期动量效应以及长期反转效应。Hong 和 Stein（1999）则将市场交易者划分为新闻观察者和动量交易者两类，从行为角度解释正反馈交易的成因。

　　羊群效应与正反馈交易能否及如何对市场有效性产生影响？Culter 等（1990）和 Stein（2009）均认为上述行为存在"负外部性"。前者基于正反馈交易者提出了自适应交易规则框架，即动态套利行为会使得股票价格的实际变动最终偏离初始预期，造成波动加剧。后者认为套利者无法获知存在羊群交易行为的交易者数量，也无法保证个人最优杠杆率不会造成市场价格出现大幅变动，因此理性套利交易者的行为可能对市场有效性产生负外部性。孙培源和施东晖（2002）则证明在中国政策干预频繁和信息不对称严重的市场环境下，股市存在一定程度的羊群行为，并导致在总风险中系统性风险占有较大比例。

金融市场中的噪声交易者风险^①

作者简介　**J. Bradford De Long**

　　J. 布拉德福德·德龙（J. Bradford De Long）于 1960 年在美国波士顿出生，现任加利福尼亚大学经济学教授。其主要研究领域包括金融、宏观经济学、经济史以及社会史。德龙于 1982 年获哈佛大学学士学位；1985 年获哈佛大学经济学硕士学位；1987 年获哈佛大学经济学博士学位。德龙于 1987—1988 年任职波士顿大学经济学院助理教授；1988—1991 年任职哈佛大学经济学院助理教授；1992 年 3—4 月在欧洲大学协会做访问演讲；1993—1997 年任职加利福尼亚大学经济学院副教授，1997 年至今任职加利福尼亚大学经济学教授。

主要成果

After Piketty：The Agenda for Economics and Inequality（with Boushey，Heather，and Marshall Steinbaum，eds.），Harvard University Press，2017.

Concrete Economics：The Hamilton Approach to Economic Growth and Policy（with Cohen，Stephen S.），Harvard Business Review Press，2016.

---

　　① 本文发表于 *Journal of Political Economy*，Vol. 98，pp. 703 - 738，August 1990。

"The US Equity Return Premium: Past, Present, and Future" (with Konstantin Magin), *Journal of Economic Perspectives*, Vol. 23, No. 1, pp. 193 – 208, 2009.

"Productivity Growth in the 2000s", *NBER Macroeconomics Annual*, Vol. 17, pp. 113 – 145, 2002.

"The 'New Economy': Background, Historical Perspective, Questions, and Speculations" (with Lawrence H. Summers), *Economic Review-Federal Reserve Bank of Kansas City*, Vol. 86, No. 4, p. 29, 2001.

"Introduction to the North America Symposium", *Journal of Economic Perspectives*, pp. 81 – 83, Winter 2001.

"Americans Historical Experience with Low Inflation", *Journal of Money, Credit, and Banking*, Vol. 32, pp. 979 – 993, November 2000.

"Review of Charles Ferguson, High Stakes, No Prisoners" (with A. Michael Froomkin), *Harvard Business Review*, Vol. 78, pp. 159 – 164, Jan.-Feb. 2000.

"Introduction to the Symposium on Business Cycles", *Journal of Economic Perspectives*, Vol. 13, pp. 19 – 22, 1999.

"Review of Richard Easterlin, Growth Triumphant: The Twenty-First Century in Historical Perspective", *Journal of Economic Literature*, Vol. 36, pp. 278 – 280, March 1998.

"How Strongly do Developing Countries Benefit from Equipment Investment?" (with L. Summers), *Journal of Monetary Economics*, Vol. 32, pp. 395 – 415, 1994.

"Equipment Investment and Economic Growth: Reply" (with Lawrence H. Summers), *Quarterly Journal of Economics*, Vol. 109, pp. 803 – 807, August 1994.

"Princes and Merchants: City Growth Before the Industrial Revolution" (with Andrei Shleifer), *Journal of Law and Economics*, Vol. 36, pp. 671 – 702, October 1993.

"Why Does the Stock Market Fluctuate?" (with Robert B. Barsky), *Quarterly Journal of Economics*, Vol. 108, pp. 291 – 312, May 1993.

"Closed-End Fund Discounts: A Yardstick of Small-Investor Sentiment", *Andrei Shleifer Journal of Portfolio Management*, Vol. 18, pp. 46 – 53, Winter 1992.

"The Stock Market Bubble of 1929: Evidence from Closed-End Funds" (with Andrei Shleifer), *Journal of Economic History*, Vol. 52, pp. 675 – 700, September 1991.

"Equipment Investment and Economic Growth" (with Lawrence H. Summers), *Quarterly Journal of Economics*, Vol. 106, pp. 445 – 502, May 1991.

"The Survival of Noise Traders in Financial Markets" (with Andrei Shleifer, Lawrence H. Summers, and Robert J. Waldmann), *Journal of Business*, Vol. 64, pp. 1 – 20, January 1991.

"Positive-Feedback Investment Strategies and Destabilizing Rational Speculation" (with Andrei Shleifer, Lawrence H. Summers, and Robert J. Waldmann), *Journal of Finance*, Vol. 45, pp. 374 – 397, June 1990.

"The Size and Incidence of Losses from Noise Trading" (with Andrei Shleifer, Lawrence H. Summers, and Robert J. Waldmann), *Journal of Finance*, Vol. 44, pp. 681 – 696, July 1989.

"Are Business Cycles Symmetrical?" (with Lawrence H. Summers), in Robert J. Gordon, ed. , *The American Business Cycle：Continuity and Change* (Chicago, IL：University of Chicago Press for the National Bureau of Economic Research), pp. 166 – 178, 1986.

作者简介　**Andrei Shleifer**

安德鲁·施莱弗（Andrei Shleifer）出生于 1961 年 2 月 20 日，现为哈佛大学经济学教授，他撰写的《低效的市场》、与赫什·谢弗森撰写的《超越恐惧和贪婪：行为金融学与投资心理诠释》以及与罗伯特·希勒撰写的《非理性繁荣》是美国最热门的三本行为金融学名著，其主要研究领域为公司财务和行为金融。施莱弗于 1982 年获哈佛大学数学学士学位，1986 年获麻省理工学院博士学位。他的博士论文题目为《商业周期与股票市场》。

1986—1987 年施莱弗任职普林斯顿大学经济学助理教授，1987—1989 年任芝加哥大学商学院金融学助理教授，1989—1990 年任芝加哥大学商学院金融学教授，

1991—2002 年任哈佛大学经济学教授，2002 年至今在哈佛大学任惠普尔·V. N.
琼斯教授。

主要成果

"Bubbles for Fama" (with R. Greenwood and Y. You)，*Journal of Financial Economics*，Vol. 131，No. 1，pp. 20 - 43，January 2019.

A Crisis of Beliefs: Investor Psychology and Financial Fragility (with N. Gennaioli)，Princeton University Press，2018.

"Extrapolation and Bubbles" (with N. Barberis，R. Greenwood，and L. Jin)，*Journal of Financial Economics*，Vol. 129，No. 2，pp. 203 - 227，August 2018.

"Competition for Attention" (with P. Bordalo and N. Gennaioli)，*Review of Economic Studies*，Vol. 83，No. 2，pp. 481 - 513，April 2016.

"What Works in Securities Laws?" (with R. La Porta and F. López-de-Silanes)，*Journal of Finance*，Vol. 61，No. 1，pp. 1 - 32，February 2006. Reprinted in Geoffrey P. Miller，ed.，*Economics of Securities Law*，Vol. 1，Edward Elgar Publishing，Inc.，2016.

"Banks as Patient Fixed-Income Investors" (with S. Hanson，J. Stein，and R. Vishny)，*Journal of Financial Economics*，Vol. 117，No. 3，pp. 449 - 469，September 2015.

"X-CAPM: An Extrapolative Capital Asset Pricing Model" (with N. Barberis，R. Greenwood，and L. Jin)，*Journal of Financial Economics*，Vol. 115，No. 1，pp. 1 - 24，January 2015.

"Expectations of Returns and Expected Returns" (with R. Greenwood)，*Review of Financial Studies*，Vol. 27，No. 3，pp. 714 - 746，March 2014.

"A Model of Shadow Banking" (with N. Gennaioli and R. Vishny)，*Journal of Finance*，Vol. 68，No. 4，pp. 1331 - 1363，August 2013.

"The Comparative Economics" (with S. Djankov，E. Glaeser，R. La Porta，and F. López-de-Silanes)，*Journal of Comparative Economics*，Vol. 31，No. 4，pp. 595 - 619，December 2003. Reprinted in *Chinese in Comparative Studies*，Citic，2003. Reprinted in S. Deakon and K. Pistor，eds.，*Legal Origin Theory*，Edward Elgar Publishing Company，2012. Reprinted in Kunal Sen，ed.，*Insti-*

tutions and Governance in Developing Countries，Vol. Ⅰ，Edward Elgar Publishing，Inc.，2013.

The Failure of Judges and the Rise of Regulators，MIT Press，2012.

"Neglected Risks，Financial Innovation and Financial Fragility" (with N. Gennaioli and R. Vishny)，*Journal of Financial Economics*，Vol. 104，No. 3，pp. 452 - 468，June 2012.

"Chasing Noise" (with B. Mendel)，*Journal of Financial Economics*，Vol. 104，No. 2，pp. 303 - 320，May 2012.

"Unstable Banking" (with R. Vishny)，*Journal of Financial Economics*，Vol. 97，No. 3，pp. 306 - 318，September 2010.

"The Law and Economics of Self-Dealing" (with S. Djankov，R. La Porta，and F. López-de-Silanes)，*Journal of Financial Economics*，Vol. 88，No. 3，pp. 430 - 465，June 2008.

"Private Credit in 129 Countries" (with S. Djankov and C. McLiesh)，*Journal of Financial Economics*，Vol. 12，No. 2，pp. 77 - 99，May 2007.

A Normal Country：Russia after Communism，Harvard University Press，2005.

"Comovement" (with N. Barberis and J. Wurgler)，*Journal of Financial Economics*，Vol. 75，No. 2，pp. 283 - 317，January 2005.

"Stock Market Driven Acquisitions" (with R. Vishny)，*Journal of Financial Economics*，Vol. 70，No. 3，pp. 295 - 311，December 2003.

"Family Firms" (with M. Burkhart and F. Panunzi)，*Journal of Finance*，Vol. 58，pp. 2167 - 2202，October 2003.

"Government Ownership of Banks" (with R. La Porta and F. López-de-Silanes)，*Journal of Finance*，Vol. 57，pp. 265 - 301，February 2002.

Without a Map：Political Tactics and Economic Reform in Russia (with D. Treisman)，MIT Press，2000.

"The Survival of Noise Traders in Financial Markets" (with B. De Long，L. Summers，and R. Waldmann)，*Journal of Business*，Vol. 64，pp. 1 - 19，January 1991.

"Value Maximization and the Acquisition Process" (with R. Vishny)，*Journal of Economic Perspectives*，Winter 1988. Reprinted in *Russian in Ekonomika I Matematicheskiye Metody*，Vol. 27，No. 4，1991.

"Positive-Feedback Investment Strategies and Destabilizing Rational Speculation" (with J. Bradford De Long, Lawrence H. Summers, and Robert J. Waldmann), *Journal of Finance*, Vol. 45, pp. 374 - 397, June 1990.

"The Noise Trader Approach to Finance" (with L. Summers), *Journal of Economic Perspectives*, Vol. 4, pp. 19 - 33, Spring 1990.

"Reversions of Excess Pension Assets after Takeovers" (with J. Pontiff and M. Weisbach), *Rand Journal of Economics*, Vol. 21, pp. 600 - 613, Winter 1990.

作者简介　　**Lawrence H. Summers**

　　劳伦斯·H. 萨默斯（Lawrence H. Summers）1954 年出生于美国纽黑文。现任哈佛大学查尔斯·W. 艾略特教授、哈佛大学名誉校长。其于 1993 年获得克拉克奖章。主要研究领域为资产定价、行为金融。萨默斯于 1975 年毕业于麻省理工学院，获学士学位。1982 年 28 岁时，在哈佛大学获哲学博士学位，其博士论文题目为《资本所得税的资产价格视角》。

　　1987—1993 年，萨默斯在哈佛大学担任政治经济学教授，1984—1990 年期间，一直是《经济学季刊》的编辑。1991—1993 年，萨默斯受聘于世界银行，在世界银行的贷款委员会担任首席经济学家，1999 年在克林顿政府任财政部第 72 届部长，2001 年 3 月 11 日当选为哈佛大学第 27 任校长，任职至 2006 年。2006—2007 年、2011 年至今任哈佛大学查尔斯·W. 艾略特教授，2009—2011 年任奥巴马政府国民经济委员会主任及经济政策总统助理。

主要成果

"Secular Stagnation and Macroeconomic Policy", *IMF Economic Review*, Vol. 66, No. 2, pp. 226 - 250, June 2018.

"The Permanent Effects of Fiscal Consolidations" (with Fatas, Antonio), *Journal of International Economics*, Vol. 112, pp. 238 - 250, May 2018.

"Secular Stagnation in the Open Economy" (with Eggertsson, Gauti B. and Neil R. Mehrotra), *The American Economic Review*, Vol. 106, No. 5, pp. 503 - 507, 2016.

"Demand Side Secular Stagnation", *The American Economic Review*, Vol. 105, No. 5, pp. 60 - 65, 2015.

"International Financial Crises: Causes, Prevention, and Cures", *The American Economic Review*, Vol. 90, No. 2, pp. 1 - 16, 2000.

"The 'New Economy': Background, Historical Perspective, Questions, and Speculations" (with De Long, J. B.), *Economic Review-Federal Reserve Bank of Kansas City*, Vol. 86, No. 4, p. 29, 2001.

"Trading Blocs: Alternative Approaches to Analyzing Preferential Trade Agreements" (with Arvind, J. N. B. P. K. and Krugman, P.), MIT Press, 1999.

"Unemployment Benefits and Labor Market Transitions: A Multinomial Logit Model with Errors in Classification" (with Poterba, James M.), *The Review of Economics and Statistics*, Vol. 77, pp. 207 - 216, 1995.

"How Strongly Do Developing Countries Benefit from Equipment Investment?" (with J. Bradford De Long), *Journal of Monetary Economics*, Vol. 32, pp. 395 - 415, 1994.

"Equipment Investment and Economic Growth: Reply" (with J. Bradford De Long), *Quarterly Journal of Economics*, Vol. 109, pp. 803 - 807, August 1994.

"The Survival of Noise Traders in Financial Markets" (with J. Bradford De Long, Andrei Shleifer, and Robert J. Waldmann), *Journal of Business*, Vol. 64, pp. 1 - 20, January 1991.

"The Size and Incidence of Losses from Noise Trading" (with J. Bradford De Long, Andrei Shleifer, and Robert J. Waldmann), *Journal of Finance*, Vol. 44, pp. 681 – 696，July 1991.

"Positive-Feedback Investment Strategies and Destabilizing Rational Speculation" (with J. Bradford De Long，Andrei Shleifer，and Robert J. Waldmann)，*Journal of Finance*，Vol. 45，pp. 374 – 397，June 1990.

"Equipment Investment and Economic Growth"（with J. Bradford De Long），*Quarterly Journal of Economics*，Vol. 106，pp. 445 – 502，May 1991.

"Noise Trader Risk in Financial Markets"（with J. Bradford De Long，Andrei Shleifer，and Robert J. Waldmann），*Journal of Political Economy*，Vol. 98，pp. 703 – 738，August 1990.

"Price Level 'Flexibility' and the Coming of the New Deal：A Response to Sumner" (with J. Bradford De Long)，*Cato Journal*，Vol. 9，pp. 729 – 735，Winter 1990.

"The Size and Incidence of Losses from Noise Trading"（with J. Bradford De Long，Andrei Shleifer，and Robert J. Waldmann），*Journal of Finance*，Vol. 44，pp. 681 – 696，July 1989.

"Is Increased Price Flexibility Stabilizing?：Reply"（with J. Bradford De Long），*The American Economic Review*，Vol. 78，pp. 273 – 276，March 1988.

作者简介　　**Robert J. Waldmann**

罗伯特·J. 沃尔德曼（Robert J. Waldmann），现任罗马大学经济学教授。

主要成果

"A Behavioral Model of the Credit Cycle"（with Annicchiarico，Barbara，and Silvia Surricchio），*Journal of Economic Behavior & Organization*，Vol. 166，pp. 53 – 83，2019.

"On B-robust Instrumental Variable Estimation of the Linear Model with Panel Data"（with Wagenvoort，Rien），*Journal of Econometrics*，Vol. 106，No. 2，pp. 297 – 324，2002.

"Ruling Out Indeterminacy：The Role of Heterogeneity"（with Berthold Herrendorf and Akos Valentinyi），*Review of Economic Studies*，Vol. 67，pp. 295 – 307，2000.

"Can Waste Improve Welfare?"（with Alessandra Pelloni），*Journal of Public Economics*，Vol. 77，pp 45 - 79，2000.

"Positive-Feedback Investment Strategies and Destabilizing Rational Speculation"（with J. Bradford De Long，Andrei Shleifer，and Lawrence H. Summers），*Journal of Finance*，Vol. 45，pp. 374 - 397，June 1990.

研究背景

德龙、施莱弗、萨默斯和沃尔德曼的《金融市场中的噪声交易者风险》（Noise Trader Risk in Financial Markets）一文发表于 1990 年第 98 期的《政治经济学杂志》。

大量的证据表明，很多投资者并不按经济学家的忠告购买并持有市场组合，相反，他们要么买一只股票，要么只买几只进行分散化投资，甚至投资于向他们收取费用却不能保证战胜市场的共同基金。Black（1986）将这些没有内幕消息、将噪声误以为信息并以之为据非理性行事的投资者称为噪声交易者。

即使已经认识到市场中存在大量的噪声交易者，许多经济学家却在阐述资产定价时认为忽略噪声交易者的存在是合适的，如 Friedman（1953）、Fama（1965）等认为理性的套利者和噪声交易者将在市场中相遇，理性套利者充分利用噪声交易者的非理性行为，促使价格向价值回归，而且在这一过程中，那些对价值判断错误而亏损的投资者最终会从市场消失，因此，噪声交易者不会对股价有太大的影响，即便有，也不会长久。

但是有很多实证研究表明，噪声交易者的存在对资产价格确实产生了影响，而且这种影响是长期存在的。如 Roll（1984）研究了橙汁期货市场并发现价格的波动幅度远非基本面风险之源的天气变化所能解释。Shiller（1984），Campbell 和 Kyle（1987）在探讨噪声交易者对股价的影响时发现，即使其投资期限是无穷的，套利者对基本风险的回避本身就严重限制了其套利活动。

金融市场上的一些反常现象也是传统理论所无法解释的，比如封闭式基金折价之谜，现有的解释如代理成本理论，不能削减资本所得应纳税额所导致的净资产价值减少等均不能对之完全解释。代理成本理论不能解释为什么投资者既然已经认识到必将因此而遭受损失，却还要投资于基金；为什么那些有更高的交易成本和股票换手率的基金折价却比较低。它也不能解释基金之间折价的关联波动。税收理论不能解释当封闭式基金转为开放式基金或解散时价格上升的现象（因为此时资本所得已经无法再递延，按理折价应更高），也不能解释基金成立时为何要溢价交易。而且，对公司为什么发放股利甚至增发股利而不是再投资，MM 定理也无法给出圆满的解释。

但是，通过引入噪声交易者和噪声交易者风险，即把那些有错误的随机信息的投资者称为噪声交易者，把噪声交易者信念的不可预测性称为噪声交易者风险，不仅检验了弗里德曼和法玛的主张，还很好地解释了金融市场上的一些反常现象。

研究目的和方法

本文的研究目的有三个：

（1）观察噪声交易者风险对股票价格的影响；

（2）噪声交易者与其他投资者（精明的投资者）的收益比较；

（3）用噪声交易者风险解释金融市场中的反常现象。

这四位作者基于 Samuelson（1958）的生命周期迭代模型，构造了一个简单的由两期生存的行为人组成的资产市场迭代模型。该模型假设：经济体里有两项资产：无风险资产 S 与风险资产 U，它们均支付相同的固定的实际红利收益 r。无风险资产供给具有完全弹性，即在两个时期，该种资产可以随时被创造出来，并可以与消费品等量转换，且价格固定为 1，则无风险资产 S 的股利 r 即为无风险利率。而风险资产供给并非完全弹性，在数量上固定为 1 单位，其 t 时价格为 p_t。如果价格等于未来红利的现值，那么 S 与 U 价格相同且可相互等价替换，但是引入噪声交易者后，U 的价格确定将不再是如此。

市场上共有两类交易者：精明的投资者 i 和噪声交易者 n。n 在整个投资者中所占比例为 μ，相应地，i 的比例为 $(1-\mu)$，同一类型的投资者没有差别。精明的投资者 i 和噪声交易者 n 持有的风险资产头寸分别为 λ_t^i 和 λ_t^n。两者均依据其对风险资产 U 的价格在 $t+1$ 时的预期分布在年轻时以预期效用最大化为准则选定证券组合。i 在 t 时对风险资产 $t+1$ 时的收益分布有精确估计，而 n 在 t 时对风险资产的收益分布有错误估计，该错误估计以独立同分布的正态随机变量 ρ_t 表示：

$$\rho_t \sim N(\rho^*, \sigma_\rho^2) \tag{1}$$

一般把 S 视为短期无风险证券，U 视为股票。模型还有一个重要的假设就是噪声交易者风险弥漫于整个市场，否则，当各噪声交易者对单项资产的错误估计互不相关，而且单项资产相对于整个市场在数量上微不足道时，套利将消除股价偏差。

模型有两个时期。在第一期（年轻时），投资者无消费，无资源禀赋，无劳动力供给决策，投资者所有用于投资的资源都是外生的，其所作出的唯一决策就是在第一期构造一个投资组合。在第二期（年老时），i 和 n 优化了关于期末财富水平 w 的期望效用

$$U=-e^{-(2\gamma)w} \tag{2}$$

式中，γ 是绝对风险回避函数的系数。所不同的是，在对 i 和 n 的效用函数 U 即式（2）分别求解最大化后，噪声交易者的效用函数（4）中引入了精明的投资者的效用函数（3）中所没有的 $\lambda_t^n(\rho_t)$，即 λ_t^n 单位噪声交易者对风险资产错误的预期收益，见式（3）和式（4）。

$$E(U)=\bar{w}-\gamma\sigma_w^2$$
$$=c_0+\lambda_t^i[r+{}_tp_{t+1}-p_t(1+r)]-\gamma(\lambda_t^i)^2({}_t\sigma_{p_{t+1}}^2) \tag{3}$$
$$E(U)=\bar{w}-\gamma\sigma_w^2$$
$$=c_0+\lambda_t^i[r+{}_tp_{t+1}-p_t(1+r)]-\gamma(\lambda_t^i)^2({}_t\sigma_{p_{t+1}}^2)+\lambda_t^n(\rho_t) \tag{4}$$

在第二期，投资者卖掉 S，同时所有的 U 也以价格 p_{t+1} 卖给其他处于第一期的投资者，并消费掉所有财富。

主要结论

1. 噪声交易者风险使股票价格长期偏离基本面价值，精明投资者的套利并不能消除噪声交易者的影响

在该模型中，精明的投资者是风险回避型的，而且投资期限相对于噪声交易者对风险资产错误的价格走势看法的持续期短，没有一个投资者有机会等到风险资产价格能在卖出之前呈一路狂升反转之势，也没有机会等到买进资产之前价格暴跌，因此精明的投资者在与噪声交易者下注相争时不仅要承担基本面风险，还要承担噪声交易者风险，即噪声交易者的随机信念有可能在很长时间内不会回归至均值，甚至会偏离更远。例如，当噪声交易者变得愈加悲观进而推动风险资产（如股票）价格继续下跌，那么，持有多头的套利者在价格反转之前即抛售股票将会损失重大。所以噪声交易者风险进一步限制了投资期限较短的精明投资者与噪声交易者相争的意愿及头寸，其承担风险的能力是有限的。

作者分三种情况讨论了噪声交易者对风险资产的影响。首先，作者分析了在不考虑风险资产 U 的基本面风险时，精明的投资者和噪声交易者对风险资产的需求，以及风险资产的价格。其次，他们同样在不考虑风险资产 U 的基本面风险时设计了两个模型来分析新一代的投资者如何选择投资策略。最后，将基本面风险考虑在内并结合投资者策略选择分析风险资产的价格。

第一种情况：不考虑风险资产 U 的基本面风险时，精明的投资者和噪声交易者对风险资产的需求，以及风险资产的价格。

求解式（3）和式（4）得到精明的投资者和噪声交易者的风险资产的需求函数，分别见式（5）和式（6）：

$$\lambda_t^i = \frac{r +_t p_{t+1} - (1+r) p_t}{2\gamma(_t\sigma_{p_{t+1}}^2)} \tag{5}$$

$$\lambda_t^n = \frac{r +_t p_{t+1} - (1+r) p_t}{2\gamma(_t\sigma_{p_{t+1}}^2)} + \frac{\rho_t}{2\gamma(\sigma_{p_{t+1}}^2)} \tag{6}$$

λ_t^i 和 λ_t^n 均正比于风险资产的超额收益，反比于风险资产的价格方差（完全源于噪声交易者风险）。但是因为噪声交易者对预期收益的错误估计，λ_t^n 又正比于 ρ_t，即当噪声交易者对预期收益有乐观估计时，噪声交易者对风险资产的需求将大于精明的投资者对风险资产的需求。相反，当对预期收益有悲观估计时，噪声交易者对风险资产的需求又会小于精明的投资者的需求。

风险资产的价格为：

$$p_t = 1 + \frac{\mu(\rho_t - \rho^*)}{1+r} + \frac{\mu\rho^*}{r} - \frac{(2\gamma)\mu^2\sigma_\rho^2}{r(1+r)^2} \tag{7}$$

式（7）的后三项表明了噪声交易者对风险资产价格的影响，可以看出，当无噪声交易者风险，即 ρ_t 收敛于 0 时，$p_t = 1$，其价格与无风险资产价格相同。式（7）中的第二项解释了风险资产价格波动的原因，即噪声交易者的错误信念。即使 U 不受任何基本面风险左右，而且精明的投资者与噪声交易者都知道这一点，风险资产的价格也会因噪声交易者信念的变化而变化。比如，当噪声交易者更为乐观的时候，他们会推动价格上升，反之，价格下降。如同人们所猜想的，相对于精明的投资者，噪声交易者越多，资产价格的波动性越大。

式（7）中的第三项解释了风险资产价格偏离其价值的原因是噪声交易者错误信念的平均水平不为零。一方面，如果噪声交易者对收益预期乐观，那么，这种"价格压力"将促使价格上升；另一方面，因为噪声交易者比精明的投资者承担了更大的风险，精明的投资者愿意为 U 支付更高的价格，并获得相应的低收益。

式（7）中的第四项是该模型的核心所在，阐述了当噪声交易者对预期收益悲观，风险资产价格下降时，精明的投资者为何愿意持有风险资产。因为即使 U 的基本面风险为零，噪声交易者风险对精明的投资者的吸引力也会下降，价格因此下降，收益随之上升，从而弥补了精明的投资者持有风险资产所承担的风险。

精明的投资者和噪声交易者在第二期会将风险资产出售给那些处于第一期的投资者们，但是因为该交易价格取决于购买者中的噪声交易者对未来收益的不确定预期，所以出售者们将会限制他们在风险资产上的头寸，也就是限制了精明的投资者和噪声交易者之间下注相争的意愿，并使价格长期偏离价值。否则，资产未来的价格是确定的。精明的投资者和噪声交易者下注相争的意愿将会非常强烈。价格也将趋于基础价值。

第二种情况：在不考虑风险资产 U 的基本面风险时设计两个模型来分析新一代的投资者如何选择投资策略。

作者设计了两个模型分别考察新一代的投资者是如何选择投资策略的。

第一个模型假设新一代投资者是根据上一代投资者的实际收益比较选择投资策略的，即如果上一代投资者中噪声交易者获得较高的收益，那么本来有可能选精明投资者的策略的新一代投资者就会有一部分选择噪声交易者投资策略，也就是说这一部分人成了噪声交易者，反之亦然，而且，收益之差越大，就有越多的人转换。

噪声交易者与精明的投资者投资于风险资产所获得的收益之差 ΔR_{n-i} 正比于两者所持有风险资产头寸之差以及风险资产的超额收益，即：

$$\Delta R_{n-i} = (\lambda_t^n - \lambda_t^i)\left[r + p_{t+1} - p_t(1+r)\right] \tag{8}$$

进一步整理后得：

$$E(\Delta R_{n-i}) = \rho^* - \frac{(1+r)^2\rho^{*2} + (1+r)^2\sigma_\rho^2}{(2\gamma)\mu\sigma_\rho^2} \tag{9}$$

噪声交易者的转换投资策略模型为：

$$\mu_{t+1} = \max\{0, \min[1, \mu_t + \zeta(R_n - R_i)]\} \tag{10}$$

ζ 是每单位收益之差所导致的新一代投资者中新增噪声交易者的比例。该模型隐含着这样一种观点，即刚刚进入市场的资金并不知道应该选择哪种投资策略，从而只能依据对过去收益的观察和比较进行选择，这与 Black（1986）所称的虚假信号引诱相一致。

当 ζ 显著异于零时，在 t 时投资的投资者就必须考虑 $t+1$ 时实现的收益对 $t+1$ 时新的投资者投资策略选择的影响，当 ζ 非常小或接近于零时，可以认为噪声交易者在新老投资者中的比例是不变的，此时式（7）可改为：

$$p_t = 1 + \frac{\mu_t(\rho_t - \rho^*)}{1+r} + \frac{\mu_t\rho^*}{r} - \frac{(2\gamma)\mu_t^2\sigma_\rho^2}{r(1+r)^2} \tag{11}$$

当 μ 小于

$$\mu^* = \frac{(\rho^{*\,2}+\sigma_\rho^2)(1+r)^2}{2\rho^*(\gamma\sigma_\rho^2)} \tag{12}$$

时，噪声交易者将从市场中永久消失，但是当 $\mu > \mu^*$ 时，噪声交易者将会主宰市场，比例接近于 1（如图 1 所示）。

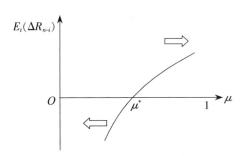

图 1　无基本面风险下噪声交易者的比例分布动态图

该模型隐含着选择噪声交易者策略的投资者事实上忽略了噪声交易者承担的风险，只看到了高收益，即使他们的投资目标是以效用最大化而非财富最大化为目标。

第二个模型是基于效用比较选择投资策略。在凹形效用函数假设下，即两类投资者均是风险回避型的，精明投资者的效用水平要高于噪声交易者的效用水平，从而长期来说，$\mu=0$，即可以不考虑噪声交易者对市场的影响。

但是许多投资者将其获得高收益归功于把握良好的交易时机而非承担了巨大的风险，而且当人们选择投资策略时，依据的大多是相对于市场平均水平的收益而非风险，也就是说，投资者依据的不是效用水平的比较而是投资收益率的比较。因此，只要有足够多的投资者依据这种带有虚假信号的策略，那么噪声交易者就会长期存在。

第三种情况：将基本面风险考虑在内并结合投资者策略选择分析风险资产的价格。

当考虑到基本面风险时，噪声交易者的比例分布将不同于无基本面风险时的分布。

假设 u 不再支付固定红利 r，而红利是不确定的，并由下式描述：

$$r+\varepsilon_t, \quad \varepsilon_t \sim N(0,\ \sigma_\varepsilon^2) \tag{13}$$

此时，噪声交易者与精明的投资者所持的风险资产头寸将与 U 所包含的全部风险——噪声交易者风险与基本面风险（$\sigma_{p_{t+1}}^2 + \sigma_\varepsilon^2$）负相关，而不仅仅是前文的与噪声交易者风险（$\sigma_{p_{t+1}}^2$）负相关，即：

$$\lambda_t^i = \frac{r + E(_tp_{t+1}) - (1+r)p_t}{2\gamma(\sigma_{p_{t+1}}^2 + \sigma_\epsilon^2)} \tag{14}$$

$$\lambda_t^n = \frac{r + E(_tp_{t+1}) - (1+r)p_t}{2\gamma(\sigma_{p_{t+1}}^2 + \sigma_\epsilon^2)} + \frac{\rho_t}{2\gamma(\sigma_{p_{t+1}}^2 + \sigma_\epsilon^2)} \tag{15}$$

同样，当式（9）中的 ζ 接近于零时，

$$p_t = 1 + \frac{\mu_t(\rho_t - \rho^*)}{1+r} + \frac{\mu_t\rho^*}{r} - \frac{2\gamma}{r}\left[\sigma_\epsilon^2 + \frac{\mu^2\sigma_\rho^2}{(1+r)^2}\right] \tag{16}$$

$$E[\Delta R_{n-i}(\mu)] = \rho^* - \frac{\rho^{*2} + \sigma_\rho^2}{2\gamma\left[\frac{\sigma_\rho^2\mu}{(1+r)^2} + \frac{\sigma_\epsilon^2}{\mu}\right]}, \quad \text{当 } \mu > 0 \text{ 时} \tag{17}$$

$E[\Delta R_{n-i}(0)] = \rho^*$，当 $\mu = 0$ 时（注意：当无基本面风险时，

$$E[\Delta R_{n-i}(0)] \to \infty) \tag{18}$$

更多持有效应、价格压力效应和弗里德曼效应在基本面风险引进后力度并未改变，但是自我创造空间效应却增加了，因为此时风险资产 U 的风险更大，精明的投资者更不愿意与噪声交易者下注相争。

当 $\rho^* > 0$，并且

$$\sigma_\epsilon^2 > \frac{(1+r)^2(\rho^* + \sigma_\rho^2)^2}{16\gamma^2\rho^{*2}\sigma_\rho^2} \tag{19}$$

时，式（17）无实数解，而且噪声交易者总是获得较高的收益，从而噪声交易者的比例接近于1。当参数不满足式（19）时，式（17）有两个实数解，对于较小的那个解 μ_1，如果 $\mu_1 < 1$，那么噪声交易者并不总是获得更高的收益，其比例也并不总是接近于1（如图2所示）。

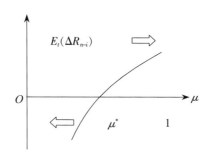

图2　引入基本面风险后噪声交易者的比例分布动态图

因此，作者得出一个结论，即总存在 $\delta > 0$，当 $\zeta \to 0$ 时有 $E(\mu_t) \to \mu \geqslant \delta$，所以在考虑到系统性风险后，噪声交易者对市场是有影响的，而且其对价格的影响是长期存在的。

2. 四种效应影响噪声交易者与精明投资者的收益之差

噪声交易者信念的随机变化引出了这样一种可能性，即乐观的噪声交易者比理性精明的套利者获得更高的预期收益。这是因为如果噪声交易者高估收益或低估风险，那么他们将会比套利者在风险资产上投资更多，获利也更高。显然这一结论较传统观点，即若噪声交易者更多地承担基本面风险将会获得更高的收益要有趣得多。两位作者的观点是：噪声交易者将会因为更多地承担了他们自己创造的风险，即对股票价格的不稳定影响而非基本面风险，从而获得了更高的收益。

对式（9）进行分析可知：当 ρ^* 为正时，通过持有更多的风险资产，噪声交易者承担了更大的风险，并因之增加收益，使收益差扩大，这种效应称为更多持有效应。相反，当 ρ^* 为负值时，虽然噪声交易者风险使无基本面风险的资产 U 成为风险资产，并因此使 U 的预期收益上升，但此时精明的投资者将会扩大其所持风险资产的头寸，而且精明的投资者头寸越大，噪声交易者的收益越小。

式（9）中分子的第一项解释了价格压力效应，当噪声交易者愈发乐观时，他们将会持有更多资产并促使价格上升，从而降低承担风险所得的收益，使收益差变小。

式（9）中分子的第二项解释了买高卖低或弗里德曼效应。因为噪声交易者的错误信念是随机的，因此他们极有可能选择错误的交易时机而蒙受巨额损失。噪声交易者的错误信念方差越大，错误的交易时机对他们收益造成的损失越大。

式（9）的分母解释了空间创造效应（create space effect，即噪声本身创造的风险为噪声交易者提供了获利空间）。当噪声交易者错误信念的方差（σ_ρ^2）增加时，价格风险增加。对于精明的交易者来说，如果他们要充分利用噪声交易者的错误信念，就必须承担更大的价格风险。但是精明的交易者是风险回避型的，因此当风险增加时，他们会降低与噪声交易者下注相争，即承担价格风险的意愿，则收益差扩大。因此，空间创造效应与弗里德曼效应、价格压力效应相反。

更多持有效应和空间创造效应将会扩大收益差，而弗里德曼效应和价格压力效应又会减少收益，以上这四种效应共存，但没有哪一种效应会长期占据支配地位。比如，当噪声交易者对资产预期收益悲观时，ρ^* 为负，更多持有效应不存在；当噪声交易者太乐观时，价格压力效应会特别大，降低收益之差；当噪声交易者适度乐观时，收益之差有可能是正的。

3. 噪声交易者风险对金融市场中异象的解释

（1）资产价格的波动性与均值回归。

许多实证研究都指出，风险资产的价格波动性远远超出了基本面风险所能达到的力度，但是当引入噪声交易者及噪声交易者风险后，风险资产的高价格波动性就可以很容易解释。

如果噪声对资产的价格产生影响，而且噪声交易者所犯的错误是暂时的，那么资产的价格就会回归均值。例如，如果噪声交易者的错误信念遵循 AR(1) 过程，那么收益的序列相关性就会呈几何级数衰减。但是识别噪声交易者的行为路径的问题不但困扰着计量经济学家，而且使那些精明的投资者感到头痛，从而无法有效限制或削弱噪声交易者的影响。

退一步说，即使那些精明的投资者知晓了噪声交易者的行为路径，但是如果噪声交易者的错误信念是序列相关的，那么精明的投资者也不会有强烈的意愿对噪声交易者进行反击，比如，当价格不是按照期望的那样一路奔向均值时，那么精明的投资者有可能遭受资本损失。也就是说，股票价格的高波动性有可能与较小的发现并利用噪声交易者错误的机会共存。

有很多证据表明，股票价格确实表现出均值回归现象，如 Fama 和 French (1988)，Poterba 和 Summers（1988）阐明，投资期限长的股票收益有负的序列相关性。均值回归也表明有些指标，如 Campbell 和 Shiller（1987），Fama 和 French (1987) 发现，D/P、E/P 可以用于预测资产的收益。在有噪声交易者风险及均值回归的世界里，最优投资策略与购买并持有的标准投资策略迥异。对于精明的投资者来说，最好的策略莫过于股价下跌即噪声交易者悲观时买入，股价上升即噪声交易者乐观时抛出，这称为逆向投资策略。

精明的投资者为什么能够利用逆向策略战胜噪声交易者呢？原因就在于在长期，噪声交易者的信念有回归均值的趋势，所以，对于投资期限长的精明投资者来说，奉行该策略将为其带来丰厚回报。

但是逆向投资策略要求投资者有长的投资期限，而且因为噪声交易者风险，该策略并非安全的。当投资者投资期限较短或者是迫于其他原因而在价格反转之前即对手中所持头寸反向操作时，投资者将会损失惨重。

（2）封闭式基金折价之谜。

有效市场假设资产应该在其价值附近交易。在很多情况下，因为价值难以观察测量，所以该假设很难得到直接验证。但是对于封闭式基金来说，因为其支付的股利与其所持股票组合支付的股利相等，所以封闭式基金价值即为所持股票组合的市场价格。不过，封闭式基金却经常以大的且波动幅度较大的折价交易（如在 20 世纪 60 年代和 80 年代，整个市场牛市时折价较小，而在 20 世纪 70 年代熊市时折价较大）。

如果将模型中的 S 视为封闭式基金所投资的股票，风险资产 U 视为基金本身，那么噪声交易者风险可以解释这些异象。假设噪声交易者风险存在于所有封闭式基金中，即其是系统性风险；投资者投资期限短于封闭式基金的存续期。

噪声交易者的存在使那些投资期限短而又想在基金与基金所投股票之间套利的投资者面临噪声交易者风险。比如，当投资者持有基金 U 的多头而卖空股票 S 时，他就承担着在他要平仓时折价进一步扩大的风险。因此，封闭式基金相对于其所持股票折价是因为持有封闭式基金的投资者承担了噪声交易者风险。

用噪声交易者风险解释封闭式基金折价也为发生在封闭式基金上的其他异象提供了解释。比如封闭式基金是如何成立的。当噪声交易者对封闭式基金的回报有着异乎寻常的乐观估计时，那么基金经理购买股票，将它们打包成立封闭式基金将会从噪声交易者那里获得溢价支付。当然，这一结论也暗含尚未证实的猜想，即当有封闭式基金溢价出售时，会有成批的封闭式基金如雨后春笋般宣告成立。

噪声交易者对封闭式基金预期收益所形成的信念的波动性解释了折价的波动性——为什么有时折价会扩大，而在某些时候却又会溢价。此外再无其他理论可解释封闭式基金有时可溢价销售、基金之间的折价相互关联、新的封闭式基金在已有基金溢价出售时宣告成立的现象。

（3）股权溢价之谜（Mehra-Prescott puzzle）。

当噪声交易者比精明的投资者持有更多的风险资产并遭受资本损失时，他们获得高预期收益的条件是：风险资产的红利产生的收益要高于无风险资产的红利产生的收益。而要产生这样的条件，风险资产的价格必须低于其基础价值，或者说，风险资产的价格低于其基础价值是噪声交易者获得比精明的投资者更高回报的必要条件。这一论断为揭开股权溢价之谜提供了答案。Mehra 和 Prescott（1985）发现在过去的 60 多年里，美国股权收益率为 8％左右，而无风险债券的收益近乎为零。如果消费者没有一个高的风险回避系数，这样的溢价与运用美国数据得出的消费者模型所得的结论格格不入。

将股票视为风险资产 U，短期债券视为无风险资产 S，当噪声交易者风险降低了 U 的价格时，股权收益高于无风险资产收益，而且溢价与消费并不随着股权收益变化而大幅度变化的现象可以共存。原因是，精明的投资者在预期收益的分布上完全满足欧拉（Euler）公式，而噪声交易者却并非如此。噪声交易者用来投资的那部分财富当正确的预期收益高时少，而当正确的预期收益低时多，噪声交易者使得整体消费水平相对于正确的预期收益变得不敏感。反过来，股权溢价之谜又为噪声交易者比精明的投资者获得更高的收益提供了佐证。

（4）投资期限对股价的波动性和定价的有效性至关重要。

这四位作者反对只要贴现率和承担风险的意愿不变，价格就不受投资期限长短的影响的主张，认为投资期限对价格的影响至关重要。

对于一个生命周期无限的精明的投资者来说，他可以在 t 时以价格 p_t 买入一单位 U，以价格 1 卖空一单位 S，则其收益为 $(1-p_t)$，而且因为风险资产的红利在长期可以用于支付因为卖空一单位 S 而应支付的红利，所以其并不背负任何债务，U 的价格将趋于 1。

对于一个投资期限较长但生命周期有限的投资者来说，对资产需求的价格敏感度要较本模型中的两生命周期的投资者大。首先，即使他们只能在生命周期的最后期限卖掉风险资产，即和两时期投资者一样都要面临再出售价格风险，但是他们却可以从长时期支付的红利中得到保险，所以投资期限长的投资者会在投资之初买入更多的风险资产；其次，长期限的投资者较两时期的投资者在生命周期内有更多的机会平仓。

基于上述原因，延长投资期限即可使投资者更为积极地参与市场活动，并使 U 的价格趋于其基础价值。

（5）支付股利与公司价值低估。

MM 定理将投资者视为理性人，因此，引入噪声交易者之后，MM 定理的结论不再成立。

噪声交易者对有确定收益的和能迅速变现的资产不会产生太多错误的信念，反之，对那些在未来产生不确定收益的资产往往错误甚多，即后者的噪声交易者风险要较前者大得多。因此，公司极有可能在即使股东会遭受税收损失时支付股利，甚至增加股利支付，而不是再投资，以使股票尽量看起来类似短期无风险债券。毕竟，"双鸟在林，不如一鸟在手"，支付股利的公司价值被低估的程度要小于不支付股利的公司。

Jensen（1986）搜集总结了一些证据证实那些对公司现金流的分配使用管理严格的公司，市场价值要大于那些管理较松的公司。比如，当公司增加股利、以债权换股权、赎回股份时，公司股价上涨。简言之，只要资本结构能使噪声交易者确信公司资产更像 S 而不是 U，资本结构的改变就能增加公司价值。

既然增发股票有损于公司价值，为什么还要这么做呢？答案是，这样做的收益要大于噪声交易者风险带来的损失。

应用价值

该论文对金融市场上的噪声交易者对风险资产的影响进行了深入细致的分析，

得到了一些在理论和实务上都很有价值的结论。第一，论文中的迭代模型很好地解释了金融市场上一些机构投资者的行为。对基金经理人业绩的频繁考察导致了经理人投资期限较短，从而很难发现并利用噪声交易者的错误，运用逆向投资策略获得盈利。考虑到这一点，对基金经理人业绩的评价似乎不宜那么频繁。第二，信息的可获得性和准确性会影响到噪声交易者对公司价值做出的判断，信息越难获得或越模糊，噪声交易者做出的判断越偏离正确结论，对公司的估价也就越偏离真实价值。第三，如果公司能够严格地运用资金，即让投资者感到公司的资金运用受到的约束较大，则有利于让投资者形成较为准确的公司价值判断，减少公司折价。从第二点和第三点来说，公司有必要及时、准确地发布有可能影响到公司价值的信息，并在财务安排上要考虑到减少噪声交易者的错误信念这一因素。第四，从理论上来说，噪声交易者风险所隐含的逆向投资策略是对资本市场有效性的一种否定，也是对传统的资产定价理论的一种否定。

后续研究

De Long 等（1990）的后续研究多是针对噪声交易者风险影响资产价格的实证检验，主要围绕 Zweig（1973）和 De Long 等（1990）提出的"封闭式基金折价之谜"和"高明的投资"在面临噪声交易者风险时的表现展开。

基于封闭式基金折价波动由个人投资者情绪变化导致这个命题，Lee 等（1991）证明了封闭式基金折价在个人投资者对未来收益的情绪悲观时较高，而在情绪乐观时折价较低，即封闭式基金折价可以作为个人投资者情绪的代理变量，并为小公司股票的溢价提供了情绪效应的解释。Sias 等（2001）认为投资者情绪假设是噪声交易者模型的必要不充分条件，他们发现，与基础资产的收益相比，封闭式基金收益更易波动、更趋向于均值回归，这与噪声交易者在封闭式基金中影响更大的假设一致，但是在考虑基金支出之后基金持有者不能获得高于基础资产的收益，即承担噪声投资者风险不会获得补偿，这与 De Long 等（1990）的噪声交易者模型不同，由此可见，噪声交易者可以以不高于理性交易者的收益在市场存活。

Schmeling（2007）指出，机构和个人情绪分别代表了"高明的投资"和噪声交易者风险。例如，机构投资者情绪正确地预报了股票市场收益，而个人投资者情绪则预报了错误的方向；机构投资者情绪预报了股票收益的均值回归，而机构投资者情绪预报认为趋势连续；机构投资者使用预期个人投资者情绪来反方向调整自己的预期，但是个人投资者会忽视机构投资者情绪中的信息。Shleifer 和 Vishny

（1997）发现在噪声交易者风险较大时，虽然平均收益较高，但是套利者会为了避免损失风险和承受投资者清算压力而放弃套利机会，由此造成有限套利，这为证券价格超额收益的持续存在提供了一种理解思路，即存在反映套利交易的异质性收益波动风险的异象。

国内噪声交易者风险相关研究也主要围绕上述两个主题展开。王擎（2004）发现，我国封闭式基金折价虽然包含理性预期成分，但是主要还是由噪声交易者风险导致，然而董超和白重恩（2006）发现，由于机构投资者逐渐在我国封闭式基金市场起主导作用，噪声交易因素并不显著。胡昌生和池阳春（2013）发现，非理性情绪在 A 股市场高估值期显著，因为此时高明的投资者会选择"隐身"以回避噪声交易风险而非反向交易以稳定市场。

横截面股票预期收益的规律性[①]

作者简介　**Eugene F. Fama**

　　尤金·F.法玛（Eugene F. Fama），1939年2月生于美国波士顿，现任芝加哥大学商学院金融学教授。其主要研究领域包括投资的理论及实证研究、资产定价和公司财务。法玛的有效市场假说和资产定价理论在金融理论界和实业界都有广泛的影响。由于在这些方面的重要贡献，他于2013年获得诺贝尔经济学奖。法玛于1960年获马萨塞州诸塔夫斯大学学士学位；1963年获芝加哥大学商学院MBA；1964年获芝加哥大学博士学位。他的博士论文题目为《股票市场价格行为》。1963年法玛任职芝加哥大学商学院助理教授，1968年至今任芝加哥大学商学院金融学教授。1987年和1989年，法玛分别获罗切斯特大学和鲁文大学荣誉博士。他曾任美国人文科学院院士。

主要成果

"Comparing Cross-Section and Time-Series Factor Models" (with K. French),

---

　　①　本文发表于 *Journal of Finance*，Vol. 47，pp. 427 – 465，1992。

Review of Financial Studies，Vol. 33，pp. 1891 – 1926，2020.

"Interest Rates and Inflation Revisited"，*Review of Asset Pricing Studies*，Vol. 9，pp. 197 – 209，2019.

"Long-Horizon Returns"（with K. French），*Review of Asset Pricing Studies*，Vol. 8，pp. 232 – 252，2018.

"Volatility Lessons"（with K. French），*Financial Analysts Journal*，Vol. 74，pp. 42 – 53，2018.

"Choosing Factors"（with K. French），*Journal of Financial Economics*，Vol. 128，pp. 234 – 252，2018.

"Finance at the University of Chicago"，Commemorative essay in "The Past，Present，and Future of Economics：A Celebration of the 125 Year Anniversary of the JPE and of Chicago Economics"，*Journal of Political Economy*，Vol. 125，pp. 1790 – 1797，2017.

"International Tests of a Five-Factor Asset-Pricing Model"（with K. French），*Journal of Financial Economics*，Vol. 123，pp. 441 – 463，2017.

"Dissecting Anomalies with a Five-Factor Model"（with K. French），*Review of Financial Studies*，Vol. 29，pp. 69 – 103，2016.

"Incremental Variables and the Investment Opportunity Set"（with K. French），*Journal of Financial Economics*，Vol. 117，pp. 470 – 488，2015.

"A Five-Factor Asset Pricing Model"（with K. French），*Journal of Financial Economics*，Vol. 116，pp. 1 – 22，2015.

"Two Pillars of Asset Pricing"，*The American Economic Review*，Vol. 104，pp. 1 – 20，2014.

"Was There Ever a Lending Channel?"，*European Financial Management*，Vol. 19，pp. 837 – 851，2013.

"Does the Fed Control Interest Rates?"，*Review of Asset Pricing Studies*，Vol. 3，pp. 180 – 199，2013.

"An Experienced View on Markets and Investing"（with Robert Litterman），*Financial Analysts Journal*，Vol. 68，pp. 15 – 19，2012.

"Size，Value，and Momentum in International Stock Returns"（with K. French），*Journal of Financial Economics*，Vol. 105，pp. 457 – 472，2012.

"Capital Structure Choices"（with K. French），*Critical Finance Review*，Vol. 1，pp. 59 – 101，2012.

"Luck versus Skill in the Cross-Section of Mutual Fund Returns" (with K. French), *Journal of Finance*, Vol. 65, pp. 1915 – 1947, 2010.

"Average Returns, B/M, and Share Issues" (with K. French), *Journal of Finance*, Vol. 63, pp. 2971 – 2995, 2008.

"Dissecting Anomalies" (with K. French), *Journal of Finance*, Vol. 63, pp. 1653 – 1678, 2008.

"The Anatomy of Value and Growth Stock Returns" (with K. French), *Financial Analysts Journal*, Vol. 63, pp. 44 – 54, 2007.

"Migration" (with K. French), *Financial Analysts Journal*, Vol. 63, pp. 48 – 58, 2007.

"Disagreement, Tastes, and Asset Pricing" (with K. French), *Journal of Financial Economics*, Vol. 83, pp. 667 – 689, 2007.

"Profitability, Investment, and Average Returns" (with K. French), *Journal of Financial Economics*, Vol. 82, pp. 491 – 518, 2006.

"The Value Premium and the CAPM" (with K. French), *Journal of Finance*, Vol. 61, pp. 2163 – 2185, 2006.

"The Behavior of Interest Rates", *Review of Financial Studies*, Vol. 19, pp. 359 – 379, 2006.

"Financing Decisions: Who Issues Stock?" (with K. French), *Journal of Financial Economics*, Vol. 76, pp. 549 – 582, 2005.

"The Capital Asset Pricing Model: Theory and Evidence" (with K. French), *Journal of Economic Perspectives*, Vol. 18, pp. 25 – 46, 2004.

"New Lists: Fundamentals and Survival Rates" (with K. French), *Journal of Financial Economics*, Vol. 72, pp. 229 – 269, 2004.

"The Equity Premium" (with K. French), *Journal of Finance*, Vol. 57, pp. 637 – 659, 2003.

"Testing Tradeoff and Pecking Order Predictions about Dividends and Debt" (with K. French), *Review of Financial Studies*, Vol. 15, pp. 1 – 33, 2002.

"Disappearing Dividends: Changing Firm Characteristics or Lower Propensity to Pay" (with K. French), *Journal of Financial Economics*, Vol. 60, pp. 3 – 43, 2001.

"Forecasting Profitability and Earnings" (with K. French), *Journal of Business*, Vol. 72, pp. 161 – 175, 2000.

"Characteristics, Covariances, and Average Returns: 1929—1997" (with J. Davis and F. French），*Journal of Finance*，Vol. 55，pp. 389 – 406，2000.

"The Corporate Cost of Capital and the Return on Corporate Investment"（with K. French），*Journal of Finance*，Vol. 54，pp. 1939 – 1967，1999.

"Vale versus Growth: The International Evidence"（with K. French），*Journal of Finance*，Vol. 53，pp. 1975 – 1999，1998.

"Market Efficiency，Long-term Returns，and Behavioral Finance"，*Journal of Financial Economics*，Vol. 49，pp. 283 – 306，1998.

"Taxes，Financing Decisions，and Firm Value"（with K. French），*Journal of Finance*，Vol. 53，pp. 819 – 843，1998.

"Industry Costs of Equity"（with K. French），*Journal of Financial Economics*，Vol. 43，pp. 153 – 193，1997.

"The CAPM is Wanted，Dead，or Alive"（with K. French），*Journal of Finance*，Vol. 51，pp. 1947 – 1958，1996.

"Multifactor Explanations of Asset Pricing Anomalies"（with K. French），*Journal of Finance*，Vol. 51，pp. 55 – 84，1996.

"Size and Book-to-Market Factors in Earnings and Returns"（with K. French），*Journal of Finance*，Vol. 50，pp. 131 – 156，1995.

"Common Risk Factors in the Returns on Stocks and Bonds"（with K. French），*Journal of Financial Economics*，Vol. 33，pp. 3 – 56，1993.

"The Cross-Section of Expected Stock Returns"（with K. French），*Journal of Finance*，Vol. 47，pp. 427 – 465，1992.

"Efficient Markets Ⅱ"，*Journal of Finance*，Vol. 46，pp. 1575 – 1617，1991.

"Term Structure Forecasts of Interest Rates，Inflation，and Real Returns"，*Journal of Monetary Economics*，Vol. 25，pp. 59 – 76，1990.

"Contract Costs and Financing Decisions"，*Journal of Business*，Vol. 63，S71 – 91，1990.

"Business Conditions and Expected Returns on Stocks and Bonds"（with K. French），*Journal of Financial Economics*，Vol. 25，pp. 23 – 49，1989.

"Business Cycles and the Behavior of Metals Prices"（with K. French），*Journal of Finance*，Vol. 43，pp. 1075 – 1093，1988.

"Dividend Yields and Expected Stock Returns"（with K. French），*Journal of Financial Economics*，Vol. 22，pp. 3 – 25，1988.

"Permanent and Temporary Components of Stock Prices"（with K. French），*Jour-*

nal of Political Economy, Vol. 96, pp. 246 – 273, 1998.

"The Information in the Long-Maturity Forward Rates" (with R. Bliss), The A-merican Economic Review, Vol. 77, pp. 680 – 692, 1987.

"Organizational Forms and Investment Decisions", Journal of Financial Economics, Vol. 4, pp. 101 – 119, 1985.

"What's Different about Banks?", Journal of Monetary Economics, Vol. 15, pp. 29 – 39, 1985.

"The Information in the Term Structure", Journal of Financial Economics, Vol. 13, pp. 509 – 528, 1984.

"Agency Problems and Residual Claims" (with M. Jensen), Journal of Law and Economics, Vol. 26, pp. 327 – 349, 1983.

"Separation of Ownership and Control" (with M. Jensen), Journal of Law and Economics, Vol. 26, pp. 301 – 325, 1983.

"Agency Problems and the Theory of the Firm", Journal of Political Economy, Vol. 88, pp. 288 – 307, 1980.

"Banking in the Theory of Finance", Journal of Monetary Finance, Vol. 6, pp. 39 – 57, 1980.

"Human Capital and Capital Market Equilibrium" (with W. Schwert), Journal of Financial Economics, Vol. 4, pp. 95 – 125, 1977.

"Forward Rates as Predictors of Future Spot Rates", Journal of Financial Economics, Vol. 3, pp. 361 – 377, 1973.

"Risk, Return, and Equilibrium: Empirical Tests" (with MacBeth), Journal of Political Economy, Vol. 81, pp. 607 – 636, 1973.

"Risk, Return and Equilibrium", Journal of Political Economy, Vol. 79, pp. 30 – 55, 1971.

"Efficient Capital Markets: A Review of Theory and Empirical Work", Journal of Finance, Vol. 25, pp. 381 – 417, 1970.

"Random Walks in Stock Market Prices", Financial Analysts Journal, Vol. 21, pp. 55 – 59, 1965.

"The Behavior of Stock Market Prices", Journal of Business, Vol. 38, pp. 34 – 105, 1965.

作者简介　*Kenneth R. French*

　　肯尼思·R. 弗伦奇（Kenneth R. French），1954 年 3 月出生。现为达莱茅斯学院塔克商学院教授。主要研究领域包括资产定价模型的实证研究、风险与收益的关系、资金成本和资本结构。他与法玛合作的多项关于股票价格行为的研究在金融界颇有影响。弗伦奇于 1975 年获里海大学工程学学士；1978 年获罗切斯特大学 MBA 学位；1983 年获罗切斯特大学金融博士学位。1987—1994 年弗伦奇任芝加哥大学商学院教授；1994—1998 年任耶鲁大学耶鲁管理学院教授；1998—2001 年任麻省理工学院金融学教授。现任职达莱茅斯学院塔克商学院 E. 卡尔和凯瑟琳·M. 海特金融学首席教授，兼任美国国家经济研究局研究员。弗伦奇曾任芝加哥大学 CRSP 中心主任（1989—1994 年）、美国金融学会主席（1991—1994 年）、耶鲁大学国际金融研究中心主任（1994—1998 年）等。

主要成果

"Comparing Cross-Section and Time-Series Factor Models"（with E. Fama），*Review of Financial Studies*，Vol. 33，pp. 1891 – 1926，2020.

"Long-Horizon Returns"（with E. Fama），*Review of Asset Pricing Studies*，Vol. 8，pp. 232 – 252，2018.

"Volatility Lessons"（with E. Fama），*Financial Analysts Journal*，Vol. 74，pp. 42 – 53，2018.

"Choosing Factors" (with E. Fama), *Journal of Financial Economics*, Vol. 128, pp. 234 - 252, 2018.

"International Tests of a Five-Factor Asset-Pricing Model" (with E. Fama), *Journal of Financial Economics*, Vol. 123, pp. 441 - 463, 2017.

"Dissecting Anomalies with a Five-Factor Model" (with E. Fama), *Review of Financial Studies*, Vol. 29, pp. 69 - 103, 2016.

"Incremental Variables and the Investment Opportunity Set" (with E. Fama), *Journal of Financial Economics*, Vol. 117, pp. 470 - 488, 2015.

"A Five-Factor Asset Pricing Model" (with E. Fama), *Journal of Financial Economics*, Vol. 116, pp. 1 - 22, 2015.

"Size, Value, and Momentum in International Stock Returns" (with E. Fama), *Journal of Financial Economics*, Vol. 105, pp. 457 - 472, 2012.

"Capital Structure Choices" (with E. Fama), *Critical Finance Review*, Vol. 1, pp. 59 - 101, 2012.

"Luck versus Skill in the Cross-Section of Mutual Fund Returns" (with E. Fama), *Journal of Finance*, Vol. 65, pp. 1915 - 1947, 2010.

"Average Returns, B/M, and Share Issues" (with E. Fama), *Journal of Finance*, Vol. 63, pp. 2971 - 2995, 2008.

"Dissecting Anomalies" (with E. Fama), *Journal of Finance*, Vol. 63, pp. 1653 - 1678, 2008.

"The Anatomy of Value and Growth Stock Returns" (with E. Fama), *Financial Analysts Journal*, Vol. 63, pp. 44 - 54, 2007.

"Migration" (with E. Fama), *Financial Analysts Journal*, Vol. 63, pp. 48 - 58, 2007.

"Disagreement, Tastes, and Asset Pricing" (with E. Fama), *Journal of Financial Economics*, Vol. 83, pp. 667 - 689, 2007.

"Profitability, Investment, and Average Returns" (with E. Fama), *Journal of Financial Economics*, Vol. 82, pp. 491 - 518, 2006.

"The Value Premium and the CAPM" (with E. Fama), *Journal of Finance*, Vol. 61, pp. 2163 - 2185, 2006.

"Financing Decisions: Who Issues Stock?" (with E. Fama), *Journal of Financial Economics*, Vol. 76, pp. 549 - 582, 2005.

"The Capital Asset Pricing Model: Theory and Evidence" (with E. Fama), *Journal of Economic Perspectives*, Vol. 18, pp. 25 - 46, 2004.

"New Lists: Fundamentals and Survival Rates" (with E. Fama), *Journal of Financial Economics，Vol. 72，pp. 229 – 269，2004.

"Testing Tradeoff and Pecking Order Predictions about Dividends and Debt" (with E. Fama)，*Review of Financial Studies*，Vol. 15，pp. 1 – 37，2002.

"The Equity Premium" (with E. Fama)，*Journal of Finance*，Vol. 57，pp. 637 – 659，2002.

"Disappearing Dividends: Changing Firm Characteristics or Lower Propensity to Pay?" (with E. Fama)，*Journal of Financial Economics*，Vol. 60，pp. 3 – 43，2001.

"Forecasting Profitability and Earnings" (with E. Fama)，*Journal of Business*，Vol. 72，pp. 161 – 175，2000.

"Characteristics，Covariances，and Average Returns: 1929—1997" (with J. Davis and E. Fama)，*Journal of Finance*，Vol. 55，pp. 389 – 406，2000.

"The Corporate Cost of Capital and the Return on Corporate Investment" (with E. Fama)，*Journal of Finance*，Vol. 54，pp. 1939 – 1967，1999.

"Value versus Growth: The International Evidence" (with E. Fama)，*Journal of Finance*，Vol. 53，pp. 1975 – 1999，1998.

"Taxes，Financing Decisions，and Firm Value" (with E. Fama)，*Journal of Finance*，Vol. 53，pp. 819 – 843，1998.

"Industry Costs of Equity" (with E. Fama)，*Journal of Financial Economics*，Vol. 43，pp. 153 – 193，1997.

"The CAPM is Wanted，Dead or Alive" (with E. Fama)，*Journal of Finance*，Vol. 51，pp. 1947 – 1958，1996.

"Multifactor Explanations of Asset Pricing Anomalies" (with E. Fama)，*Journal of Finance*，Vol. 51，pp. 55 – 84，1996.

"Size and Book-to-Market Factors in Earnings and Returns" (with E. Fama)，*Journal of Finance*，Vol. 50，pp. 131 – 156，1994.

"Common Risk Factors in the Returns on Stocks and Bonds" (with E. Fama)，*Journal of Financial Economics*，Vol. 33，pp. 3 – 56，1993.

"Differences in the Risks and Rewards to NYSE and NASD Stocks" (with E. Fama，D. Booth，and R. Sinquefield)，*Financial Analysts Journal*，Vol. 49，pp. 37 – 41，1993.

"The Cross-Section of Expected Stock Returns" (with E. Fama)，*Journal of Finance*，Vol. 47，pp. 427 – 465，1992.

"Were Japanese Stock Prices too High?" (with J. Poterba)，*Journal of Financial Economics*，Vol. 29，pp. 337 – 363，1991.

"Investor Diversification and International Equity Markets" (with J. Poterba)，*The

American Economic Review，Vol. 81，pp. 222 – 226，1991.

"Business Conditions and Expected Returns on Stocks and Bonds" (with E. Fama)，*Journal of Financial Economics*，Vol. 25，pp. 23 – 49，1989.

"Business Cycles and the Behavior of Metals Prices" (with E. Fama)，*Journal of Finance*，Vol. 43，pp. 1075 – 1093，1988.

"Dividend Yields and Expected Stock Returns" (with E. Fama)，*Journal of Financial Economics*，Vol. 22，pp. 3 – 25，1988.

"Permanent and Temporary Components of Stock Prices" (with E. Fama)，*Journal of Political Economy*，Vol. 96，pp. 246 – 273，1988.

"Expected Stock Returns and Volatility" (with W. Schwert and R. Stambaugh)，*Journal of Financial Economics*，Vol. 19，pp. 3 – 29，1987.

"Commodity Futures Prices：Some Evidence on Forecast Power，Premiums，and the Theory of Storage" (with E. Fama)，*Journal of Business*，Vol. 53，pp. 73 – 85，1987.

"Stock Return Variances：The Arrival of Information and the Reaction of Traders" (with R. Roll)，*Journal of Financial Economics*，Vol. 17，pp. 5 – 26，1986.

"Commodity Own Rates，Real Interest Rates，and Money Supply Announcements" (with B. Cornell)，*Journal of Monetary Economics*，Vol. 18，pp. 3 – 20，July 1986.

"Detecting Spot Price Forecasts in Futures Prices"，*Journal of Business*，Vol. 59，pp. 39 – 54，April 1986.

"A Comparison of Futures and Forward Prices"，*Journal of Financial Economics*，Vol. 12，pp. 311 – 342，November 1983.

"Taxes and the Pricing of Stock Index Futures" (with B. Cornell)，*Journal of Finance*，Vol. 38，pp. 675 – 694，1983.

"The Pricing of Stock Index Futures" (with B. Cornell)，*Journal of Futures Markets*，Vol. 3，pp. 1 – 14，1983.

"Effects of Nominal Contracting on Stock Returns" (with R. Ruback and W. Schwert)，*Journal of Political Economy*，Vol. 91，pp. 70 – 96，1983.

"Stock Returns and the Weekend Effect"，*Journal of Financial Economics*，Vol. 8，pp. 55 – 69，1980.

研究背景

法玛和弗伦奇的《横截面股票预期收益的规律性》（The Cross-Section of Expected

Stock Returns）一文发表于 1992 年第 47 卷《金融学杂志》。

1969 年以前的金融研究发现，正如夏普-林特纳-布莱克的资产定价模型所预测的，股票平均收益与 β 值呈简单的正相关关系，如 Reinganum（1981）和 Lakonishok and Shapiro（1986）。本文发现，β 与平均收益的关系在 1963—1990 年间内几乎消失了。即使 β 作为唯一的解释变量，这种关系也十分微弱。因而传统的资产定价模型已经不能解释 β 与平均收益的关系了。

原因在于：夏普、林特纳和布莱克的资产定价模型长期以来已经僵化了学术界和业界人士对于平均收益和风险的思考模式。其模型最主要预测的市场组合是马科维茨意义上均值-方差有效的。市场组合的有效性意味着：（1）证券的预期收益率是其市场 β（一种证券收益率关于市场收益率回归的斜率）正相关的线性函数；（2）市场 β 能够充分地解释截面股票收益水平。

但是，夏普-林特纳-布莱克模型与 20 世纪 80 年代以来的经验实证证据不符。这主要包括 Banz（1981）的规模效应。班茨（Banz）发现，市值规模（ME，即股票价格与总股数的乘积）对于 β 提供的截面平均收益有进一步的解释能力。班德瑞（Bhandari）发现的杠杆比率和平均收益率之间存在正相关关系。杠杆比率与风险和预期收益相关是十分合理的，但是在夏普-林特纳-布莱克模型中，杠杆风险应该用市场 β 反映。然而班德瑞发现，在规模和 β 因素之外，杠杆比率帮助解释了截面股票平均收益。

另外，还有其他证据表明了传统资产定价模型的局限性。Stattman（1980）以及 Rosenberg，Reid 和 Lanstein（1985）发现，美国股票的平均收益与公司普通股的账面价值（BE）与其市值（ME）的比率正相关。Chan，Hamao 和 Lakonishok（1991）发现，账面与市场权益价值的比率（以下简称净资产市价比，BE/ME）同样对日本股市的截面股票平均收益有很强的解释能力。

Basu（1983）指出，市盈率在包括规模与 β 的实证分析中对美国股票市场的截面平均收益也有很强的解释能力。Ball（1981）也发现，市盈率是对于预期收益所有无法得知因素的最好的替代变量。

研究目的

由此看出，鲍尔用市盈率作为替代变量的论断同样适用于规模（ME）、杠杆比率和净资产市价比。所以这些变量可以看作是以不同方式度量股价，以从价格中获取关于风险和预期收益的信息。与此同时，当市盈率、规模、杠杆比率和净资产市价比都作为解释价格的一种方式时，有理由相信，用它们来描述平均收益应该是很充分的。Fama 和 French（1992）一文的目的就是评价市场 β、规模、市盈率、杠杆比率和净资产市价比对在纽约证券交易所（NYSE）、美国证券交易所（AMEX）、纳斯达克（NASDAQ）市场上交易的个股截面平均收益的解释能力。简而言之，本文的检验就是要证明夏普-林特纳-布莱克模型最基础的预测功能的局限性，即平均股票收益与市场 β 正相关不成立。

值得注意的是，与 β 和平均收益之间的简单关系不同的是，平均收益和规模、杠杆比率、市盈率和净资产市价比的单一相关性十分强。在多重变量检验中，规模和平均收益的负相关关系相对于其他变量很强。净资产市价比和平均收益率之间的正相关关系相对于其他变量来说仍然很有说服力。再者，尽管规模效应引起了人们的关注，但是净资产市价比仍然对于平均收益有很强的解释力。因此，Fama 和 French（1992）的底线结论至少包括：（1）β 对于股票截面平均收益没有什么解释力；（2）规模和净资产市价比对于平均收益的联合解释能力要超过杠杆比率和市盈率。至少对于在 1963—1990 年间的样本来说，这一结论成立。

Fama 和 French（1992）认为风险的一个来源是市盈率和规模，其他来源是净资产市价比（BE/ME）。BE/ME 很可能是一个描述公司财务困境（financial distress）的风险因素。Chan 和 Chen（1991）设定公司收益前景与影响收益的风险因子相联系。而当市场对其前景预期较差时，具体表现为较低的股价和较高的净资产市价比，公司比起有较好预期前景的公司有较高的预期收益（因为其为较高的资本成本所拖累）。但是，BE/ME 也很可能反映的是投资者对于公司前景预期的非理性行为。Fama 和 French（1992）的主要内容是证明公司规模（ME）和净资产市价比（BE/ME）可以为 1963—1990 年间截面股票平均收益的变化规律提供一种简单而有力的解释。

研究数据和方法

数据描述。（1）NYSE、AMEX 和 NASDAQ 交易的所有非金融股票收益序列，数据来源是证券价格研究中心（CRSP）；（2）COMPUSTAT 历年收入平衡表和资产负债表的数据档案。之所以排除金融企业，是因为这些企业的杠杆比率很高，这与非金融企业不同。高杠杆比率在非金融类公司中往往与财务困境联系在一起。CRSP 的收益数据库涵盖了直到 1973 年 NYSE 和 AMEX 的股票收益，以及 1973 年以来 NASDAQ 股票的收益数据。COMPUSTAT 数据主要是 1962—1989 年间的。1962 年的起始数据所反映的普通权益的账面价值并不适用于 1962 年以前的数据。更为重要的是，COMPUSTAT 的早期数据存在严重的数据筛选偏误；1962 年前的数据倾向于历史上较为成功的大公司。

数据调整与问题。为保证会计变量在要解释的股票收益之前已知，将 $t-1$ 年（1962—1989）日历年份的所有财政年度会计数据与 t 年 7 月份到 $t+1$ 年 6 月份的收益进行匹配。本文使用一个公司 $t-1$ 年 12 月末的市值来计算 $t-1$ 年的净资产市价比、杠杆比率和市盈率，并且用 t 年 6 月份的市场权益价值来度量该公司的规模。因此，该公司在 t 年 6 月份收益检验中所应包括的一定是 $t-1$ 年 12 月份和 t 年 6 月份的 CRSP 股价。并且该公司一定有其日历年份的 $t-1$ 年财政年度末尾总账面资产、账面权益和收入的 COMPUSTAT 数据。由于比率中作为会计变量的分子与市场价值的分母的原因，公司的财政年度中没有 12 月末的，因而本文在 E/P、BE/ME 和杠杆比率中使用的 12 月底的市值是不恰当的。而且在财政年度末使用 ME 仍然是一个问题。在给定一年中一个比率的部分截面变化是因为比率是在市场范围内变化的。例如，如果股价有一个普遍的下滑，在该年初期测算的比率与之后测算的相比就会倾向于较低的水平。

β 值的估计。本文的资产定价模型使用法玛和麦克贝恩的截面回归方法。每月对股票截面收益关于所假设的解释变量进行回归。按月对时间序列进行回归的方法所得的斜率平均值表明了不同解释变量能否解释股票平均收益水平。另外，法玛和弗伦奇使用的方法是估计资产组合的 β，然后将该 β 值作为组合里每一只股票的 β 值。

表 1 列示了按规模和后估 β 值构造的资产组合的平均收益。单独按规模分类，后估 β 从市值最小公司组合的 1.44 到市值最大公司组合的 0.92。并且，按规模划分的 10 个组合的 β 范围要小于按 β 分成的任何规模的组合。

由表 1 可得出关于 β 的两个重要事实：第一，在每一个规模的组合中后估 β 再现了预估 β 的顺序。很明显，可以得到这样的结论：按预估 β 分类的组合的 β 可以反映真实的后估 β 的次序。第二，按 β 分类并不与按规模的分类重复，所以，对于区分平均收益中的规模效应和 β 效应十分重要。而问题是，如果普通股股票组合是按照规模构造的，那么模型的中心预测就有足够的证据说明平均收益和 β 正相关。然而，该组合的 β 却与规模高度相关，所以，对于规模组合的检验是不能够区分平均收益中的 β 效应和规模效应的。

表 1	按规模和后估 β 值构造资产组合的平均收益									
	全部	低 β	β-2	β-3	β-4	β-5	β-6	β-7	β-8	β-9	高 β
	A：月平均收益（%）										
全部	1.25	1.34	1.29	1.36	1.31	1.33	1.28	1.24	1.21	1.25	1.14
低 ME	1.52	1.71	1.57	1.79	1.61	1.50	1.50	1.37	1.63	1.50	1.42
ME-2	1.29	1.25	1.42	1.36	1.39	1.65	1.61	1.37	1.31	1.34	1.11
ME-3	1.24	1.12	1.31	1.17	1.70	1.29	1.10	1.31	1.36	1.26	0.76

续表

	全部	低β	β-2	β-3	β-4	β-5	β-6	β-7	β-8	β-9	高β
ME-4	1.25	1.27	1.13	1.54	1.06	1.34	1.06	1.41	1.17	1.35	0.98
ME-5	1.29	1.34	1.42	1.39	1.48	1.42	1.18	1.13	1.27	1.18	1.08
ME-6	1.17	1.08	1.53	1.27	1.15	1.20	1.21	1.18	1.04	1.07	1.02
ME-7	1.07	0.95	1.21	1.26	1.09	1.18	1.11	1.24	0.62	1.32	0.76
ME-8	1.10	1.09	1.05	1.37	1.20	1.27	0.98	1.18	1.02	1.01	0.94
ME-9	0.95	0.98	0.88	1.02	1.14	1.07	1.23	0.94	0.82	0.88	0.59
高 ME	0.89	1.01	0.93	1.10	0.94	0.93	0.89	1.03	0.71	0.74	0.56
	全部	低β	β-2	β-3	β-4	β-5	β-6	β-7	β-8	β-9	高β
B：后估 β											
全部		0.87	0.99	1.09	1.16	1.26	1.29	1.35	1.45	1.52	1.72
低 ME	1.44	1.05	1.18	1.28	1.32	1.40	1.40	1.49	1.61	1.64	1.79
ME-2	1.39	0.91	1.15	1.17	1.24	1.36	1.41	1.43	1.50	1.66	1.76
ME-3	1.35	0.97	1.13	1.13	1.21	1.26	1.28	1.39	1.50	1.51	1.75
ME-4	1.34	0.78	1.03	1.17	1.16	1.29	1.37	1.46	1.51	1.64	1.71
ME-5	1.25	0.66	0.85	1.12	1.15	1.16	1.26	1.30	1.43	1.59	1.68
ME-6	1.23	0.61	0.78	1.05	1.16	1.22	1.28	1.36	1.46	1.49	1.70
ME-7	1.17	0.57	0.92	1.01	1.11	1.14	1.26	1.24	1.39	1.34	1.60
ME-8	1.09	0.53	0.74	0.94	1.02	1.13	1.12	1.18	1.26	1.35	1.52
ME-9	1.03	0.58	0.74	0.80	0.95	1.06	1.15	1.14	1.21	1.22	1.42
高 ME	0.92	0.57	0.71	0.78	0.89	0.95	0.92	1.02	1.01	1.11	1.32
	全部	低β	β-2	β-3	β-4	β-5	β-6	β-7	β-8	β-9	高β
C：平均规模 （ln(ME)）											
全部	4.11	3.86	4.26	4.33	4.41	4.27	4.32	4.26	4.19	4.03	3.77
低 ME	2.24	2.12	2.27	2.30	2.30	2.28	2.29	2.30	2.32	2.25	2.15
ME-2	3.63	3.65	3.68	3.70	3.72	3.69	3.70	3.69	3.69	3.70	3.68
ME-3	4.10	4.14	4.18	4.12	4.15	4.16	4.16	4.18	4.14	4.15	4.15
ME-4	4.50	4.53	4.53	4.57	4.54	4.56	4.55	4.52	4.52	4.52	4.56
ME-5	4.89	4.91	4.91	4.93	4.95	4.93	4.92	4.93	4.92	4.92	4.95
ME-6	5.30	5.30	5.33	5.34	5.34	5.33	5.33	5.33	5.33	5.34	5.36
ME-7	5.73	5.73	5.75	5.77	5.76	5.73	5.77	5.77	5.76	5.72	5.76
ME-8	6.24	6.26	6.27	6.26	6.24	6.24	6.27	6.24	6.24	6.24	6.26
ME-9	6.82	6.82	6.84	6.82	6.82	6.81	6.81	6.81	6.81	6.80	6.83
高 ME	7.93	7.94	8.04	8.10	8.04	8.02	8.02	7.94	7.80	7.75	7.62

表2显示了从1963年7月到1990年12月按照预估β或规模单一因素构造的资产组合的平均收益。组合是在每个年度的7月末构造的，并且在接下来的12个月内计算其等权重平均收益。该文按照规模或5年期预估β值来构造12个组合。中间8个组合规模是原组合分出的10个组合中的8个，另外4个组合是两个极端组合的裂变。

表2 按预估β或规模单一因素构造的资产组合的平均收益

	1A	1B	2	3	4	5	6	7	8	9	10A	10B
	A：按规模构造的组合											
收益	1.64	1.16	1.29	1.24	1.25	1.29	1.17	1.07	1.10	0.95	0.88	0.90
β	1.44	1.44	1.39	1.34	1.33	1.24	1.22	1.16	1.08	1.02	0.95	0.90
ln(ME)	1.98	3.18	3.63	4.10	4.50	4.89	5.30	5.73	6.24	6.82	7.39	8.44
ln(BE/ME)	−0.01	−0.21	−0.23	−0.26	−0.23	−0.36	−0.36	−0.44	−0.40	−0.42	−0.51	−0.65
ln(A/ME)	0.73	0.50	0.46	0.43	0.37	0.32	0.32	0.24	0.29	0.27	0.17	−0.03
ln(A/BE)	0.75	0.71	0.69	0.69	0.68	0.67	0.68	0.67	0.69	0.70	0.68	0.62
E/P	0.26	0.14	0.11	0.10	0.06	0.04	0.04	0.03	0.03	0.02	0.02	0.01
E(+)/P	0.09	0.10	0.10	0.10	0.10	0.10	0.10	0.10	0.10	0.10	0.09	0.09
公司	772	189	236	170	144	140	128	125	119	114	60	64
	B：按预估β构造的组合											
收益	1.20	1.20	1.32	1.26	1.31	1.30	1.30	1.23	1.23	1.33	1.34	1.18
β	0.81	0.79	0.92	1.04	1.13	1.19	1.26	1.32	1.41	1.52	1.63	1.73
ln(ME)	4.21	4.86	4.75	4.68	4.59	4.48	4.36	4.25	3.97	3.78	3.52	3.15
ln(BE/ME)	−0.18	−0.13	−0.22	−0.21	−0.23	−0.22	−0.22	−0.25	−0.23	−0.27	−0.31	−0.50
ln(A/ME)	0.60	0.66	0.49	0.45	0.42	0.42	0.45	0.42	0.47	0.46	0.46	0.31
ln(A/BE)	0.78	0.79	0.71	0.66	0.64	0.65	0.67	0.67	0.70	0.73	0.77	0.81
E/P	0.12	0.06	0.09	0.09	0.08	0.09	0.10	0.12	0.14	0.17	0.23	
E(+)/P	0.11	0.12	0.10	0.10	0.10	0.10	0.10	0.10	0.10	0.09	0.09	0.08
公司	116	80	185	181	179	182	185	205	227	267	165	291

由表2可以看出，当组合按照规模构造时，规模和平均收益有很强的负相关关系，β和平均收益之间存在强的正相关。月平均收益从小市值公司的1.64%到市值最大公司的0.90%。同样，12个规模组合的后估β由1.44下降到0.90。因此，简单的规模分类看起来能够支持夏普-林特纳-布莱克模型所预测的β和平均收益的正相关。但是，这一证据却因为规模和β之间的紧密关系变得含糊不清了。

另外，由表 2 可以看出，按 β 分类构造的组合的 β 值的变化范围要比按照规模构造的组合大。与规模组合不同的是，按 β 构造的组合不支持夏普-林特纳-布莱克模型，并且在 β 和平均收益之间没有明显的相关性。例如，尽管 1A 和 10B 两个组合的 β 有很大差别，但是它们却有几乎相同的平均收益（1.20% 和 1.18%）。虽然在 1963—1990 年间，结论支持按 β 构造的组合，但是，1964—1979 年间，β 和平均收益却没有联系。

表 3 给出了按法玛-麦克贝恩（以下简称 FM）回归方法计算的截面股票收益对规模、β 和其他变量进行回归的时间序列斜率均值。斜率均值提供了对于决定哪种变量在 1963 年 7 月—1990 年 12 月期间有非零的期望升水的标准 FM 检验。

表 3   法玛-麦克贝恩回归结果

β	ln(ME)	ln(BE/ME)	ln(A/ME)	ln(A/BE)	E/P 虚拟	E(+)/P
0.15						
(0.46)						
	−0.15					
	(−2.58)					
−0.37	−0.17					
(−1.21)	(−3.41)					
		0.50				
		(5.71)				
			0.50	−0.57		
			(5.69)	(−5.34)		
					0.57	4.72
					(2.28)	(4.57)
	−0.11	0.35				
	(−1.99)	(4.44)				
	−0.11		0.35	−0.50		
	(−2.06)		(4.32)	(−4.56)		
	−0.16				0.06	2.99
	(−3.06)				(0.38)	(3.04)
	−0.13	0.33			−0.14	0.87
	(−2.47)	(4.46)			(−0.90)	(1.23)
	−0.13		0.32	−0.46	−0.08	1.15
	(−2.47)		(4.28)	(−4.45)	(−0.56)	(1.57)

如同表 1、表 2 中的平均收益一样，表 3 中的回归结果说明规模有助于解释截面股票平均收益。收益对规模回归结果的平均斜率是 −0.15%，t 统计量为 −2.58。

这种负相关关系支持回归中的任何一个解释变量。ln(ME) 的斜率均值总是低于或高于零两个标准差。规模效应对 1963—1990 年间收益的解释力很强。

相对于规模效应的解释能力，FM 回归表明，β 在 1963—1990 年间对于股票平均收益没有解释力。在夏普-林特纳-布莱克模型的核心部分，收益对 β 回归的斜率均值是每月 0.15%，高于零 0.46 个标准差。在使用 β 的各种组合变量（规模、杠杆比率、市盈率等）的 FM 模型中，β 对于平均收益没有解释能力。

对于 β 糟糕结果的一种可能解释是：其他解释变量与真实的 β 相关。这样，平均收益和测量的 β 之间的关系模糊。但是，这种理解不能解释为何 β 作为单一解释变量的时候对于平均收益仍然没有解释能力。再者，杠杆比率、BE/ME 和市盈率看起来并不能很好地作为替代 β 的变量。对于单个股票的 β 与这些变量的值之间的月截面相关系数均在 0 和 0.15 之间。

另一个解释是，按夏普-林特纳-布莱克模型所预期的，在 β 和平均收益之间有正相关关系，但是这种关系在 β 的估计中被噪声干扰。然而，整个时期的后估 β 并不是不精确，大部分 β 的标准差不大于 0.05，仅有 1 个 β 的标准差大于 0.1。

在表 1 和表 2 中，按 β 分类的组合提供了有力的证据驳斥了 β 计量误差的假设。当组合按照预估 β 构造时（见表 2），组合的后估 β 基本上完全决定了预估 β 的次序。仅组合 1B 的 β 不符，但是两者仅仅相差 0.02。类似地，当组合按照规模和预估 β 构造时（见表 1），结论也是一样。

从以上一致的情况来看，后估 β 对于真实 β 的次序有预测作用。而夏普-林特纳-布莱克模型对于按照 β 分类组合的平均收益没有相似的次序。从表 1 和表 2 中可以看出，平均收益随着后估 β 值的增加没有发生变化或者只有轻微的下降。

对于规模效应的有力证据和 β 与收益之间不相关是与夏普-林特纳-布莱克模型相矛盾的。因此，很有必要来检验其结论在 1963—1990 年间是否成立。在检验 1941—1990 年的时期内，有很明显的规模效应，但是 β 和平均收益之间的关系似乎不是十分明显。但有趣的是，1941—1965 年间，β 和平均收益之间的关系十分明显。但是考虑到规模效应时，该时期内两者的关系就消失了。

接下来法玛和弗伦奇从以下几个方面进行了对于平均收益有很强解释力的几个变量的实证分析。

对于净资产市价比、市盈率和杠杆比率来说，表 1 至表 3 说明了在平均收益和规模之间有很强的相关关系，而在 β 和平均收益之间却没有。下面将说明平均收益和净资产市价比之间的相关关系，而且净资产市价比效应比规模效应更有说服力。

表 4 列示了 1963 年 7 月—1990 年 12 月按 BE/ME 或市盈率构造的组合的平均收益。表 4 中的 BE/ME 和 E/P 组合与表 2 中组合的构造方式相同。

表 4				按 BE/ME 或市盈率构造的组合的平均收益								
组合	0	1A	1B	2	3	4	5	6	7	8	9	10A	10B

	0	1A	1B	2	3	4	5	6	7	8	9	10A	10B
A：按 BE/ME 分类													
收益		0.03	0.67	0.87	0.97	1.04	1.17	1.30	1.44	1.50	1.59	1.92	1.83
β		1.36	1.34	1.32	1.30	1.28	1.27	1.27	1.27	1.27	1.29	1.33	1.35
ln(ME)		4.53	4.67	4.69	4.56	4.47	4.38	4.23	4.06	3.85	3.51	3.06	2.65
ln(BE/ME)		−2.22	−1.51	−1.09	−0.75	−0.51	−0.32	−0.14	0.03	0.21	0.42	0.66	1.02
ln(A/ME)		−1.24	−0.79	−0.40	−0.05	0.20	0.40	0.56	0.71	0.91	1.12	1.35	1.75
ln(A/BE)		0.94	0.71	0.68	0.70	0.71	0.71	0.70	0.68	0.70	0.70	0.70	0.73
E/P		0.29	0.15	0.10	0.08	0.08	0.08	0.09	0.09	0.11	0.15	0.22	0.36
E(＋)/P		0.03	0.04	0.06	0.08	0.09	0.11	0.11	0.12	0.12	0.11	0.11	0.10
公司		89	98	209	222	226	230	235	237	239	239	120	117
B：按 E/P 分类													
收益	1.46	1.04	0.93	0.94	1.03	1.18	1.22	1.33	1.42	1.46	1.57	1.74	1.72
β	1.47	1.40	1.35	1.31	1.28	1.26	1.25	1.26	1.24	1.23	1.24	1.28	1.31
ln(ME)	2.48	3.64	4.33	4.61	4.64	4.63	4.58	4.49	4.37	4.28	4.07	3.82	3.52
ln(BE/ME)	−0.10	−0.76	−0.91	−0.79	−0.61	−0.47	−0.33	−0.21	−0.08	0.02	0.15	0.26	0.40
ln(A/ME)	0.90	−0.05	−0.27	−0.16	0.03	0.18	0.31	0.44	0.58	0.70	0.85	1.01	1.25
ln(A/BE)	0.99	0.70	0.63	0.63	0.64	0.65	0.64	0.65	0.66	0.68	0.71	0.75	0.86
E/P	1.00	0.00	0.00	0.00	0.00	0.00	0.00	0.00	0.00	0.00	0.00	0.00	0.00
E(＋)/P	0.00	0.01	0.03	0.05	0.06	0.08	0.09	0.11	0.12	0.14	0.16	0.20	0.28
公司	355	88	90	182	190	193	196	194	197	195	195	95	91

平均收益和 E/P 之间的关系近似于 U 形。平均收益从市盈率为负的公司的 1.46％到市盈率较低但为正的公司的 0.93％。平均收益单调上升到最高市盈率组合的 1.72％。

在表 4 中，最有力的证据是平均收益和净资产市价比有着很强的正相关关系。平均收益从 BE/ME 较低组合的 0.03％到较高组合的 1.83％，每月相差 1.53％，这是表 2 的 0.74％的两倍多。而且应该注意到的是，净资产市价比与平均收益的强相关不可能是 β 效应造成的。表 4 中各组合之间的后估市场 β 几乎没有变化可以说明这一点。

平均来看，在 2 317 家公司里只有 50 家公司的账面权益为负。账面权益为负值的公司几乎集中在 1976—1989 年的样本数据中，而且该文并没有把它们包含在检验之中。不过，该文仍然可以说明，如同 BE/ME 较高企业的平均收益一样，权益为负值的公司的平均收益也较高。负值的账面权益和较高的 BE/ME 公司均有较低的收益预期。而两者相似的收益就与净资产市价比能够说明与财务困境相联系的平均收益的截面变化的特性一致。

FM 回归结果证实了净资产市价比对截面平均股票收益的解释力。收益对 ln(BE/ME) 回归的斜率均值为 0.50%，t 统计量为 5.71。而收益对 ln(ME) 回归的 t 统计量为 -2.58，没有净资产市价比显著。但是净资产市价比在解释平均收益上不能代替规模效应。当 ln(ME)、ln(BE/ME) 一同作为解释变量时，规模斜率的标准差为 -1.99，净资产市价比斜率的标准差为 4.44。

FM 回归结果表明，用杠杆比率解释了收益变化，同时也说明了净资产市价比和平均收益的关系。本文引入了两个杠杆变量——账面资产与市值比，即 A/ME；账面资产与账面净资产比，即 A/BE。本文称 A/ME 为市场杠杆比率，A/BE 为账面杠杆比率。ln(A/ME)、ln(A/BE) 用作回归变量，使用自然对数能够使得平均收益和杠杆比率、净资产市价比间的关系更容易被观察到。

由于两个杠杆比率与平均收益的关系是反向的，因此在解释平均收益的回归中看起来有点模糊。如同班德瑞在 1988 年提出的，高市场杠杆比率总与高的平均收益相联系。对于 ln(A/ME) 的斜率总为正，高于零四个标准差。但是高的账面杠杆比率与低平均收益相联系，其斜率总为负，低于零四个标准差。

对于 ln(A/ME) 和 ln(A/BE) 斜率相反的困惑可以有一种简单的解释。两者斜率符号相反，但是绝对值相近，分别为 0.50 和 -0.57。因此，这就是账面与市场杠杆比率在解释平均收益时的不同。但是，两者之间的差值就是净资产市价比，ln(BE/ME)＝ln(A/ME)－ln(A/BE)。表 3 说明了在 FM 回归中净资产市价比的斜率与两个杠杆比率的斜率十分相近。

在杠杆比率和净资产市价比的相关关系说明中，有两种对等的方法来理解平均收益的净资产市价比效应。高的净资产市价比率说明如果公司的 BE/ME 较低，市场对于公司的前景反应就较差。高的净资产市价比也说明市场杠杆比率比账面比高。简而言之，本文的检验证明，对于 BE/ME 所反映的财务困境效应，可以自然理解为杠杆效应，该效应可以由 A/ME 和 A/BE 之差表示。

鲍尔指出，市盈率在解释预期收益时能作为对所有遗漏的风险因素的替代变量。如果用现时收入代替期望收入，高风险股票将会有较低的价格。因此，无论遗漏什么风险来源，市盈率都与预期收益相关。这种结论仅仅对于盈余为正的公司有意义。当现时盈余为负时，市盈率就无法代替预期收益。在 FM 回归中，市盈率的斜率基于正值，当盈余为负时，该文用一个虚拟变量来代替市盈率。

在表 4 中平均收益和市盈率的 U 形关系，即使在表 3 中市盈率是 FM 模型中的唯一变量时也是很明显的。市盈率的虚拟变量的斜率均值证明，盈余为负值的公司有较高的平均收益。对于市盈率为正的公司来说，收益随着市盈率的上升而上升。

在回归中引入规模因素削弱了虚拟变量的解释力。因而，规模对于较高平均收益的市盈率为负的股票有更好的解释力。引入规模和净资产市价比两个因素仍然削弱了虚拟变量的解释力度，同时市盈率的斜率也由 4.72 降低到 0.87($t=1.23$)。对比来看，$\ln(\mathrm{ME})$ 和 $\ln(\mathrm{BE}/\mathrm{ME})$ 的斜率均值与用规模和净资产市价比来解释平均收益的回归中的斜率相似。这个结果说明，正的市盈率和平均收益的关系源于市盈率和 $\ln(\mathrm{BE}/\mathrm{ME})$ 的正相关；高市盈率公司倾向于具有高的净资产市价比率。

对于各种解释变量的总结说明：

（1）当考虑到 β 的变化与规模不相关时，在 β 和平均收益之间就没有可靠的联系。

（2）在解释平均收益的变化上，市场杠杆比和账面杠杆比的相反关系能够由净资产市价比很好地刻画。

（3）市盈率和平均收益间的关系可以由规模和净资产市价比这一联合变量来代替。

表 5 中的平均收益矩阵列明了 10 个规模组合按照单个股票的 BE/ME 再分为 10 个组合的平均收益的二元变化。在规模组合中，收益随着 BE/ME 的增长而增长。类似地，在下面平均收益的矩阵中，平均收益和规模成负相关。回归结果表明，净资产市价比抓住了平均收益的变化特征，控制净资产市价比会对平均收益产生规模效应。

表 5　　　　　　　　　　规模和净资产市价二元分类组合的平均收益

						BE/ME					
	全部	低	2	3	4	5	6	7	8	9	高
全部	1.23	0.64	0.98	1.06	1.17	1.24	1.26	1.39	1.40	1.50	1.63
低 ME	1.47	0.70	1.14	1.20	1.43	1.56	1.51	1.70	1.71	1.82	1.92
ME - 2	1.22	0.43	1.05	0.96	1.19	1.33	1.19	1.58	1.28	1.43	1.79
ME - 3	1.22	0.56	0.88	1.23	0.95	1.36	1.30	1.30	1.40	1.54	1.60
ME - 4	1.19	0.39	0.72	1.06	1.36	1.13	1.21	1.34	1.59	1.51	1.47
ME - 5	1.24	0.88	0.65	1.08	1.47	1.13	1.43	1.44	1.26	1.52	1.49
ME - 6	1.15	0.70	0.98	1.14	1.23	0.94	1.27	1.19	1.19	1.24	1.50
ME - 7	1.07	0.95	1.00	0.99	0.83	0.99	1.13	0.99	1.16	1.10	1.47
ME - 8	1.08	0.66	1.13	0.91	0.95	0.99	1.01	1.15	1.05	1.29	1.55
ME - 9	0.95	0.44	0.89	0.92	1.00	1.05	0.93	0.82	1.11	1.04	1.22
高 ME	0.89	0.93	0.88	0.84	0.71	0.79	0.83	0.81	0.96	0.97	1.18

    法玛和弗伦奇进一步分析了规模和净资产市价比的交互作用。单个股票的截面 ln(ME) 和ln(BE/ME) 的相关系数是－0.26。在表2和表4中，按照 ME 和 BE/ME 分类的组合，ln(ME) 和 ln(BE/ME) 的负相关关系也十分明显。因此，低市值的公司就很可能有较差的前景预期，进而导致低的股价和高的净资产市价比。相反，高市值的公司有较好的预期，进而导致高的股价、低的净资产市价比和低的股票平均收益。

    规模和净资产市价比的相关性对表3中的回归有影响。包括ln(BE/ME) 在内，ln(ME) 的斜率均值从单变量回归中的－0.15($t=-2.58$) 到双变量回归中的－0.11($t=-1.99$)。类似地，包括 ln(ME) 在内，ln(BE/ME) 的斜率均值从单变量回归中的0.50到双变量回归中的0.35。因此，简单回归中的部分规模效应是由于小市值股票更容易有较高的净资产市价比率，部分净资产市价比效应是因为高 BE/ME 股票的市值较低。

    然而，也不应该夸大规模和净资产市价比的联系。ln(ME) 和 ln(BE/ME) 的相关系数（－0.26）不是极端值，并且表3中双变量回归的斜率均值表明，ln(ME) 和 ln(BE/ME) 联合解释了截面平均收益。最后，表5中的10×10 平均收益矩阵提供了确凿的证据：（1）控制规模，净资产市价比能够很好地解释截面收益的实质变化；（2）按 BE/ME 分组中，平均收益和规模相关。

    法玛和弗伦奇计算了FM斜率均值。1963—1990年间FM的斜率说明，规模的截面股票收益有一个负的升水，而净资产市价比为正。对于市场 β 的平均升水为零。表6列示了在两个相同长度时期内（1963年7月—1976年12月，1977年1月—1990年12月）的回归的斜率均值：（1）股票的规模截面收益 ln(ME) 以及净资产市价比 ln(BE/ME)；（2）β 的收益，ln(ME) 和 ln(BE/ME)。相应地，按照价值权重（VW）和等权重（EW）的 NYSE 股票组合的平均收益也在表6中列明。

表6   FM 回归的斜率系数均值

变量	1963年7月—1990年12月 (330个月)			1963年7月—1976年12月 (162个月)			1977年1月—1990年12月 (168个月)		
	均值	标准差	$t(Mn)$	均值	标准差	$t(Mn)$	均值	标准差	$t(Mn)$
VW 和 EW 资产组合收益									
VW	0.81	4.47	3.27	0.56	4.26	1.67	1.04	4.66	2.89
EW	0.97	5.49	3.19	0.77	5.70	1.72	1.15	5.28	2.82
$R_{it}=a+b_{2t}\ln(ME_{it})+b_{3t}\ln(BE/ME_{it})+e_{it}$									
a	1.77	8.51	3.77	1.86	10.10	2.33	1.69	6.67	3.27
b_2	－0.11	1.02	－1.99	－0.16	1.25	－1.62	－0.07	0.73	－1.16
b_3	0.35	1.45	4.43	0.36	1.53	2.96	0.35	1.37	3.30

续表

变量	1963 年 7 月—1990 年 12 月 (330 个月)			1963 年 7 月—1976 年 12 月 (162 个月)			1977 年 1 月—1990 年 12 月 (168 个月)		
	均值	标准差	$t(Mn)$	均值	标准差	$t(Mn)$	均值	标准差	$t(Mn)$
	$R_{it} = a + b_{1t}\beta_{it} + b_{2t}\ln(\text{ME}_{it}) + b_{3t}\ln(\text{BE}/\text{ME}_{it}) + e_{it}$								
a	2.07	5.75	6.55	1.73	6.22	3.54	2.40	5.25	5.92
b_1	−0.17	5.12	−0.62	0.10	5.33	0.25	−0.44	4.91	−1.17
b_2	−0.12	0.89	−2.52	−0.15	1.03	−1.91	−0.09	0.74	−1.64
b_3	0.33	1.24	4.80	0.34	1.36	3.17	0.31	1.10	3.67

与整个时期的组合不同，分期的回归中 β 的升水并不一定在经济角度是重要的。对于 β 的 FM 斜率均值在 1977—1990 年间为 0.10%，$t = -1.17$。这就暗示，规模效应在 1977—1990 年间是十分弱的，而且对于分期规模斜率均值缺乏解释力。

如果规模效应不同，净资产市价比和平均收益的相关性就十分强，以至在 1963—1976 年和 1977—1990 年两个时期内十分明显。$\ln(\text{BE}/\text{ME})$ 的斜率均值均高于零 2.95 个标准差，两个时期的斜率均值接近整个时期的斜率均值。因此，在所有考虑过的变量中，净资产市价比在解释截面股票平均收益时是最有解释力的。

应强调的是，在平均收益中 β 的作用甚微。然而，β、规模和净资产市价比的平均升水取决于回归中所使用变量的定义。例如，用 $\ln(\text{BE})$ 代替 $\ln(\text{BE}/\text{ME})$，只要 $\ln(\text{ME})$ 仍然在回归中，这个变化就不会影响到截距项、拟合优度和 R^2。至此，法玛和弗伦奇在理论上并没有不同变量选择的标准。

再者，本文的检验仅局限于股票。如果包括其他资产，本文的结论很可能发生改变。例如，表 6 中 FM 回归的截距项的均值说明了回归结果对于债券可能不适用。对于票据和债券的检验也许能够改变本文对于平均风险升水的推断，还有可能对市场 β 的解释力要进行重新考虑。但是，本文强调的不同检验方法是无法作为夏普-林特纳-布莱克模型的借口的。夏普-林特纳-布莱克模型的重建需要有对市场组合的一个更好的替代变量：（1）颠覆 β 和平均收益之间的关系的证据是无说服力的；（2）把 β 作为解释平均收益的唯一相关变量。这些结论看起来是不可能的。因此，如果 β 在解释平均收益时能起到一定的作用，那么一个多因素模型在正斜率的条件关系下就很有可能发现平均收益和 β 之间的非线性相关关系。

结论及其应用

1. 理性资产定价假说

可以看出，FM 回归通常在收益和与多因素资产定价模型一致的预期收益之间强加了一个线性因素结构，这就使得检验在平均收益、规模和净资产市价比之间强加了一个理性资产定价的框架。即使法玛和弗伦奇的结论与资产定价理论一致，但他们的结论从经济学角度来看也不太令人满意。对于用规模和净资产市价比解释平均股票收益，法玛和弗伦奇提出了以下观点：

（1）在 FM 回归模型中，收益对 ln(ME) 和 ln(BE/ME) 回归的截距和斜率对应的是组合收益。该组合是模仿用规模和净资产市价比代替收益的普通风险因子所构造的。考察这些组合的收益和衡量经济条件变化的经济变量的关系可以帮助揭开规模和账面与市场权益价值所揭示的经济风险的性质。

（2）陈等（Chan，Chen，and Hsieh，1985）指出，规模与平均收益的关系代表了预期收益和经济风险因素之间更为基本的关系。他们在解释规模效应时最为重要的因素是评级较高和较低的公司的债券月收益间的不同。该不同原则上解释了所定价收益的违约风险的特性。对于检验附加费用，或者如陈、罗尔和罗斯所提及的其他经济因素将会是十分有趣的，而且这也能够解释在本文的检验中规模和账面与市场权益价值的作用。

（3）遵循相同的思路，陈和陈（Chan and Chen，1991）指出，规模和平均收益间的关系是相对预期效应。财务困境公司的收益预期对于经济形势更为敏感。这就导致了按预期收益定价的回报中包含了财务困境的因素。基于股利变化和杠杆比率，陈和陈构造了包含财务困境因素的两个相似的资产组合。本文所要验证的是由于财务困境导致的额外费用能否吸收平均收益中所包含的规模和 BE/ME 效应。

（4）实际上，如果股价是理性的，BE/ME 应该是公司发展相对前景预期的一个直接反映指标。例如，本文预期 BE/ME 较高的公司与较低的公司相比，有较低的资产收益。本文的结论告诉我们：BE/ME 较高和较低的公司是有十分明显的区别的。BE/ME 较低的公司有相对好的业绩表现，反之，BE/ME 较高的公司的业绩较差。

2. 行为资产定价假说

以上讨论均假设规模和 BE/ME 与股票收益的关系体现的是股票的风险效应。BE/ME 是对预期收益最有说服力的变量，但也不是唯一的变量。然而，截面净资产市价比很可能是由于企业前景相对预期的市场过度反应。如果过度反应能够矫正，BE/ME 将能够预期截面股票收益。简单的检验无法证明规模和 BE/ME 效应不是由于市场的过度反应，至少是德邦特和塞勒所假定的类型。德邦特和塞勒所用的一种衡量过度反应的方法是用一只股票最近 3 年的收益。他们的过度反应假说预测，3 年期的亏损公司与 3 年期的盈利公司相比有较高的后估报酬率。对于单个股票的 FM 回归，3 年期滞后收益对于平均收益几乎没有解释力，即使其为唯一的解释变量。滞后收益的单变量平均斜率为负，每月为负的 6 个基点，但是与标准差 0 相比低 0.5。

法玛和弗伦奇的主要结论是：规模和净资产市价比是较为容易计量的变量，对于截面平均股票收益能够进行较好的解释。使用这些结论效果的好坏主要依赖于：（1）数据是不是连续的；（2）是理性还是非理性资产定价的结果。

在样本中，很有可能出现规模和净资产市价比恰好能够解释截面平均收益，但是它们与预期收益恰恰无关。法玛和弗伦奇将这种情况的概率假定为很小，特别是对于净资产市价比而言。首先，尽管 BE/ME 长期以来被用作股票收益预期的一个衡量指标，但是没有证据表明其解释能力会随时间而减弱。在 1963—1990 年间，BE/ME 和平均收益的相关性很高，并且在 1963—1976 年和 1977—1990 年两个时期内是显著的。其次，本文对于经济基本原理的初期工作说明，BE/ME 高的公司通常比 BE/ME 较低的公司有持续较低的收入。同样，在 20 世纪 80 年代，与大公司不同的是，小公司的收入在很长时期内较低。基本理论中的系统化模式对此做出了说明：规模和净资产市价比是收益中刻画风险因素的指标，同时与相对收入预期相关。

如果结论不是偶然的话，它们对于资产组合的构造和对于主要在长期关注平均收益的投资者的绩效评价有十分强的指导意义。如果市场是理性的，规模和 BE/ME 一定是风险的衡量指标。并且法玛和弗伦奇的结论暗示资产组合（如养老基金和共同基金）的管理绩效可以通过比较它们的平均收益及相似标的资产的规模和 BE/ME 的特性进行评估。同样，对于不同组合的预期收益，可以利用相应规模和 BE/ME 的组合平均收益来估计。不过，即使市场是非理性的，规模和 BE/ME 也不能作为衡量风险的指标，法玛和弗伦奇的结论仍可以用来评估资产组合的业绩，并且可以衡量不同投资组合的预期收益。

后续研究

在 Fama 和 French（1992）之后涌现了大量横截面股票收益规律相关的研究（也称作市场异象），其中有五类研究和讨论得最为广泛的异象。（1）动量异象。Jegadeesh 和 Titman（1993）发现了过去 3～12 个月内收益率高（低）的股票在未来短期内会继续上涨（下跌）。动量效应可能的解释包括：动量交易策略导致股票价格暂时偏离其长期价值，从而导致价格过度反应；市场对公司前景预期信息短期内反应不足，从而导致长期过度反应。（2）流动性异象。Amihud（2002）发现流动性差的股票存在一种非流动性溢价，这种溢价更多地影响了小规模公司股票。Pásto 和 Stambaugh（2003）发现在控制了市场收益暴露、规模、价值与动量因子之后，对流动性敏感性高的股票的年化收益较敏感性低的股票平均高 7.5%。（3）波动性异象。Ang 等（2006）发现股票的特质波动率越高，则预期收益率越低，这被称作"特质波动性之谜"。（4）投资类异象。Cooper 等（2008）研究了公司水平的资产投资效应，发现公司资产增值率和预期收益率存在负相关关系。（5）盈利类异象。Novy-Marx（2013）发现公司资产毛利率可以正向预测未来股票横截面收益率，并且与账面市值比有几乎相同的预测能力。盈利能力可以解释多数盈利相关的异象以及其他一些异象。

关于我国股票市场上的异象，陈信元等（2001）检验发现在我国股票市场上规模和 B/P 因子显著，而贝塔、账面财务杠杆和市盈率并不显著。郑振龙和汤文玉（2011）证明了波动率风险因子与我国股票市场横截面收益率负相关。左浩苗等（2011）认为我国股市特质波动率之谜由卖空限制和投资者异质性共同导致。李志冰等（2017）检验证明了法玛-弗伦奇五因子模型适用于我国 A 股市场，股权分置改革后盈利能力、投资风格和动量因子风险溢价显著。

对于目前数百种横截面市场异象，近年来有一些论文从检验标准、投资组合收益率、因子显著性等角度对其稳健性进行了全面的检验。Harvey 等（2015）认为新判断一个因子显著需要有大于 3.0 的 t 统计量，很多先前的研究结果很可能有误。McLean 和 Pontiff（2016）发现因子公开后投资组合的收益率平均降低了 32%，并且在公开发表后因子投资组合和其他已发表因子投资组合的相关性升高了，因此投资者要警惕由学术发表导致的错误定价。Hou 等（2018）发现已知的"异象"复现失败率很高，而复现成功的异象显著程度也有所降低，证明市场变得更加有效了。

收益动能与市场有效性[①]

作者简介　**Narasimhan Jegadeesh**

　　Narasimhan Jegadeesh 教授是印裔美籍经济学家，研究领域包括投资、期货、期权和固定收益证券市场。Jegadeesh 曾获印度理工学院机械工程学学士，印度管理学院 MBA，并于 1987 年获哥伦比亚大学金融学博士学位。Jegadeesh 于 1987—1993 年任加州大学洛杉矶分校助理教授，1993 年以来执教于伊利诺伊大学香槟分校，现任埃默里大学戈伊祖塔商学院院长杰出财务主席。

主要成果

"Empirical Tests of Asset Pricing Models with Individual Assets：Resolving the Errors-In-Variables Bias in Risk Premium Estimation"（with J. Noh，K. Pukthuanthong，R. Roll，and J. Wang），*Journal of Financial Economics*，Vol. 133，No. 2，pp. 273 - 298，2019.

"Cross-sectional and Time-series Tests of Return Predictability：What is the Difference?"

---

　　①　本文发表于 *Journal of Finance*，Vol. 48，pp. 65 - 91，1993。

(with A. Goyal)，*Review of Financial Studies*，Vol. 31，No. 5，pp. 1784 – 1824，2018.

"Buyers versus Sellers：Who Initiates Trades，and When?"（with T. Chordia and A. Goyal），*Journal of Financial & Quantitative Analysis*，Vol. 51，No. 5，pp. 1467 – 1490，2016.

"Word Power：A New Approach for Content Analysis"（with D. Wu），*Journal of Financial Economics*，Vol. 110，No. 3，pp. 712 – 729，2013.

"Do Analysts Herd? An Analysis of Recommendations and Market Reactions"（with W. Kim），*Review of Financial Studies*，Vol. 23，No. 2，pp. 901 – 937，2010.

"World Markets for Raising New Capital"（with B. J. Henderson and M. S. Weisbach），*Journal of Financial Economics*，Vol. 82，No. 1，pp. 63 – 101，2006.

"Analyzing the Analysts：When Do Recommendations Add Value?"（with J. Kim，S. D. Krische，and C. M. C. Lee），*Journal of Finance*，Vol. 59，No. 3，pp. 1083 – 1124，2004.

"Cross-sectional and Time-series Determinants of Momentum Returns"（with S. Titman），*Review of Financial Studies*，Vol. 15，No. 1，pp. 143 – 157，2002.

"Profitability of Momentum Strategies：An Evaluation of Alternative Explanations"（with S. Titman），*Journal of Finance*，Vol. 56，No. 2，pp. 699 – 720，2001.

"Futures vs. Forward Contracts：Implications for Valuations of Swaps and Derivatives"（with M. Grinblatt），in *Advanced Tools for Fixed Income Professionals*，1999.

"An Analysis of Bidding in JGB Auctions"（with Y. Hamao），*Journal of Finance*，Vol. 53，pp. 755 – 772，April 1998.

"The Behavior of Interest Rates Implied by the Term Structure of Eurodollar Futures"（with G. Pennacchi），*Journal of Money, Credit, and Banking*，Vol. 28，pp. 426 – 446，August 1996.

"Evaluating the Performance of Value versus Growth Stocks：The Impact of Selection Bias"（with L. Chan and J. Lakonishok），*Journal of Financial Economics*，Vol. 17，pp. 45 – 57，1995.

"Short Horizon Return Reversals and the Bid-Ask Spread"（with S. Titman），*Journal of Financial Intermediation*，Vol. 4，pp. 116 – 132，1995.

"Pre Tender-Offer Share Acquisition Strategy in Takeovers"（with Bhagwan Chowdhry），*Journal of Financial and Quantitative Analysis*，Vol. 29，pp. 117 – 129，March 1994.

"Treasury Auction Bids and the Salomon Squeeze", *Journal of Finance*, Vol. 48, pp. 1403 - 1419, September 1993.

"Returns to Buying Winners and Selling Losers: Implications for Stock Market Efficiency" (with S. Titman), *Journal of Finance*, Vol. 48, pp. 65 - 91, 1993.

作者简介　　Sheridan Titman

　　谢里登·蒂特曼（Sheridan Titman）现任得克萨斯大学 McAllister Centennial 金融服务首席教授，在麦康布斯商学院担任 McAllister 百年金融服务教授，美国国家经济研究局研究员。他曾任美国加州大学洛杉矶分校管理学院副院长。蒂特曼于 1975 年获科罗拉多大学管理学学士学位，1978 年获卡内基梅隆大学经济学硕士学位，1981 年获卡内基梅隆大学经济学博士学位。1980—1988 年蒂特曼任加州大学洛杉矶分校助理教授，1988—1989 年任财政部助理部长特别助理，1989—1994 年任加州大学洛杉矶分校教授，1992—1994 年任香港科技大学商业和管理学院教授，1994—1997 年任波士顿大学金融学教授，1997 年至今任得克萨斯大学金融服务首席教授，1990 年至今任《金融杂志》副主编，1994 年至今任《金融与数量分析杂志》（*Journal of Financial and Quantitative Analysis*）副主编，1996 年至今任《金融研究评论》（*Review of Financial Studies*）主编。2012 年，他接替拉格拉姆·拉扬（Raghuram Rajan）担任美国金融学会主席，并担任西方金融协会主席。蒂特曼曾担任亚洲金融学会主席和西部金融学会主席。他的主要研究领域为资本结构、共同基金、不动产。目前已经出版了数部关于投资和公司财务的著作，并与他人合著了《金融市场与公司战略》（*Financial Markets and Corporate Strategies*）这本好评如云的佳作。

主要成果

"Momentum and Reversals When Overconfident Investors Underestimate Their Competition" (with J. Luo and A. Subrahmanyam)，*Review of Financial Studies*，Vol. 34，pp. 351 - 393，2021.

"A Dynamic Model of Characteristic-Based Return Predictability" (with A. Alti)，*Journal of Finance*，Vol. 74. No. 6，pp. 3187 - 3216，2019.

"Is It Who You Know or What You Know? Evidence from IPO Allocations and Mutual Fund Performance" (with C. Y. Hwang and Y. Wang)，*Journal of Financial and Quantitative Analysis*，Vol. 53，No. 6，pp. 2491 - 2523，2018.

"The Geography of Financial Misconduct" (with C. A. Parsons and J. Sulaeman)，*Journal of Finance*，Vol. 73，No. 5，pp. 2087 - 2137，2018.

"An International Comparison of Capital Structure and Debt Maturity Choices" (with J. P. H. Fan and G. Twite)，*Journal of Financial and Quantitative Analysis*，Vol. 47，No. 1，pp. 23 - 56，2012.

"Individualism and Momentum Around the World" (with A. C. W. Chui and K. C. J. Wei)，*Journal of Finance*，Vol. 65，No. 1，pp. 361 - 392，2010.

"Firms' Histories and Their Capital Structures" (with A. Kayhan)，*Journal of Financial Economics*，Vol. 83，No. 1，pp. 1 - 32，2007.

"Market Reactions to Tangible and Intangible Information" (with K. Daniel)，*Journal of Finance*，Vol. 61，No. 4，pp. 1605 - 1643，2006.

"The Debt-equity Choice" (with A. Hovakimian and T. Opler)，*Journal of Financial and Quantitative Analysis*，Vol. 36，pp. 1 - 24，2001.

"Profitability of Momentum Strategies: An Evaluation of Alternative Explanations" (with Narasimhan Jegadeesh)，*Journal of Finance*，Vol. 56，pp. 699 - 720，2001.

"Explaining the Cross-Section of Stock Returns in Japan: Factors or Characteristics?" (with Kent Daniel and John Wei)，*Journal of Finance*，Vol. 56，pp. 743 - 767，2001.

"Tax-Motivated Trading and Price Pressure: An Analysis of Mutual Fund Holdings" (with Scott Gibson and Assem Safieddine)，*Journal of Financial and*

Quantitative Analysis, Vol. 35, pp. 369 – 385, 2000.

"Debt and Corporate Performance: Evidence From Unsuccessful Takeovers" (with Assem Safieddene), *Journal of Finance*, Vol. 54, pp. 547 – 580, 1999.

"Pricing Strategy and Financial Policy" (with Sudipto Dasgupta), *Review of Financial Studies*, Vol. 11, pp. 705 – 737, 1998.

"Evidence on the Characteristics of Cross-Sectional Variation in Stock Returns" (with Kent Daniel), *Journal of Finance*, Vol. 52, pp. 1 – 34, 1997.

"Measuring Mutual Fund Performance with Characteristic Based Benchmarks" (with Kent Daniel, Mark Grinblatt, and Russ Wermers), *Journal of Finance*, Vol. 52, pp. 1035 – 1058, 1997.

"Overreaction, Delayed Reaction and Contrarian Profits" (with Narasimhan Jegadeesh), *Review of Financial Studies*, Vol. 8, pp. 873 – 993, 1995.

"Momentum Investment Strategies, Portfolio Performance and Herding: A Study of Mutual Fund Behavior" (with Mark Grinblatt and Russ Wermers), *The American Economic Review*, Vol. 85, pp. 1088 – 1105, 1995.

"Issuing Equity under Asymmetric Information" (with Kent Daniel), *North Holland Handbook of Finance*, Jarrow, Maksimovic and Ziemba editors, North-Holland: Amsterdam, 1995.

"Performance Evaluation" (with Mark Grinblatt), *North Holland Handbook of Finance*, Jarrow, Maksimovic and Ziemba editors, North-Holland: Amsterdam, 1995.

"Short Horizon Return Reversals and the Bid-Ask Spread" (with Narasimhan Jegadeesh), *Journal of Financial Intermediation*, Vol. 4, pp. 116 – 132, April 1995.

"Financial Policy and a Firm's Reputation for Product Quality" (with Vojislav Maksimovic), *Review of Financial Studies*, Vol. 4, pp. 175 – 200, Spring 1991.

"Share Tendering Strategies and the Success of Hostile Takeover Bids" (with David Hirshleifer), *Journal of Political Economy*, Vol. 98, pp. 295 – 324, April 1990.

"Portfolio Performance Evaluation: Old Issues and New Insights" (with Mark Grinblatt), *Review of Financial Studies*, Vol. 2, pp. 393 – 421, Fall 1989.

"The Relation Between Mean-Variance Efficiency and Arbitrage Pricing" (with Mark Grinblatt), *Journal of Business*, Vol. 60, pp. 97 – 112, January 1987.

"Information Quality and the Valuation of New Issues" (with Brett Trueman), *Journal of Accounting and Economics*, Vol. 8, pp. 159 – 172, June 1986.

"Factor Pricing in a Finite Economy"（with Mark Grinblatt），*Journal of Financial Economics*，Vol. 12，pp. 497-507，December 1983.

研究背景

众多新闻工作者、心理学家和经济学家认为投资者倾向于对信息过度反应。该观点的直接延伸是股票价格对信息过度反应，De Bondt 和 Thaler（1985，1987）发现，逆向投资策略——买进历史弱势股（past losers）和卖出历史强势股（past winners）——可获得超额收益（即风险调整后收益为正值）。De Bondt 和 Thaler（1985）表明，买入过去 3~5 年的弱势股并持有 3~5 年将会获得比持有过去同时期强势股更高的收益。然而，学术界对德邦特和塞勒发现的解释存有很大的争议。有些人认为德邦特和塞勒的结果可以用他们所称的逆向投资策略组合的系统性风险和规模效应解释。另外，既然历史弱势股仅仅在 1 月份才较历史强势股有出色的表现，所以尚不清楚德邦特和塞勒的结果是否可归因于过度反应。

近期 Jegadeesh（1990）和 Lehmann（1990）提供了短期收益反转的证据。他们的研究表明，基于几个星期前或几个月前的股票收益的逆向投资策略将会给投资者带来超额收益。然而，因为这些投资策略需要频繁交易，而且是建立在短期股票价格波动的基础上，它们表面的成功有可能反映了短期价格压力的存在或市场流动性的缺乏而非过度反应。Jegadeesh 和 Titman（1991）提供了关于短期逆向收益与买卖价差之间关系的证据，该证据支持这一解释。另外，Lo 和 Mackinlay（1990）认为，Jegadeesh 和莱曼（Lehmann）所发现的超额收益在很大程度上可归因于股票价格对共同因素的滞后反应而非过度反应。

虽然逆向投资策略近来受到了许多关注，比如，Grinblatt 和 Titman（1989，1991）实证发现，在他们调查研究的共同基金经理中，大部分倾向于购买价格在上一个季度上涨的股票。但是早期关于市场有效性的文章关注的是相对强势投资策略（relative strength strategies，RSS）——买进历史强势股和卖出历史弱势股。非常值得一提的是，Levy（1967）声称购买现时价格高于过去 27 周平均价格的股票也会得到超额收益。然而，詹森和本宁顿指出，利维是在比较了他的 68 种不同的交易规则后提出上述主张的，并因此表达了对该规则的怀疑。Jensen 和 Bennington（1970）在一个更长的样本期间内（即有很大一部分超出了利维的样本区间）分析了利维所提规则的获利能力，结果发现该规则并没有战胜简单的买进并持有策略，从而得出利维所提规则是有偏选择的结果。

如何在逆向投资策略与 RSS 之间找到和谐呢？一个可能的解释是，实务工作者实现的超额收益要么是伪造的，要么是根本就与他们的投资策略无关。另一个解释是，两种投资策略的时间期限不同。例如，逆向投资策略的期限要么短到 1 个星期、1 个月，要么长到 3～5 年，而 RSS 则是基于过去 3～12 个月的股票表现。Narasimhan Jegadeesh 和谢里登·蒂特曼（Sheridan Titman）的这篇发表于 1993年 3 月《金融学杂志》的《收益动能与市场有效性》（Returns to Buying Winners and Selling Losers：Implications for Stock Market Efficiency）一文分析了基于过去 3～12 个月的股票表现选择股票并持有 3～12 个月的 RSS 收益，试图说明 RSS 收益之源及其与逆向投资策略的区别。

研究目的和方法

Jegadeesh 和 Titman（1993）的研究目的有三：（1）实证分析中期 RSS 是否存在盈利可能；（2）分析 RSS 收益的来源；（3）寻找 RSS 收益的时间分布模式。

Jegadeesh 和蒂特曼在实证分析 RSS 是否存在盈利可能时设计了如下投资策略：在每个月份 t 之初，对所有纽约证券交易所、美国证券交易所和纳斯达克上市的个股按照该月之前 j 个月的收益表现进行升序排序，然后根据排序结果将股票等分成 10 组，即 10 个证券组合。每组内各股票权重相等。将第 1 组，即表现最差的那一组称为"弱势股"；将第 10 组，即表现最好的那一组称为"强势股"。在每一月份 t 之初购买"强势股"、卖出"弱势股"，然后持有该头寸 k 个月，并分别计算该证券组合的收益。另外，在每月初，对第 $t-k$ 个月份构造的组合平仓，这样，在每个月共持有 k 个组合，而且只需调整其中的一个组合并保持其他组合不变。这样的策略称为 j/k 策略。比如说，如果在 12 月份构造一个组合，持有期为 5 个月，则要在 12 月份平仓 7 月份构造的组合，但是投资者依然持有在 8、9、10、11、12月份构造的 5 个组合。

在作者的实证检验中，j 选择的是 3、6、9、12 个月，k 选择的也是 3、6、9、12个月，这样 j，k 搭配共有 16 个投资策略。另外，为避免 Jegadeesh（1990）和 Lehmann（1990）所提到的买卖价差、价格压力和滞后反应效应对 RSS 策略收益的影响，在组合成立之日与开始持有之日之间间隔一个星期，这又构成了 16 个投资策略。

在分析 RSS 的收益来源时，作者采用 6/6 RSS，并设计了两个收益创造（return generating）模型来分解 RSS 超额收益。

第一个模型考虑到了因素模拟组合收益（factor-mimicking portfolio return）的

序列相关性，同时要求单只股票对因素的实现反应迅速。模型如下：

$$r_{it} = \mu_i + b_i f_t + e_{it}$$
$$E(f_t) = 0$$
$$E(e_{it}) = 0$$
$$\text{Cov}(e_{it}, f_t) = 0，对任意的 i$$
$$\text{Cov}(e_{it}, e_{jt-1}) = 0，对任意的 i \neq j \tag{1}$$

其中，r_{it} 是证券 i 在 t 时期的收益，μ_i 是证券 i 的无条件预期收益，f_t 是因素模拟组合的无条件、未预期到的收益，e_{it} 是 t 时与公司特征相关的收益，b_i 是证券 i 对因素的敏感度。

RSS 暗示，若在某时期获得超额收益，那么在随后的时期里，亦能获得超额收益，反之亦然。用数学表示即为：

$$E(r_{it} - \bar{r}_t \,|\, r_{it-1} - \bar{r}_{t-1} > 0) > 0$$

或

$$E(r_{it} - \bar{r}_t \,|\, r_{it-1} - \bar{r}_{t-1} > 0) < 0$$

故

$$E\left[(r_{it} - \bar{r}_t)(r_{it-1} - \bar{r}_{t-1})\right] > 0 \tag{2}$$

令 $\bar{r}_t$ 为等权指数收益，则可将式（2）分解成：

$$E\left[(r_{it} - \bar{r}_t)(r_{it-1} - \bar{r}_{t-1})\right] = \sigma_\mu^2 + \sigma_b^2 \times \text{Cov}(f_t, f_{t-1}) + \overline{\text{Cov}_i}(e_{it}, e_{it-1}) \tag{3}$$

其中，σ_μ^2 与 σ_b^2 分别是预期收益与因素敏感度的横截面方差。式（3）表明，RSS 有三个潜在收益来源：第一项是预期收益的横截面离差，直观地说，因为已实现收益包含预期收益这一成分，那么当某时期收益较高时，可预期下一时期有更高的收益（高于平均收益）；第二项是因素模拟组合收益的协方差，如果 f 表现出正的序列相关性，那么 RSS 将会选择高 b 的股票；最后一项是 e_i 的平均协方差。

换句话说，该模型将收益来源分为：两个在有效市场中存在且与系统性风险相关的部分（前两项）；一个仅在市场无效的情况下才能对 RSS 有所作用，并且与公司特性有关的收益相关的部分（即最后一项）。

确定 RSS 收益来源对验证 RSS 收益的存在是否意味着市场无效至关重要？如果 RSS 收益来源于第一、二项，那么说明获得高收益是因为承担了系统性风险，不足以证明市场无效，如果源于第三项，则市场无效。

在第一个模型分析的基础上，为进一步确定 RSS 收益来源是股票对公司特定信息的滞后反应还是股票价格对共同因素的领先-滞后效应*，作者又设计了第二个

---

* 俗称"板块效应"。——编者注

模型（该模型放宽了股票对共同因素反应迅速的假定）：

$$r_{it}=\mu_i+b_{1i}f_t+b_{2i}f_{t-1}+e_{it} \tag{4}$$

式中，b_{1i} 是对 t 时的因素实现的敏感度，b_{2i} 是对 $t-1$ 时已发生因素的敏感度，$b_{2i}>0$ 意味着股价有滞后反应，$b_{2i}<0$ 意味着股价对 t 时因素反应过度并在下一时被修正。在此模型下有

$$E\left[(r_{it}-\bar{r}_t)(r_{it-1}-\bar{r}_{t-1})\right]=\sigma_\mu^2+\delta\sigma f^2 \tag{5}$$

及

$$\mathrm{Cov}(\bar{r}_t,\bar{r}_{t-1})=\bar{b}_1\bar{b}_2\bar{\sigma}_f^2 \tag{6}$$

$$\delta\equiv\frac{\sum_{i=1}^N(b_{1i}-\bar{b}_1)(b_{2i}-\bar{b}_2)}{N} \tag{7}$$

式中，$\bar{b}_1$、$\bar{b}_2$ 是 b_{1i}、b_{2i} 的均值，由式（5）可知，当 $\delta<0$ 时，领先-滞后效应将会使 RSS 亏损，或者使逆向策略成功，但是当 $\delta>0$ 时，则领先-滞后效应会使 RSS 获利。如果领先-滞后效应是 RSS 的获利来源，那么有：

$$E\left[(r_{it}-\bar{r}_{it})(r_{it-1}-\bar{r}_{t-1})|f_{t-1}\right]=\sigma_\mu^2+\delta f_{t-1}^2 \tag{8}$$

式（8）说明，如果领先-滞后效应是 RSS 的重要来源，则 RSS 的大小应与 f_{t-1}^2 正相关。

在寻找 RSS 收益的时间分布模式时，也采用 6/6 RSS，实证分析了季节效应、组合成立之后 36 个月内收益、1927—1940 年以及 1941—1964 年两个区间的 RSS 收益、收益公告日前后时期的收益。

主要发现

1. 采用 RSS 可以为投资者带来丰厚回报

Jegadeesh 和蒂特曼选取了 CRSP 1965 年 1 月—1989 年 12 月的收益为检验对象。

表 1 显示了在上文所述的 32 种策略下买进强势股的平均收益、卖出弱势股的平均收益和买进强势股并卖出弱势股的平均收益（单方零交易成本，以下各收益值的计算均不考虑成本）。

表 1 RSS 月均收益

		面板 A				面板 B			
		k				k			
J		3	6	9	12	3	6	9	12
3	卖出	0.010 8	0.009 1	0.009 2	0.008 7	0.008 3	0.007 9	0.008 4	0.008 3
		(2.16)	(1.87)	(1.92)	(1.87)	(1.67)	(1.64)	(1.77)	(1.79)
	买进	0.014 0	0.014 9	0.015 2	0.015 6	0.015 6	0.015 8	0.015 8	0.016 0
		(3.57)	(3.78)	(3.83)	(3.89)	(3.95)	(3.98)	(3.96)	(3.98)
	买进并卖出	0.003 2	0.005 8	0.006 1	0.006 9	0.007 3	0.007 8	0.007 4	0.007 7
		(1.10)	(2.29)	(2.69)	(3.53)	(2.61)	(3.16)	(3.36)	(4.00)
6	卖出	0.008 7	0.007 9	0.007 2	0.008 0	0.006 6	0.006 8	0.006 7	0.007 6
		(1.67)	(1.56)	(1.48)	(1.66)	(1.28)	(1.35)	(1.38)	(1.58)
	买进	0.017 1	0.017 4	0.017 4	0.016 6	0.017 9	0.017 8	0.017 5	0.016 6
		(4.28)	(4.33)	(4.31)	(4.13)	(4.47)	(4.41)	(4.32)	(4.13)
	买进并卖出	0.008 4	0.009 5	0.010 0	0.008 6	0.011 4	0.011 0	0.010 8	0.009 0
		(2.44)	(3.07)	(3.76)	(3.36)	(3.37)	(3.61)	(4.01)	(3.54)
9	卖出	0.007 7	0.006 5	0.007 1	0.008 2	0.005 8	0.005 8	0.006 6	0.007 8
		(1.47)	(1.29)	(1.43)	(1.66)	(1.13)	(1.15)	(1.34)	(1.59)
	买进	0.018 6	0.018 6	0.017 6	0.016 4	0.019 3	0.018 8	0.017 6	0.016 4
		(4.56)	(4.53)	(4.30)	(4.03)	(4.72)	(4.56)	(4.30)	(4.04)
	买进并卖出	0.010 9	0.012 1	0.010 5	0.008 2	0.013 5	0.013 0	0.010 9	0.008 5
		(3.03)	(3.78)	(3.47)	(2.89)	(3.85)	(4.09)	(3.67)	(3.04)
12	卖出	0.006 0	0.006 5	0.007 5	0.008 7	0.004 8	0.005 8	0.007 0	0.008 5
		(1.17)	(1.29)	(1.48)	(1.74)	(0.93)	(1.15)	(1.40)	(1.71)
	买进	0.019 2	0.017 9	0.016 8	0.015 5	0.019 6	0.017 9	0.016 7	0.015 4
		(4.63)	(4.36)	(4.10)	(3.81)	(4.73)	(4.36)	(4.09)	(3.79)
	买进并卖出	0.013 1	0.011 4	0.009 3	0.006 8	0.014 9	0.012 1	0.009 6	0.006 9
		(3.74)	(3.40)	(2.95)	(2.25)	(4.28)	(3.65)	(3.09)	(2.31)

说明：该表是基于 j/k 构造的 RSS 月均收益情况，括号内为 t 检验值。面板 A 是组合成立之日即持有组合；面板 B 是组合成立一星期后才持有组合。

结果表明，买进并卖出的平均收益均为正，且除了面板 A 中的 3/3 策略外，其他的均在统计上显著。最为成功的或收益最高的策略当属 12/3 策略，在面板 A 中，该策略提供了 1.31% 的月均收益，在面板 B 中该策略提供了 1.49% 的月均收益。当 $J=6$ 时，无论 k 为多少，6/k 策略提供了接近 1% 的平均月收益，而且面板 B 中的收益较面板 A 中相应的收益高。

为进一步验证 RSS 能否为投资者带来丰厚回报，在原来已有的划分为 10 个小组的基础上，按照公司规模对每个小组进行细分，分为小（S1）、中（S2）、大（S3）三组，再按照 β 对每个小组进一步细分，分为低（$\beta1$）、中（$\beta2$）、高（$\beta3$）三组，并做如下回归，以计算 RSS 的超额收益：

$$r_{pt}-r_{ft}=\alpha_p+\beta_p(r_{mt}-r_{ft})+e_{it} \tag{9}$$

式中，α_p 是风险调整后的 RSS 收益，r_{pt} 是组合 P 在 t 时期的收益，r_{ft} 是 1 个月期的国债收益，r_{mt} 是加权市场指数收益。

表 2 表明，RSS 收益主要由持有强势股多头头寸而非持有弱势股空头头寸所致。当以加权指数收益为基准时，持有强势股多头头寸会得到显著正的超额收益，而持有弱势股空头头寸的负的超额收益在统计上并不显著，但是以等权指数收益为基准时，无论是持有强势股多头头寸的正的超额收益还是持有弱势股空头头寸的负的超额收益在统计上均是显著的，前者减去后者之差为0.011 5($t=3.84$)，这要比用加权指数而得的结果稍大。

表 2   **用 CRSP 加权指数近似市场指数计算的 RSS 月均超额收益**

	全样本	S1	S2	S3	$\beta1$	$\beta2$	$\beta3$
P1	−0.003 0	−0.002 9	−0.006 2	−0.002 0	0.003 1	−0.000 9	−0.006 2
	(−0.89)	(−0.60)	(−2.11)	(−1.17)	(0.94)	(−0.28)	(−1.71)
P2	0.001 1	0.0012	−0.000 1	0.000 0	0.005 1	0.002 9	−0.002 4
	(0.43)	(0.31)	(−0.03)	(0.03)	(2.36)	(1.26)	(−0.87)
P3	0.002 6	0.005 1	0.002 4	0.000 9	0.004 5	0.003 5	−0.000 7
	(1.24)	(1.46)	(1.18)	(0.93)	(2.45)	(1.83)	(−0.29)
P4	0.002 6	0.006 2	0.003 0	0.001 1	0.004 8	0.003 1	0.000 0
	(1.48)	(1.90)	(1.57)	(1.24)	(2.98)	(1.83)	(0.01)
P5	0.003 1	0.006 4	0.003 6	0.001 4	0.004 9	0.003 8	0.001 2
	(1.96)	(2.06)	(1.98)	(1.84)	(3.21)	(2.55)	(0.58)
P6	0.003 7	0.007 5	0.004 8	0.000 8	0.004 8	0.004 5	0.001 3
	(2.55)	(2.51)	(2.74)	(1.13)	(3.46)	(3.12)	(0.69)
P7	0.003 9	0.007 5	0.004 4	0.001 5	0.004 9	0.004 5	0.001 7
	(2.70)	(2.57)	(2.61)	(2.15)	(3.29)	(3.25)	(0.90)
P8	0.004 5	0.007 4	0.004 8	0.001 6	0.005 4	0.004 9	0.002 3
	(3.01)	(2.56)	(2.76)	(2.12)	(3.53)	(3.29)	(1.19)
P9	0.005 3	0.008 2	0.005 2	0.002 9	0.007 4	0.005 7	0.003 1
	(3.20)	(2.89)	(2.76)	(3.23)	(4.10)	(3.60)	(1.54)

续表

	全样本	S1	S2	S3	$\beta1$	$\beta2$	$\beta3$
P10	0.007 0	0.007 7	0.006 7	0.005 6	0.009 4	0.007 4	0.004 8
	(3.24)	(2.56)	(2.91)	(3.50)	(4.10)	(3.47)	(2.02)
P10－P1	0.010 0	0.010 6	0.012 9	0.007 6	0.006 3	0.008 3	0.011 1
	(3.23)	(2.97)	(4.69)	(3.08)	(2.09)	(2.76)	(3.42)
F 统计量	5.291 0	5.440 1	8.371 3	4.738 6	3.604 5	4.017 1	2.587 2

说明：该表是基于 6/6 RSS 的月均超额收益情况，样本区间是 1965 年 1 月—1989 年 12 月，F 统计量假设从 P1 到 P10，各组合的超额收益均等于零。

以上讨论的是在无交易成本下的收益情况。实务工作者最关心的是在考虑了交易成本后 RSS 的收益情况。平均来说，在半年之内，买和卖的换手率分别为 86.6% 和 83.1%，剔除 0.5% 的单向交易成本后，风险调整后的 RSS 年收益为 9.29%，该收益是非常显著的。

2. RSS 收益源于股票对公司特定信息的反应滞后

表 3 给出了两个最常见的估计系统性风险的指标——β 和平均市值规模（average market capitalization）——与收益动能组合的关系。

表 3   以 RSS 构造的组合的 β 值与平均市值规模

	β	平均市值规模
P1	1.36	208.24
P2	1.19	480.07
P3	1.14	545.31
P4	1.11	618.85
P5	1.09	692.89
P6	1.08	702.51
P7	1.09	738.09
P8	1.12	758.87
P9	1.17	680.18
P10	1.28	495.13
P10－P1	－0.08	—

说明：该表以 6/6 RSS 构造组合，样本区间为 1965 年 1 月—1989 年 12 月，P1 为弱势股，P10 为强势股。

如果 RSS 源于式（3）中的第一项，那么 β 越大，股票的平均市值规模就越小，股票收益就越高。但是从表 3 发现：P10 的 β 是小于 P1 的，P10 的平均市场公司规模是大于 P1 的。这一证据说明第一项不是 RSS 的来源。

由模型（1）可知：

$$\mathrm{Cov}(\overline{r}_t, \overline{r}_{t-1}) = \overline{b}_i^2 \mathrm{Cov}(f_t, f_{t-1}) \tag{10}$$

式中，$\bar{r}_t$ 是等权重指数收益，如果 $Cov(f_t, f_{t-1})$ 是 RSS 的来源，那么要求 $Cov(\bar{r}_t, \bar{r}_{t-1}) > 0$。但是作者的实证分析结果发现，6 个月收益的 $Cov(\bar{r}_t, \bar{r}_{t-1}) = -0.002\,8$，从而否定了式（3）中的第二项是 RSS 的来源。

对 $\overline{Cov}_i(e_{it}, e_{jt-1})$ 的估计是 0.001 2，说明 RSS 有可能源于股票对公司特定信息的滞后反应，不过这一证据也可能说明股票价格的领先-滞后效应是 RSS 的来源。

为确定 RSS 的来源，做以下回归：

$$r_{pt,6} = \alpha_i + \theta r_{mt,-6}^2 + u_{it} \tag{11}$$

式中，$r_{pt,6}$ 是 6/6 策略的收益，$r_{mt,-6}$ 是加权指数在 $t-1$ 到 $t-6$ 这 6 个月的收益。对 1965 年 1 月—1989 年 12 月这一样本区间回归可得：$\theta = -2.29$（$t=-1.74$）。对 1965—1976 年和 1977—1989 年这两个子样本区间分别回归可得：$\theta_1 = -2.55$（$t=-2.65$）和 $\theta_2 = -1.83$（$t=-2.52$）。θ 为负值说明 RSS 收益与滞后的市场收益的平方之间成负相关关系，从而否定了领先-滞后效应是 RSS 收益的重要来源，该结果与第一个模型相符，从而肯定了股票对公司特定信息的反应滞后是 RSS 的来源。

为进一步验证上述结论，在原来已有的划分为 10 个小组的基础上，按照公司规模对每个小组进行细分，分为小（$S1$）、中（$S2$）、大（$S3$）三组，再按照 β 对每个小组进行细分，分为低（$\beta1$）、中（$\beta2$）、高（$\beta3$）三组。依据现有的实证检验结果可知，公司的风险、预期收益和公司的规模、β 值有关，子样本内预期收益的横截面离差应小于全样本内的。因此，如果 RSS 的收益来源与预期收益的差异有关，那么子样本的 RSS 应小于全样本的。所以，如果方程（3）中的前两项是 RSS 的收益来源，那么会有子样本的 RSS 小于全样本的。

然而，如果 RSS 源于式（3）中的第三项，那么交易不活跃的小规模公司的 RSS 收益应大于大型公司的，高 β 值的 RSS 收益小于低 β 值的。

从表 4 可知，在每一小组内大规模公司的 RSS 收益小于中小规模公司的 RSS 收益，高 β 值的 RSS 收益小于低 β 值的。说明 RSS 的收益主要来源不是式（3）中的前两项而是第三项，同时该结果也表明，RSS 并不仅限于某一特定子样本。

表 4 不同规模和 β 值下的 RSS 月均收益

	全样本	$S1$	$S2$	$S3$	$\beta1$	$\beta2$	$\beta3$
P1	0.007 9	0.008 3	0.004 7	0.008 2	0.012 9	0.009 7	0.005 2
	(1.56)	(1.35)	(0.99)	(2.22)	(2.92)	(2.01)	(0.95)
P2	0.011 2	0.011 7	0.010 2	0.009 8	0.014 0	0.012 8	0.008 6
	(2.78)	(2.29)	(2.54)	(3.08)	(4.38)	(3.37)	(1.83)

续表

	全样本	S1	S2	S3	$\beta1$	$\beta2$	$\beta3$
P3	0.012 5	0.015 2	0.012 5	0.010 5	0.013 2	0.013 3	0.010 2
	(3.40)	(3.23)	(3.34)	(3.53)	(4.59)	(3.77)	(2.28)
P4	0.012 4	0.016 3	0.013 0	0.010 5	0.013 4	0.012 8	0.011 0
	(3.59)	(3.59)	(3.58)	(3.66)	(5.02)	(3.82)	(2.50)
P5	0.012 8	0.016 4	0.013 4	0.010 9	0.013 5	0.013 5	0.012 1
	(3.87)	(3.74)	(3.83)	(3.85)	(5.14)	(4.15)	(2.86)
P6	0.013 4	0.017 4	0.014 6	0.010 2	0.013 5	0.014 2	0.012 2
	(4.14)	(4.08)	(4.22)	(3.66)	(5.23)	(4.38)	(2.92)
P7	0.013 6	0.017 5	0.014 3	0.010 9	0.013 6	0.014 2	0.012 6
	(4.19)	(4.13)	(4.12)	(3.90)	(5.09)	(4.43)	(3.01)
P8	0.041 3	0.017 4	0.014 8	0.011 1	0.014 3	0.014 6	0.013 2
	(4.30)	(4.11)	(4.16)	(3.86)	(5.12)	(4.44)	(3.15)
P9	0.015 3	0.018 3	0.015 4	0.012 6	0.016 5	0.015 6	0.014 1
	(4.36)	(4.28)	(4.11)	(4.17)	(5.34)	(4.56)	(3.28)
P10	0.017 4	0.018 2	0.015 4	0.012 6	0.016 5	0.015 6	0.014 1
	(4.33)	(3.99)	(4.11)	(4.41)	(5.17)	(4.53)	(3.50)
P10－P1	0.009 5	0.009 9	0.012 6	0.007 5	0.006 2	0.007 9	0.010 8
	(3.07)	(2.770)	(4.57)	(3.03)	(2.05)	(2.64)	(3.35)
F统计量	2.83	2.65	4.51	4.38	2.51	1.99	1.69
p值	(0.00)	(0.00)	(0.00)	(0.00)	(0.01)	(0.04)	(0.09)

说明：该表是基于6/6 RSS的月均收益情况，样本区间是1965年1月—1989年12月，F统计量假设从P1到P10收益都相等。

3. 6/6 RSS 收益在时间上有一定的分布模式可循

（1）季节模式。

A. 按照公司规模分为大、中、小组，计算每一个月份的RSS收益。

根据Roll（1983）的论文，作者预计，RSS在1月份可能会遭到失败，而他们的实证检验也肯定了这一猜测。

表5的检验结果表明，1月份RSS的平均收益约为－7%，但在其他月份收益为正。当将其他月份考虑在内时，在整个1965—1989年样本区间内，有67%的月份获利，若将1月份排除在外，则比例为71%。不考虑1月份时，其他月份RSS的平均收益为1.66%。同时也发现在1月份，RSS与公司规模负相关（即公司规模越小，损失越大），对于大规模公司，RSS在1月份的负收益在统计上是不明显的。

　　排除 1 月份后，RSS 收益有一个季节模式，例如，8 月份收益最低，而 4 月、11 月、12 月收益较高。F 统计检验也表明，排除 1 月份后，各月之间收益的差异不仅仅在中等规模公司这一子样本上统计显著，在全样本上也显著。

表 5　　　　　　不同规模下的全样本和子样本 RSS 月均收益（零交易成本）

	全样本	S1	S2	S3
1 月份	−0.068 6	−0.079 7	−0.034 7	−0.016 1
	(−3.52)	(−3.36)	(−2.14)	(−1.28)
2 月份	0.006 3	0.008 9	0.014 9	0.009 9
	(0.85)	(0.81)	(2.44)	(1.35)
3 月份	0.010 5	0.019 6	0.010 3	0.010 8
	(1.37)	(2.08)	(1.49)	(1.49)
4 月份	0.033 3	0.032 3	0.036 8	0.021 5
	(7.39)	(5.35)	(7.29)	(4.91)
5 月份	0.010 2	0.004 6	0.009 1	0.007 9
	(1.32)	(0.56)	(1.18)	(1.19)
6 月份	0.023 8	0.023 7	0.023 1	0.018 5
	(3.86)	(3.50)	(3.23)	(2.59)
7 月份	0.007 5	0.011 2	0.008 4	0.003 5
	(0.96)	(1.44)	(0.96)	(0.41)
8 月份	0.002 7	0.007 9	−0.001 1	−0.005 8
	(0.35)	(0.97)	(−0.14)	(−0.71)
9 月份	0.011 6	0.012 6	0.013 7	0.005 3
	(1.10)	(1.20)	(1.27)	(0.60)
10 月份	0.013 7	0.016 0	0.015 1	0.002 5
	(1.30)	(1.40)	(1.44)	(0.22)
11 月份	0.037 2	0.035 2	0.033 1	0.024 8
	(5.31)	(5.01)	(4.12)	(2.78)
12 月份	0.026 4	0.026 5	0.022 4	0.007 0
	(2.61)	(2.13)	(2.86)	(0.99)
2—12 月份	0.016 6	0.018 1	0.016 9	0.009 6
	(6.67)	(6.47)	(6.83)	(4.00)
F 统计量[a]	7.90	7.14	4.11	1.81
p 值	(0.00)	(0.00)	(0.00)	(0.51)
F 统计量[b]	2.04	1.23	1.91	1.28
p 值	(0.03)	(0.27)	(0.04)	(0.24)

　　说明：该表是 6/6 RSS 月均收益情况，样本区间是 1965 年 1 月—1989 年 12 月，F 统计量[a] 假设组合在所有月份的收益均相等，F 统计量[b] 假设组合在 2 月份到 12 月份收益均相等。

B. 按照公司规模分为全样本，大、中、小三组子样本并将 1965—1989 年区间分为 5 个等时间段子区间联合检验 RSS 在所有月份、1 月份和 2—12 月份上的收益，其结果见表 6。

表 6 各子时间段内 RSS 月均收益

样本	月份	1965—1969 年	1970—1974 年	1975—1979 年	1980—1984 年	1985—1989 年
全样本	全年	0.012 3	0.010 9	−0.004 4	0.012 7	0.016 2
		(1.94)	(1.23)	(−0.51)	(2.67)	(3.42)
	1 月份	−0.052 4	−0.107 0	−0.101 7	−0.025 3	−0.056 9
		(−1.28)	(−2.54)	(−1.31)	(−1.38)	(−2.76)
	2—12 月份	−0.018 2	0.021 7	0.004 4	0.016 1	0.022 9
		(3.36)	(2.88)	(0.78)	(3.44)	(6.09)
S1	全年	0.008 2	0.012 8	−0.006 4	0.015 3	0.019 7
		(1.14)	(1.63)	(−0.58)	(2.61)	(2.89)
	1 月份	−0.083 8	−0.085 3	−0.110 7	−0.012 4	−0.106 4
		(−1.60)	(−2.29)	(−1.09)	(−0.62)	(−4.45)
	2—12 月份	0.016 5	0.021 7	0.003 1	0.017 9	0.031 1
		(3.19)	(3.18)	(0.41)	(2.94)	(6.59)
S2	全年	0.017 7	0.011 5	0.001 8	0.017 2	0.014 6
		(3.08)	(1.27)	(0.24)	(3.38)	(3.40)
	1 月份	−0.026 4	−0.046 5	−0.079 5	−0.010 0	−0.011 2
		(−1.05)	(−1.81)	(−1.16)	(−0.46)	(−0.48)
	2—12 月份	0.021 7	0.016 8	0.009 2	0.019 7	0.017 0
		(3.86)	(2.29)	(1.87)	(3.83)	(4.08)
S3	全年	0.012 9	0.011 5	0.001 8	0.007 6	0.003 5
		(2.71)	(1.62)	(0.35)	(1.41)	(0.73)
	1 月份	−0.007 3	−0.015 4	−0.033 5	−0.009 4	−0.014 7
		(−0.32)	(−0.48)	(−0.77)	(−0.33)	(−0.78)
	2—12 月份	0.014 8	0.013 9	0.005 0	0.009 2	0.005 2
		(3.08)	(1.95)	(1.21)	(1.70)	(1.04)

说明：该表是 6/6 RSS 各子时间段月均收益情况。

以上结果表明，除了在 1975—1979 年这一子区间外，全样本在其他子时间段上的所有月份里 RSS 收益均为正，进一步分析可得，这一负收益主要是因为小规模公司在 1 月份 RSS 收益为负所致。另外，将 1 月份排除后可发现，不论是在哪个子时间段，也不论是在哪个规模级别，RSS 收益均为正。

（2）组合成立之后 36 个月内的 RSS 收益模式。

如果在持有期之后的一段时间里组合依然获得正收益，那么意味着该策略下挑选那些比无条件平均收益高的股票是因为这些股票的风险不同，或是其他原因如这些股票的税收不同。如果 RSS 是负的收益，那么说明持有期的价格变化部分是暂时的。

实证检验表明：除了 1 月份外，第 1 年内的每一个月的收益均为正。第 2 年至第 3 年 7 月每一个月的收益均为负，第 3 年 8 月之后收益为正，但也与零相差无几。累积收益率由第 12 个月的 9.5％递减到第 36 个月的 4％。

持有期之后的负收益表明 RSS 并非倾向于挑选有高无条件预期收益（high un-conditional expected returns），即式（1）中的股票，同时也说明了头 12 个月内股票价格的变化是暂时的。

对累积收益率为倒 U 形的一个解释是：RSS 的风险随着时间的推移而改变，即刚刚开始时风险较高，后来风险逐渐降低。为检验该论断，作者分别以加权指数收益和等权指数收益为基准，计算了各个月份的 β（括号内的为等权指数 β），发现初始为 -0.20（-0.41），之后为 0.02（-0.08）。虽然 β 在变，但是反方向，说明该解释不成立。

（3）1927—1940 年和 1941—1964 年两个区间的 RSS 收益模式。

1927—1940 年间的 RSS 收益明显低于 1965—1989 年间的收益，但是收益变化模式有些相似。第 1 个月的收益显著为负（-5%），第 2～10 月的收益并不显著为负，但是随后的月份里收益明显降低，至第 36 个月的累积收益率为 -40.81%。对负的累积收益率，作者的解释是：首先，该时期经济动荡不安，许多位列"弱势股"的公司濒临破产，其 β 值在整个区间内非常高，在这一时期内 6/6 RSS 的 β 为 -0.5；其次，与该时期市场均值逆向有关，如式（3）所示，当 $\mathrm{Cov}(f_t, f_{t-1})$ 为负值时，将会削减 RSS 收益。RSS 习惯于在市场上升（下降）时持有高（低）β 股票，但是一旦市场逆向，RSS 将会遭受损失，例如，1935 年 7 月等权重指数收益一改前 6 个月累计下降 40％的预势，上升 43％，造成了众多投资者的损失。

1941—1964 年的情况与 1965—1989 年非常相似。

（4）盈利公告日前后时期的 RSS 收益模式。

这可以直接确定对市场预期的潜在偏离。例如，如果股价关于未来收益的信息反应不足，而且假设收益实现之前有关信息已经披露，那么，过去的"强势股"会在公司公告实现盈利前后一小段时间内获得正的收益，而"弱势股"会获得负收益。

选择的样本区间是 1980—1989 年，数据源自 COMPUSTAT 季度工业数据库，这些收益公告发生在组合成立之后的 36 个月内。分别计算强势股和弱势股两个小组在季度收益公告日前 3 天的收益，并求出两者的收益之差。

结果发现，收益之差在 36 个月份的分布模式十分类似于前面提到的对组合成立后 36 个月内每月日收益之差的检验结果。在头 6 个月，收益之差平均为 0.7％，而且在每个月都是统计显著的。随后几个月份收益之差为负，如第 8～20 个月，显著为负，这与 RSS 下第 12 个月后的收益为负相一致，尤其是在第 11～18 个月，收益之差平均为 -0.7％，在之后的月份为负但收益趋于零。

应用价值

RSS 是一种传统的投资策略，有点类似于"追涨杀跌"，投资者相信表现好的股票价格将继续走高，而表现不好的股票无望反转，即股票保持物理学中所说的惯性，这在金融投资中称为"收益动能"。因而，买进"好"的股票、卖出"坏"的股票可取得较好的收益。但是很长时间以来很少有金融学家们注意到 RSS 的收益来源，以及 RSS 与市场有效性的关系。Jegadeesh 和蒂特曼两位教授首先通过实证分析得出 RSS 的超额收益源于对公司特定信息的滞后反应，并暗示了该金融市场是无效的，随后又分析了 RSS 收益的时间分布模式，为金融市场上投资者们更好地运用 RSS 提供了参考。因为 RSS 与市场的无效性紧密相联，即使在美国这样市场经济发达的国家，市场在一定程度上也是无效的，更不用说在一些发展中国家了，所以按照该策略，投资者只要首先分析股票过去的收益表现，随后通过比较不同的 j/k RSS 收益，确定合适的考察期间和持有期间，就可以获得超额收益。

同时，RSS 收益的分解与来源的确定，为检验市场有效性提供了一种新的方法。如果收益源于式（3）中的前两项，那么市场是有效的，如果是第三项，那么市场就是无效的。

后续研究

Fama 和 French（1996）发现当双边交易成本为 1.5％时，动能收益在统计上不显著，当成本为 1.77％时，动能收益接近于零。Robert Korajczyk 和 Ronnie Sadka（2002）套用 Jegadeesh 和蒂特曼在本文中的方法，不考虑交易对价格造成的冲击，5/1/6 和 11/1/3 RSS（5/1/6 指基于前 5 个月收益表现选股分组，持有 6 个月，在组合成立之日与开始持有之间间隔 1 个月，11/1/3 的解释与此类同）收益要显著高于用 Fama 和 French（1993）三因子模型所得的收益，11/1/3 的表现好于

5/1/6，等权重策略要好于加权策略。考虑到交易对价格造成的冲击①时，11/1/3
和 5/1/6 加权策略都要好于等权重策略。Jegadeesh 和 Titman（1999）对 Conrad
和 Kaul（1998）提出的动能收益来源解释进行了检验，认为收益的时间序列变异
性而非横截面变异性才是动能收益的来源。

　　Rouwenhorst（1998）发现，欧洲 12 个国家的股票市场同样存在收益动能现
象。只不过收益动能的平均水平较美国市场弱。Rouwenhorst（1999）对 12 个新兴
市场 6 月期动能投资策略进行了实证研究，发现只有 6 个市场（智利、哥伦比亚、
希腊、印度、约旦和葡萄牙）存在收益动能。Hameed 和 Yuanto（2003）对 6 个亚
洲市场（中国香港、新加坡、马来西亚、韩国、中国台湾和泰国）也进行了类似的
研究，没有找到任何有关收益动能的证据。汪昌云（2004）沿用与 Jegadeesh 和
Titman（1993）类似的研究方法，利用沪深两市个股过去 3～24 个月的历史收益对
未来 3～24 个月股价走势的预测能力进行了实证研究。研究结果显示，在过去 3～
24 个月收益表现较差的弱势股在未来 3～24 个月的收益比同期表现较好的强势股
高，即中国股票表现出负的收益动能。但是，汪昌云以法玛和弗伦奇三因子定价模
型对动能投资策略的超额收益进行了计算后发现，相对于三因子定价模型而言，动
能投资策略的超额收益都不显著。因此，与传统资产定价理论一致，中国股市中历
史弱势股在未来中长时期内胜出强势股的原因在于弱势股相对于强势股具有更大的
风险。也就是说，中国股市中长期股票收益波动的规律性并不有悖于包括有效市场
理论在内的传统金融理论。

　　价格动量效应是对有效市场假说颇具挑战的市场异象，后续研究对其成因的解
释也分为两派。一部分学者坚持市场有效的观点，认为价格动量效应来源于宏观经
济变量、商业周期（Chordia and Shivakumar，2002；Ahn et al.，2003；Avramov
and Chordia，2006）等系统性风险。Chordia 和 Shivakumar（2006）则进一步发现
价格动量效应能够被盈利动量中与宏观经济有关的系统性成分所捕捉，支持了系统
性风险对动量效应的解释。Sadka（2006）发现公司流动性可变因素中未预期的系
统性成分（私人信息）而非固定因素能够被定价，验证了动量效应来源于流动性的
可变部分。

　　另一部分学者则从非理性错误定价的角度对动量效应的地域性、在截面与时序
上的特点等给出了解释。最初 Daniel 等（1998）、Barberis 等（1998）将其归因于
投资者认知的偏差，Chui 等（2010）则在此基础上发现，不同国家动量策略的差

---

　　① 价格冲击：$\Delta p_{it} = \alpha_i + \lambda_i^{gh} q_{it} + \psi_i \Delta d_{it} + \varepsilon_{it}$，式中，$q$ 表示交易量，d 买入为正，卖出为负，λ_i^{gh} 表示交易的变动成本，ψ_i 表示固定成本。

异是由于文化差异造成投资者行为偏差的不同。Moskowitz 等（2012）在时序层面发现了动量效应（短期持续，长期反转），并认为其来源于投资者短期反应不足和长期过度反应的情绪理论，即投资者的非理性错误定价。

此外，Sagi 和 Seasholes（2007）发现动量策略在高收入增长波动性、低成本、成长型的公司中策略效果更好，该类公司往往会引起更强烈的投资者情绪。Daniel 和 Moskowitz（2013）发现动量策略失效具有可预测性，其发生经常紧随市场下滑、高波动且伴随市场迅速回弹的恐慌时期，而策略的崩溃部分由动量组合时变的贝塔值驱动。中国股市中动量效应的存在性和持续性尚有待验证，田利辉等（2014）发现动量效应不明显，而且在超短期存在反转效应。

投资者处置效应[①]

作者简介　**Terrance Odean**

　　特伦斯·奥丁（Terrance Odean）现任伯克利大学哈斯商学院金融学教授。奥丁于 1990 年获得加州大学伯克利分校学士学位，1992 年获得加州大学伯克利分校金融学硕士学位，1997 年获得加州大学伯克利分校金融学博士学位。1997—2001年，奥丁任职加州大学戴维斯分校金融学助理教授，2001—2003 年，任职加州大学伯克利分校哈斯商学院金融学助理教授；2003—2005 年，任职加州大学伯克利分校哈斯商学院金融学副教授；2005—2008 年，任职加州大学伯克利分校哈斯商学院金融学教授；2008 年至今，任职陆克文家族基金会讲席教授。

　　奥丁的研究兴趣包括个人投资者决策对资产价格的影响、投资者行为和投资者福利。他的论文《学习变得过度自信》（Learning to be Overconfident）被评为 2001 年《金融研究评论》（*Review of Financial Studies*）最佳论文。他曾是《金融学杂志》的副主编、《金融研究评论》的主编、《管理科学》（*Management Science*）专刊的联合主编。

主要成果

"Which Risk Factors Matter to Investors? Evidence from Mutual Fund Flows"

---

　　① 本文发表于 *Journal of Finance*，Vol. LIII，pp. 1775–1798，1998。

(with Brad Barber and Xing Huang), *Review of Financial Studies*, Vol. 29, pp. 2600 – 2642, 2016.

"Bubbling with Excitement: An Experiment" (with Eduardo Andrade and Shengle Lin), *Review of Finance*, Vol. 20, pp 447 – 466, 2016.

"The Behavior of Individual Investors" (with Brad Barber), in George Constantinides, Hilton Harris, and Rene Stulz (Eds.), *Handbook of Economics of Finance*, Vol. 2, Elsevier Publishing, 2013.

"Overconfidence, Compensation Contracts, and Capital Budgeting" (with Simon Gervais and J. B. Heaton), *Journal of Finance*, Vol. 66, pp. 1725 – 1777, 2011.

"Just How Much Do Investors Lose from Trade?" (with Brad Barber, Yi-Tsung Lee, and Yu-Jane Liu), *Review of Financial Studies*, Vol. 22, pp. 609 – 632, 2009.

"Do Retail Trades Move Markets?" (with Brad Barber and Ning Zhu), *Review of Financial Studies*, Vol. 22, pp. 151 – 186, 2009.

"All that Glitters: The Effect of Attention and News on the Buying Behavior of Individual and Institutional Investors" (with Brad Barber), *Review of Financial Studies*, Vol. 21, pp. 785 – 818, 2008.

"Out of Sight, Out of Mind: The Effects of Expenses on Mutual Fund Flows" (with Brad Barber and Lu Zheng), *Journal of Business*, Vol. 78, pp. 2095 – 2119, 2005.

"Good Rationales Sell: Reason-Based Choice Among Group and Individual Investors in the Stock Market" (with Brad Barber and Chip Heath), *Management Science*, Vol. 49, pp. 1636 – 1652, 2003.

"Are Individual Investors Tax Savvy? Evidence from Retail and Discount Brokerage Accounts" (with Brad Barber), *Journal of Public Economics*, Vol. 88, pp. 419 – 442, 2003.

"Online Investors: Do the Slow Die First?" (with Brad Barber), *Review of Financial Studies*, Vol. 15, No. 2, pp. 455 – 487, 2002.

"Learning to be Overconfident" (with Simon Gervais), *Review of Financial Studies*, Vol. 14, pp. 1 – 27, 2001.

"Trading is Hazardous to Your Wealth: The Common Stock Investment Performance of Individual Investors" (with Brad Barber), *Journal of Finance*, Vol. LV, pp. 773 – 806, 2000.

"Do Investors Trade Too Much?", *The American Economic Review*, Vol. 89, pp. 1279 - 1298, 1999.

"Volume, Volatility, Price, and Profit When All Traders are Above Average", *Journal of Finance*, Vol. LⅢ, pp. 1887 - 1934, 1998.

"Are Investors Reluctant to Realize Their Losses?", *Journal of Finance*, Vol. LⅢ, pp. 1775 - 1798, 1998.

研究背景

特伦斯·奥丁的《投资者处置效应》（Disposition Effect）［原文《投资者是否不愿意实现损失?》（Are Investors Reluctant to Realize Their Losses?）］一文于1998年发表于《金融学杂志》。

投资者倾向于过早卖出账面盈利股票而长期持有账面亏损股票的现象被称为处置效应。本文首次利用投资者交易账户数据，量化了处置效应并证明了前景理论是其成因。在 Kahneman 和 Tversky（1979）提出的前景理论中，效用函数定义在基于特定参考点的收益与损失上，并且个人收益损失和效用之间呈现 S 形函数关系。效用函数在收益域是凹的，意味着人们厌恶风险；在损失域是凸的，意味着人们追求风险。处置效应是前景理论在投资者行为方面的应用结果。如果投资者的效用偏好符合前景理论假设并且以股票购入价格为参考点，那么在股价上涨高过购入价格时，投资者厌恶风险，希望卖出股票实现收益；在股价下跌低于购入价格时，投资者追逐风险，希望保留股票，期望价格回升。

在本文发表之前，已有部分文献证明了处置效应的存在。Shefrin 和 Statman（1985）首次证明了个人投资者交易和共同基金交易中存在处置效应，并提出前景理论是可能的成因。与之前不同的是，本文利用交易账户数据证明了这一点，并尝试排除了其他可能的解释。在这方面，此前文献对于处置效应成因的解释包括：

（1）头寸再调整。为了保持投资组合的市值权重不变，投资者可能会出售部分价格大幅上涨的股票，按照市值进行调仓（Lakonishok and Smidt，1986）。

（2）私有信息。如果投资者收到了利好的私有信息，股票获利时，他们理性地认为股价已经反映了利好信息，故选择提前卖出；相反，股票损失时，他们认为股价没有反映利好信息，故选择继续持有（Lakonishok and Smidt，1986）。

（3）均值回归信念。如果投资者认为股价是均值回归的，股价上涨时，他们预期股价即将下跌，故选择提前卖出；股价下跌时，他们预期股价即将上涨，故选择继续持有（Andreassen，1988）。

（4）交易成本。低价股的交易成本往往更高，而账面损失的股票中包含大量低价股，所以投资者会避免出售损失股票，以免遭受较高的交易成本（Harris，1988）。

先前的研究往往难以区分处置效应的各种动机。本文的开创性贡献在于通过账户层面数据，证明了在控制其他动机之后，处置效应依然显著存在，这与前景理论的预测一致。

研究目的和方法

为了验证处置效应的存在性及其成因，作者收集了自 1987 年 1 月至 1993 年 12 月的 10 000 个交易账户数据。文中提出了两个指标：已实现盈利占比（PGR）和已实现损失占比（PLR）。在有卖出交易发生的当日，将每个投资者账户中的股票分为已实现盈利、已实现亏损、未实现盈利和未实现亏损，对样本期内所有账户股票进行分类加总，该加总默认以交易笔数为单位（例如：A、B 两人账户中各有不同的 3 类股票，当天如果所有类别股票都是账面盈利，A 卖出了一类股票中的某些部分实现了盈利，B 卖出了两类股票中的某些部分实现了盈利，那么当日的 PGR 为 1/2）。PGR 为已实现的盈利/（已实现的盈利＋未实现的盈利），PLR 为已实现的亏损/（已实现的亏损＋未实现的亏损）。作者将单只股票的平均买入价格作为盈利和亏损计算的参考点。

文章需要验证的两个主要假设是：

假设 1：根据前景理论，全年中 PGR 应该大于 PLR。

如果投资者偏好符合前景理论的描述，那么他将倾向于卖出账面盈利股票而保留账面亏损股票，因此 PGR 较高，PLR 较低。

假设 2：受税收影响，在 12 月卖出行为与处置效应相反，PLR 大于 PGR。

每年 12 月，投资者需要缴纳资本利得税，出于避税目的，投资者会反过来希望卖出账面损失的股票、保留账面盈利的股票，以减少纳税。因此，仅在 12 月会出现 PLR 大于 PGR 的现象。

主要结论

数据结果是支持上述两个假设的。表 1 分别报告了全年、1—11 月以及单独 12

月基于交易笔数层面的 PGR 和 PLR 均值。从全年来看，PGR 大于 PLR，而在 12 月，出现了相反的结果。从统计推断结果来看，对于假设 1 和假设 2，原假设都能以很高的显著性被拒绝。

表 1	样本期间的 PGR 和 PLR		
	全年	12 月	1—11 月
PLR	0.098	0.128	0.094
PGR	0.148	0.108	0.152
PLR－PGR	−0.050	0.020	−0.058
t 值	−35	4.3	−38

为了证明结果的稳健性，文章从不同角度出发构建了 PGR 和 PLR 指标（账户层面、投资组合规模层面以及交易金额层面）。例如在账户层面，是先以每个账户为单位计算 PGR 和 PLR，再对样本期内所有账户求平均。全年账户层面的 PLR、PGR 和 PGR－PLR 均值分别为 0.36、0.57、0.21，并且 PGR－PLR 均值小于等于 0 的假设在 t 值为 19 的水平上被拒绝。这说明假设账户交易相互独立时，存在明显的处置效应。该账户层面指标能降低频繁交易账户带来的影响。类似地，按照投资组合规模加权得到的指标，也因减少了小规模交易对应的权重降低了频繁交易者的影响。而按照交易金额计算是出于这样的考虑：假设投资者多"微益"、少"巨损"，那么尽管从交易笔数来看投资者卖出了较多的账面盈利股，实际上他也可能卖出了相同金额的账面损失股，这种情况在以交易笔数为基础的指标中难以体现。按交易金额计算的含义是：将四类收益损失以具体金额的形式计入 PGR 和 PLR，在交易金额层面，PGR 均值为 0.58，PLR 均值为 0.42，PGR－PLR 小于等于 0 的假设在 t 值为 13 的水平上被拒绝。这说明处置效应的存在性不依赖于指标计算方法。

在表 1 中，全年的 PGR/PLR 比值约为 1.5，表明上涨的股票比下跌的股票有超过 50% 的概率被出售，在几种不同层面的指标分析中，该比值也近似如此。在 12 月，该比值在 0.85 左右，这满足税收假说，证明在 12 月投资者为了避免纳税，会故意卖出账面亏损的股票。图 1 展示了每个月 PGR/PLR 的比例，该比例从年初到年末基本呈现下降趋势，与之前的结论相符。

文章还将样本根据账户是否交易频繁和 1990 年前后做 2×2 分组，每组分别检验结果，数据表明，在每一组子样本中，都有全年 PGR 大于 PLR、12 月 PGR 小于 PLR 的现象，证明了结果的稳健性。

Lakonishok 和 Smidt（1986）指出，处置效应的原因可能是头寸再调整：为了维持各个股票在投资组合中的权重，投资者需要卖出一部分因盈利而权重上升的股

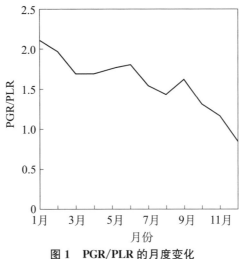

图 1　PGR/PLR 的月度变化

票。但在这种假说下，投资者只会卖出部分盈利股而非全部盈利股。为了消除头寸再调整对结果带来的影响，作者在计算 PGR 和 PLR 时要求仅当账户中某只股票的全部头寸被卖出时才计入指标。计算结果显示，在全年仍然有 PGR 大于 PLR 存在，故能排除头寸再调整假说。除此之外，出于调仓动机的卖出行为往往伴随后续买入新股，为了剔除这些可能受调仓影响的样本，作者只用卖出当天以及后续三天没有买入新股的交易数据计算 PGR 和 PLR。结果再次证明了处置效应存在，也从另一个角度证明了处置效应的出现并非出于头寸再调整的目的。

作者还检验了处置效应的其他替代性假说。第一种假说是投资者收到了利好的私有信息。在股价上涨时，投资者认为利好信息已被反映，故提前卖出；股价下跌时，投资者认为利好信息还未被反映，故继续持有。第二种假说是，投资者也可能抱有均值回归的信念，相信股价在未来会反转，从而卖盈持亏（Andreassen，1988）。

在收到利好消息、信念均值回归这两种假说下，如果投资者预期正确，那么被卖出的盈利股票在后续会出现低收益，继续持有的亏损股票在后续会出现高收益。但结果证明这种预期是错误的，卖盈持亏反而会带来亏损。作者发现对于被卖出的盈利股票而言，它们在接下来一年的平均超额收益率会比继续持有的亏损股票高出3.4％。这说明这种认为亏损股票在未来会比盈利股票表现更好的期望是错误的。这一发现也与 Jegadeesh 和蒂特曼在 1993 年发现的股价具有惯性的结论一致。

此外，均值回归的信念也适用于投资者首次买入股票，但前景理论只适用于已持仓股票。均值回归的信念意味着，当一只股票经历了下跌后，无论投资者是否已持有这只股票，他都更愿意购买这只股票，而前景理论不适用于首次购买的情况。

Odean（1997）发现，在首次购买方面，投资者更愿意购买那些过去年化超额收益率在 25％左右的股票，这与均值回归信念不符。

Harris（1988）认为由于股票价格较低时交易成本更高，且损失股票中存在大量低价股，这让他们不愿卖出损失股票。为了避免交易成本带来的影响，作者根据不同股票价格和收益率区间进行了 3×4 的分组，分别为：股价小于 10 美元，股价在 10~25 美元，股价在 25 美元以上；年化收益率在 0~15％、15％~30％、30％~50％、50％以上。这样的划分能够控制交易成本，结果表明，在相同区间内的股票虽然交易成本相近，但仍然存在明显的处置效应。

此外，由于交易成本在买入和卖出行为中同时存在，为了控制交易成本带来的影响，从另一个角度，作者构造了如下指标：PGPA＝再次买入已持仓获利股票/所有已持仓获利股票，PLPA＝再次买入已持仓损失股票/所有已持仓损失股票，指标也以交易笔数为单位。这是因为，如果投资者希望规避低价股或亏损股带来的高成本，那么 PLPA 将小于 PGPA。然而，如果符合前景理论的描述，股票亏损时投资者追逐风险，反而加仓，PLPA 将大于 PGPA。作者基于整个样本计算得出PLPA＝0.135，PGPA＝0.094，这是支持前景理论的。如果我们认为所有再次买入的决定是相互独立的，那么这两个比例相等的假设可以在 t 值为 19 的水平上被拒绝。这支持前景理论的推论，但不符合交易成本假设。

此外，作者还发现，投资者倾向于保留大赢家（有较大盈利的股票）、卖出小赢家（有较小盈利的股票），这是前景理论无法解释的。他认为这与后悔厌恶有关，当现价与参考点差距较大时，后悔厌恶程度很高，因此投资者不愿意卖出大赢家。另一种解释是，投资者认为小赢家股价将实现均值回归，大赢家股价将惯性上涨，因此他们卖出小赢家、保留大赢家。

同样，作者利用股票回购行为来区分两种解释。使用未实现盈利股票的平均收益率 0.47％作为断点，将获利股票分为大赢家和小赢家两组。结果发现，小赢家的回购率为 0.112，大赢家的回购率为 0.043。大赢家和小赢家的回购率差异非常显著（t＝26），表明投资者往往不会回购大赢家。这与他们认为大赢家股价将惯性上涨的假设不符，而与后悔厌恶假设一致。

应用价值

处置效应对个人投资者而言经济意义重大。根据文章的测算结果，如果投资者能够抵抗处置效应，做到"止损并让盈利奔跑"，那么第二年的收益率相较原来会增长 4.4% 左右。并且，如果投资者能将盈利股票的卖出推迟一年以上，那么延迟纳税的好处也会更明显。

此外，处置效应有助于稳定股票价格。如果将平均买入价作为参考点，一方面，当股价跌到参考点以下时，投资者保留亏损股票的行为会减缓价格的进一步下跌；另一方面，当股价高于参考点时，投资者卖出盈利股票的行为会减缓价格的进一步上涨。

后续研究

本文是利用账户层面数据探索处置效应成因的开创性研究。受本文的启发，后续研究也利用类似的方法在不同投资者、不同市场中检验了处置效应的存在，并验证了其成因。

研究结果显示，相较机构投资者，处置效应在个人投资者中更加明显（Chen，Kim，Nofsinger，and Rui，2007）。此外，投资经验和性别等个人特质也会影响处置效应的程度。Feng 和 Seasholes（2005）指出，交易经验更丰富的投资者中，处置效应程度更低。Da 等（2008）发现，不同性别投资者中，女性更可能使用近期的价格作为参考点。作为对比，机构投资者和共同基金管理公司受处置效应影响的程度较小，这可能是因为个人投资者可以充分控制自己的投资决定（Frazzini，2006；Chang，Solomon，and Westerfield，2016）。目前关于处置效应的研究在美国、英国、中国、欧盟等国家中较多。

投资者行为有时会与处置效应相反，处置效应的表现程度和许多其他因素相关，如：参考点的选择、激励机制、投资者情绪和市场状态等。

参考点会影响处置效应的发生，参考点的选择可以是买入价格、平均价格、基于预期的价格或近期价格，且这种参考点可能是时变的，不同参考点会引发处置效应的不同表现结果。例如，Meng 和 Weng（2017）证明，当参考点为初始财富时，前景理论不会引发处置效应，此外，参考点的调整会弱化处置效应的程度、强化人们首次购买股票的激进程度。Baillon 等（2019）设计行为实验探索人们在投资中常用的参考点，结果表明，近期价格是一种常见的参考点，但很少有人选择基于预期的价格。参考点在具体情景下也可能不同，例如，罗炜（2017）发现，企业 IPO 上市后，风投公司在对其进行减持的过程中，发行价也是一种可能的参考点。此外，过去 52 周内的最高股价也是一种常见的参考点，这种参考点对博彩股票异象也有一定的解释作用（Bali，2010）。

激励机制和效用函数的具体形式也会影响处置效应的发生。Barberis 和 Xiong（2009）发现，如果将业绩评估的频率改为年度，那么前景理论不一定能导致处置效应，甚至可能产生相反的效果。Henderson（2018）在效用中结合主观概率函数，开发了一个最优止损模型，发现在某些情况下投资者更有可能实现损失而不是收益。此外，在本文中也提到，税收会抑制处置效应的发生。

投资者情绪在处置效应中扮演了较为重要的角色。过度自信、后悔厌恶、心理账户等认知偏差在影响投资者收益和损失行为方面也起着重大作用。Muermann 和 Volkman（2006）设计了一种包括后悔和骄傲情绪的理论模型，并发现在不同情绪的作用下，处置效应的表现程度也不同。Strahilevitz，Odean 和 Barber（2011）在实证中也证明了这一点。同辈压力也会影响处置效应的表现程度（Heimer，2016）。有限注意力也在处置效应的表现中扮演了重要角色（Frydman and Wang，2020）。此外，也有研究对投资者情绪进行了总体刻画，并研究了其对处置效应的影响程度。武佳薇和汪昌云（2020）等通过理论推导和实证证明，在将投资者情绪进行总体量化后，处置效应会随投资者情绪的升高而减弱。

除此之外，市场状态和市场参与者结构也能改变处置效应。Lehenkari 和 Perttunen（2004）发现在熊市时，由于投资者账户中的损失股票整体增多，卖出盈利股票的难度提升，处置效应变弱，相反，牛市中处置效应明显。李学峰等（2011）也通过模型推导证明了我国在牛市时开放式基金的处置效应会减弱。并且，参与者结构也是引发处置效应的重要影响因素，Yao 和 Li（2011）建立了一个具有前景理论偏好的投资者与具有 CRRA 效用的投资者相互作用的市场模型，发现这种相互作用通常会产生一种负反馈的交易倾向，这种倾向使投资者不仅表现出处置效应，还会出现反向交易。武佳薇和汪昌云（2020）构建了一个包含投资者情绪的投资者处置效应的理论模型并以中国个人投资者交易账户数据证明了，中国个人投资者存在显著的处置效应，且投资者处置效应与投资者情绪负相关。

前景理论还启发了人们对实现效用的探究。Barberis 和 Xiong（2009，2011）认为投资者能够从实现收益中获得额外效用。这种实现效用的存在性在大脑核磁共振实验中也获得了证据支持（Frydman et al.，2011）。这种实现效用与其对应的收益或损失规模可能并不只是简单的线性关系，因此可能存在量级实现效用或排序现象（Ben-David and Hirshleifer，2012；Hartzmark，2015）。

到目前为止，学者们已通过数理推导、实证计量和心理学实验等一系列研究方法对处置效应进行了详细的扩展研究，但总体来看，处置效应还存在进一步被挖掘的空间。首先，前景理论仍有可进一步应用的部分，比如主观概率函数的结合、参考点的选择等等。其次，实践中发现的量级实现效用或排序现象可能需要结合前景理论及其他行为偏好做进一步解释。此外，处置效应带来的经济影响也值得后续深入研究，比如处置效应作为一种散户化的行为，对定价和资本市场造成了何种影响；处置效应能否用于预测股票收益、解释定价异象等等。最后，对处置效应的调控也值得进一步研究，如果处置效应是一种难以被消除的行为偏差，降低了信息融入价格的效率，那么如何通过正确引导减少这种偏差的负向影响（如税收、帮助投资者建立正确的长期偏好等），也是未来值得探究的话题。

解析大股东的激励效应和壕沟效应[①]

作者简介　**Stijn Claessens**

　　斯蒂恩·克拉森（Stijn Claessens）现任国际清算银行金融稳定政策部部长、国际货币基金组织研究部副部长。他曾获鹿特丹伊拉斯姆斯大学硕士学位、宾夕法尼亚大学沃顿商学院商业经济学博士学位。他曾任教于纽约大学斯特恩商学院和阿姆斯特丹大学。此后，他先后任职于世界银行多个职位、国际货币基金组织研究部助理主任、美联储国际金融部高级顾问、国际清算银行金融稳定政策部部长、国际货币基金组织研究部副部长。他的主要研究领域包括金融、国际金融、国际资本流动。

主要成果

"Corporate Governance in Asia：A Survey"（with J. P. H. Fan），*International Review of Finance*，Vol. 3（2），pp. 71 – 103，2010.

---

①　本文发表于 *Journal of Finanace*，Vol. 57（6），pp. 2741 – 2771，2002。

"Political Connections and Preferential Access to Finance: The Role of Campaign Contributions" (with E. Feijen and L. Laeven), *Journal of Financial Economics*, Vol. 88 (3), pp. 554 – 580, 2008.

"Financial Development, Property Rights, and Growth" (with L. Laeven), *Journal of Finance*, Vol. 58 (6), pp. 2401 – 2436, 2003.

"Disentangling the Incentive and Entrenchment Effects of Large Shareholdings" (with S. Djankov, L. H. P. Lang, and Joseph P. H. Fan), *Journal of Finance*, Vol. 57 (6), pp. 2741 – 2771, 2002.

"The Separation of Ownership and Control in East Asian Corporations" (with S. Djankov and L. H. P. Lang), *Journal of Financial Economics*, Vol. 58 (1), pp. 81 – 112, 2000.

作者简介　　**Simeon Djankov**

　　西蒙·詹科夫（Simeon Djankov）是彼得森国际经济研究所的高级研究员。他于 1997 年获密歇根大学安娜堡分校经济学博士学位。他曾任伦敦政治经济学院金融市场组主任、俄罗斯新经济学院校长以及哈佛大学肯尼迪政府学院的客座讲师。他曾在世界银行工作 15 年，致力于北非区域贸易协定、转型经济体的企业重组和私有化、东亚的公司治理以及全球监管改革。此后，他先后任保加利亚副总理兼财政部长、欧洲复兴开发银行董事会主席。

主要成果

The Great Rebirth. Lessons from the Victory of Capitalism over Communism (with

A. Anders)，Washington，DC：Peterson Institute for International Economics，2014.

"The Law and Economics of Self-dealing"，*Journal of Financial Economics*，Vol. 88（3），pp. 430 – 465，2008.

"Private Credit in 129 Countries"（with C. McLiesh and A. Shleifer），*Journal of Financial Economics*，Vol. 84（2），pp. 299 – 329，2007.

"Disentangling the Incentive and Entrenchment Effects of Large Shareholdings"（with S. Claessens，L. H. P. Lang，and Joseph P. H. Fan），*Journal of Finance*，Vol. 57（6），pp. 2741 – 2771，2002.

"The Regulation of Entry"（with R. LaPorta，F. López-de-Silanes，A. Shleifer），*The Quarterly Journal of Economics*，Vol. 117（1），pp. 1 – 37，2002.

"The Separation of Ownership and Control in East Asian Corporations"（with S. Claessens and L. H. P. Lang），*Journal of Financial Economics*，Vol. 58（1），pp. 81 – 112，2000.

作者简介　　Joseph P. H. Fan

　　范博宏（Joseph P. H. Fan）是香港中文大学商学院会计学系及财务学系的联席教授，经济及金融研究所主任，曾任教于香港科技大学和香港大学。他于1996年获美国匹兹堡大学财务学博士学位。他是多个国际学术期刊的编委、香港研究资助局商学组评审委员会成员、《新财富》杂志的学术顾问，不定期担任世界银行、经济合作与发展组织和亚洲开发银行的咨询任务，目前是世界银行的"世界营商环境指标"的中国顾问。他的主要研究领域是公司治理、家族企业治理、公司财务、组织经济学，在东亚的民营企业、家族企业以及企业传承问题研究上颇负盛名。

主要成果

"An International Comparison of Capital Structure and Debt Maturity Choices" (with S. Titman and G. Twite)，*Journal of Financial and Quantitative Analysis*，Vol. 47 (1)，pp. 23 - 56，2012.

"Politically Connected CEOs，Corporate Governance，and Post-IPO Performance of China's Newly Partially Privatized Firms" (with T. J. Wong and T. Zhang)，*Journal of Financial Economics*，Vol. 84 (2)，pp. 330 - 357，2007.

"Do External Auditors Perform a Corporate Governance Role in Emerging Markets? Evidence from East Asia" (with T. J. Wong)，*Journal of Accounting Research*，Vol. 43 (1)，pp. 35 - 72，2005.

"Disentangling the Incentive and Entrenchment Effects of Large Shareholdings" (with S. Djankov，L. H. P. Lang，and Joseph P. H. Fan)，*Journal of Finance*，Vol. 57 (6)，pp. 2741 - 2771，2002.

"Corporate Ownership Structure and the Informativeness of Accounting Earnings in East Asia" (with T. J. Wong)，*Journal of Accounting and Economics*，Vol. 33 (3)，pp. 401 - 425，2002.

作者简介　　**Larry H. P. Lang**

　　郎咸平（Larry H. P. Lang）现任香港中文大学商学院金融系名誉教授。他于1986 年获宾夕法尼亚大学沃顿商学院金融学博士学位。他曾在沃顿商学院、密歇根州立大学、俄亥俄州立大学、纽约大学和芝加哥大学任教。1996—2000 年，他担任世界银行和亚洲开发银行研究所的公司治理顾问，曾与世界银行的同事合作发起关于东亚中小股东保护的公司治理研究，这项研究以世界银行的讨论文件的形式发表，被收录入美国国会图书馆，并被《经济学人》（Economist）等几种流行媒体广泛引用。他的研究领域包括公司治理、项目融资、直接投资、公司重组、并购和破产。

主要成果

"Disentangling the Incentive and Entrenchment Effects of Large Shareholdings" (with S. Claessens，L. S. Djankov，and Joseph P. H. Fan)，*Journal of Finance*，Vol. 57 (6)，pp. 2741 - 2771，2002.

"The Ultimate Ownership of Western European Corporations" (with F. Mara)，*Journal of Financial Economics*，Vol. 65 (3)，pp. 365 - 395，2002.

"Dividends and Expropriation" (with F. Mara and L. Young)，*The American Economic Review*，Vol. 91 (1)，pp. 54 - 78，2001.

"The Separation of Ownership and Control in East Asian Corporations" (with S. Claessens and S. Djankov)，*Journal of Financial Economics*，Vol. 58 (1)，pp. 81 - 112，2000.

"Tobin's q，Corporate Diversification，and Firm Performance" (with R. M. Stulz)，*Journal of Political Economy*，Vol. 102 (6)，pp. 1248 - 1280，1994.

"An Empirical Test of the Impact of Managerial Self-interest on Corporate Capital Structure" (with F. Irwin)，*Journal of Finance*，Vol. 43 (2)，pp. 271 - 281，1988.

研究背景

股权结构以及大股东对公司价值的影响，长期受到学术界的广泛关注。Jensen和 Meckling（1976）指出，由于大股东利益与公司权益价值密切相关，大股东具有更强的激励促进公司价值最大化，同时具有更大的能力收集信息、监督经理人，因此大股东有助于缓解公司股东和经理人之间的利益冲突，即第一类代理问题。大股东也可以通过代理权争夺或强行接管的手段罢免不称职的经理人，以此对经理人施压。Shleifer 和 Vishny（1997）也指出，大股东缓解了代理问题，因为他们将自身利益与公司利润最大化挂钩，并对公司资产拥有足够的控制权，以保证其利益得以实现。

大股东自身的利益可能与公司其他利益相关者相冲突（Shlerfer and Vishny，1997），因此，大股东的代理问题非常值得关注。其他学者确实注意到了代理问题与公司价值的关系，但主要着眼于第一类代理问题。例如，Morck，Shleifer 和 Vishny（1988）发现，美国公司的经理人持股比例与公司价值之间存在倒 U 形关系，因为公司绩效上升提高了经理人持股的市值，但当经理人持股比例超过一定水平之后，经理人就开始攫取私人利益，进而对外部投资者造成损害。Stulz（1988）则通过建立模型预测，随着经理人持股比例和控制权上升到一定程度，壕沟效应对公司价值的负面影响开始超过激励效应带来的正面影响，且负面影响的严重程度与经理人阻止接管的能力有关。McConnell 和 Servaes（1990）为此提供了实证支持。其他学者对现金流权和控制权偏离对公司价值的影响进行了理论研究。Grossman 和 Hart（1988）以及 Harris 和 Raviv（1988）的研究表明，所有权和控制权的分离会降低股东的价值，并且可能违背社会最优。Shleifer 和 Vishny（1997）认为，当大股东获得对公司几近完全的控制时，将可能利用控制权谋求私人利益。Bebchuk，Kraakman 和 Triantis（2000）指出，控制权与现金流权的偏离极大地提高了代理成本。Morck，Stangeland 和 Yeung（2000）曾基于加拿大上市公司的数据研究发现，在股权集中度较高时，控股股东出于维护现有资本保值的既得利益的动机，会阻碍公司增长。

克拉森、詹科夫和郎咸平三位学者于 2000 年发表在《金融经济学杂志》上的文章——《东亚公司的所有权和控制权偏离》（The Separation of Ownership and Control in East Asian Corporations），展示了八个东亚经济体共 2 980 家公司中与所有权和控制权分离相关的现象。东亚公司股权结构集中度高，金字塔型股权结构和交叉控股的设计常使大股东可以凭借较低的现金流权控制公司的运营，这种两权偏离现象在家族企业和小企业中尤为明显，这类公司的经理人又往往来自控股股东家族。这篇文章让学术界注意到了两权偏离现象的普遍存在，也反映了东亚经济体数据的独特性。由于积极的激励效应与大股东的现金流权有关、消极的壕沟效应与大股东的控制权有关，而东亚公司股权高度集中、现金流权与控制权之间的差异较大、经理人和股东之间的冲突较为有限，适合以此分析激励效应和壕沟效应的相对重要性。2002 年发表于《金融杂志》的《解析大股东的激励效应和壕沟效应》（Disentangling the Incentive and Entrenchment Effects of Large Shareholdings）则透过现象看本质，基于前文的东亚地区公司数据，从激励效应和壕沟效应两方面深入剖析两权偏离现象的经济后果，发现股权结构和两权分离现象能够影响公司价值。

主要内容

　　本文主要研究大股东持股的激励效应和壕沟效应对公司价值的影响。基于八个东亚经济体上市公司的数据，本文发现：公司价值随着第一大股东的现金流权的提高而增加，体现了积极的激励效应；公司价值随着控制权超出现金流权的程度而降低，体现了消极的壕沟效应。另外，本文还对大股东代理问题进行了补充和拓展。

　　为研究大股东持股对公司价值的影响，本文以 Claessens 等（2000）的数据为基础，解析了大股东的激励效应和壕沟效应。样本涉及中国香港、印度尼西亚、韩国、马来西亚、菲律宾、新加坡、中国台湾和泰国共八个东亚经济体。由于日本公司数量较多，对总样本影响过大，但股权集中度低，公司治理机制难以识别，不利于研究大股东持股的激励效应和壕沟效应，故不包括日本公司。样本包括 1 301 个公司，在东亚经济体共 3 544 个上市公司中占比 37％。

　　参考 La Porta 等（1999）的方法，本文对最终所有权和控制模式进行分析。首先，确定公司的大股东，并确定大股东的所有者，以及所有者的所有者等，对家族的所有权进行综合分析，其中"家族"是指有血缘或婚姻联系的关系人；然后，根据完整的控制链计算现金流权和控制权。假设一个家族拥有 A 公司 11％的股份，而 A 公司又拥有 B 公司 21％的股份。那么，该家族控制着 B 公司 11％的股份（控制链中最薄弱的环节），而拥有 B 公司现金流权的 2％（沿着控制链的两个所有权股份的乘积）。在计算时，本文对有效控制权设定阈值，如在阈值之上，则假设第一大股东对中间和最终控制的公司存在有效控制。参考同类研究，本文主要采用10％作为阈值，同时还采用 20％和 40％作为阈值，以体现大股东股权在经济体或所有者类型之间的分布。

　　由于很多东亚企业是企业集团，且部分具有金字塔结构和交叉持股结构的公司并未上市，因此只选取上市公司会导致偏误。非上市公司可能与上市公司有直接或间接的控制关系，导致本文可能低估了大股东的最终控制和所有权，进而低估了所有权结构对公司价值的影响。复杂的所有权结构和企业集团的设计很可能为大股东壕沟行为创设了更多机会。另外，公司价值可能同时受到集团的影响，因为集团内交易往往并非市场行为，集团公司的价值与它们对集团带来的贡献和成本的相对大小有关，因此，本文在回归中也考虑了集团公司之间价值彼此相关的可能性。

　　在 10％的控制权阈值下，股权分散的公司仅占 4％，而股权分散公司占比在

20％和40％的阈值下分别为18％和77％。这表明在大多数公司中，第一大股东的控制权不足40％。另外，在10％（20％）的阈值下，第一大股东为家族的公司占比为2/3（3/5）。此外，八个经济体之间的股权集中度差异普遍较小。

本文首先研究大股东所有权和控制权集中度对公司价值的影响。本文提出的第一个假设是，公司价值和第一大股东的现金流权呈正相关关系。原因主要在于两方面：一是若现金流权越集中于大股东，则大股东通过促使公司经营得当增进个人财富的激励就越强；二是个人财富与公司利益趋于一致，大股东获取私人利益的动机也较弱。本文提出的第二个假设是，公司价值和第一大股东的控制权之间呈负相关关系。大股东的控制权越集中，其掏空公司的能力就越强，从而损害了少数股东的价值。当控制权和现金流量权之间存在较大分歧时，代理问题会特别明显，因为较低的现金流权不足以抑制大股东攫取公司价值的意愿。

本文以账面市值比衡量公司价值，将市值定义为普通股的市场价值与债务和优先股的账面价值之和。图1直观显示了公司价值和现金流权的关系。账面市值比随着现金流权的上升而上升，这验证了激励效应。但二者的关系并非单调，例如现金流权处于41％～50％时的公司价值与现金流权处于36％～40％和51％～55％两个区间的公司价值相比显著较低，而当现金流权超过55％时，公司价值再次下降。图2直观显示了公司价值和两权偏离程度的关系。两权偏离程度越高，公司价值越低，但二者的关系同样并非单调，当两权偏离超过15％之后，公司价值才单调下降。图1和图2分别支持了激励效应和壕沟效应。

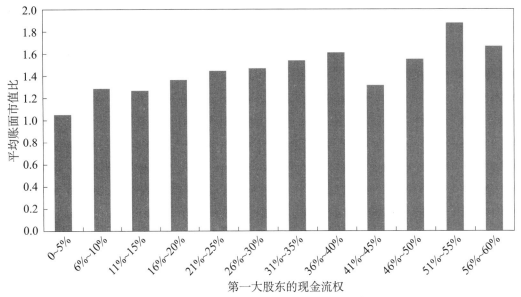

图1 东亚公司价值和第一大股东现金流权的关系

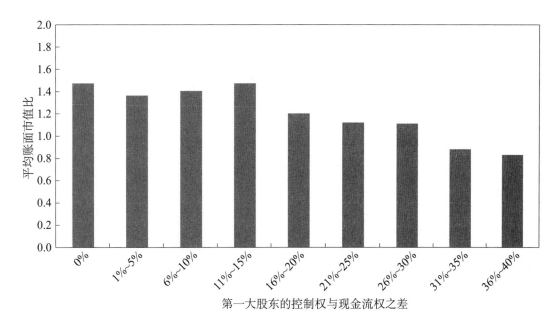

图 2　东亚公司价值和第一大股东两权偏离程度的关系

　　在多元回归分析中，本文主要控制了上一年度销售增长率、资本支出与总资产之比，这两个变量体现了公司增长前景和投资扩张，预期与公司价值正相关。本文还控制了公司年龄（自设立起的年限）和公司规模（上一年末总资产的自然对数）。以上变量的相关性较低，不存在严重的多重共线性。由于同一国家的样本误差并非独立（Breusch and Pagan，1980），因此本文加入随机效应，假设样本具有与所在经济体相关的共同解释部分。

　　表 1 报告了公司价值对现金流权和控制权的回归结果。Ownership 是表示现金流权的连续变量。如果股权集中度更高的公司存在更倾向于设立子公司并采用合并报表的情况，那么上述结果在衡量股权集中度对公司价值的影响时将可能存在偏误，因此第（2）列在第（1）列基准回归的基础上加入了是否合并报表的虚拟变量 consolidation dummy。第（3）列加入了 control excess ownership 和 control excess ownership，high 两个虚拟变量，分别表示控制权高于所有权、两权偏离度超过所有样本的中位数（中位数为 15.1%）。三个回归结果都表明，公司价值与所有权集中度呈显著正相关关系，公司价值与控制权高出所有权的程度呈显著负相关关系。所有权每上升 1 个标准差，使得账面市值比上升 0.091 或均值的 6.4%。控制权每超出所有权 1 个标准差，账面市值比降低 0.076 或均值的 5.3%。因此，激励效应和壕沟效应在经济意义上也是显著的。

表1　　　　　　　公司价值对第一大股东现金流权和控制权的回归结果

	(1)	(2)	(3)
Ownership	0.007 3[a] (0.002 0)	0.007 3[a] (0.002 0)	0.008 0[a] (0.002 0)
Control minus ownership	−0.010 3[a] (0.003 3)	−0.010 3[a] (0.003 3)	
Control exceeds ownership			−0.023 4 (0.062 1)
Control exceeds ownership, high			−0.126 0[a] (0.055 2)
Sales growth	0.556 8[a] (0.114 5)	0.560 3[a] (0.114 7)	0.557 4[a] (0.114 8)
Capital spending over sales	−0.110 5 (0.115 6)	−0.110 0 (0.115 7)	−0.110 6 (0.116 2)
Firm age（years）	0.000 5 (0.001 2)	0.000 5 (0.001 2)	0.000 7 (0.001 2)
Firm size（log of assets）	−0.047 6[a] (0.013 5)	−0.047 6[a] (0.013 5)	−0.046 3[a] (0.013 5)
Consolidation dummy		−0.026 0 (0.046 7)	
Petroleum	0.112 6 (0.176 3)	0.110 1 (0.176 4)	0.116 9 (0.176 6)
Consumer durables	−0.060 1 (0.104 2)	−0.062 4 (0.104 3)	−0.056 0 (0.104 4)
Basic industry	0.048 5 (0.109 8)	0.044 0 (0.110 2)	0.055 7 (0.110 0)
Food and tobacco	0.062 5 (0.115 3)	0.059 1 (0.115 5)	0.068 7 (0.005 5)
Construction	−0.131 3 (0.110 0)	−0.132 4 (0.110 0)	−0.124 2 (0.110 2)
Capital goods	−0.049 8 (0.117 2)	−0.052 8 (0.117 4)	−0.043 8 (0.117 5)
Transportation	−0.050 1 (0.137 0)	−0.049 1 (0.137 1)	−0.045 6 (0.137 3)
Unregulated utilities	0.375 2[b] (0.170 8)	0.379 2[b] (0.171 0)	0.365 5[b] (0.171 2)
Textiles and trade	−0.280 3[c] (0.163 7)	−0.279 4[c] (0.163 8)	−0.280 6[c] (0.164 1)
Services	0.087 3 (0.183 5)	0.086 1 (0.183 6)	0.083 4 (0.183 9)
常数	0.853 2 (2.495 0)	0.893 2 (2.496 7)	0.496 8 (2.494 7)
R^2	0.071 6	0.071 8	0.068 5
样本数	1 301	1 301	1 301

注：a、b、c分别表示在1%、5%和10%的水平下显著，括号中为标准误。下同。

　　Consolidation dummy 回归系数为负但不显著，且加入该变量后其他变量回归系数的变化较小，说明是否采用合并报表并没有对回归结果造成重大影响。Control exceeds ownership 不显著为负，但 Control exceeds ownership, high 显著为负，表明两权偏离度越高，公司价值越低。关联交易等壕沟行为需要较高的控制权，而要减少大股东的壕沟行为，需要少数股东采取强有力的行动，这在公司治理薄弱且执法不力的国家或地区中将是一项艰巨的任务（Johnson et al.，2000）。

　　作者进行了如下稳健性检验。首先，由于同一集团内各公司存在相关性，因此将同一集团下的公司视为一个整体重新回归，分别以集团内账面市值比中位数、按资产规模加权的账面市值比作为被解释变量，前述结论不变。第二，考虑经济体之间的差别，分别对八个东亚经济体子样本进行回归，发现壕沟效应在公司治理水平较弱时同样更为突出，且激励效应和壕沟效应可以同时存在，因此股权集中度对公司价值的净效应可能并不明确。第三，考虑反向因果的潜在可能，即大股东认为公司价值被高估时愿意在保持控制权的同时降低现金流权，在这种情况下应该观察到两权变化滞后于公司价值变化。只有当整个系统的大股东都能根据估值变化在保持其控制权的同时迅速而频繁地改变其现金流量权的情况下，反向因果才会导致偏误，但由于企业的所有权结构在一段时间内相对稳定，这种可能不太会成立。

为进一步探究所有者类型对两权偏离影响机制的影响，本文将最终公司所有者分为家族企业、政府控股企业、股权分散的公司或金融机构（例如银行和保险公司）三类，以研究大股东对公司价值的影响是否因所有者类型而异。已有文献指出，两权偏离现象多发生于家族企业（La Porta et al.，1999；Claessens et al.，2000）。分组回归结果中，Ownership 的回归系数除了政府控股企业中回归（3）之外均显著为正，但显著性水平低于表 1 中的结果；Control minus ownership 的回归系数在家族企业和政府控股企业中显著为负，这可能是因为，相比于家族企业和政府控股企业，大股东为公司或金融机构的经理人更难攫取私人利益，第一类代理问题较轻（见表 2）。

表 2　　不同所有者类型下公司价值对第一大股东现金流权和控制权的回归结果

	家族企业		政府控股企业		股权分散的公司或金融机构	
	(1)	(2)	(3)	(4)	(5)	(6)
Ownership	0.008 6[b]	0.008 4[a]	0.007 3	0.012 1[c]	0.008 6[c]	0.007 5[c]
	(0.002 6)	(0.002 5)	(0.007 0)	(0.006 2)	(0.004 5)	(0.004 1)
Control minus ownership	−0.009 0[b]		−0.024 7[c]		−0.018 9	
	(0.003 7)		(0.013 0)		(0.015 4)	
Control exceeds ownership		−0.049 4		0.121 8		0.108 6
		(0.072 2)		(0.184 5)		(0.181 6)
Control exceeds ownership，high		−0.034 2		−0.480 6[b]		−0.368 5
		(0.082 8)		(0.226 4)		(0.333 1)
Sales growth	0.662 1[b]	0.632 3[a]	0.183 3	0.184 7	0.510 5[b]	0.483 3[c]
	(0.134 1)	(0.135 8)	(0.124 1)	(0.134 6)	(0.249 1)	(0.255 7)
Capital spending over sales	−0.137 0	−0.081 4	−0.004 3	0.022 9	−0.035 3	−0.195 9
	(0.133 4)	(0.133 2)	(0.432 9)	(0.434 1)	(0.272 9)	(0.272 6)
Firm age（years）	0.001 1	0.001 4	0.006 1	0.004 3	−0.002 0	−0.003 0
	(0.001 4)	(0.001 4)	(0.004 7)	(0.005 0)	(0.003 0)	(0.003 1)
Firm size（log of assets）	−0.035 8[b]	−0.037 3[b]	0.051 2	0.002 3	−0.071 4[b]	−0.088 9[a]
	(0.016 9)	(0.016 5)	(0.048 2)	(0.046 1)	(0.028 4)	(0.027 8)
常数	−0.606 8	−1.155 1	−11.414 3	−7.186 6	6.054 0	8.286 4
	(2.834 9)	(2.824 3)	(9.431 2)	(10.022 6)	(6.033 1)	(6.097 9)
R^2	0.052 3	0.049 6	0.045 0	0.085 5	0.071 4	0.081 1
样本数	908	908	111	111	282	282

为探究两权偏离影响公司价值的机制，本文专门考察了几种特殊的股权结构。Bebchuk（1999）和 Wolfenzon（1999）指出，金字塔结构与公司价值下降有关。交叉持股可能通过基于非市场因素的内部交易降低公司价值。Nenova（2001）指出，双重持股导致了更差的公司治理。因此，本文分别构造金字塔结构、交叉持股和双重股权结构的虚拟变量，单独加入或同时加入回归中，发现以上股权结构降低公司价值的效应并不显著，而 Ownership 回归系数依然保持显著为正。尽管金字塔结构、交叉持股和双重股权结构可能共同作用于壕沟效应，但公司价值下降是由两权偏离导致的。

对于这种现象，一个替代性的解释是，特定的股权结构导致了管理不善，进而导致了公司价值下降。金字塔结构和交叉持股可能导致处于金字塔顶端的所有者或经理人没有足够的精力对所有关联公司的经理人进行监督，进而导致了较差的业绩表现和较低的公司价值。然而，Claessens 等（2000）指出，股权集中型公司倾向于在整个集团范围内聘任来自控股家族的公司经理，而非局限于金字塔顶端，这些出身于控股公司的经理人几乎没有动机使得所在公司的经营偏离控股家族的利益。因此，这一替代性解释应该不成立。本文将样本按照经理人来自控股家族和外部进行划分之后，类似结果依然存在。

LaPorta 等（2002）指出，处于小股东保护力度较弱的国家中的公司估值较低，而这些国家往往拥有更高的股权集中度。鉴于大多数国家或地区以股权集中的公司为主，因此本文能为全球公司治理提供有益启示。

研究结论

本文基于东亚经济体的上市公司样本，解析大股东的激励效应和壕沟效应。本文主要发现公司价值与大股东的现金流权呈正相关，与大股东的控制权和现金流权偏离程度呈负相关。前者体现了积极的激励效应，后者体现了消极的壕沟效应。在所有者类型为家族企业、政府控股企业、股权分散的公司或金融机构三类公司中，均存在公司价值与大股东现金流权呈正相关关系，而两权偏离程度降低公司价值的效应仅在家族企业和政府控股企业中显著，这可能是因为股权分散型公司或金融机构的经理人更难以谋求私人利益。金字塔结构、交叉持股、双重股权评价结构都无法对公司价值产生单独的显著影响。

评　价

本文为大股东与其他利益相关者之间的代理成本补充了实证证据。由于美国以外的大多数国家的公司均以集中的股权结构为主，因此本文的结论具有普适性。在大多数国家中，控股股东侵占少数股东利益是一个重要的委托-代理问题。

后续研究

本文围绕代理问题是否影响公司价值的问题，将代理问题从经理人-股东之间的利益冲突拓展到大股东-小股东之间的利益冲突。作者对第二类代理问题的创新性认识启发了其他学者对第二类代理问题的影响进行进一步探索。股票市场表现受到公司治理水平的影响（Durnev and Kim，2005），大股东侵害小股东的壕沟效应会导致股票收益偏低（Lemmon and Lins，2003；Baek et al.，2004），增大了股价崩盘的风险（王化成等，2015；Hong et al.，2017）。

其他学者进一步探究了大股东的壕沟效应的具体表现。第一，"隧道挖掘"，即大股东通过关联交易（Cheung et al.，2006）、关联贷款（Jiang et al.，2010）或非经营性资金占用侵害小股东利益（李增泉等，2004；Jiang et al.，2015）等手段，将公司财富转移为私人利益。第二，由于大股东会在会计信息披露中维护自身利益，第二类代理问题将导致更差的会计信息质量（Fan and Wong，2002）和更低的盈余持续性（窦欢和陆正飞，2017）。

提高信息透明度、权力制衡与监督都有助于缓解第二类代理问题。第一，信息披露可以通过减轻信息不对称的方式缓解代理问题。当传统公司治理机制较弱时，代理问题严重的公司可以通过审计缓解公司价值因代理问题受到的损失（Fan and Wong，2005）。第二，权力制衡与监督可以减少大股东侵害小股东的机会。Maury和Anete（2005）指出，多个股东之间的制衡有助于通过改善治理结构提高公司价值，在家族企业中尤为如此。Jiang等（2018）还进一步发现，多股东制衡能缓解代理问题，提高投资效率。此外，独立董事制度也能抑制大股东的掏空行为（叶康涛等，2007）。

壕沟效应导致的公司价值降低程度可能取决于特定的经济环境，包括银行系统质量、小股东的司法保护以及法定财务信息披露程度，因此经济体制度对公司代理问题的影响也是未来研究的重要课题。Allen等（2005）研究发现，在法律和金融系统并不发达的环境下，公司治理机制对私营企业的发展具有突出作用。Durnev和Kim（2005）指出，公司治理水平受投资机会、外源融资和所有权结构影响，当投资者保护环境更差时，有效的公司治理尤其重要。

投资者情绪和截面股票收益[①]

作者简介　Malcolm P. Baker

　　马尔科姆·P. 贝克（Malcolm P. Baker）现任哈佛大学商学院工商管理学教授。其主要研究领域包括行为金融、公司金融以及资本市场，主要关注公司金融、投资者行为和资本市场无效率之间的相互作用。贝克于 1992 年获布朗大学学士学位，1993 年获剑桥大学硕士学位，2000 年获哈佛大学博士学位。2001 年贝克任职哈佛大学商学院助理教授，2004 年任哈佛大学商学院副教授，2008 年至今任哈佛大学商学院工商管理学教授。贝克获得的奖项包括美国金融学会颁发给发表在《金融杂志》上的最佳公司论文奖，《金融经济学杂志》的詹森奖第二名，以及《金融与数量分析杂志》的夏普奖。

　　贝克曾经是查尔斯瑞维联合公司的高级顾问，也曾经是美国奥林匹克皮划艇队的成员。

主要成果

"Under New Management: Equity Issues and the Attribution of Past Returns"（with Yu-hai Xuan），*Journal of Financial Economics*，Vol. 121，pp. 66 - 78，2016.

---

　　①　本文发表于 *Journal of Finance*，Vol. 61，pp. 1645 - 1680，2006。

"Dividends as Reference Points: A Behavioral Signaling Model" (with Brock Mendel and Jeffrey Wurgler), *Review of Financial Studies*, Vol. 29, pp. 697 – 738, 2016.

"Introduction: New Perspectives on Corporate Capital Structure" (with Viral Acharya and Heitor Almeida), *Journal of Financial Economics*, Vol. 118, pp. 551 – 552, 2015.

"Global, Local, and Contagious Investor Sentiment" (with Jeffrey Wurgler and Yuan Yu), *Journal of Financial Economics*, Vol. 104, pp. 272 – 285, 2012.

"The Effect of Reference Point Prices on Mergers and Acquisitions" (with Xin Pan and Jeffrey Wurgler), *Journal of Financial Economics*, Vol. 106, pp. 49 – 71, 2012.

"Multinationals as Arbitrageurs? The Effect of Stock Market Valuations on Foreign Direct Investment" (with Fritz Foley and Jeffrey Wurgler), *Review of Financial Studies*, Vol. 22, pp. 337 – 369, 2009.

"Catering through Nominal Share Prices" (with Robin Greenwood and Jeffrey Wurgler), *Journal of Finance*, Vol. 64, pp. 2559 – 2590, 2009.

"Corporate Financing Decisions When Investors Take the Path of Least Resistance" (with Joshua Coval and Jeremy Stein), *Journal of Financial Economics*, Vol. 84, pp. 266 – 298, 2007.

"Investor Sentiment and the Cross-Section of Stock Returns" (with Jeffrey Wurgler), *Journal of Finance*, Vol. 61, pp. 1645 – 1680, 2006.

"Predicting Returns with Managerial Decision Variables: Is There a Small-Sample Bias?" (with Ryan Taliaferro and Jeffrey Wurgler), *Journal of Finance*, Vol. 61, pp. 1711 – 1730, 2006.

"A Catering Theory of Dividends" (with Jeffrey Wurgler), *Journal of Finance*, Vol. 59, pp. 1125 – 1165, 2004.

"Appearing and Disappearing Dividends: The Link to Catering Incentives" (with Jeffrey Wurgler), *Journal of Financial Economics*, Vol. 73, pp. 271 – 288, 2004.

"When Does the Market Matter? Stock Prices and the Investment of Equity Dependent Firms" (with Jeremy Stein and Jeffrey Wurgler), *Quarterly Journal of Economics*, Vol. 118, pp. 969 – 1006, 2003.

"The Maturity of Debt Issues and Predictable Variation in Bond Returns" (with Robin Greenwood and Jeffrey Wurgler), *Journal of Financial Economics*, Vol. 70, pp. 261 – 291, 2003.

"Limited Arbitrage in Mergers and Acquisitions" (with Serkan Savasoglu), *Journal of Financial Economics*, Vol. 64, pp. 91 – 116, 2002.

"The Equity Share in New Issues and Aggregate Stock Returns" (with Jeffrey Wurgler), *Journal of Finance*, Vol. 55，pp. 2219 - 2257，2000.

作者简介　　**Jeffrey A. Wurgler**

　　杰弗瑞·A. 沃格勒（Jeffrey A. Wurgler）现任纽约大学斯特恩商学院金融学教授，教授行为金融学和公司金融学课程。其主要研究领域包括公司金融、资产定价以及行为金融。沃格勒于 1994 年获斯坦福大学经济学与计算机科学学士学位，1999 年获哈佛大学商业经济学博士学位。1999 年沃格勒任职耶鲁大学管理学院助理教授，2001 年任纽约大学斯特恩学院助理教授，2007 年至今任纽约大学斯特恩商学院金融学教授。自 2011 年起，沃格勒成为《金融经济学杂志》期刊副主编。

主要成果

"Dividends as Reference Points: A Behavioral Signaling Approach" (with Malcolm Baker and Brock Mendel), *Review of Financial Studies*, Vol. 29, pp. 697 - 738，2016.

"The Effect of Reference Point Prices on Mergers and Acquisitions" (with Malcolm Baker and Xin Pan), *Journal of Financial Economics*, Vol. 106, pp. 49 - 71，2012.

"Global, Local, and Contagious Investor Sentiment" (with Malcolm Baker and Yuan Yu), *Journal of Financial Economics*, Vol. 104, pp. 272 - 285，2012.

"Can Mutual Fund Managers Pick Stocks? Evidence from Their Trades Prior to Earnings Announcements" (with Malcolm Baker, Lubomir Litov, and Jessica Wachter),

Journal of Financial and Quantitative Analysis，Vol. 45，pp. 1111 – 1131，2010.

"Catering Through Nominal Share Prices" (with Malcolm Baker and Robin Greenwood)，*Journal of Finance*，Vol. 64，pp. 2559 – 2590，2009.

"Multinationals as Arbitrageurs? The Effect of Stock Market Valuations on Foreign Direct Investment" (with Malcolm Baker and C. Fritz Foley)，*Review of Financial Studies*，Vol. 22，pp. 337 – 369，2009.

"Predictive Regressions Based on Managerial Decision Variables: Is There a Small-Sample Bias?" (with Malcolm Baker and Ryan Taliaferro)，*Journal of Finance*，Vol. 61，pp. 1711 – 1730，2006.

"Investor Sentiment and the Cross-Section of Stock Returns" (with Malcolm Baker)，*Journal of Finance*，Vol. 61，pp. 1645 – 1680，2006.

"Comovement" (with Nicholas Barberis and Andrei Shleifer)，*Journal of Financial Economics*，Vol. 75，pp. 283 – 318，2005.

"Appearing and Disappearing Dividends: The Link to Catering Incentives" (with Malcolm Baker)，*Journal of Financial Economics*，Vol. 73，pp. 271 – 288，2004.

"A Catering Theory of Dividends" (with Malcolm Baker)，*Journal of Finance*，Vol. 59，pp. 1125 – 1165，2004.

"The Maturity of Debt Issues and Predictable Variation in Bond Returns" (with Malcolm Baker and Robin Greenwood)，*Journal of Financial Economics*，Vol. 70，pp. 261 – 291，2003.

"When Does the Market Matter? Stock Prices and the Investment of Equity-Dependent Firms" (with Malcolm Baker and Jeremy Stein)，*Quarterly Journal of Economics*，Vol. 118，pp. 969 – 1006，2003.

"Market Timing and Capital Structure" (with Malcolm Baker)，*Journal of Finance*，Vol. 57，pp. 1 – 32，2002.

"The Equity Share in New Issues and Aggregate Stock Returns" (with Malcolm Baker)，*Journal of Finance*，Vol. 55，pp. 2219 – 2257，2000.

"Financial Markets and the Allocation of Capital"，*Journal of Financial Economics*，Vol. 58，pp. 187 – 214，2000.

研究背景

传统的金融理论认为投资者情绪对截面上的股票收益不会产生任何影响。在传统金融理论下，股票市场由理性投资者构成，基于马科维茨的理论，这些理性投资者通过分散化投资，最优化他们投资组合的统计属性，而投资者的这种行为最终会引导市场达到均衡。在这种均衡下，截面上的股票预期收益只取决于系统性风险。传统金融理论认为，即便有一些投资者是非理性的，他们的非理性需求也会由于套利者的存在而被抵消，因此不会对股票价格产生显著的影响。

贝克和沃格勒对这种观点提出了质疑。他们通过对历史上一些股市泡沫与投机事件的解读，发现情绪化投资者的投机倾向会使得股票的估值具有主观性，投资者情绪显著影响截面股票收益。

贝克和沃格勒在《投资者情绪和截面股票收益》（Investor Sentiment and the Cross-Section of Stock Returns）一文中总结了在 1961—2002 年期间各个历史时期，美国股市投资者情绪的起落以及同时发生的股市波动。多位学者的研究指出，在 1961 年，小公司股票、年轻公司股票和成长型公司股票的需求量大大增加，但是在随后的 1962 年，当股市出现了抛售浪潮时，这些成长型公司股票首当其冲，跌幅远大于大盘。而在 1967—1968 年，股市泡沫再次产生，在这一时期，马尔基尔和德累曼指出，当时的焦点在于收益增长迅速或者潜力强劲的公司。当时的股票市场忽视了主要的工业巨头，甚至把它们戏称为"过时的公司"。然而，随着股票的资本损失不断发生，投资者在 1968 年后开始看重分红。在后来的研究中，Graham（1973）指出，质量较差的小公司股票在牛市中有明显的被相对高估的趋势，因此，在随后的价格暴跌中，它们遭受了更多的价格下跌。

而 20 世纪 70 年代末到 80 年代中期被普遍认为是投资者情绪高涨的时期。Ritter（1984）研究发现，这一时期的自然资源初创公司的首次公开发行会比大型成熟企业的首次公开发行获得更高的发行回报。马尔基尔指出，这种泡沫之后在 1983 年下半年初开始破裂，当时小公司股票和新发行公司股票在市场上疯狂下跌。而到了 80 年代中期，新发行的生物科技公司股票又开始被疯狂抢购，但是这种情况在 1987—1988 年发生了转变，这时的投资者已经从追逐那些激动人心的暴富故事转变为更想要接近现实的低乘数股票。

类似地，在 90 年代末又出现了科技股泡沫，直到这些泡沫在 2000 年开始破裂之前，投资者情绪一直是高涨的。Ljungqvist 和 Wilhelm（2003）研究发现，在 1999 年和 2000 年首次公开发行的公司中，有 80％的公司每股盈余为负，1999 年进行首次公开发行的公司，年龄中位数为 4 年。与此相应，在泡沫出现前进行首次公开发行的公司，平均年龄超过 9 年；在 2001 年和 2002 年，进行首次公开发行的公司平均年龄超过 12 年。

通过这些故事泡沫的历史事件可以发现，在股市狂热、投资者情绪高涨的时期，比较极端的成长型公司股票似乎很容易出现泡沫并在随后崩溃。这些现象在一定程度上表现出具有极端成长型公司的股票需求对投资者情绪呈现出更高的敏感性。

研究目的和方法

贝克和沃格勒认为，投资者情绪在截面上对股票收益产生影响可以通过两种渠道实现。

第一种渠道是在套利限制不变的情况下，投资者情绪在截面上发生的变化。在这种渠道下，投资者情绪更多地反映的是投资者的投机倾向。投资者情绪的高低会影响投机性投资的倾向，投机倾向又会对不同特征股票持有不同的投机性相对需求。因此即使股票的套利难度相同，投资者情绪在截面上也会对股票价格造成不同的影响。

一些公司特性也会导致公司股票对投资者的投机倾向更加敏感，这种现象本质上来自对公司股票估值的主观性。当公司缺乏估值依据（如稳定的股利支付、盈利历史等）并且表现出很强的成长性时，这类公司的股票就会更多地受到投机倾向的影响。因为这时不成熟的投资者就会更愿意去追逐对这类公司的各种估值，从而使得股票的估值更多受到市场情绪的影响。而相反，如果企业具有较长的盈利历史、具有更多的有形资产和稳定的股利支付，估值就会具有更少的主观性，因此，它的股票也会更少地受到投机倾向波动的影响。

贝克和沃格勒认为，情绪化投资者对于股票的选择只是选择在一些突出特征上和他们的情绪具有一致性的股票，即符合他们投机性需求的股票。而当公司具有"无收益""年轻化""无股利支付"这些特性时，股票便更具有投机性，符合这些情绪化投资者的需求。这种对投资者情绪化投资过程的描述会比马科维茨描述的单纯通过统计属性来投资具有更高的准确性。

第二种渠道是指在投资者情绪不变的情况下，套利难度在不同股票之间也会存在变化。在这种渠道下，投资者情绪可以看作是股票市场整体的乐观或者悲观情绪。如果套利力量在某些股票中相对薄弱，那么这种整体的投资者情绪仍然会对截面上的股票产生不同的影响。贝克和沃格勒指出，之前有大量理论与实证研究表明，对年轻公司、小公司、无利润公司、极度成长型公司或者陷入困境公司的股票进行套利是一种高风险与高成本的行为。

这些难以去套利的股票往往也是难以去估值的股票，因此这两种渠道具有一致性。通过两种渠道分析都说明，小公司、年轻公司、无利润公司等这类公司的股票由于估值上的主观性或者套利难度上的影响，更容易受到投资者情绪的影响。

贝克和沃格勒认为，要确定投资者情绪在截面上所带来的影响，首先要对两个基础效应进行控制，即投资者情绪在该时点上对所有股票的一般性影响以及在所有时间段上公司特征所带来的一般性影响。因此他们构造的模型如下：

$$E_{t-1}[R_{it}] = a + a_1 T_{t-1} + \mathbf{b}_1' \mathbf{x}_{it-1} + \mathbf{b}_2' T_{t-1} \mathbf{x}_{it-1} \tag{1}$$

式中，a_1 代表了在该时点上投资者情绪对所有股票的一般性影响，$\mathbf{b}_1$ 向量代表了所有时间段上公司特征所带来的一般性影响。而 $\mathbf{b}_2$ 是主要关注的变量，代表了在同一时间截面上投资者情绪所带来的错误定价，即投资者情绪在截面上对股票收益的影响。

由于没有一个明确的或者无可争议的关于投资者情绪的定义，贝克和沃格勒参考之前的研究，使用了六个投资者情绪的代理变量，并使用主成分分析法提取其中的共同因素，形成了一个反映投资者情绪的复合指数。这六个潜在的代理变量如下：

（1）封闭式基金折价，是封闭式股票基金的每股净资产价值和它们的市场价格之间差额的平均值。之前的研究认为，封闭式基金折价与投资者情绪负相关，即投资者情绪高涨时，封闭式基金折价更低。

（2）纽约证券交易所股票换手率，基于公布的股票成交量与平均上市股票份额的比率来计算。Baker 和 Stein（2004）的研究认为，换手率可以作为一个投资者情绪的代理变量，因为在卖空限制的市场中，非理性的投资者只有在市场乐观时才会参与投资，进而增加流动性，说明高流动性可能暗示了估值过高。

（3）IPOs 的数量。

（4）IPOs 的首日平均回报。通常来说，新发行股票市场对投资者情绪很敏感，即具有高的发行首日回报会被看作对投资者热情的一种衡量（Stigler，1964；Ritter，1991）。

（5）新发债券和股票中新发股票所占比例。Baker 和 Wurgler（2000）研究认为，该指标可以用于对投资者情绪进行衡量。

（6）股利溢价，即支付股利公司与不支付股利公司的市净率均值差额的对数值。Baker 和 Wurgler（2004）的研究中使用这个变量作为投资者对支付股利公司股票相对需求的代理变量。

考虑这些代理变量所反映出的领先或滞后关系，即一些变量可能比其他变量更早地反映出投资者情绪的变化，贝克和沃格勒关于投资者情绪指数的具体构建过程如下：首先，他们根据每个代理变量的当期值和滞后一期值共 12 个变量，使用主成分分析法，提取第一主成分，作为第一阶段指数；然后，计算第一阶段指数与前述 12 个变量的相关系数。根据相关系数排序，使用具有较高相关系数的 6 个代理变量，再使用主成分分析法，提取第一主成分，得到最终的投资者情绪指数。其构建的投资者情绪指数的具体情况如下：

$$SENTIMENT_t = -0.241CEFD_t + 0.242TURN_{t-1} + 0.253NIPO_t$$
$$+ 0.257RIPO_{t-1} + 0.112S_t - 0.283P_{t-1}^{D-ND} \tag{2}$$

在这个投资者情绪指数中，每个单独的代理变量都具有和期望一致的符号。另外，在主成分分析之前，排除每个代理变量中的周期因素和宏观因素，得到了与周期因素和宏观因素正交的投资者情绪指数，如下所示：

$$SENTIMENT_t^{\perp} = -0.198CEFD_t^{\perp} + 0.225TURN_{t-1}^{\perp} + 0.234NIPO_t^{\perp}$$
$$+ 0.263RIPO_{t-1}^{\perp} + 0.211S_t^{\perp} - 0.243P_{t-1}^{D-ND,\perp} \tag{3}$$

贝克和沃格勒分析了投资者情绪指数和 6 个代理变量从 1962 年到 2001 年的总体趋势，发现大部分衡量指标在各个时间段上与之前的历史事件分析都保持了一致。

贝克和沃格勒进一步通过一些主要的公司特性指标对样本公司进行分组探究，以证实特定的公司特征会导致公司股票对投资者情绪具有更高的敏感性。这些公司特征分为五类：第一类是公司的规模与年龄特征，包括市值、公司年龄、股价波动率；第二类是公司的利润性特征，包括净资产收益率、公司盈余、权益账面价值；第三类是公司的股息特征，包括每股分红、股息支付；第四类是公司的资产有形性特征，包括固定资产与总资产的比值，研发费用与总资产的比值；第五类是公司的成长机会或困境特征，包括账面市值比、外部融资、销售增长。

贝克和沃格勒按照这些公司特征将公司进行排序分组并建立了多空投资组合，探究了期初的投资者情绪对各组公司（多空投资组合）后续收益的影响，以此来说明相应公司是否被赋予过高估值（估值过高的公司后续收益会更低）。

主要结论

贝克和沃格勒研究发现，小公司股票、年轻公司股票、高波动率股票、无利润性公司股票、无股利公司股票、极度成长型公司股票以及陷入困境公司的股票收益更容易受到投资者情绪波动的影响。他们认为，这些特征往往导致公司的估值具有更高的主观性和更高的套利成本，因此容易受到投资者投机倾向的影响。这些结果说明，投资者情绪在截面上会显著地影响公司的股票收益，即产生所谓投资者情绪的横截面效应。

首先，贝克和沃格勒使用排序分组的方式来寻找不同投资者情绪对公司收益造成的影响。他们按照每个月月初的公司特征变量值对公司进行排序，并按照十分位分组，同时依据前一年年末的投资者情绪水平，将样本期分成投资者情绪指数为正和为负的两组，在上述两个维度上计算每组的月度后续平均收益。结果如表1所示：

从这些排序分组的结果中可以看到，在不同的投资者情绪条件下，按照公司年龄分成的各组具有显著不同的收益。在投资者情绪指数高涨时期，年轻公司的股票、高波动率的股票、无利润性公司的股票和无股利的股票的后续收益会更低，贝克和沃格勒认为，这代表在投资者情绪高涨时期，具有这些特征的股票更受到投资者的欢迎，因而具有显著被高估的倾向。

贝克和沃格勒考虑到公司在具有更少的有形资产时更难以被估值，因此对资产的有形性特征进行研究，发现当公司具有更高比例的无形资产时，公司会更多地受到投资者情绪波动的影响。

在对公司的成长机会或困境特征的考察中，贝克和沃格勒使用账面市值比、外部融资和销售增长对公司进行分组，发现在不同的投资者情绪下，后续收益的差值呈现 U 形结构。以按照销售增长分组的结果为例，他们发现处于底层十分位组的公司股票在投资者情绪为正和投资者情绪为负时的后续收益差值为−1.79%；处于第五个十分位组的公司，这个收益差值为−0.26%；而处于顶层十分位组的公司，这个收益差值为−1.64%。这种结果显示，处于极端组别的公司相对于处于中间组别的公司，对投资者情绪的变化具有更高的敏感性。他们分析认为，具有较高的销售增长代表公司进入了飞速发展状态，而具有较低的销售增长代表公司陷入销售萎缩的困境中，这些公司相对处于中间位置的公司（相对稳定、增长缓慢的公司）会更加难以去估值或套利，因此便更容易受到投资者情绪的影响。

接下来，在各种公司特征下，贝克和沃格勒以等权重构建多空投资组合，使用投资者情绪指数去预测多空投资组合的后续收益。特别地，对于账面市值比、外部融资和销售增长三个特征，他们构建"高减中"和"中减低"两个组合来代表公司的高度成长性和陷入困境两种情况。贝克和沃格勒指出，这种构建基于多空投资组合的收益特征，以销售增长为例，"高减中"和"中减低"两个组合的收益率是高度负相关的，这说明高销售增长和低销售增长的公司的收益率相对于中等销售增长的公司会具有同方向的变动，因此简单地构建"高减低"组合会抵消其中的变化因素。

贝克和沃格勒使用投资者情绪预测多空投资组合的基本模型如下：

$$R_{X_{it}} = High，t - R_{X_{it}} = Low，t = c + dSENTIMENT_{t-1} + u_{it} \tag{4}$$

表1　情绪指数、公司特征与预期收益（1963—2001 年）

情绪指数[-1]		十分位											比较			
		≤0	1	2	3	4	5	6	7	8	9	10	10—1	10—5	5—1	>0—≤0
公司规模 (ME)	正		0.73	0.74	0.85	0.83	0.92	0.84	1.06	0.99	1.02	0.98	0.26	0.06	0.20	
	负		2.37	1.68	1.66	1.51	1.67	1.35	1.26	1.25	1.05	0.92	−1.45	−0.75	0.70	
	差分		−1.65	−0.93	−0.81	−0.68	−0.75	−0.51	−0.20	−0.26	−0.03	0.06	1.71	0.81	0.90	
公司年龄 (Age)	正		0.25	0.83	0.94	0.95	1.18	1.19	0.96	1.18	1.09	1.11	0.85	−0.07	0.93	
	负		1.77	1.88	1.97	1.68	1.70	1.68	1.38	1.34	1.36	1.24	−0.54	−0.46	−0.08	
	差分		−1.52	−1.05	−1.03	−0.74	−0.51	−0.49	−0.42	−0.16	−0.27	−0.13	1.39	0.39	1.00	
收益波动性 (σ)	正		1.44	1.41	1.25	1.20	1.24	1.08	1.01	0.88	0.75	0.30	−1.14	−0.94	−0.20	
	负		1.01	1.17	1.26	1.37	1.52	1.61	1.65	1.83	2.08	2.41	1.40	0.89	0.51	
	差分		0.43	0.24	−0.01	−0.16	−0.28	−0.53	−0.65	−0.95	−1.33	−2.11	−2.54	−1.84	−0.71	
净资产收益率 (E/BE)	正	0.35	0.68	0.85	0.86	0.89	0.92	0.88	0.92	1.05	1.10	0.93	0.24	0.01	0.24	0.61
	负	2.59	2.24	2.10	2.26	1.82	1.65	1.79	1.62	1.59	1.43	1.57	−0.67	−0.08	−0.59	−0.95
	差分	−2.25	−1.56	−1.25	−1.40	−0.93	−0.73	−0.91	−0.70	−0.54	−0.34	−0.65	0.91	0.09	0.82	1.56
单位净资产的股利水平 (D/BE)	正	0.44	1.08	1.09	1.29	1.11	1.24	1.17	1.31	1.24	1.19	1.15	0.07	−0.09	0.16	0.75
	负	2.32	1.87	1.63	1.59	1.51	1.38	1.30	1.20	1.12	1.16	1.18	−0.69	−0.19	−0.49	−0.89
	差分	−1.88	−0.79	−0.54	−0.30	−0.40	−0.14	−0.14	0.11	0.12	0.03	−0.03	0.76	0.11	0.65	1.64

续表

情绪指数$_{t-1}$		≤0	1	2	3	4	5	6	7	8	9	10	10−1	10−5	5−1	>0−≤0
		十分位											比较			
固定资产在总资产中的占比（PPE/A）	正	1.31	0.48	0.66	0.74	0.81	1.04	0.90	0.79	0.87	1.04	1.05	0.57	0.02	0.56	−0.53
	负	1.26	1.93	1.96	1.90	1.87	1.82	1.89	1.66	1.56	1.29	1.62	−0.31	−0.20	−0.11	0.53
	差分	0.05	−1.45	−1.31	−1.17	−1.07	−0.78	−0.99	−0.87	−0.69	−0.25	−0.56	0.88	0.22	0.67	−1.05
单位资产的研发投入（RD/A）	正	0.80	1.21	1.04	1.37	1.37	1.34	1.22	1.24	1.29	1.39	1.38	0.17	0.04	0.13	0.55
	负	1.63	1.57	1.47	1.58	1.73	1.66	1.81	1.97	2.04	2.13	2.44	0.87	0.78	0.09	0.43
	差分	−0.83	−0.36	−0.43	−0.22	−0.36	−0.32	−0.60	−0.73	−0.75	−0.74	−1.05	−0.69	−0.74	0.04	0.12
市净率（BE/ME）	正		0.03	0.61	0.82	0.87	0.96	1.09	1.17	1.18	1.29	1.27	1.24	0.31	0.93	
	负		1.41	1.43	1.46	1.54	1.61	1.69	1.87	1.94	2.18	2.45	1.04	0.84	0.20	
	差分		−1.38	−0.81	−0.64	−0.67	−0.65	−0.60	−0.70	−0.76	−0.88	−1.18	0.20	−0.53	0.73	
单位资产的外部融资额（EF/A）	正		1.08	1.04	1.25	1.18	1.19	1.17	1.02	0.92	0.75	−0.01	−1.09	−1.20	0.11	
	负		2.43	2.09	1.85	1.75	1.59	1.53	1.51	1.51	1.71	1.53	−0.90	−0.06	−0.84	
	差分		−1.35	−1.05	−0.59	−0.57	−0.40	−0.35	−0.49	−0.60	−0.96	−1.54	−0.18	−0.14	0.96	
销售增长率（GS）	正		0.70	1.07	1.19	1.15	1.21	1.18	1.22	1.10	0.81	0.05	−0.65	−1.16	0.51	
	负		2.49	1.78	1.61	1.54	1.47	1.57	1.68	1.78	1.68	1.69	−0.80	0.22	−1.02	
	差分		−1.79	−0.71	−0.42	−0.40	−0.26	−0.29	−0.46	−0.68	−0.87	−1.64	0.15	−1.38	1.53	

模型的因变量是多空投资组合后续的月度平均收益率。自变量是投资者情绪变量，具体使用上一年末的投资者情绪指数计算。同时，他们使用多元回归控制了一些潜在因素的干扰：

$$R_{X_{it}} = High, t - R_{X_{it}} = Low, t = c + dSENTIMENT_{t-1} + \beta RMKT_t$$
$$+ sSMB_t + hHML_t + mUMD_t + u_{it} \quad (5)$$

包括市场因子（RMRF）、市值因子（SMB）、市值比因子（HML）、动量因子（UMD）的影响。当因变量为 SMB 和 HML 时，就在等式（5）的右边去掉相应的自变量因子。

表 2 显示了相应的回归结果。这些回归结果与之前通过排序分组得到的初步结果具有一致性，因此回归结果为贝克和沃格勒之前的分析提供了正式的显著性支持。

结果显示，当投资者情绪高涨时，小公司、年轻公司以及高波动率公司的股票会有相对更低的后续收益。同样，在投资者情绪高涨时，无利润公司和无股利支付公司的股票会有相对更低的后续收益，说明这些公司的股票在投资者情绪高涨时具有过高的估值。最后，以销售增长、账面市值比和外部融资来构建"高减中"与"中减低"的多空投资组合，回归结果发现，当投资者情绪高涨时，高销售增长和低销售增长公司相对于中等销售增长公司都会有相对更低的后续收益，同样，这说明高销售增长和低销售增长公司在投资者情绪高涨时，价值都会被相对地高估。这种结果在以外部融资作为特征时仍然显著，但是在以账面市值比作为特征时并不显著。

表 2　　　　　　　　　组合收益的时间序列回归（1963—2001 年）

		情绪指数$_{t-1}$		情绪指数$_{t-1}$控制了市场因子（RMRF）、市值因子（SMB）、市值比因子（HML）、动量因子（UMD）		情绪指数$^{\perp}_{t-1}$		情绪指数$^{\perp}_{t-1}$控制了市场因子（RMRF）、市值因子（SMB）、市值比因子（HML）、动量因子（UMD）	
		d	p(d)	d	p(d)	d	p(d)	d	p(d)
面板 A：规模、年龄与风险									
公司规模（ME）	SMB	−0.4	[0.04]	−0.3	[0.08]	−0.4	[0.06]	−0.3	[0.15]
公司年龄（Age）	高减低	0.5	[0.02]	0.2	[0.08]	0.5	[0.01]	0.2	[0.04]
收益波动性（σ）	高减低	−1.0	[0.01]	−0.5	[0.01]	−0.9	[0.00]	−0.4	[0.01]

续表

		情绪指数$_{t-1}$		情绪指数$_{t-1}$控制了市场因子（RMRF）、市值因子（SMB）、市值比因子（HML）、动量因子（UMD）		情绪指数$^{\perp}_{t-1}$		情绪指数$^{\perp}_{t-1}$控制了市场因子（RMRF）、市值因子（SMB）、市值比因子（HML）、动量因子（UMD）	
		d	p(d)	d	p(d)	d	p(d)	d	p(d)
面板 B：盈利性与股利政策									
盈利性（E）	>0—<0	0.8	[0.00]	0.5	[0.02]	0.8	[0.00]	0.4	[0.02]
股利（D）	>0—=0	0.8	[0.00]	0.4	[0.00]	0.8	[0.00]	0.4	[0.00]
面板 C：固定资产占比									
固定资产在总资产中的占比（PPE/A）	高减低	0.4	[0.12]	0.1	[0.65]	0.4	[0.07]	0.1	[0.53]
单位资产的研发投入（RD/A）	高减低	−0.3	[0.25]	0.0	[0.77]	−0.3	[0.24]	0.1	[0.62]
面板 D：成长机会与财务困境									
市净率（BE/ME）	HML	0.1	[0.47]	0.0	[1.00]	0.2	[0.25]	0.1	[0.68]
单位资产外部融资额（EF/A）	高减低	−0.1	[0.24]	−0.1	[0.46]	−0.2	[0.13]	−0.1	[0.40]
销售增长率（GS）	高减低	−0.1	[0.53]	−0.0	[0.67]	−0.1	[0.23]	−0.1	[0.51]
面板 E：成长机会									
市净率（BE/ME）	中减低	0.2	[0.11]	0.1	[0.39]	0.3	[0.06]	0.1	[0.35]
单位资产外部融资额（EF/A）	高减中	−0.4	[0.00]	−0.2	[0.01]	−0.4	[0.00]	−0.2	[0.00]
销售增长率（GS）	高减中	−0.4	[0.00]	−0.2	[0.00]	−0.4	[0.00]	−0.2	[0.00]
面板 F：财务困境									
市净率（BE/ME）	高减中	−0.1	[0.21]	−0.1	[0.49]	−0.1	[0.30]	−0.1	[0.53]
单位资产外部融资额（EF/A）	高减低	0.3	[0.00]	0.2	[0.01]	0.2	[0.00]	0.2	[0.00]
销售增长率（GS）	中减低	0.3	[0.01]	0.2	[0.04]	0.3	[0.01]	0.2	[0.07]

之后，贝克和沃格勒拓展了数据样本的时间范围，通过在更长时间样本中结果的一致性，排除了主要结果中存在虚假相关的可能。他们还对投资者情绪在截面上所产生的效应是不是对系统性风险补偿的说法进行了检验。他们认为，对系统性风险补偿的说法有两种解释。第一种解释认为，具有特定特征的股票的系统性风险会随着投资者情绪的变化而变化。关于这种说法，贝克和沃格勒通过构建投资者情绪指数与市场因子的交互项，以交互项的回归系数来观察系统性风险如何随着投资者情绪变化。他们将回归的结果与表2中投资者情绪高涨与低落时系统性风险的高低进行对比发现，在交互项系数显著时，它的符号都是错误的，则这种说法并不成立。第二种解释认为，高系统性风险与低系统性风险的股票所对应的风险溢价会随着投资者情绪的变化而变化。这种说法也明显不成立，因为在不同的公司特征下，投资者情绪指数的回归系数的符号不是固定的。

评　价

投资者情绪是一个相当难以捉摸的概念，很难有一个明确的无可争议的定义。在传统的金融理论中，通常不让投资者情绪发挥作用。而贝克和沃格勒直接基于来自市场的变量，通过在之前研究中得到的六个与投资者情绪有关的代理变量，使用主成分分析法构建了一个复合的投资者情绪指数，同时他们研究发现，这个投资者情绪指数对截面上的股票收益具有显著的影响。这种投资者情绪指数的构建方法被后来的大量研究所参考，用于衡量市场投资者的情绪。

贝克和沃格勒提出，市场上的错误定价可能来源于两个受到投资者情绪驱动的渠道：投资者的投机倾向和套利限制。第一种渠道认为，错误定价本质上来源于一些股票缺乏估值的依据，估值具有较强的主观性。情绪化投资者出于投机的动机，便会愿意追求对于这种股票的各种估值。第二种渠道认为，一些股票具有比较高的套利成本，这种套利成本的存在使得股票出现了错误定价。贝克和沃格勒还指出了容易导致错误定价和泡沫形成的公司特征或行业特征，这些特征具体表现为：公司规模较小，公司较为年轻，股票波动率较高，公司不具利润性，公司无股利支付，公司具有极度的成长性或者陷入困境。上述分析内容被后来进行投资者情绪研究的文献广泛借鉴。

但是，也有一些学者认为，这种投资者指数的构建具有局限性，主要局限之一就是这种投资者情绪指数只是狭隘地关注来源于市场的数据，希望以市场数据反映投资者情绪，而没有立足于对投资者情绪的直接观察。而这些市场数据可能不仅包含了投资者情绪信息，还包含了多种经济因素的均衡结果。

尽管如此，贝克和沃格勒通过构建投资者情绪指数，探究得到投资者情绪对于截面股票收益的显著影响，相比于传统金融理论，更好地刻画了股票市场上的定价行为。他们将投资者情绪作为重要定价因素纳入资产定价模型中，对后来的资产定价研究产生了深远影响。

后续研究

贝克和沃格勒提出了六个度量投资者情绪的代理变量，并且构建了一个复合的投资者情绪指数（以下简称 BW 指数）。一方面，这些指数直接通过市场交易信息获得，好处在于数据的易得性，以及构建的 BW 指数可以反映多种市场因素，因此，一部分后续研究借鉴了 BW 指数的构建方法，使用来自市场的客观数据构建投资者情绪的度量；另一方面，这些市场交易信息还可能受到投资者情绪之外的多种经济因素的影响，包含了投资者情绪之外的信息，不能很好地作为投资者情绪的直接衡量，因此还有另一部分后续研究在贝克和沃格勒研究的基础上，引入了一些直接反映投资者主观情绪的数据（如搜索引擎上涉及市场情绪词汇的搜索频率数据），使用主客观数据相结合的方法，对投资者情绪的度量进行改进。

上述第一部分后续研究参考 BW 指数的构建方法，使用市场交易数据对投资者情绪进行度量。一些有影响力的研究集中于探讨投资者情绪作为市场中股票收益的重要影响因素。Baker，Wurgler 和 Yuan（2012）建立了六个主要股票市场的投资者情绪指数，并合成了一个全球投资者情绪指数，发现无论是全球还是当地市场的投资者情绪指数，都是股票收益的反向信号。Stambaugh，Yu 和 Yuan（2012）指出，截面上股票收益的种种异象，在投资者情绪高涨的时候会变得更强。Yu 和 Yuan（2011）研究了投资者情绪对市场均值-方差权衡的影响，发现在投资情绪高涨时期，股票市场预期超额收益与方差无关，说明在投资者情绪高涨时期，情绪化投资者参与度的上升使得市场上的风险-收益权衡被打破，进而出现了错误定价。另外，Baker 和 Wurgler（2007）总结了各种潜在的投资者情绪代理变量，并依据数据的可用性对各种代理变量进行了讨论。Huang，Jiang，Tu 和 Zhou（2015）沿用了 BW 指数的构建方法，从情绪代理变量中剔除了与股票收益不相关的部分，构建出新的投资者情绪指数。国内学者如伍燕然等（2012）以及伍燕然等（2016）参考了 BW 指数的构建，探究了投资者情绪对分析师盈利预测偏差的影响；文凤华等（2014）借鉴 BW 指数的构建方法，研究发现在中国股票市场上，投资者情绪对股票收益率具有显著影响。许海川和周炜星（2018）依据中国股市特征选择中国波动率指数作为投资者情绪的一个代理变量，参考 BW 指数构建投资者情绪指数，探究了投资者情绪对市场收益的显著影响。

上述第二部分后续研究在贝克和沃格勒研究的基础上，引入了一些直接反映投资者主观情绪的数据，使用了主客观数据相结合的方法。这部分研究往往又依赖于大数据、文本分析、机器学习等方法对数据中的投资者情绪进行提取。如 Da，Engelberg 和 Gao（2016）认为，BW 指数是许多经济因素均衡的结果而不是投资者情绪的直接衡量。他们使用谷歌搜索引擎中 118 个与市场情绪相关词的日搜索频率数据构建 FEARS 指数，发现 FEARS 指数与股票收益率相关。Kim 和 Kim（2014）使用来自雅虎财经上 91 家公司的 3 200 万条信息数据，借助机器学习方法构建个股层面的投资者情绪指数，发现无论是市场层面还是个股层面上，投资者情绪对未来的股票收益都没有显著预测能力，但是投资者情绪会受之前的收益率影响。Sun，Najand 和 Shen（2016）借鉴 BW 指数的构建方法，使用路透社的文本数据构建市场层面的投资者情绪指数，发现滞后的半小时日内投资者情绪可以预测标普 500 指数的日内收益率。Renault（2017）使用机器学习方法，对 StockTwits 平台上投资者关于股市观点的大数据进行分析，构建了市场层面的投资者情绪指数，并且发现投资者情绪变化能显著影响标普 500ETF 的收益率。Gao，Ren 和 Zhang（2019）参考 Baker 和 Wurgler（2006）的相关理论并且克服 BW 指数使用市场数据的局限，使用谷歌搜索中有关经济和金融词汇的搜索频率数据构建投资者情绪指数，发现投资者情绪指数是股票市场收益的负向信号。国内研究中，易志高和茅宁（2009）使用消费者信心指数作为投资者情绪的主观指标，并且结合 BW 指数构建，采用主客观数据相结合的方法构建了中国股市投资者情绪综合指数。汪昌云和武佳薇（2015）利用 IPO 公司上市前媒体报道中的正负面词汇数据，构建媒体语气指数作为衡量公司层面投资者情绪的代理变量。

字里行间的投资者情绪：媒体在股票市场中的角色^①

作者简介　**Paul C. Tetlock**

　　保罗·C. 泰特洛克（Paul C. Tetlock）出生于 1978 年，现任哥伦比亚大学金融系讲座教授。1999 年在哈维·穆德学院以班级第一的成绩获得数理经济学学士学位，2004 年在哈佛大学获得经济学博士学位。泰特洛克于 2004—2008 年任得克萨斯大学奥斯汀分校金融学助理教授，2007—2008 年任耶鲁大学金融学客座教授，2008—2014 年任哥伦比亚大学金融学副教授，2014—2017 年任哥伦比亚大学金融与经济系教授，2018 年至今任哥伦比亚大学金融系讲座教授。

　　泰特洛克教授的研究兴趣包括行为金融、资产定价和市场预测。他的研究领域之一是研究公司的股票市场价格如何对新闻报道的内容做出反应。他在 2007 年的《金融杂志》上研究了负面词汇对股票市场的影响，并获得了史密斯·布赖登（Smith-Breeden）最佳资产定价奖。他的研究还经常在《商业周刊》（*Business Week*）、《经济学人》、《纽约时报》（*New York Times*）和《华尔街日报》（*The Wall Jtreet Journal*）等主流财经媒体上发表。他于 2015 年被美国著名网站 Poets & Quants 评为"40 岁以下 40 位最佳教授之一"。

---

　　① 本文发表于 *Journal of Finance*，Vol. 62，pp. 1139 - 1168，2007。

主要成果

金融学领域：

"What Drives Anomaly Returns?" (with Lars A. Lochstoer), *Journal of Finance*, Vol. 75, pp. 1417 - 1455, 2020.

"Retail Short Selling and Stock Prices" (with Eric K. Kelley), *Review of Financial Studies*, Vol. 30, pp. 801 - 834, 2017.

"Information Transmission in Finance", *Annual Review of Financial Economics*, Vol. 6, pp. 365 - 384, 2014.

"Biased Beliefs, Asset Prices, and Investment: A Structural Approach" (with Aydogan Alti), *Journal of Finance*, Vol. 69, pp. 325 - 361, 2014.

"Asset Pricing in the Dark: The Cross-Section of OTC Stocks" (with Andrew Ang and Assaf A. Shtauber), *Review of Financial Studies*, Vol. 26, pp. 2985 - 3028, 2013. (Lead article)

"How Wise are Crowds? Insights from Retail Orders and Stock Returns" (with Eric K. Kelley), *Journal of Finance*, Vol. 68, pp. 1229 - 1265, 2013.

"All the News That's Fit to Reprint: Do Investors React to Stale Information?", *Review of Financial Studies*, Vol. 24, pp. 1481 - 1512, 2011.

"Does Public Financial News Resolve Asymmetric Information?", *Review of Financial Studies*, Vol. 23, pp. 3520 - 3557, 2010.

"More Than Words: Quantifying Language to Measure Firms' Fundamentals" (with Maytal Saar-Tsechansky and Sofus Macskassy), *Journal of Finance*, Vol. 63, pp. 1437 - 1467, 2008.

"Giving Content to Investor Sentiment: The Role of Media in the Stock Market", *Journal of Finance*, Vol. 62, pp. 1139 - 1168, 2007.

经济政策领域：

"Short Selling and the News: A Preliminary Report on an Empirical Study" (with Merrit B. Fox and Lawrence R. Glosten), *New York Law School Law Review*, Vol. 54, pp. 645 - 682, 2010.

"Has Economic Analysis Improved Regulatory Decisions?" (with Robert W. Hahn), *Journal of Economic Perspectives*, Vol. 22, pp. 67 - 84, 2008.

"The Promise of Prediction Markets"（with other twenty-one authors）, original draft by Robert W. Hahn, *Science*, Vol. 320, pp. 877 – 878, 2008.

"A New Approach for Regulating Information Markets"（with Robert W. Hahn）, *Journal of Regulatory Economics*, Vol. 29, pp. 265 – 281, 2006.

"Should You be Allowed to Use Your Cellular Phone While Driving?"（with Robert W. Hahn）, *Regulation*, Vol. 23, pp. 46 – 55, 2000.

研究背景

泰特洛克的《字里行间的投资者情绪：媒体在股票市场中的角色》（Giving Content to Investor Sentiment: The Role of Media in the Stock Market）一文于 2007 年发表于《金融杂志》。

在本文之前，已经有部分文献尝试研究媒体报道对金融市场的影响。例如，Cutler 等（1989）研究了被《纽约时报》报道过的重大历史事件对股票价格的影响，发现这些新闻并不能完全解释股市的整体波动，理由是大部分剧烈的波动并没有伴随重大事件的发生。Klibanoff 等（1998）研究了《纽约时报》的头条新闻版面大小所带来的信息突显对特定国家的报道对于该国封闭式国家基金的影响。他们发现，在头条新闻发布的几周内，基金价格走势与基本面的关系变得更加密切，这说明新闻事件导致投资者对信息的反应变得更加迅速。

但是，鲜有文献尝试定量研究媒体报道中所包含的"额外"信息。在金融市场中，媒体报道对股市的分析和预测通常是基于对原始信息的加工和解读，我们并不清楚报道内容是否已经完全反映在股价中。而媒体在报道中所使用的正面或负面语气作为媒体信息加工后的重要产物，为检验媒体报道中是否包含着未反映在市场中的"额外"信息提供了一条可行的路径。

本文作为最早使用文本分析法从媒体新闻报道中构建定量文本语气评分系统的研究，开创了量化文本分析在媒体情绪领域的应用，为研究投资者情绪如何影响资产定价这一金融学领域经典问题在实证方法上提供了新的视角。

传统的投资者情绪度量方法包括市场变量法和调查法。其中，Baker 和 Wurgler（2006）构建的投资者情绪指数被现有文献广泛应用。他们选取封闭式基金折价率、NYSE 股票换手率、IPO 数量及上市首日收益率、新发行权益份额和股利溢价作为情绪的代理变量来构建情绪指数。调查法则通过问卷调查（电话、邮件等）来收集个体对当前或未来经济状况、金融市场走向的看法和态度，并基于这些问卷结果汇总构建投资者情绪指数。

但是，这些投资者情绪度量方法存在明显的不足，比如市场变量可能不仅反映投资者情绪，还是情绪与其他经济因素相互作用后的均衡结果（Da et al.，2014）；调查法虽然直接度量投资者情绪，但实施成本高、构建情绪指数频率较低、时间跨度也较短。通过收集反映投资者情绪的媒体语气形成的文本数据提供了直接度量情绪的新渠道，为研究此类经典问题开拓了新的方法。

相关理论

本文重点关注了媒体报道中的文本语气信息对股票市场收益率的影响。作者将这种文本语气信息与已有理论中的投资者情绪或者风险偏好相对应，以刻画媒体报道内容对投资者行为的影响。

在投资者行为的理论研究中，普遍假设市场上存在两种类型的交易者，分别为对未来股息有随机信念的噪声交易者以及具有贝叶斯信念的理性套利者。在本文中，作者将噪声交易者相对于理性套利者信念水平之间的差异看作投资者情绪。例如，当噪声交易者对未来股息的期望低于理性套利者的期望时，定义市场情绪为"悲观"。

在这类模型中，当噪声交易者的信念遭受负向冲击时，他们将股票出售给理性套利者，从而增加交易量并使股价在短期内下跌。但是，由于这些冲击是暂时的，因此在出现新的信念冲击时，股价会回归到平均水平。因此，投资者情绪模型（De Long et al.，1990）预测低迷的情绪将产生股价下跌的压力，而情绪的极端高涨或低迷将导致交易量增大。而一些更一般的模型在刻画出于非信息性原因（例如流动性需求或风险回避的突然变化）的交易行为时，也对股价和交易量做出了类似的预测。例如，Campbell 等（1993）的模型刻画了投资者风险回避水平的变化对短期收益率产生的影响。

由此可见，不同模型对媒体报道影响股价的不同解释仅仅取决于我们是将媒体报道的文本语气解释为投资者情绪的度量还是风险回避的度量。在这篇文章中，作者认为用投资者情绪来解释媒体报道的文本语气更为贴切。基于此，文章将媒体悲观情绪作为投资者情绪的代理变量，进行了一系列实证检验：

（1）首先，作者认为较高的媒体文本悲观情绪对应较低的投资者情绪。理论上，这既可以解释为媒体悲观情绪预测了未来的投资者情绪，也可以解释为媒体悲观情绪反映了过去的投资者情绪。如果前一种假说是正确的，那么媒体悲观情绪会在短期内使股价下跌，而之后会回归初始水平。如果后一种假说是正确的，那么媒体悲观主义导致的短期股价下跌会在之后反弹并超过初始水平。图1展示了对应的股价反应。

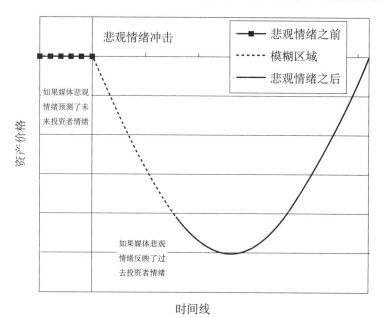

图1 悲观情绪冲击对股价的影响

（2）作者进一步提出了以下理论来解释媒体悲观情绪对股价的影响：

a. 情绪理论：媒体悲观情绪包含了投资者情绪并能预测股价，在这种情况下，媒体报道中的悲观情绪意味着投资者对股价的负面预期，因此能预测未来股价的下跌。

b. 信息理论：媒体悲观情绪中包含一些投资者先前并不知道的负面信息，投资者通过获取这样的信息对股价产生了新的信念，从而改变了股票价格和交易量。

这两种解释都预测了短期内的股价下跌。这是因为如果悲观情绪反映的是关于过去和未来现金流的负面信息，而不是情绪，我们仍然会观察到媒体悲观情绪与短期收益之间的负向关系。但是，情绪和信息理论对长期收益和交易量做出了不同的预测：情绪理论中媒体悲观情绪导致的短期股价下跌会在长期恢复至原有水平，而信息理论中媒体悲观情绪导致的股价下跌将一直持续。

构建媒体因子

《华尔街日报》在当时是美国发行量最大的财经类刊物，受到众多投资者的广泛关注。"市场动态"（Abreast of Market）是《华尔街日报》中的一个专栏，主要介绍前一交易日的资本市场事件和其他重要的市场数据，也会有一些对于今日市场的预判。因此，"市场动态"可以在一定程度反映并影响市场中的投资者情绪。在《华尔街日报》的网站上，这一专栏的电子版也会进行每日更新，并和纸质版内容保持一致。作者对这个网络专栏进行了文本分析，并通过主成分分析法提炼得到了媒体因子这一指标。具体来说分为以下步骤：

首先，作者收集了 1984—1999 年 16 年的"市场动态"专栏的文章内容，并在文本分析程序 General Inquirer 中选择哈佛IV-4 社会心理词典（Harvard IV-4 Psychosocial Dictionary）对这些文本进行词汇分类并统计不同类别词汇出现的频率。哈佛IV-4 社会心理词典将心理学和社会学常涉及的词汇分为 77 类。这 77 类词汇分别体现了不同的情感倾向，其中包括"否定（Negative）""强烈（Strong）""消极（Passive）""高兴（Pleasure）""激动（Arousal）""经济（Economic）"等各种程度的语气分类。如果某一天的专栏中属于否定或者悲观词类的词汇较多，就将该日基于文本分析的情绪定义为负向的语气。

然后，作者通过使用主成分分析法，从原始文本类别变量的（77×77）方差-协方差矩阵中提取出能反映最多信息（方差最大）的语义成分。具体操作就是对上面生成的 77 个文本类别变量进行线性变换，得到一组新的主成分变量，实现对原始文本类别变量的降维和信息浓缩，以便消除词典中的多余类别。每个新生成的主成分变量均由原始的 77 个文本类别的线性组合组成，它们代表了原始变量的大部分信息且互相独立，因此每个主成分变量可以在之后的回归分析中作为一种能够独立解释资产收益的状态变量。通过这些新生成的主成分变量在方差上的贡献，我们可以进一步了解原始变量间关系的内在结构。在本文中，作者选择了主成分变量中的第一项作为媒体因子。该因子对应着特征值分解中特征值最高的那个特征向量，这意味着它贡献了原始文本类别变量中的大部分方差，可以反映原始文本类别变量中的大部分信息。

最后，作者将关注的重点由原始文本类别变量转移到媒体因子这个主成分变量上。描述性统计显示，从原始文本类别变量中所提取出的媒体因子的平均特征值为 6.72，这超过了原始文本类别变量中前六个的特征值之和，说明媒体因子中的信息含量超过了原始变量中信息量前六位的总和。同时，媒体因子所对应的原始变量中，只有 4 个原始文本类别变量具有正权重，分别为"否定"、"虚弱（Weak）"、"失败（Fail）"以及"下落（Fall）"，而仅"否定"和"虚弱"便可以解释媒体因子中 57％的波动，这两个类别捕获了媒体因子的大部分变化。在实证检验中，作者还单独用"否定"和"虚弱"代替媒体因子进行了稳健性检验。

综上，我们可以将媒体因子理解为报道文本中关于公司收益和其他相关经济指标的负面语气，所以作者也将这个媒体因子称为悲观因子（pessimism factor）。

主要结论

为了控制悲观因子、股价和交易量之间的相互关系，作者采用了向量自回归（VAR）模型检验悲观因子对未来股价和交易量的影响，并展开了一系列稳健性检验。同时 VAR 模型还包含了所有变量的 5 期滞后项，以观察 5 个交易日内股价和交易量的动态变化。结果发现：

首先，悲观因子对新闻发布后首个交易日的道琼斯指数收益有显著的负向影响，悲观因子的一个标准差变化对首日道琼斯指数收益的平均影响是 8.1 个基点，大于道琼斯指数收益的无条件均值（5.4 个基点）；并且这种负向影响只在短期存在，滞后 2~5 期的收益反转总计 6.8 个基点，且悲观因子的 5 个滞后项系数之和（−1.3 个基点）与零没有显著差异，新闻发布后首日的负向影响在一周内几乎被完全扭转，说明媒体悲观情绪预测了未来的投资者情绪。

而且，上述结论也与情绪理论的预测一致，悲观的投资者情绪只是造成了股价的暂时下跌，这与信息理论不符，即专栏新闻的文本语气中并未包含有关市场基本面的信息。原因是如果文本语气中包含有关基本面的新信息，那么股价在经历最初的下跌后不会恢复到原来的水平。

进一步地，通过将法玛-弗伦奇市值因子（小减大）对悲观因子做回归，作者发现相对于其对道琼斯指数的影响，负面情绪对小市值股票收益的影响更大且持续时间更长。这进一步验证了情绪理论，因为小市值股票的个人投资者占比较高，如果悲观因子衡量的是个人投资者的投资者情绪，那么它对小市值股票将会有更大的影响。

同时，通过将悲观因子的绝对值加入回归，作者发现悲观因子的绝对值可以显著地预测下一交易日交易量的增加，说明过高或者过低的悲观因子都会引发短期市场交易量的增加。这与 De Long 等（1990a）以及 Campbell 等（1993）模型中预测的结果一致，悲观的投资者情绪反映了噪声交易者与理性套利者之间的分歧，这种分歧导致了交易量的增加。

最后，作者基于上述发现，构建了一种根据每日悲观因子的变化而制定的交易策略。该策略在悲观因子处于顶部 1/3 分位数时卖出股票，因为过高的悲观因子往往预示着市场上即将到来的下跌；在悲观因子处于底部 1/3 分位数时买入股票，因为这时往往市场情绪乐观，股价将会走高。通过这一投资策略构建的投资组合可以获得 7.3％的年收益，显著高于同期的市场平均水平。

后续研究

本文是量化文本分析在金融领域的开创性研究，是最早使用文本分析法从媒体的新闻报道中构建定量文本语气评分的研究之一，之后的大量文献不断采用类似的方法来定量研究金融或会计领域中媒体的文本情绪。

例如，Tetlock 等（2008）使用 1980—2004 年《华尔街日报》和道琼斯新闻社上与标普 500 公司相关的约 35 万条新闻数据，发现新闻中负面词语比例越高的公司，在下一个交易日股票收益率和下一个季度公司盈利都更低。

然而，Loughran 和 McDonald（2011）指出，哈佛Ⅳ-4 社会心理词典的词汇分类原则并不能完全适用于金融领域，一些词汇在哈佛Ⅳ-4 社会心理词典中是负面词汇，但是在财经媒体报道中并没有负面含义，比如 liability，cost，taxes 等，以此为基础计算的媒体报道中负面语气指数将会存在较大的偏差。因此，他们从上市公司的 10-K 报告中人工收集并整理构造了 LM 词典，他们的实证结果表明，LM 词典在度量文本情绪方面比哈佛Ⅳ-4 社会心理词典和 Diction 词典的效果更好。因此在之后的文献中，广泛接受并采用 LM 词典分析金融、会计领域文本情绪。汪昌云和武佳薇（2016）参照 Tetlock 等（2008）的方法，结合中文分词特点和相关中文辞典构建了中国财经媒体正负面词库，并证明媒体语气作为个股层面投资者情绪的一个测度显著解释了中国股票市场 IPO 抑价、首日换手率和超募比率。

而且，泰特洛克的分析中只考虑了负面词汇，没有研究正面词汇对股票价格的影响。Garcia（2013）和 Zhang 等（2016）研究了正面和负面语气作用的非对称性。其中，Garcia（2013）发现，正负面语气均能预测大盘收益率，而 Zhang 等（2016）则发现，公司相关新闻中，正面和负面词语比例对股票市场变量（收益率、波动率、交易量）间的影响存在非对称性，因此建议实证研究应同时考虑文本中的正负面语气。这是对泰特洛克相关研究的进一步拓展。

此外，泰特洛克所进行的文本分析基于词典法，仅仅是根据拆分后的文本统计了不同类别词语出现的频率，并没有结合上下文或完整的句子考虑其所处的整体语境。为了提高文本情绪的分类准确性，近年来开始有学者采用支持向量机（Support Vector Machine，SVM）等机器学习经典方法和深度学习方法来进一步提高媒体文本分析的精度。例如，Manela 和 Moreira（2017）使用独热表示法，将 1890—2009 年间《华尔街日报》头版新闻向量化，再使用支持向量回归法提取新闻隐含波动率指数。

进一步地，由于 SVM 等分类器是线性分类器，对非线性的处理能力有限，往往只能将输入数据切分为非常简单的区域，并且也容易导致过度拟合等问题（Gentzkow et al.，2019）。而深度学习通过使用多重非线性变换构成的多个处理层对数据进行高层抽象，能更好地实现分类等目标。例如，Li 等（2019）首次采用卷积神经网络（Convolutional Neural Network，CNN）来计算中国散户投资者情绪，使用 2008—2018 年中国股吧论坛的数据，结合词典法和机器学习方法构建了投资者隔夜情绪，并比较了词典法、CNN 与 SVM 等方法的预测效果。他们的研究发现，在采用四万条帖子的训练数据集时，训练出的 CNN 模型的预测准确性与 SVM 大致相当；随着训练数据集的增大，CNN 的优势将会进一步显现。

综上所述，学界正在不断朝更高质量的媒体文本分析迈进。新闻媒体本身并不包含清晰的变量，词典法的好处在于易于理解，而采用机器学习、深度学习方法中的有监督学习提取信息需要使用主观的标注数据，无监督学习的提炼过程也存在"黑箱"，我们无法确定由此生成的数据能否准确反映待提炼的潜在变量。因此，在使用复杂方法提高预测效率的同时，需要更多地关注所提取信息的内在含义，包括论证所选方法提取的内容就是目标信息，以防止文本分析变成对历史数据的过度挖掘。

图书在版编目（CIP）数据

金融学文献通论. 原创论文卷 / 陈雨露，汪昌云主
编. -- 2 版. -- 北京：中国人民大学出版社，2021.6
ISBN 978-7-300-29236-6

Ⅰ.①金… Ⅱ.①陈… ②汪… Ⅲ.①金融学-文集
Ⅳ.①F830.53

中国版本图书馆 CIP 数据核字（2021）第 060836 号

金融学文献通论·原创论文卷（第二版）

陈雨露　汪昌云　主编

Jinrongxue Wenxian Tonglun · Yuanchuang Lunwenjuan

出版发行	中国人民大学出版社			
社　　址	北京中关村大街 31 号		**邮政编码**	100080
电　　话	010 - 62511242（总编室）		010 - 62511770（质管部）	
	010 - 82501766（邮购部）		010 - 62514148（门市部）	
	010 - 62515195（发行公司）		010 - 62515275（盗版举报）	
网　　址	http://www.crup.com.cn			
经　　销	新华书店			
印　　刷	涿州市星河印刷有限公司		**版　　次**	2006 年 4 月第 1 版
规　　格	185 mm×260 mm　16 开本			2021 年 6 月第 2 版
印　　张	36.75 插页 4		**印　　次**	2021 年 6 月第 1 次印刷
字　　数	689 000		**定　　价**	138.00 元